本书为

"全国文物、博物馆系统人文社会科学
重点研究课题"成果

*

本书出版得到
国家重点文物保护专项补助经费资助

本书编辑委员会

主　　任：郑同修

副 主 任：佟佩华　管国志　王守功

主　　编：王守功

副 主 编：李振光　孙　波　张振国

参编人员（以姓氏笔画排序）：

王政玉　王站琴　王登伦

兰玉富　许　珊　孙　岩

李曰训　李玉春　李顺华

李胜利　李德渠　张　骥

项春生　党　浩　高明奎

崔圣宽　冀介良

鲁中南汉墓

（上）

山东省文物考古研究所　编著

文物出版社

北京 · 2009

封面设计：周小玮

责任印制：陆　联

责任编辑：杨新改

图书在版编目（CIP）数据

鲁中南汉墓/山东省文物考古研究所 编著 . —北京：文物出版社，2009.12

ISBN 978 - 7 - 5010 - 2690 - 6

Ⅰ. 鲁…　Ⅱ. 山…　Ⅲ. 汉墓—发掘报告—山东省　Ⅳ. K878. 85

中国版本图书馆 CIP 数据核字（2009）第 013864 号

鲁中南汉墓

山东省文物考古研究所　编著

*

文 物 出 版 社 出 版 发 行

（北京东直门内北小街 2 号楼）

http：//www. wenwu. com

E - mail：web@ wenwu. com

北京君升印刷有限公司印刷

新 华 书 店 经 销

787×1092　1/16　印张：74　插页：5

2009 年 12 月第 1 版　2009 年 12 月第 1 次印刷

ISBN 978 - 7 - 5010 - 2690 - 6　　（上、下册）定价：680. 00 元

HAN TOMBS IN MID-SOUTHERN SHANDONG （I）

by

Shandong Provincial Institute of Cultural Relics and Archaeology

Cultural Relics Press

Beijing · 2009

序

　　1998～2000年间，山东省文物考古研究所为配合北京至福州高速公路和日照至菏泽间的铁路工程，先后在济宁市辖区的曲阜、兖州、嘉祥和枣庄市辖区的滕州，发掘了八处汉代墓地。考古领队兼项目主持人王守功在田野工作结束后，认为这批汉代中小型墓葬有很重要的学术价值，又向国家文物局申请并获准为社科研究的重点课题，2000～2005年间完成研究任务，《鲁中南汉墓》考古报告是其主要的科研成果，体现了配合基建和科研工作相结合而获双赢，再次证实这是中国现代考古学发展中可行的田野考古的工作方式。

　　汉代墓葬除帝陵之外，可分为两大类：一是以诸侯王、列侯和贵族为主的大型墓葬，另一类为中小型墓葬。汉代诸侯王、列侯墓，不断发现，到20世纪末，已发现诸侯王墓41处（指包括合葬、陪葬的墓地）、列侯墓17处（见赵化成、高崇文《秦汉考古》第69页，文物出版社，2002年），贵族墓未作统计，数量更多。这类墓葬规模大，随葬品多，内容丰富，成为汉墓研究讨论的热点，诸如墓葬形制、棺椁殓葬、黄肠题凑、随葬衣物、画像壁画，以及车马陪葬等方面，都有很多成果。涉及以上各个专题的中心议题，则全集中在诸侯王丧葬礼仪制度上，严格的等级差别，赐葬的限定，使全国各地诸侯王墓的形制大体上趋同，淡化了地区上的差异，这个特点与大量的中小型汉墓强调的分区分期的研究，在研究方法上有显著不同，是汉墓研究中不可不注意的问题。

　　汉代中小型墓葬的发现，遍布全国，数量之多超过历史上任何一个朝代，没有作过精确的统计，20世纪80年代初，约略统计已逾万座（见《中国大百科全书·考古学卷》第38页，中国大百科全书出版社，1986年），现在恐又增数倍。较重要的考古报告有两种，一是蒋若是主编的《洛阳烧沟汉墓》（科学出版社，1959年），二是麦英豪主编的《广州汉墓》（文物出版社，1981年），前者由于它地处畿辅，墓葬和随葬品的分期排年，在某种程度上可视为是中原北方汉墓分期的标尺；后者则是岭南地区汉墓分期的佳作。山东的汉代中小型墓葬，历年积累起来也有7000余座，尚缺乏全面的整理和研究，书中认为可分为四个地区：即以临淄为中心的鲁北区，以临沂、日照为中心的鲁东南区，以胶莱平原为中心的胶东区，以及曲阜、兖州为中心的鲁中南区。鲁中南区的八个墓地共1676座中小型汉墓，在汉代属鲁国、东平国、泰山郡、东海郡和任城国境内，其年代自西汉早期至东汉中期，少数可晚至东汉晚期，实为山东半个多世纪以来经科学发掘和整理的第一本汉代中小型墓的正式考古报告，值得重视。

鲁中南汉墓以石椁墓为主，在石椁上刻画有简单的穿璧、树木、房屋、动物等图像，个别石椁上有车马出行、杂技、四神等画面。石椁墓上的画像是最早出现的汉代画像石。在葬式上盛行同穴与并穴葬。随葬明器用粗红陶，有仿铜礼器，如鼎、钫、盒，还有杯、盘、匜和仓、灶、厕圈等模型；殓葬用玉石口含或塞耳鼻，佩铁刀剑，有铜镜和印章，并随葬铜钱；有漆木器的痕迹，木棺上有绘漆画者，厚葬成风。鲁中南地区中小型汉墓在葬俗上受中原文化的影响，并保存了当地鲁国文化的特色。它与鲁北和胶东地区受齐国文化的影响，鲁东南地区受楚国文化的影响有显著的不同。

鲁中南汉墓发掘的另一个考古学上的新视点，是关于家族墓地的探索。从 20 世纪 50 年代洛阳烧沟汉墓发掘开始，已注意汉代家族墓地的问题，那时是从随葬陶器上的文字和印章上的姓氏来推测家族墓地的存在。其后，又在洛阳金谷园和陕县刘家渠汉代墓地发现有不同姓氏的家族墓存在（见《洛阳西郊汉墓发掘报告》，《考古学报》1963 年第 2 期第 1 页；《河南陕县刘家渠汉墓》，《考古学报》1965 年第 1 期第 107 页）。1988 年在山东济宁发现西汉郑氏家族墓（《山东济宁师专西汉墓群清理简报》，《文物》1992 年第 9 期第 22 页），济宁郊区潘庙西汉墓地有很多并穴葬的夫妻合葬墓（《山东济宁郊区潘庙汉代墓地》，《文物》1991 年第 12 期第 43 页），也显系家族墓。鲁中南汉墓从发掘开始便注意成组排列的墓葬关系，在发掘中仔细观察两墓之间同穴、并穴的现象，直接与墓地相联系，极具学术眼光，因为汉代家族墓反映的是汉代基层社会的事。汉代家庭结构，从西汉初至东汉中期是以"五口之家"组成的小家庭为主的，这是秦商鞅变法以来，"民有二男以上不分异者，倍其赋"和"令民父子兄弟同室内息者为禁"（《史记·商君列传》）的法令，迫使家庭分析简化的结果；到东汉中期，世家豪族发展，小家庭在土地兼并之下又聚族而居，为大家庭所取代。曹魏时"改汉旧律不行于魏者……除异子之科，使父子无异财也"（《晋书·刑法志》）。鲁中南地区西汉至东汉中晚期中小型汉墓墓地的排列，即在大墓地中区分成若干组排列有序的不同姓氏墓群，很可能正是西汉初年至东汉中晚期的平民墓地（小家庭）的实况。

徐苹芳

2008 年 5 月 6 日

目　录

插图目录

滕州东郑庄墓地

滕州东小宫墓地

滕州顾庙墓地

兖州徐家营墓地

曲阜花山墓地

曲阜柴峪墓地

嘉祥长直集墓地

彩版目录

图版目录

前　言

（一）概　况

　　1998 年春季，为做好北京至福州高速公路界（滕州界河）—张（江苏张三子）段的文物保护工作，山东省文物考古研究所与滕州市博物馆联合对公路沿线及取土场进行了考古调查工作，发现古遗址（墓葬）30 余处。此后对发现的文物点进行了勘探和发掘。该工程段先后进行发掘的文物点有滕州顾庙汉代墓地、东小宫汉代墓地、东郑庄汉代墓地、西公桥大汶口文化遗址、封山（西公桥村西）汉代墓地、东康留东周墓地、西康留大汶口文化遗址等。作为该工段的文物保护工作负责人，笔者先后主持了其中五个文物点的发掘工作。

　　2000 年春，为做好日照至菏泽铁路复线工程建设，我们对工程沿线进行了调查工作。4 月，笔者与李振光同志一起对曲阜至菏泽段进行勘探，并对其中重要的遗址或墓地安排发掘，先后发掘了嘉祥长直集、兖州徐家营及曲阜柴峪、花山等汉代墓地。

　　以上两项工程发掘的文物点中，有八个为汉代墓地，共发现汉代墓葬 1676 座。由于这些墓地均在鲁中南地区，墓葬的形制、埋葬习俗具有很强的一致性，为做好以上汉代墓地发掘资料的整理与研究工作，笔者与张振国、孙波、李振光、李曰训、高明奎、党浩、崔圣宽等同志经过反复讨论研究，以《鲁中南地区汉代墓葬的整理与研究》为题，申报 2000 年国家文物局社科规划重点课题，并得以立项。

　　本课题研究的重点是对已经发掘的汉代墓葬进行系统的整理。从 2001 年开始，课题组成员围绕课题的整理与研究进行了大量的准备工作，先后到河南、陕西、四川及武汉、徐州等地参观考察。同时，还编制了专门的整理计划、编写要求，对墓葬类型的划分进行规范，对随葬品名称、型式的划分尽量做到统一；对每一篇报告在体例、次序及描述上都有一定的规范。

　　在整理过程中，我们对出土的人骨资料进行了鉴定工作，使我们对一些墓葬的性质有了进一步的理解。在技术室的帮助下对出土的铜器、铁器、漆木器、陶器彩绘进行了保护。课题组成员根据自己对资料的认识，从不同的角度对山东地区汉代墓葬埋葬习俗进行了研究，撰写了相应的研究文章，内容涉及鲁中南汉代墓葬的分期、彩绘陶、铜镜、人骨、画像石等，有的已经发表。

　　在课题组成员的积极努力下，我们于2004年底完成了各个墓地基础资料的整理和报告编写工作，按国家文物局要求及时提交了结项报告。课题结项报告验收后，我们对课题成果进行了详细的修改，在文物出版社的大力协助下，正式出版相关成果。

（二）各墓地基本情况简述

　　课题涉及的八个墓地是在配合（北）京—福（州）高速公路、日（照）—菏（泽）铁路复线建设中发掘的，其中滕州东郑庄、东小宫、顾庙，曲阜柴峪、花山，兖州徐家营及嘉祥长直集墓地等均被高速公路或铁路征用为取土场。这些墓地大多分布在山坡上，墓地范围大，墓葬分布密集。由于配合工程的限制，大多只清理了取土场征用部分。封山墓地位于高速公路路基上，仅清理了公路占压部分。由于不能对整个墓地进行全面揭露，影响了对墓地情况的整体把握。现将发掘的八处墓地分别介绍如下（图一）。

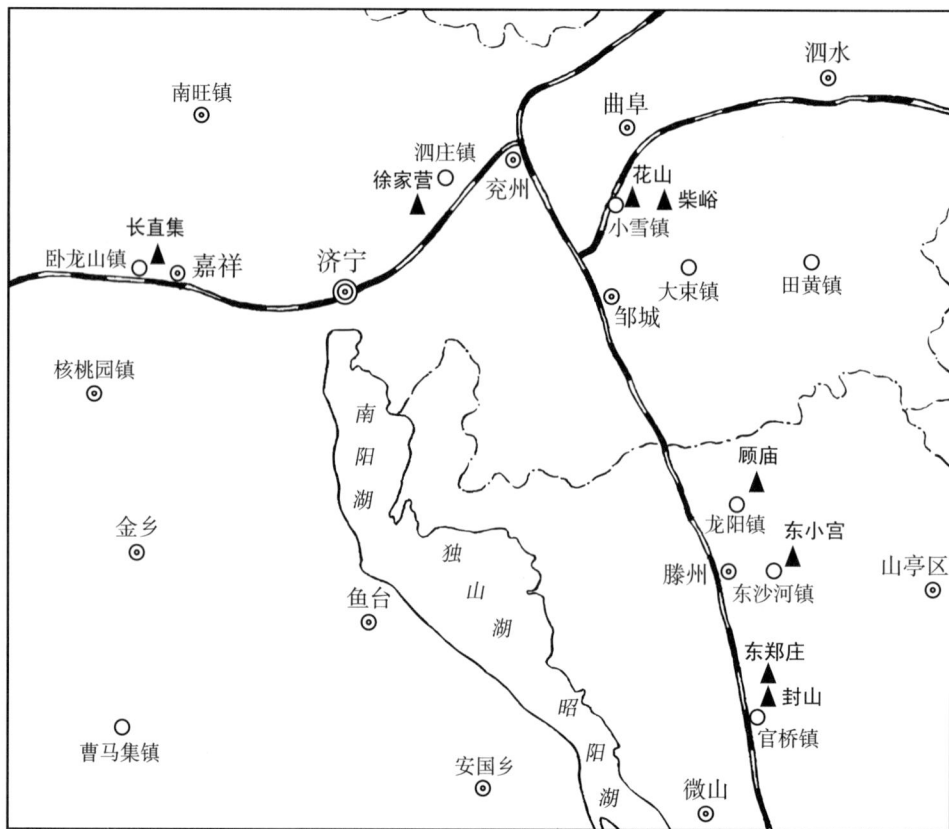

图一　鲁中南汉墓地理位置示意图

1. 滕州封山墓地

封山墓地位于滕州市官桥镇西公桥村西,地处封山东南坡,东距西公桥村约100米。当地村民平整土地、修建梯田时曾破坏部分墓葬。北京—福州高速公路考古调查时,在断崖上发现几个墓葬,1999年6~8月,山东省文物考古研究所与滕州市博物馆联合对该墓地路基占压部分进行勘探、发掘。在路基范围内共勘探、发掘109座汉代墓葬。参加发掘的人员有王守功、李曰训、高明奎等同志。

封山墓地墓葬分布十分密集,墓葬之间叠压、打破关系复杂。墓葬深度不一,浅者发掘时已经遭到破坏,深者达六七米。由于墓葬密集,发掘期间我们多次请工程部门出动机械搬运浮土。墓葬大多为石椁墓,仅发现几座土坑竖穴墓。石椁墓可分为单室石椁墓、双室石椁墓和三室石椁墓等三种。石椁墓内均置有大小、厚薄不等的木棺。在石椁的四壁及底板上,大都雕刻有树木、飞鸟、穿璧、三角形等几何画像图案。

单室石椁墓一般由7~9块厚石板垒砌成石匣状,墓底大都铺设一整块大石板,两侧及两端大多为两长石板夹两短的横石板。随葬品有的放在石椁外的一侧,有的放在石椁外的头端,还有的放在椁室内。

双室石椁墓及三室石椁墓的垒砌结构,与单室石椁墓的方法基本相同,不同的是:有的并穴双室墓及三室墓大都有一主室或下葬较早的椁室,下葬较晚的墓大都借用主室的一侧椁板或一部分椁板垒砌。这就形成了并穴双室及并穴三室墓的早、晚关系。

汉代盗墓之风可能十分猖獗,人们采取了许多措施防盗,如深挖墓穴、建筑石椁,有的还放置了大量的防盗石。封山墓地有2座墓葬,在其石椁的上面,分三层放置有十八块较厚重的防盗石,每块防盗石厚约0.6米,三层防盗石厚度达1.8米。尽管如此,这些墓葬还是严重被盗。封山墓地的大多墓葬由于早年被盗,再加上墓葬密集,墓葬间叠压、打破关系复杂,有的一个盗洞竟破坏三四个墓葬。

发现的几座竖穴土坑墓均为长方形,在其竖穴土坑内,置一木棺。随葬品大多放置在棺内,有的棺盖表层并施有朱红彩绘。值得一提的是M32,为一小型土坑墓。墓圹长2.6、宽0.73~0.88米,深1.3米。木棺长2、宽0.48、残高0.2米。单人仰身直肢葬。棺内右侧随葬柄部缠以金丝的铁剑、刀各1件,头右侧集中放6个金属球,足端漆奁盒内置铜镜、铜钱、石环和铜印。M32是该墓地中规模最小、随葬品最精美的墓葬。

该墓群出土的铜器有铜镜、印、铜钱、棺饰等;出土的铁器有铁剑、刀、金属球、棺钉等;出土的陶器有鼎、磨、仓、猪圈、楼、壶、罐、盒、匜、盘等;玉、石器有玉璧、石玲、玉鼻塞、玉饰件等。在出土的铜镜中,不但有保存完好的鸟兽纹镜,还有四禽四乳镜、神兽人物镜,以及多达34字长篇铭文镜等。

封山墓地尽管发掘数量少，但复杂的打破关系表明该墓地延续时间较长，通过对墓地的分期研究，发现其时代大致从西汉早期延续至东汉晚期，个别墓葬或晚至东汉以后。

2. 滕州东郑庄墓地

该墓地位于滕州市官桥镇东郑庄东约 500 米处，地处九龙山的北坡，南与封山墓地相连。由于山北坡土层较厚，故被作为京—福高速公路取土场。1998 年秋高速公路取土时，发现大量石椁墓，同年 10～11 月，山东省文物考古研究所组织业务力量对该墓地进行发掘。参加发掘的工作人员有孙波、李鲁滕等，发掘墓葬 93 座。随着取土场的扩大，1999 年 7～8 月，山东省文物考古研究所又对该墓地进行了第二次发掘。参加发掘的人员有王守功、兰玉富等，发掘墓葬 79 座。两次发掘共清理墓葬 172 座，除 2 座为清代墓葬外，余为汉墓。汉墓中出土大量陶、玉、铜、铁器及画像石。根据墓葬形制和随葬品分析，这批墓葬年代多属西汉时期，东汉墓葬仅 2 座。

墓葬实行分区埋葬，墓葬间打破关系不如封山复杂。两次发掘的墓葬分属南区和北区，每个区内根据墓葬分布情况又可分为不同的小区，可能代表不同的家族。

发掘的墓葬除 3 座小型空心砖墓、3 座空墓外，其余均为石椁墓或土坑墓，其中以石椁墓为主。石椁的四壁一般刻有三角、鸟、常青树、十字穿璧、房屋等简单图案，个别墓的椁盖板内面刻有十字穿璧。绝大部分椁内有木棺朽痕。少量石椁墓在椁和墓壁之间有用石板搭成的简易器物箱。并穴或同穴异椁墓是常见埋葬方式。墓向分南北、东西两种，南北向者头北脚西，东西向者头东脚西。葬式以仰身直肢葬为主。

随葬品以陶器为主，鼎、壶、盒是其主要组合，另有钫、匜、盘和罐等，数量 1～7 件不等，多者达 20 余件，有的墓葬无随葬品。其中部分盖鼎、盖壶、匜、勺等为彩绘陶，图案多为朱红色卷云纹、花瓣纹等。色泽鲜艳，图案精美。陶器多放在椁外或器物箱内。椁内随葬品有铁刀、铁镰、铜镜、铜钱、玉饼、玉璧等，玉饼、玉璧往往是以口含的形式出现的，多为碎片。

发掘过程中，我们发现石椁墓中的石板表面除少量画像石外，大量存在着不同图案的錾花（即修錾石板留下的錾痕），不同墓葬的錾花有一定的差别，或代表了不同的时代，或为不同工匠所为。为保留资料，对每个墓葬不同的錾花进行了照相、绘图。但在整理过程中，没有发现其分期意义，或许表现了不同工匠的制作风格。

3. 滕州东小宫墓地

东小宫墓地位于滕州市东沙河镇东小宫村南约 500 米，地处泰沂山系西部山区与平原的交接地带，地势较高，被京—福高速公路征为取土场。为配合公路建设，山东省文物考古研究所、滕州市博物馆于1998年冬季对该墓地进行了勘探发掘工作，1999年夏进行了第二次发掘。

钻探资料表明，在丘陵的中部和西部有岳石文化至汉代的文化遗存，岳石文化遗存大部分在整平土地时被破坏掉，仅残存有部分灰坑等。东周及汉代墓地位于丘陵的中部和东部，整个墓地南北长约700米，东西宽约400米。在墓地范围内勘探发现墓葬1000余座，其中除少量为周代墓葬外，绝大部分为汉代墓葬。在东小宫墓地勘探发掘过程中，由于工程部门与当地村民发生矛盾，工程部门放弃了取土场的北部，因此我们的发掘工作也仅限于取土场的南部，共清理墓葬369余座，其中有312座为汉代墓葬。

先后参加发掘的人员有王守功、李振光、李曰训、李鲁滕、李胜利、崔圣宽等。由于东小宫墓地位于山坡上，墓室下部已经挖到基岩，因此，一般墓室内都有大量的积水，增加了工作的难度。作为领队，笔者是第一次主持汉代墓地的发掘，在排除积水难题的同时，认真组织清理每一个墓葬。东小宫墓地存在许多有打破关系的墓葬，相互打破的墓葬一般规模、墓向及随葬品基本相同，后埋葬的一般从一侧打破早期墓葬，有的很难辨别早晚。开始我们按照打破关系分别编号，后来发现相互打破的墓葬共用一个壁龛或共用一套随葬品的现象，我们认为这种打破关系是为了追求死后同穴的习俗，因此，我们将这种有规律打破的两个或三个石椁编为一个墓号。墓地中并穴埋葬的现象比较多，有时我们发掘完一个墓葬后，再仔细勘探，往往会发现与之规模基本一致的墓葬。由于随葬品大多浸泡在水中，对于发现的彩绘陶器，我们一般先用塑料袋密封，待其自然阴干后，再进行保护，取得较好的效果。

东小宫汉代墓葬多呈南北向，东西向墓葬也占一定的比例。墓葬可分为石椁墓、土坑墓和其他墓。石椁墓可分为单室石椁墓、双室石椁墓、三室石椁墓及多室石椁墓。土坑墓也有单人葬和双人葬。其他墓包括侧室墓、瓮棺葬和空墓，数量较少。

石椁墓一般由底板、端立板、侧立板、盖板组成。石板的厚度多在7～30厘米。石板的加工程度不一，一般都有各种线状錾花，有的刻画出穿壁、房屋、社树、鱼鸟等简单的图案，也有少量刻有车马出行、杂技、庖厨、神像等复杂画面。加工较好、石椁较大的在端板及侧板的内上侧开槽，先放置2～3块厚5～6厘米的盖板（这种盖板加工十分精细），再在上面加盖20～30厘米的厚盖板。我们认为，这种加盖两层盖板或许表示重椁的含义。

墓主人多仰身直肢葬，由于墓室长期积水，一些墓葬的骨架发生漂移。墓主人头向不一，有的一个墓葬中两个墓主人头向相反。

墓葬随葬品多寡不一，多者二三十件，少者一两件，有的没有随葬品。出土随葬品以陶器为主，多放在椁室外侧，有的有壁龛、器物箱等；也有放在椁室内，个别墓葬的陶器放在填土中。随葬的铁、铜、玉石器等多放在棺内墓主人周围。随葬品的种类有陶鼎、钫、壶、匜、盒、盘、罐、瓮、杯、灶、猪圈、仓，釉陶壶，铁剑、刀、削、戟、镬、锤，铜镜、铜钱、带钩、鸠杖首，玉环、璧及石璧、琀、鼻塞、耳塞、小串饰等。在东小宫墓地中，随葬铜钱的现象十分普遍，有的一个墓葬中，随葬100多个铜钱。

从墓葬形制及出土遗物分析，这批墓葬应为西汉中期至东汉中晚期的墓葬。

4. 滕州顾庙墓地

该墓地位于滕州市龙阳镇顾庙村北约200米处的土岭上。为配合北京—福州高速公路取土场工程，山东省文物考古研究所、滕州市博物馆对该墓地进行了勘探和抢救性发掘，公路取土坑破坏了墓地的大部分，此次发掘共清理了残余的墓葬82座。

这批墓葬大部分位于整个墓区的东北部，分布比较集中。墓室大多坐落在基岩上。墓葬平面呈长方形，少数近方形，面积多在3~4平方米，深1~3米不等。填土多为黄褐色砂土，少数为红褐花土，个别墓填土经夯打。

墓葬有土坑墓、石椁墓和土坑带墓道墓三类。少量石椁墓的立板内侧刻有穿璧、常青树等简单画像图案。

土坑竖穴墓多在四周或两侧有生土二层台。其中以同穴异椁的夫妻合葬较具特色。木棺腐朽严重，仅可见板灰。90%以上的墓呈东西向，葬式均为仰身直肢，头向以朝东为主。

大多数墓中有随葬品，其数量1~10件不等，多者可达20余件。主要器物有陶鼎、盒、壶、盘、匜、杯、勺、罐等；出土铜器有铜镜、铜钱等；铁器有铁剑、刀、削、矛等。石器有石珠、黛板、耳塞、鼻塞等。其中铜镜有4件镜面光亮，保存完好，背面饰四乳禽兽纹或四乳神纹。

5. 兖州徐家营墓地

徐家营墓地位于兖州市泗庄镇徐家营村西南约1.5公里，地处鲁中南低山丘陵和鲁西平原的过渡地带，属山前冲积平原。墓葬分布于地势较周围高约1米的东北—西南走向的土垄上，墓地南北长200米，东西宽100米。该墓地由于地势较高，被高速公路征为取土场。2000年3月，山东省文物考古研究所与济宁市文物局、兖州市博物馆在对铁路工程沿线及取土场进行调查时发现该墓地，同年5~7月与兖州市博物馆一同进行了勘探发掘工作，共发掘汉代墓葬347座。先后参加发掘工作的主要有王守功、党浩、王登伦等同志。

徐家营墓地墓葬位于冲积平原的高岗地，早年整平土地时墓葬曾遭到严重破坏。

在发掘区域内，一些墓葬的上部遭到毁坏，仅残存墓的底部。由于墓地残存面积较小，此次发掘基本将整个墓地清理完毕。

墓地墓葬分布较密集，分组成片的现象很清楚，两墓并列的情况也多见，墓葬的排列有一定的规律。部分墓葬间的叠压打破关系较复杂，有些墓葬存在故意打破的现象，表明墓主人之间有较密切的关系。

与其他墓地不同的是，徐家营墓地石椁墓所占比例较少。在发掘的347座汉代墓葬中，除25座墓葬形制不明外，余322座中土坑墓228座，砖椁墓24座，石椁墓63座（含2座土坑与石椁合葬墓）。在对墓葬进行分期时我们发现，该墓地的石椁墓主要集中在西汉晚期至王莽时期。大量土坑墓的存在是该墓地与其他墓地的重要区别。

土坑墓分单人葬和双人葬两类，前者多为长方形小型墓，后者近方形；部分墓底部或四周有生土或熟土二层台；葬具多为一棺一椁或单棺，部分墓有壁龛、砖或木质的边箱。石椁墓有单椁和双椁两种，葬具多为木棺，个别有壁龛，石椁板上大多有画像，题材主要有舞蹈、树木、车马、禽兽、鱼鸟、穿璧纹等，雕刻技法多为阴线刻。砖椁墓多为单人葬，墓壁为单砖砌筑，墓底铺砖。

墓向以东向、北向为主，少量西向、南向者。墓主多仰身直肢，个别侧身屈肢。

此次发掘共出土陶、铜、铁、玉、石、骨、漆器等随葬品2800多件。以陶器为主，器类有鼎、盒、壶、盘、匜、罐、勺等，部分鼎、壶、盒上有彩绘；铜器有盆、镜、印、带钩、削、环、车马器以及“五铢”、“大泉五十”、“半两”钱等；铁器有剑、刀、削等。从出土随葬品情况看，除少量墓葬随葬成组的陶礼器外，绝大部分墓葬仅随葬陶罐或陶壶。

依据墓葬形制随葬器物组合及特征分析，时代当为西汉早期晚段至东汉晚期。

6. 曲阜花山墓地

墓地位于曲阜市小雪镇东部花山东坡上，西南距著名的曲阜九龙山崖墓一号墓不到200米，当地群众称九龙山以北的这座小土山为桃花山，俗称花山。花山墓地东西长约250米，南北宽约220米。由于当地村民取土烧砖，破坏了墓地的一部分，后被菏（泽）—日（照）铁路复线工程征为取土场。为做好该项工程的文物保护工作，2000年9~11月，山东省文物考古研究所与曲阜市文物局联合对花山墓地进行了勘探发掘工作。此次发掘的范围南北约有180米，东西约150米，共发掘墓葬96座。参加发掘的工作人员有李曰训、项春生、孙岩、刘德立、孟凡喜等同志。

发掘的96座墓葬中，除4座为竖穴土坑墓，1座为砖椁墓，1座为空心砖墓外，余均为竖穴土坑石椁墓。石椁墓可分为单室、双室及三室。墓室面积一般在4~6平方米，较大的面积7~8平方米。墓室深度一般为4~5米，较深的6~7米。个别墓葬四壁经过特殊加工,墓室底部铺设有一层白灰面,四壁均涂刷一层白石灰,然后在墓室四壁用黑彩绘青龙、白虎、朱雀、玄武等四神图像。石椁内有木棺,有的木棺盖面上用白、黑、红等色绘出云气图案等漆画。

墓葬大多数都有随葬品,少者3~5件,多者数十件。随葬陶器大都放在石椁外侧的器物箱或壁龛内,也有极少数放在木棺盖板上。铜器及铁器等均放在棺内墓主人身旁、头部或足部。陶器器形有鼎、盘、匜、勺、壶、罐、盒等;铜器有镜、带钩、印及兵器等。铁器有剑、刀、镢、舌等。玉石器有玉璧、璜、玲、珠及玉石、鼻塞、耳塞等。另有铜"半两"、"五铢"及"大泉五十"等钱币。

花山墓地发掘的墓葬规模较大,随葬品也相对丰富。除一般的随葬品外,还出土几件精美的漆器及釉陶器,如M88出土的一件彩绘漆奁(M88:6)极为精致,在漆奁的盖面上,镶嵌有圆形及心形琥珀装饰,其间并贴有六枚造型别致的金箔,在漆奁盖面外侧及侧面的周壁,又分别贴有数周多种动物纹样的金箔。

整理过程中我们发现,花山墓地随葬品的种类、形制与柴峪墓地较一致,与滕州、兖州、嘉祥等地存在一定的差异,或许这两个墓地距鲁故城较近,因此保留了更多的鲁文化传统。

从出土遗物分析,这批墓葬主要为西汉早期至东汉时期的墓葬,其中以西汉中期至王莽时期的墓葬最多。

7. 曲阜柴峪墓地

柴峪墓地位于曲阜市息陬乡柴峪村西南2公里西山的东坡上,墓地南北长约500米,东西宽100多米。2000年3月,为配合菏(泽)—日(照)铁路复线工程的施工建设,山东省文物考古研究所在对工程线路及取土场进行调查时发现该墓地,同年4月,山东省文物考古研究所与曲阜市文物局共同对柴峪墓地进行了勘探与发掘。先后参加该墓地发掘的人员有:李振光、李曰训、项春生、李玉春等。吴双成为漆棺墓的清理和保护做了大量工作。

由于墓地北部属于曲阜市,南部为邹城市,勘探发掘工作仅限于公路取土场在曲阜市占用部分,勘探发掘范围南北长300米,东西宽100米。共发掘汉代墓葬243座,出土较丰富的陶器、铁器、铜器、漆木器、石器、布织品等随葬品。

墓葬多为石椁墓,有的为单室墓,有的为双室墓。墓葬分布相对稀疏,仅部分墓葬存在打破关系。有的墓葬头端或一侧有壁龛,个别墓葬壁龛较小,仅能放置一两件陶器,有些壁龛口外用石板封堵。部分墓葬存在生土二层台。葬具多用长而厚的石板砌筑石椁,少量墓葬在立板口槽中搭盖横向木板,形成木盖顶板,盖板上绘彩色纹饰。有的墓葬在二层台上盖石板,起到保护木棺的椁室作用。

值得庆幸的是，由于墓地特殊的埋藏环境和水土状况，木质葬具、漆木器、布及丝织品保存较好。葬具中，除石椁外，还有保存较好的木椁、木棺，棺椁的大小及制作工艺比较清晰。一些木棺上绘有精美的彩绘，我们也做了整体提取保护。墓葬中出土的布及丝织品为研究汉代纺织工艺提供了实物标本。

与墓葬中木质品保存较好所不同的是：墓葬中骨架保存较差，尽管在个别墓葬中发现死者完好无损的头发，但大部分墓葬的骨架基本腐朽，很难做体质鉴定。

柴峪墓地的随葬品与其他墓地有所差异，除随葬典型的西汉时期的礼器外，还有大量的圈足壶，这些个体较小的圈足壶与曲阜地区战国时期出土的圈足壶具有明显的传承关系。可能由于柴峪墓地距鲁故城较近，鲁国的文化传统保留时间长远。

通过对柴峪墓地的墓葬分期研究，发掘的243座墓葬大致从西汉早期延续至东汉中晚期。

8. 嘉祥长直集墓地

长直集墓地位于嘉祥县卧龙山镇长直集村南，是1980年文物普查时发现的。墓葬主要分布在坨山北坡，长直集村南部占压了墓地的北部。在修建房屋、整修梯田及生活取土过程中，墓地遭到一定程度的破坏。由于该墓地所在土层较厚，被铁路部门征为取土场。2004年4月，为配合工程建设，山东省文物考古研究所、济宁市文物局、嘉祥县文物局联合在铁路取土场范围内进行勘探发掘工作。发掘清理的范围东西长约500米，南北宽约400米，清理汉代墓葬317座。先后参加勘探发掘的人员有山东省文物考古研究所王守功、李振光，济宁市文物局王政玉、张骥、李德渠，嘉祥县文物局贺福顺、朱华等。

长直集墓地墓葬分布不甚密集，仅少数墓葬之间存在叠压打破关系。整个墓地根据墓葬分布情况可分为若干小区，或许为不同家族的墓地。整体而言，墓地中部墓葬比较集中，四周边缘墓葬相对稀疏。

发掘的墓葬绝大多数为小型竖穴土坑墓，可分为石椁墓、土坑墓、砖室墓三类。其中石椁墓占50%以上，土坑墓占40%以上，2座砖室墓为空心砖墓。砖椁墓在石板的表面有一定数量的画像，主要为简单的太阳、树木、花草、夔龙等图案。

与其他墓地不同的是：该墓地的石椁墓中发现在椁室底板下砌器物箱的现象。底箱是在墓的底部挖长方形的土坑，放置好陶器后盖石椁的底板，极不易发现。底箱（或腰坑）一般长1~2、宽0.4~0.7、深0.3~0.8米。

随葬品的摆放方式各有不同。大件器物放在底箱或壁龛内，也有的放在棺外椁内。壁龛的高度不同：有的与椁室平齐，有的在椁室上口或墓穴的上部，均以薄石板封堵龛门。小件器物放置棺内墓主人骨架周围。

出土的随葬品中以灰陶器物最多，器形有罐、壶、钫、盒、鼎等。陶罐的上腹部有刻划文字的 10 多件，字数少者 1～2 字，多者 20 余字。彩绘陶器中有鼎、盒、壶、钫，还有彩绘陶马。几座王莽时期的墓葬中出土了一批釉陶器，器类有鼎、盒、壶、钫、楼、仓、灶、猪圈等，造型优美别致，形象生动，色彩鲜艳，为其他几个墓地所不见。铁器中有剑、刀、铁舍等。铜器中有铜镜、印、盆、釜、带钩、货币等。货币以"五铢"为主，也有"货泉"、"大泉五十"等币种。玉器有镯、玦、珠等。石器有砚、纺轮、石球等。

这次发掘中出土的 7 件歙砚，有的砚球上涂有朱砂，有的砚板上存有余墨。与砚球、砚板成套出土的汉代歙砚，在山东尚属少见。

根据墓葬的打破关系及随葬品形制的不同，我们对墓地进行了分期。分期结果表明，该墓地从西汉早期一直延续至东汉早期。

（三）初步认识

通过整理研究，我们有以下初步认识：

（1）鲁中南地区是石椁墓和汉画像石分布的重要区域。

汉代画像石主要分为两类：一类是在墓上石质建筑物上的刻画，如享堂（主要发现于山东地区）、石阙（主要发现于四川地区）等；另一类是在墓室内石椁（或石室）上的刻画。以往学者将全国汉画像石分布区分为鲁南苏北区（山东、江苏北部、安徽北部、河南东部等）、河南南阳区、四川等三个区，后根据新发现资料增加了陕北区和洛阳区，共分为五个地区。同时，随着考古资料的增加，各分布区域也逐步扩大。鲁南苏北区是画像石出现最早、分布面积最大的区域，鲁中南地区处于这个区域的中心地带，因此，该区域汉代墓葬资料的研究对汉代画像石研究具有重要的作用。

由于发掘的墓葬多为中小型墓葬，出土画像石多为简单的穿璧、树木、房屋、动物等，个别墓葬有车马出行、杂技、四神等比较复杂的场面。

从发掘资料分析，以枣庄、济宁为中心的鲁中南地区墓葬形制及埋葬习俗与苏北、皖北、豫东地区同时期墓葬基本一致。发现的墓葬以石椁墓为主，在以往的发掘报告中，对这类墓葬有石室墓、石板墓、石匣墓等不同的称谓。通过对发掘的这批资料分析研究，我们认为，所发现的大部分墓葬用石板围砌的"石室"实际是起到"椁"的作用，因此我们以"石椁墓"统称之。当然，东汉以后出现的带前室、耳室的中型墓葬，其石室的性质与这类小型墓葬有本质不同的含义，这又另当别论。

发掘的石椁墓数量多，墓葬形制复杂。按椁室多少的不同，可分为单室石椁墓、双室石椁墓、三室石椁墓和多室石椁墓等。单室石椁墓一般由一块底板、两块端板、两块侧板、1~3块盖板组成。椁室大多位于墓室的中部。有的墓有壁龛或边箱，放置陶器等形体较大的随葬品。单室石椁墓多两两并排，应是夫妻并穴葬。也有的单室墓在墓的底部留生土二层台，放置棺木后盖以石盖板。双室石椁墓有的是一次挖好墓穴，大部分有再次挖开的痕迹。双室墓有两个椁室共用中间侧板的现象，个别双室墓为两个棺放在同一个较大的石椁内。三室石椁墓及多室石椁墓也有共用侧板的现象。在两个以上的石椁墓中，有的随葬品（主要指陶器）分别放置，有的放置在一侧或壁龛内，表明墓主共同拥有这些随葬品。

（2）由于儒家礼教的影响，鲁中南地区十分重视对死者的安葬，有不同于其他地区的埋葬习俗。

从墓地的选择上，大部分墓地多选择山坡（封山、东小宫等）或高地（徐家营等）。有的山坡由于地势较好，汉代的人们多次利用，从而出现一些叠压、打破关系复杂的墓地，如封山、东小宫等。由于发掘的许多墓地在取土场上，勘探、发掘的面积较大，可以看出在同一取土场上，墓葬从地域上可分为不同的组，每一组墓葬应是同一家族（或家庭）的墓地。

在这一地区，十分流行石椁墓，许多墓葬制作石椁的石头是从很远的山上运来。为加强防盗，一些墓葬的石椁上有多层防盗石。封山墓地有几座墓葬放置三层防盗石，每层防盗石的厚度约0.6米，仅防盗石厚度近两米。可见在当时盗墓之风十分猖獗。

与鲁北地区相比较，该地区更流行厚葬的风俗。在一些小型墓葬中，也出现许多仿铜的陶礼器，如鼎、钫、盒等。此外还有盘、匜、杯、灶、猪圈、仓等，这些陶器许多为红陶，烧制火候较低，应是专门用于墓葬随葬的。仿铜礼器多成对出现在墓葬中。

随葬铁器以剑、刀、削为主。在墓葬的填土中，发现许多铁夯具及铁臿、镢等，应是开挖墓圹及夯土的工具。

墓葬中随葬许多漆木器。由于该地区不利于木质品的保存，有的木器仅能看到腐朽的痕迹。柴峪墓地由于比较干燥，保存了部分木器及棺木，其中一件棺木上有精美的漆画。花山墓地M88出土的一件彩绘漆奁（M88:6）极为精致，是漆器中保存最好的。

随葬铜器有盆、铜镜、印、饰件、钱币等。其中钱币随葬的数量较大。一般墓葬中均随葬数量不等的铜钱，多者随葬100多枚。以"五铢"为主，也有"货泉"、"大泉五十"等币种。

墓葬中出土部分石器、玉器。其中石器中的鼻塞、耳塞，玉、石器中的口含与当时盛殓死者的习俗有关。

（3）发掘的汉代墓葬中存在大量的叠压、打破关系，这些叠压、打破关系分为有意和无意两种情况。

无意叠压、打破指后埋葬者无意叠压或打破先埋葬者的墓葬，二者之间仅为先后关系。

所谓有意叠压、打破，是指两个或两个以上的墓葬之间为表达当时社会的某种社会意识所进行的有意识的叠压、打破关系。这些打破关系可分为以下三种情况：（1）同时挖好墓穴分两次下葬，墓穴两边重合者；（2）分两次挖掘墓穴，墓穴两边重合或基本重合者；（3）分两次挖掘墓穴，墓穴两边不重合者。

东小宫墓地中，有十余座墓葬为两墓室共用中间一块边椁板。也有单石椁内放置双棺的现象（如 M254、M314 等）。

这三类具有打破关系的墓葬有以下特点：（1）后埋葬的墓葬与先埋葬的墓葬方向基本一致，后者以不破坏前者的棺椁为前提。（2）有些具有打破关系的墓葬共用一个壁龛或同一组随葬品。这些现象表明，具有打破关系的墓葬具有相近的关系，墓主人的人骨鉴定正好说明了这一问题。

东小宫墓葬出土的人骨鉴定是由韩康信先生负责完成的。尽管大部分墓葬的人骨腐朽较严重，但具有打破关系墓葬的大多为一男一女。说明二者为夫妻（妾）的关系，而二者之间的打破关系应是追求死后同穴的表现。

在墓地中，我们还发现有在墓向、规模、随葬品基本相同的并排墓葬，应是夫妻并穴葬的埋葬习俗。这种夫妻同穴的埋葬习俗在鲁中南、鲁东南地区十分流行，不见或少见于鲁北地区。直至今日，在鲁中南地区仍流行夫妻同穴、并穴合葬的习俗。

（4）鲁中南汉代墓葬具有浓厚的地域特点。

近年来，为配合工程建设，在山东地区发现大量汉代墓葬。据不完全统计，目前发掘的汉代墓葬超过 7000 座，遍布全省各地，其中包括洛庄汉墓、双乳山汉墓、危山汉墓等诸侯王的墓葬。根据墓葬的形制及随葬品的不同，大体可划分为鲁北、鲁中南、鲁东南、胶东四个区域。

鲁北地区包括济南东部、淄博、潍坊一带。汉墓的形制主要是竖穴土坑墓，砖椁墓较多，壁龛常见，盛行二层台的做法，石椁墓很少。墓葬内随葬品较少，组合简单。一般仅有陶器一两件，多者也不过三四件，器类单调，多仅随葬陶壶 2 件或陶罐 1 件，罐、壶很少有共存现象。该地区汉墓特别是以临淄为中心的齐国腹心地带，墓葬中很少随葬铜钱。

鲁东南地区包括临沂的东部、日照市及青岛市的西部。该地区除有一定数量的石椁墓外，流行木棺椁为葬具。小型墓葬往往有封土，多个封土墓打破、重叠形成大的封土堆。墓葬多为长方形土坑墓（或岩坑墓），一般为一棺或一棺一椁，盛行在木椁内设置边箱放置器物的做法。随葬品比较丰富，有陶器、铜器、玉器等，随葬品的数量特别是陶器多于鲁北地区墓葬，陶器组合继承战国以来鼎、盒、壶的组合方式并多施彩绘。模型明器仓、灶、井、圈在西汉早期即已出现，釉陶的出现也较其他地区为早，在西汉中期就已经出现；墓葬中以铜钱作为随葬品是很普遍的现象，数量多者达百余枚甚至数百枚。可能由于该区域受楚文化的影响，墓葬中多随葬一定数量的漆器，以海曲墓地漆器保存最为完整。该区域的墓葬从葬具和随葬品上受到南方楚式墓的强烈影响。

胶东地区是指胶莱河以东地区。发掘数量少，从墓葬形制上看比较多地接受了齐国文化的影响，但在随葬品的使用上与齐墓有明显的区别。从发掘规模较大的莱州朱汉墓地情况看，整个发掘区分为几片墓地，可能代表了不同家族的墓地。墓葬之间叠压、打破关系的很少，说明墓地经过了一定的规划。墓葬形制有土坑竖穴、砖椁墓等，以竖穴土坑木椁（棺）墓为主。部分墓葬在二层台上放置一长方形木质边箱。少数墓有壁龛。随葬品多放置于棺侧二层台上或边箱内，以陶器占绝大多数，另有少量铜、铁、石器等。陶器有鼎、壶、盒、罐等；铜器有铜镜、铜钱及车马构件等。整个胶东地区墓葬形制较复杂，墓葬的随葬品与鲁东南地区有相同之处，而与鲁北有明显的区别。

鲁中南地区汉代埋葬习俗在继承鲁文化传统的同时，形成以石椁墓为主，盛行同穴与并穴墓葬，随葬品中存在大量仿铜礼器的地域特点，代表了山东汉代墓葬分区中一个独立的区域。

（5）与其他地区墓葬相比，山东地区汉代墓葬既表现出在大一统政治下的统一性，又延续了强烈的传统特色，具有明显的地域特点。

在大型墓葬中，墓葬的形制、棺椁制度、陪葬品种类等表现了与其他地区诸侯王墓葬相同的发展规律。小型墓也表现了与其他地区相同的演变轨迹。这是大一统政治在对不同阶层人们影响的结果。同时，由于各地历史文化传统的不同，所受区域文化影响的不同，墓葬区域性特点十分明显。鲁中南地区墓葬的随葬品在继承自己文化传统的同时，与中原、关中地区墓葬的随葬品表现了一定程度的一致性；鲁东南和胶东地区流行的木椁墓及其随葬品，则明显受到南方楚国的影响；鲁北地区齐国文化独特的传统使之与以上三个区域有明显的差别，形成自己的文化特色。山东地区汉代墓葬的区域特点与各自的文化传统是密不可分的。

就此次整理的八个鲁中南地区汉代墓地情况看，尽管各个墓地存在很多一致性，但由于这八个墓地分布区域不同而存在明显的差异。曲阜花山、柴峪出土的小型圈足壶不见于其他墓地；兖州徐家营墓地以土坑墓为主的特点也与其他墓地有明显的不同。即使同一墓地同一时期的墓葬中，也存在一定的差异，如嘉祥长直集墓地西汉早期陶鼎鼎盖就有碗形和钵形盖两种，共存的其他随葬品也有所差别。同一区域或同一墓地随葬品形制的差异，或许反映了地方手工业的发达及不同特点。

在兖州徐家营、嘉祥长直集、曲阜花山、滕州东郑庄墓地均发现少量大型空心砖墓。空心砖墓最早出现在战国晚期郑州一带的韩地，汉代空心砖墓主要分布于洛阳、郑州、新郑、密县、巩县、禹县等地，鲁中南地区空心砖墓的出现，说明该地区与河南中部地区文化或人员存在交流与联系。

随着发掘报告的完成，鲁中南地区汉代墓葬整理与研究暂告一个阶段。我们在发掘和资料整理的过程中，发现鲁中南汉代墓葬中还有许多问题需要进行更加深入的讨论和研究。在未来十年乃至几十年中，汉代考古将是山东地区考古学研究的中心任务之一。鲁中南汉代墓葬的研究，将对山东地区汉代考古学研究起到重要的推动作用。

王守功

滕州封山墓地

山东省文物考古研究所

滕州市博物馆

滕州位于山东的南部，地理坐标为北纬 34°50′ ~ 35°17′，东经 116°48′ ~ 117°23′。东依沂蒙山区，南临枣庄市薛城区，西濒微山湖、与微山县相连，北和邹城市接壤。东西宽 45、南北长 46 公里，总面积 1485 平方公里。地处鲁中南山区的西南麓延伸地带，属黄淮冲积平原的一部分。地势从东北向西南倾斜，依次为低山、丘陵、平原、滨湖。海拔最高点 596.6 米，最低点 33.5 米。全市山脉呈东北至西南走向，东部和东南部为石灰岩山区，北部和东北部是花岗岩、片麻岩构成的砂页岩石区。境内河流属淮河流域、京杭大运河水系，大多发源于市东、北部的山丘地带，由东北流向西南，注入微山湖。境内主要河道有城河、郭河、界河、北沙河、薛河、小苏河、小魏河等。地处暖温带半湿润地区南部，季风性气候明显。四季分明，雨量充沛，光照充足。历史悠久，古为"三国五邑"之地，素有"滕小国"之称。滕始于黄帝，因境内泉水"腾涌"而得名。周灭商后，武王封其异母弟叔绣于滕，乃称"滕国"。秦统一六国后，废分封置郡县，于今滕境置滕县、薛县。汉初，高祖撤小邾置蕃县，西晋仍袭汉制。金设滕阳州，后改称滕州，辖滕、沛、邹县和陶阳镇。明初废除滕州。建国初，曾为滕县专署驻地。1953 年撤销滕县专署，滕县改属济宁专署。1979 年改属枣庄市至今。1988 年 3 月，撤销滕县，建立滕州市。自古以来，该区域为人口稠密、高度开发的农业耕作区，文物古迹众多，已发现相对完善的北辛—大汶口—龙山文化的新石器时代文化，尤其在大汶口文化的中晚期曾一度繁荣，西康留遗址 2 座大型夯土台基的发现为此提供了有力的实证。至商周时期，东、西部分属古薛国和滕国，在这两座方国故城内已发现大量的青铜器和玉器等重要遗物。

封山位于滕州市东南部的官桥镇西公桥村西，西南距镇驻地约 0.5 公里。该山处于南北连绵起伏的矮丘南端，为略隆起的小山头。墓地即坐落于山东面的缓坡上，整个墓地顺山走向分布，南北长约 120 米、东西宽 100 米（彩版一，1）。向北约 1 公里，翻过一座山头即是东郑庄墓地。封山的南部为开阔的平原，唯西南部约 0.7 公里处有一凸起的小岭，当地俗称小封山，与墓地所在的山头遥相呼应，该山周围亦为汉代墓地，也有大汶口文化时期的遗址。薛河的支流——小魏河由东折向西南从封山的南部流过，在河道转弯处的东南部平地上分布有西康留和西公桥大汶口文化遗址，两遗址南北排列、紧密相连，西南约3公里为薛国故城遗址（图一）。

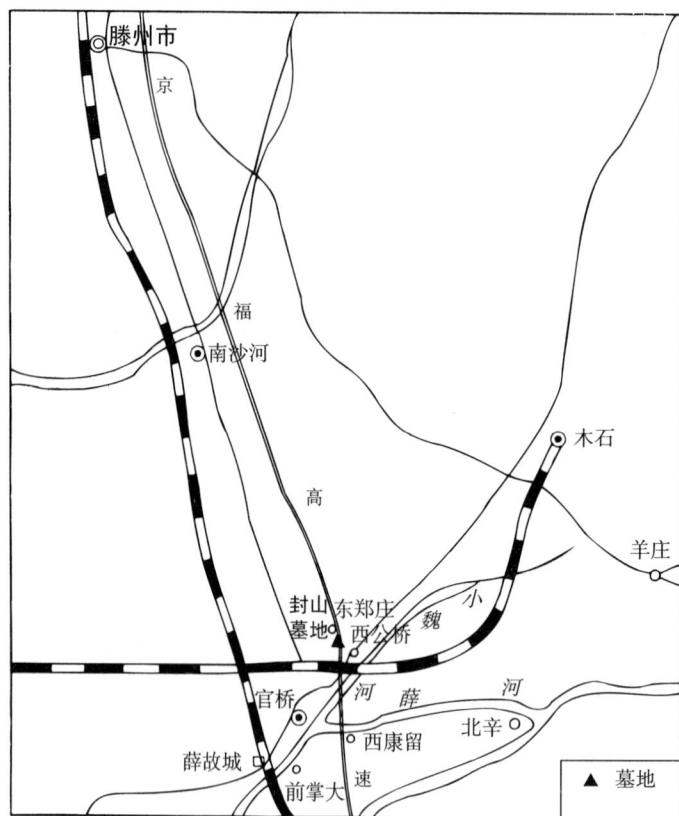

图一　封山墓地地理位置示意图

北京至福州的高速公路由西北向东南穿过墓地的中部。为配合该工程的建设，1999年6～8月初，山东省文物考古研究所与滕州市博物馆联合组队，对该墓地进行了全面的勘探，并发掘路基占压部分，清理汉代墓葬109座，获取陶器、铜器、玉器、铁器等遗物200余件（图版一，1）。

本次发掘领队为王守功，主要业务人员有李曰训、高明奎，参加人员还有山东省文物考古研究所的苏凡秋、石念吉、房成来、张宪英、张学堂及滕州市博物馆的杨光海、魏慎玉等。

（一）墓地概况

根据考古勘探和发掘情况分析，墓葬均分布于山的东坡，整个墓地的面积约1万多平方米，其中以墓地的西北部和南部最密集。在西北部不足50平方米的范围内，上下叠压十多座，而东部和北部较稀疏，很少有打破或叠压现象，可见3～5座不等的墓葬相对集中成组排列，应为墓地的东和北边缘。墓葬绝大多数为长方形竖穴单人葬，也有较多的两人合葬的方形墓穴。葬具多为长方形的石椁，由8～10块不等的石板围成长方形椁室，个别以碎石块砌成，椁内置木棺，但由于盗扰严重，仅少数椁内底部尚存棺痕，另有少量岩圹墓葬，无明显的葬具，仅以长方形薄石板封口。还有少量的土坑墓，没有石椁，只有木棺。墓穴主要呈西北—东南和东北—西南向。由于腐朽或盗扰，大多石椁室内不见骨骸，有者仅存零乱的肢骨或头骨，葬式不明，唯土坑墓骨

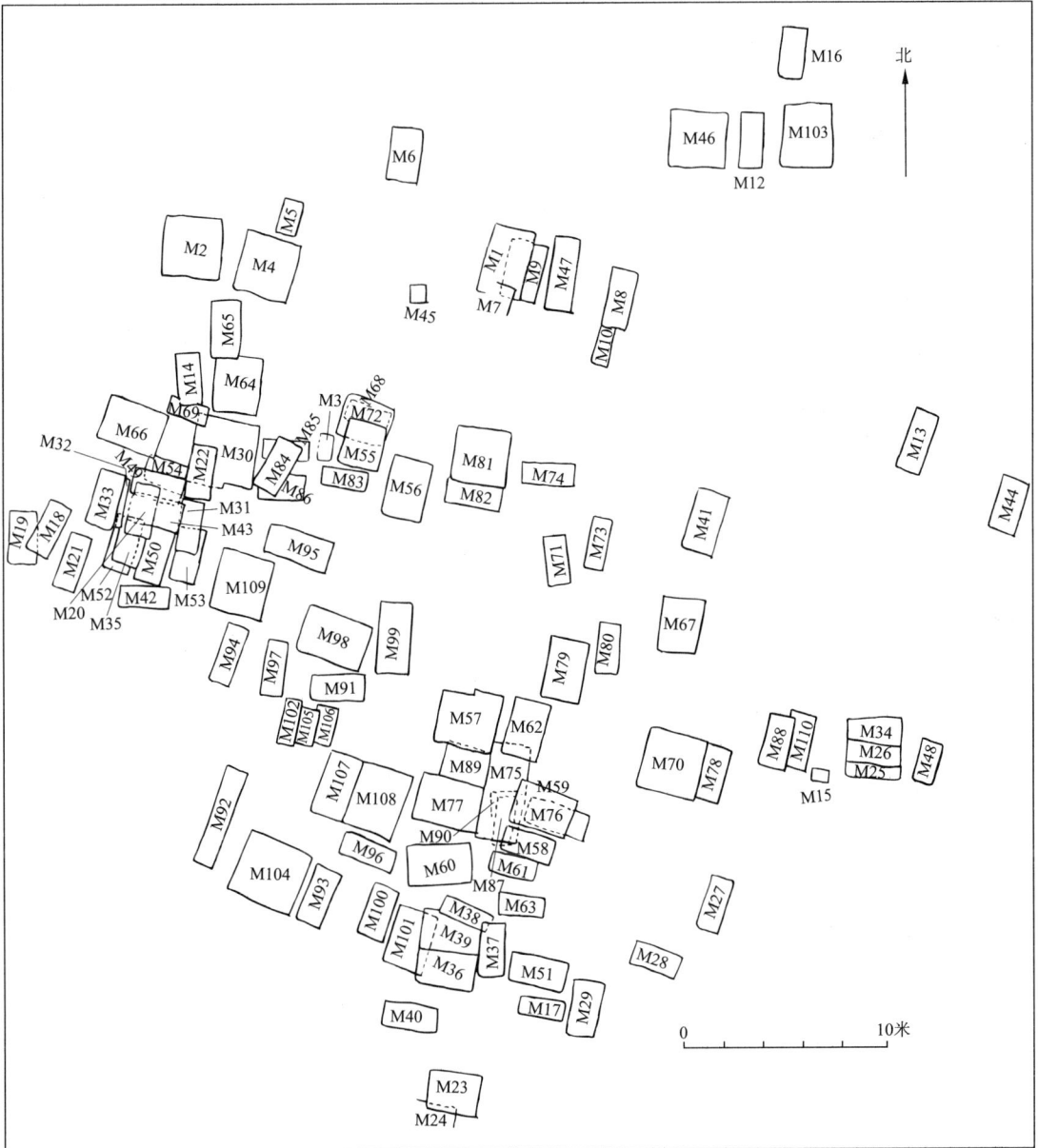

图二　封山墓地墓葬分布图

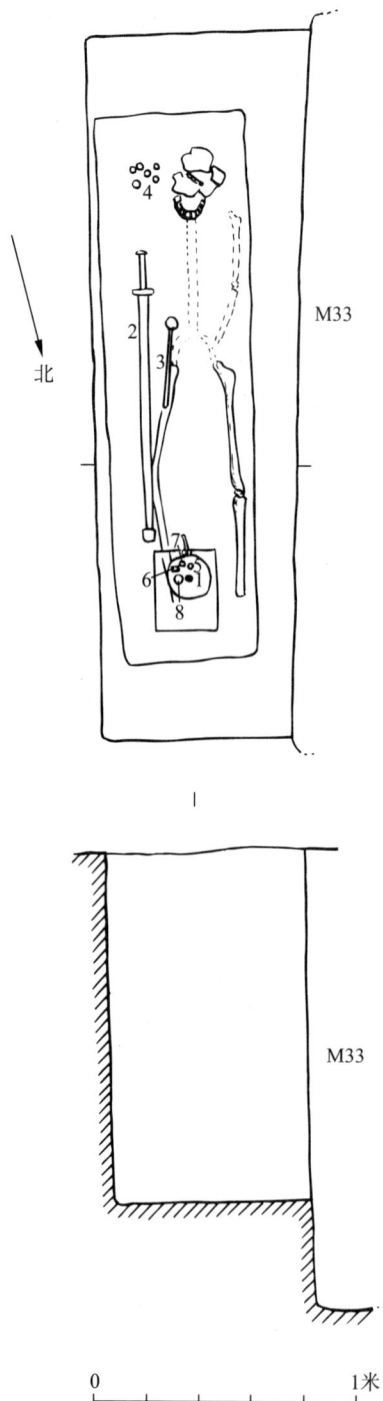

图三　汉墓 M32 平、剖面图
1. 铜镜　2. 铁剑　3. 铁刀　4. 金属球
5. 铜钱　6. 石环　7. 铜印　8. 漆奁

架保存稍好，均仰身直肢葬。绝大多数有随葬品，以陶器为主，常集中陈放于椁外的头端、脚端或身体两侧的器物箱内，而铁剑、铁刀、铜钱、铜镜、铜饰件及玉器等遗物则主要在棺内（图二）。

（二）墓葬分类及典型墓例

墓葬皆长方形或方形竖穴，除少量土坑外，多数墓圹的下部凿岩而成。墓穴方向不一，多为东北—西南向，西北—东南向的次之，也有近东—西或南—北向的。绝大多数有石椁，椁内有木棺，个别墓葬仅有木棺或无任何葬具。依墓圹和葬具的不同，可分为土坑墓和石椁墓两类（附表）。

1. 土坑墓

11 座。墓圹均为长方形竖穴土坑，无石椁，仅有单木棺或无葬具。

M32　位于发掘区的西北部，被 M33 打破，打破 M35。墓向 190°。墓圹长 2.6、宽 0.73 ~ 0.88 米，深 1.3 米。填土为黄褐色花土，夹少量碎石块。木棺长 2、宽 0.48、残高 0.2 米。单人仰身直肢葬。棺内右侧随葬铁剑、刀各 1 件，头右侧集中放 6 个金属球，足端漆奁盒内置铜镜、铜钱、石环和铜印（图三；彩版一，2）。

M82　位于发掘区的中部，被 M81 打破。墓向 285°。墓圹长 2.5、宽 1.25 米，深 1.64 米。四周有生土二层台，台宽约 0.1 ~ 0.4 米。葬具为一木棺，由棺痕判断，长 2.16、宽 0.54 米，高度不详。填土为黄褐色黏土，夹较多的碎石块，经夯打。残存部分肢骨及碎头盖骨，头向西，仰身直肢。随葬陶小型罐 2 件，置于脚端棺外；铜钱在棺内中部（图四）。

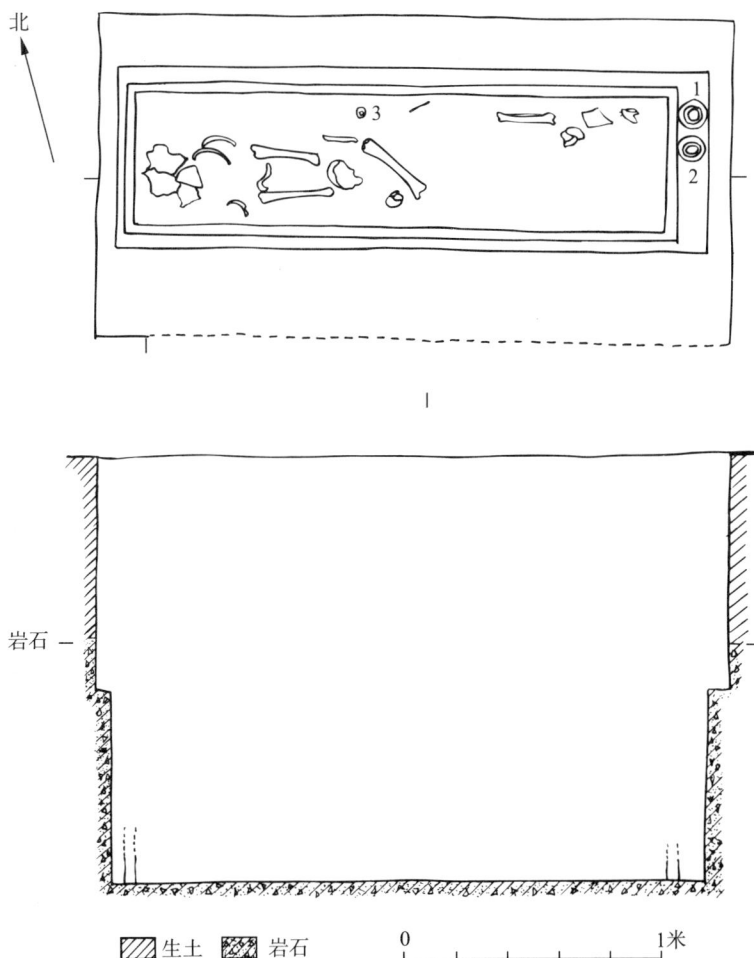

图四 汉墓 M82 平、剖面图
1、2. 陶小型罐 3. 铜钱

2. 石椁墓

98 座。石椁为长方体空室，一般长 2.2～2.5、宽 0.65～0.9、高 0.65～1 米。多以四块长方形石板围成四壁，底部铺一或二块石板，顶部为长方形石盖，有的置双层盖板，内盖较薄，放于四壁的刻槽上，顶盖较厚。椁内壁常刻划简单图案，多以平行直线构图，流行圆形、三角形、方形或长方形的几何图案。椁内放一木棺，但保存较差，有的可见棺灰或红漆皮、棺饰件、垫底石灰等棺痕，多数由于盗扰严重，不见棺痕。还有少量墓葬仅有石盖板，其余各壁为岩圹，或两侧壁以碎石垒砌、石板盖顶，亦归入此类，属简化石椁墓。依同一墓圹内椁的数量，可分为单椁、双椁和三椁室三种。

（1）单石椁

　　72 座。在墓圹内构置一椁室。

　　M21　位于发掘区的西北部。西邻 M18，东邻 M42。墓向 20°。开口距地表约 0.5
米。墓圹长 2.8、宽 1.2 米，深 2.25 米，两侧有基岩二层台，宽约 18～22、高约 70～
85 厘米。距开口 1.4 米下为岩圹，其上为土圹。填土为棕褐色黏土和少量沙、石混合

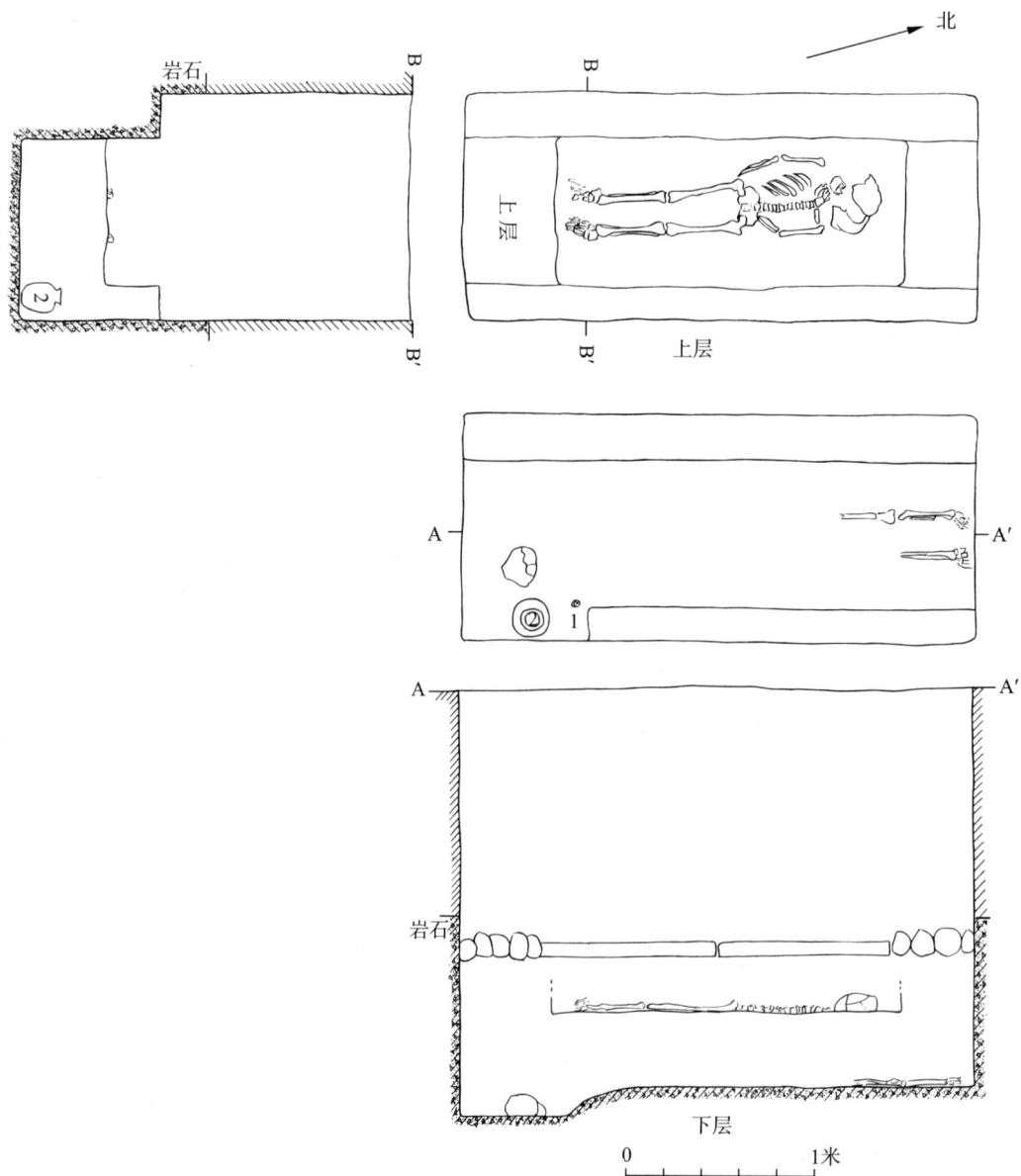

图五　汉墓 M21 平、剖面图

1. 铜钱　2. 陶中型罐

成的花土，经夯打，夯层厚约0.1～0.19米，夯层间垫一层土，可见圆形平底夯窝，夯窝直径约3、深1～15厘米。石椁为简化形式，仅顶面用两块素面方形石盖板，盖板厚约7厘米，底面及各侧面均利用岩圹的壁，顶部盖板两端又以石块堆垒。石椁内有

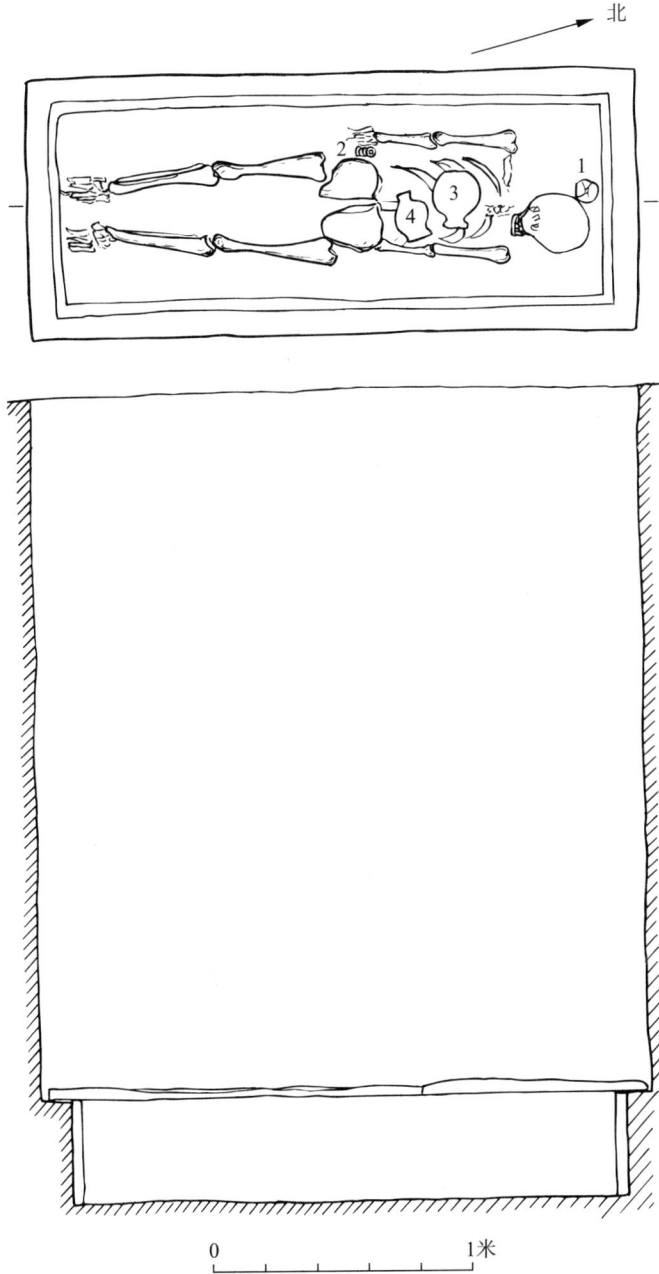

图六　汉墓 M73 平、剖面图

1. 铜镜　2. 铜钱　3. 陶中型罐　4. 陶壶

上、下两层骨架，下层骨架头向南，女性，18～20岁，仰身直肢，上肢和盆骨严重腐朽，仅残留部分下肢骨，不见棺痕。东侧二层台的南端留器物坑，长0.7、宽0.2、深0.76米。随葬陶中型罐1件、铜钱。上层骨架头向北，唯头骨被压碎，保存较好，女性，年龄约20岁，仰身直肢。有木棺痕，木棺长1.9、宽0.76、残高0.1米，不见随葬品（图五）。

M73　位于发掘区的中部。墓向15°。墓圹长2.4、宽1米，深3.1米。上部为土圹，下部凿岩。东西两侧有基岩二层台，台宽12、高30厘米。葬具有石椁和木棺，石椁为简化形式，在二层台上盖两块同墓圹等长宽的石板，石板皆素面，厚约4厘米。木棺残长2.2、宽0.8米。骨架仰身直肢，头向北，面向上。随葬品有陶中型罐、壶各1件，可能原位于木棺的上部，由于棺坍塌而发生位移，铜镜、铜钱分别位于头骨的右侧及右手部位（图六；图版一，2）。

M84　位于发掘区的北部，打破M85、M86。墓向32°。墓圹长2.7、宽1.24米，深3.8米。距开口2.2米下为岩圹，其上为土圹。底部除北端外均为基岩二层台，其中南端的二层台上部用碎石块垒成，台宽24～30、高80厘米。填土为褐色黏土夹杂少量风化绿色基岩混合成的花土，夯打，夯层厚约18～24厘米，残存圆形平底夯窝，夯窝直径约4、深1～1.5厘米。木棺置于岩圹内，长1.9、宽0.46、残高0.06米。骨架一具，保存较好，头向东北，面向右，女性，20岁左右，仰身直肢。随葬品3件，其中陶中型罐1件在南端的棺外，铜镜1面压于右脚下，镜下还有铜钱（图七）。

M97　位于发掘区的西部，西临M94，东邻M91。墓向10°。墓圹长2.76、宽1.1米，深3.32米。填土为黄褐色花土，夹杂少量碎石块。被盗扰。葬具有石椁和木棺各一具。石椁长2.38、宽0.94、高0.82米，由7块素面石板围砌而成，其中顶面2块，其余各面用一块长方形石板。木棺仅有灰痕，因严重盗扰和腐朽，尺寸不详。在石椁的北侧发现头盖骨一块，不见骨架的其余部分。遗物有陶器和铜钱，石椁外陶大型罐1件，盗洞内陶盒1件，椁内有陶鼎、壶、盒各1件及铜钱（图八）。

M54　位于发掘区的西北部，被M49、M66打破。墓向112°。墓圹长2.7、宽1.24米，深4.08米，距开口2.2米下凿岩为圹。填土为红褐色亚黏土和碎石块混合成的夯土，夯层厚约0.13～0.21米，圆形平底夯窝，夯窝直径约5、深1～1.5厘米。墓圹的东部有盗洞。石椁长2.32、宽0.98、高1.01米，顶面有两块盖板，分别厚0.15、0.2米。西端的椁外有石砌长方形器物箱，长0.98、宽0.26、深0.76米。椁内壁面皆阴刻平行线，两侧立板上口凿宽2、深3厘米的凹槽，可能设计用于盖第二层石板，但未发现，其余各面的石板皆直接扣合，无类似榫卯的结构。椁室内侧各壁面皆阴刻图案，东、西及南、北相对壁面的内容各自相同，如西端立板，用数条平行线围成方形的宽边框，内侧区域则以对角线为界，分割成对称的四个三角形，其内皆阴刻平行线。南、北两

北

图七 汉墓 M84 平、剖面图
1. 铜镜 2. 陶中型罐 3. 铜钱

北

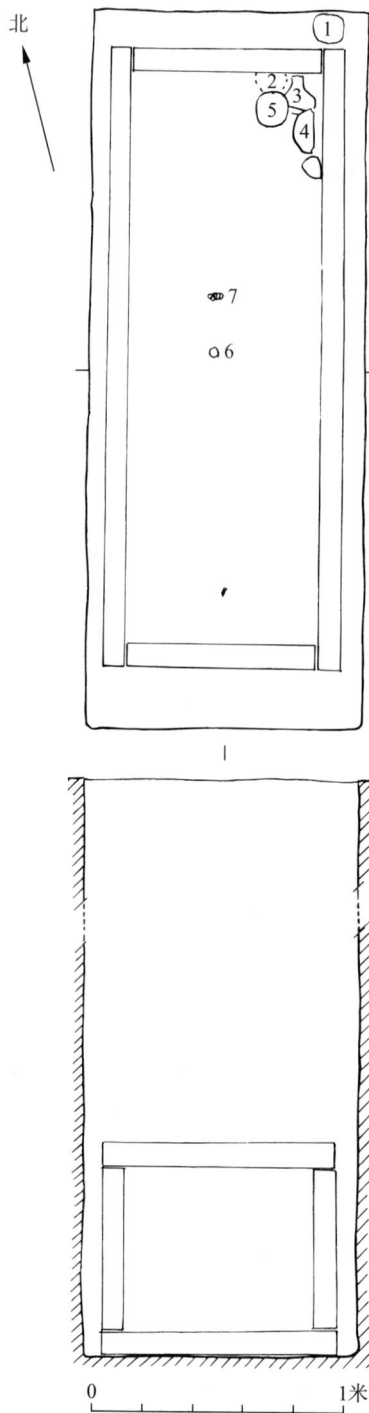

图八　汉墓 M97 平、剖面图
1. 陶大型罐　2、5. 陶盒　3. 陶壶
4. 陶鼎　6、7. 铜钱

侧的立板阴刻内容相同，在长方形的石板上，数条平行线围成长方形的边线框，边框内分列三部分，两端的方形框内，以对角线为界，分成对等的四部分，内侧的平行线纹均为平行斜线。木棺长2、宽0.72、残高0.08米。骨架发现于椁室的东端，有头骨及部分肢骨，葬式不清。随葬品较多，陶器在器物箱内，器形有彩绘陶鼎（带器盖）、盒、壶等，棺内有铜镜、玉璧、铁剑、铜饰、铜钱、骨器等（图九；图版二，1）。

M90　位于发掘区的西南部，被 M58、M59、M75、M87 等墓葬打破。墓向182°。被严重盗扰。墓圹长2.85、宽1.55米，深5.45米。石椁东侧距开口约5米处，有生土二层台，台宽0.25、高0.75米，在二层台的中间凿成长方形的器物坑，长1.25、宽0.3、高0.7米。葬具有石椁和木棺。石椁长2.36、宽1.02、高1米，四侧竖板和盖板均以榫卯结构扣合。其中东、西两侧竖板上口内侧刻宽、深各2厘米的横向凹槽，以承托盖板，两端的内侧刻宽8、深2、高74厘米的竖凹槽。南、北两端的石板两侧刻宽8、长2厘米的榫，以插入东西两侧竖板内。四周竖板均錾刻图案。北端为常青树，东、西侧有穿璧和三角形图案，南侧与东侧立板南端相同，刻穿璧。木棺被盗扰，由棺痕判断，宽0.6米，长度不清。骨架仅存部分肢骨，由此推测，头向南，面向上，仰身直肢。骨架底部铺朱砂。随葬品共6件，均在器物箱内，器形有陶鼎、盒、壶、匜、盘、罐（图一〇）。

M102　位于发掘区的西南部，打破 M105。墓向15°。被严重盗扰。墓圹长2.7、宽1.14米，深3.7米。填土为黄褐色花土，夹杂少许碎石块，未夯打。石椁长2.51、宽0.93、高1.07米，顶面盖板2块，厚约0.2米，侧面立板厚约0.03米，

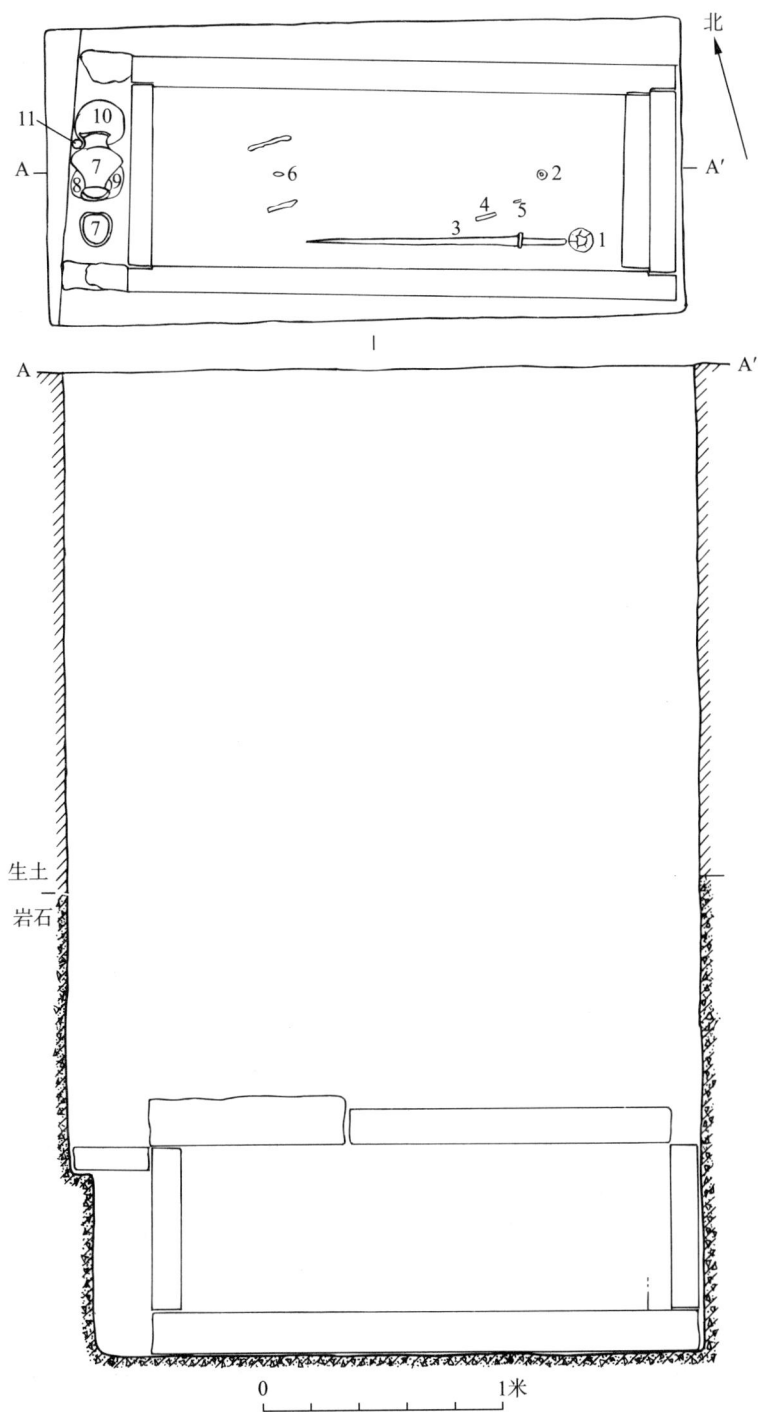

图九　汉墓 M54 平、剖面图

1. 铜镜　2. 玉璧　3. 铁剑　4. 铜饰　5. 骨器　6. 铜钱
7、11. 陶壶　8. 陶鼎器盖　9. 陶盒　10. 陶鼎

北

M75

M87

M90

0　　　　　　　　　1米

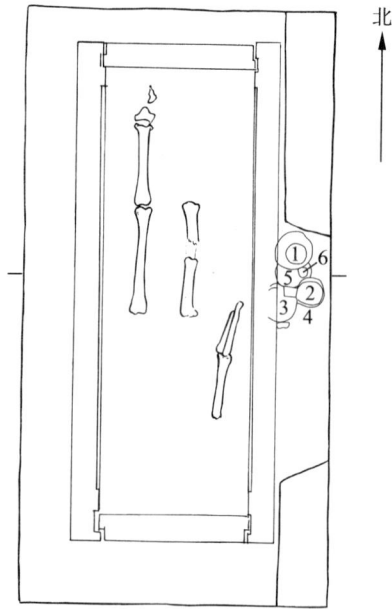

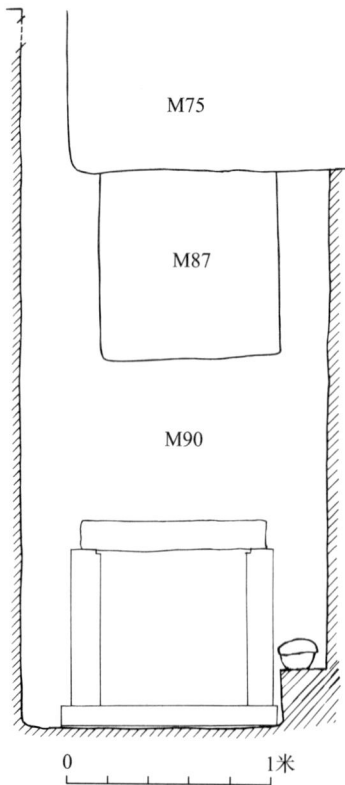

图一〇　汉墓 M90 平、剖面图
1、6. 陶壶　2. 陶匜　3. 陶鼎　4. 陶盘　5. 陶盒

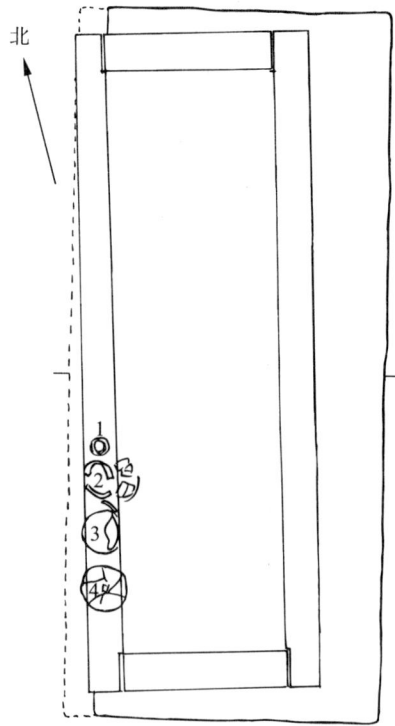

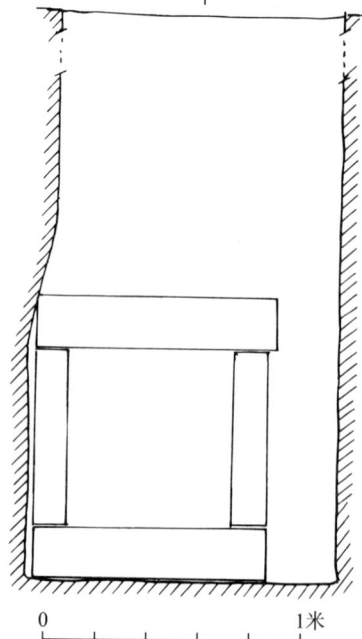

北

0　　　　　　　　　1米

图一一　汉墓 M102 平、剖面图
1. 陶小型罐　2. 陶中型罐　3. 陶盒　4. 陶鼎

底面石板厚约 0.25 米，均素面。木棺仅有灰痕，被盗扰，尺寸不详。葬具内不见骨架，但在盗洞中发现下肢骨，可能为遭破坏的墓主人，男性，成年。遗物有陶器和铜钱，4 件陶器均位于石椁西南部的盖板上，器形有鼎、盒、罐，盗洞和石椁内均有铜钱，填土中有铁臿 1 件（图一一）。

（2）双石椁

23 座。同一墓穴内并列两石椁。

M66 位于发掘区的西北部，打破 M54。墓向 112°。被严重盗扰。长方形墓穴，长 2.76、宽 2.28 米，深 2.6～2.88 米，距开口 2.2 米下为岩圹。北壁距开口 1.66 米处向西掏挖长方形壁龛，长 1.06、高 0.5、进深 0.3 米。南北两椁并列。北椁长 2.53、宽 0.91、高 0.98 米，盖板为两块厚约 0.2 米的石板，其余各壁均用 1 块长方形石板，椁内六壁面皆阴刻平行线。南椁长 2.45、宽 1.05、高 1.1 米，椁内侧六壁面皆阴刻图案，主要为平行线组成的几何形纹，四面立板的外侧壁面亦刻划图案。两椁室内都发现了木棺灰痕，但由于破坏严重，尺寸及形制不清。均不见骨架。北椁室的底面高于南椁室的底约 0.3 米。遗物有陶器和铜钱，壁龛中有陶鼎、盒、壶、中型罐，计 4 件，盗洞有陶盒 1 件及铜钱，

图一二 汉墓 M66 平、剖面图
1. 陶盒 2. 陶鼎 3. 陶壶 4. 陶中型罐

北室填土中有彩绘陶壶 1 件（图一二）。

M81　位于发掘区的中部，打破 M82。墓向 100°。墓圹长 2.9、宽 2.6 米，深 3.25 米，底部部分凿岩而成。填土为褐色亚黏土夹少量大小不一的石块，经夯打，较坚硬。南北两椁并列，结构及尺寸相同，底和顶面各用两块石板，其余四侧面各立一块石板，长 2.5、宽 1、高 0.96 米。南椁室的南端壁面阴刻平行竖线，其余各壁素面，北椁室亦素面。东端椁室外留出宽约 0.3 米的器物箱。两石椁均被盗，椁室内被严重扰乱。有棺灰痕，但形制不清。北椁室有一头骨及部分肢骨，葬式不清；南椁室不见骨架。随葬品位于东端椁外的头箱内，皆为陶器，器形有鼎、盒、壶、小型罐各 2 件（图一三）。

（3）三石椁

3 座。同一墓穴内并列三石椁。

M57　位于发掘区的中部，打破 M89。墓向 11°。墓圹近方形，唯北部呈拐尺状，长 2.7～2.8、宽 2.7 米，深 1.9 米。填土为黄褐色花土，夹少量的青灰石块，未夯打。葬具有石椁和木棺，共有西、中、东三个椁室，两椁间共用一立板，三椁的长度不一，由西向东逐个增长。西椁室南端遭盗扰破坏，残长 2.3、宽 0.84、高 0.9 米，内侧壁面皆素面。中室南端椁板遭破坏，残长 2.5、宽 0.96、残高 0.9 米，东侧壁面在阴刻的矩形框内填平行线，北端壁面图案与东室北壁面大致同，西侧壁面素面。此两室被盗扰，均不见棺痕和骨架。东室长 2.65、宽 1、高 1.08 米，椁室内壁錾刻花纹，其中南、北端的壁面图案相同，壁面的中心刻浅浮雕穿璧纹，以对角线为界，将穿璧外分成对等的四部分，每部分内均阴刻平行斜线，东西两侧的壁面图案相同：分别由三个矩形框单元组成，中间的较长，阴刻竖直平行线，两侧的图案框对称，以对角线为界分成四部分，其内均阴刻斜平行线。椁内有木棺痕，长 2.15、宽 0.6 米，高度不详，不见骨架。该室盖板压于中室上。陶壶、大型罐在西室北端的椁外，铜钱和料器位于东室的棺内（图一四；图版二，2）。

M103　位于发掘区的东北部，西邻 M12。墓向 95°。开口距地表约 0.5 米。墓圹为长方形土坑竖穴，底部凿岩而成，长 3、宽 2.6 米，深 6.4 米，填土为黄褐色黏土夹较多碎石块，经夯打。墓圹内南北向并列三石椁，其构造和尺寸基本一致。椁室分别以四块立板扣合围成，头、脚端的立板置于左右两侧的立板浅槽内，底部各有一块大石板，顶部有两块厚约 10 厘米的石板。长 2.5、宽 0.9～0.94、高 0.85～0.9 米。三石椁的内侧壁面均有装饰。中椁室构图精美，两侧的图案相同，在长方形框内分成五个单元，中部为两层楼阁，两侧以常青树上立鸟及绶带悬玉璧图案对称分布，两端略不同，东壁在方形框内刻五个穿璧，西壁为绶带悬玉璧图。北椁室图案简单，四壁面阴刻竖平行线。南椁室的南壁在矩形框内分三个单元，分别刻一个穿璧图案，其余壁面均刻斜、

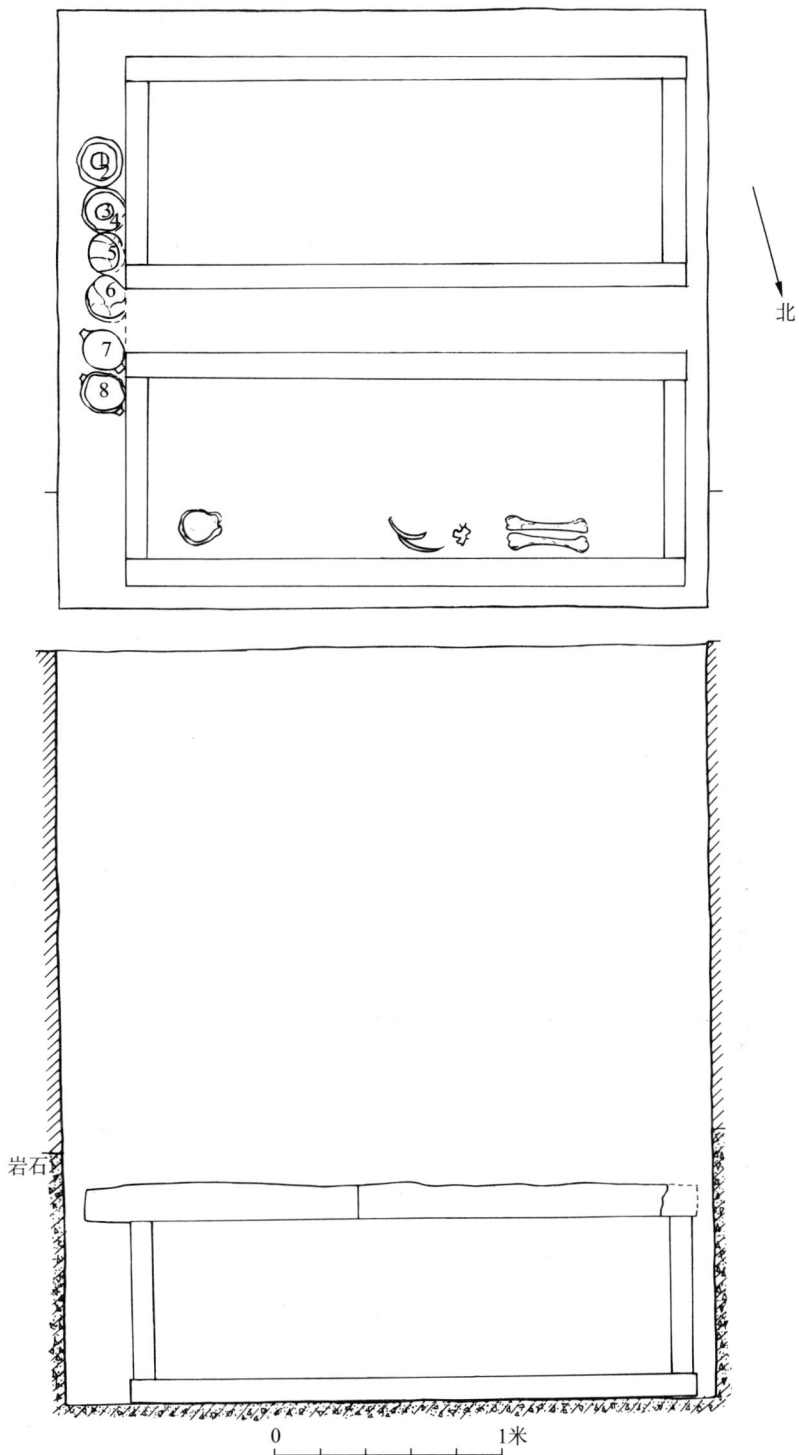

图一三　汉墓 M81 平、剖面图
1、3. 陶小型罐　2、4. 陶壶　5、6. 陶盒　7、8. 陶鼎

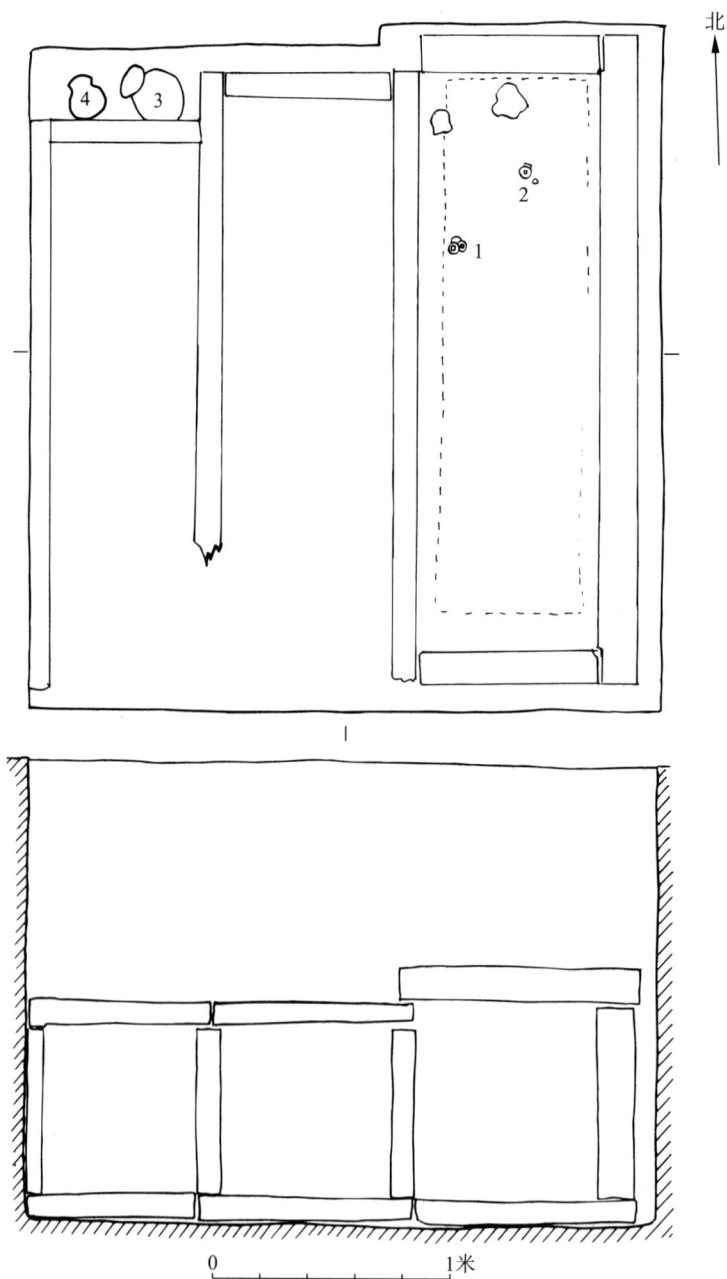

图一四 汉墓 M57 平、剖面图

1. 铜钱 2. 料器 3. 陶壶 4. 陶大型罐

竖或横向的平行线构成的三角形或矩形图框。由于盗扰严重，椁室内仅存零星骨块，头向不清。发现的随葬品不多，北椁室内有陶器盖，中椁室内有铜钱。另在盗洞中发现陶鼎、壶盖及中型罐各1件（图一五）。

（三）遗 物

按质料分有陶、铜、铁、玉石、其他金属器及漆器等，其中陶器占大宗，其他类别少量。由于多数墓葬遭严重盗掘，遗物的保存状况不好。随葬品发生位移现象较常见，盗洞中发现较多陶器，佩玉或其他用玉不在其原有位置；或组合残缺不全，如成套的陶礼器缺失鼎或盒等器物，组玉饰仅存少数组件。即使未遭扰乱，受埋藏环境的影响，一些漆木器仅见残痕，铁器严重锈蚀，残断不全或仅窥大体形制。

1. 陶器

总件数约 180 件，绝大部分可复原。多位于石椁外，集中于一侧或一端，多数无器物箱，个别在头端或脚端的壁龛内，椁内的少见。有的墓葬遭严重盗掘，盗洞内发现较多陶器碎片。以泥质陶为主，夹砂陶较少。由于泥

图一五　汉墓 M103 平、剖面图
1. 铜钱　2. 陶器盖

料未充分淘洗，泥质陶胎中普遍夹零星砂粒，如鼎、罐等器物。器表颜色一般纯正，斑驳不一的少见，其中以灰色陶居多，其次为红胎或灰胎黑皮陶，黑灰陶和红陶最少。除较多的素面陶外，大量陶器有装饰。绳纹最常见，主要拍印于罐腹部，多横向排列，有的在腹下部又纵横交错。凹弦纹亦普遍，往往位于罐或壶等器物的颈部或上腹部，压划一周或数周。还有少量的戳印纹、刻划纹等。彩绘陶较多，有红、白色两种，主要在白陶衣底上绘红彩，有的颜色鲜红，有的暗红，还有在素面底上绘单色白彩或红彩，或红、白两色结合使用；常见以圆圈纹、卷云纹、弦纹带等纹样构成的图案，或仅以一种纹样构图，有的通体着白陶衣无图案。彩绘主要饰于鼎、壶、盒、匜、盘等

器物上，前三者盖和器腹表面皆绘，后两者仅在内壁涂彩。大多彩绘保存较差，图案脱落不清。陶器普遍采用快轮拉坯成型，如大型罐、中型罐、壶、盒等，鼎的制作则两种方法结合使用，器体拉坯成型，耳、足等附件模制，再与器体黏附，少数器腹可能泥条盘筑。而仓、猪圈等模型明器则主要手制，即用手直接捏出组件，然后黏合，有的可能借助内模，利用拍打好的泥片在模外贴附修整成型，如 M101:9，小馒头形，中空，前部有一圆孔，制作时应有砂类物质做内模，以泥片在其外贴附塑造，后略拍打修整。成型后，器表普遍进行修整，由遗留的修整痕判断，多数在轮上完成，以片或刃状工具拍打、刮抹、刮削或旋刮，有的用手捏或抹，如器物的口沿内外常见手抹痕，鼎的底部多遗留片状或长条形的刮削痕，盒和罐的底部习见一周窄带状刮旋痕，许多器表光滑，应是在轮上用光滑硬物压磨的结果。陶色多为灰色，色泽单一，当为在窑内还原气氛下烧成，有的器表颜色斑驳，和窑内的烧制气氛控制不当有关，黑皮陶当是轻微渗炭的结果。器形有鼎、盒、壶、罐、盘、匜、甑、盆、仓等。

鼎　20 件。多为泥质灰陶。分三型。

A 型　8 件。敛口，弧鼓腹。分两亚型。

Aa 型　6 件。圜底。分三式。

Ⅰ式　2 件。甚敛口，子口沿面较平，内侧凸棱明显，环形竖耳微曲，蹄形足粗壮，圜底微垂。标本 M18:1，泥质灰陶。浅覆盘形盖，盖顶平缓，大圜底。底部有块状刮削痕，足内侧有竖条状刮削痕。通体饰白陶衣，绘红彩，盖和腹部近口处各有一周弦纹彩，耳、足绘条带纹，盖顶卷云纹脱落。口径 11.5、通高 11.8 厘米（图一六，1；图版三，1）。标本 M52:1，泥质灰陶。盖缺失。耳下有一周宽带状箍痕，腹底部有带状和块状刮削痕。通体饰白衣陶，两附耳三面绘红彩，器口下一周红彩。口径 13.8、高 12.4 厘米（图一六，2；彩版二，1）。

Ⅱ式　2 件。微敛口，圆圜底。标本 M27:7，泥质灰陶。环形竖耳微曲，仅存一耳，蹄形足粗壮，盖顶有轮修刮削痕，然后略打磨，底部有片状工具刮削痕。口径 16.6、通高 13.7 厘米（图一六，3；图版三，2）。

Ⅲ式　2 件。子口内凸棱不明显，耳斜直外撇，蹄形矮足，大圜底近平。标本 M103:3，泥质灰陶。盖缺失。子口沿面微内斜，有一圈凹痕，内凸棱不明显，仅存一耳，三兽形足根圆隆凸出。下腹部有数周轮修刮削痕。通体饰白衣陶，大部分脱落。上腹局部残存圆圈纹红彩。口径 15.2、高 13.5 厘米（图一六，4）。标本 M66:2，泥质灰陶。覆盘式盖，盖顶平缓。子口沿面略凹，耳残，兽形蹄足。通体饰白衣陶。口径 18、通高 16.4 厘米（图一六，5；图版三，3）。

Ab 型　2 件。小平底。标本 M9:8，泥质灰陶。弧顶盖圆隆，盖口微敛。子口沿面较平，与内侧凸棱分界明显，长方环形附耳弧曲外撇，三蹄形足粗壮，足端呈高马蹄

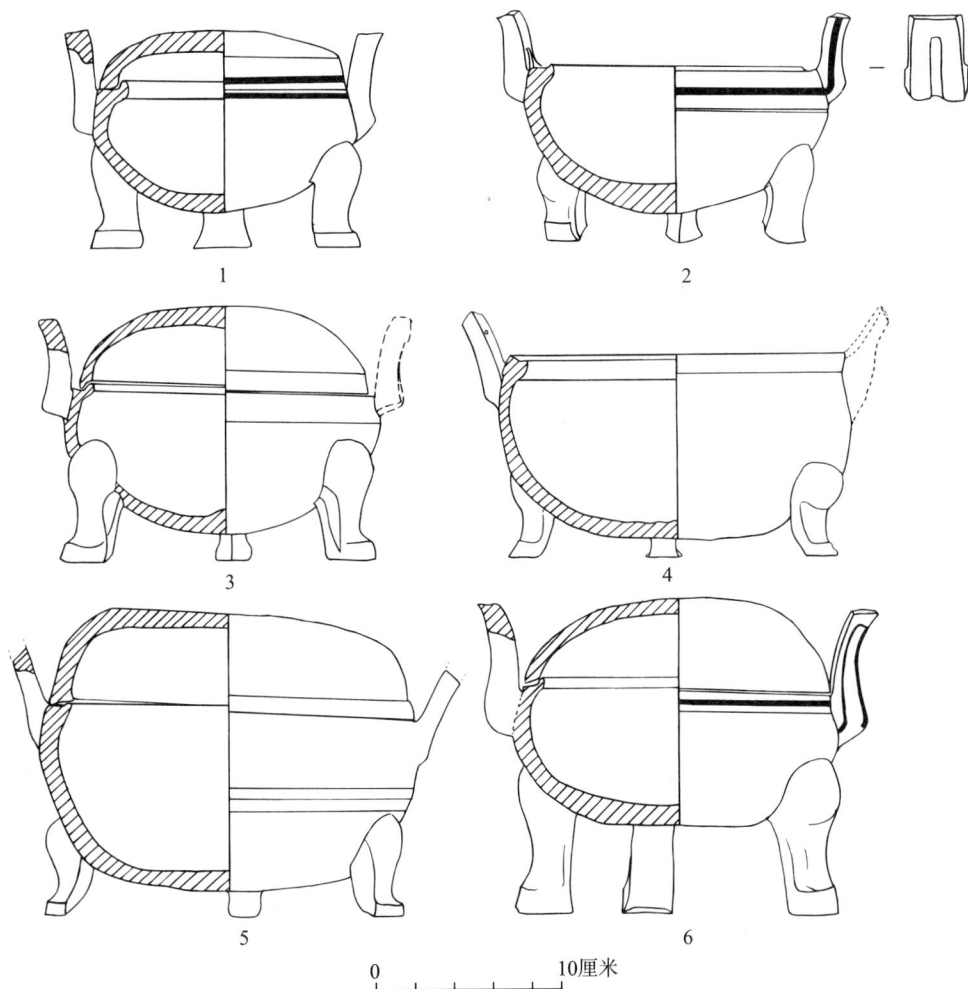

图一六　汉墓出土 A 型陶鼎

1、2. Aa 型Ⅰ式（M18:1、M52:1）　3. Aa 型Ⅱ式（M27:7）

4、5. Aa 型Ⅲ式（M103:3、M66:2）　6. Ab 型（M9:9）

形。盖、腹饰红彩，图案脱落不清，底部有轮旋刮修痕迹。口径 14、通高 18 厘米（图一七，1；彩版二，2）。标本 M9:9，泥质灰陶。子口沿面较平，与内侧凸棱有明显的分界，长方环形附耳弧曲外撇，上腹壁圆弧，下腹部斜直急内收成小平底。三蹄形足粗壮，足根肥硕外凸，足末端成高马蹄形。通体饰红彩，图案脱落不清。腹部近底处有轮旋刮削痕，足部亦有刀具纵向刮削痕。口径 15、通高 16.8 厘米（图一六，6）。

B 型　5 件。上腹部近直，圜底。分两亚型。

Ba 型　4 件。深腹。分三式。

Ⅰ式　1 件（标本 M90:3）。泥质灰陶，夹少量细砂粒。子口平沿，内凸棱明显，耳、足较高。盖口微敛，两长方形环耳弧曲外撇，大圜底，三兽足粗壮，足末端呈马蹄形。通体饰白彩，盖顶局部残留卷云纹，腹上部有一周窄带纹。口径 13、通高 16 厘米（图一七，2；图版三，4）。

　　Ⅱ式　1件（标本 M72:1）。泥质灰陶。耳、足变矮，大圜底近平。浅覆盘式盖，盖顶平缓。口部下有一周宽带状箍痕，兽蹄足粗壮。腹底部有徒手片状工具刮削痕，成块状，盖口沿绘一周暗褐色窄带纹。口径 14、通高 14.2 厘米（图一七，3）。

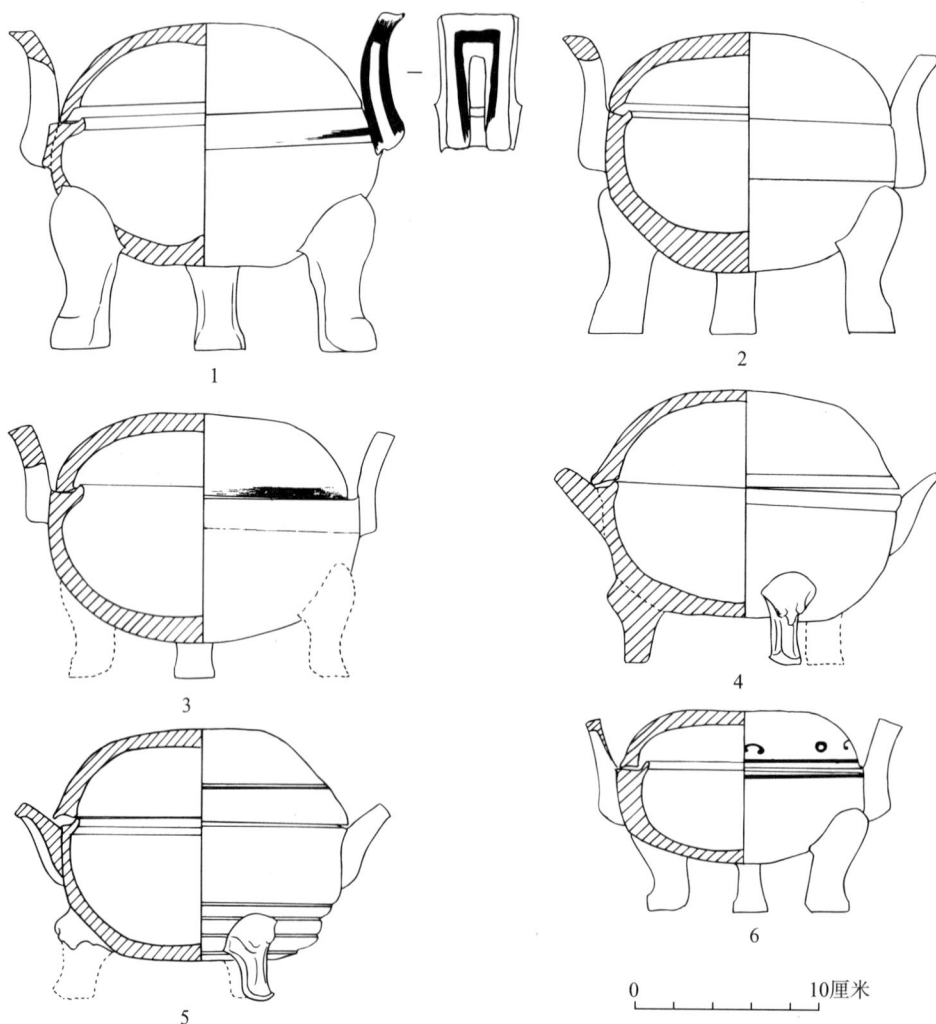

图一七　汉墓出土陶鼎

1. Ab 型（M9:8）　2. Ba 型Ⅰ式（M90:3）　3. Ba 型Ⅱ式（M72:1）

4、5. Ba 型Ⅲ式（M28:8、M97:4）　6. Bb 型（M54:10）

Ⅲ式　2件。子口沿面外倾，内侧凸棱不明显，假环形耳斜直外撇，兽面形矮足，圜底近平。标本M28:8，夹细砂灰陶。覆钵式盖，盖口沿外折近帽沿。兽蹄形足细小，足根兽面形，大圜底。通体饰白衣，盖及腹部有轮上刮抹痕，盖身光滑，腹部有数周线凹痕。口径14.4、通高14.6厘米（图一七，4）。标本M97:4，泥质灰陶。覆钵式盖。局部微瘪。盖口外侈，圜底近平，足细矮，足根兽面形。腹部有数周同心凹槽，盖顶有慢轮和徒手刮削痕，腹部有数周快轮修整的凹槽。通体饰白陶衣，大部分已脱落。口径14、通高14.5厘米（图一七，5）。

Bb型　1件（标本M54:10）。泥质灰陶。盖顶平缓，盖口微敛。子口沿面略凹，扁浅腹。圜底近平，马蹄形兽足。底部有徒手宽片状刀具刮削修整痕，呈带状和块状，足内侧亦有刮削痕。器腹近口部绘一周红彩，通体施白衣，又绘红彩图案，图案大部分脱落。盖口绘一周弦纹、卷云纹、圆圈纹。口径10.6、通高10.8厘米（图一七，6；彩版二，3）。

C型　7件。盆形鼎。大口，斜腹。分两亚型。

Ca型　6件。圜底。分三式。

Ⅰ式　1件（标本M102:4）。盖为泥质红胎黑皮陶，器腹为夹细砂灰陶。盖与腹部基本对等，盖口微外侈。子口沿面略弧，长方形环耳弧曲外撇，大圜底近平。兽形足细短，仅存一足。盖口沿内有手抹轮修痕迹，腹下部有数周轮修刮削痕。口径15.5、通高17.2厘米（图一八，1；图版三，5）。

Ⅱ式　3件。沿面外倾，假环形耳斜直外撇，圜底近平。标本M81:7，夹细砂陶，盖呈浅灰色，腹部黑色。覆盘式盖，盖顶平缓。耳均残。兽面形足根。盖及腹底部皆有轮旋刮削痕。口径15.6、通高14.4厘米（图一八，2）。标本M81:8，夹细砂陶，盖浅灰，腹深灰色。覆盘式盖，盖顶平缓，盖口微外侈。矮足，足根兽面形。盖顶及腹底部皆有轮旋刮削痕，腹部有数周轮旋凹痕。口径15.7、通高14.6厘米（图一八，3）。

Ⅲ式　2件。腹壁甚斜，小圜底近平。标本M26:3，盖夹细砂红胎黑皮陶，器腹夹细砂灰胎黑皮陶。覆钵式盖残，盖口沿外折近帽沿。子口沿面微凹外斜，与内侧凸棱弧连，假环形附耳矮小斜直外撇。矮兽蹄形足简化，仅存一足。口径14.8、通高13.5厘米（图一八，4）。标本M80:3，夹细砂陶，浅黑皮红胎色盖，腹部为灰色。盖口沿外折近帽沿，盖顶遗轮旋刮削痕，腹部有数周凹槽。口径14.2、通高14.5厘米（图一八，5）。

Cb型　1件（标本M94:1）。泥质灰陶。覆钵式盖。局部微瘪。盖口外侈，子口沿面外倾略凹，平底。三兽足细矮。腹部有数周同心凹槽，盖顶有刮削痕。通体饰白陶衣，大部分脱落。口径14.2、残高8厘米（图一八，6）。

盒　22件。分三型。

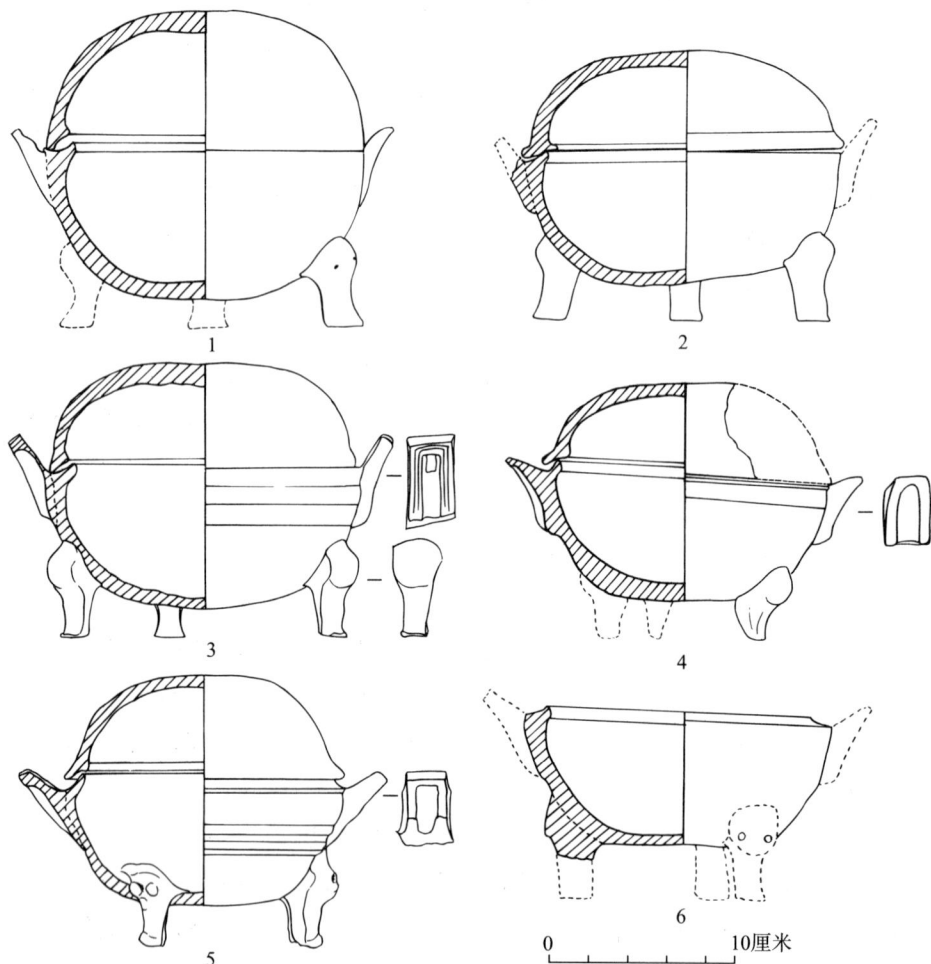

图一八　汉墓出土 C 型陶鼎

1. Ca 型 I 式（M102:4）　　2、3. Ca 型 II 式（M81:7、M81:8）

4、5. Ca 型 III 式（M26:3、M80:3）　6. Cb 型（M94:1）

A 型　10 件。弧鼓腹微曲，腹下部内收成平底。分两亚型。

Aa 型　8 件。深腹或腹略深。分三式。

I 式　3 件。子口沿面较平，内侧有明显的凸棱。标本 M9:6，泥质深灰陶。覆钵式盖，盖口微敛。腹下部有轮上刮削痕，盖有轮上打磨痕。盖口沿上部有两周红彩，盖顶绘卷云纹，多脱落。口径 14.4、底径 7.2、通高 12.9 厘米（图一九，3；彩版二，4）。标本 M9:7，泥质灰陶。浅覆盘式盖，盖口微敛，小平底略凹。腹下部有轮上刮削修整痕。盖近口处有两周凹弦纹，其上绘一周红彩及卷云纹，但图案已脱落，腹部近口沿处亦有一周弦纹红彩。口径 15.2、底径 7.4、通高 12.4 厘米（图一九，1）。标本

M52:4，泥质灰陶。覆盘形盖，小平顶。通体饰白陶衣，又绘红彩，盖绘卷云纹，子口上下各有一周弦纹红彩。口径 13.6、底径 6.2、通高 11.8 厘米（图一九，4；彩版二，5）。

Ⅱ式　3件。子口沿面微倾或略凹，内侧凸棱与沿面弧连。标本 M44:7，盖为泥质红陶，腹部为夹细砂灰陶。覆盘式浅盖，盖顶平缓，盖口微敛。盖近口沿处涂暗红色彩，大部分脱落。口径 15、底径 6.1、通高 11.6 厘米（图一九，2）。标本 M36:10，夹细砂浅青灰陶。覆钵形盖，盖口微侈。盖顶有轮旋刮削痕，腹部遗慢轮打磨痕，通体饰白陶衣。口径 18.4、底径 10.5、通高 18.8 厘米（图一九，5）。

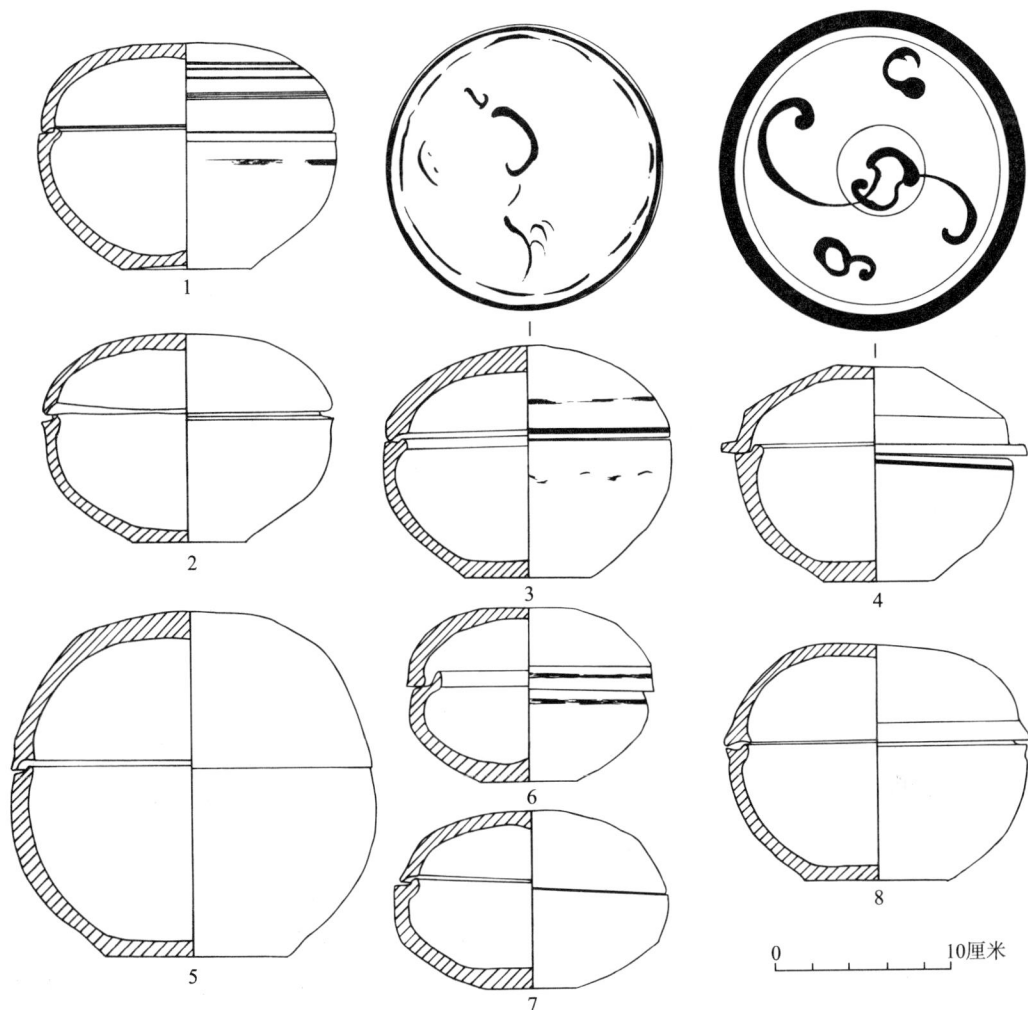

图一九　汉墓出土 A 型陶盒

1、3、4. Aa 型Ⅰ式（M9:7、M9:6、M52:4）　2、5. Aa 型Ⅱ式（M44:7、M36:10）

6、7. Ab 型（M18:2、M4:5）　8. Aa 型Ⅲ式（M81:6）

Ⅲ式　2件。子口沿面凹陷，盖口沿外折。标本 M81:6，夹细砂红胎黑皮陶。覆盘式盖，盖顶平缓。盖及腹部皆有轮旋刮削痕。口径 14.8、底径 8.5、通高 13.2 厘米（图一九，8）。标本 M101:8，夹细砂灰陶。盖缺失。盆形腹，大口近直，上腹壁微外鼓，斜弧壁内收成平底。口径 17.3、底径 7.2、高 8.5 厘米（图二〇，1）。

Ab 型　2件。浅扁腹。标本 M18:2，泥质灰陶。覆盘式浅盖，盖口微侈，盖顶及腹下部皆有轮上刮削痕。通体饰白陶衣，盖、腹近口处各绘一周红彩弦纹带，余图案不清，陶衣和彩绘大部分脱落。口径 10.4、底径 5.6、通高 9.6 厘米（图一九，6；图版四，1）。标本 M4:5，泥质浅灰陶。浅覆钵式盖，盖口微侈。子口平沿，内凸棱较高，腹壁钝折，下腹斜直内收，平底。器表有轮上刮削痕。口径 13.6、底径 5、通高 9.9 厘米（图一九，7）。

B 型　11件。圆弧腹，平底。分两亚型。

Ba 型　10件。深腹。分三式。

Ⅰ式　1件（标本 M90:5）。泥质灰陶。子口沿面较平，有明显的内凸棱，盖口微敛。覆钵式盖，近直口，下腹部斜直内收，小平底略凹。盖顶和腹底有轮上刮削痕，盖和上腹部遗轮上打磨痕。腹上部及盖饰白陶衣，近口处有一周白彩带。口径 14.4、底径 6、通高 12.5 厘米（图二〇，3）。

Ⅱ式　5件。子口沿面略凹，内凸棱与沿面弧连，盖口微侈。标本 M96:3，夹细砂陶，盖为灰色，腹部为红胎浅黑皮。覆盘式盖，近直口，平底。腹部有一周轮旋瓦棱纹，盖及腹下部均见轮上刮削痕。通体饰白陶衣，大量脱落。口径 13.6、底径 8.2、通高 12.2 厘米（图二〇，4）。标本 M94:3，泥质灰陶，夹少量细砂。盖缺失。半残，腹下部一周轮旋刮削痕，肩部三周凹弦纹。口径 18.3、底径 8、通高 5.6 厘米（图二〇，2）。

Ⅲ式　4件。子口沿面凹陷或外倾，外沿凸出，盖口沿外侈。标本 M81:5，夹细砂黑陶。盖顶平缓，唇沿外翘，大口盆形腹，腹壁斜弧内收，平底。盖及腹有轮上刮削及打磨痕。口径 14.4、底径 7.2、通高 11.8 厘米（图二〇，5）。标本 M102:3，夹细砂陶，盖红胎黑皮，腹部灰胎黑皮。盖顶平缓，盖口沿外折近帽沿。子口与内凸较弧连，大口盆形腹，斜弧腹内收，小平底，一侧腹壁弧折。腹下部有明显的轮旋刮削痕，一侧刮削较多而出现缓折，另一侧圆弧。口径 14.5、底径 9、通高 12.8 厘米（图二〇，6）。

Bb 型　1件（标本 M54:9）。泥质灰陶。扁浅腹。覆盘式浅盖，盖口外侈。子口平沿，内凸棱明显，小平底。盖顶及腹下部皆有不规则状和宽带状的刮削痕。通体饰白陶衣，又绘红彩，盖及腹近口处各有一周弦纹彩。口径 12.4、底径 5.3、通高 9.8 厘米（图二〇，7）。

C 型　1件（标本 M80:5）。盖为夹细砂红胎黑皮陶，腹部为夹细砂灰陶。斜直腹，

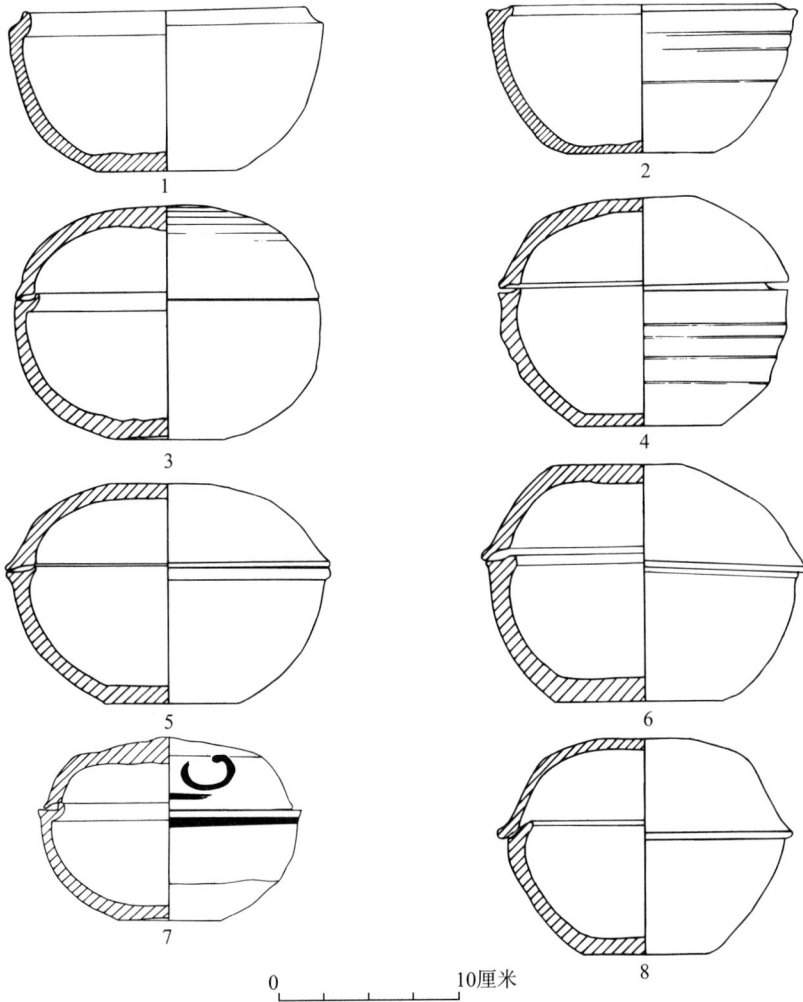

图二〇　汉墓出土陶盒

1. Aa 型Ⅲ式（M101:8）　2、4. Ba 型Ⅱ式（M94:3、M96:3）　3. Ba 型Ⅰ式（M90:5）
5、6. Ba 型Ⅲ式（M81:5、M102:3）　7. Bb 型（M54:9）　8. C 型（M80:5）

平底。盖平顶，大口，口沿外侈近帽沿。子口沿面外倾成斜面，无明显的沿面内凸棱，腹部有三周轮上手抹凹痕。口径 12.5、底径 7、通高 11.6 厘米（图二〇，8；图版四，2）。

壶　35 件。依底部的不同，可分三型。

A 型　8 件。侈口，圈足。依腹部形态的变化分三亚型。

Aa 型　3 件。弧鼓腹，最大径在肩部。标本 M9:2，泥质灰陶。覆盘式浅盖，盖顶平缓，唇沿一周凹陷。侈口，方唇，平沿，短束颈，圆鼓腹，最大腹径略偏上，喇叭口式圈足。腹部器表有数周轮上刮削痕。通体饰红彩，盖顶绘柿蒂纹；颈部有卷云纹，多脱落，构图不清；腹部亦有红彩，均脱落；圈足中部饰一周窄彩带。口径 10.8、腹径 17.8、底径 12.2、通高 26.5 厘米（图二一，1；彩版三，1）。标本 M72:2，细泥质红陶。盖缺失。平口沿微内倾，弧鼓腹，最大腹径偏上，粗喇叭口式圈足，足口微内敛。腹部有快轮打磨痕，较光滑。通体饰暗红色彩陶衣，均脱落。口径 9.2、腹径

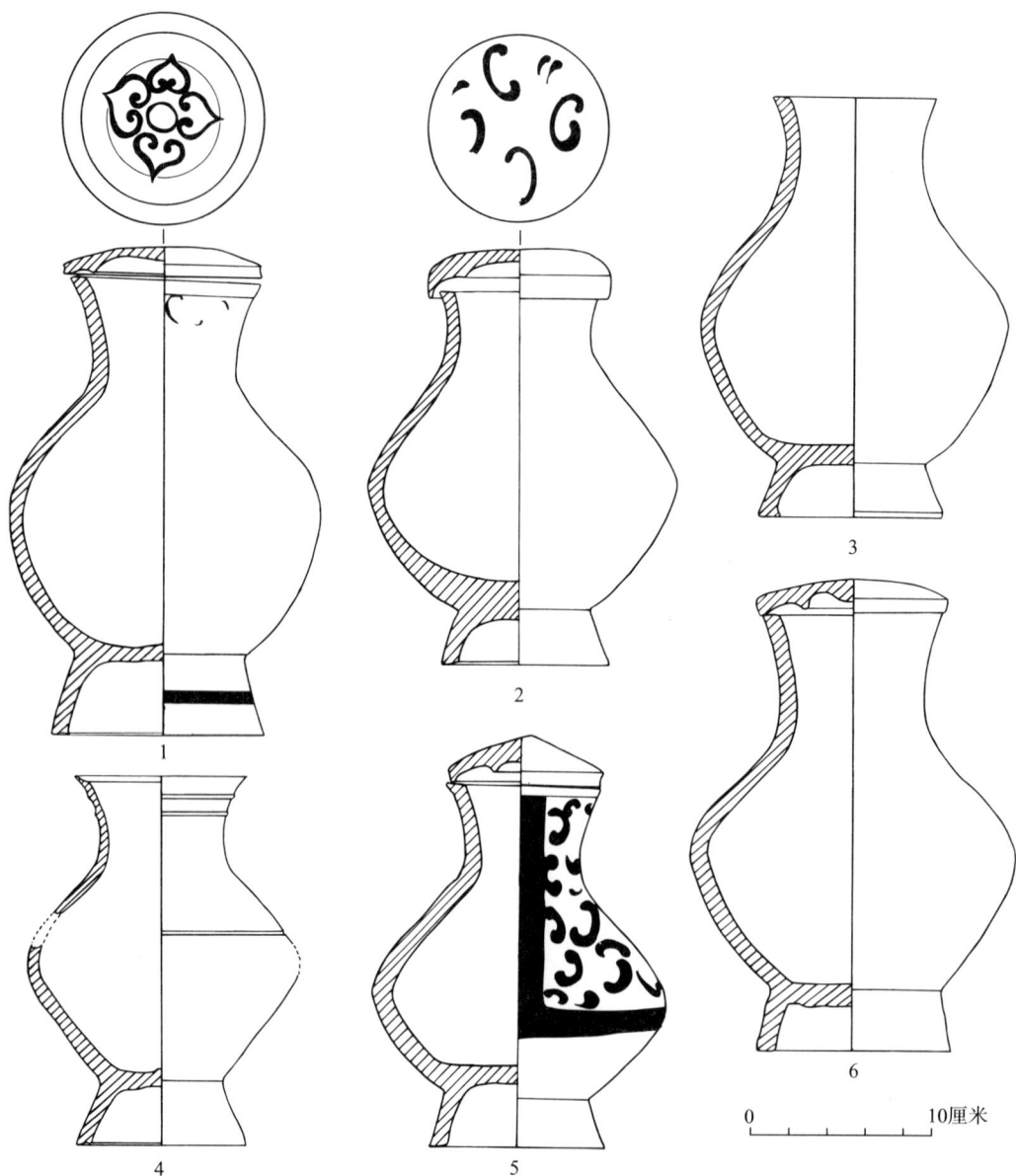

图二一　汉墓出土 A 型陶壶

1、3. Aa 型（M9:2、M72:2）　2、5、6. Ab 型 I 式（M18:4、M54:7、M90:1）　4. Ab 型 II 式（M4:3）

17.2、底径 10.2、通高 22.8 厘米（图二一，3）。

Ab 型　4 件。折腹或折肩。分二式。

I 式　3 件。平口，方唇。标本 M54:7，泥质灰陶。盖顶尖隆，盖口微敛。侈口，平沿，沿面略凹，束颈略细，弧折腹，最大腹径居中部，粗喇叭口式圈足。通体涂白陶衣，盖、颈及腹部皆绘红色卷云纹图案，盖部多脱落，腹部两侧绘对称的"L"形暗红彩。口径 8.6、腹径 16.4、底径 10、通高 22.4 厘米（图二一，5；彩版三，2）。标本 M90:1，泥质灰陶。圜顶浅盖。侈口，方唇，平沿，钝折肩，矮圈足。通体饰白彩。口径 9.8、腹径 18、底径 10.8、通高 25.6 厘米（图二一，6）。标本 M18:4，泥质灰陶。盖顶平缓，盖口近直。侈口，方唇，平沿，短束颈，扁腹钝折，最大腹径居中。颈部近口处有两周凸弦纹，腹部有数周轮上打磨痕，较光滑。通体涂白陶衣，其上绘红彩，盖、颈及上腹部皆绘卷云纹，多脱落，图案不清。口径 8.5、腹径 17.3、底径 9.4、通高 22.6 厘米（图二一，2）。

II 式　1 件（标本 M4:3）。泥质灰陶。尖唇，斜折沿，近盘口。无盖。侈口，短颈，扁折腹，腹部残，喇叭口式圈足。器内壁及表面分别有轮上手抹、刮抹修整痕，颈部有两周凸弦纹。通体饰白陶衣，又绘红彩，仅颈部残留，但图案不清。口径 9.9、底径 9.7、复原高约 20 厘米（图二一，4）。

Ac 型　1 件（标本 M36:17）。泥质灰陶。浑圆腹。覆钵式盖，盖顶平缓。侈口，圆唇，短颈，矮圈足。腹部表面有轮上刮削、打磨修整痕，腹中部饰半周戳印纹。通体涂白陶衣，均脱落。口径 14.4、腹径 26.8、底径 15、通高 36.8 厘米（图二二，1；图版四，3）。

B 型　10 件。侈口，假圈足。分三亚型。

Ba 型　4 件。假圈足较直。标本 M51:2，泥质灰陶。无盖。侈口，方唇，平沿，短颈，鼓腹略扁，假圈足较高，大平底。腹部及假圈足有多周窄带刮削修整痕，素面。口径 10.8、腹径 17.9、底径 11.5、高 21 厘米（图二二，5）。标本 M66:3，泥质灰陶。浅圜顶帽式盖，盖沿外折。侈口，方唇外斜，短颈，圆鼓腹，假圈足较矮。腹部有多周轮旋刮削修整痕。通体饰白陶衣，大部分脱落。口径 9.6、腹径 18.8、底径 12.6、通高 23.8 厘米（图二二，4）。标本 M68:1，泥质灰陶。无盖。圆方唇，侈口，短束颈，圆鼓腹，假圈足稍高，大平底。腹部有多周窄带刮削痕，素面。口径 8.6、腹径 15、底径 9.6、高 19.2 厘米（图二三，1；图版四，4）。

Bb 型　1 件（标本 M73:4）。泥质灰陶。不见盖。侈口，方唇外斜，束颈，圆鼓腹，平底，腹中部附对称的半环形纽。假圈足外侈。腹中部有多周轮旋刮削痕。颈和腹上部饰两周平行的水波纹，夹一周波折纹。口径 9.4、腹径 16.4、底径 10.2、高 18.8 厘米（图二三，2）。

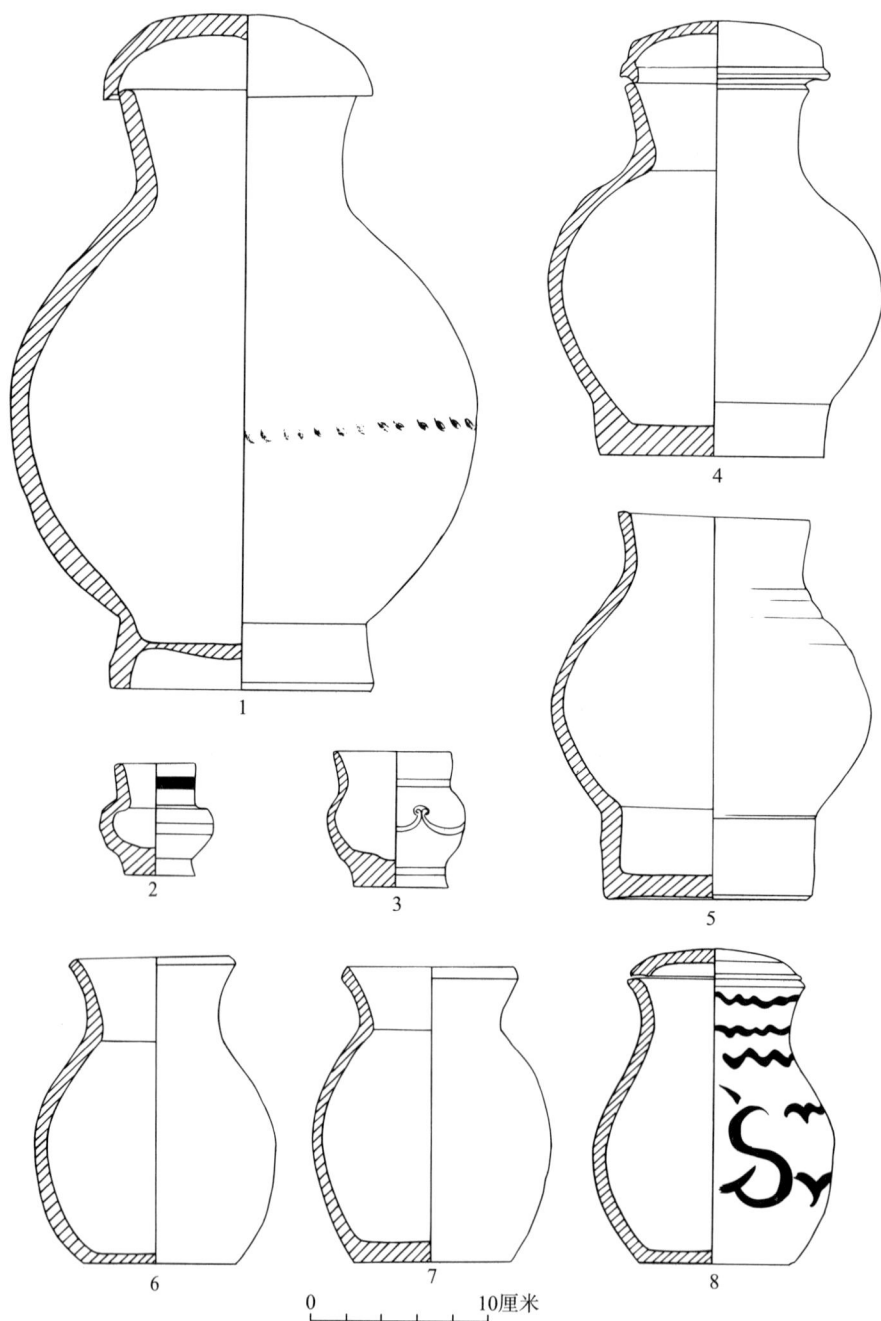

图二二　汉墓出土陶壶

1. Ac 型（M36:17）　　2、3. Bc 型（M54:11、M9:4）　　4、5. Ba 型（M66:3、M51:2）

6. Cc 型 I 式（M97:3）　　7、8. Cc 型 II 式（M80:2、M28:6）

Bc 型 5 件。明器小壶。标本 M54:11，泥质红胎黑皮陶。圆唇，侈口，高颈，扁鼓腹，假矮圈足，平底。腹部有手抹痕。器表绘红彩，颈部一周窄彩带，上腹部卷云纹或圆圈纹，图案不清。口径 4.8、腹径 6.6、底径 4.2、高 6.2 厘米（图二二，2）。标本 M9:4，泥质灰陶。圆唇，侈口，弧鼓腹，假圈足，平底。器表绘红彩，颈和圈足各有一周红彩，腹部饰连弧垂帷纹。口径 6.8、腹径 7.8、底径 5.4、高 7.4 厘米（图二二，3）。

C 型 17 件。平底，罐形壶。分三亚型。

Ca 型 10 件。盘口，短颈。分二式。

Ⅰ式 6 件。方唇，盘口近直或微侈，粗颈。标本 M8:4，泥质灰陶，夹少量细砂。方唇，平沿，盘口微侈，弧鼓腹，最大腹径在腹上部或肩部。内壁有数周手抹痕迹，器表有片状工具刮抹痕。肩部刻划一周凹弦纹。口径 12、腹径 17.8、底径 11.8、高 21.3 厘米（图二三，4）。标本 M59:8，泥质灰陶，夹少量细砂。方唇，平沿，盘口微侈，鼓腹，最大腹径近中部。口径 10.7、腹径 16.5、底径 12.5、高 18.2 厘米（图二三，3）。

Ⅱ式 4 件，卷圆唇，盘口外侈，细颈，皆釉陶。标本 M3:2，泥质红陶。盘口内壁凹曲，弧鼓腹，最大腹径居腹上部，肩部紧密排列数周凹弦纹。通体饰酱黑釉，口、颈部饰釉均匀、浓厚，下腹部釉层薄且有脱落现象。口径 8.6、腹径 15.8、底径 9.1、高 19.4 厘米（图二三，5；彩版三，3）。标本 M3:1，泥质红陶。腹上部有数周凹弦纹。通体饰酱黄釉，下部釉多脱落。口径 9.1、腹径 15.6、底径 9.4、高 19.2 厘米（图二三，6）。

Cb 型 2 件。盘口，粗长颈。标本 M58:2，泥质灰陶。断茬平齐尖锐，口沿残。圆鼓腹，最大腹径居中。近底部有一周竖向刮削痕，腹中部压划数周细密凹弦纹。腹径 15.2、底径 11、残高 17.6 厘米（图二三，8）。标本 M58:1，泥质灰陶。盘口残。近底部有一周带状刮削痕，腹中部压划一周凹弦纹，腹上部饰白陶衣。腹径 15.4、底径 10.2、残高 17.4 厘米（图二三，7）。

Cc 型 5 件。侈口，粗颈。分二式。

Ⅰ式 3 件。圆唇，长颈。标本 M81:2，泥质灰黑陶，夹少量细砂。喇叭口式短颈，弧鼓腹，最大腹径居上部。腹部有四周刮削瓦棱纹。通体饰白陶衣，均脱落。口径 10.3、腹径 15.8、底径 9.2、高 17.4 厘米（图二三，9）。标本 M97:3，夹细砂灰陶。喇叭口式短颈，弧鼓腹，最大腹径居中部。腹上部有数周算状物刮划痕，下部亦有刮划、打磨痕。通体饰白陶衣，多脱落。口径 9.6、腹径 13.6、底径 8.8、高 16.7 厘米（图二二，6）。

Ⅱ式 2 件。圆唇或方唇，颈变短。标本 M80:2，夹细砂黑灰陶。方唇外斜，短束

图二三　汉墓出土陶壶

1. Ba 型（M68:1）　　2. Bb 型（M73:4）　　3、4. Ca 型 I 式（M59:8、M8:4）　　5、6. Ca 型 II 式
（M3:2、M3:1）　　7、8. Cb 型（M58:1、M58:2）　　9. Cc 型 I 式（M81:2）

颈，长弧腹，最大腹径居中。腹下部有刮削痕，上部打磨。口径 9.8、腹径 13.6、底径 9、高 16.2 厘米（图二二，7）。标本 M28:6，泥质灰陶。浅圜底覆盘式盖。圆唇，圆鼓腹。通体饰白陶衣，又绘黑彩，颈部三周波折纹，腹下部绘连弧纹和卷云纹，多脱落，图案不清。口径 9.7、腹径 13.4、底径 8.5、通高 17.2 厘米（图二二，8）。

大型罐　19 件。形体较大。除 4 件不能分型，归入其他型外，余 14 件分三型。

A 型　10 件。盘口罐。分两亚型。

Aa 型　6 件。敛口。分三式。

Ⅰ式　1 件（标本 M44:8）。泥质灰陶。圆唇，弧鼓腹，最大腹径偏上，小平底。腹局部有黑色斑，腹上部刮抹光滑，近颈处有刻划符号，下部及底部拍印横向中绳纹。口径 15.6、腹径 31.8、底径 10.4、高 33.6 厘米（图二四，1；图版五，1）。

Ⅱ式　4 件，圆唇，圆鼓腹，平底。标本 M101:3，泥质灰陶，色泽单一均匀。最大腹径略偏上。腹上部刮抹光滑并饰白陶衣，陶衣大部分脱落，腹下部及底拍印横向中绳纹，纹痕清晰。口径 13.4、腹径 25.4、底径 8.4、高 27 厘米（图版五，2）。标本 M28:1，泥质灰陶。球形腹，盘口手抹。上腹部刮旋，腹下部及底部拍印横向中绳纹。口径 13.6、腹径 23.4、底径 7、高 27.2 厘米（图二四，3）。标本 M58:3，泥质灰陶。腹中部有两周刮旋纹。下部拍印横向中绳纹。口径 13.2、腹径 25.4、底径 9、高 28.8 厘米（图二四，4）。

Ⅲ式　1 件（标本 M57:4）。泥质灰陶，夹少量细砂。厚圆唇，扁球形腹，最大腹径居中，小平底。腹中部有刮旋、打磨痕，并压划一周凹弦纹，其下戳印两周指甲纹，腹下部及底拍印交错中绳纹。口径 13.5、腹径 25.2、底径 4.2、高 27.2 厘米（图二五，1）。

Ab 型　4 件。直口或微侈。分二式。

Ⅰ式　3 件。圆唇。标本 M101:4，泥质灰胎黑皮陶。微侈口，盘口内壁一周凹槽，圆鼓腹，小平底内凹。腹下部及底交错拍印中绳纹。口径 13.3、腹径 23.4、底径 7.4、高 27 厘米（图二五，2）。标本 M105:1，泥质灰胎黑皮陶，夹少量细砂。斜折沿，沿面微凹，盘口内壁凹曲，圆鼓腹，小平底微内凹。腹下部及底拍印横向中绳纹，局部交错竖绳纹。口径 12.8、腹径 21.6、底径 6.2、高 25.4 厘米（图二五，3）。标本 M8:1，泥质灰陶。微侈口，盘口内壁一周凹槽，圆鼓腹，小平底内凹。腹下部及底拍印中绳纹。口径 13.3、腹径 23、底径 6.4、高 26.4 厘米（图二五，4）。

Ⅱ式　1 件（标本 M62:1）。泥质陶，器表颜色斑驳，黑色中夹大块浅灰斑。斜折沿，厚方唇，唇面凹曲，弧鼓腹，最大腹径略偏上，小平底略凹。腹上部有数周压划凹弦纹，腹下部及底拍印交错中绳纹。口径 14.6、腹径 23.6、底径 8.2、高 25.6 厘米（图二六，3）。

B 型　2 件。侈口，卷沿，高领。标本 M44:11，泥质灰陶。厚方唇，唇面微凹，

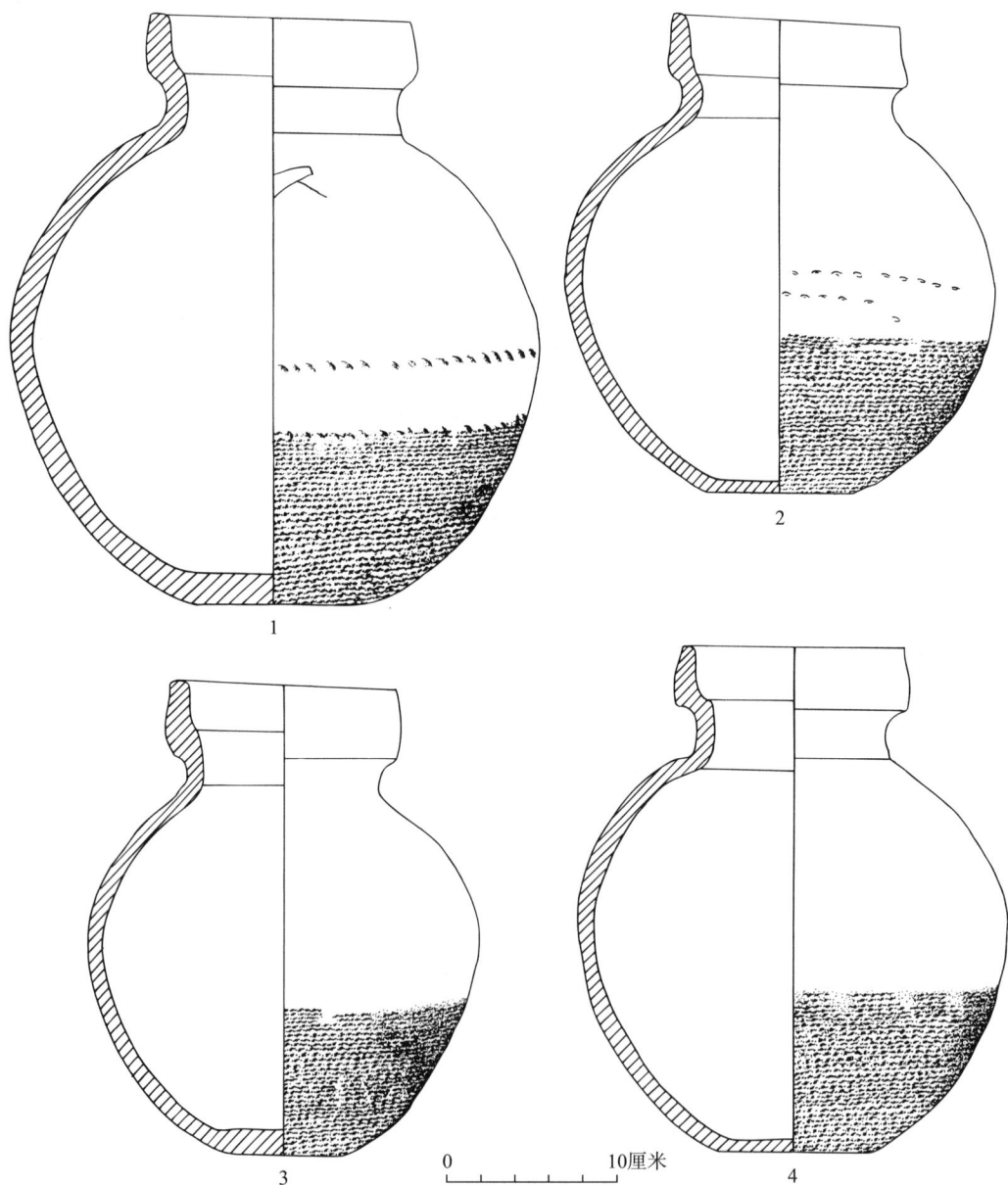

图二四　汉墓出土 Aa 型陶大型罐

1. I 式（M44:8）　　2 ~ 4. II 式（M101:3、M28:1、M58:3）

圆鼓腹，最大腹径略偏上，平底。腹下部及底拍印横向中绳纹，局部与竖绳纹交错。口径 18.4、腹径 37.2、底径 14.4、高 36 厘米（图二六，1；图版五，3）。标本 M62:4，泥质灰陶。方唇，唇沿下垂，弧鼓腹，平底略凹。肩部数周凹弦纹，腹下部拍印横向绳纹。口径 15、腹径 27.2、底径 10.5、高 27.6 厘米（图二六，4）。

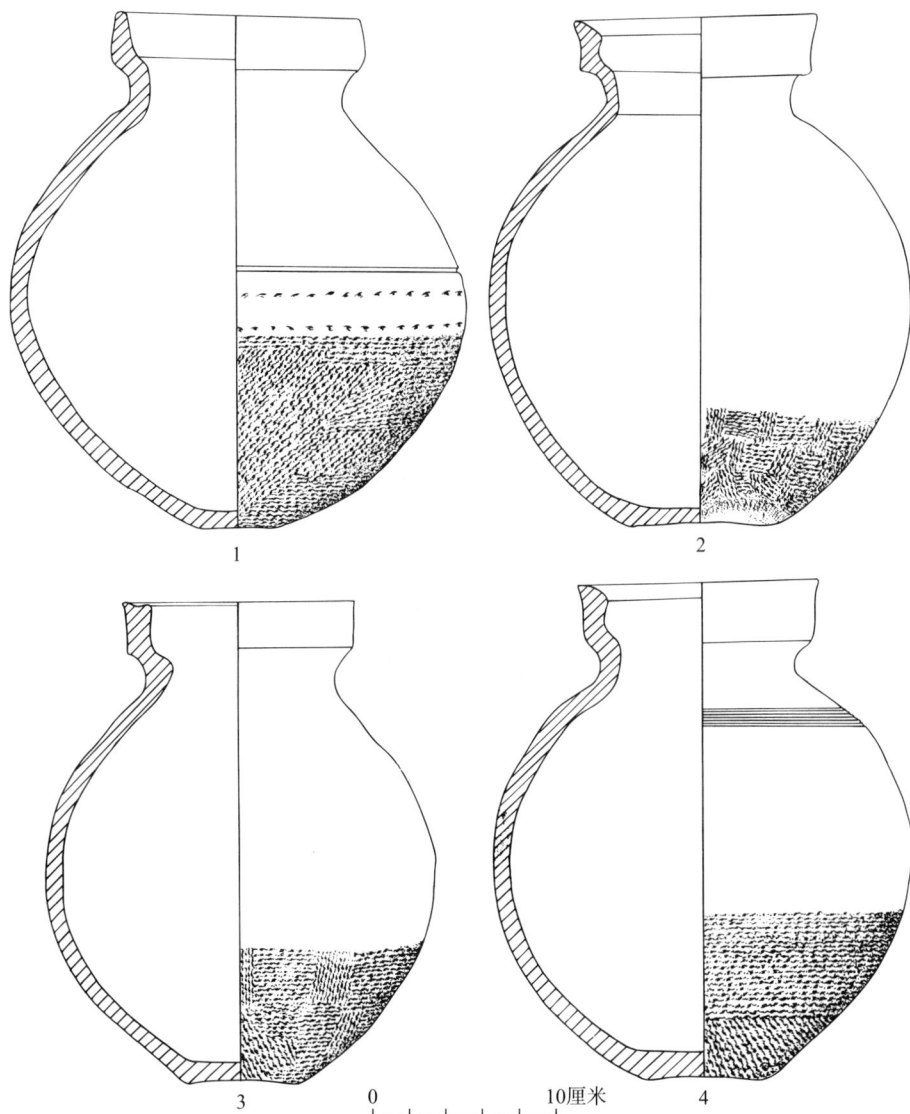

图二五　汉墓出土 A 型陶大型罐

1. Aa 型Ⅲ式（M57:4）　 2～4. Ab 型 I 式（M101:4、M105:1、M8:1）

C 型　3 件。折沿，矮领。分二式。

I 式　1 件（标本 M20:1）。泥质灰陶。厚方唇，近平沿，弧鼓腹，最大腹径略偏上，腹下部内收，平底。近底处有刀具刮削痕。腹部光滑，有数周轮旋暗弦纹。口径 12.8、腹径 23.2、底径 12.6、高 21.8 厘米（图二六，2；图版五，4）。

Ⅱ式　2 件。沿面略凹。标本 M59:6，泥质灰陶。厚方唇，沿面凹曲，直口，弧鼓腹，最大腹径偏上，下腹部斜直内收，平底。一侧残。唇部有手抹痕，腹部光滑，最

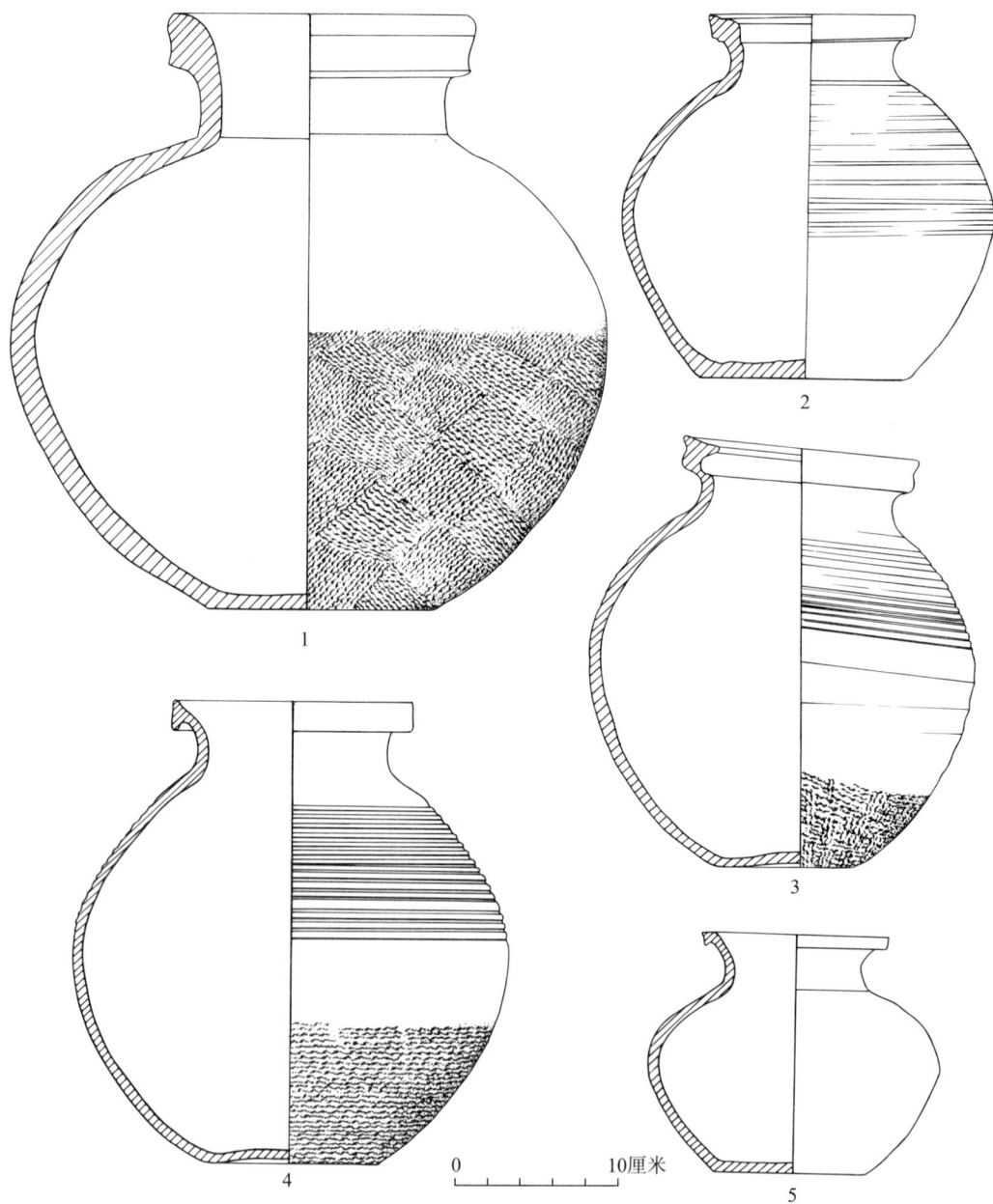

图二六　汉墓出土陶大型罐、中型罐

1、4. B 型大型罐（M44:11、M62:4）　2. C 型 I 式大型罐（M20:1）

3. Ab 型 II 式大型罐（M62:1）　5. Aa 型 I 式中型罐（M21:2）

大腹径处压划一周凹弦纹，腹下部饰戳印纹一周。口径 13.6、腹径 26.2、底径 13.4、高 27.2 厘米（图二七，1）。

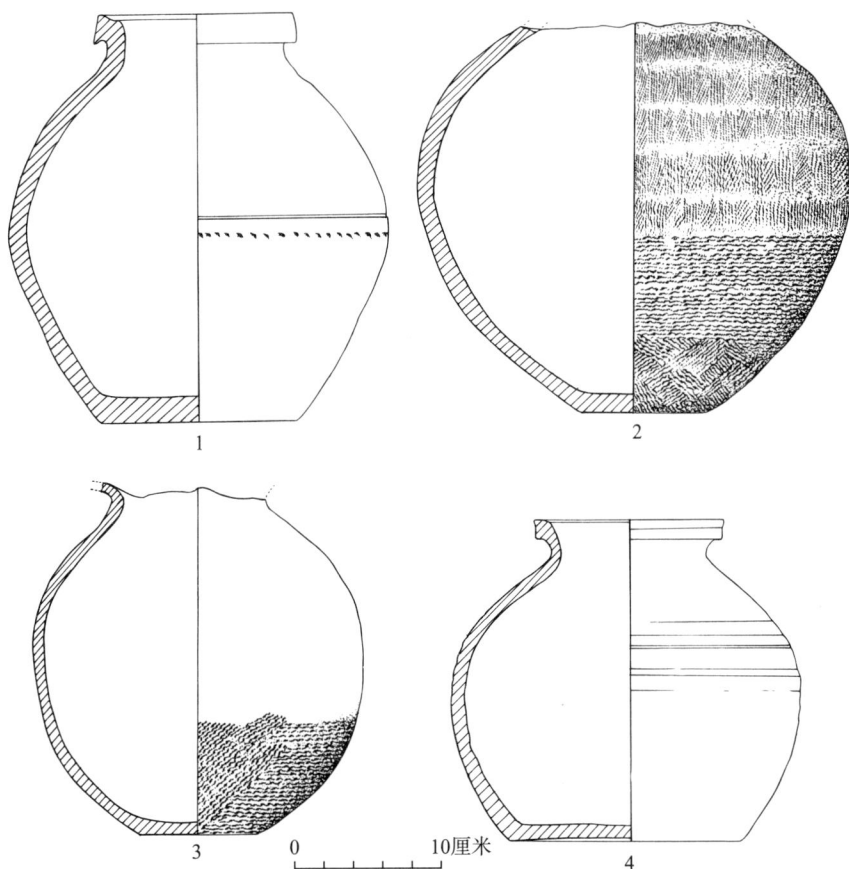

图二七 汉墓出土陶大型罐、中型罐

1. C 型 Ⅱ 式大型罐（M59:6） 2、3. 其他型大型罐（M31:2、M47:1）

4. Ab 型 Ⅱ 式中型罐（M44:6）

另有 4 件口、颈部被打碎，不能列入上述各型，归入其他型。标本 M31:2，泥质灰陶。断茬无尖锐棱角，似为口、颈部的黏结处，扁鼓腹，小平底，最大腹径略偏上。通体拍印绳纹，上部竖向，下部横向，纹痕欠清晰。内放较多的鸡腿骨。腹径 30、底径 8.4、残高 25.8 厘米（图二七，2）。标本 M47:1，泥质灰胎黑皮陶。颈部断茬棱角分明。短束颈，球形腹，小平底。腹中部有几周刮旋痕，腹下部拍印横向中绳纹。腹径 22.8、底径 8、残高 23.2 厘米（图二七，3）。

中型罐 23 件。形体中等。分两型。

A 型 16 件。矮领，弧腹，最大腹径居上。分两亚型。

Aa 型 4 件。折沿。分三式。

Ⅰ 式 1 件（标本 M21:2）。泥质灰陶。侈口，平折沿，薄方唇，唇沿下垂，宽肩钝折，最大腹径居腹上部或肩部，下腹斜直内收，平底。局部轮旋刮磨。口径11.6、腹径18、底径9.4、高14.4厘米（图二六，5；图版四，5）。

Ⅱ式　1件（标本M2:5）。泥质黑皮青灰胎，表皮多脱落。方唇，折沿近平，沿面一周凹陷，扁鼓腹，平底。口、腹部均残，可复原。素面。口径11.6、腹径20、底径12.2、高17.8厘米（图二八，1）。

Ⅲ式　2件。泥质红胎浅黑皮陶。厚方唇，平折沿，最大腹径处弧折。标本M60:1，上腹弧鼓，下腹斜直内收，最大腹径居肩部，平底。器表有轮上刀具刮抹修整痕，内壁有水平向手抹痕。口径10.7、腹径18、底径9.3、高17.2厘米（图二八，2）。标本M60:2，上腹弧鼓，下腹斜直内收，平底。腹部在轮上刮抹光滑，最大腹径处有一周凹弦纹。口径10.4、腹径17.6、底径9.4、高16.5厘米（图二八，3）。

Ab型　12件。卷沿。分三式。

Ⅰ式　3件。方唇，卷平沿，肩部钝折，下腹斜直内收。标本M12:1，泥质灰陶。矮直领，弧折腹，平底。最大腹径处压划一周宽凹弦纹。口径10.6、腹径20.1、底径9.2、高15.7厘米（图二八，7）。标本M52:2，泥质陶，灰色浅弧顶盖，青灰色器腹。卷沿近平，方唇，直领，弧折腹，平底。底部有轮上线切痕，除盖外通体饰白衣，又绘红彩，彩绘多脱落。口径11.4、腹径19.4、底径9.2、通高18.5厘米（图二八，6）。

Ⅱ式　4件。近平沿，最大腹径处圆转，无明显的转折。标本M44:6，泥质浅灰胎黑皮陶。厚方唇，唇面微侈，弧鼓腹，平底。腹部有轮上以光滑硬物的压磨痕，器表光滑，素面。口径13.1、腹径24.2、底径16、高21.5厘米（图二七，4）。

Ⅲ式　5件。厚方唇，斜唇面，平沿变宽，最大腹径处圆转，无明显的转折，底变大。标本M61:2，泥质深灰陶。弧鼓腹，大平底略凹。近底部刃状工具刮旋两周，最大腹径处压划凹弦纹。口径13.5、腹径21.8、底径14、高20.5厘米（图二八，4）。标本M45:3，泥质灰陶。弧鼓腹，削肩，腹部瘦削，大平底。腹上部以硬质光滑物压划数周暗弦纹，下部刮抹光滑。口径12.5、腹径18.4、底径13.6、高19.4厘米（图二八，8）。标本M67:3，泥质深灰陶。弧鼓腹，大平底。器表打磨光滑，近底部有刃状工具刮削痕。口径13、腹径20.4、底径14.7、高18.3厘米（图二八，5）。

B型　7件。矮直领，扁鼓腹，最大腹径居中。分两亚型。

Ba型　4件。卷平沿。分三式。

Ⅰ式　1件（标本M66:4）。泥质深灰陶。窄沿方唇，最大腹径居中，大平底。近底部刀具轮旋刮削一周宽带痕，腹上部打磨成多周光滑的暗弦纹。口径10.2、腹径18.5、底径12.2、高16.2厘米（图二九，1）。

Ⅱ式　1件（标本M102:2）。泥质深灰陶。厚方唇，平卷沿，弧鼓腹，最大腹径居

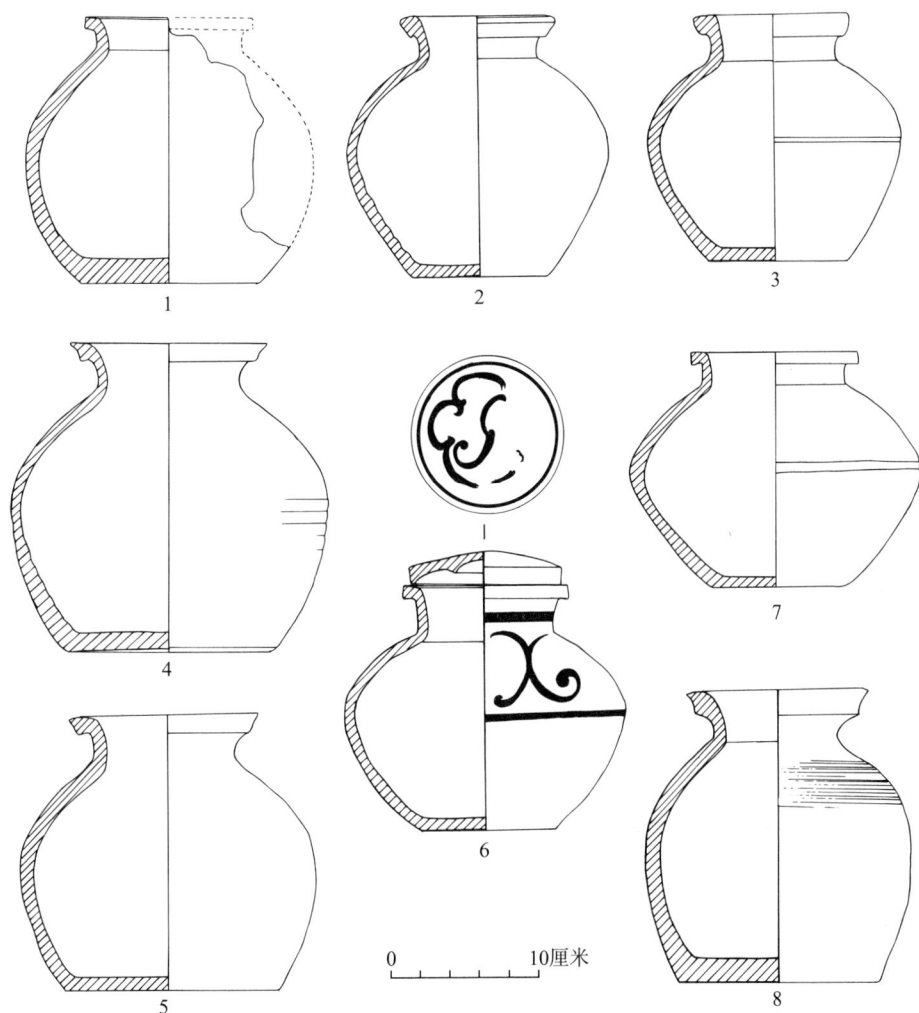

图二八　汉墓出土 A 型陶中型罐

1. Aa 型 II 式（M2:5）　　2、3. Aa 型 III 式（M60:1、M60:2）　　4、5、8. Ab 型 III 式

（M61:2、M67:3、M45:3）　　6、7. Ab 型 I 式（M52:2、M12:1）

上部，平底。腹部有数周以光滑硬物压划成的暗弦纹。口径 10.8、腹径 17.4、底径
10.5、高 15.7 厘米（图二九，2）。

　　III 式　2 件。厚方唇，唇面一周凹槽，扁鼓腹略下垂，底变大。标本 M73:3，泥质
灰陶。卷沿近平，厚方唇，扁鼓腹，大平底。器表刮抹光滑。腹上部有多周光滑的暗
弦纹，通体饰白陶衣，大部分脱落，仅底部残存。口径 11.6、腹径 23、底径 15.2、高
19.6 厘米（图二九，3）。标本 M68:2，泥质深灰陶。口、颈部残。扁鼓腹，大平底。
腹中部有多周慢轮刮旋痕，通体饰白陶衣，下部脱落。腹径 23.6、底径 13.2、残高

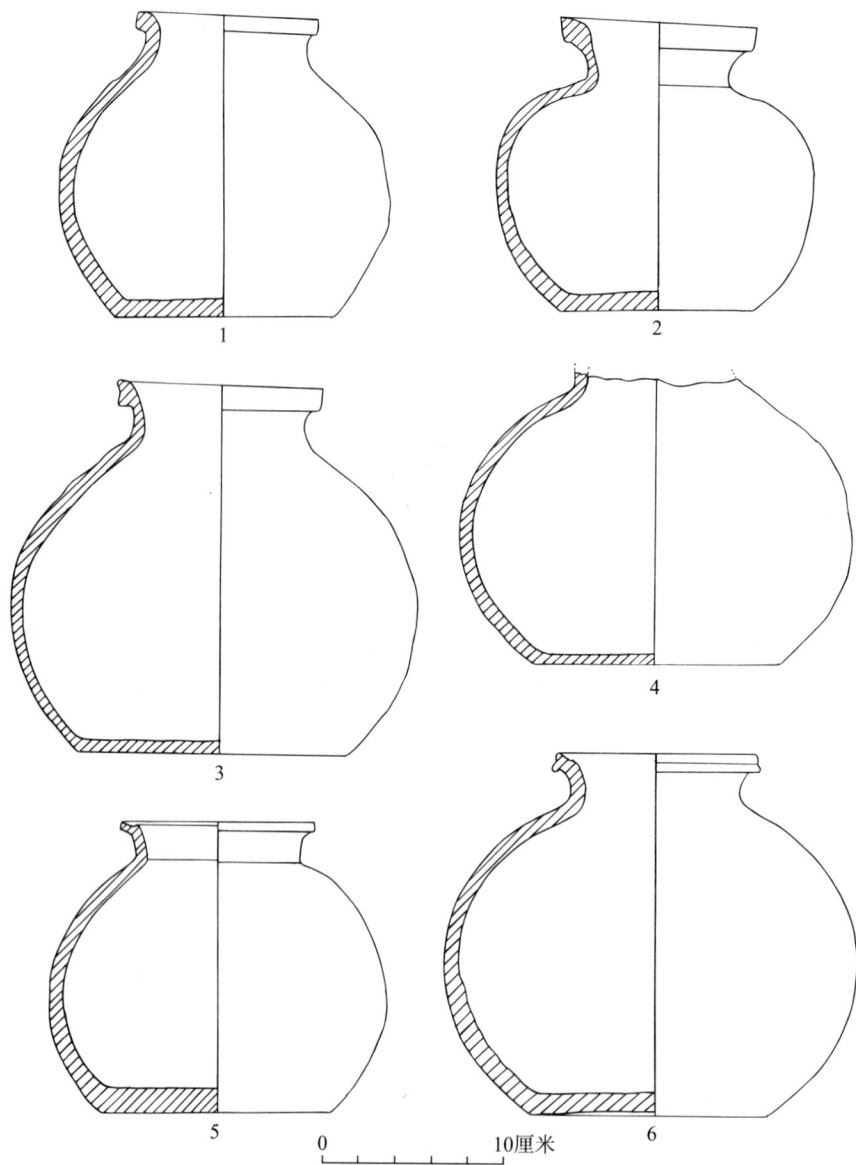

图二九　汉墓出土 B 型陶中型罐

1. Ba 型 I 式（M66:4）　　2. Ba 型 II 式（M102:2）　　3、4. Ba 型 III 式（M73:3、M68:2）

5. Bb 型 I 式（M2:4）　　6. Bb 型 II 式（M103:4）

15. 6 厘米（图二九，4）。

　　Bb 型　3 件。方唇，斜折沿。分二式。

　　I 式　2 件。薄方唇。标本 M2:4，泥质青灰胎黑皮陶，黑皮多脱落。沿面一周凹曲，平底。口、腹部均残。复原口径 11、腹径 19、底径 12.6、高 15.4 厘米（图二九，5）。

Ⅱ式 1件（标本 M103:4）。泥质灰陶。厚方唇，唇面凹陷，束颈，平底。腹中部有多周窄条状刮削痕，腹下部刮抹光滑。通体饰白陶衣，仅局部残存。口径11.2、腹径22.8、底径13、高19.4厘米（图二九，6）。

小型罐 24件。侈口，皆明器。分两型。

A型 11件。最大腹径在肩或腹上部。分二式。

Ⅰ式 1件（标本 M18:2）。夹细砂黑陶。厚圆唇，卷平沿，束颈，平底。最大腹径处钝折。腹下部近底处刮旋一周宽带痕，腹中部有半周凹弦纹被压抹。口径5.8、腹径9.2、底径4.6、高8.2厘米（图三〇，2）。

Ⅱ式 10件。圆唇，肩或上腹部弧鼓。标本 M82:1，束颈，下腹斜直内收成平底。腹下部刮旋斜直，底部有螺旋线切痕。通体饰白陶衣，仅存局部。口径6.2、腹径9.7、底径5.8、高7.7厘米（图三〇，1）。标本 M69:2，泥质灰陶。束颈，平底。腹中部有多周瓦棱纹刮削痕，近底处有一周由上至下的刀具刮削痕。口径5.6、腹径10、底径4.8、高8.4厘米（图三〇，4）。标本 M36:8，泥质灰陶，夹少量细砂。束颈，平底。腹下部近底处刮旋一周。通体饰白陶衣，多脱落。口径4.9、腹径10.2、底径6.2、高8.2厘米（图三〇，3）。标本 M4:6，泥质灰陶，夹少量细砂。束颈，下腹斜直内收，平底。口及腹部残，器表光

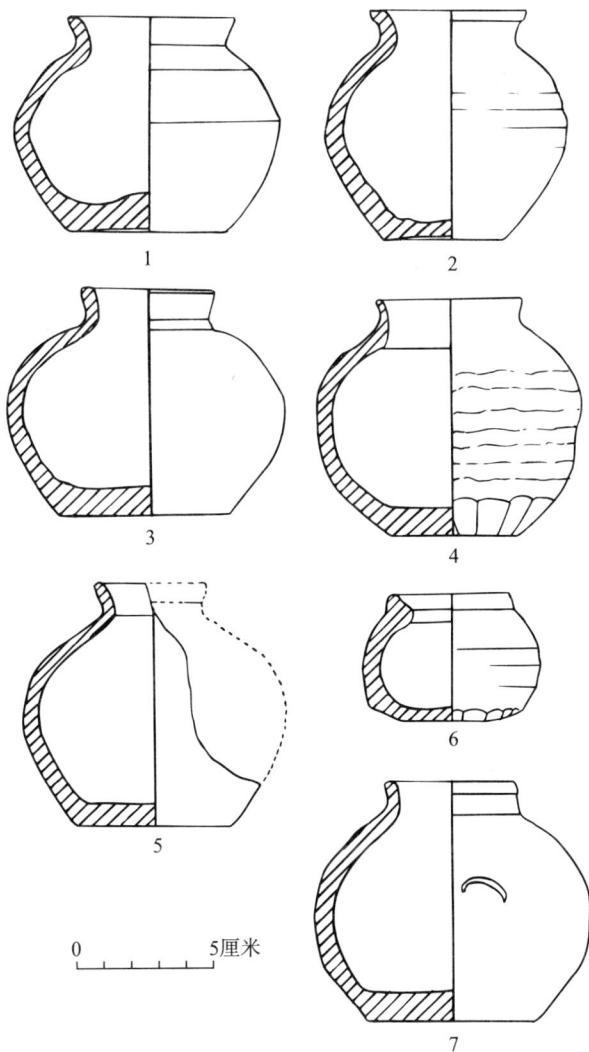

图三〇 汉墓出土陶小型罐

1. A型Ⅱ式（M82:1） 2. A型Ⅰ式（M18:2）

3~5. A型Ⅱ式（M36:8、M69:2、M4:6）

6、7. B型（M101:7、M36:11）

滑，素面。复原口径 4、腹径 9.6、底径 5.6、高 8.6 厘米（图三〇，5）。

B 型 13 件。扁鼓腹，最大腹径居中。标本 M101:7，泥质红胎黑皮陶。圆唇，圜底近平。腹下部及底用刀具刮旋形成多周凸棱，素面。口径 4.7、腹径 6.7、通高 4.6 厘米（图三〇，6）。标本 M36:11，泥质灰陶。圆唇，束颈，平底。腹下部近底处刮旋一周。通体饰白陶衣，多脱落，局部绘白彩图案，图案不清。口径 5、腹径 10.4、底径 6.4、高 8.6 厘米（图三〇，7）。

匜 6 件。敛口。依口部形状分三型。

A 型 4 件。圆角方形。标本 M52:3，泥质灰陶。圆方唇，弧鼓腹，下腹壁斜直内收，小平底。半喇叭口形流微上翘。除底部外，内外壁面皆饰白陶衣，器内侧面由底向上绘三周同心红彩，彩带间饰四个卷云纹图案。口长 17.5、宽 14.5、高 6 厘米（彩版四，1）。标本 M72:4，泥质红陶。浅盘形，圆唇，小平底微凹。与流相对端甚内敛，腹下部在轮上刮抹光滑。口长 16.6、宽 15.5、高 7 厘米（图三一，1）。

B 型 1 件（标本 M18:3）。泥质灰陶。椭圆形。圆唇，弧鼓腹，下部内收成小平底。半喇叭口形短流微上翘。通体饰白陶衣，内侧绘红彩，除口沿内外各有一周红彩外，其余图案因脱落模糊。内盛放数个鸡腿骨。口长径 12.8、短径 8.8、高 5 厘米（图三一，2）。

C 型 1 件（标本 M9:3）。泥质灰陶。圆形。圆唇，深斜弧腹，小平底。与流对称的一侧甚内敛，半喇叭口形流上翘。腹壁上口处有一周凸棱，近底处遗留一周刮削带状痕。内壁彩绘，口外侧一周红彩，其余部位图案脱落不清。口径 16、高 9.2 厘米（图三一，5；彩版四，2）。

盘 2 件。均泥质灰陶。大口，折沿，小平底。标本 M9:5，平折沿，方唇，折腹，上腹壁近直，下腹斜直内收。腹及底部有多周刮旋痕，下腹部压划两三周凹弦纹。内壁、口沿及上腹部绘红、白彩。口径 20、底径 5.8、高 5.4 厘米（图三一，4；彩版四，3）。标本 M90:4，斜折沿近平，方唇，浅折腹，下腹内收成小平底。内壁和折沿处有轮上手抹痕迹，底部有刃状工具刮削痕。内、外壁皆饰白陶衣。口径 16.6、底径 6.7、高 4.2 厘米（图三一，3）。

盆 2 件。大口，斜腹，平底。标本 M74:5，泥质深灰陶，局部有黑色斑块。折沿近平，尖圆唇，斜弧腹，最大腹径居上。口沿下手抹一周凹痕，腹部近底处刀具刮旋一周宽带痕。内盛放鸡腿骨。口径 21、底径 11.4、高 10 厘米（图三二，1）。标本 M68:3，泥质浅灰陶。斜折沿近平，圆唇，斜直腹。沿下一周凹陷。口径 14、底径 6.2、高 5.6 厘米（图三二，2）。

甑 2 件。敞口小盆形。标本 M101:10，泥质灰陶。圆唇，斜折沿近平，腹壁斜直，小平底。底部由外向内捅戳六个梅花状镂孔，近底处由上至下刮旋一周。口径

图三一 汉墓出土陶匜、盘

1. A 型匜（M72:4） 2. B 型匜（M18:3） 3、4. 盘（M90:4、M9:5） 5. C 型匜（M9:3）

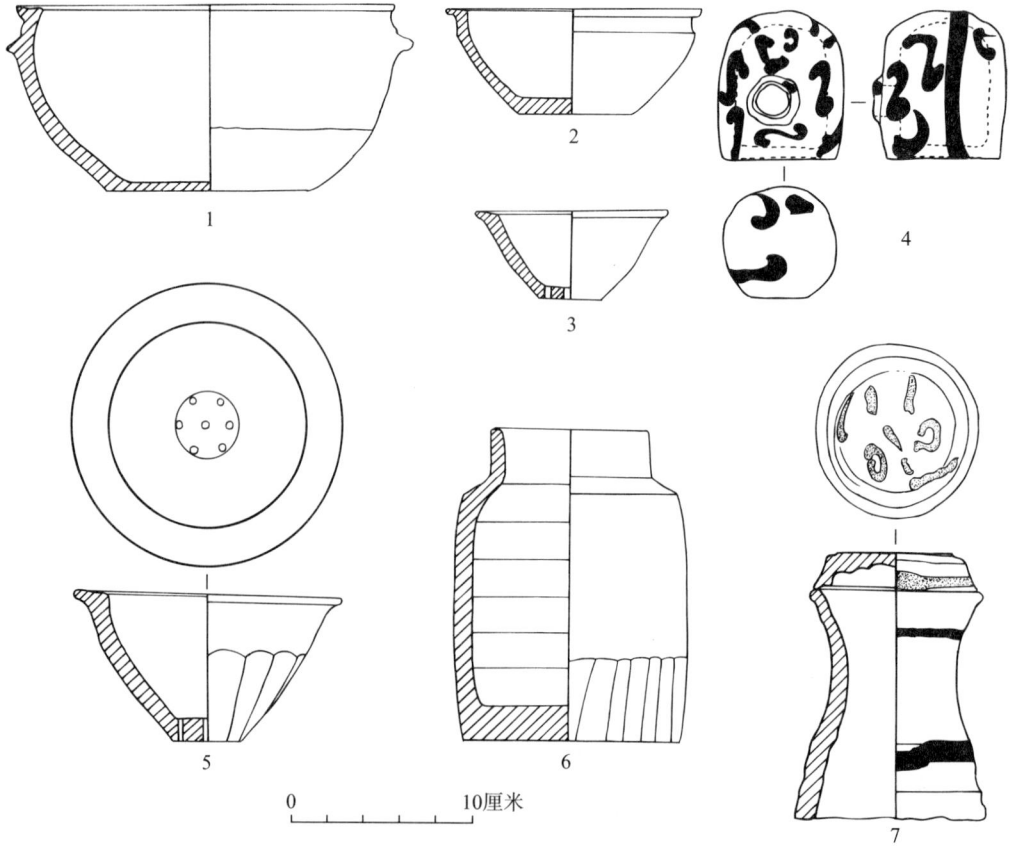

图三二　汉墓出土陶器
1、2. 盆（M74:5、M68:3）　3、5. 甑（M101:10、M36:15）　4、6、7. 仓（M101:9、M36:9、M101:6）

10.6、底径3.5、高4.8厘米（图三二，3）。标本M36:15，夹细砂灰陶。斜折沿近平，圆唇，腹壁斜直内收，小平底。底部排列七个梅花状镂孔，由外向内捅戳，腹部遗留由上至下刀具刮削痕，通体饰白陶衣。口径15.1、底径3.8、高8厘米（图三二，5）。

仓　3件。标本M101:9，泥质灰陶。馒头形，顶部圆隆，背部扁平，其余三面圆弧，平底，中空。模制。正面中部有一圆孔，三面饰白彩图案，还有白底红彩，但脱落，图案不清。底径6.2、高8厘米（图三二，4）。标本M36:9，泥质灰陶，夹少量细砂。方唇，直口，高直领，窄斜折肩，直筒形深腹，平底。腹上部压磨光滑，下部遗留由上至下的刮削痕一周。口径8.6、底径12、高16.8厘米（图三二，6；图版四，6）。标本M101:6，泥质灰陶，夹少量细砂。平顶，罩覆盘式浅盖。腰鼓式腹，束腰，底部平沿，腹下部手抹两周凹槽。盖顶绘白彩，有圆圈纹、卷云纹，脱落不清，近口处一周白彩带，腹上、下部各绘一周红彩带。口径9.2、底径10、通高14.2厘米（图三二，7；彩版四，4）。

磨 1件（标本 M36:12）。泥质灰陶。分上、下两部分。上部可旋转，呈覆钵式，一侧附圆锥状把手，顶部两侧穿两孔。下部为磨的主体，由磨盘、圆柱状研体及圈足构成，分体制作，圆柱状研体拉坯成型，磨盘壁套接于研体。通体饰白陶衣。盘口径 18、圈足底径 12.2、通高 16.5 厘米（图三三，2；彩版六，1）。

楼 2件。标本 M44:4，泥质灰陶，夹少量细砂。分上、下两层。上层圆角台形，无顶，前面中部出檐。下层方形，唯正面直壁，余三面墙略凸，正面近底部掏挖方形口，四面斜坡檐，檐上覆筒瓦，四角上翘。房屋的主体系轮制，然后手拍打成方形，檐上刻出筒瓦。口径 12、底径 17.4、通高 27.4 厘米（图三三，1；彩版三，4）。

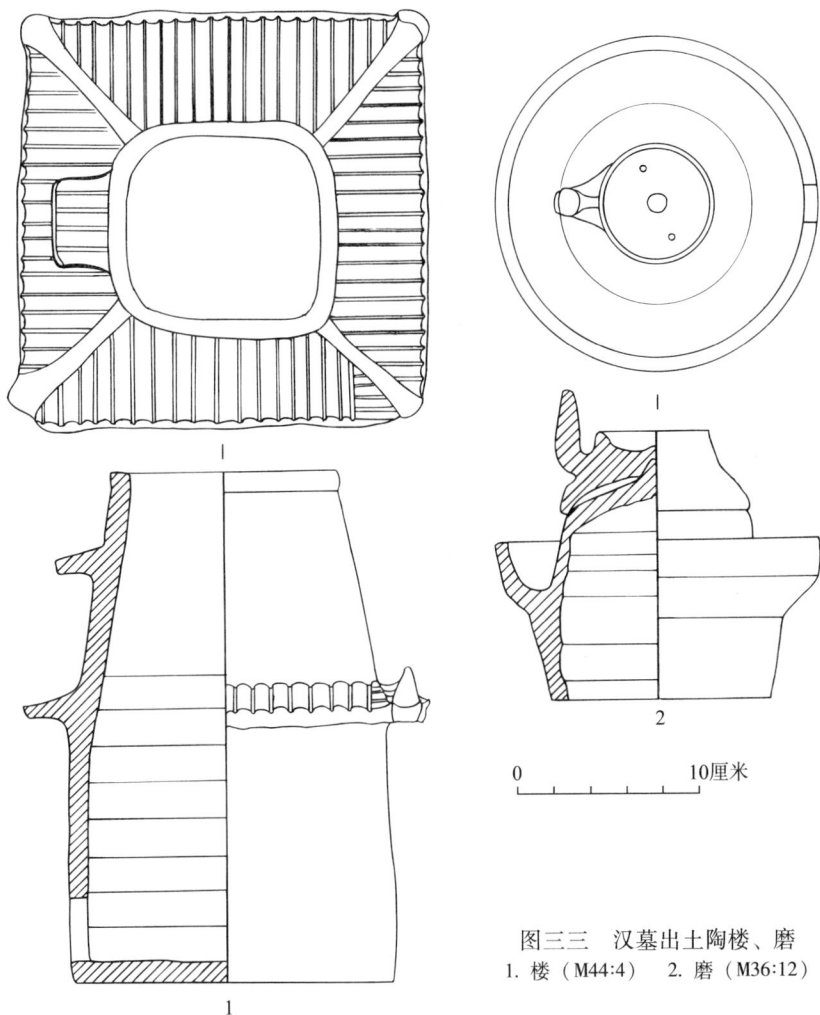

0   10厘米

图三三 汉墓出土陶楼、磨
1. 楼（M44:4） 2. 磨（M36:12）

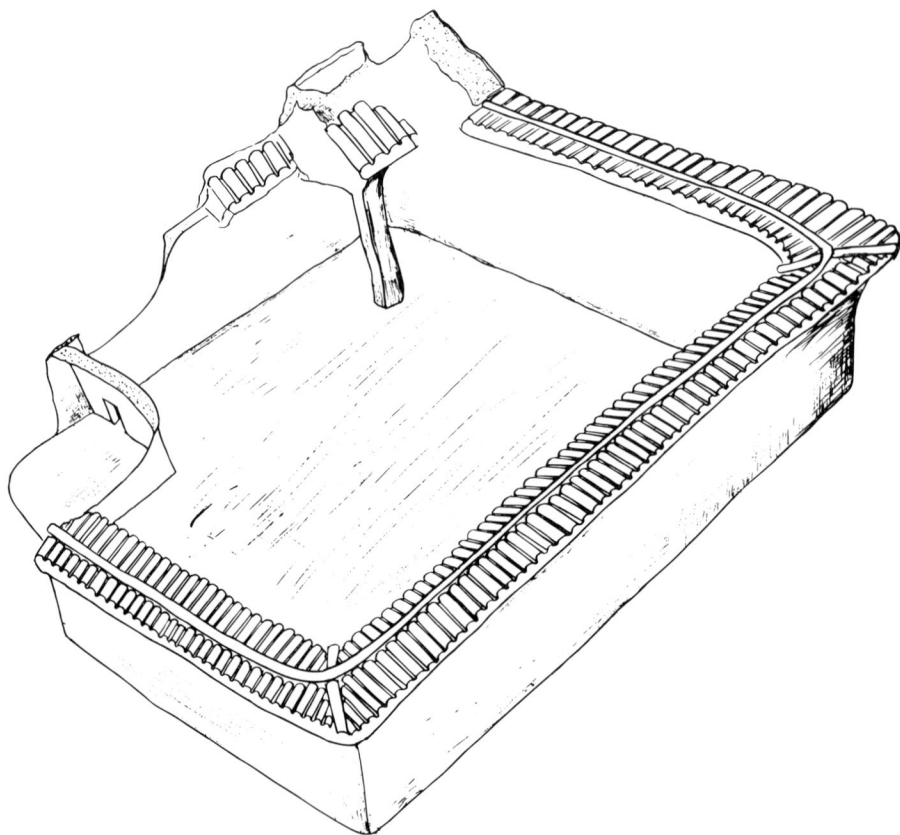

图三四　汉墓出土陶猪圈（M44:7）透视图

猪圈　1件（标本M44:7）。泥质灰陶。长方形，四周有矮墙，墙顶有两面坡式檐，坡顶覆瓦，一角依墙建硬山顶式敞棚，棚顶部分残，另一角落建方形厕所。长34.2、宽25.6、墙外出檐3.3、高9.3厘米（图三四；彩版四，5）。

筒瓦　1件（标本M15:1）。泥质灰陶。长36.8、宽15.3厘米（图三五）。

球　10余件。圆球状。标本M76:5，浅黑色泥质陶。火候较低，多粉碎。直径1.6~1.8厘米（图四三，9）。

2. 釉陶器

双系釉陶罐　3件。圆唇，侈口，肩部附对称桥形双系，平底。标本M13:1，泥质红陶。口沿内壁略凹，外壁有一周凸棱，圆鼓肩，斜腹内收，最大腹径居上。器表普遍被钙化层覆盖。肩部两周凹弦纹。通体饰酱黄釉，底部及口沿内侧皆有，釉层厚度均匀。口径11.4、腹径22.7、底径12.3、高21.8厘米（图三六，1）。标本M13:2，泥质灰陶。矮领，弧鼓肩，斜腹内收。器表大部分被钙化层覆盖。口沿及腹部按压粗凹弦纹。内外壁皆饰黑釉，釉层均匀，局部脱落。口径 11.2、腹径 19、底径 10.2、高 16.8 厘米（图三六，4）。

3. 原始瓷器

原始瓷罐　2 件。肩部附对称桥形纽。标本 M31：3，泥质灰胎。口、颈部残。断茬基本平齐。圆鼓腹，最大腹径居中，平底，矮圈足。其中一纽残。颈部刻划一周水波纹，腹部有数周瓦棱纹，双系按压叶脉纹。腹上部饰墨绿色釉，腹下部至底饰红褐色釉。腹径 16.4、底径 10.4、残高 15 厘米（图三六，3）。标本 M31：1，泥质灰陶。口、颈部残。束颈，圆鼓腹，腹下部内收成矮圈足。肩部附对称纽。腹部有数周瓦棱纹，腹上部饰酱绿釉和三周凹弦纹，下部红陶衣，两纽压印叶脉纹。腹径 21.4、底径 11.8、残高 21.6 厘米（图三六，2）。

4. 铜器

有铜镜、带钩、车马构件、棺饰等。

铜镜　10 面。皆圆形。标本 M54：1，蟠

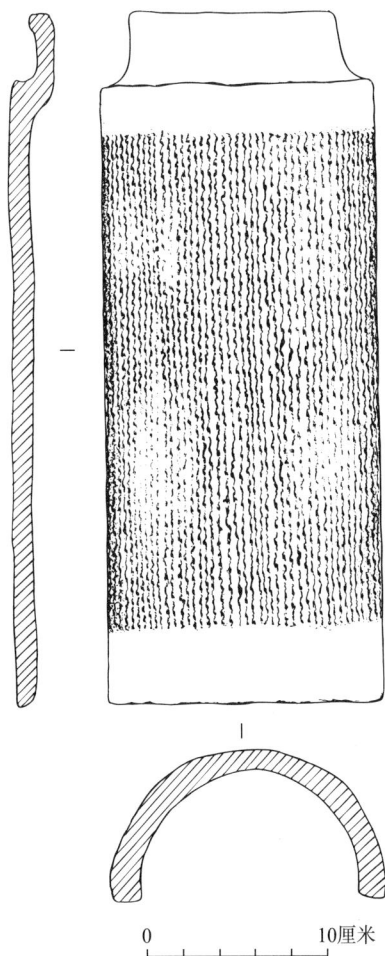

图三五　汉墓出土陶筒瓦（M15：1）

螭纹镜。三弦桥形纽。纽外四乳将纹饰等分成四部分，两乳间各饰一卷曲的蟠螭纹，并有底纹。卷缘，较薄。面径 8.1 厘米（图三七，3）。标本 M77：3，连弧草叶纹镜。仅存 1/2，纽残。外有两个双线矩形框，框间夹铭文"□□大明"，框外四乳钉将纹饰等分四部分，乳钉两侧对称分布双联草叶纹，其上各饰一个桃形花苞，矩形框的四角各伸出一个双瓣桃形花苞，内向连弧纹边缘仅存 8 个。残径 13.3 厘米（图三七，5）。标本 M32：1，四神十二生肖博局镜。镜面微弧。半球形纽。纹饰分内、外两区。内区凹陷，纽外罩两矩形方框，内框单线，四角饰卷云纹，外框双线，两框间间隔排列十二乳钉和十二生肖。方框外"T"、"V"形纹分为四区八方，八个内向七连弧座乳钉等距排列一周，两个乳钉与四神之一、瑞禽或兽构成一个纹饰区，它们间的排列形式为：

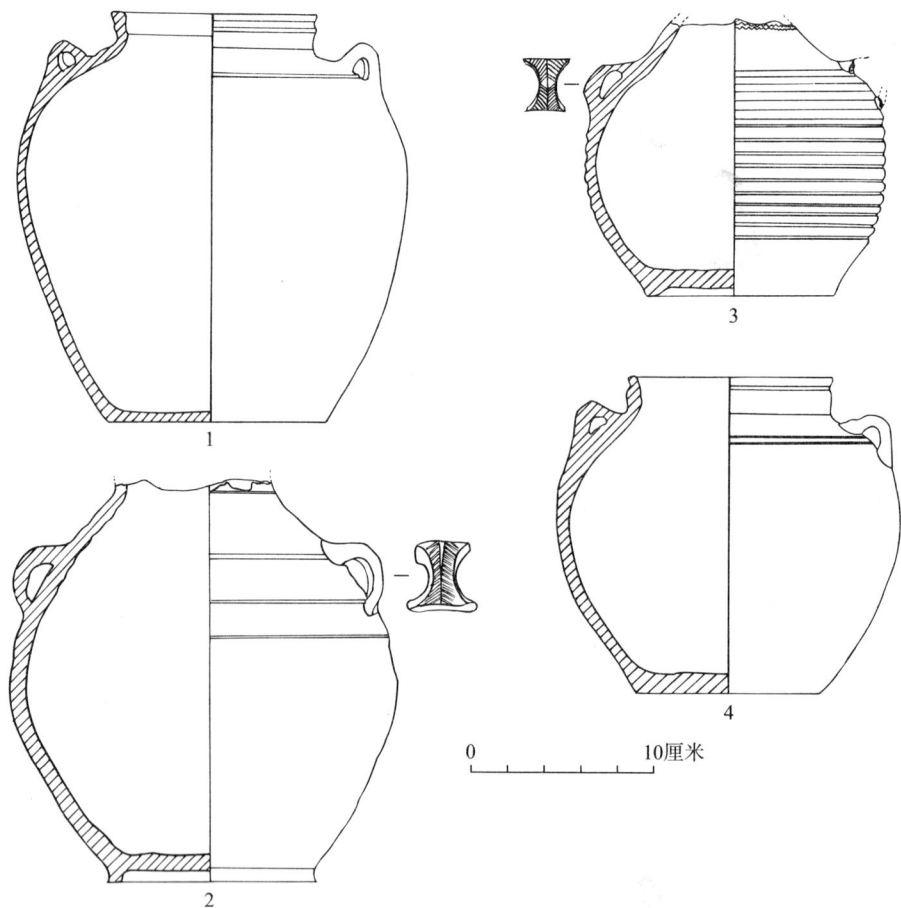

图三六　汉墓出土双系釉陶罐、原始瓷罐

1、4. 双系釉陶罐（M13:1、M13:2）　　2、3. 原始瓷罐（M31:1、M31:3）

玄武配回首卧兽，朱雀对相向瑞禽，白虎对相向瑞禽，青龙配同向拱手弯腰屈膝而立的羽人。各主体纹饰间饰卷云纹，内区边缘为一周短线纹；外区环绕三角形锯齿和连续的云气纹。面径16.1厘米（彩版五，1）。标本 M55:1，四乳画像镜。镜面弧凸。半球形纽。纹饰分内外两区，内区凹陷，外区为边缘纹饰。内区为浅浮雕人物像，纽外四个圆座乳钉将内区等分四组：一组一人峨冠宽衣正襟跪坐，并有榜题"东王公"，右侧一人跪立拱手而侍，两人间竖立"S"形物；对应另一侧人物着宽衣端坐，有榜题"西王母"，右侧两侍者穿长裙面向而立；另有一组一人跪坐抚琴，旁一人倒立；对侧的一组两人均在跳舞，内区边缘饰一周短线纹。外区分别有一周锯齿和动物纹，动物有龙、虎、羊、蟾蜍及飞鸟、走兽等。面径13.1厘米（彩版六，2）。标本 M36:14，连弧纹铭带镜。半球形纽，外有一周凸起的宽弦纹带及八个内向连弧纹，连弧纹内侧等

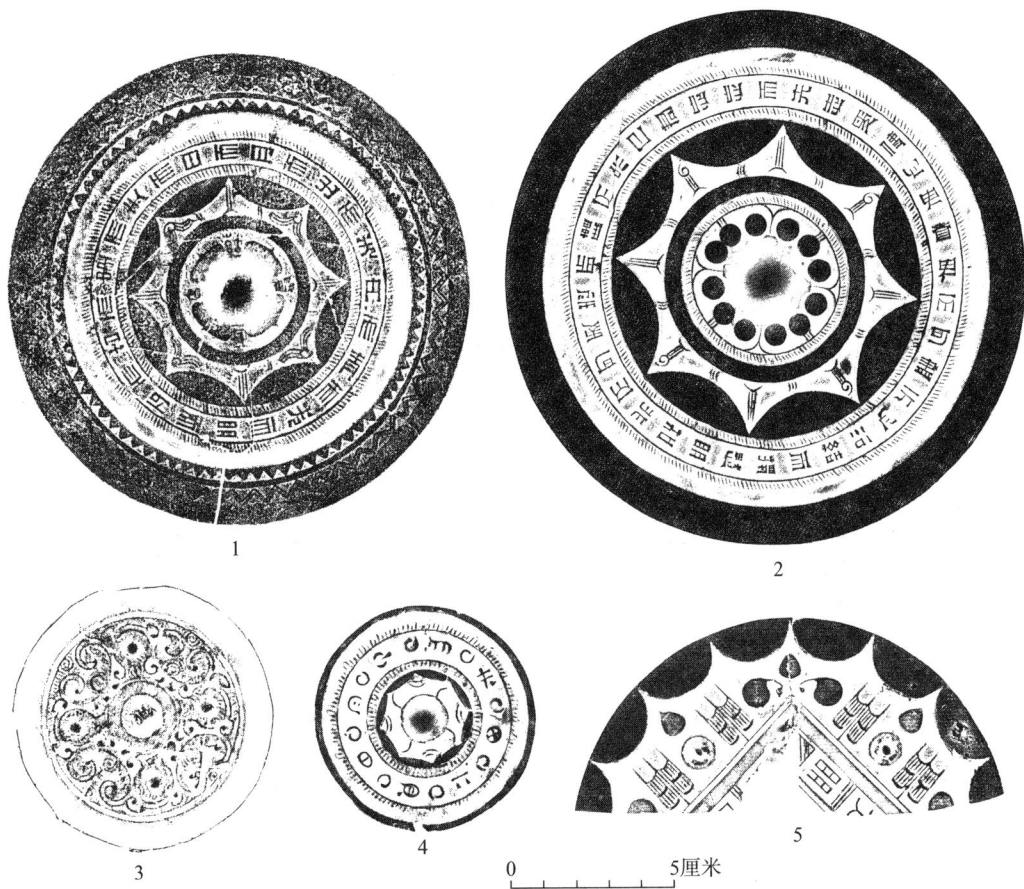

图三七　汉墓出土铜镜
1. M36:14　2. M59:2　3. M54:1　4. M73:1　5. M77:3

距间隔排列四组凸起的"人"字形及短直线纹。两周放射短斜线纹间夹一周铭文带，铭文为："内而清而光而明而以而召，象而夫而日而月而之而光。"内区凹陷，外区为一周锯齿纹及凸起的弦纹带。宽素缘。面径14.2厘米（图三七，1）。标本 M59:2，连弧纹铭带镜。半球形纽。十二连珠式纽座，外罩一周放射短斜线纹和凸起的弦纹带，其外为八个内向连弧纹。连弧纹内侧对称分布由短直线和弧线构成的几何纹，外侧有两周放射短斜线纹，其间夹一周铭文带，铭文为："君忘忘而先志，爱使心毋者，毋不可尽行，心沾结而独愁，明知非不可处，志所骧能已。"宽素缘。面径16.1厘米（国三七，2；彩版五，2）。标本M73:1，日光连弧纹铭带镜。半球形纽。外罩一周八个内向连弧纹，其内饰八组短弧线组成的几何纹，外侧两周短斜线纹夹一周铭文带，铭文为"见日月之，象夫毋亡"，每个文字均有圆弧状符号间隔。窄素缘。面径6.7厘米

（图三七，4）。

带钩　4件。分两型。

A 型　3件。琵琶形，尾端横截面扁圆。标本 M31:4，圆柱状钩，尾端宽扁，菌状纽居后。表面残留麻织物。长 4.5 厘米（图三八，7）。标本 M28:4，整体细长，菌状纽偏后。长 8.6 厘米（图三八，4）。

B 型　1件（标本 M6:2）。弯钩状，形体粗壮，横截面呈三角形。尾端较粗，两侧伸出对称两翼，矮菌状纽居尾。长 5.3 厘米（图三八，3）。

印　1件（标本 M32:7）。方形台面，印面无刻字，台上站立一猛兽，扭颈回首。表面鎏金多脱落。印面边长 1.3、通高 1.7 厘米（彩版六，3）。

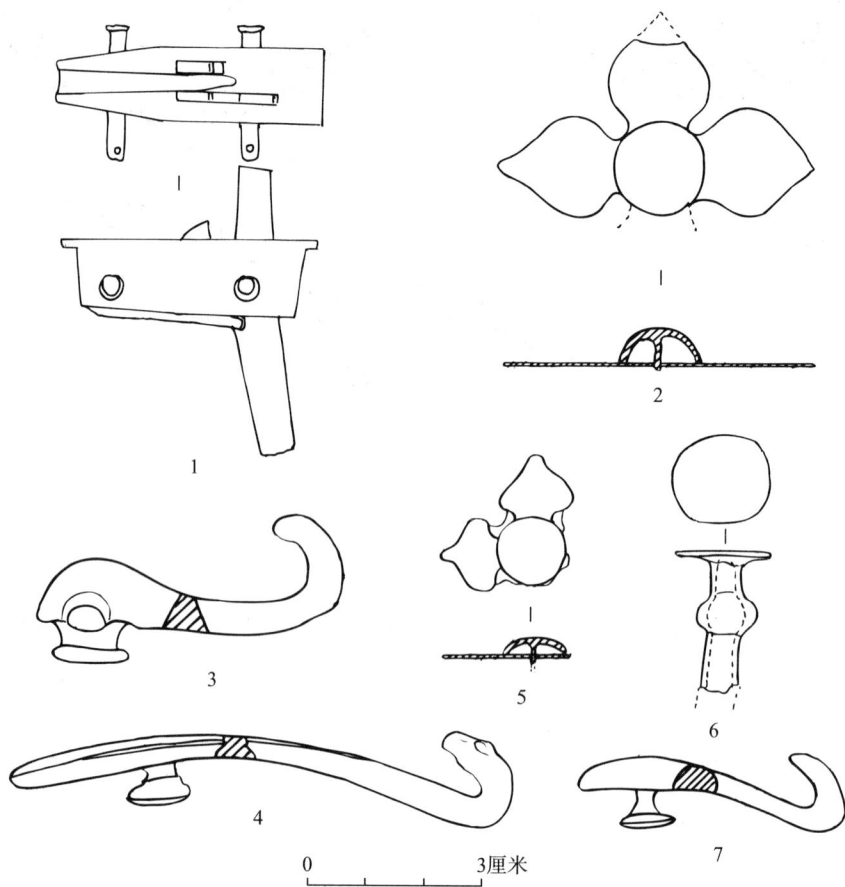

图三八　汉墓出土器物

1. 铜弩机（M101:5）　2、5. 铜柿蒂形棺饰（M77:5、M30:3）　3. B 型铜带钩（M6:2）

4、7. A 型铜带钩（M28:4、M31:4）　6. 金属盖弓帽（M99:1）

柿蒂形棺饰 数量较多，均残。标本 M77:5，仅存三枝叶。直径 5.4 厘米（图三八，2）。标本 M30:3，仅存两枝叶。残长 2.2 厘米（图三八，5）。

车马器构件 2 件。标本 M52:7，细圆筒状，一端有三个乳钉状突，另一端内残留朽木痕，中部有节箍。长 15.4、直径 3、壁厚 1 厘米（图三九，1）。标本 M6:5，扁圆筒状，中空，一端平口，另一端口部突起。直径 2.6、长 4.3 厘米（图三九，2）。

弩机 1 件（标本 M101:5）。盗洞内出土。长 4.6 厘米（图三八，1）。

环 4 件。标本 M28:4，横截面为圆形。外径 2、内径 1.1、肉厚 0.4 厘米（图四三，7）。标本 M6:3，横截面为扁圆形。外径 2.1、内径 1.1、肉厚 0.4 厘米（图四三，6）。

铜钱 皆为方孔圜钱，约数百枚。依钱文可分为"半两"、"三铢"、"五铢"、"大泉五十"、"货泉"几种，有的无钱文，其中以"五铢"种类最复杂，有许多记号钱，如穿上一横、穿下一横、穿上一星、穿下一星等，钱文的笔画也不尽一致（图四〇、四一）。

5. 铁器

皆锈蚀严重，有剑、刀、耒、镢、平底夯等，后三者均作为工具出于填土中，非随葬品。

剑 14 件。多为残段，锈蚀严重。标本 M32:2，保存较好，唯木鞘朽。扁长方形铜镖，蘑菇伞状铜首，表面饰卷云纹，菱形铜璏，扁长方形柄，长剑体中部起脊，截面菱形。通长 107.2 厘米（图四二，3）。标本 M54:3，有木鞘痕，剑体锋部和柄部残，菱形璏，剑体截面菱形。残长 86 厘米（图四二，1）。标本 M59:1，前端有木鞘痕。菱形璏，剑体截面菱形。残长 93.5 厘米（图四二，2）。

刀 4 件。锈蚀严重。标本 M101:2，半圆环状首。直背，斜面直刃。刀锋残。柄部残存腐朽的木鞘痕。残长 16.2、宽 1.8 厘米（图四二，5）。标本 M32:3，近椭圆形环首。直背，斜面直刃，偏锋。柄部缠多周麻绳，刀体残留木鞘痕，柄部和刀体断开。通长 31.4、宽 1.8 厘米（图四二，4）。标本 M59:3，圆形环首。直背，斜面直刃。锋部残。残留木鞘痕，柄部和刀体分界不清。残长 18.4、宽 1.6 厘米（图三九，12）。

棺钉 数十枚。均为圆帽，细四棱柱状体，锈蚀严重，多为残段。标本 M13:4，近完整。长 2.2 厘米（图三九，9）。标本 M13:5，顶尖部残。残长 8 厘米（图三九，10）。标本 M13:6，钉尖残失。残长 16 厘米（图三九，11）。

构件 1 件（标本 M31:5）。扁矩形环，环中部伸出一个细圆锥状楔。环长 3.8、宽 2.2、通高 4.2 厘米（图三九，8）。

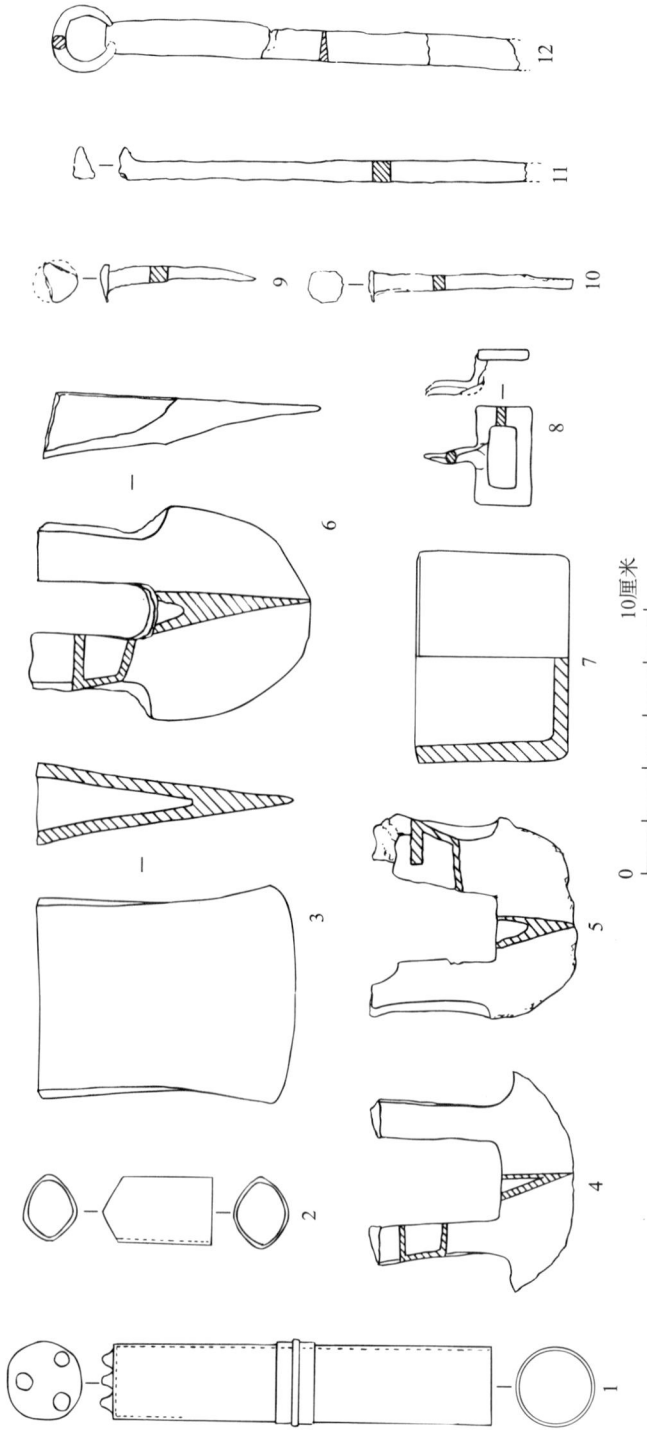

图三九　汉墓出土铜、铁器

1、2. 铜车马器构件（M52:7、M6:5）　3. 铁镢（M105:2）　4~6. 铁臿（M48:2、M102:7、M77:11）
7. 铁平底夯（M4:4）　8. 铁构件（M31:5）　9~11. 铁棺钉（M13:4~M13:6）　12. 铁刀（M59:3）

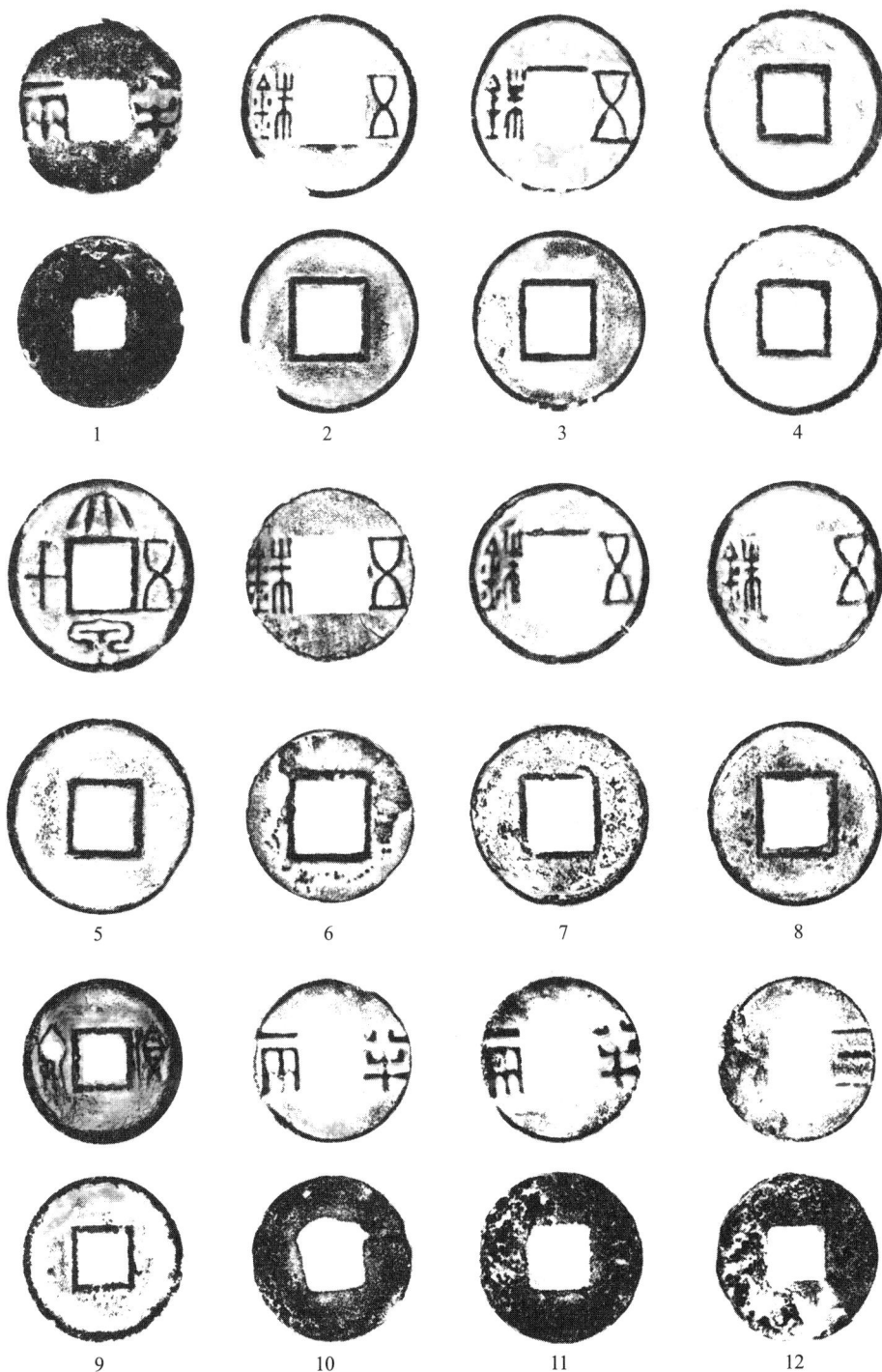

图四〇　汉墓出土铜钱（原大）

1. M76:2－1　2. M76:2－2　3. M76:2－3　4. M32:5－1　5. M32:5－2　6. M32:5－3　7. M103:2－1　8. M103:2－2
9. M102:6　10. M21:1　11. M6:4－1　12. M6:4－2

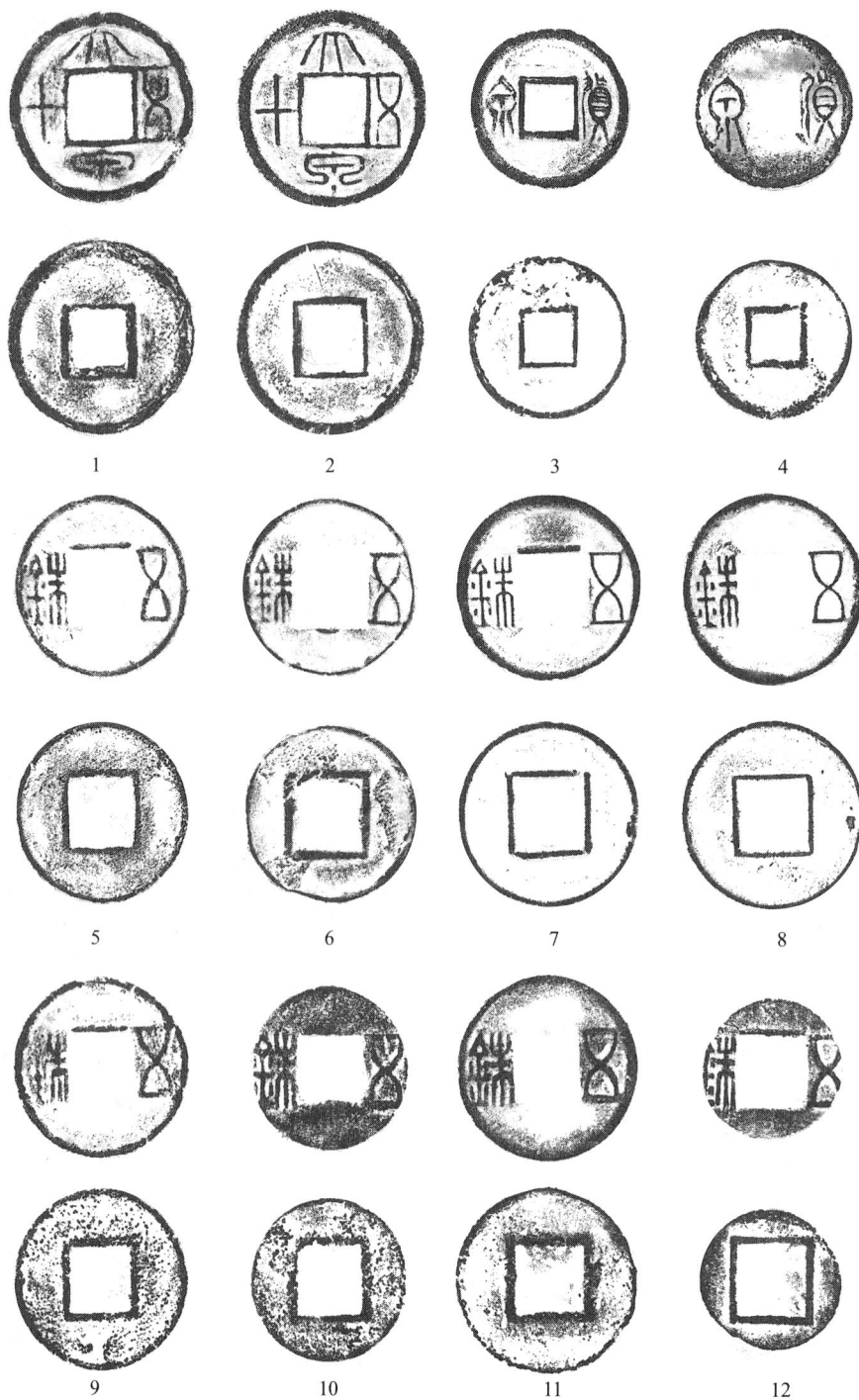

图四一　汉墓出土铜钱（原大）

1. M13:5 – 1　2. M80:4　3. M13:5 – 2　4. M26:1　5. M44:1 – 1　6. M44:1 – 2　7. M101:1 – 1　8. M101:1 – 2
9. M94:5　10. M13:5 – 3　11. M13:5 – 4　12. M13:5 – 5

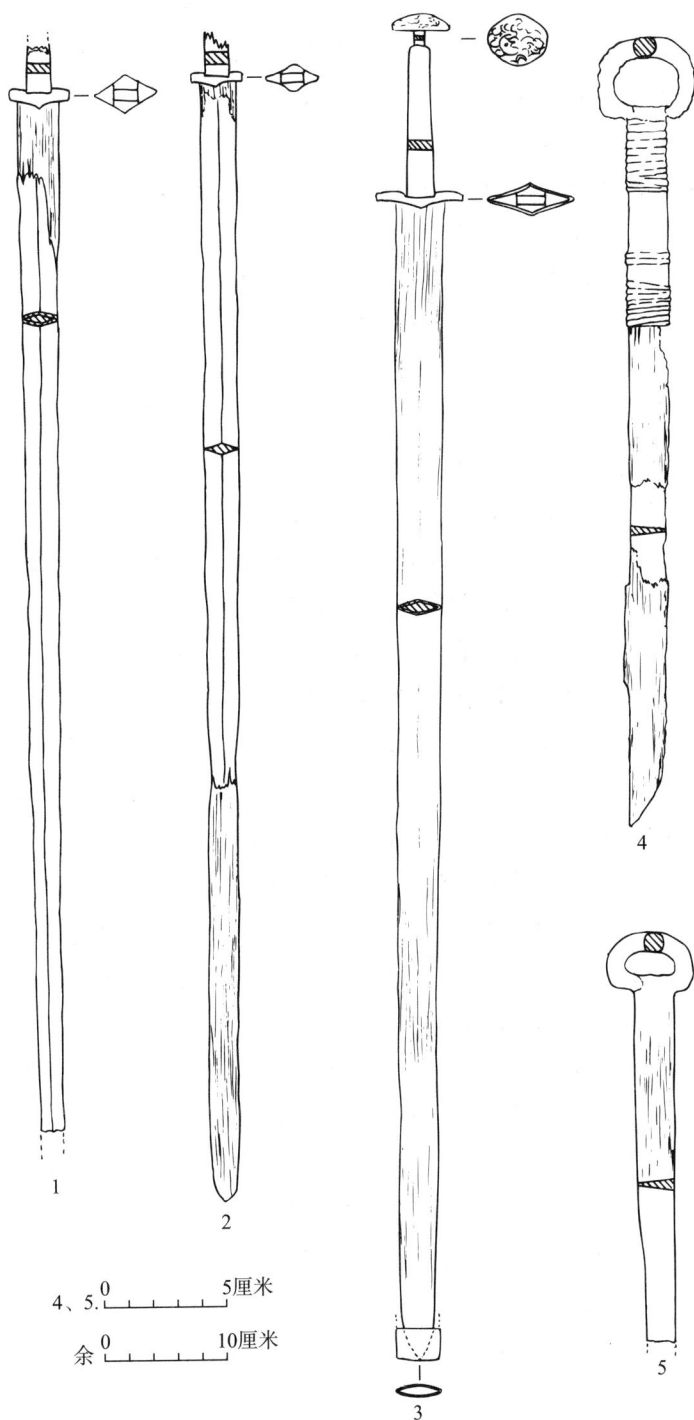

图四二　汉墓出土铁剑、刀

1~3. 剑（M54:3、M59:1、M32:2）　　4、5. 刀（M32:3、M101:2）

舌　3件。整体呈凹字形，凹字形銎。均出于填土中。标本 M102:7，圆弧刃。锈蚀严重，刃部有使用凹痕。宽 7.6、高 8.2 厘米（图三九，5）。标本 M48:2，圆弧状刃，两端上翘。浇铸成型。宽 8.4、高 8 厘米（图三九，4）。标本 M77:11，舌形长刃。锈蚀严重。宽 8.2、高 11 厘米（图三九，6）。

镢　1件（标本 M105:2）。出土于填土中。扁长方体，侧面为三角形，直刃，扁长方楔式銎。表面锈蚀严重。宽 7～8.2、厚 0.2～3、高 10.3 厘米（图三九，3）。

平底夯　1件（标本 M4:4）。出土于填土中。夯柄残。矮圆桶状，直壁，平底。锈蚀严重。口径 8.2、底径 7.8、高 6 厘米（图三九，7）。

6. 玉石器

29 件。主要有璧、环、玦、饰件等，大部分通体磨制光滑，制作精致。

玉璧　6件。标本 M2:2，豆青色。磨制光滑，素面。直径 5、好径 1.5、肉厚 0.4 厘米（图四三，1）。标本 M27:1，鸡血红色，局部泛黄。两面皆有米粒状白色斑痕。通体磨制光滑，素面。直径 5.1、好径 1.5、肉厚 0.5 厘米（图四三，3；彩版七，1）。标本 M36:1，影青色，边缘有褐色斑。通体磨制光滑。两面皆阴刻相同纹饰图案，皆以单线条勾绘，在内外两圈凹弦纹间刻四个变形夔纹和规矩纹。直径 4.7、好径 1.5、肉厚 1 厘米（彩版七，2）。标本 M54:2，鸡骨白色。磨制光滑，边缘欠规整，一侧略薄。两面皆阴刻云雷纹，靠边缘单面钻一小孔。直径 3.2、好径 0.8、肉厚 0.2～0.3 厘米（彩版七，3）。标本 M9:11，豆青色。器体扁薄，通体磨制光滑，素面。一面有两处白色钙化层斑。直径 9.7、好径 2.6、肉厚 0.3 厘米（图四三，11；彩版七，4）。

石环　2件。标本 M77:4，花岗岩（？）。通体磨制光滑，刃状边缘，肉的横截面为三角形。器表可见红、白、灰等色相间的自然纹理层。大部分残，仅存约 1/4。残径 5.1、肉径 1.3 厘米（图四四，7）。

玉玦　1件（标本 M6:6）。白色略泛青。两面阴刻变形夔纹，一面布局疏朗，另一面较细密。直径 4.2、好径 0.9、肉厚 0.5 厘米（彩版七，5）。

玉鼻塞　1件（标本 M36:2）。暗褐色，颜色斑驳，局部泛青。矮圆柱体，一端略细，通体磨制光滑，素面。直径 0.7～1.2、高 1.6 厘米（图四三，5）。

玉饼　1件（标本 M76:4）。豆青色，普遍白化。一面较平，背面略弧，弧面光滑，边缘磨成斜面。中部一周深圆圈纹，平面布满图案，皆减底阴线刻。以两周凹弦纹为界分内外两区，内区为双线条构成的卷云纹，外区为蒲谷纹。直径 4.8、肉厚 0.5～0.7 厘米（彩版七，6）。

石印　1件（标本 M44:2）。浅灰色，方形，矮圆柱纽，印面有墨，无刻铭。边长 3.7、高 1.5 厘米（图四三，4）。

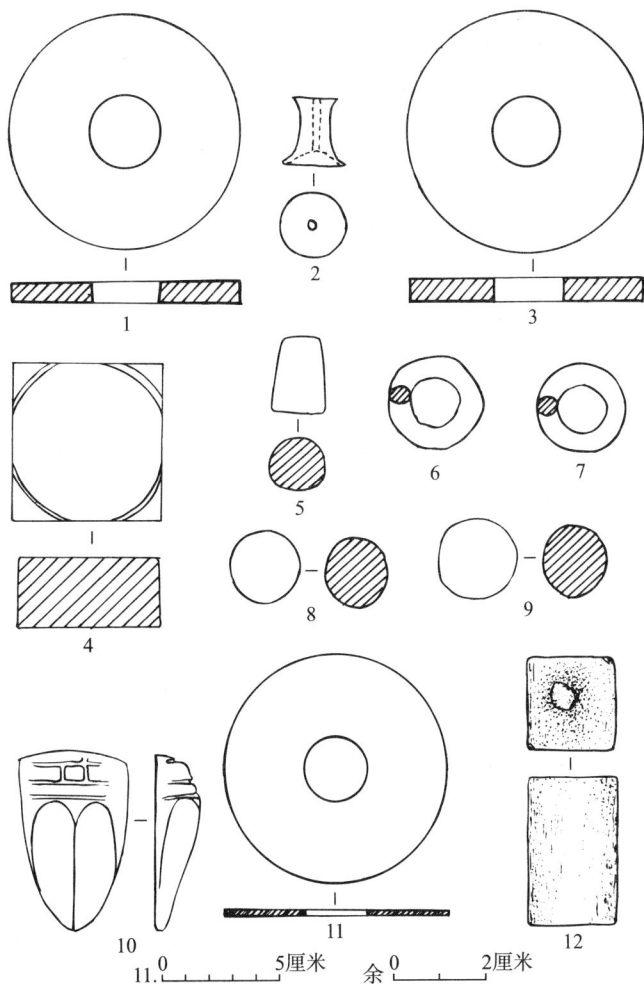

图四三　汉墓出土器物

1、3、11. 玉璧（M2:2、M27:1、M9:11）　2. 料器（M57:3－1）　4. 石印（M44:2）

5. 玉鼻塞（M36:2）　6、7. 铜环（M6:3、M28:4）　8. 金属圆球（M32:4－1）

9. 陶球（M76:5）　10. 石琀（M22:1）　12. 骨器（M52:6）

石琀　1件（标本 M22:1）。白色。质地较软，蝉形。长 3.8 厘米（图四三，10）。

石饰件　16件。皆为白色石英岩，大多磨制光滑，有的表面还保留石皮，主要是片状饰件，还有呈半球状和角状的。片状的有长方形、三角形、圆首碑状及菱形等。标本 M77:1，10件，其中有长方形、三角形、圆首碑状玉片石 1件，菱形、羊角状、弧边长方形各 2件，半球状 1件。片状饰件皆一面磨光，周边以红彩涂成图形边框，框内阴刻或减底刻有纹饰，彩框多脱落，图案纹痕较浅，多模糊不清（彩版六，4）。

标本 M77:1－1，菱形，一面磨光后又琢出一小菱形面，中部阴刻两条交叉短线。边长4～5、厚0.4～0.5厘米（图四四，1）。标本 M77:1－2，长方形，在磨平的一面减底刻出"⌒"形图案，上部近边缘管钻穿一圆孔。长4.9、宽3、厚0.4～0.5厘米（图四四，2）。标本 M77:1－3，圆弧锥状薄片，通体打磨光滑，一面又琢制。长3.3、厚0.4厘米（图四四，4）。标本 M77:1－4，圆首碑状，在磨平面又琢制加工。长5.5、宽3.2、厚0.5～0.6厘米（图四四，5）。标本 M77:1－5，近等腰三角形，其中两角被磨成圆弧状。长5.5、宽3.5、厚0.3～0.4厘米（图四四，6）。标本 M77:1－6，近长方形，其中一侧边呈弧刃状，并刻出五条平行的短凹槽。长2.6、宽1.8、厚0～0.6厘米（图四四，8）。标本 M77:7，4件，其中半球形2件，长方形片1件、火焰形片1件（彩版六，4）。半球形中的1件通体磨制光滑，另一件球面顶端琢制，球面下端和平面光滑。标本 M77:7－1，直径0.9、厚0.3厘米（图四四，3）。标本 M77:7－2，长方形上端有一圆形穿孔，器体较下部略薄，两面皆磨制后又琢制，一面在光滑的四周涂红彩框，框内减底琢刻出一条龙形纹。长5、宽3、厚0.2～0.4厘米（图四四，9）。

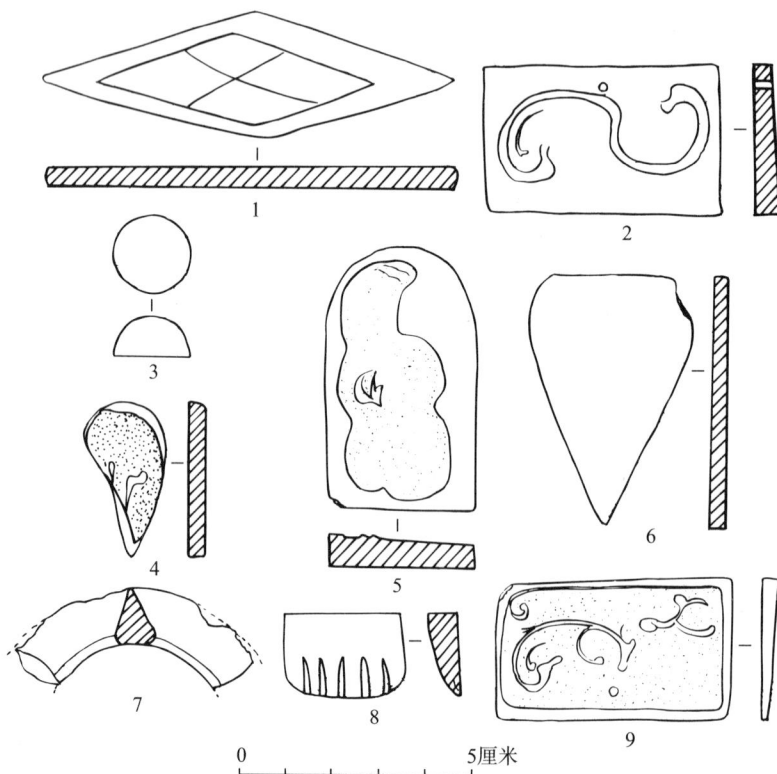

图四四　汉墓出土石器

1、2、4～6、8. 石饰件（M77:1－1、1－2、1－3、1－4、1－5、1－6）

3、9. 石饰件（M77:7－1、7－2）　7. 石环（M77:4）

7. 其他金属器

多为车马器的残件。表面泛白，偏重，金属成分未做鉴定。

圆球　11 件。均为白色，较重，多位于墓主人的身体一侧。标本 M32:4，7 件。表面多龟裂。大小、重量一致。直径 1.7 厘米（图四三，8）。

盖弓帽　均残。标本 M99:1，仅存顶端，如钉状，顶下部一周圆鼓，下部残。残长 2.4 厘米（图三八，6）。

8. 料器

2 件。

标本 M57:3，2 件，形制相同。紫色透明。两端大，束腰，中部穿细孔。标本 M57:3－1，长 1.3、端径 1~1.4 厘米（图四三，2）。

9. 漆器

3 件。有漆奁、盘。

奁　1 件（标本 M32:8）。已严重腐朽，仅存红色漆痕迹，花纹图案无法辨认。

盘　2 件。标本 M76:6，皆朽成粉末。

10. 骨器

2 件。标本 M52:6，矮方柱体，系动物肢骨加工而成，表面打磨光滑。边长 2、高 3.1 厘米（图四三，12）。

（四）分期与年代

封山墓地有较多的墓葬存在叠压、打破关系，可为我们分析判断墓葬的相对年代提供重要地层学依据，较重要的主要有以下几组：

(1) M7→M1→M9　　　(2) M55→M68→M72　　　(3) M25→M26→M34

(4) M59→M76　　　(5) M37→M38→M39→M36→M101

(6) M81→M82　　　(7) M102→M105→M106

(8) M84→M86　　　(9) M20→M43→M49→M54

(10) M43→M50→M35→M52　　　(11) M18→M19

(12) $\left.\begin{array}{l} M62 \\ M59 \\ M58 \end{array}\right\}$→M75→$\left[\begin{array}{l} M77→M89 \\ M87→M90 \end{array}\right.$

由于该墓地被严重盗扰，较多墓葬中的陶器发生了位移或遭到破坏，致使多数墓葬的陶器组合不完整，有的墓葬中随葬品空无一物，这为我们的分期带来了很大困难，但基于上述墓葬间的叠压、打破关系，再结合典型墓葬所出陶器的组合不同（表一），仍可将整个墓地分成五期（表二；图四五）。

表一　典型墓葬陶器组合表

M84	棺内：素面铜镜、半两。棺外：陶中型罐 Ab Ⅰ
M21	椁外：陶中型罐 Aa Ⅰ。棺内：铜半两 5（1 件有窄外郭）
M9	陶鼎 Ab2，壶 Aa2、Bc，盒 Aa Ⅰ 2，罐 2，盘，匜 C；玉璧
M18	棺外：陶鼎 Aa Ⅰ，盒 Ab，匜 B，壶 Ab Ⅰ，小型罐 A Ⅰ。棺内：铜半两 2
M28	陶鼎 Ba Ⅲ，大型罐 Aa Ⅱ，小型罐 B，壶 Cc Ⅱ；铜带钩 A，环，五铢 4（"朱"头方折，磨郭 1）；铁剑
M54	陶鼎 Bb，盒 Bb，壶 Ab Ⅰ、Bc。椁内：蟠螭纹铜镜，铜半两约 5～10（多残），铜饰；玉璧；铁剑
M52	陶鼎 Aa Ⅰ，盒 Aa Ⅰ，壶 Bc，匜 A，中型罐 Ab Ⅰ。椁内：骨器，铜竹节把手，铜车马器构件
M76	陶鼎 Aa Ⅱ，匜 A，球 10；玉饼；铜半两 55、五铢 29（穿上一横 10、穿下一星 3、穿上一星 1）；漆盘 2
M72	陶鼎 Ba Ⅱ，壶 Aa，罐，匜 A；石珩；金属球 2
M66	壁龛：陶鼎 Aa Ⅲ，盒 Ba Ⅱ，壶 Ba，中型罐 Ba Ⅰ。盗洞：陶盒 Ba Ⅲ；铜五铢约 2～3（均为残片）。填土：壶 Ba
M44	陶盒 Aa Ⅱ，大型罐 Aa Ⅰ、B，中型罐 Ab Ⅱ 4，小型罐 A Ⅱ 2、B，陶楼，猪圈；铜五铢约 50（"朱"头方折，其中磨郭 27，穿上一横 2，穿下一星 1）；铁剑；石印
M97	陶鼎 Ba Ⅲ，盒 Ba Ⅲ 2，壶 Cc Ⅰ，大型罐其他型；铜五铢 13（其中磨郭 1，穿上一横 2，穿下一星 1，"朱"头圆折 1）
M36	陶盒 Aa Ⅱ，壶 Ac，小型罐 A Ⅱ 2、B，仓，院落，磨，甑。椁内：玉璧，玉鼻塞；铜五铢 2，铜镜
M80	陶鼎 Ca Ⅲ，盒 C，壶 Cc Ⅱ，小型罐 B；铜大泉五十 5
M81	陶鼎 Ca Ⅱ 2，盒 Aa Ⅲ、Ba Ⅲ，壶 Cc Ⅰ 2，小型罐 B2
M102	椁顶板：陶鼎 Ca Ⅰ，盒 Ba Ⅲ，中型罐 Ba Ⅱ，小型罐 B。椁内：铜五铢 3。盗洞：铜货泉。填土：铁斧
M101	盗洞：陶盒 Aa Ⅲ，大型罐 Aa Ⅱ、Ab Ⅰ，小型罐 B，甑，铜弩机。填土：陶仓 2；铁刀。椁内：铜五铢 45（皆"朱"头方折，其中磨郭 5，穿上一横 7，穿上一星 2，穿下一星 1）

表二　陶器分期表

器类	鼎						盒					壶						
分期	Aa	Ab	Ba	Bb	Ca	Cb	Aa	Ab	Ba	Bb	C	Aa	Ab	Ac	Ba	Bb	Bc	Ca
一	Ⅰ	√	Ⅰ	√			Ⅰ	√	Ⅰ	√		√	Ⅰ				√	
二	Ⅱ		Ⅱ					√				√	Ⅱ					
三	Ⅲ			Ⅰ		√	Ⅱ Ⅲ		Ⅱ						√	√		
四	Ⅲ		Ⅲ		Ⅱ		Ⅲ		Ⅲ									Ⅰ
五			Ⅲ		Ⅲ						√				√	√		Ⅱ

器类	壶		大型罐				中型罐				盘	匜	仓	猪圈	楼	盆	甑
分期	Cb	Cc	Aa	Ab	B	C	Aa	Ab	Ba	Bb							
一							Ⅰ	Ⅰ			√	A、B、C					
二												A					
三			Ⅰ、Ⅱ	Ⅰ	√		Ⅱ	Ⅱ	Ⅰ	Ⅰ		A	√	√	√		√
四	√	Ⅰ	Ⅱ	Ⅰ		Ⅰ	Ⅲ	Ⅱ	Ⅱ			√			√	√	
五			Ⅱ	Ⅲ	Ⅱ	√	Ⅲ	Ⅲ	Ⅲ							√	

第一期, 13 座墓, 以 M9、M18、M54、M52、M90 为代表。其完整的陶器组合为鼎、盒、壶、罐、盘、匜, 但多数墓葬所出组合不完整, 缺失盘或匜, 或两者皆无, 一方面可能因晚期盗扰而致, 另一方面或许当时就没有严格遵循这套葬俗。主要器物有陶 Aa 型Ⅰ式、Ba 型Ⅰ式鼎, Aa 型Ⅰ式、Ba 型Ⅰ式、Ab 型、Bb 型盒, Aa 型、Ab 型Ⅰ式壶, Aa 型Ⅰ式、Ab 型Ⅰ式中型罐及 A、B、C 型匜等。M12、M21、M84 等小型墓均出 1 件陶中型罐, 共出的铜镜或"半两"钱显示其时代较早, M6、M19、M30、M85、M86 亦归入此期(彩版八, 1)。

第二期, 6 座墓, 以 M27、M76、M72 为代表。这三座墓均遭严重破坏, 陶器组合不完整, 但属第一期鼎、盒、壶、罐、匜组合的延续, 唯不见第一期的 Ab、Bb 型鼎。主要器物有陶 Aa 型Ⅱ式、Ba 型Ⅱ式鼎, Ab 型盒, Aa 型、Ab 型Ⅱ式壶, B 型小型罐, A 型匜等。另外, M4、M100 等墓葬所出陶器特征同上述相应器类, 亦属该期。根据打破关系推测, M89 亦属该期。

第三期, 可确认的有 17 座墓, 以 M2、M36、M44、M66、M101、M94 为代表。基本陶器组合仍为鼎、盒、壶、罐, 但器类增多, 出现了陶磨、仓、猪圈、楼等模型明

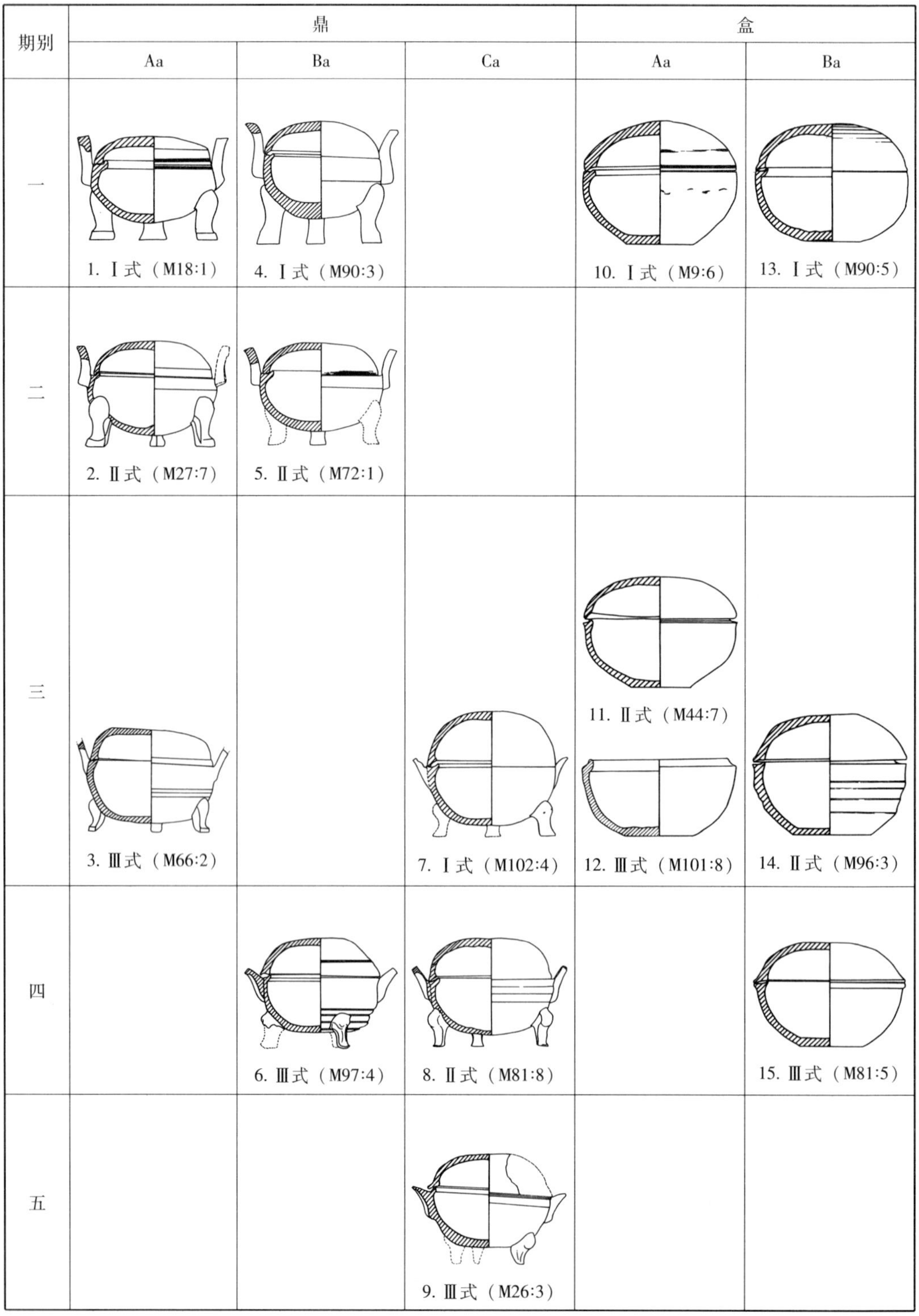

期别	鼎			盒	
	Aa	Ba	Ca	Aa	Ba
一	1. Ⅰ式（M18:1）	4. Ⅰ式（M90:3）		10. Ⅰ式（M9:6）	13. Ⅰ式（M90:5）
二	2. Ⅱ式（M27:7）	5. Ⅱ式（M72:1）			
三	3. Ⅲ式（M66:2）		7. Ⅰ式（M102:4）	11. Ⅱ式（M44:7） 12. Ⅲ式（M101:8）	14. Ⅱ式（M96:3）
四		6. Ⅲ式（M97:4）　8. Ⅱ式（M81:8）			15. Ⅲ式（M81:5）
五		9. Ⅲ式（M26:3）			

图四五　汉墓典型

壶		大型罐	中型罐	
Ab	Ca	Aa	Aa	Ba
16. I式（M54:7）			23. I式（M21:2）	
17. II式（M4:3）				
		20. I式（M44:8） 21. II式（M101:3）	24. II式（M2:5）	26. I式（M66:4）
	18. I式（M8:4）			27. II式（M102:2）
	19. II式（M3:2）	22. III式（M57:4）	25. III式（M60:1）	28. III式（M73:3）

陶器分期图

器，C 型盆形鼎亦为新生物，不见 Ab、Bb 型盒。典型器物有 Aa 型Ⅲ式、Ca 型Ⅰ式鼎，Aa 型Ⅱ式、Aa 型Ⅲ式、Ba 型Ⅱ式盒，Ac、Ba 型壶，Aa 型Ⅱ式、Ab 型Ⅱ式、Ba型Ⅰ式、Bb 型Ⅰ式中型罐，Aa 型Ⅰ式、Aa 型Ⅱ式、Ab 型Ⅰ式、B 型大型罐及 B 型小型罐等。另据所出器物的形制特点或依据可靠的打破关系，推测 M31、M35、M38、M43、M49、M64、M77、M87、M96、M105、M106 也属该期（彩版八，2）。

第四期，16 座，以 M97、M74、M81、M103、M102 为代表。陶器仍在延续前期的鼎、盒、壶、罐组合，不见盘和匜。壶、罐或罐的组合较常见，有的仅有铜钱或铜镜等小件器物，不见陶器。前期的 Aa 型Ⅲ式鼎、Aa 型Ⅲ式盒、Ab 型Ⅰ式大型罐仍沿用，新出现 C 型罐形壶。其他各类器物虽属三期的延续，但形制发生了变化。主要器物有Ba 型Ⅲ式、Ca 型Ⅱ式鼎，Aa 型Ⅲ式、Ba 型Ⅲ式盒，Ca 型Ⅰ式、Cb 型、Cc 型Ⅰ式壶，Aa 型Ⅱ式、C 型Ⅰ式大型罐，Ab 型Ⅲ式、Ba 型Ⅱ式、Bb 型Ⅱ式中型罐及小型罐等。M8、M20、M22、M32、M34、M45、M58、M61、M69、M75、M82 的陶器近似上述器类特点，应归入该期。

第五期，17 座，以 M80、M3、M13、M26、M62 为代表。陶器组合变得简单，鼎、盒、壶、罐的组合仅出现于个别墓葬，说明已近尾声，流行壶和罐或单独的罐、壶的配伍，新出现低温釉陶壶。沿用了四期的 Ba 型Ⅲ式鼎，主要器物有 Ca 型Ⅲ式鼎，C型盒，Ba 型、Bb 型、Ca 型Ⅱ式、Cc 型Ⅱ式壶，Aa 型Ⅲ式、Ab 型Ⅱ式、B 型、C 型Ⅱ式大型罐，Aa 型Ⅲ式、Ab 型Ⅲ式、Ba 型Ⅲ式中型罐。另 M25、M28、M33、M51、M55、M56、M57、M59、M60、M67、M68、M73 亦归入该期。

较多的墓葬既无可断代的遗物，也没有可靠的叠压打破关系，无法进行分期，如M1、M5、M7、M10、M14、M15、M16、M17、M23、M24、M29、M37、M39、M40、M41、M42、M46、M47、M48、M50、M53、M63、M65、M70、M71、M78、M79、M83、M88、M91、M92、M93、M95、M98、M99、M104、M107、M108、M109、M110 等。

上述分期仅是依陶器的形态所做的粗略的划分，如第五期可能还可以进行更细的阶段，M3、M13 的遗物明显晚于同期的其他墓葬，尤其 M13 的剪轮五铢和无钱文铜钱，可能属东汉末年或更晚，同出的陶罐风格迥异，但这些墓葬的资料较少，尚难以独立分期，故不再细分。

根据前文对陶器的类型学排比及分期，可以总结其形态的演化趋势，现将主要器类的特征变化概述如下：

鼎主要表现为口、耳、足部的变化。子口沿面由较平、内侧凸棱明显，变为沿面不平、微倾、甚倾斜成斜弧面，内侧凸棱逐步弱化，与沿面弧连，Aa 型还有愈晚敛口愈微的趋势；双耳由粗壮的竖环形逐步变为矮小、斜直外撇的假环形；

高大、粗壮的马蹄形足渐变为矮小、纤细，第一、二期尚写实，第三期开始足末端愈晚愈抽象化，足根部由素面、膨大演变为兽面形，至第四、五期，兽面形足根日益逼真。另外，C型盆形鼎的腹部还有愈晚愈倾斜的趋势，底部由大圜底变为小圜底近平。

盒特征的变化多体现在口部，子口沿面较平、内侧凸棱明显，逐渐发展为沿面不平，或略凹、凹陷或向外微倾或甚倾成斜面，子母口内侧凸棱愈晚愈不明显。另外，盖口沿也有变化，愈晚口沿愈外侈，至第四、五期时有的盖沿外折如帽沿。

壶的特征变化不如鼎、盒明显。A、B型壶有颈部变短、圈足变矮的趋势，腹部最大径渐下移；Ca型颈部由粗变细，Cc型颈部亦有趋短的倾向。

大、中型罐的特征演变主要表现在唇沿和腹部。薄方唇的时代略早，愈晚唇沿增厚、变宽，同时唇下沿突出，由平沿而出现凹陷或凹槽，腹下部由斜直内收变为弧腹内收，平底有变大的趋势或小平底内凹。

陶器的整体风格似有时代变化。第一、二期的造型普遍规整，整体显得端庄厚重，无论在成型、修整还是装饰方面，都较后期的更细致，鼎、盒、壶表现的尤为突出。由第三期开始，陶器的制作略显粗糙，在泥料的选择上没有前两期严格，前两期的陶器普遍为泥质陶，陶土似经筛选，后几期的泥质陶多含大小不一的砂粒，表面的修整较随意，故表面常遗留多处不规则的修整痕。

关于这批墓葬的年代，我们可以从陶器的形态排比、与陶器共出的铜钱、铜镜及与周边地区墓葬的对比分析中推断其年代框架。第一期墓葬，M21、M18、M54内仅出半两铜钱，不见五铢钱，M54出的蟠螭纹铜镜，以羽纹为底纹，卷尖缘，三弦纽，具有战国晚期铜镜的遗风，所出陶器亦有西汉京畿腹地西安龙首原西汉早期墓的特点[①]，故该期墓葬的年代应在汉武帝"元狩五年"始铸"五铢"前，属西汉早期；第二期的鼎、盒形制同第一期的近似，两者时代当相近，所出铜钱有武帝、昭帝、宣帝的特征，故该期的绝对年代应为西汉中期[②]；第三期，M44、M101所出"五铢"均为西汉时期，但发现较多的磨郭钱，年代当为元帝后的西汉晚期，M36的铭带连弧纹铜镜也具有西汉晚期的特征，故该期的年代应与之相近；第四期，该期墓葬普遍出"大泉五十"、"货泉"等王莽钱，时代应属王莽和东汉前期，即王莽至汉光武帝时期；第五期，该期墓葬所出铜钱有剪轮五铢，M3所出的釉陶壶同柴胡店M18:1、M16:1形制近似[③]，或较之略晚，均具有东汉时期的风格，M55:1四乳画像铜镜明显具有东汉晚期的特点，故

① 西安市文物保护考古所：《西安龙首原》，西北大学出版社，1999年。
② 蒋若是：《西汉五铢钱断代》，《秦汉钱币研究》，中华书局，1997年。
③ 山东省博物馆：《山东滕县柴胡店汉墓》，《考古》1963年第8期。

该期年代约属光武帝至东汉末。

（五）结　语

　　该墓地流行长方形或方形中、小型石椁墓，有的墓圹四壁进行装饰，如 M6，在墓壁表面涂抹一层光滑的泥浆，然后绘红、白彩绘，以宽约 10 厘米的粗线构成矩形框，竖线用红彩，余用白彩。以单石椁墓为主，常见双石椁墓，少量三石椁。个别双石椁墓的人骨材料经鉴定为成年男女，推测该类墓应为夫妻合葬，说明当时流行夫妻同穴合葬。石椁的内壁常刻有图案，以平行线构成的圆形、三角形、长方形、方形的几何图案为主。随葬陶器常位于椁或棺外的一侧，有的用石块砌出长方形的短器物箱，有的在脚或头端掏挖方形壁龛，铜钱、铜镜常置于身体的一侧或脚端，铁剑或刀多陈放于上身的一侧。由陶器的组合看，西汉至王莽、东汉初年较一致，两段间的葬俗传承因素颇多，主要体现在对陶礼器的使用上，普遍随葬鼎、盒、壶、匜等，器表常见彩绘。但由早至晚，对这套陶礼器的重视程度似渐弱，西汉的早中期，陶器的制作普遍较精致规整，尤其鼎具有明显的铜鼎风格。西汉晚期开始，陶器制作粗糙、草率，逐渐丧失了铜礼器的风貌，同时出现了模型明器，暗示人们葬俗观念的变化。东汉时期，陶器组合发生变化，以罐、壶为主，个别墓葬中陶礼器成了西汉的孑遗。该墓地由西汉早期延续至东汉末，墓葬集中分布，大体可分几组，如发掘区南部、西北部、北部相对集中，可能代表了几个家族。

　　附记： 在发掘过程中滕州市博物馆的孙开玉书记、李鲁滕馆长，官桥镇文化站的孙井泉站长提供了大量的帮助。在资料整理过程中，山东大学的马良民先生及山东省文物考古研究所的郑同修、王守功等先生均给了精心的指导。附表中墓主性别和年龄由中国社会科学院考古研究所韩康信先生鉴定。在此向上述单位和个人表示衷心感谢。

执笔：高明奎　王守功　李日训

绘图：许　珊　房成来

清绘：许　珊

拓片：李胜利

摄影：冀介良　高明奎

附表　封山汉墓墓葬登记表

（长度单位：米）

墓号	墓型	关系	墓向	墓圹尺寸（长×宽－深）	棺椁尺寸（长×宽×高）	墓主人（葬式、性别、年龄）	壁龛或器物箱情况	随葬品及位置	期别	备注
M1	单石椁?	M7→M1→M9	196°	3.3×2.5－?	被破坏	不见骨架		无	?	仅残存椁室的底板
M2	双石椁	西→东	7°	3×3－（4.85~5.36）	东 椁：2.3×0.74－0.97 棺：朽，不清 西 椁：2.3×0.74－0.96 棺：朽，不清	东 男？20~25岁 西 男，30~40岁	东椁北壁有进深4、宽43、高28厘米的龛	不见 椁内：陶中型罐 AaⅡ，BbⅠ2；玉璧 位置不明	三	共有3处盗洞，仅发现木棺灰，结构尺寸不明
M3	土坑墓		102°	（残）1.2×0.4－1.1	遭破坏，不明	不见尸骸	无	壶 CaⅡ4，位置不明	五	仅存墓底，随葬品在施工时挖出
M4	双石椁	东→西	18°	3×3－4.2	西 椁：2.42×0.67－0.84 棺：严重破坏，有板灰残痕 东 椁：2.42×0.73－0.77 棺：2.1×0.67－残0.06	头向皆北，仅存头乱及凌的肢骨，余不详	无	椁内：陶壶 AbⅡ；玉片 填土：铁平底斧 椁外：陶小型罐 AⅡ，盒 Ab	二	被严重盗扰
M5	单石椁		15°	1.7×1－1.7	在二层台上盖两块石板，厚9厘米，不见棺痕	因破坏严重，不见骨架	无	无	?	填土未夯打，南部有盗洞

续附表

墓号	墓型	关系	墓向	墓扩尺寸（长×宽-深）	棺椁尺寸（长×宽-高）	墓主人（葬式、性别、年龄）	壁龛或器物箱情况	随葬品及位置	期别	备注
M6	单石椁		10°	2.86×1.72-4.94，距椁室壁经10厘米处以下墓壁泥浆再加工，漆抹10厘米的泥浆再饰彩绘，颜色有红、白、竖线为红色、余白	椁：2.4×1.06-1.12 顶板厚两层，上层厚20厘米，对面同缘由多条平行阴刻直线下层厚5厘米，表面同缘宽8厘米条平行阴线加工，内密填多条平行阴线形框，内壁及两端的石板图案同上两侧及两端一周皆有鎏金铜钉饰品，并残存红漆皮 棺：2.08×0.75-残0.05	仅见头骨，头向可能北，余情况不明	无	棺内：铜带钩B，环3，半两23（有郭2，无郭22），五铢，车马器构件；玉玦	一	破严重盗扰
M7	单石椁	M7→M1							?	因工厂施工破坏，仅存底部
M8	单石椁	M8→M10	10°	3×1.25-0.7	椁：2.25×0.9-残0.76，盖板被破坏，仅存侧板和底板。棺：由于严重盗扰，不见痕迹	在椁室的北端残留两块肢骨	无	陶大型罐 AbI，壶 CaI3，均置于椁外的北端，铁刀在椁内	四	遭严重破坏，仅存椁室部分
M9	单石椁	M1→M9	8°	2.9×1.9-4	椁：2.35×0.94-1 头端的挡板鎏刻十字穿璧纹，侧壁鎏刻斜平行线组成的对称三角纹	仰身直肢，头向北，男，45~50岁	无	陶鼎 Ab2，壶 Aa2，盒 Bc，盘、罐2，Aa1、匜C；玉璧	一	西南有盗洞，骨架被扰乱
M10	土坑墓	M8→M10	185°	长方形，土坑竖穴，1.8×1-2	无椁，单棺 1.1×0.4-?，竖板厚4厘米	骨架朽，有残痕，仰身直肢，头向北	无	无	?	
M12	单石椁		18°	2.7×1.2-2.7	单石椁，2.3×0.9-0.8，椁四壁皆素面。棺痕不清	仰身直肢，头向北，面向东	无器物箱	陶中型罐 Ab I，置于脚端椁外的左侧	一	

续附表

墓号	墓型	关系	墓向	墓扩尺寸（长×宽－深）	棺椁尺寸（长×宽－高）	墓主人（葬式、性别、年龄）	壁龛或器物箱情况	随葬品及位置	期别	备注
M13	单石椁		20°	3×1.2－1.82	石椁：2.67×0.8－0.99，脚端挡板阴刻"王口口口"四字。木棺：1.58×0.34－？残高5厘米，置于厚6厘米的石灰垫层上	骨架严重腐朽，葬式不清	随葬器物及兽骨集中置于椁内棺外的北端	置于脚端椁外的左侧：陶罐，双系釉陶罐3。铜钱约68，大泉五十、半两、货泉各为五圆五铢（"朱"多为圆折，不乏剪轮和磨郭者），无线文1，铁棺钉13	五	
M14	单石椁	M14→M69	356°	2.5×1.05－1.9	石椁：2.3×0.94－0.7，东侧面錾刻由斜平行线组成的三角纹，其余各面皆素面。木棺：有棺痕，但形制不清	不见骨架	无器物箱	无	?	
M15	单石椁		283°	墓扩大部分被破坏，仅残存西端。残长1.1×0.75－1.1	石椁大部分残。有木棺痕，但尺寸不清	仅残存部分头骨	不见	仅在头部发现1筒瓦	?	
M16	土坑墓		125°	2.5×1.3－1.75，四周有生土二层台	无石椁，单木棺	仰身直肢，头向南，面向上。女，18~22岁	无	头部有1件蚌饰，可能为马珞	?	
M17	单石椁		282°	2.4×0.95－1.6	石椁：2.25×0.8－0.8，椁内侧皆素面。有木棺痕	被严重盗扰，仅发现零星的下肢骨	无	无	?	

续附表

墓号	墓型	关系	墓向	墓圹尺寸（长×宽-深）	棺椁尺寸（长×宽-高）	墓主（葬式、性别、年龄）	壁龛或器物箱情况	随葬品及位置	期别	备注
M18	单石椁	M18→M19	28°	2.7×1.34-2.78，1.8米下为岩圹，下部为岩圹	石椁：2.32×0.7-0.68，上部侧壁用多块方石块砌成，下部凿岩。木棺：2.04×0.56-残高0.1	凌乱的肢骨和头骨堆放在北端，葬式不详。女，成年	北端棺外椁内有器物箱	棺外：陶鼎 AaI，盒 Ab，匜 B，壶 AbI，小型罐 AbI。棺内：铜半两 2枚	一	简化石椁
M19	单石椁	M18→M19	2°	2.5×1.34-2.7，距开口1.6米下为岩圹	石椁：2.1×0.62-0.7，西壁用多块方石块砌成，余四壁凿岩而成。木棺：有棺痕，遭破坏	头骨在北端，凌乱的肢骨在南端，下颌骨及葬式不清。男，20~25岁	无	棺内：铜钱 1，锈蚀为残片，无法辨认钱文	一	南部有盗洞
M20	单石椁	M20→M43	13°	2.64×1.2-1.93	石椁：2.16×0.64-0.63，椁内侧面皆素面。木棺：仅有棺痕	不见骨架	无	在南端的椁外：陶大型罐 CI	四	
M21	单石椁		20°	2.8×1.2-2.25，上部土圹，下部凿岩成穴	石椁：2.8×0.76-0.92，顶部有石盖板，两端以石块砌成，其条各壁凿岩而成。分上下两层，分别葬一人。木棺：上层有棺，1.9×0.76-0.1，下层不见棺痕	上层骨架头向北，仰身直肢，女，20岁左右；下层骨架，仅存头骨和下肢骨，头向南，女，18~20岁	无	椁南端外东侧陶中型罐 AaI。棺内：铜半两 5（1件有铭外郭，为武帝时期）	一	
M22	单石椁	M22→M30	10°	2.6×1.4-1.35	石椁：1.8×0.8-0.56，椁内各面皆素面。木棺：仅有棺痕	仅发现小块头骨	无	石络；铜五铢，货泉	四	
M23	单石椁	M23→M24	282°	2.8×1.55-？				？	因盗扰仅存底部石板	

续附表

墓号	墓型	关系	墓向	墓圹尺寸（长×宽-深）	棺椁尺寸（长×宽-高）	墓主人（葬式、性别、年龄）	壁龛或器物情况	随葬品及位置	期别	备注
M24	单石椁	M23→M24							?	因施工遭破环
M25	单石椁	M25→M26	282°	2.84×0.72-1	石椁: 2.1×0.6-0.6	骨架大部分较好，下肢错位	无	无	五	平行打破M26的右侧
M26	单石椁	M25→M26→M34	282°	2.84×1.5-2	石椁: 2.6×1.02-1.04; 木棺: 仅有棺痕	仅西端有残头骨	不清	陶鼎Ca Ⅲ; 铜货泉（盗洞出）; 铁刀	五	
M27	单石椁		195°	2.8×1.14-3.66	石椁: 2.4×0.96-0.92, 有木棺痕	有零星的骨骼，葬式不清		陶罐Aa Ⅱ, 小型罐B; 铁剑B; 铜五铢2	二	被严重盗扰
M28	单石椁		290°	2.5×1.1-4.4	石椁: 2.35×0.95-0.84, 四侧面均有平行阴线纹。有木棺痕	骨架因严重盗扰，情况不清	壁龛长1.05, 进深0.2, 高0.32米	陶鼎Aa Ⅲ、大型罐B、小型罐B、壶Cc Ⅱ; 铜带钩A, 环, 铜五铢4; 铁剑	五	椁室内的陶器应是从壁龛中被扰乱而致
M29	单石椁		10°	2.65×1.45-3.8	石椁: 2.3×0.9-0.65, 四侧面阴刻平行线纹, 有木棺痕	骨架被严重盗扰, 葬式不清	无	无	?	
M30	双石椁	M69、M22→M30 东→西	9°	墓圹北壁平齐，南壁西室略长: 3.26×3.14-5.64	西椁: 2.46×1.02-1.17; 东椁: 2.44×0.93-1.15。两椁室均有木棺痕, 东椁有红漆皮	东室骨架凌乱，西室仅在南端发现残头盖骨	无.	西室: 铜半两4; 东室: 铜半两6, 柿蒂形棺饰	一	

续附表

墓号	墓型	关系	墓向	墓圹尺寸（长×宽-深）	棺椁尺寸（长×宽-高）	墓主人（葬式、性别、年龄）	壁龛或器物箱情况	随葬品及位置	期别	备注
M31	单石椁	M43→M31→M53	10°	2.64×1.2-1.8	石椁：2.2×0.64-0.52，皆素面。木棺：被破坏，尺寸不清	骨架腐朽，葬式不清		南端东侧椁外：陶原始瓷罐2；陶大型罐其他型。大型棺内：铜带钩A，铜五铢3（"朱"头方折）；铁构件	三	
M32	土坑墓	M33→M32→M35	190°	2.6×（0.73~0.88）-1.3	木棺：2×0.48-残高0.2	仰身直肢，头向南，面向上。男，30~35岁		铜四神十二生肖博局镜，铜五铢2（磨郭1），大泉五十，货泉，铁印；铁剑，刀；漆奁；石环	四	
M33	单石椁	M33→M32	17°	2.8×1.3-1.9	石椁：2.26×0.73-0.7。有木棺痕	被盗扰严重，不见骨架	无	不见随葬品，棺内铁棺钉1件	五	
M34	单石椁	M26→M34	282°	2.84×1.1-2.98	椁：2.44×0.94-0.98，素面。有棺灰	盗扰严重，头向西	无	铜货泉4；残铁剑2	四	
M35	单石椁	M20、M43→M35→M52	13°	2.4×1.3-2.2	残长0.5×0.72-0.66	不清	无	铜五铢3（"朱"头方折，磨郭1，钱文不清）	三	石椁的两端已被破坏，无铺底板

续附表

墓号	墓型	关系	墓向	墓扩尺寸（长×宽-深）	棺椁尺寸（长×宽-高）	墓主人（葬式、性别、年龄）	壁龛或器物箱情况	随葬品及位置	期别	备注
M36	单石椁	M39→M36→M101	276°	2.8×1.75-7.85	椁：2.55×1.08-0.85；棺：有棺灰和漆皮	被盗扰，骨架不清	东端有壁龛，长110，高35，进深40厘米，高于椁30厘米	龛：陶盒AaⅡ，壶AⅡ2，B，甑，磨，仓，院落。椁内：玉璧，玉鼻塞；铜五铢2，连弧纹铭带铜镜	三	
M37	单石椁	M37→M38	10°	2.4×1.1-?			无	无	?	严重盗扰
M38	单石椁	M37→M38→M39	294°	2.65×0.95-4.8	椁：2.4×0.85-0.65。有棺灰	仅发现少许盆骨和肢骨，头向可能西	无	椁室：铜五铢10（"朱"头方折，含磨郭2）	三	
M39	单石椁	M38→M39→M36							?	盗扰严重，形制不清
M40	双石椁		279°	2.75×1.2-4.2	北椁：2.4×0.7-0.7；南椁：2.4×0.65-0.7。均有棺灰	两室内仅有凌乱骨骼，头向不清	无	北室：残铁剑，铁棺钉	?	两室共用一侧壁，形制
M41	单石椁		22°	2.8×(1.25-1.8)-4.2	椁：1.6×0.9-0.82，三壁阴刻竖平行线纹。有棺灰	仅有两段股骨	无	无	?	盗扰

续附表

墓号	墓型	关系	墓向	墓圹尺寸（长×宽-深）	棺椁尺寸（长×宽-高）	墓主人（葬式、性别、年龄）	壁龛或器物箱情况	随葬品及位置	期别	备注
M42	土坑墓		97°	2.4×1.14 - 5.1，距开口1.4米下凿有岩石而成，底部有岩石二层台，台宽10~20，高70厘米	棺：1.88×0.6 - ？	存头骨和部分肢骨等，头向东，仰身直肢。女，25岁左右	无	无	？	
M43	单石椁	M20→M43→M31，M35，M49，M50	107°	2.6×1.4 - 2.6，距开口2.2米下为岩圹	椁：西端遭破坏，2.4×0.88 - 0.65，素面。棺：仅有痕迹	因盗扰，不清	无	椁：铜五铢3（"朱"头皆方折，穿上一星1）。填土：陶小型罐B2	三	无铺底板
M44	双石椁		196°	2.86×2 - 4.24	东椁：2.52×1.02 - 0.94；西椁：2.54×1.04 - 0.94。两椁共用一壁，四侧面均阴刻竖平行线纹痕迹；底部有棺痕，并有红漆皮	盗扰，葬式不清	无	西室：陶盒Aa II，大型罐Aa I、B，中型罐A Ab II 4，小型罐A II 2、B，陶楼1，猪圈50（"朱"头方折，其中磨郭27，穿上一横2，穿下一星1）；铁剑；石印	三	
M45	单石椁			0.9×0.9 - 0.6	0.7×0.78 - 0.7，四壁素面。未发现棺痕	无骨架		陶中型罐Ab III 3；残铁剑	四	椁室部分遭破坏

续附表

墓号	墓型	关系	墓向	墓圹尺寸（长×宽-深）	棺椁尺寸（长×宽-高）	墓主人（葬式、性别、年龄）	壁龛或器物箱情况	随葬品及位置	期别	备注
M46	双石椁		110°	2.7×2.8-6.4	北椁：2.3×0.9-0.96，四壁刻纹饰图案。南椁：2.3×0.9-0.96，四壁皆阴刻图案。棺痕不清	因盗扰，骨架不清	无	北室：铜饰。南室：铜饰	？	
M47	单石椁		195°	3.6×1.3-1.75	3.4×1.02-1，西、南两壁錾刻十字穿壁及平行斜线纹，东、北两壁无刻纹	不见骨架	北端可能为器物箱	椁外的西南角：陶大型罐其他型	？	椁室的北端可能为器物箱，但与椁室没有间隔，且无器物
M48	单石椁		11°	2.32×1.02-2.45	石椁：2.2×0.92-0.94，四壁素面。有木棺灰，因盗扰，尺寸不清	不见骨架	无	椁室：残铁剑。填土：铁镞	？	
M49	单石椁	M43→M49→M54	105°	2.7×1.3-2.9，距墓口2.2米下为岩圹	石椁：2.4×0.81-0.75，不见棺痕	不见骨架	无	椁外、填土：残铁器	三	
M50	单石椁	M20、M43→M50	17°	2.7×1.2-3.1，距开口2.2米下为岩圹	石椁：2.3×0.91-0.98，四侧面均有画像。棺面有画像，未见棺痕	不见骨架	无	无	？	
M51	双石椁		284°	2.8×1.25-4.2	椁室中间有隔墙，分为南北两室，其尺寸基本一致，但2.4×1.9-0.75，有棺灰，尺寸不清	仅有零星肢骨，葬式不清。北椁：性别不明，成年	无	南椁外西南角：陶壶Ba。南椁内：铜带钩A；残铁剑首。北椁内：铜五铢20（其中穿上一横1，"朱"头圆折1）	五	被严重盗扰

续附表

墓号	墓型	关系	墓向	墓圹尺寸（长×宽-深）	棺椁尺寸（长×宽-高）	墓主人（葬式、性别、年龄）	壁龛或器物箱情况	随葬品及位置	期别	备注
M52	单石椁	M35→M52	17°	2.9×1.46-3.86，距开口2.2米下为岩圹	石椁：2.46×0.99-1.06。棺：有漆皮，因盖扰尺寸不清	在椁室的北端有凌乱的下肢骨等，葬式不清	东侧椁外有器物箱？	椁外：陶鼎Aa I，壶Bc，匜A，中型罐Ab I。椁内：铜竹节把手、铜车马器构件；骨器	一	在南北两端各有1个盗洞
M53	土坑墓	M31→M53	17°	2.9×1.46-3.4	不见葬具	严重腐朽，仅在填土中发现碎骨	无	无	?	
M54	单石椁	M49、M66→M54	112°	2.7×1.24-4.08	石椁：2.32×0.98-1.01。木棺：2×0.72-残高0.08	骨架腐朽，头向东，葬式不清	西端椁外以石块砌出器物箱，长度同椁室	器物箱：陶鼎Bb，壶Ab，盒Bb，I，Bc。椁室内：蟠螭纹铜镜，铜饰，铜半两约5~10（多残）；铁剑；骨器；玉璧	一	
M55	双石椁	M55→M68	10°	2.9×2.2-2.2	两椁室共用一道隔墙，尺寸近等，2.1×0.9-1.04，两椁室四侧壁均阴刻斜平行线及三角纹	仅在东椁室内有下肢骨残段	无	东椁：铜五铢约7（均碎片，可辨"朱"头圆折2）。西椁：四乳画像铜镜，铜五铢，铁剑残段	五	
M56	双石椁？		210°	3.4×2-？	已被破坏	遭破坏	无	铜五铢2~3（残片，"朱"头圆折）	五	该墓的上部已被破坏，仅存底部11块铺底石

续附表

墓号	墓型	关系	墓向	墓圹尺寸（长×宽-深）	棺椁尺寸（长×宽-高）	墓主人（性别、葬式、年龄）	壁龛或器物箱情况	随葬品及位置	期别	备注
M57	三石椁	M57→M89	11°	(2.7~2.8)×2.7-1.9	东室：椁：2.65×1-1.08；棺：2.15×0.6-？西室：椁：2.3×0.84-0.9；中室：椁：2.5×0.96-0.9，棺不清	骨架被扰，头向北，葬式不清	无	东室：铜五铢18（其中磨郭5，"朱"头圆折约3~4）；料器2。西椁外北端：陶壶，大型罐 AaⅢ	五	东室打破西室
M58	单石椁	M58→M61、M75、M90	287°	2.65×1.2-2.3	椁：2.4×0.78-0.85，东端石板及两侧面有阴刻图案。棺：2.15×0.65-？	仅存头骨，头向西。被扰	无	椁室内：陶壶 Ch2。西端椁外：陶大型罐 AaⅡ	四	严重盗扰
M59	双石椁	M59→M75、M76、M90	286°	2.7×2-1.2	两椁有一道隔端，尺寸近等。2.4×0.86-0.7，皆素面。不见棺痕	仅存头骨残片，葬式不清	头箱或脚箱	南椁内：铁剑，刀；连弧纹铭带铜镜；玉耳塞。南椁外西端：陶大型罐 CⅡ。北椁外西端：陶壶 CaⅠ3	五	
M60	双石椁		269°	2.75×2.05-2.9	北椁：2.50×1.05-0.8，有铺底板。南椁：2.45×0.9-0.7，无铺底板。两椁室内皆有棺痕，但尺寸不清	被盗扰，骨架不清，头向西	有胸箱	北室东端：陶中型罐 AaⅢ2。北椁室：铜货泉4~8；铁剑	五	

续附表

墓号	墓型	关系	墓向	墓扩尺寸（长×宽－深）	棺椁尺寸（长×宽－高）	墓主人（葬式、性别、年龄）	壁龛或器物箱情况	随葬品及位置	期别	备注
M61	单石椁	M58→M61	285°	2.6×1－2.55	石椁：2.45×0.95－0.65，四壁素面。有椁灰	不清	无	棺外：陶中型罐 AbⅢ。棺内：铜磨郭五铢，货泉，日光镜	四	
M62	单石椁	M62→M75	17°	2.9×1.9－1.3	西椁：2.7×0.9－0.58；东椁：2.7×0.95－0.58。两椁共用一道隔墙，皆素面	不见骨架	在椁外的西南角有壁龛	瓮内：陶壶 2，大型罐 AbⅡ、B，CⅡ、残瓦，陶楼	五	
M63	单石椁		277°	2.4×1.1－2.1	石椁：2.2×0.85－0.7，四面有画像，有椁灰，但尺寸不清	头向西，仰身直肢。男，成年	无	无	?	
M64	双石椁	M65→M64	4°	2.8×2.4－2.48	西椁：2.28×0.89－0.81，素面；东椁：2.53×0.85－0.68，有椁灰，尺寸不详	不清	无	东椁：陶小型罐 AⅡ2，器盖；铜五铢	三	
M65	单石椁	M65→M64	4°	2.8×1.62－3.92	石椁：2.54×0.83－1。顶板和四侧壁有平行线纹及菱形、三角形纹等。有木棺灰，尺寸不清	不见骨架	无	无	?	
M66	双石椁	M66→M54	112°	2.76×2.28－(2.6~2.88)	北椁：2.53×0.91－0.98；南椁：2.45×1.05－1.1，仅有椁灰，尺寸不详	遭严重破坏，不见骨架	在西壁龛有长1.06，进深0.3米的壁龛	壁龛：陶鼎 AaⅢ，壶 Ba，盒 BaⅡ，中型罐 BaI。填土：陶壶 Ba。盗洞：陶盒 BaⅡ；铜五铢约2~3（均为残片）	三	

续附表

墓号	墓型	关系	墓向	墓圹尺寸（长×宽-深）	棺椁尺寸（长×宽-高）	墓主人（葬式、性别、年龄）	壁龛或器物箱情况	随葬品及位置	期别	备注
M67	双石椁		190°	3×2.2-1.14	两椁尺寸近同，1.96×0.74-0.72，侧面刻有平行线纹和穿壁纹	成年。西椁：头向南，面向上，男大于40岁	无	西椁：铜五铢7（其中"朱"头圆折2，磨郭2），半两；陶中型罐AbⅢ	五	东室内无随葬品，东汉？
M68	双石椁	M55→M68→M72	185°	2.5×1.9-1.7	东椁：2.4×0.88-0.72；西椁：2.4×0.8-0.72	不见骨架	无	陶壶Ba（盗洞），中型罐BaⅢ，盆	五	遭严重盗扰
M69	单石椁	M14→M69→M30	105°	2.7×1.3-3.4	不清			陶小型罐AⅡ2	四	严重盗扰，具不清
M70	双石椁	M78→M70	15°	3×3-?			无		?	严重盗扰，详情不清
M71	土坑墓		181°	2.5×0.85-1.75	棺：2.3×0.6-?	朽，仰身直肢，头向北	无	无	?	棺上有两块石盖板，应为简化的石椁
M72	单石椁	M68→M72	95°	2.5×1.2-2.6	简化石椁，岩圹做椁壁，顶部有两石板	不见	无	盗洞：陶鼎BaⅡ，壶Aa，罐；金属镞2石铊；棺上：陶壶Bb，中型罐BaⅢ	二	
M73	单石椁		15°	2.4×1-3.1	简化石椁，仅有两块石盖板。木棺：2.2×0.8-?	仰身直肢，头向北，面向上	无	棺内：日光连弧纹铭带铜镜，铜五铢9（皆方折，磨郭3，穿下一星2）	五	

续附表

墓号	墓型	关系	墓向	墓圹尺寸（长×宽-深）	棺椁尺寸（长×宽-高）	墓主人（葬式、性别、年龄）	壁龛或器物箱情况	随葬品及位置	期别	备注
M74	单石椁		275°	2.8×1.8-1	石椁: 2.44×0.82-0.7	无骨架	无	陶鼎CaⅡ，盒Aa Ⅲ，盆，大型罐 AaⅡ，小型罐B	四	遭严重破坏
M75	单石椁	M58、M59、M62→M75→M77、M87、M89、M90	210°	4.85×2.1-2.65	石椁: 有三块石板构成，上有石盖板，无铺底板，4.55×1.05	不见骨架	无	石饰件2	四?	
M76	单石椁	M59→M76	289°	2.6×1.28-4	石椁: 2.4×0.92-0.8，有平行线及三角形刻纹图案。有木棺，但尺寸不详	被盗扰，不见骨架	无	椁内: 陶鼎 AaⅡ（残口腹部），匜 A，球10；玉饼 A，铜半两55，五铢 29（穿上一横1，穿下一星3，穿上一星1）；漆盘2	三	
M77	双石椁	M75→M77→M89	105°	3.1×2.3-5.7	南椁: 2.4×0.9-0.83，四壁有斜壁和斜平行行线纹; 北椁: 2.4×1-0.83	因严重盗扰，不见骨架	无	南室: 石饰件13，石环；铜五铢29（"未"头第4，穿上一横1，连弧草叶纹1)，铜镜，铁刀，铜柿蒂形棺饰；填土: 铁钎	三	在石椁上有三层18块方形石块，每块约50~60厘米见方

续附表

墓号	墓型	关系	墓向	墓圹尺寸（长×宽-深）	棺椁尺寸（长×宽-高）	墓主人（葬式、性别、年龄）	壁龛或器物箱情况	随葬品及位置	期别	备注
M78	单石椁	M78→M70	15°	2.9×1.4-6.8		不清			?	严重盗扰
M79	单石椁		15°	2.75×1.3-?	不清	不清	无	无	?	被挖掘机严重破坏，仅存椁底
M80	单石椁		10°	2.5×1.1-2.74	石椁：2.36×0.74-0.76，有木棺	严重盗扰	无	陶鼎CaⅢ，盒C，壶CcⅡ，小型罐B；铜大泉五十5	五	
M81	双石椁	M81→M82	100°	2.9×2.6-3.25	东椁：2.5×1-0.96 西椁：2.5×1-0.96	南椁内无骨架。北椁：男，大于25岁	无	椁外东端：陶鼎CaⅡ2、盒AaⅢ、壶BaⅢ，小型罐CcⅠ2、小型罐B2	四	
M82	土坑墓	M81→M82	285°	2.5×1.25-1.64	2.16×0.54-?	腐朽，头向西	无	陶小型罐AⅡ2；铜五铢3～4（"朱"头皆方折），货泉	四	
M83	土坑墓		95°	2.3×1-2.7	1.2×0.46-?	仰身直肢，头向东	无	无	?	
M84	单石椁	M84→M85、M86	32°	2.7×1.24-3.8	木棺：1.9×0.46-残高0.06	仰身直肢，女，20岁左右	无	棺内：素面铜镜，铜羊两。棺外：陶中型罐AbI	一	棺外用碎石块垒砌成简化石椁
M85	土坑墓	M84→M85	95°	2.44×0.68-2.8	无	严重盗扰	无	无	一	
M86	土坑墓	M84→M86	95°	2.7×1.3-3.22	木棺：残长0.74×0.6-残高0.27	仰身直肢	无	无	一	

续附表

墓号	墓型	关系	墓向	墓圹尺寸（长×宽－深）	棺椁尺寸（长×宽－高）	墓主人（葬式、性别、年龄）	壁龛或器物箱情况	随葬品及位置	期别	备注
M87	单石椁	M75→M87→M90	12°	2.5×0.95－3.5	石椁：2.35×0.85－0.75，仅有棺灰	被盗扰，骨架不清	无	无	三？	
M88	双石椁	M88→M110	15°				无	无	？	严重盗扰
M89	单石椁	M57、M77、M75→M89	278°	残长2.3×1.6－2.65	椁：残2.3×1.6－1.05，有木灰和红漆痕迹	因盗扰，不见骨架	无	铜车马饰件	二	
M90	单石椁	M58、M59、M75、M87→M90	182°	2.85×1.55－5.45	石椁：2.36×1.02－1，阴刻常青树、穿璧及平行线纹等。有木棺，但尺寸不详	仰身直肢，头向南，面向上	椁外东侧有边箱，1.25×0.3－0.7	边箱：陶鼎Ⅰ Ba Ⅰ、盒Ⅰ Ba Ⅰ、壶Ab Ⅰ、盘Bc、匜A	一	
M91	单石椁		95°	2.7×1.3－2.42	石椁：2.5×0.92－0.98	不见骨架	无	无	？	
M92	单石椁		22°	5×1.3－1.96	石椁：4.42×1.12－1.06，壁面皆素面	不见骨架	无	无	？	
M93	双石椁		25°	3.1×1.4－2.6	石椁	不见骨架	无	无	？	严重盗扰，仅残存东石椁

续附表

墓号	墓型	关系	墓向	墓扩尺寸（长×宽-深）	棺椁尺寸（长×宽-高）	墓主人（葬式、性别、年龄）	壁龛或器物箱情况	随葬品及位置	期别	备注
M94	单石椁		20°	3.4×1.2-3.18	石椁：2.56×0.9-1.08，均素面		无	陶鼎 Cb，盒 BaⅡ，壶盖，小型罐 AⅡ；铜五铢1（穿上一横，钱文大清晰，铸造差）；金属球2	三	
M95	单石椁		107°	3.3×1.5-3.2			无	无	?	
M96	单石椁		110°	2.7×1.1-2.56	石椁：2.3×0.8-0.74，均素面	遭盗扰，不见骨架	无	陶盒 BaⅡ，壶盖，小型罐 B；铜五铢	三	
M97	单石椁		10°	2.76×1.1-3.32	石椁：2.38×0.94-0.82，壁面素面四壁素面，有棺痕	头向北	无	陶鼎 BaⅢ，盒 BaⅢ，壶 Cc Ⅰ，大型罐其他型；铜五铢13（其中磨郭 I，穿上一横2，穿下一星1，未头圆折1）	四	
M98	双石椁		15°	3.2×1.9-?			无		?	严重盗扰，仅存底部石板
M99	单石椁		5°	3.4×1.6-4.32	石椁：3.54×1.22-0.84，有木棺痕	不见骨架	无	金属盖弓帽	?	
M100	单石椁		15°	2.8×1.3-3.2	石椁：2.5×1，四壁阴刻平行线纹，有木棺痕	不见骨架	无	残山峰铜镜纽组；残铁器2	二	

续附表

墓号	墓型	关系	墓向	墓圹尺寸（长×宽-深）	棺椁尺寸（长×宽-高）	墓主人（葬式、性别、年龄）	壁龛或器物箱情况	随葬品及位置	期别	备注
M101	双石椁	M39→M36→M101	15°	2.8×2-3.5	两椁尺寸近同，2.5×0.8-0.8	不见骨架	南端石椁外有器物箱	盖洞：陶盒 AaⅢ，大型罐 AaⅢ，AbⅠ，小型罐 B，甑，铜弩机。填土：陶仓 2；铁刀；铜五铢 45（皆"朱"头方折，其中磨郭 5，穿上一横 7，穿上一星 2，穿下一星 1）	三	
M102	单石椁	M102→M105	15°	2.7×1.14-3.7	2.51×0.93-1.07	男，成年		椁顶板：陶鼎 Ca I，盒 BaⅢ，中型罐 BaⅡ，小型罐 B。椁内：铜五铢 3。盖洞：铜货泉。填土：铁钱。	四	
M103	三石椁		95°	3×2.6-6.4	北椁：2.5×0.9-0.9，椁内四壁刻竖平行线纹。中椁：2.5×0.94-0.89，椁内两侧面有画像。南椁：2.5×0.94-0.85，椁内四壁刻竖平行行线		无	盖洞：陶鼎 AaⅢ，壶，盖 BbⅡ。中椁：铜五铢 7（"朱"头方折，3枚铸造差，钱文不清）	四	
M104	单石椁							填土：陶大型罐其他型	？	

续附表

墓号	墓型	关系	墓向	墓圹尺寸（长×宽-深）	棺椁尺寸（长×宽-高）	墓主人（葬式、性别、年龄）	壁龛武器物箱情况	随葬品及位置	期别	备注
M105	单石椁	M102→M105→M106	15°	2.6×1.1-3.52	石椁：2.46×0.83-1.02，皆素面	不见骨架		填土：陶大型罐AbⅠ；铁镢	三	
M106	单石椁	M105→M106	15°	2.7×1.2-3.32	石椁：2.54×0.9-1.16，两侧竖板为斜平行线构成的矩形框，两端为三角形和斜平行线。有棺灰	不见骨架		铜五铢	三？	
M107	单石椁	M107→M108	15°	2.9×1.7-？					？	因盗扰，仅存底板
M108	三石椁	M107→M108	15°	3.3×2.8-？					？	因盗扰，仅存底板
M109	双石椁		10°	3×2.9-5	东椁：2.5×1.08-0.1 西椁：2.5×1.04-1.03			无	？	因盗扰，仅存石椁
M110	单石椁	M88→M110	15°	2.8×1.4-？		？			？	遭严重破坏，仅存墓圹底部

说明："遗物"栏中，器物后的数定表示件数，未注明者为1件。"期别"栏中"？"者表示期别不清者。下同。

滕州东郑庄墓地

山东省文物考古研究所
滕 州 市 博 物 馆

　　东郑庄墓地位于滕州市官桥镇东郑庄村东约 500 米处，南向与封山墓地一山之隔（图一）。墓地被京福高速公路建设工程征用为取土场。为配合京福高速公路工程建设，山东省文物考古研究所会同滕州市博物馆，先后于 1998 年 10 ~ 11 月、1999 年 7 ~ 8 月对该墓地进行了两次抢救性考古发掘工作。考古发掘领队分别为孙波和王守功；具体参加考古发掘的人员有李胜利、兰玉富、魏慎玉、房成来、石念吉、张献英、张资臻、

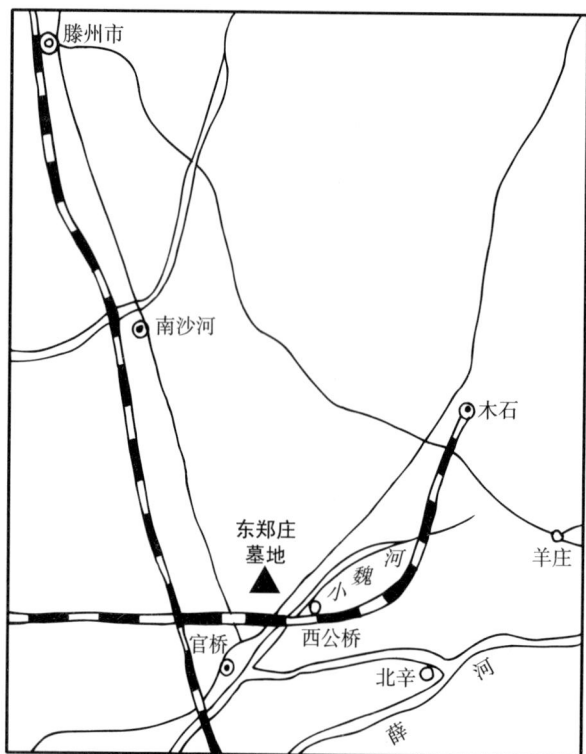

图一　东郑庄墓地地理位置示意图

杨爱国等人。发掘工作得到当地政府和滕州市博物馆有关领导、广大干部群众的大力支持和关照。考古发掘报告的整理和编写工作得到了山东大学马良民及山东省文物考古研究所郑同修、王守功等先生的悉心指导和其他同仁的热忱帮助。在此致以诚挚的谢意。

　　共发掘清理墓葬 172 座，其中第一次 93 座（编号 M1 ~ M93），第二次 79 座（编号 M120 ~ M198）。在清理的墓葬中，除 2 座为清代墓葬外，其余的均为汉代墓葬。发掘出土了陶、铜、玉、石器等大量遗物。现将墓地的发掘情况报告如下。

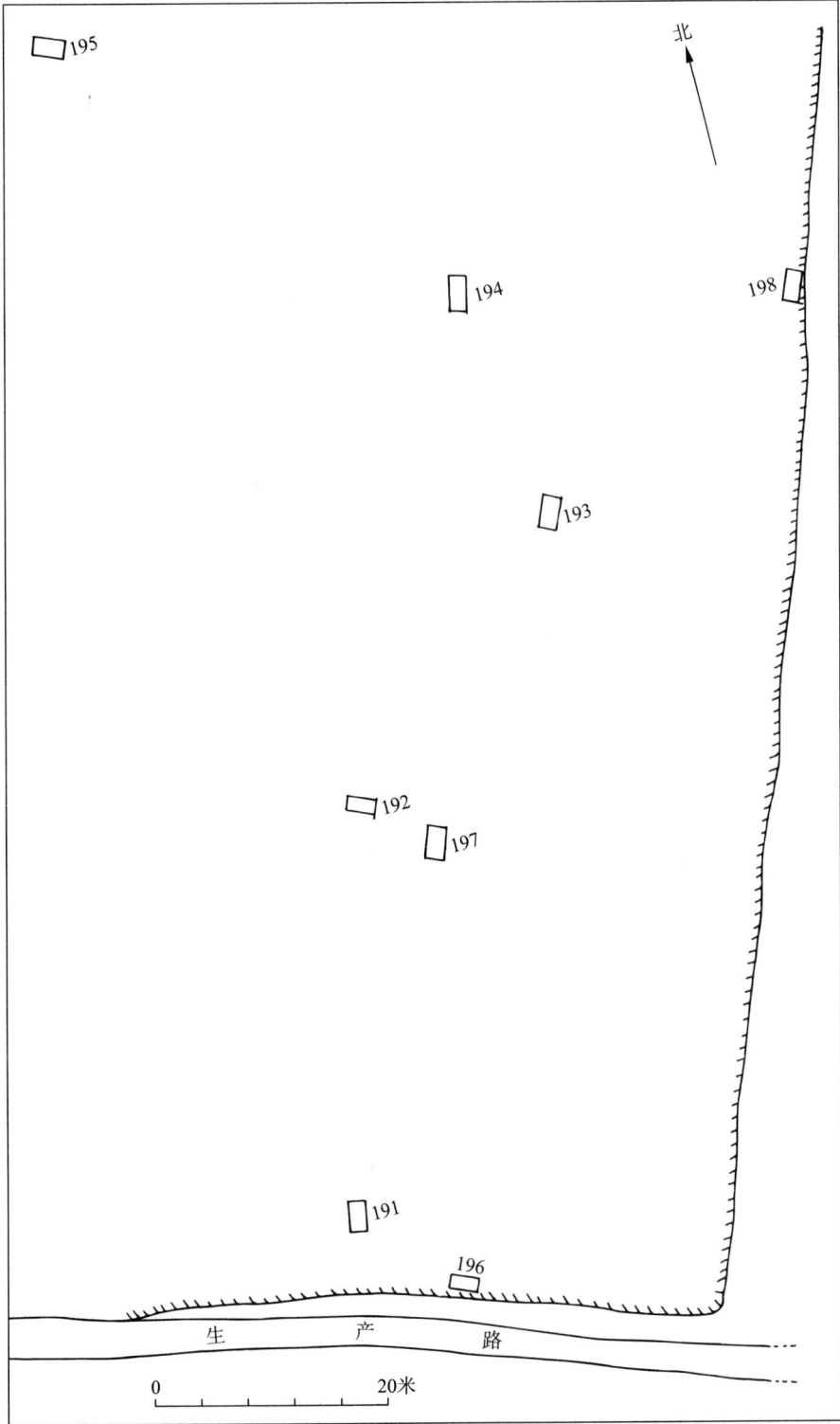

图三 东郑庄墓地发掘北区墓葬分布图

一　汉代墓葬

（一）墓地概况

1. 墓地分析

整个墓地处在蚂蚁山至彭山间的西坡上（山名为当地俗称）。这一系列山脉属于泰沂山系的余脉，最南端起自封山，即与东郑庄墓地相距不远的封山墓地所在，向北连绵不绝，犹如一条长龙南北向横亘在滕州东南部。东郑庄墓地所在的地域地势相对平缓，山体基岩上覆盖有厚薄不一的土壤。墓地的形状大致呈条带状，南北长约 800 米、东西宽约 200 米，面积约 16 万平方米。

整个墓地根据发掘时间和发掘方位大致分为南北两区。其中 1998 年发掘范围主要在墓地的北半部，称之为发掘北区（简称北区）；1999 年发掘范围主要分布在墓地的南半部，称之为发掘南区（简称南区）。另外在 1999 年的发掘工作中，又在墓地北区清理了 8 座残墓，编号 M191～M198（图二、三；彩版九，1）。墓葬布局具有一定的规律，分片成组分布。相互间打破关系不多。墓向以东北向居多，少量为东南向。

墓地所在地域的土壤为红色亚黏土，土质黏亮，呈小颗粒状，夹杂有小黑砂粒，干后极硬，该类土应为山体基岩风化形成。墓葬填土均为五花土，分为两类：一类为灰褐五花土，由灰褐色粉砂土和黄褐色粉砂土构成，夹杂少量红黏土颗粒，土质细腻，多经夯打；另一类为黄褐五花土，由黄褐色亚黏土和红色亚黏土构成，夹杂部分料姜石和石块，大部分墓葬填此类土。部分墓葬的填土经过夯打，夯面平整，夯层界限明晰，平均厚 0.1～0.15 米。夯窝有平底和圜底两类，窝径 6 厘米左右，深 3～5 厘米不等。

2. 墓葬形制

均为小型土坑竖穴墓。根据有无椁室和椁室建材的不同，分为土坑墓、石椁墓、其他墓（砖椁墓、空墓）三大类（附表）。

土坑墓形制简单，为长方形竖穴式土坑，墓室内多放置木质葬具。少量坑内有生土二层台，二层台以四周均有的为主，有的仅两侧或一端存在。

石椁墓，就是在墓穴底部以石板构筑成一个长方形石匣，其内再放置木棺。根据同一墓葬内椁室的数量分为单石椁墓和双石椁墓两类。石椁制作工艺差别不大，结构基本一致。大部分石椁由底板、两块侧板、两块端板和 2～4 块盖板构成。部分石椁墓形制特殊，以生土台和石盖板构筑成简单的墓室，内放木棺。石椁墓的石椁侧立板有折断内收、盖板断裂塌落的现象，该类墓葬的填土几乎都经过夯打。少量石椁有 2～3 层盖板，在立板上凿有"L"形槽，用以扣合内盖板；侧板两端凿有竖向凹槽，用来嵌插端板，形成榫卯嵌合式结构。上盖板较厚，厚 20～25 厘米；内盖板较薄，厚 4～6 厘米，直接嵌在立板的凹槽中。少许内盖板临近墓主人头部的位置凿有直径约 1～1.5 厘米的出气孔。

部分墓设有器物箱，以边箱居多，个别为头箱，其中边箱均存在于石椁墓中。器物箱多在椁室一侧或一端的填土中挖穴构筑，大都有石盖板，多呈弧边长方形。箱体长 0.6～1、宽约 0.2～0.6、深 0.2～0.72 米不等。

葬具为木棺。由于该地的土壤属于酸性土，呈大颗粒状，土壤的致密度差，填土中的水极易渗进墓室，导致葬具不易保存，腐朽严重。从椁内的灰痕判断，葬具为木棺，均朽蚀成灰。在少量墓中仍残存有朱色漆皮。棺痕多呈长方形，长约 1.08～2、宽约 0.4～0.6 米。另外在 M91 的墓穴内发现草席朽痕，推知该墓的葬具可能为草席。

墓主人尸骨的腐朽程度由于埋藏环境的不同而有所差别，其中石椁墓内的骨架绝大部分已腐朽成灰，而埋在土坑中的骨架保存的相对较好，但骨质松脆。头向以朝东或朝北者居多，占清理墓葬的 58%；头向南者 19 座，西向者 11 座，头向不详者 45 座。葬式以仰身直肢为主，下肢两脚并拢，上肢伸直放在身体两侧，少量两手交叠放在腹部。

3. 随葬品情况

随葬品以陶器和铜钱为主，另有铜镜、铜带钩、铁剑、铁环首刀、玉璧、玉环和玉饼等。陶器基本都为陶容器。根据功能的不同分两类：一类是以鼎、壶、盒、匜、盘为基本组合的陶礼器；另一类为 1～2 个大小不等的罐。陶器多放在椁外侧或器物箱内，部分放在椁内一角或墓主人脚端，个别见于壁龛内或台上。铜钱绝大部分握于墓主人手中，而又以左手多见。玉器多以琀的形式出现，个别放在肩部或头下。铜镜的摆放位置多样化，有在墓主头侧、两腿间或在脚端三种情况。带钩则多见于墓主人肩部。

（二）墓葬分类及典型墓例

1. 土坑墓

32 座。墓内随葬品贫乏，多放置 1～2 件陶罐和少量铜钱。

　　M138　位于南区南部。墓向23°。墓圹长2、宽1.14米，深1.3米。填以黄褐五花土。四周有生土二层台。葬有1人，头向北，面向左，仰身直肢。在西侧二层台上随葬有陶中型罐1件（图四）。

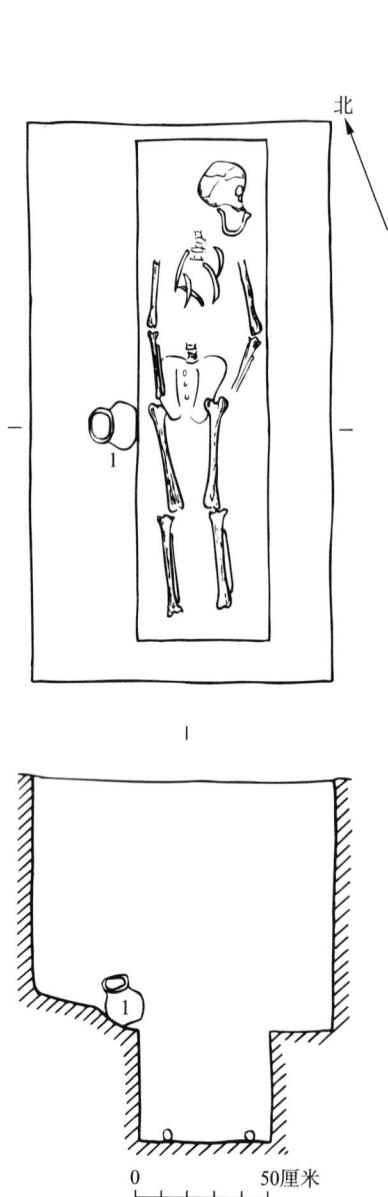

图四　汉墓M138平、剖面图

1. 陶中型罐

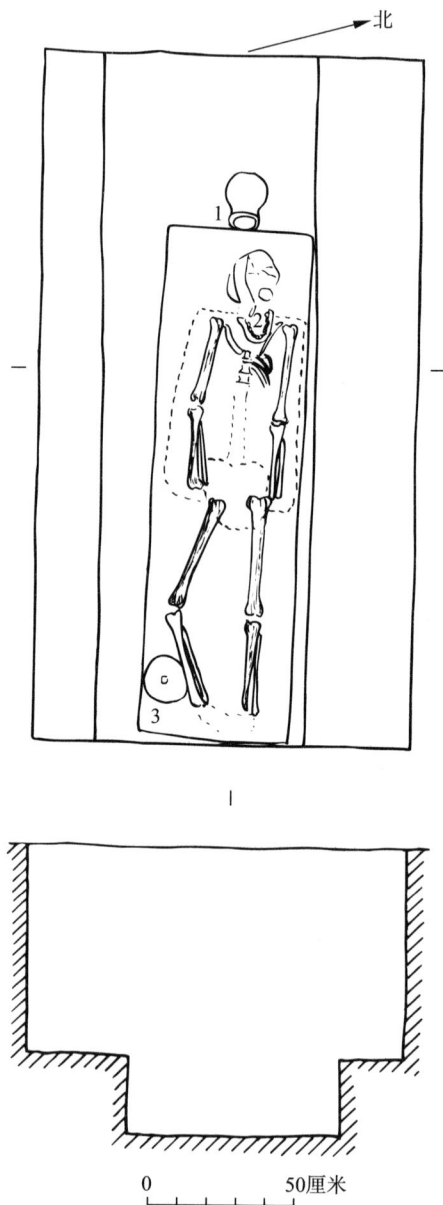

图五　汉墓M159平、剖面图

1. 陶中型罐　2. 琀（玉环）　3. 铜镜

　　M159　位于南区东南部，打破 M160。墓向 284°。墓圹长 2.3、宽 1.3 米，深 0.96 米。填以黄褐五花土。墓室南北两侧有生土二层台。葬具为木棺，已朽，朽痕长 1.7、宽 0.5、残高 0.04 米。葬有 1 人，头向西，面向上，仰身直肢。在墓主人肩部以下至盆骨以上撒有一层厚 0.2 厘米的朱砂。棺西侧随葬有陶中型罐 1 件，墓主右小腿外侧放置有铜镜 1 面，口内含有玉环 1 件（图五；图版六，1）。

　　M176　位于南区中部。墓向 197°。墓圹长 2.6、宽 1.5 米，深 1.8 米。填以黄褐五花夯土。夯层厚 0.12 ~ 0.15 米。墓室四周有生土二层台。在东壁二层台上侧有一壁龛，龛宽 0.5、高 0.2、进深 0.1 米。葬具为木棺，已朽，朽痕长 2.1、宽 0.96、残高 0.3 米。葬有 1 人，头向南，面向上，仰身直肢。在龛内和二层台上随葬陶鼎、大型壶、小型壶、盘、勺各 1 件；墓主人头右侧放有铜带钩 1 件（图六）。

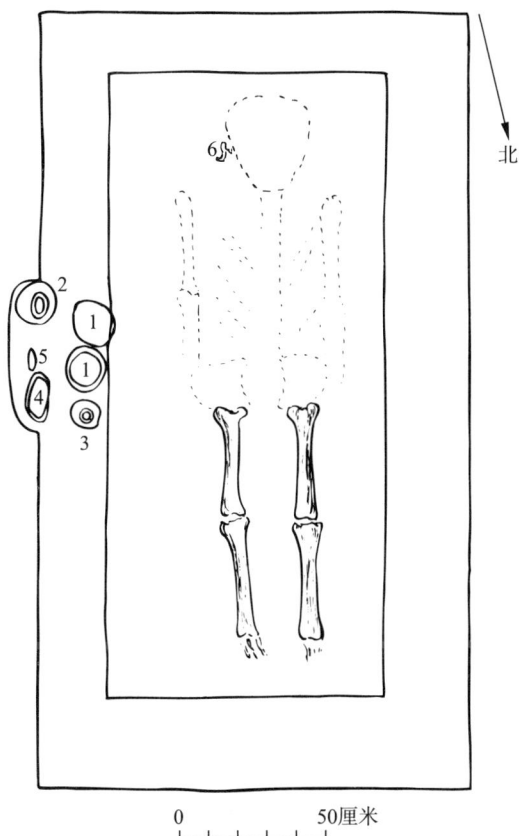

图六　汉墓 M176 平面图

1. 陶鼎　2. 陶大型壶　3. 陶小型壶
4. 陶盘　5. 陶勺　6. 铜带钩

2. 石椁墓

132 座。

（1）单石椁墓

124 座。大部分墓葬随葬有较多的陶礼器。

1）石盖板墓

12 座。8 座有生土二层台。

　　M64　位于北区西北部。墓向 282°。墓圹长 2.1、宽 0.75 米，深 3.9 米。填以松软的红褐黏土。在南北两侧墓壁上挖有两排脚窝，脚窝间距 0.5 米，平面呈三角形。单个脚窝平均宽 0.2、高 0.15、深 0.1 米。葬具为木棺，已腐朽。棺朽痕长 2、宽 0.45、残高 0.25 米。石盖板厚 0.05 米。葬有 1 人，骨架保存较差，头向西，面向上，仰身直肢。左手处随葬有铜钱 10 枚（图七）。

　　M122　位于南区南部，打破 M121。墓向 10°。墓圹长约 2.25、宽 0.9 米，深 0.9 米。填以黄褐五花土。墓室四周有生土台，台上搁置两块石

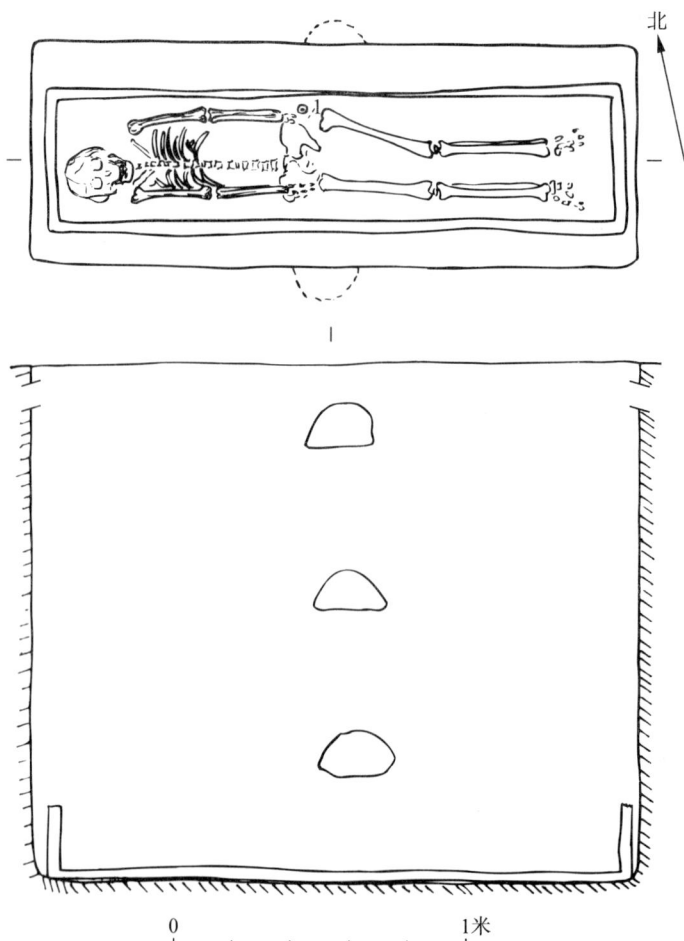

图七　汉墓 M64 平、剖面图

1. 铜钱

盖板。葬具为木棺，已腐朽。棺朽痕长 2.04、宽 0.6 米。葬有 1 人，人骨腐朽严重，头向北。无随葬品（图八）。

　　M156　位于南区东南部。墓向 100°。墓圹长 2.5、宽 1 米，深 1.1 米。填以黄褐五花土。在墓室南北两侧有生土二层台，台上搁置两块石盖板。葬具为木棺，已腐朽。棺痕长 2、宽 0.45、残高 0.06 米。葬有 1 人，已朽，头向东，面向左，仰身直肢。墓主腹部有陶中型罐、小型罐各 1 件，右臂外侧放有铁环首刀 1 件，左臂外侧放有铜钱 22 枚，腹部放有瓦当 1 块；在棺东北角放置石黛板、铜镜刷各 1 件（图九）。

　　M173　位于南区东部。墓向 280°。墓圹长 2.7、宽 1.3 米，深 1.6 米。填以红褐黏土，夹杂有黄褐土粒。墓壁南北两侧有生土二层台，台上搁置 5 块石盖板。葬有 1

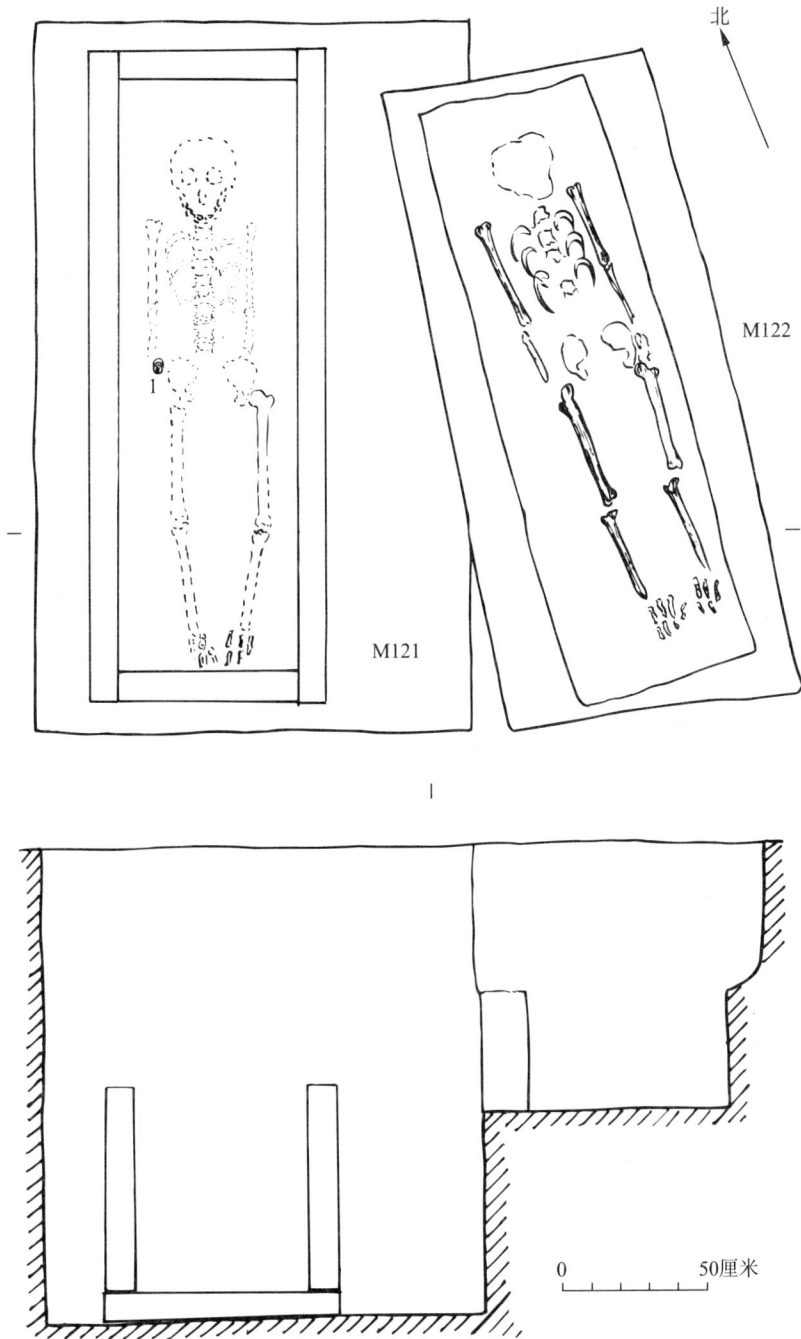

图八　汉墓 M121 和 M122 平、剖面图

1. 铜钱

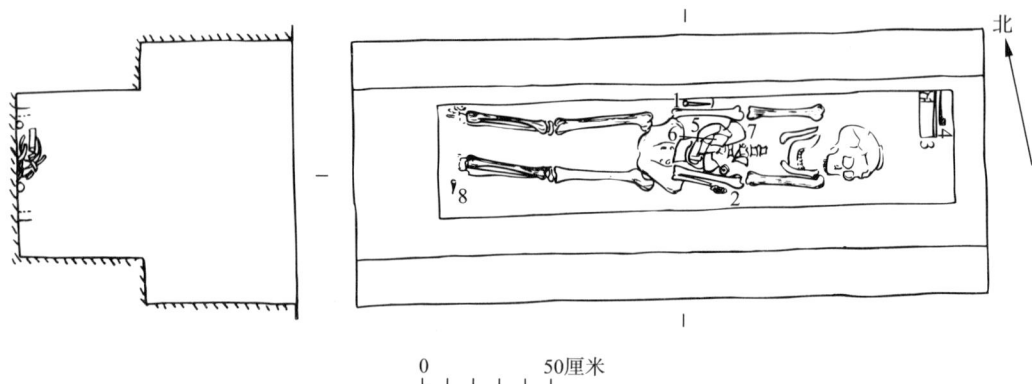

图九　汉墓 M156 平、剖面图

1. 铁环首刀　2. 铜钱　3. 石黛板　4. 铜镜刷　5. 瓦当　6. 陶小型罐　7. 陶中型罐　8. 铁棺钉

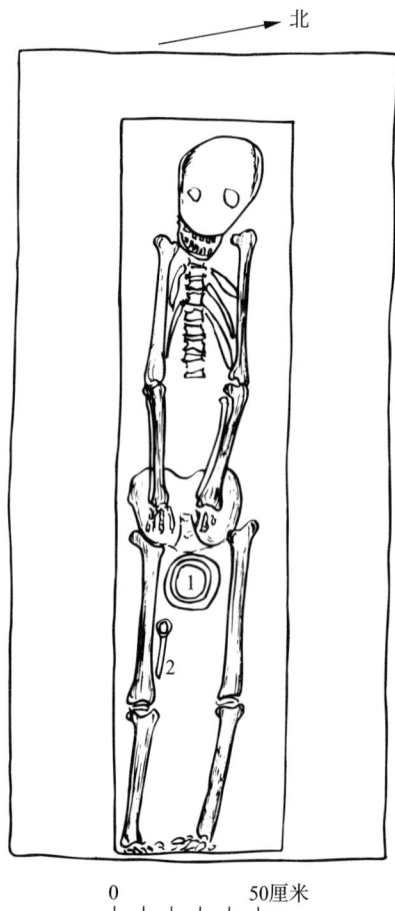

图一〇　汉墓 M173 平面图

1. 陶中型罐　2. 铁环首刀

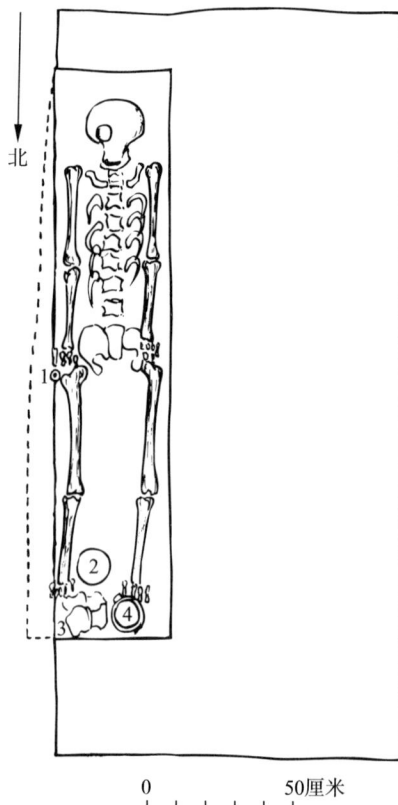

图一一　汉墓 M181 平面图

1. 铜钱　2. 陶盒　3. 陶大型壶　4. 陶鼎

人，骨架保存较好，头向西，面向上，仰身直肢。墓主人盆骨下随葬有陶中型罐1件，下肢内侧放有铁环首刀1件（图一〇）。

M181　位于南区南部。墓向195°。打破M182、M183、M184。墓圹长2.5、宽1.2米，深1.6米。填以黄褐五花土。墓坑在0.8米深处因有岩石而向右侧偏移并变窄。有3块盖板。葬有1人，头向南，面向右，仰身直肢。在脚端随葬有陶鼎、大型壶、盒各1件，右手处有铜钱7枚（图一一）。

2）单石椁墓

99座。在清理的墓葬中，M172的墓底仅剩底板，未见人骨和其他遗物。

M43　位于北区北部。墓向14°。墓圹长2.8、宽1.4米，深1.4米。填以黄褐五花夯土。夯层厚0.1～0.14米。立板上凿有"L"字形槽；立板两端有竖向"凹"字形槽，用以嵌插端板。椁室长2.4、宽1、高1.1米。两层盖板，上盖板2块，厚0.24

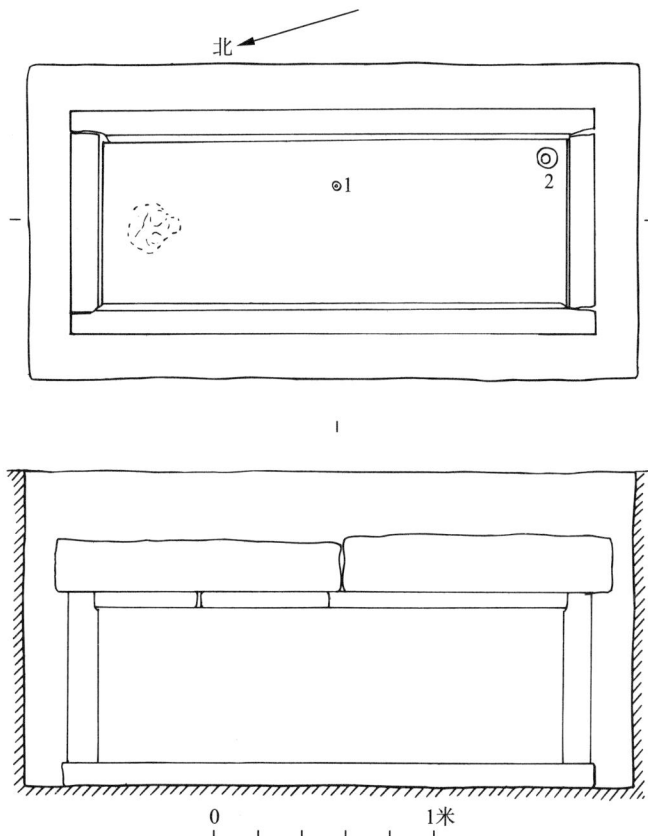

图一二　汉墓M43平、剖面图

1. 铜钱　2. 陶小型罐

米；内盖板较薄，直接嵌在立板的凹槽中，共两块，厚 0.06 米。内盖板上有直径约 0.02 米的出气孔。葬具为木棺，已朽。葬有 1 人，骨架腐朽严重，头向北偏东。椁内东南角随葬有陶小型罐；墓主人左手处随葬有铜钱 2 枚。椁立板上刻有对称常青树纹、"十"字穿璧纹、菱形纹（图一二）。

M67　位于北区北部。墓向 193°。墓圹长 2.6、宽 1.1 米，深 1.65 米。填以黄褐五花夯土。椁室两侧立板受挤压内收断裂。椁室长 2.15、宽 0.75、高 0.76 米。立板厚 0.06~0.08 米。2 块石盖板，厚 0.1~0.14 米。葬具为木棺，已朽。葬有 1 人，骨架保存较好，头向南，面向上，仰身直肢。在椁内西北角随葬有陶小型罐 1 件；墓主人左手处放有铜钱 56 枚（图一三）。

M121　位于南区南部，被 M122 打破。墓向 25°。墓圹长 2.4、宽 1.5 米，深 1.6 米。填以黄褐五花土。椁室长 2.2、宽 0.8、高 0.9 米。2 块石盖板，厚约 0.05 米。葬

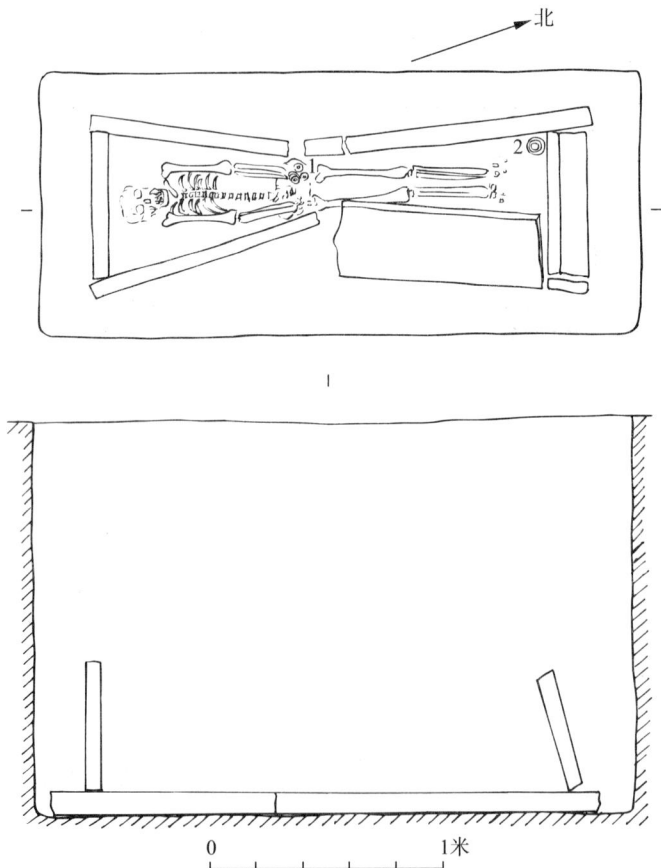

图一三　汉墓 M67 平、剖面图

1. 铜钱　2. 陶小型罐

北

M124

M123

0　　　　　　　50厘米

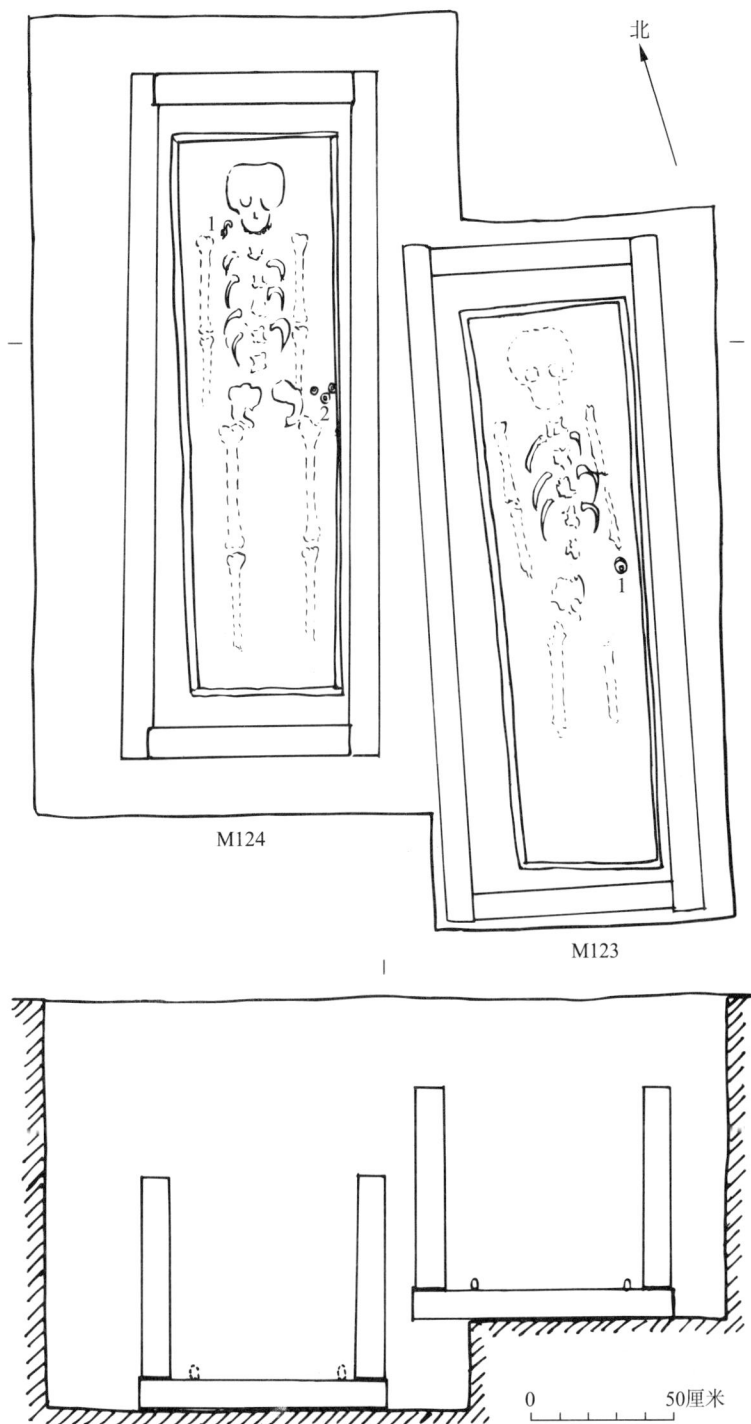

图一四　汉墓 M123 和 M124 平、剖面图
M123：1. 铜钱
M124：1. 铜带钩　2. 铜钱

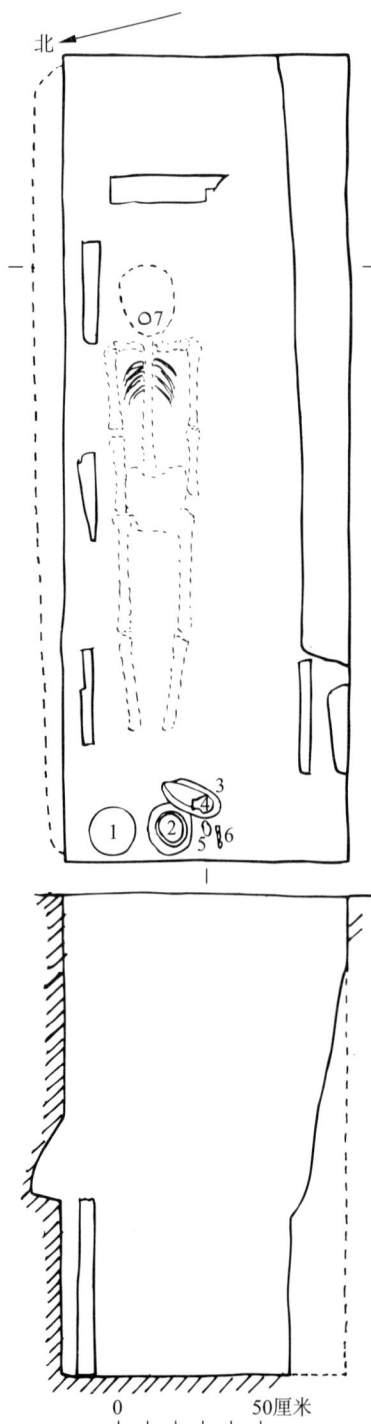

图一五　汉墓 M132 平、剖面图
1. 陶鼎　2. 陶大型壶　3. 陶盘　4. 陶小型壶
5. 陶勺　6. 陶俑　7. 琀（玉饼）

具为木棺，已朽，在椁内残存一层较硬的木板皮。骨架朽重，头向北。墓主人右手处随葬铜钱3枚（见图八）。

M123　位于南区南部，打破 M124。墓向8°。墓圹长 2.4、宽 1.06 米，深 1.1 米。填以黄褐五花土。椁室长 2.3、宽 0.9、高 0.96 米。2块石盖板，厚 0.16 米。立板厚 0.8 米。葬具为木棺，已朽。棺痕长 1.9、宽 0.52 米。葬有1人，朽重，头向北，仰身直肢。墓主人左手处随葬有铜钱3枚。石椁立板上錾刻有串联的菱形纹、三角纹、玉环纹、常青树纹等，纹饰间均以细密的对称斜向或竖向平行线作为地纹（图一四，右）。

M124　位于南区南部，被 M123 打破。墓向15°。墓圹长 2.7、宽 1.5 米，深 1.4 米。填以黄褐五花土。椁室长 2.3、宽 0.9、高 0.96 米。侧板两端内面有凹槽，用以嵌入端板。盖板2块，厚 0.14 米，立板厚 0.1 米。葬具为木棺，已朽。朽痕长 1.9、宽 0.52 米。葬有1人，骨架腐朽严重，头向北，仰身直肢。墓主人左手处随葬有铜钱5枚，右肩处放有铜带钩1件。椁立板上錾刻有常青树、十字穿璧纹、菱形纹、平行线纹等（图一四，左）。

M132　位于南区东部。墓向112°。墓圹长2.7、宽1米，深1.6米。填以黄褐五花土。椁室长2、宽0.7、高0.7米。2块石盖板，盖板北边深入墓壁外侧。北立板由3块竖立的石板构成，石板间距约0.36米；东端板是一块厚约0.1米的石板；以基岩壁充当南立板。葬有1人，骨架腐朽严重，头向东，面向上，仰身直肢。在墓坑西端随葬有陶鼎、大型壶、小型壶、盘、勺各1件，俑2件；墓主人口内含有玉饼1件（图一五；图版六，2）。

M137　位于南区南部。墓向95°。墓圹长2.5、宽1.5米，深1.4米。填以黄褐五花土。椁室长2.34、宽0.9、高0.9米。2块石盖板，厚约0.1米，底板厚约0.12米。葬有1人，骨架腐朽严重，头向东，面向上，仰身直肢。在石椁南北两侧各随葬有陶中型罐1件（图一六；彩版九，2）。

3）单石椁带器物箱墓

13座。

M54　位于北区北部。墓向5°。墓圹长2.55、宽1.55米，深2.95米。填以黄褐五花夯土。夯面平整，夯层厚0.12～0.15米。椁室长2.3、宽0.86、高0.84米。侧板两端凿有竖向"凹"字形槽，用以嵌插端板。边箱位于东立板外侧，平面呈抹角长方形，直壁、平底。边箱长0.6、宽0.24、深0.36米。葬具为木棺，已朽。朽痕长1.94、宽0.4～0.5米。葬有1人，骨架保存较好，头向北，面向上，仰身直肢。在边箱内随葬有陶鼎2件，大型壶1件（图一七）。

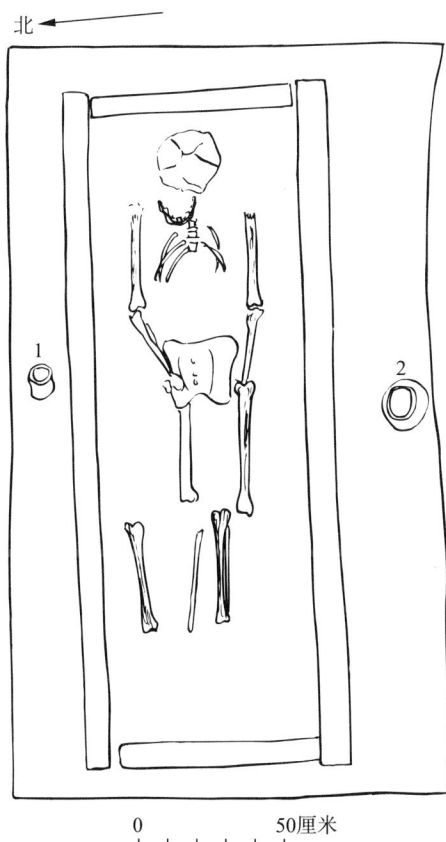

图一六　汉墓M137平面图

1、2. 陶中型罐

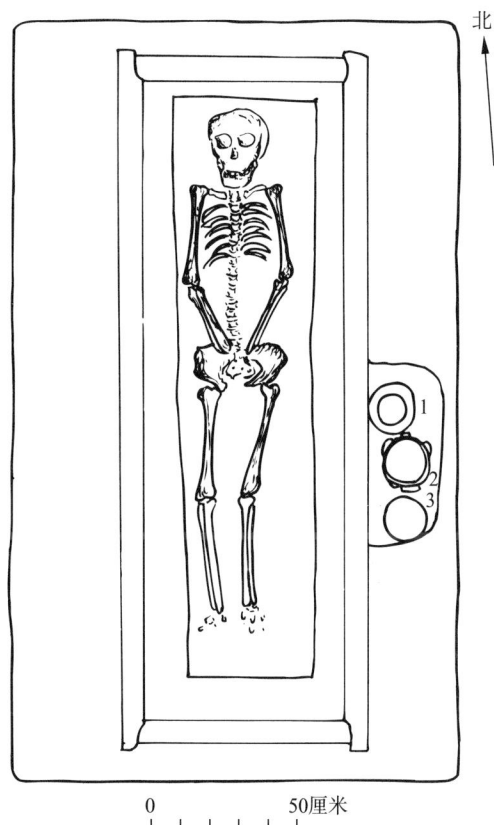

图一七　汉墓M54平面图

1. 陶大型壶　2、3. 陶鼎

　　M57　位于北区北部。墓向 15°。墓圹长约 2.4、宽 1 米，深 2.1 米。填以红褐五花夯土。椁室长 2.1、宽 0.8、高 0.68 米。在墓穴北端有生土二层台。头箱在二层台上，平面呈半圆形，有石盖板。头箱长 0.3、宽 0.16、深 0.24 米。葬具为木棺，已朽。葬有 1 人，骨架腐朽严重，头向北，面向上，仰身直肢。在头箱内随葬有陶大型壶、中型罐各 1 件；墓主人左手处放有铜钱约 85 枚（图一八）。

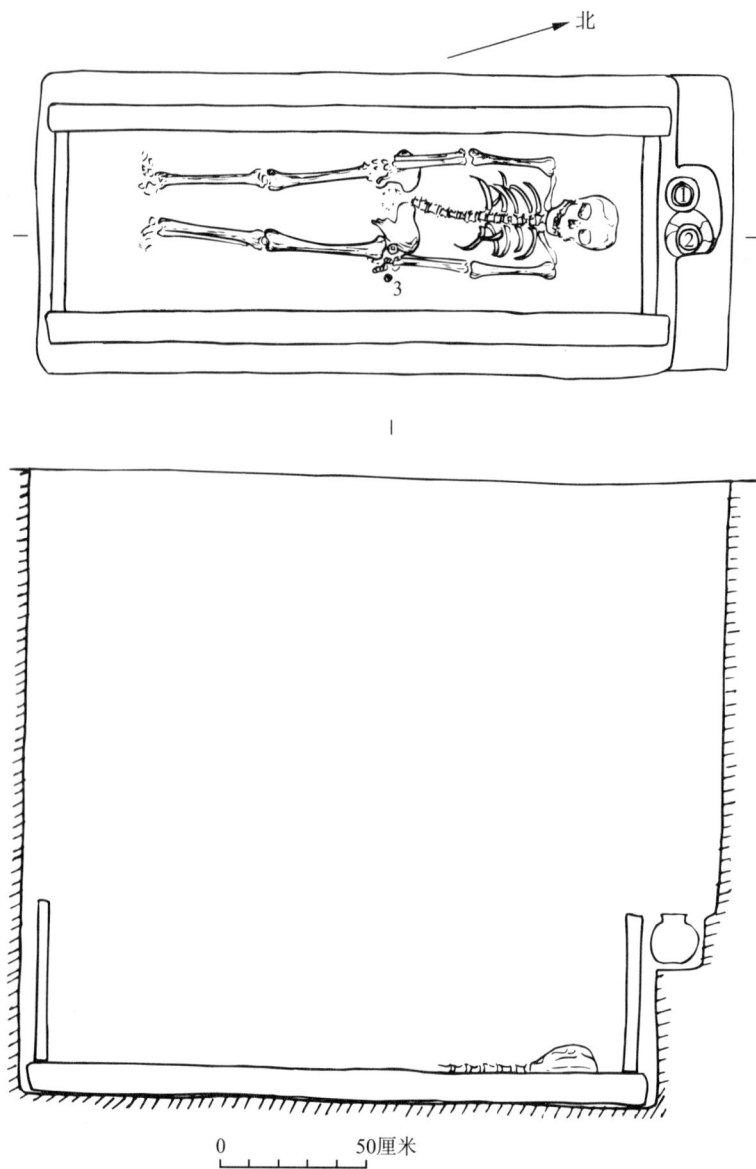

图一八　汉墓 M57 平、剖面图

1. 陶大型壶　2. 陶中型罐　3. 铜钱

M77 位于北区西北角。墓向12°。墓圹长3、宽1.9米,深3.5米。填以黄褐五花夯土。夯面平整,其上撒有一层薄灰。夯层厚0.1～0.14米。椁室长2.44、宽1.04、高1.04米。侧立板上凿有"L"形槽;侧板两端凿有竖向"凹"字形槽,用以嵌插端板。两层盖板,上盖板2块,厚0.24米;内盖板直接嵌在立板的凹槽中,厚0.05米。其中北侧内盖板上有直径约0.01米的出气孔。边箱位于椁室西侧,两端有立板,上有石盖板。边箱长1.05、宽0.25、深0.3米。棺朽,长2、宽0.5米。葬有1人,头向北,面向上,仰身直肢。在边箱内随葬有陶鼎、大型壶、小型壶、盒各2件,匜、盘、勺各1件;头下面有玉环1件。上层盖板内面有"十"字穿璧纹。立板上有菱形纹、"十"字穿璧纹、常青树纹等(图一九)。

M142 位于南区西南部。墓向15°。墓圹长2.76、宽1.66米,深2.4米。填以黄褐五花夯土。夯层厚0.25米左右。椁室长2.28、宽0.88、高1.1米。侧立板上凿有

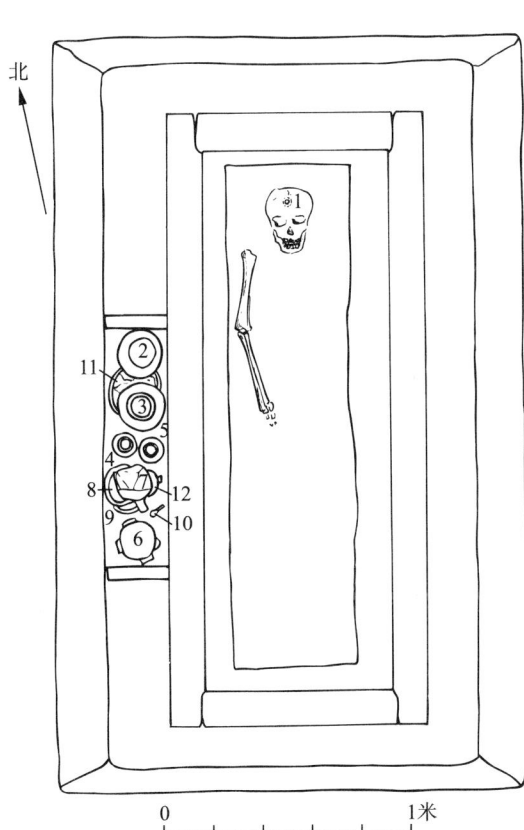

图一九 汉墓M77平面图

1. 玉环 2、3. 陶大型壶 4、5. 陶小型壶
6、12. 陶鼎 7. 陶匜 8、9. 陶盒 10. 陶勺 11. 陶盘

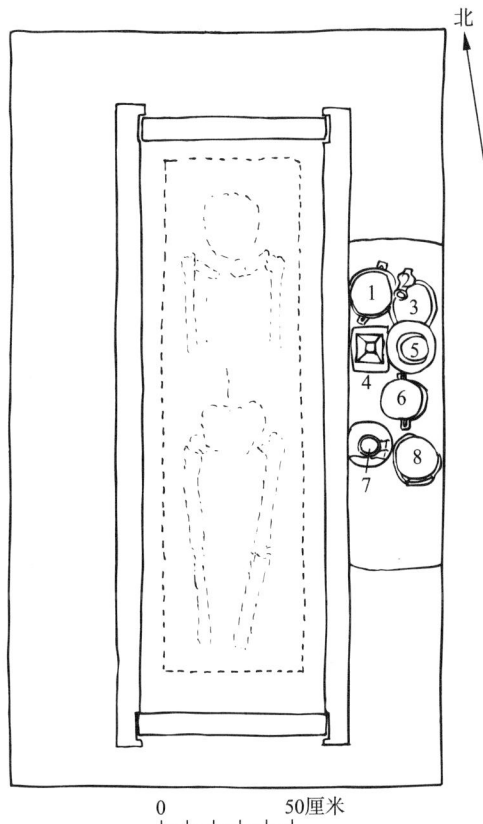

图二○ 汉墓M142平面图

1、6. 陶鼎 2. 陶小型壶 3. 陶盘 4. 陶钫
5. 陶中型罐 7、8. 陶盒

"L"形槽；侧板两端凿有"凹"字形槽，用以嵌插端板。盖板厚0.26米，立板厚0.1米，底板厚0.14米。葬具为木棺，已朽。葬有1人，骨架腐朽严重，头向北，仰身直肢。在椁东侧有边箱，随葬有陶鼎、盒各2件，钫、小型壶、盘、中型罐各1件；在填土中采集铁舌1件。立板上錾刻点状平行线纹、三角锯齿纹、绶带串挂的玉环、常青树纹等（图二〇；图版七）。

M161　位于南区东南部。墓向105°。墓圹长2.8、宽1.5米，深2.3米。填以黄褐五花夯土。夯层厚约0.2米，夯窝直径0.1、深0.03～0.05米。盖板2块，厚约0.18、宽0.99米。底板厚0.12米。立板厚0.1～0.12米。侧立板上凿有"L"形凹槽；侧立板两端凿有"凹"字形槽，用以嵌入端板。椁室长2.34、宽0.96、高1米。边箱位于南立板外侧，平面呈长方形，东侧有石立板，上有石盖板。边箱长0.8、宽0.24米。葬具不详。葬有1人，骨架腐朽严重，头向东，面向不清，仰身直肢。边箱内随葬有陶大型壶2件，鼎、盒、匜、小型壶各1件。盖板内面錾刻套叠方格纹、三角纹、"十"字穿环纹；立板上錾刻有三角纹、菱形纹和常青树纹等（图二一；图版八，1）。

（2）双石椁墓

8座。分为双椁双棺墓和双椁双棺带边箱墓两类。

1）双椁双棺墓

7座。绝大多数双椁双棺墓的椁室各自独立，由盖板、两侧立板、两端立板和底板构成，少许墓共用一立板。随葬品数量较少，以罐或壶为主，不随葬成组陶礼器。

M28　位于北区。墓向100°。墓圹长、宽各为2.5米，深1.3米。填以黄褐色五花夯土。两石椁间距0.1米。北椁的底板略高于南椁底板，南椁的左侧立板断裂略内倾。北椁室长2.24、宽0.86、高0.86米；南椁室长2.24、宽0.86、高0.98米。立板和底板的平均厚度约0.1米，北、南椁室盖板厚

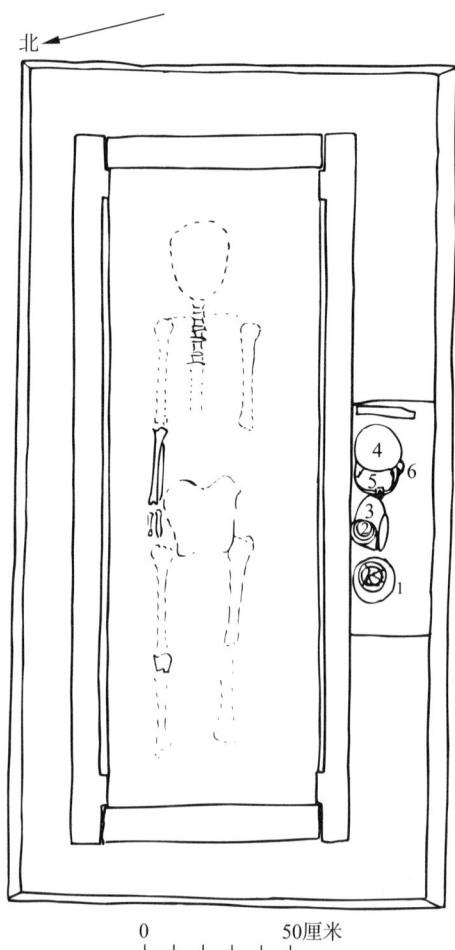

北↖

图二一　汉墓M161平面图

1、6. 陶大型壶　2. 陶小型壶　3. 陶匜
4. 陶盒　5. 陶鼎

度分别为 0.1～0.12、0.2～0.22 米。葬具为木棺，已腐朽。随葬 2 人，骨架腐朽严重，头向东，面向不清，仰身直肢。在南椁室墓主头左侧随葬有陶小型罐 2 件；两墓主人的右手处均有铜钱，共 15 枚；南椁室墓主头右侧放有铁舀 1 件（图二二）。

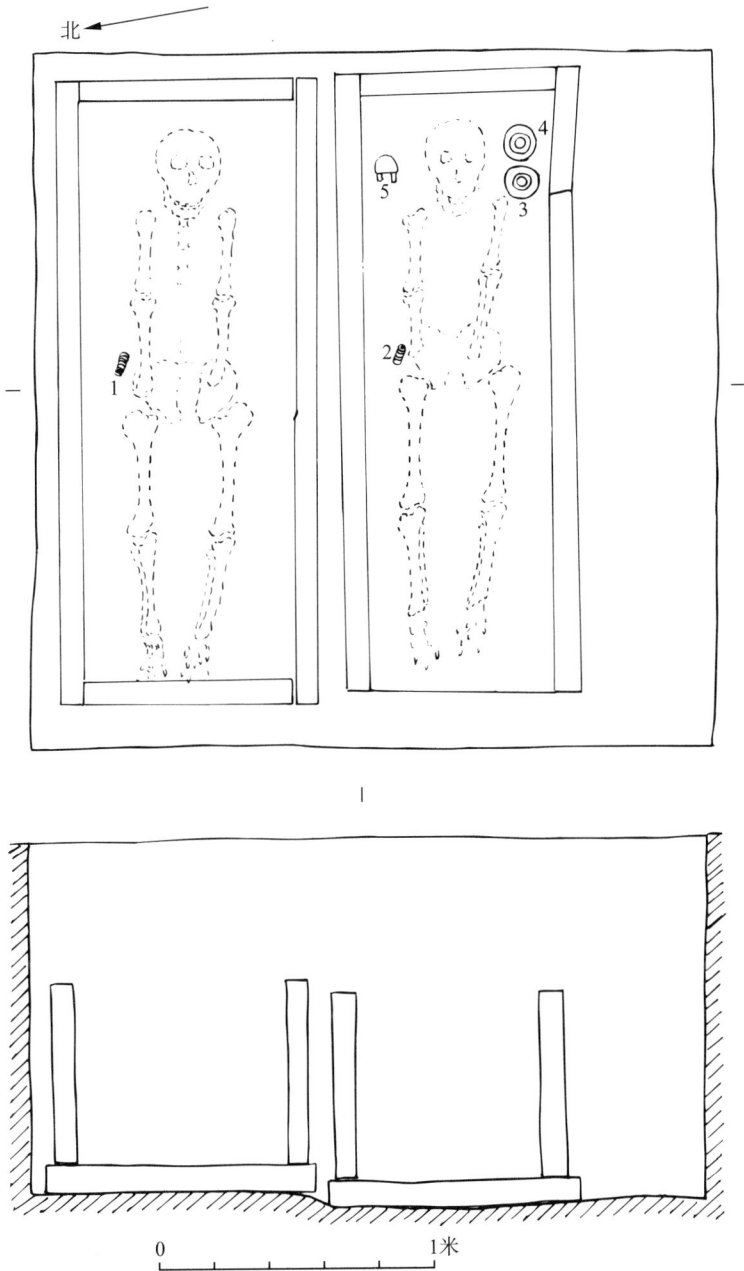

图二二　汉墓 M28 平、剖面图

1、2. 铜钱　3、4. 陶小型罐　5. 铁舀

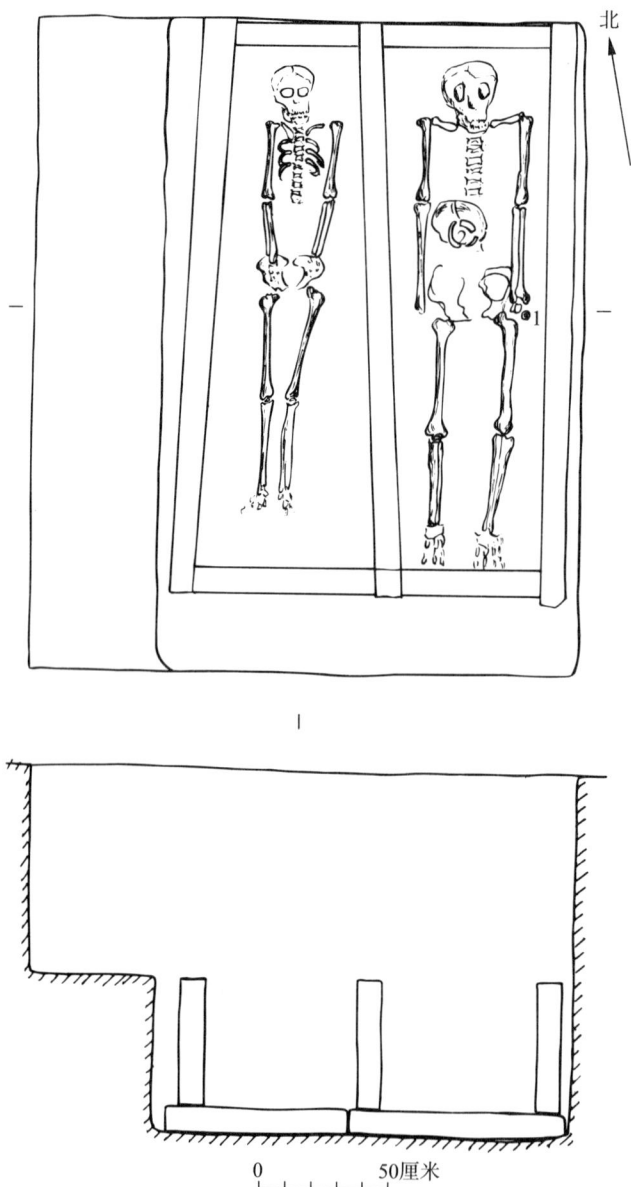

图二三　汉墓 M63 平、剖面图

1. 铜钱　2. 陶大型罐

　　M63　位于北区北部。墓向 10°。墓圹长 2.5、宽 2.15 米，深 1.4 米。填以红褐五花夯土。夯层厚 0.12～0.15 米。墓室西侧有生土二层台，宽约 0.5、高 0.6 米。两椁共用一立板。平面均呈梯形。西椁室北端窄，南端宽；东椁室北端宽，南端窄。盖板塌落，碎成数块。东椁室长 2.2、宽 0.76～0.88、高 0.6 米；西椁室长 2.2、宽 0.7～0.92、高 0.6 米。立板和底板厚约 0.1 米，盖板厚约 0.02～0.06 米。葬具为木棺，已

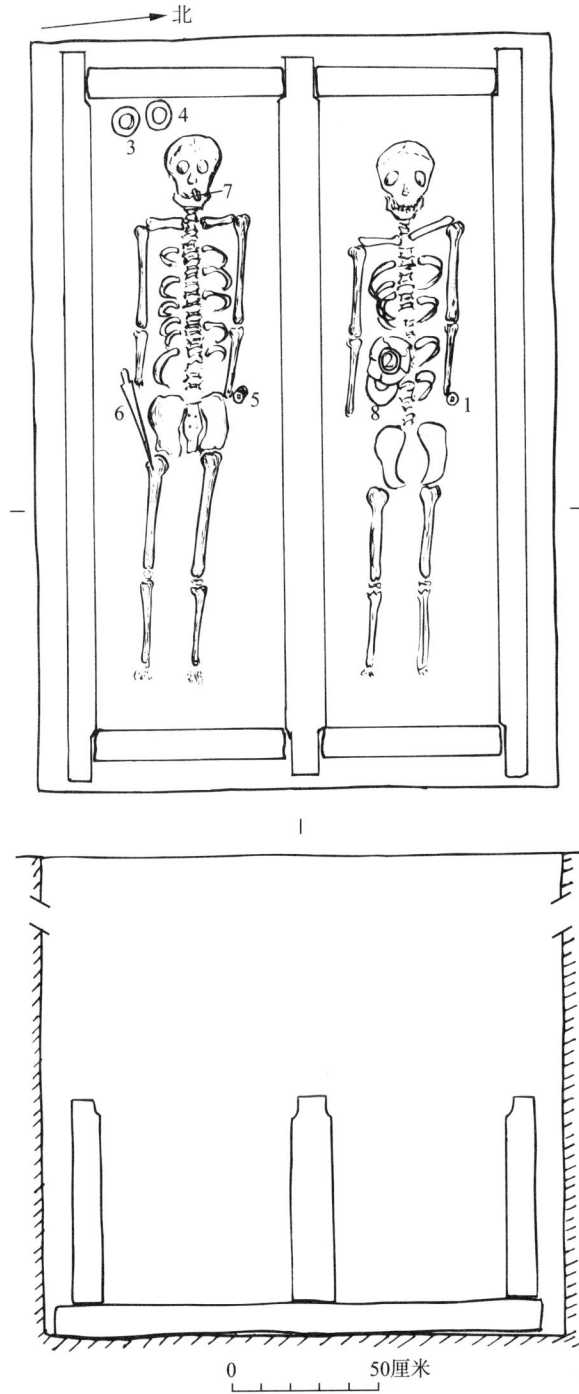

图二四 汉墓 M76 平、剖面图

1、5. 铜钱　2~4、8. 陶小型罐　6. 铁环首刀　7. 琀（骨蝉）　9. 铜钱（4 号陶小型罐内）

腐朽。两椁室各葬1人，骨架保存较差，已朽，头向北，面向上，仰身直肢，双手放于胯处。东椁室随葬陶大型罐1件，置于墓主人腹部；铜钱6枚，放于墓主人左手处（图二三）。

M76 位于北区西北部。墓向280°。墓圹长2.5、宽1.8米，深2.8米。填以黄褐五花夯土。夯层层面上撒有薄灰。夯层平均厚0.1～0.13米。两石椁共用一立板和底板；侧立板上凿有"L"形槽，用以嵌扣盖板；立板端头处内凹，用以嵌插端板。各室有盖板2块，厚0.15米。北椁室长2.3、宽0.84、高0.94米，南椁室长2.3、宽0.9、高0.94米。椁板厚0.1～0.14米。葬具为木棺，已腐朽。两椁室各葬1人，骨架保存较好。仰身直肢，头均向西，面向上，两手置于胯部。在北墓主腹部放置有陶小型罐2件，左手处放有铜钱31枚。在南椁室墓主头侧随葬陶小型罐2件；南墓主口内含骨蝉1个，右手处放有铁环首刀1柄。立板上刻有菱形和三角形纹、"十"字形纹（图二四）。

M157 位于南区南半部，打破M158和M189。墓向195°。墓圹长2.8、宽2米，深1.5米。填以黄褐五花夯土。双石椁共用一立板，错边排列。西椁室底板端头紧邻东椁室立板，且高于东椁室底板。东椁室有3块石盖板；西椁室被盗扰，盖板南部破碎塌落。西椁室长2.28、宽0.8、高0.72米；东椁室长2.26、宽0.86、高0.84米。椁板厚约0.1米。两椁室各葬1人，骨架腐朽严重，西墓主残存头骨和少量肢骨，头向南；东墓主人骨腐朽成灰，头向南，面向上，仰身直肢。在西椁室东北角随葬有陶小型罐1件，墓主左脚端放有铜钱。东墓主左胸处置有铜钱，口内含残玉剑格1块（图二五；图版八，2）。

M162 位于南区东南部。墓向25°。墓圹长、宽各为2.5米，深1.6米。填以黄褐五花土。双椁间距0.1米。西椁室有2块盖板，西侧立板受填土挤压断裂内收；东椁室有3块盖板。西椁室长2.14、宽0.88、高0.88米，东椁室长2.22、宽0.88、高0.8米。椁板厚0.08～0.1米。东西椁室各葬有1人，墓主人均仰身直肢，头向北。东墓主面向上，双手置于胯部；西墓主腐朽较重，面向西（图二六）。

2）双椁双棺带边箱墓

1座。

M87 位于北区西部。墓向16°。墓圹长2.8、宽2.3米，深2.7米。填以黄褐五花土。双椁间距0.23米。两椁尺寸基本一致，长2.4、宽0.95、高0.7米。椁板厚约0.1米。木棺已朽。两椁共用一边箱，长0.5、宽0.22米。两椁室各葬有一人，骨架保存较差，头向北，面向上，仰身直肢。边箱内随葬有陶鼎、大型壶各2件，小型壶、盘、盒各1件（图二七）。

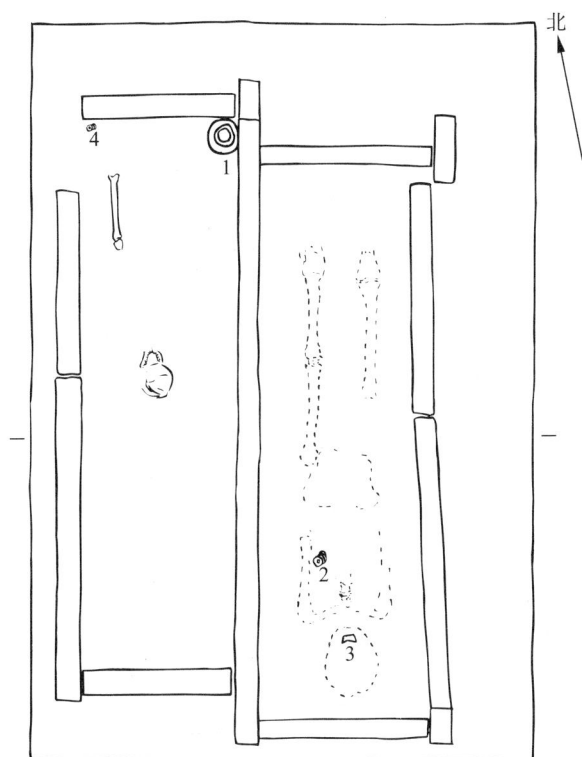

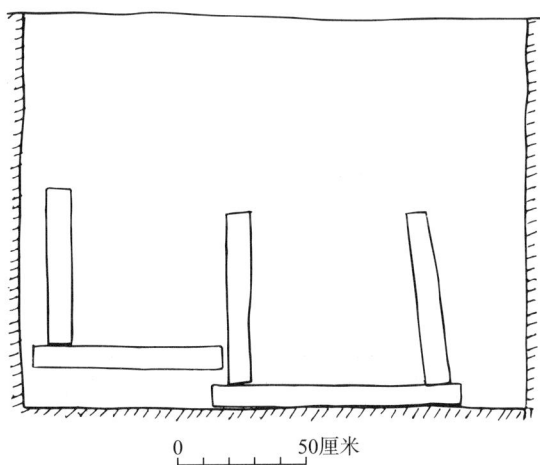

图二五 汉墓 M157 平、剖面图
1. 陶小型罐 2、4. 铜钱 3. 珌（残玉剑格）

图二六　汉墓 M162 平、剖面图

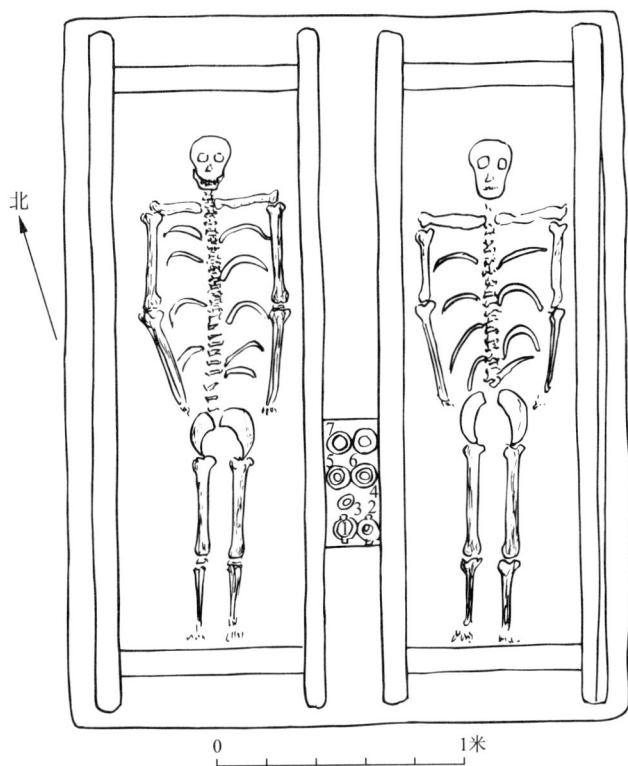

图二七　汉墓 M87 平面图

1、2. 陶鼎　3. 陶小型壶

4、5. 陶大型壶　6. 陶盘

7. 陶盒

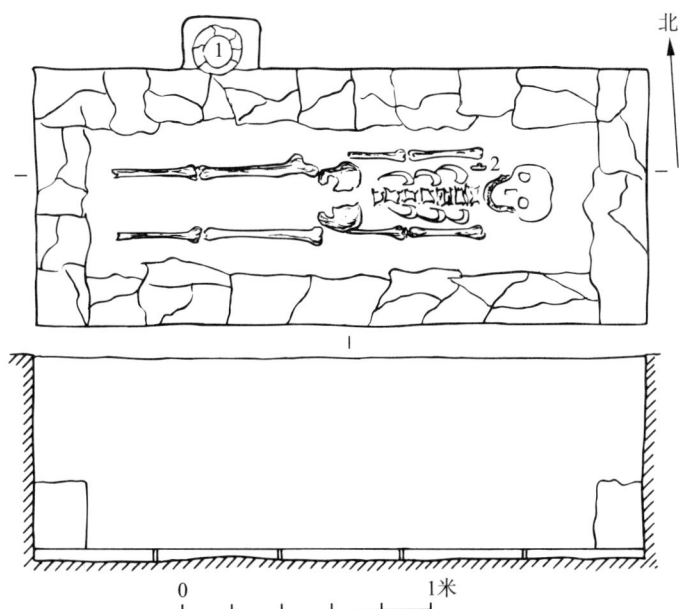

图二八　汉墓 M154 平、
剖面图

1. 陶中型罐　2. 铜带钩

3. 其他墓

6 座。包括砖椁墓和空墓两类。

（1）砖椁墓

3 座。遭到盗扰，其中 M154 破坏严重。均为空心砖墓。墓室四周砌筑有空心砖，墓室底部平铺有方形实心青灰素面砖。葬具不详。墓室内人骨朽重。随葬少量陶器和铜器等。

M154　位于南区南部。墓向 99°。墓圹长 2.5、宽 1 米，深 0.8 米。填以红褐黏土，夹杂黄褐土粒，土质松软。空心砖椁，侧壁墓砖破碎成数块。单块铺地砖边长 0.5、厚 0.045 米。墓主人骨腐朽严重，头向东，仰身直肢。在椁室北侧随葬陶中型罐 1 件；墓主人右肩处放有铜带钩 1 件；填土中出土铁锤、凿各 1 件（图二八）。

（2）空墓

3 座。分为两类情况：一类是在构筑墓圹时，挖到岩石被迫放弃，成为空墓，如 M163；另一类空墓原因不详。在此不一一列举。

（三）画像石情况

画像石墓数量不多，约占清理墓葬的 17.6%。画像多刻在石椁墓椁室立板内面，个别刻在椁室盖板内面。石板面均略经简单修整。画像雕刻技法基本上采用粗线条的阴线刻，先在石板面四周刻划出方形或长方形边框，再在边框内刻画各种图案。有的画像图案分为主题纹饰和地纹两部分。主题纹饰线条较粗深，地纹指在主题纹饰周围填充的细密竖向或斜向平行阴线刻纹。画像图案主要有常青树、"十"字穿璧纹、"十"字穿环纹、绶带挂璧纹、玉璧纹、菱形纹、三角纹、波折纹等，以玉璧或穿璧纹最多。个别墓葬中的画像石图案略显复杂，有常青树和人物等图案。常青树有两种：一种树体呈三角形，一种为写实的树形。常青树往往和穿璧或挂璧相伴出现，且多见于石椁端板。"十"字穿璧纹的"十"字有的交叉穿过玉璧中心，有的则不穿过璧体。三角纹和菱形纹等往往靠数组不同方向的斜向平行刻线来表示，常以串联或并列的方式出现。

举例如下：

M123 北端板：主题图案为"十"字穿环纹，"十"字未穿过环体。"回"字形边框，两框之间錾刻有串联菱形纹（图二九，1）。

M191 南端板：主题图案为两个对称的绶带穿环纹，环上和环下分别刻有绶带纹，整个绶带穿环插在一"凸"字形台上。绶带穿环纹之间隔以竖向串联菱形纹。主题图案外套刻两方框，两框之间錾刻有串联菱形纹（图二九，2）。

M191 北端板：主题图案为两棵对称的常青树。树体呈三角形，以细密的斜向平行刻线表示枝叶，树下悬挂一绶带，绶带下刻有玉璜纹。主题图案外有内外方框，两框之间装饰有串联菱形纹（图二九，4）。

M195 东端板：主题图案为"十"字穿环纹，在端板中部刻有五个"十"字穿环，正中心一个，周围四个，用六条刻线交叉穿环。主题图案外由双刻线构成内框，端板周缘刻有数道平行线构成外框。内外框之间錾刻有数组串联菱形纹（图二九，3）。

M124 东侧板：主题图案为两个对称的"十"字穿璧纹。"十"字纹交叉穿过璧体的中心，璧体之上悬挂有绶带。在两"十"字穿璧纹之间有数组串联菱形纹。主题图案外套刻有边框，边框系用数条平行刻线构成（图二九，5）。

M191 东侧板：主题图案为绶带穿环和常青树纹。在立板上刻有三个等距的绶带穿环纹，环上和环下分别刻有绶带纹，整个绶带穿环插在一"凸"字形台上。三个绶带穿环纹之间有两个对称的常青树纹。绶带穿环和常青树纹之间的空白处装饰有竖向串联的菱形纹。主题图案外有内外边框，内外边框间錾刻有数组串联菱形纹（图二九，6）。

（四）随葬品

1. 陶器

242 件。以泥质灰陶为主，少量泥质红陶和泥质褐陶，个别泥质黑皮陶。陶器大部分素面，所见纹饰主要有弦纹、绳纹等。陶器普遍采用快轮制陶技术做成，小型陶器如勺、俑等手制而成。部分陶器的附件如器耳、圈足等捏塑而成，鼎足采用模制方法制成并运用刀具进行修整。在出土的陶礼器中，部分属于彩绘陶，以鼎、盒、壶、匜、盘多见。彩绘方式有两种：一种直接在器表彩绘图案；另一种是先在器表涂以白粉地，再在其上施彩。主要色彩有红、白、黄、黑等色，尤以红、白彩居多，红彩又有绛红和朱红之别，白彩多作为复彩与红彩配合使用。彩绘图案有彩带纹、卷云纹、三角纹、波浪纹、波折纹、涡纹、逗点纹、圈点纹、圆点纹等。主要器形有鼎、盒、壶、钫、匜、盘、勺、罐、罍、盆、钵、俑等。

鼎　40 件。覆钵式鼎盖。子母口，子沿有高矮之别，长方形附耳，蹄形足。鼎足多留有制作和修整时产生的切割、捏抹痕。为了使足和鼎体粘接更牢固，在鼎体粘接足处往往刻划数道方向不一的凹槽。根据鼎的腹壁是否有转折棱可分为两型，无法归入A、B 两型的统称其他鼎。

A 型　31 件。均为泥质陶，以灰陶为主，少量红陶。腹壁有转折棱。根据转折棱

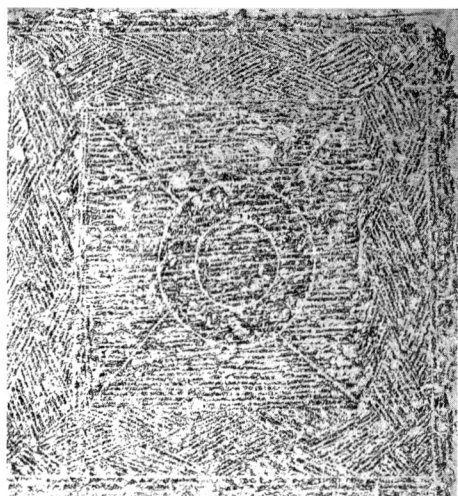

图二九 汉墓画像石

1. M123 北端板 2. M191 南端板 3. M195 东端端板 4. M191 北端板 5. M124 东侧板 6. M191 东侧板

的位置和底的不同，分为三亚型。

Aa 型　7 件。腹壁转折棱大致与耳根水平，平底。根据口沿、耳和足的不同，分为三式。

Ⅰ 式　5 件。盖面隆起，圆唇。子沿圆唇，附耳较高且外撇，长条形耳孔，上腹较直，小平底，高蹄形足，足跟较高。素面。标本 M32:2，红褐陶。子沿较高，腹壁饰一周朱红彩带，脱落严重。口径 15.8、通高 18.5 厘米（图三○，1；图版九，1）。M132:1，灰陶。子口沿较矮。口径 14.4、通高 18.4 厘米（图三○，2）。

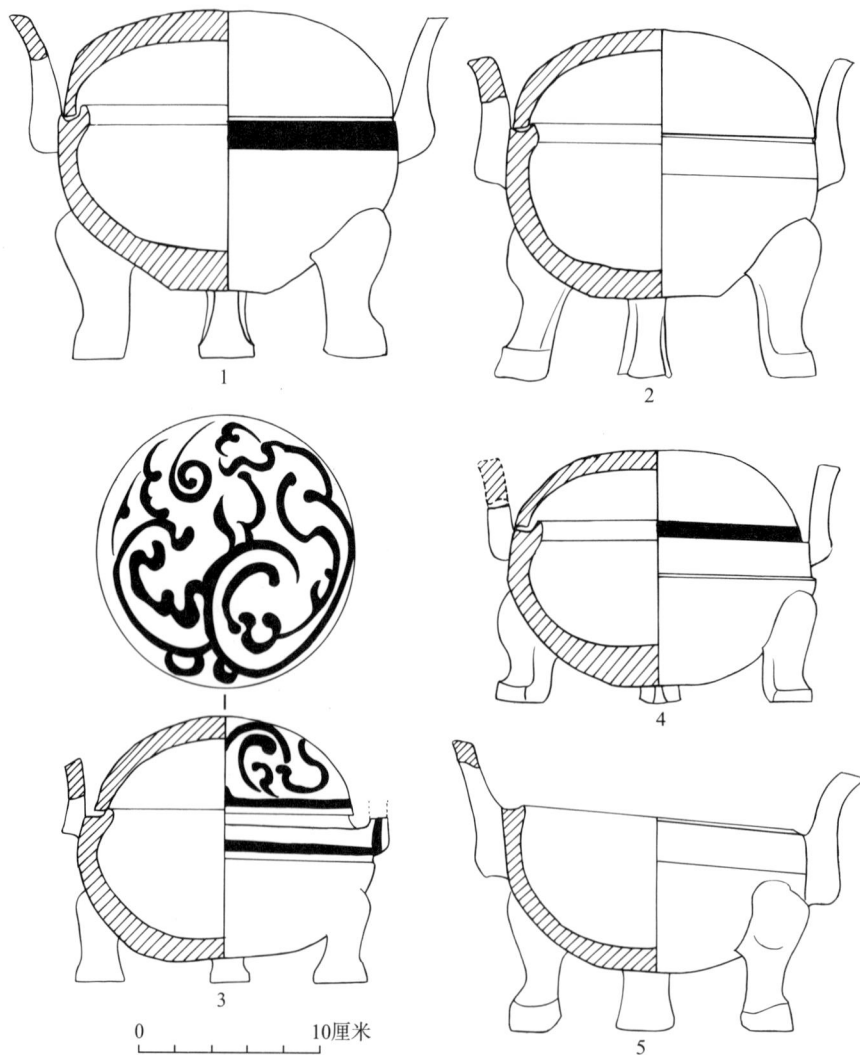

图三○　汉墓出土 A 型陶鼎

1、2. Aa 型 Ⅰ 式（M32:2、M132:1）　　3. Aa 型 Ⅲ 式（M183:5）

4. Aa 型 Ⅱ 式（M175:4）　　5. Ab 型 Ⅰ 式（M39:2）

Ⅱ式　1件（标本 M175:4）。灰陶。盖顶部较平缓，沿面一周凹槽。子沿较高，附耳略矮且外撇。长条形耳孔较小，腹壁内倾，小平底，矮蹄足。盖外缘一周绛红彩带。口径 13.2、通高 13.3 厘米（图三〇，4；图版九，2）。

Ⅲ式　1件（标本 M183:5）。灰陶。盖面隆起，方唇。子沿较高，小附耳的耳孔较小，鼓腹，大平底，小蹄形足不规整。盖面满饰卷云纹，附耳内外面及腹上部饰以朱红彩带纹。口径 13.5、通高 14.2 厘米（图三〇，3；彩版一〇，1）。

Ab 型　21 件。腹壁转折棱大致与耳根水平，圜底。根据口沿、耳和足的不同，分为三式。

Ⅰ式　6件。沿面平整，矮小子沿，圆唇。附耳较高且外撇，腹壁较直，高蹄形足。标本 M39:2，红陶。素面。口径 14.6、通高 15.6 厘米（图三〇，5）。标本 M139:2，灰褐陶。盖沿尖圆唇，蹄形足外撇。盖面有数圈螺旋纹。口径 15、高 16 厘米（图三一，1；图版九，3）。标本 M141:2，灰陶。盖沿尖圆唇，盖面饰以朱红圆点纹，盖缘饰以一周绛红彩带，附耳侧面饰有绛红、白彩条带纹，腹壁饰一周绛红、白彩的三角纹带。口径 14.8、通高 15.4 厘米（图三一，2）。

Ⅱ式　11 件。灰陶。盖沿微外撇。口沿面平整，小附耳外撇，腹壁内倾，矮蹄形足制作粗糙。标本 M54:2，盖顶和附耳内侧饰有白彩。底部有刮削痕和篦刮纹，盖面有螺旋纹。口径 14.8、通高 14.4 厘米（图三一，3；图版九，4）。标本 M77:6，内底有轮制产生的涡纹。口径 14、通高 12 厘米（图三一，4）。标本 M192:2，盖面和耳涂有白粉地，盖面朱绘彩带纹、圈点纹、卷云纹，腹壁和耳朱绘彩带纹，盖面有螺旋纹。口径 13.6、通高 12.8 厘米（图三一，5；彩版一〇，2）。

Ⅲ式　4件。灰陶。盖沿面内凹。口沿面较宽且内凹，小附耳近直，矮蹄形足。标本 M186:3，腹壁微内倾，足略外撇。底部残留有刀削割痕。盖顶有螺旋纹。盖面涂一层白粉地，朱绘勾连卷云纹。腹壁上部、耳内外侧面朱绘彩带纹。口径 14.4、通高 12.6 厘米（图三二，1；彩版一〇，3）。

Ac 型　3件。转折棱大致与足根水平，直壁转折成大圜底。根据口沿、附耳和足的变化，分为二式。

Ⅰ式　1件（标本 M142:1）。残。黑皮陶。盖面隆起，斜沿面，尖圆唇。高子沿，圆唇。附耳较宽厚，长方形耳孔。蹄形足残。素面。口径 15.5、残高 12 厘米（图三二，4）。

Ⅱ式　2件。沿面较宽且下凹，矮子沿，小附耳微外撇，长条形小耳孔，矮蹄形足内收，足跟较矮，足面不平。标本 M181:4，灰陶。盖沿外撇。素面。口径 11、通高 12 厘米（图三二，2；图版九，5）。标本 M188:4，红陶。盖顶略弧，盖缘一周凹槽。通体涂以白粉地，盖面、腹壁及耳内外、两侧朱绘彩带纹，足正面朱绘兽首形图案。口径

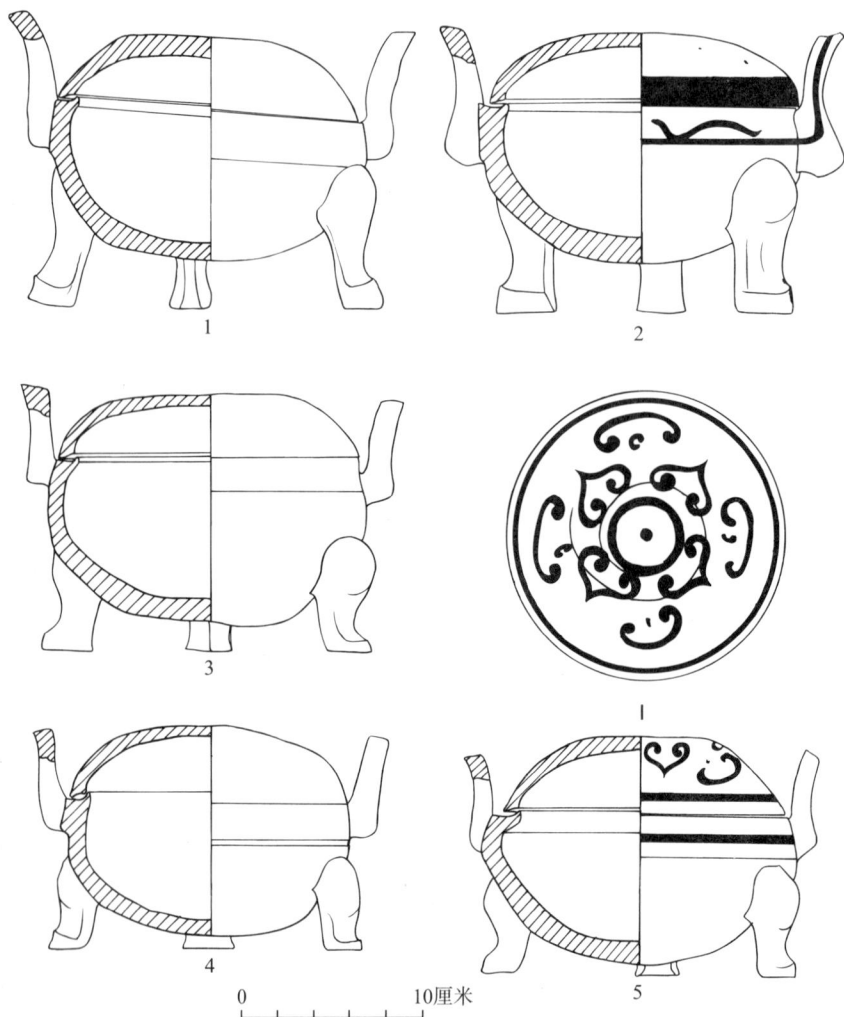

图三一　汉墓出土 Ab 型陶鼎

1、2. Ⅰ式（M139:2、M141:2）　　3~5. Ⅱ式（M54:2、M77:6、M192:2）

12、通高 13 厘米（图三二，3）。

　　B 型　6 件。腹壁无转折棱。根据底部不同，分为两亚型。

　　Ba 型　3 件。平底。根据口沿、耳和足的不同，分为二式。

　　Ⅰ式　1 件（标本 M176:1）。泥质灰陶。盖面隆起。沿面平整，子沿较矮，高耳外撇，高蹄形足，足跟较高。足根与腹体交接处留有明显的粘接痕。素面。口径 14.5、通高 16 厘米（图三三，1；图版九，6）。

　　Ⅱ式　2 件。盖沿微外撇，盖缘一周浅凹槽。沿面下凹，子沿内倾，小附耳，耳孔未透，矮小蹄形足不规整，足跟凸棱不明显，制作粗糙。标本 M161:5，夹砂灰陶。盖

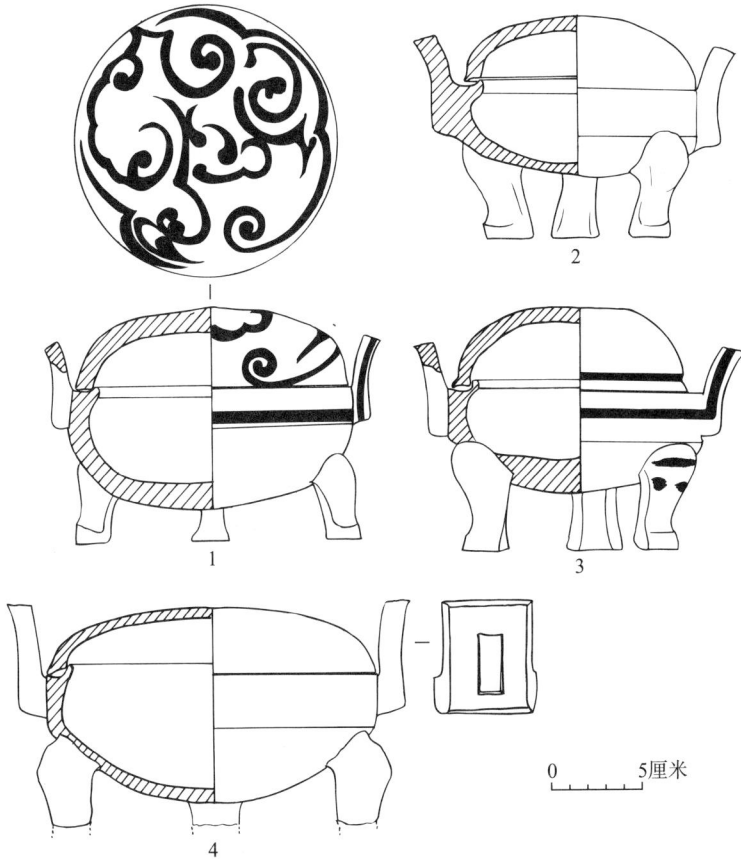

图三二　汉墓出土 A 型陶鼎

1. Ab 型 Ⅲ 式（M186:3）　　2、3. Ac 型 Ⅱ 式（M181:4、M188:4）　　4. Ac 型 Ⅰ 式（M142:1）

有小平顶。腹壁有篦刮纹。口径 14、通高 14.7 厘米（图三三，2；图版一〇，1）。

Bb 型　3 件。泥质陶。圜底。根据口沿、耳和足的不同，分为二式。

Ⅰ 式　2 件。红陶，盖面隆起。口沿面平整，子沿较高，附耳外撇，腹壁上部较直，高蹄形足，足跟较高，凸棱明显。标本 M174:3，足内侧有修整时留下的切割痕。素面。口径 14、通高 15.3 厘米（图三三，3；图版一〇，2）。

Ⅱ 式　1 件（标本 M87:1）。灰陶。盖沿微外撇，大平顶，尖圆唇。口沿面内凹。矮子沿。腹壁上部内倾。小附耳近直，粗矮蹄形足，足跟较矮。盖面朱绘卷云纹和彩带纹，脱落严重；腹壁朱绘彩带纹。口径 13.2、通高 12 厘米（图三三，4；图版一〇，3）。

其他　3 件。泥质灰陶。标本 M31:4，矮子沿，附耳外撇，深鼓腹，圜底，矮蹄形足。通体涂白粉地，在器盖上朱绘涡纹，腹壁及耳上朱绘彩带纹。口径 11.6、通高

13.2厘米（图三三，5；彩版一〇，4）。标本M140:5，盖面较平。口沿面较平，高子沿，附耳外撇，扁腹，圜底近平，规整的高蹄形足，足跟较高。通体涂以白粉地。口径15、通高15.3厘米（图三三，6；图版一〇，4）。

盒　30件。均为泥质陶，以灰陶为主，个别为红陶。子母口，圆唇，小平底。以素面为主，部分饰有朱彩或白彩纹样。根据盒盖的不同分为两型，无法归入A、B两型的统称其他盒。

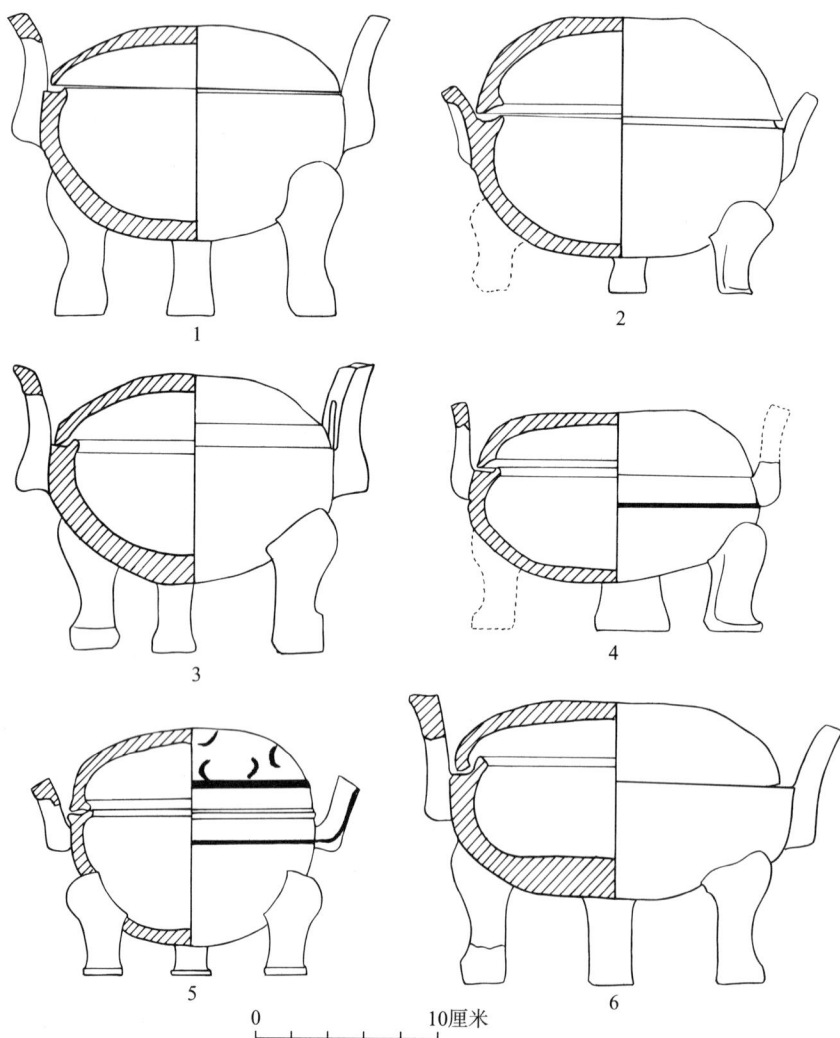

图三三　汉墓出土陶鼎

1. Ba型Ⅰ式（M176:1）　2. Ba型Ⅱ式（M161:5）　3. Bb型Ⅰ式（M174:3）

4. Bb型Ⅱ式（M87:1）　5、6. 其他（M31:4、M140:5）

A 型　26 件。浅覆钵式盖。根据腹壁的不同分为两亚型。

Aa 型　14 件。泥质灰陶。腹壁转折斜内收。根据盖、口沿和腹壁的不同，分为三式。

Ⅰ 式　2 件。盖面隆起。沿面较窄，子沿矮小。标本 M142:7，盖沿为圆唇。素面。口径 15、通高 11.4 厘米（图三四，1；图版一一，1）。

Ⅱ 式　8 件。盖面隆起。沿面宽而平，子沿较高。标本 M183:4，盖沿为方唇。通体饰以白粉地，盖面朱绘菊瓣状卷云纹，盖周缘和腹壁近口沿处朱绘彩带纹。口径 13、通高 11.5 厘米（图三四，3）。标本 M192:1，盖沿为方唇。通体饰以白粉地，盖面朱绘对称"C"形卷云纹、圆点纹、彩带纹；腹壁朱绘一周彩带纹。口径 12.6、通高 10.8 厘米（图三四，4；彩版一一，1）。

Ⅲ 式　4 件。盖面平顶，盖沿为斜方唇。宽沿面略凹。标本 M181:2，素面。口径 12.4、通高 9 厘米（图三四，2）。标本 M186:6，通体施以白粉地，盖面朱绘丝带状卷云纹和窄带纹，腹上部近口沿处一周朱红窄带纹。口径 12.5、通高 12 厘米（图三四，7；彩版一一，2）。

Ab 型　12 件。腹壁弧曲缓内收。根据盒盖、口沿和腹壁的不同，分为三式。

Ⅰ 式　5 件。盒盖面弧状隆起。口沿面较窄，子沿矮小。标本 M39:1，红陶。盖沿面内凹。素面。口径 16.4、通高 11.5 厘米（图三四，5；图版一一，2）。

Ⅱ 式　4 件。盖面隆起。口沿面宽且平，子沿较高。标本 M175:1，灰陶。盖沿面内凹，尖圆唇。底内侧有螺旋状突起。盖顶有螺旋纹，盖缘一周绛红彩带纹；腹壁近口沿处饰以三角形白彩纹，其下一周白彩带，余部脱落严重。口径 16.2、通高 11.6 厘米（图三四，6；图版一一，3）。

Ⅲ 式　3 件。盖为平顶，沿缘略外撇。宽沿面略下凹，子沿较高。标本 M161:4，青灰陶。陶胎厚重。盖沿内侧一周凹槽，圆唇。素面。口径 16.8、通高 12.4 厘米（图三五，1；图版一一，4）。

B 型　1 件（标本 M142:8）。泥质灰陶。敦式盖。盖斜沿，尖唇。口沿面平整，子沿为圆唇，直壁转折内收，平底略凹。腹壁饰以两周凹弦纹。通体朱绘图案，脱落严重，无法辨识；盖上一周朱绘窄带纹。口径 16、通高 13 厘米（图三四，8；图版一一，5）。

其他　3 件。泥质灰陶。覆钵式盖。标本 M31:7，盖面略弧近平，盖沿面内凹，尖圆唇。子沿为圆唇，直壁转折内收。腹部有瓦棱纹。通体施以白粉地并朱绘彩带纹。口径 12.6、通高 11.8 厘米（图三五，2；彩版一一，3）。标本 M140:2，盖面为平顶，盖沿方唇。体扁圆，沿面较窄，子沿宽矮。弧壁，平底略凹。通体饰以白粉地。口径 15.6、通高 11.2 厘米（图三五，3；图版一一，6）。

壶　60 件。根据形态分为两类：大型壶、小型壶。

图三四　汉墓出土陶盒

1. Aa 型 I 式（M142:7）　　2、7. Aa 型 III 式（M181:2、M186:6）　　3、4. Aa 型 II 式（M183:4、M192:1）

5. Ab 型 I 式（M39:1）　　6. Ab 型 II 式（M175:1）　　8. B 型（M142:8）

　　大型壶　40 件。依据底部的不同，分为三型。

　　A 型　33 件。均为泥质陶。多为弧面圆形盖。斜肩，圈足。以灰陶为主，少量红

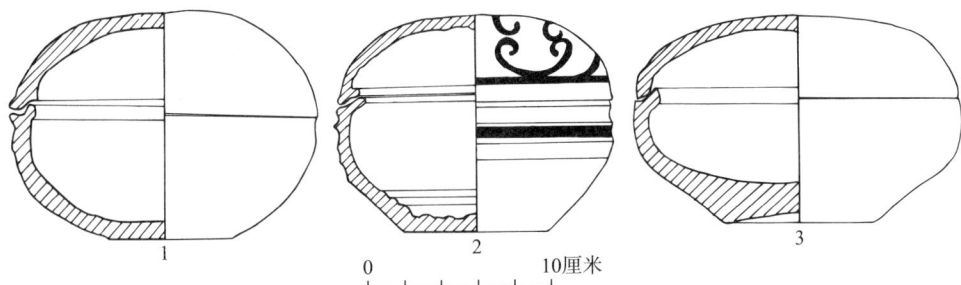

图三五　汉墓出土陶盒

1. Ab 型Ⅲ式（M161:4）　　2、3. 其他（M31:7、M140:2）

陶。大多数壶内壁都有拉坯成型时产生的数周凹弦纹。素面为主，部分饰以彩绘。根据腹部、足的不同，分为四亚型。

Aa 型　17 件。方唇，平沿，折腹，高圈足。根据口颈、腹部折痕和最大腹径位置的不同，分为四式。

Ⅰ式　4 件。盖为方唇，盖内一周凸棱。直口，长直颈，钝折腹，最大腹径居上。标本 M53:2，灰陶。足底面一周凹槽。素面。口径 9.6、通高 23.2 厘米（图三六，4；图版一二，1）。标本 M141:1，灰陶。盖缘饰以一周绛红彩带，盖顶饰以绛红大圆点纹、朱红小圆点纹、白彩涡纹，颈、肩部饰以两个对称绛红"人"字纹，腹壁饰有一周绛红圈带纹。口径 9.8、通高 23.7 厘米（图三六，1）。

Ⅱ式　5 件。侈口，束颈，折腹，最大腹径略偏上。标本 M21:1，黄褐陶。盖内有一周凸棱。足底面略凹。盖面两周墨色彩带，其内墨绘扇叶形纹。口径 9.9、通高 23.2 厘米（图三六，3）。标本 M77:2，灰褐陶。伞形盖，内有一周凸棱。素面。口径 10.2、通高 25.2 厘米（图三六，2）。

Ⅲ式　6 件。喇叭形口，矮束颈，最大腹径居中。标本 M188:3，灰陶。盖为方唇。足底内凹。通体饰以白粉地，盖面朱绘一周彩带、卷云纹；颈部朱绘两周窄带纹，内饰以波折纹，肩部饰以丝带状卷云纹。口径 9.2、通高 23.8 厘米（图三六，5；彩版一二，1）。

Ⅳ式　2 件。盖内有一周凸棱，方唇。喇叭形口，沿面内凹，细高颈，锐折腹，最大腹径居中。足面一周凹槽。标本 M181:3，褐陶。沿面内凹，圈足沿缘外撇。素面。口径 8.6、通高 23.7 厘米（图三六，7）。标本 M186:5，红陶，盖为灰陶。盖面朱绘一周连弧纹，其内朱绘卷云纹。口径 9.4、通高 24 厘米（图三六，6；图版一二，2）。

Ab 型　14 件。方唇，平沿，扁鼓腹，高圈足。根据口、颈和最大腹径位置的不同，分为四式。

Ⅰ式　6 件。器体厚重。直口或近直口，近直颈，最大腹径居上。标本 M143:1，褐

图三六　汉墓出土 Aa 型陶大型壶
1、4. Ⅰ式（M141:1、M53:2）　　2、3. Ⅱ式（M77:2、M21:1）
5. Ⅲ式（M188:3）　　6、7. Ⅳ式（M186:5、M181:3）

陶。伞形盖，盖顶端突起，斜方唇，内面有一周高凸棱。颈部一周凹弦纹。口径 10.2、
通高 26 厘米（图三七，1；图版一二，3）。

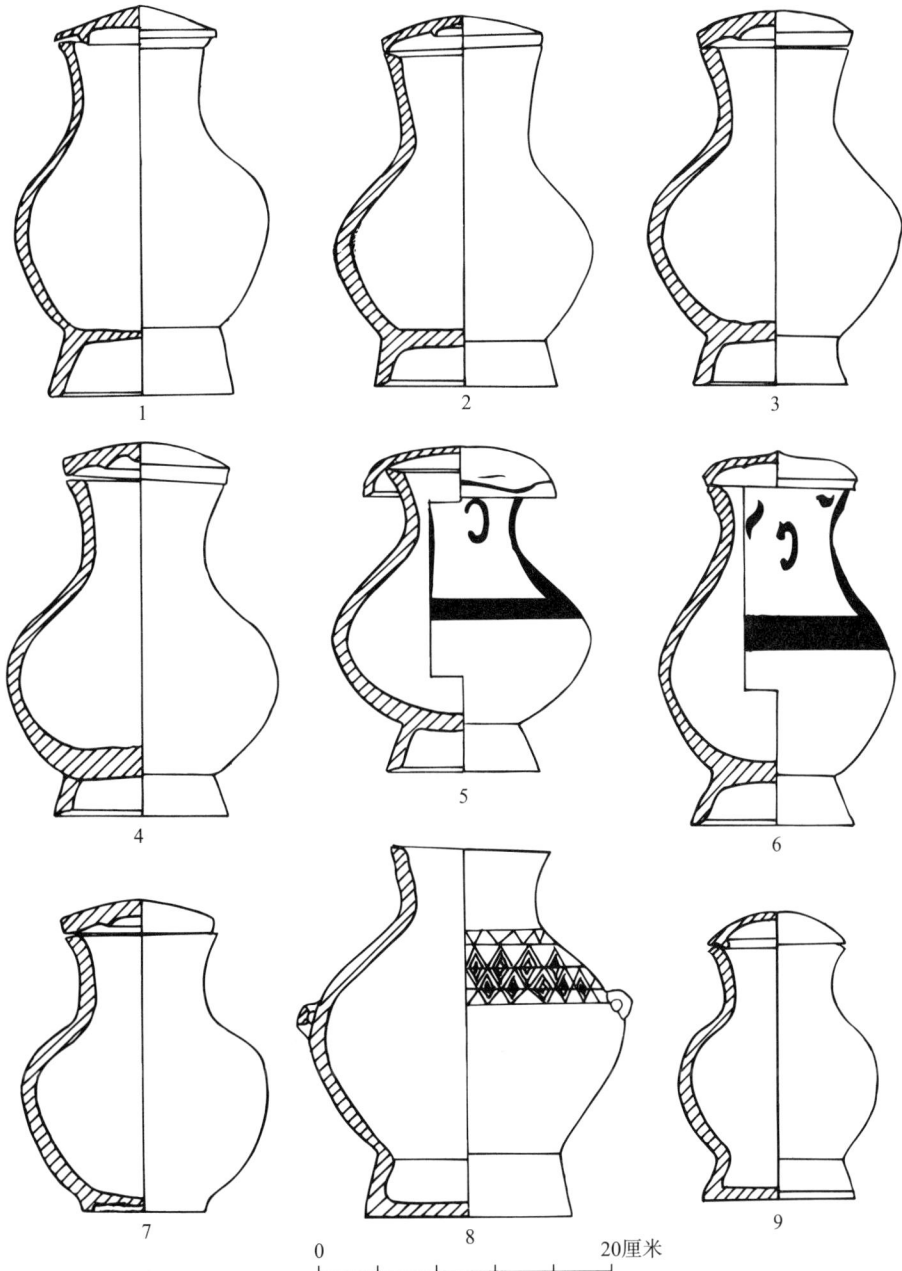

图三七　汉墓出土陶大型壶

1. Ab 型 Ⅰ 式（M143:1）　2. Ab 型 Ⅱ 式（M77:3）　3、4. Ab 型 Ⅲ 式（M161:1、M54:1）　5. Ab 型 Ⅳ 式
（M87:5）　6. Ac 型（M87:4）　7. Ad 型（M71:1）　8. Ba 型（M41:2）　9. Bb 型（M31:10）

Ⅱ式　2件。弧面圆盖，内有一周凸棱，方唇。侈口，长颈略束，最大腹径略偏上。标本 M77:3，灰陶，盖为红陶。足腹部各饰以一周凹弦纹。口径 10.4、通高 24.8 厘米（图三七，2）。

Ⅲ式　5件。弧面圆盖，内有一周凸棱，方唇。侈口，束颈，最大腹径居中。标本 M54:1，灰陶。长颈外撇，足底面内凹。口径 11、通高 24.8 厘米（图三七，4）。标本 M161:1，灰陶。盖面有数周凹弦纹。口径 10.4、通高 25.1 厘米（图三七，3；图版一二，4）。

Ⅳ式　1件（标本 M87:5）。灰陶，盖为红胎灰皮陶。覆钵形盖，斜方唇。喇叭形口，沿面内倾，矮束颈，圈足面内凹。盖顶绘绛红带纹和朱红涡纹。颈肩部朱绘 "U" 字形、"V" 字形、反 "C" 字形纹和逗点纹，"U" 字形纹以墨线勾边。口径 12.2、通高 22 厘米（图三七，5；图版一三，1）。

Ac 型　1件（标本 M87:4）。灰陶。盘口，圆唇。覆钵形盖，盖顶端突起。长束颈，溜肩，长圆鼓腹，最大腹径居中，高圈足。器表涂抹一层白粉地，颈肩部朱绘 "U" 字形、"V" 字形、反 "C" 字形纹和逗点纹，"U" 字形纹以墨线勾边。口径 10、通高 25 厘米（图三七，6；图版一三，2）。

Ad 型　1件（标本 M71:1）。青灰陶。覆钵形盖，内面一周凸棱。近直口，平沿，方唇，近直颈，溜肩，鼓腹，最大腹径偏上，矮圈足。素面。口径 10.7、通高 20.8 厘米（图三七，7；图版一三，3）。

B 型　3件。泥质灰陶。喇叭形口，方唇，平沿。长颈内束，假圈足。根据腹部的不同，分为两亚型。

Ba 型　1件（标本 M41:2）。溜肩，扁鼓腹。腹中部有一对竖向环形耳。肩部饰以凹弦纹，其间饰以连续三角刻划纹，上下相对的三角形纹构成数个菱形图案。口径 10.8、高 24.4 厘米（图三七，8；图版一三，4）。

Bb 型　2件。覆钵形盖，侈口，斜方唇，束颈，圆鼓腹。通体涂抹一层白粉地，其上朱绘图案，脱落严重。标本 M31:10，口径 9.6、通高 19.4 厘米（图三七，9；图版一四，1）。

C 型　4件。喇叭形口，平底。根据口颈和腹壁的不同，分为两式。

Ⅰ式　1件（标本 M57:1）。褐陶。斜方唇。长束颈，溜肩，扁鼓腹，下腹部斜直内收成平底。器表涂抹一层黑陶衣，脱落严重。口径 10.8、高 21.2 厘米（图三八，1；图版一四，2）。

Ⅱ式　3件。圆唇，矮束颈，鼓腹。标本 M84:6，覆钵形盖，红陶。壶为灰褐陶。颈部饰宽凹弦纹和细凹弦纹各一周。口径 10、通高 23.6 厘米（图三八，2）。

小型壶　20件。均为泥质灰陶。制作较粗糙。形体矮小，高度在 7~9 厘米。假圈

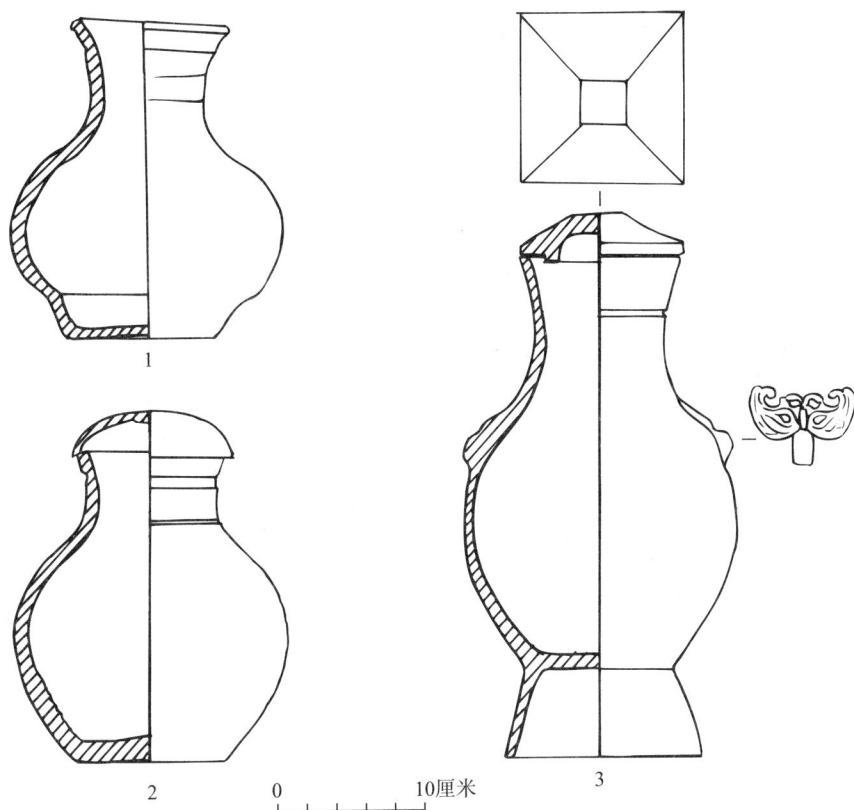

图三八　汉墓出土陶器

1. C 型 I 式大型壶（M57:1）　　2. C 型 II 式大型壶（M84:6）　　3. 钫（M142:4）

足。足的周缘粗糙，底部有拉坯切割时产生的螺旋纹。大部分器表素面，少量饰以朱或白彩纹饰，可辨纹饰有彩带纹、卷云纹、逗点纹和圆点纹等。根据口部的大小可分为三型。

A 型　18 件。直口，矮直领，鼓腹，假圈足。部分壶的腹部留有拉坯时产生的数周凸弦纹。根据肩、腹壁的不同分为两亚型。

Aa 型　7 件。弧肩，最大腹径居中。标本 M77:5，圆唇。素面。口径 5.6、高 7 厘米（图三九，1；图版一五，1 左）。标本 M141:3，圆唇。底部有拉坯成型时产生的螺旋纹。领、肩、腹部各有一周朱彩带纹。口径 6.2、高 8.8 厘米（图三九，2；图版一五，1 中）。标本 M161:2，斜方唇。口径 6.2、高 7.4 厘米（图三九，3；图版一五，1 右）。

Ab 型　11 件。圆唇，广肩，最大腹径偏上。标本 M87:3，高领，颈下部一周凸弦纹，腹部两周凹弦纹。颈部一周朱彩带纹，肩部饰以朱彩涡纹。口径 6、高 7.6 厘米（图三九，4；图版一五，2 左）。标本 M183:6，肩和腹部有三个管戳圆孔。领和腹部各饰以一

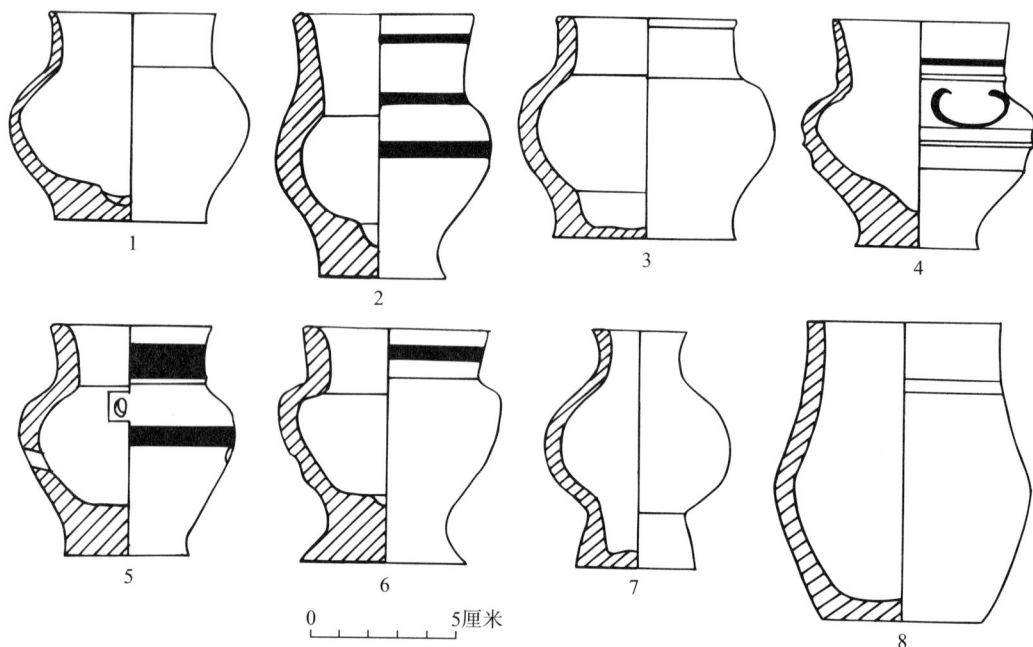

图三九　汉墓出土陶小型壶

1～3. Aa 型（M77:5、M141:3、M161:2）　　4～6. Ab 型（M87:3、

M183:6、M193:2）　　7. C 型（M142:2）　　8. B 型（M140:3）

周朱彩带纹。口径5.4、高7.8厘米（图三九，5；图版一五，2中）。标本 M193:2，底部
不平整。领部饰有一周朱彩带纹。口径6.4、高8厘米（图三九，6；图版一五，2右）。

B 型　1件（标本 M140:3）。大直口，方唇，直领，溜肩，鼓腹，平底。器表通体
施以白粉地，领部一周白彩带纹。口径6.6、高10厘米（图三九，8；图版一六，4）

C 型　1件（标本 M142:2）。小侈口，方唇，束颈，溜肩，鼓腹，高假圈足。素
面。口径3.2、高8厘米（图三九，7）。

钫　1件（标本 M142:4）。泥质灰陶。覆斗形盖，小平顶。侈口，长束颈，鼓腹。
方形高圈足。肩部两个对称铺首衔环纹，颈部一周凹弦纹。口径10.9、通高36厘米
（图三八，3；彩版一二，2）。

匜　17件。泥质陶。直口或敞口，圆唇，折腹，小平底。流平面呈内窄外宽的梯
形，横截面呈"凹"字形。分为两型。

A 型　16件。折腹，腹壁转折弧内收成平底。内壁底交接处一周凹弦纹。根据口
部的不同，分为两亚型。

Aa 型　8件。口部俯视呈圆形或近圆形。根据口沿和流部的不同，分为四式。

Ⅰ式　1件（标本 M143:5）。红陶。直口，平面呈圆形。长流上翘较甚，口径

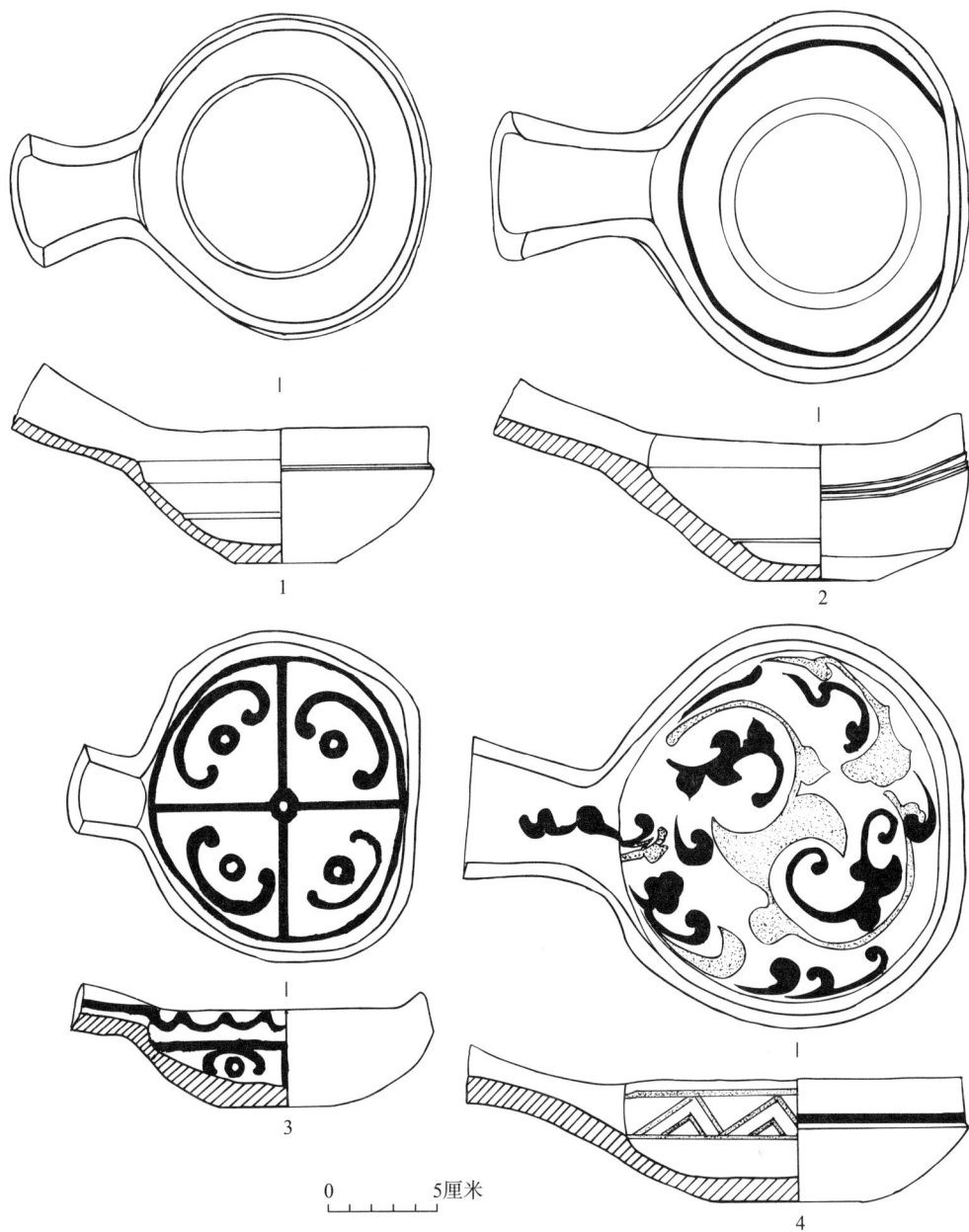

图四〇　汉墓出土 Aa 型陶匜

1. Ⅰ式（M143:5）　　2、4. Ⅱ式（M32:3、M141:4）　　3. Ⅲ式（M193:1）

14.6、通长 19.6、高 9 厘米（图四〇，1）。

　　Ⅱ式　3 件。直口，后端壁近平直，长流上翘。标本 M32:3，红陶。腹壁饰以两周凸弦纹。内壁底交接处朱绘彩带纹。口径 16.8、通长 22.3、高 9.3 厘米（图四〇，

2）。标本 M141:4，灰陶。腹壁和流部施以一层黑陶衣，腹内壁绘一周白色彩带纹和一圈连续白彩三角纹，内底朱、白两色彩绘逗点纹、勾连云纹。口径 16.8、通长 21.3、高 7 厘米（图四〇，4；彩版一一，4）。

Ⅲ式 2 件。灰陶。微敞口，后端壁微内倾，小短流上翘。标本 M193:1，腹内壁饰有一周凹弦纹，内壁朱绘一周窄带纹、"十"字交叉纹、圆圈纹、卷云纹。口径 13.9、通长 16.2、高 5.6 厘米（图四〇，3；彩版一一，6）。

Ⅳ式 2 件。灰陶。敞口，两侧壁圆弧并外倾，后端壁内倾，小短流微上翘或平直。标本 M77:7，口径 15.4、通长 17.6、高 5.8 厘米（图四一，1；图版一四，3）。

Ab 型 8 件。口部俯视呈钝角梯形。根据口沿和流部的不同，分为四式。

Ⅰ式 1 件（标本 M144:04）①。灰陶。直口，侧壁微弧，后端壁平直，长流上翘。口径 14.9、通长 20、高 9 厘米（图四一，2；图版一四，4）。

Ⅱ式 2 件。微敞口，后端壁内倾，小短流上翘。标本 M61:4，灰陶。内壁底交接处饰有两周凹弦纹。内壁底饰以朱、褐彩"C"形卷云纹、圆圈纹。口径 15.3、通长 18.2、高 8 厘米（图四一，3；彩版一一，5）。

Ⅲ式 4 件。灰陶。微敞口，后端壁内倾，小短流近平。标本 M183:3，内底中心有圆形突起。沿面朱绘圈点纹，内壁朱绘一周水波纹，其内以朱、白两色绘有圆圈纹等。口径 16.2、通长 18.6、高 6.2 厘米（图四一，4；图版一四，5）。标本 M193:10，内壁底交接处饰有一周凹弦纹。通体涂抹白粉地，腹内壁饰以一周红褐水波纹、一周红褐彩带纹、红褐"十"字交叉纹、圆圈纹、卷云纹。口径 15、通长 16.4、高 5.6 厘米（图四二，1）。

Ⅳ式 1 件（标本 M161:3）。褐陶。敞口，后端壁内凹，长流近平。内壁一周凹弦纹。口径 15、通长 20.2、高 6 厘米（图四二，2；图版一六，5）。

B 型 1 件（标本 M31:5）。灰陶。口部平面呈圆角方形。敞口，折腹，折棱明显。折腹，内弧壁，腹壁外倾。小长方形短流上翘。通体抹一层白粉地，内壁朱绘彩带纹和对称卷云纹。口径 12.3、通长 14.8、高 4.5 厘米（图四二，3；图版一六，6）。

盘 11 件。均为泥质陶。折沿，折腹，小平底。内壁底交接处钝折并饰有一周凹弦纹。大部分盘外壁和底部有制作时形成的细弦纹。根据口沿和腹壁上部的不同，分为四式。

Ⅰ式 2 件。盘体较大，直口，宽斜折沿，深折腹，直壁。标本 M140:4，灰陶。沿面一周凹槽。外壁面涂抹一层白粉地，内壁底朱绘一周彩带和卷云纹。口径 20.4、高 6.2 厘米（图四三，1；图版一六，1）。

---

① 墓葬填土或盗洞中出土遗物编号以"0"开头，下同。

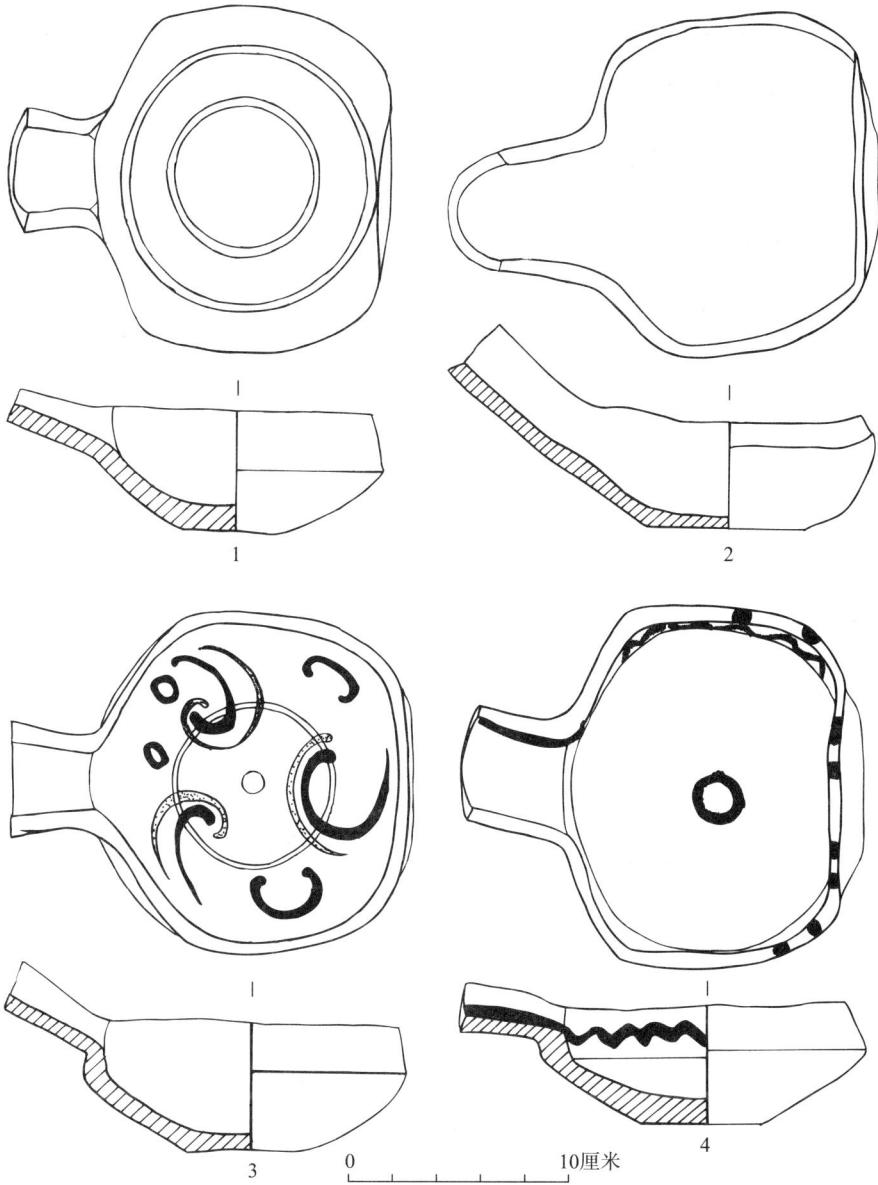

图四一　汉墓出土 A 型陶匜

1. Aa 型 IV 式 （M77:7）　　2. Ab 型 I 式 （M144:04）　　3. Ab 型 II 式 （M61:4）　　4. Ab 型 III 式 （M183:3）

II 式　4 件。盘体略大，敞口，方唇，宽平折沿，浅折腹，斜直壁。标本 M142:3，灰陶。口径 18.4、高 4.5 厘米（图四二，4；图版一六，2）。标本 M174:4，红陶。口径 19.6、高 3.8 厘米（图四二，5）。

III 式　4 件。盘体较小，敞口，窄平折沿，浅折腹。标本 M77:11，红褐陶。圆唇。

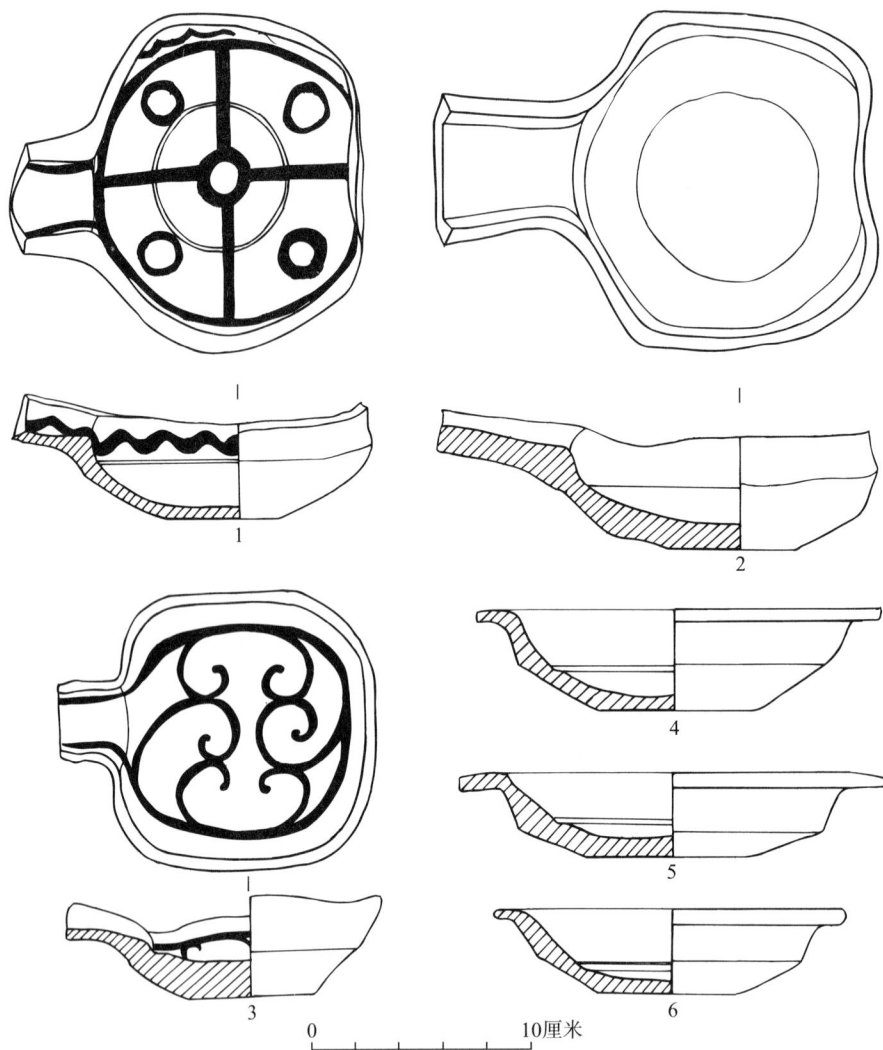

图四二　汉墓出土陶匜、盘

1. Ab 型Ⅲ式匜（M193:10）　　2. Ab 型Ⅳ式匜（M161:3）　　3. B 型匜（M31:5）

4、5. Ⅱ式盘（M142:3、M174:4）　　6. Ⅲ式盘（M77:11）

口径16、高3.8厘米（图四二，6）。标本 M186:7，灰陶。方唇。腹壁涂抹一层白粉地，内壁朱绘一周水波纹，内底朱绘圈点纹、水波纹、对称卷云纹。口径16、高4.6厘米（图四三，3；彩版一二，3）。标本 M192:5，灰陶。斜方唇。沿面及内壁涂抹一层白粉地，沿面朱绘一周水波纹，内壁朱绘一周窄带纹、逗点纹和卷云纹。口径16.2、高4.1厘米（图四三，2）。

Ⅳ式　1件（标本 M87:6）。灰陶。小盘体，敞口，方唇，窄平折沿，浅弧腹，内

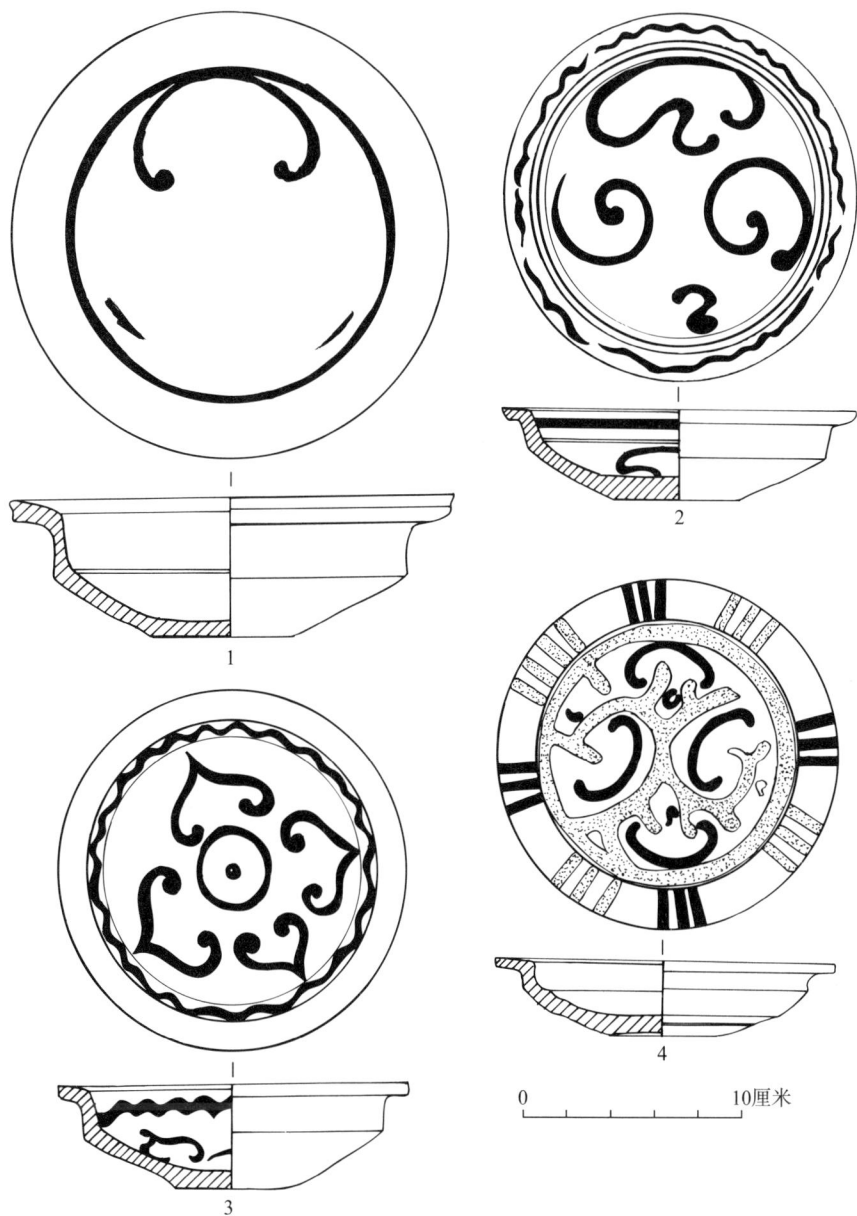

图四三　汉墓出土陶盘

1. Ⅰ式（M140:4）　　2、3.Ⅲ式（M192:5、M186:7）　　4.Ⅳ式（M87:6）

壁底交接处圆折。腹壁一周凹弦纹。沿面用朱、白色绘有多条红白短线，内壁绘一周白色窄带纹，窄带纹内有朱、白彩绘勾连云纹、"C"形卷云纹和逗点纹。口径15.6、高3.3厘米（图四三，4；图版一六，3）。

勺　6件。均为泥质陶。由勺体和把手两部分构成，圜底。勺体平面呈簸箕状，把手平面有梯形、圆形之分，其上有长方形銎孔。标本 M32:4，红陶。方唇。勺内涂抹一层黑陶衣，内壁近沿处一周朱绘彩带，内底朱绘图案因脱落严重，辨识不清。模制。长 7.8、宽 6.6、高 2.2 厘米（图四四，1；图版一七，1）。标本 M77:10，红陶。素面。模制。横长 8.4、宽 6.6、高 2.4 厘米（图四四，2）。标本 M132:5，红陶。平面呈蚌壳形，把手较短，呈乳突状。素面。捏塑而成。长 7.1、宽 5.6、高 2.2 厘米（图四四，3；图版一七，3）。标本 M140:7，灰陶。圆形把手，其上有圆形銎孔，孔内仍残存部分木柄。素面。模制。长 8.6、宽 6.8、高 3 厘米（图四四，4；图版一七，2）。

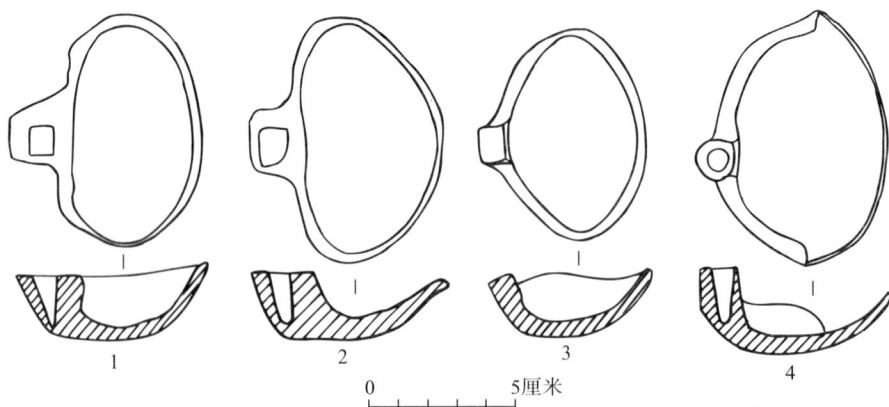

图四四　汉墓出土陶勺
1. M32:4　2. M77:10　3. M132:5　4. M140:7

罐　69件。根据器形大小分为三类：大型罐、中型罐、小型罐。

大型罐　2件。泥质灰陶。盘口，溜肩，圆鼓腹，小平底。底部有拍印中绳纹。标本 M63:2，圆唇，矮束领，腹下部拍印有横向中绳纹和交错中绳纹。口径 13.5、高 27.3 厘米（图四五，1；图版一八，1）。标本 M74:1，小盘口，口沿剖面呈三角形，沿缘下垂，尖唇，高领，肩和腹部饰以竖向细线纹。腹下部横向拍印中绳纹。口径 13、高 24 厘米（图四五，2；图版一八，2）。

中型罐　44件。泥质陶。根据口沿和腹壁的不同分为五型，无法归入上述五型的统称其他型中型罐。

A 型　15件。侈口，折沿，深鼓腹，小平底。素面。分为四亚型。

Aa 型　12件。形体较大，矮颈。根据口沿、肩、腹部的变化分为四式。

Ⅰ 式　5件。灰陶。斜折沿或平折沿，最大腹径居上。标本 M159:1，器体轻薄。圆唇，窄斜折沿，斜肩。口径 10、高 14.5 厘米（图四六，1；图版一八，3）。标本 M142:5，方唇，平折沿。口径 11.3、高 18.1 厘米（图四六，2）。标本 M154:1，斜折

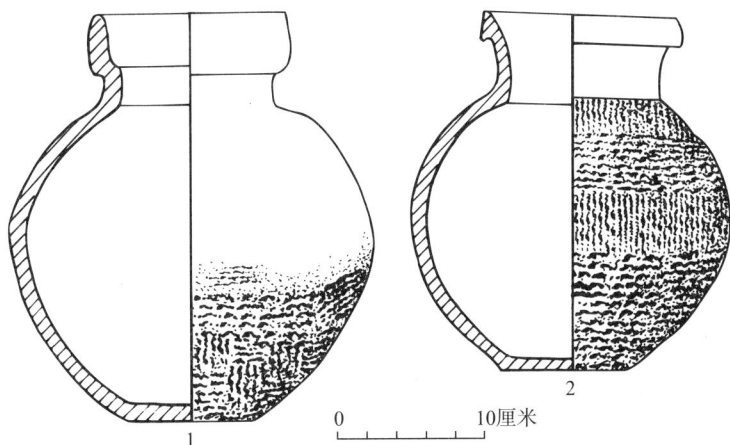

图四五　汉墓出土陶大型罐

1. M63:2　2. M74:1

沿，唇面内凹，溜肩。内壁有浅瓦棱纹。口径12.8、高18.6厘米（图四六，3；图版一八，4）。

Ⅱ式　3件。平折沿，方唇，鼓肩，肩腹交接处圆鼓，最大腹径居中略偏上。标本M78:1，灰陶。沿面一周浅凹槽，平底微内凹。底部保留轮制时产生的同心圆纹，内壁有瓦棱纹。口径13.2、高17.6厘米（图四六，5；图版一九，1）。

Ⅲ式　4件。灰陶。方唇，斜折沿或平折沿，颈较高，鼓肩，鼓腹，最大腹径居中。标本M85:1，内壁有瓦棱纹。口径12.2、高17厘米（图四六，6）。标本M11:1，颈部有两个对钻圆形缀和孔。内壁有瓦棱纹。口径11.7、高19.3厘米（图四六，4；图版一九，2）。

Ab型　1件（标本M57:2）。灰陶。形体较小，腹壁较厚。方唇，斜折沿；沿面内凹，溜肩，圆鼓腹，平底。唇面一周凹弦纹。口径6.8、高11.2厘米（图四八，8）。

Ac型　1件（标本M56:1）。灰陶。圆唇，窄斜折沿，束颈，广肩，鼓腹急内收。内壁有数周瓦棱纹。素面。口径11.4、高15.2厘米（图四六，7；图版二〇，4）。

Ad型　1件（标本M126:1）。泥质青灰陶。器体瘦高，器壁较薄。圆唇，斜折沿，沿面一周凹槽，溜肩，束颈，鼓腹，最大腹径偏上。口径9.6、高15.2厘米（图四六，8）。

B型　12件。侈口，方唇，卷沿，矮颈，鼓腹，小平底。素面。腹内壁有拉坯时形成的瓦棱纹。根据口沿和腹壁的不同又可分为两亚型。

Ba型　11件。灰陶。窄卷沿。根据口沿、肩部和腹部最大径的变化分为四式。

Ⅰ式　2件。沿面一周凹弦纹，唇缘下垂，斜肩，最大腹径居上。肩腹交接处钝

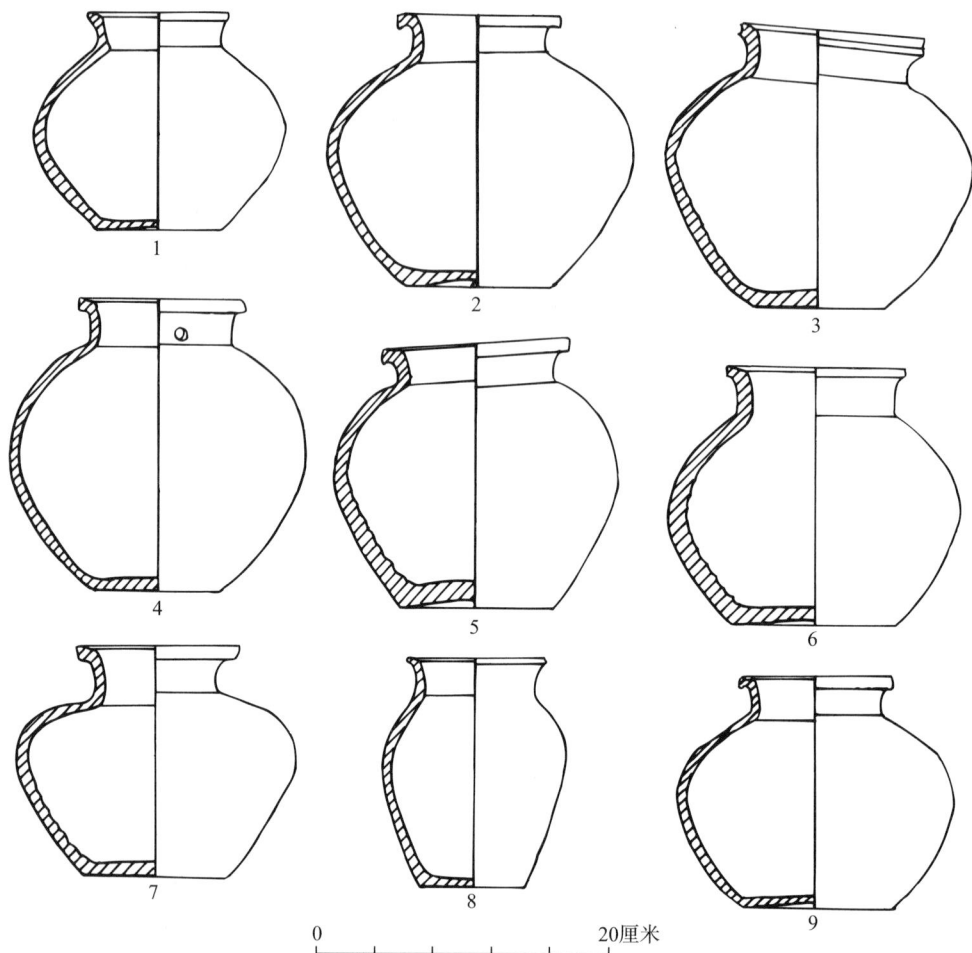

图四六 汉墓出土陶中型罐

1~3. Aa 型 I 式（M159:1、M142:5、M154:1） 4、6. Aa 型Ⅲ式（M11:1、M85:1） 5. Aa 型Ⅱ式
（M78:1） 7. Ac 型（M56:1） 8. Ad 型（M126:1） 9. Ba 型 I 式（M153:2）

折。标本 M153:2，底外面有拉坯切割形成的数周弦纹。口径 10.4、高 15.6 厘米（图
四六，9；图版一九，3）。

Ⅱ式 1 件（标本 M131:1）。斜卷沿，颈部外撇，溜肩，最大腹径居中偏上。沿面
一周凹弦纹。口径 12、高 19.9 厘米（图四七，2；图版一九，4）。

Ⅲ式 7 件。平卷沿或近平卷沿，鼓肩，最大腹径居中。标本 M46:1，底内面有螺
旋状弦纹。口径 10.5、高 15.3 厘米（图四七，3；图版二○，1）。标本 M80:1，腹下
部饰有多道凹弦纹。口径 10.5、高 16.7 厘米（图四七，4）。

Ⅳ式 1 件（标本 M26:1）。窄平卷沿，鼓肩，鼓腹，最大腹径居中。口径 13、高

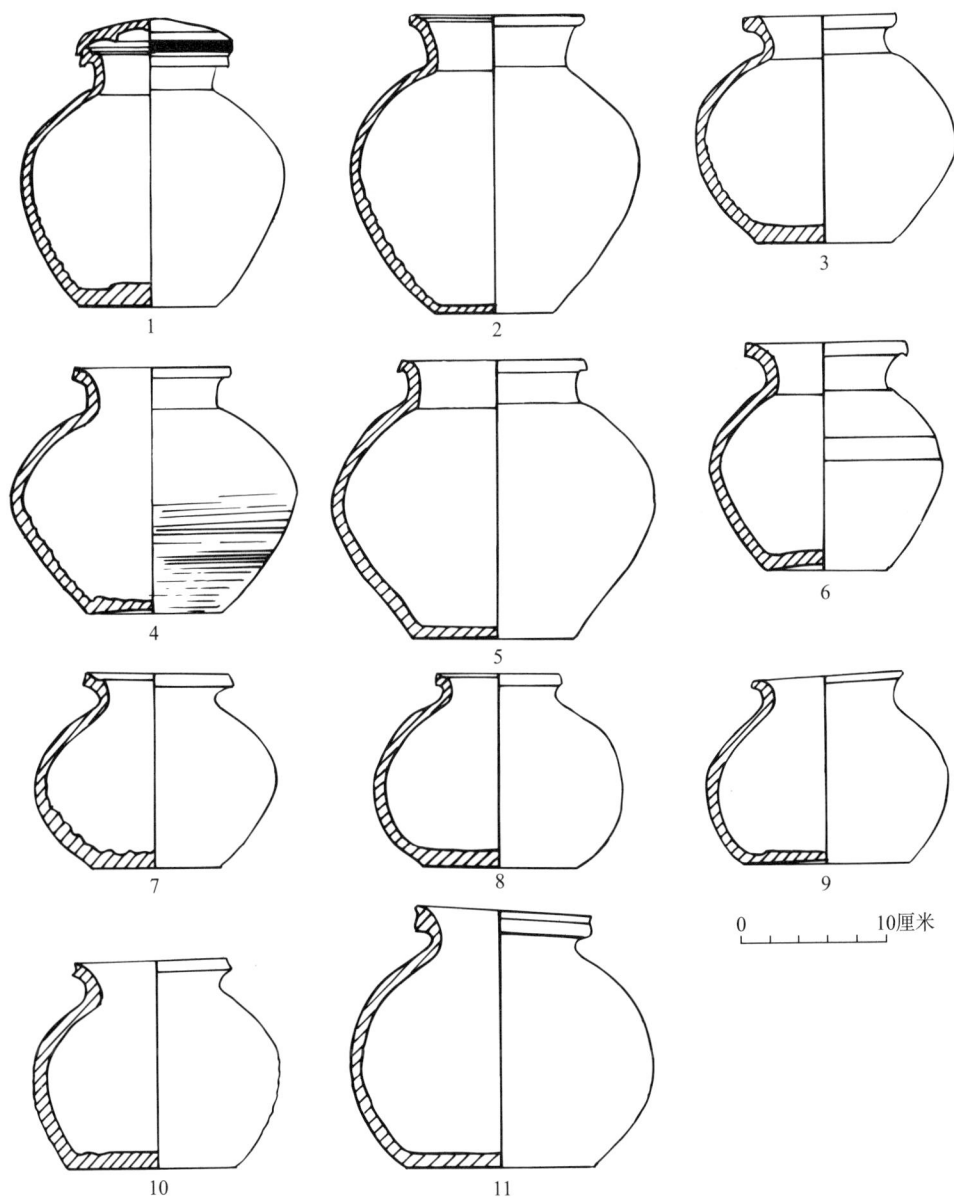

图四七 汉墓出土陶中型罐、罍

1. 罍（M135:1） 2. Ba 型 Ⅱ 式中型罐（M131:1） 3、4. Ba 型 Ⅲ 式中型罐（M46:1、M80:1） 5. Ba 型 Ⅳ 式中型罐（M26:1） 6. Bb 型中型罐（M42:4） 7、8. Ca 型中型罐（M40:2、M166:3） 9. Cb 型 Ⅰ 式中型罐（M59:2） 10. Cb 型 Ⅱ 式中型罐（M82:3） 11. Cb 型 Ⅲ 式中型罐（M156:7）

18.8 厘米（图四七，5；图版二〇，2）。

Bb 型　1 件（标本 M42:4）。褐陶。宽卷沿，矮束颈，溜肩，鼓腹，最大径偏上，小平底。腹上部两周瓦棱纹。口径 11.2、高 15.2 厘米（图四七，6；图版二〇，3）。

C 型　9 件。侈口，扁鼓腹，平底。根据口沿的不同，分为两亚型。

Ca 型　3 件。折沿。标本 M40:2，灰陶。方唇，斜折沿，束颈，溜肩。肩上部一周凹弦纹，其下数周篦刮纹。腹内壁有拉坯时产生的瓦棱纹，底内面两周凸棱，中间一圆形突起；底外面有拉坯切割时形成的螺旋纹（图四七，7；图版二一，1）。标本M166:3，褐陶。方唇，小窄平折沿。腹下部数周篦刮纹，底部一周凹弦纹。口径 8.6、高 12.9 厘米（图四七，8；图版二一，2）。

Cb 型　6 件。均为灰陶。卷沿。分为三式。

Ⅰ 式　3 件。圆唇，斜卷沿，沿面较薄，溜肩。标本 M59:2，平底略凹，内底中间有一矮圆台状突起。腹壁有一周不连续的戳印纹。口径 10.2、高 12.5 厘米（图四七，9；图版二一，3）。

Ⅱ 式　1 件（标本 M82:3）。斜方唇，唇面略凹，斜卷沿，束颈，鼓肩。底内面周缘一周凹槽。素面。腹壁外侧有浅瓦棱纹。口径 10.3、高 13.7 厘米（图四七，10；图版二一，4）。

Ⅲ 式　2 件。方唇，唇面较宽且有一周凹槽，斜卷沿，鼓肩。素面。标本 M156:7，口径 12、高 17.3 厘米（图四七，11；图版二二，1）。

D 型　4 件。灰陶。侈口，方唇，矮颈，腹壁转折内收，平底。素面。标本M17:1，坡沿，溜肩，弧壁转折内收。腹壁有数周浅瓦棱纹。口径 10.8、高 15.2 厘米（图四八，1；图版二二，2）。标本 M88:1，方唇。直壁转折内收。腹部一周凹弦纹。口径 11.5、高 14.5 厘米（图四八，3）。标本 M175:5，平沿，沿面一周浅凹槽，斜肩，直壁内收呈束腰形，颈部有两个对称圆孔。口径 10.4、高 12.1 厘米（图四八，2；图版二二，3）。

E 型　2 件。侈口，方唇，宽折沿，斜肩，筒形腹，平底。素面。底面有拉坯形成的螺旋纹。标本 M137:1，褐陶。腹壁有数周瓦棱纹。口径 9.3、高 13.5 厘米（图四八，4；图版二二，4）。标本 M173:1，灰陶。口径 11.2、高 13.1 厘米（图四八，6）。

其他　2 件。素面。标本 M42:2，灰陶。直口，尖唇，坡沿，斜肩，折腹，最大腹径居中，平底。口径 9.2、高 11.9 厘米（图四八，7）。标本 M137:2，灰陶。侈口，方唇，窄折沿，矮颈，溜肩，鼓腹，大平底。口径 10.4、高 13.3 厘米（图四八，5）。

小型罐　21 件。均为泥质陶，以灰陶为主，少量褐陶。侈口，束颈，平底。制作较粗糙，形体矮小。绝大部分罐素面。个别饰以彩绘。根据口沿的不同分为两型。

A 型 16 件。卷沿。标本 M31：1，灰陶。圆唇。腹部两周凹弦纹。肩上部施以白粉地，颈肩之间一周朱绘彩带纹。口径 5.2、高 7.8 厘米（图四九，2；图版二四，1 左）。标本 M67：2，灰陶。尖圆唇，弧肩，鼓腹，最大腹径居上。素面。口径 3.8、高 6 厘米（图四九，5；图版二四，1 右）。标本 M84：4，红褐陶。扁鼓腹，最大腹径居中。素面。口径 4.8、高 8 厘米（图四九，4）。标本 M187：1，灰陶。垂腹。素面。腹下部有刀削痕。口径 6.2、高 8 厘米（图四九，9；图版二三，1 左）。标本 M14：1，褐陶。圆唇，折腹，最大腹径居中。素面。口径 6.1、高 7.9 厘米（图四九，1；图版二三，1 中）。标本 M43：2，灰陶。圆唇，圆肩，圆鼓腹。素面。口径 5.3、高 8.5 厘米（图四九，3；图版二三，1 右）。

B 型 5 件。折沿。素面。标本 M28：4，褐陶。方唇，弧肩，鼓腹，最大腹径偏上。口径 5.9、高 7.4 厘米（图四九，7；图版二三，2 左 1）。标本 M91：3，深灰陶。方唇，弧肩，扁鼓腹，最大腹径居中，平底。器形不规整。内底保留有轮制时产生的弦纹。口径 8.8、高 8.1 厘米（图五〇，5；图版二三，2 左 2）。标本 M155：3，灰陶。圆唇，弧肩，垂腹，大平底。口径 6.2、高 7.8 厘米（图四九，8；图版二三，2 左 4）。标本 M120：1，灰陶。尖圆唇，鼓肩，折腹。口径 6.5、高 8.4 厘米（图四九，6；图版二〇，2 左 3）。

罍 1 件（标本 M135：1）。泥质褐陶。圆形器盖，盖面隆起，内面有凸棱。侈口，卷沿，方唇，唇缘下垂，沿面一周凹弦纹。矮颈，溜肩，鼓腹，小平底，底内面有圆台形突起。内外壁均有瓦棱纹。盖缘有一周赭红色带，脱落严重。口径 10、通高 19.3

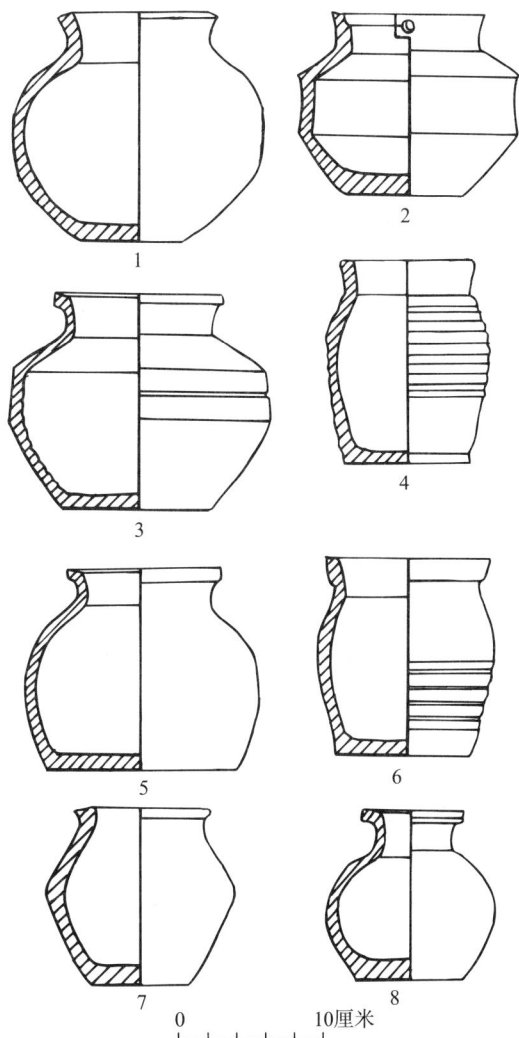

图四八 汉墓出土陶中型罐

1～3. D 型（M17：1、M175：5、M88：1） 4、6. E 型（M137：1、M173：1） 5、7. 其他（M137：2、M42：2）
8. Ab 型（M57：2）

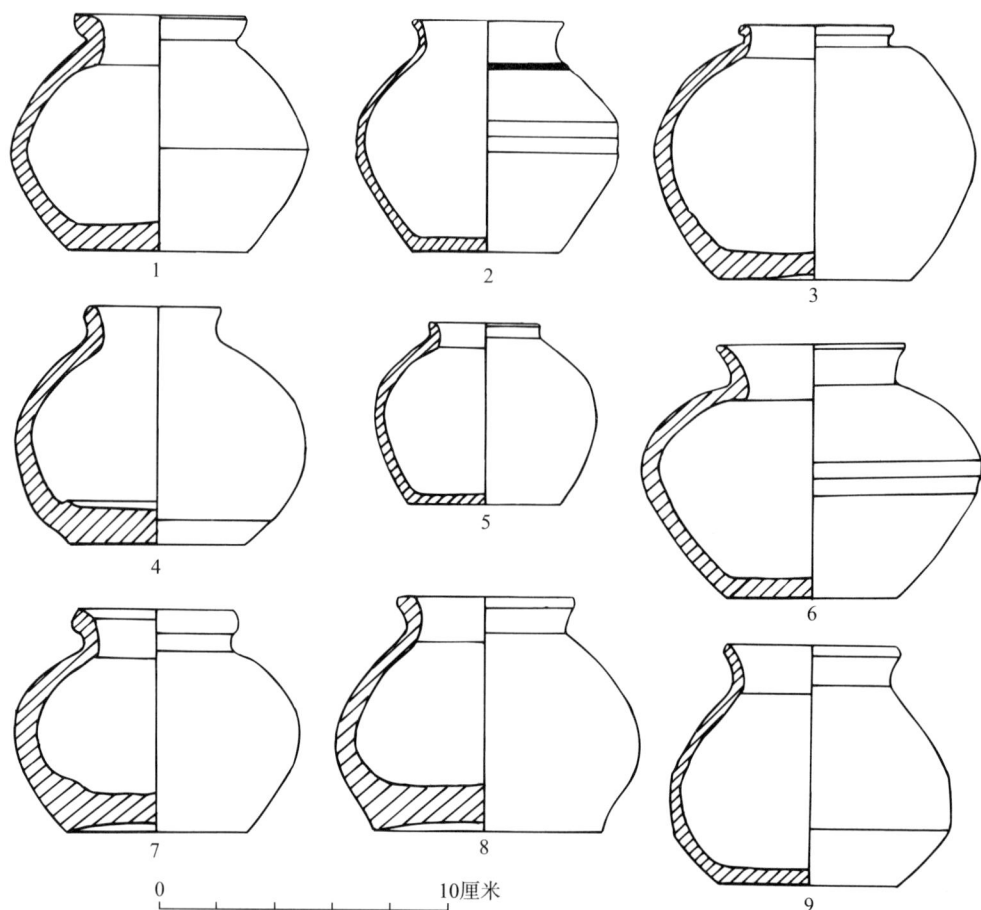

图四九　汉墓出土陶小型罐

1~5、9. A 型（M14:1、M31:1、M43:2、M84:4、M67:2、M187:1）　6~8. B 型（M120:1、M28:4、M155:3）

厘米（图四七，1；彩版一二，4）。

盆　2件。泥质灰陶。敞口，方唇，斜折沿，深弧腹，腹上部近口沿处一周浅凹槽，平底。标本 M31:9，通体涂抹一层白粉地，内壁朱绘两周彩带纹和对称卷云纹。口径14.6、高4.6厘米（图五〇，1；图版一七，5）。

钵　4件。泥质灰陶。圆唇，弧腹内收，小平底。标本 M71:2，直口。素面。口径16.8、高7.7厘米（图五〇，3）。标本 M129:2，敞口，腹内底涂抹一层白粉地。腹下部有制作时留下的细弦纹。口径16、高6.5厘米（图五〇，4）。标本 M129:1，敛口。腹壁、底涂抹有一层白粉地，腹壁内侧各饰以一周黄、棕褐彩带纹和黄、棕褐彩绘勾连云纹。口径16、高6.1厘米（图五〇，2）。

陶俑　2件。侍女俑。形制相同。M132:6－1，泥质红陶。面部五官不清，鼻翼突

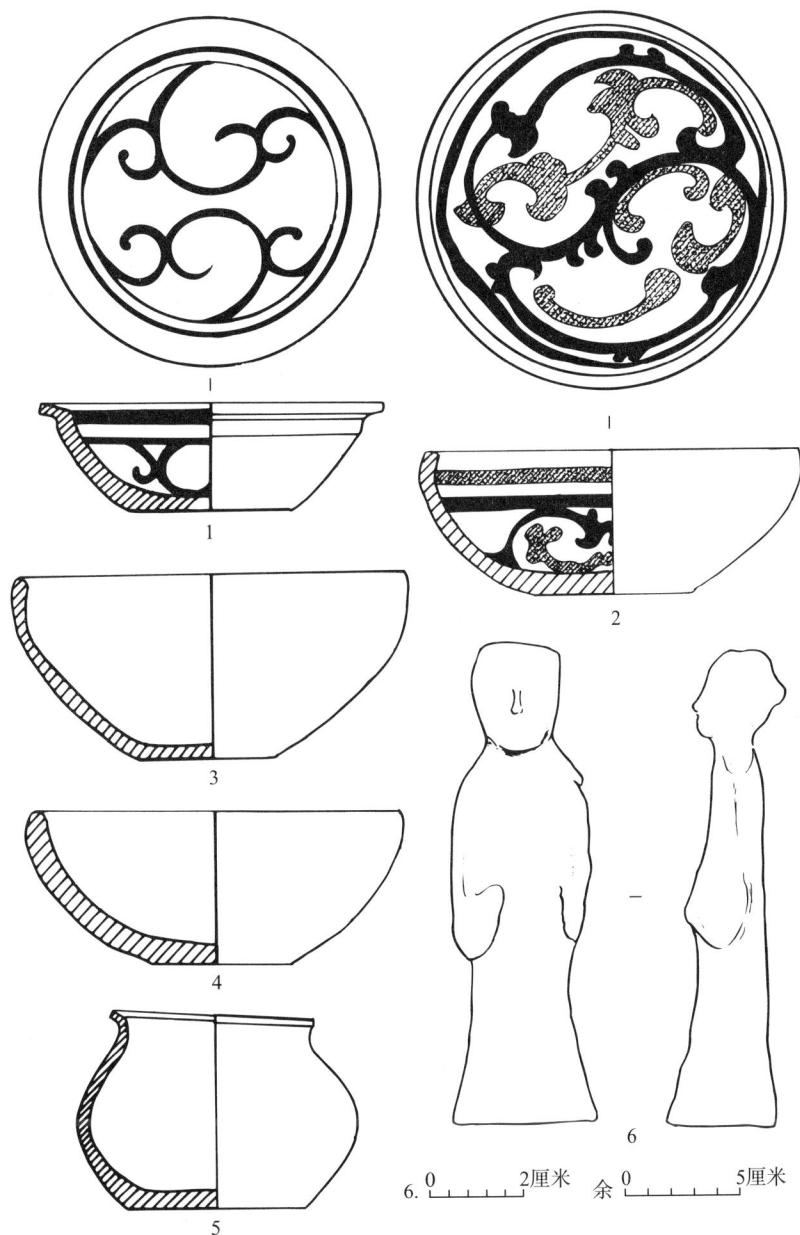

图五○　汉墓出土陶器

1. 盆（M31:9）　2~4. 钵（M129:1、M71:2、M129:2）　5. B型小型罐（M91:3）　6. 俑（M132:6－1）

起。头后一圆发髻。身材修长，躯体与上肢连为一体。两手前伸，身穿脱地长裙。捏塑而成。素面。高10.2厘米（图五○，6；图版一七，4）。

瓦当　1件（标本M156:5）。泥质灰陶。网心界格式云纹瓦当，内圆中装饰有方格网，以双线作为界格，外区被垂直交叉的双凸弦线分割成四个扇形空间，其内饰以羊

角形卷云纹和乳丁纹。当面径 13.5 厘米
（图五一；图版一七，6）。

2. 铜器

21 件（不含铜钱）。主要有铜镜、带
钩、环、镦和铜钱等。

铜镜　5 面。分为素面和有纹饰镜
两类。

素面镜　1 面（标本 M14:1）。残破。
镜体轻薄。正面、背面均光滑，镜缘不明
显，镜面微弧凸。复原面径 8.3、厚 0.1
厘米（图五二，1）。

蟠螭镜　1 面（标本 M153:1）。完整。
三弦纽，圆形纽座。座外围和镜缘内侧饰
以凹弦纹圈带。纹饰由地纹和主纹组成，
地纹为圆涡纹和三角雷纹组成的细密云雷

图五一　汉墓出土瓦当

（M156:5）

纹，在地纹之上有三个蟠螭纹。蟠螭头部靠近外弦纹圈带，张嘴，水滴状眼睛，顶部
向前伸出弯曲的长角，身体弯曲。四螭的纹饰相互勾连缠绕，花纹复杂繁缛。面径
14.2 厘米，重量 225 克（图五三）。

四龙镜　1 面（标本 M159:3）。完整。三弦纽，圆形纽座。座外围一周素面凹圈
带。纹饰由地纹和主纹组成。地纹为细密的圆涡纹，在地纹之上有四龙分离配列，以

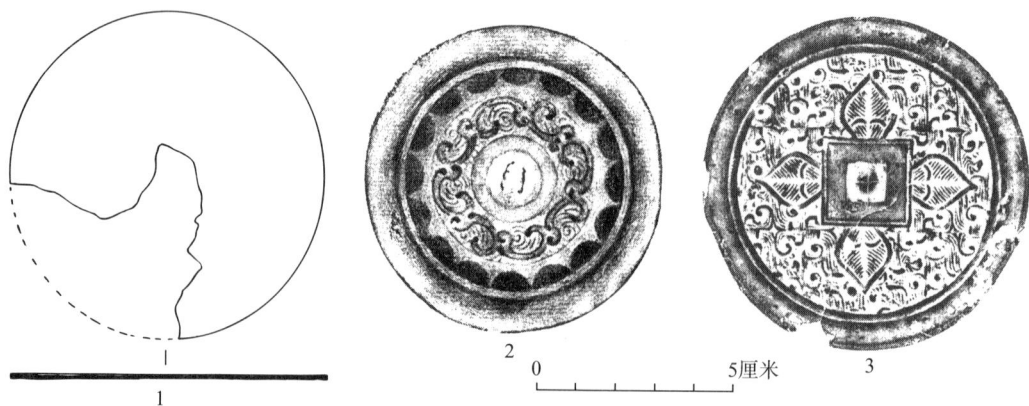

图五二　汉墓出土铜镜

1. 素面镜（M14:1）　　2. 蟠虺镜（M42:1）　　3. 方格四叶镜（TD 采:015）

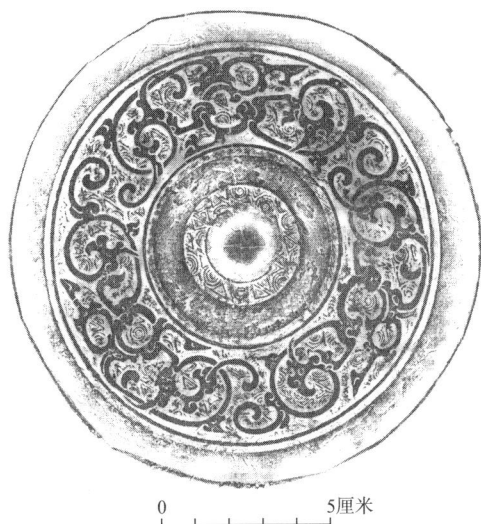

图五三　汉墓出土铜蟠螭镜（M153:1）

图五四　汉墓出土铜四龙镜（M159:3）

纽为中心两两对称。镜缘为十四内向平连弧。面径 14.2 厘米，重量 170.9 克（图五四；彩版一三，2）。

蟠虺镜　1 面（标本 M42:1）。完整。铜锈较厚，纹饰难以辨识。镜缘内侧有一凹弦纹圈带。面径 7.7 厘米，重量 34.1 克（图五二，2；彩版一三，1）。

方格四叶镜　1 面（TD 采:015）。残破。三弦纽，方形纽座纹饰由地纹和主纹组成。地纹为细密的卷云纹，在地纹之上为两两对称的四个花叶，叶内有斜向对称叶脉均与方格四边相连。面径 8.4 厘米，重量 63.1 克（图五二，3；图版二四，2）。

镜刷　1 件（标本 M156:4）。细长圆锥形柄，截面呈圆形。刷前端有圆形銎孔，用以插塞鬃毛。长 12.7 厘米（图五五，6；图版二五，5）。

带钩　8 件。带钩由钩体和钩纽两部分构成，钩纽有圆形和椭圆形之别。根据钩体形状不同可以分为两型。

A 型　7 件。琵琶形。根据钩纽位置不同分为两式。

Ⅰ式　1 件（标本 M128:1）。圆形钩纽，钩纽位于钩背中部。钩体横截面近半圆形。长 6.5 厘米（图五五，1；图版二五，1）。

Ⅱ式　6 件。钩纽位置接近钩背首部。标本 M154:2，尾端残。圆形钩纽。横截面近长方形。残长 5 厘米（图五五，2）。标本 M176:6，钩体窄长，椭圆形钩纽。长 5.6 厘米（图九七，4；图版二五，2）。标本 M124:1，钩体窄长，椭圆形钩纽。长 5.8 厘米（图五五，3；图版二五，3）。

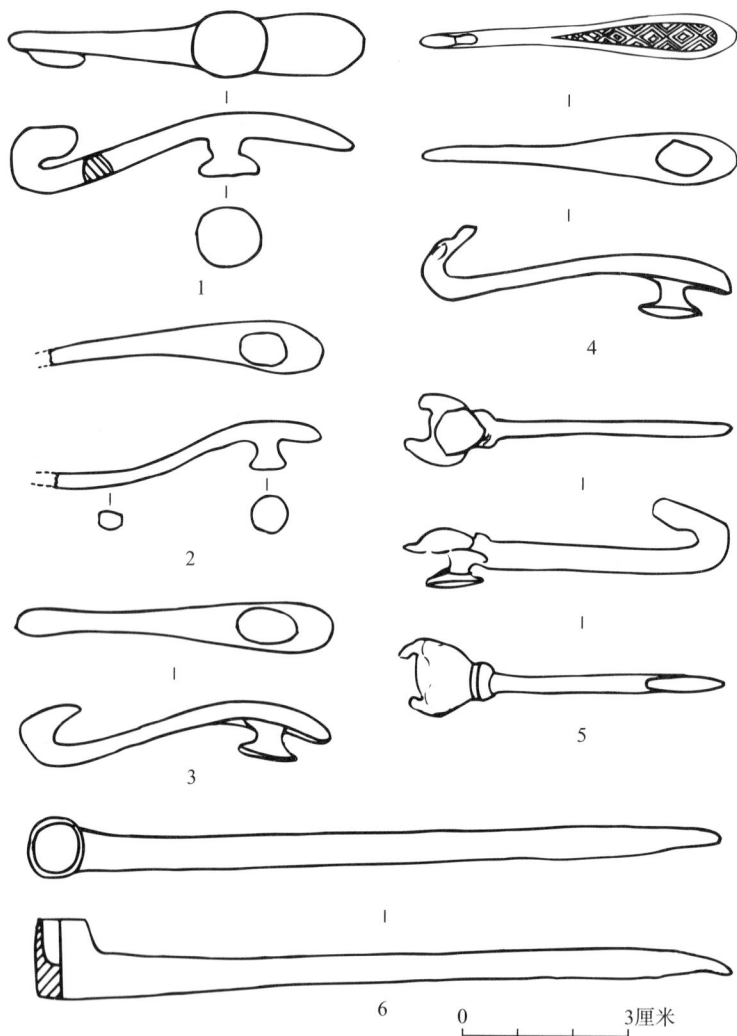

图五五　汉墓出土铜器

1. A 型 I 式铜带钩（M128:1）　　2～4. A 型 II 式铜带钩（M154:2、M124:1、M176:6）

5. B 型铜带钩（M11:2）　　6. 镜刷（M156:4）

　　B 型　1 件（标本 M11:2）。虎面形钩首，长条形钩体较扁薄，圆形钩纽位于钩首部。长 5.9 厘米（图五五，5；图版二五，4）。

　　环　4 件。成对出土。横截面呈椭圆形或圆形。标本 M59:3－2，横截面呈椭圆形。环外径 1.8、内径 1.1、环体最大径 0.3 厘米（图五六，1）。标本 M60:2－1，环外径 2.6、内径 1.8、环体直径 0.4 厘米（图五六，3）。标本 M60:2－2，环外径 1.8、内径 1.2、环体直径 0.3 厘米（图五六，2）。

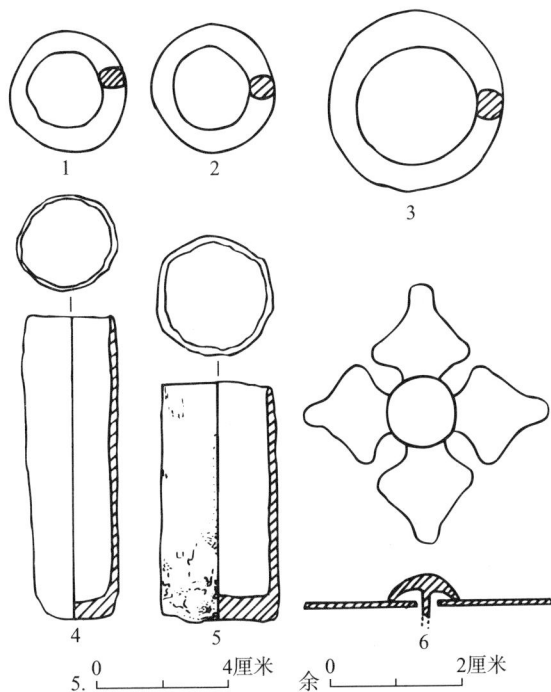

图五六　汉墓出土铜器

1~3. 环（M59:3-2、M60:2-2、M60:2-1）　4、5. 镦（M165:2、
M81:2）　6. 柿蒂形棺饰（M31:01）

镦　2件。镦体呈圆筒状。标本 M81:2，平底。长 7、外径 3.6、内径 3.2 厘米
（图五六，5；图版二五，6）。标本 M165:2，圜底。长 4.5、外径 1.4、内径 1.2 厘米
（图五六，4）。

柿蒂形铜棺饰　1件（标本 M31:01）。出自盗洞。呈四瓣柿蒂形，中间一扁圆形插
钉。对角宽 3.8 厘米（图五六，6）。

铜钱　约 450 枚（其中 59 枚铜钱锈蚀较重，无法辨识钱文）。42 座墓葬随葬有铜
钱，约占清理墓葬的 24.4%。大部分墓葬出土铜钱数量在 10 枚以下，少量墓葬铜钱数
量为 60~80 枚。部分铜钱以麻绳或绢条串联，并包裹以绸缎或麻布类织品，有些铜钱
表面残留麻布的经纬朽痕清晰可见。根据铜钱本身的制作工艺、钱文的差异，参考有
关铜钱文献资料①，可以将该墓地发掘出土的汉代铜钱分为五类：半两、郡国五铢、宣
帝五铢、东汉五铢、磨郭五铢、剪轮五铢等。

① 蒋若是：《西汉五铢钱断代》，《秦汉钱币研究》，中华书局，1997 年；高汉铭：《简明古钱辞
典》，江苏古籍出版社，1990 年。

　　半两　约98枚。标本 M59:1－1，钱径2.2、穿径0.9厘米（图五七，1）。标本 M59:1－2，钱径2.3、穿1.1厘米（图五七，2）。标本 M141:6－1，钱径2.15、穿径 1.3厘米（图五七，3）。标本 M141:6－2，钱径1.9、穿径1厘米（图五七，4）。

　　郡国五铢①　约141枚。钱径2.5厘米左右，重3.5～4克。面背均有外郭。"五"字交笔斜直或微曲，"铢"字的"朱"头向上方折；"金"头较小呈箭镞状。穿孔背有郭而面无郭，少量穿上一横划或穿上下各一横，或穿下一星。标本 M28:1－1，"五"

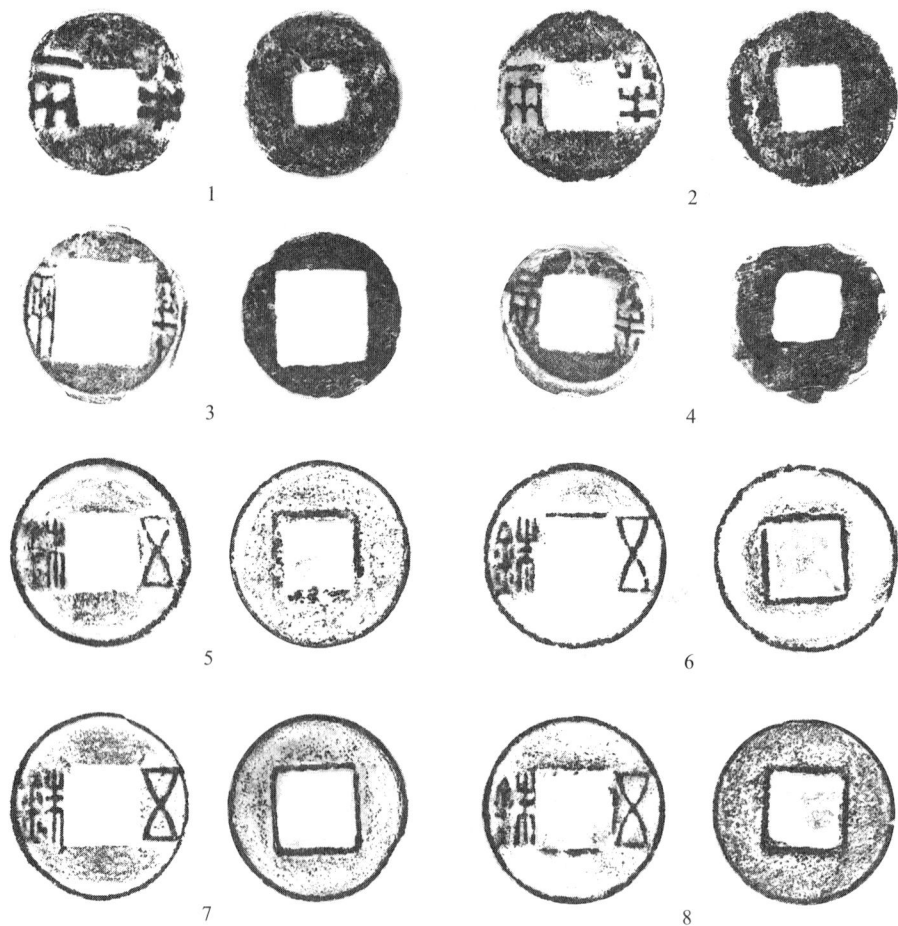

图五七　汉墓出土铜钱（原大）

1、2. 四铢半两（M59:1－1、M59:1－2）　　3、4. 五分半两（M141:6－1、M141:6－2）

5～8. 郡国五铢（M28:1－1、M74:1－1、M63:1－2、M82:1－2）

---

　　①　"郡国五铢"相当于顾庙墓地中"五铢"钱的Ⅰ式、Ⅱ式。

字交笔斜直。钱径2.5、穿1.2厘米（图五七，5）。标本 M63:1-2，"五"字交笔斜直。钱径2.5、穿1.2厘米（图五七，7）。标本 M74:1-1，"五"字交笔微曲，穿上一横。钱径2.5、穿1.2厘米（图五七，6）。标本 M82:1-2，穿下一星。钱径2.5、穿1.2厘米（图五七，8）。标本 M155:1-1，穿上下各一横。钱径2.5、穿1.3厘米（图五八，1）。

宣帝五铢① 约40枚。钱径2.5厘米左右，重3.5~4克。"五"字交笔弯曲，上

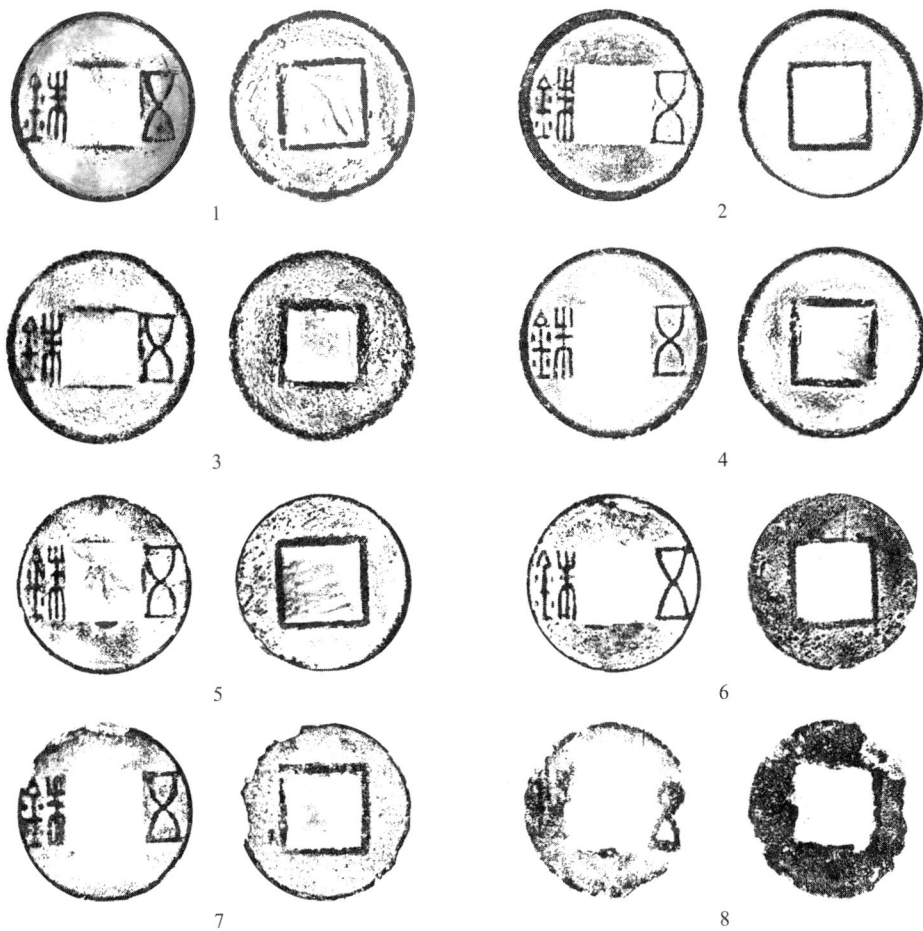

图五八 汉墓出土铜钱（原大）

1. 郡国五铢（M155:1-1） 2~4. 宣帝五铢（M63:1-1、M82:1-1、M157:2-1）

5、6. 磨郭五铢（M84:1-1、M57:3-1） 7、8. 剪轮五铢（M57:3-2、M60:1-1）

———————————

① "宣帝五铢"相当于顾庙墓地中"五铢"钱的Ⅲ式。

下两横较长，与交笔相接处呈直角；"朱"头向上方折；"金"头多呈等腰三角形，且较"朱"头略低，也有少量"金"头为箭镞形。钱面穿上多有一横划，或于穿上、穿下铸有半星。标本M63:1-1，钱径2.5、穿1.2厘米（图五八，2）。标本M82:1-1，钱径2.5、穿1.2厘米（图五八，3）。标本M157:2-1，钱径2.6、穿1.2厘米（图五八，4）。

磨郭五铢　约96枚。标本M57:3-1，钱径2.4、穿1.1厘米（图五八，6）。标本M84:1-1，穿下一星。钱径2.4、穿1.2厘米（图五八，5）。

剪轮五铢　约13枚。此类钱因剪的程度不一，故大小不等，周边不齐。M57:3-2，"五"字交笔微曲。钱径2.4、穿1.1厘米（图五八，7）。M60:1-1，"五"字交笔微曲。钱径2.4、穿1.1厘米（图五八，8）。

东汉五铢[①]　3枚。锈蚀较重。

3. 铁器

22件。主要器类有舌、镬、锤、凿、环首刀、镦、带钩等。其中舌、镬、锤、凿均发现于墓葬填土中。大部分器体表面有明显的锈蚀痕。

舌　8件。平面均为"凹"字形。刃两端外拱成窄斜肩，舌形凸刃，双锋，长方形銎。模制。标本M28:05，一面平整，一面弧突。顶宽6.6、厚2.4、肩宽7.8、通高9.4厘米（图五九，1；图版二六，1）。标本M41:01，刃部和顶端残。顶宽6.8、厚2.6、肩宽8.4、通高10.8厘米（图五九，2；图版二六，2）。

镬　2件。长方形，顶部略宽。镬体由顶部向刃部逐渐变薄。双锋平刃。顶部中空为銎。标本M45:01，长12.2、顶宽6、刃宽5.6、最厚处3.1厘米（图五九，3；图版二六，3）。

锤　1件（标本M154:01）。平面呈长梯形。上下两端均为钝弧刃。锤体中部有一用于插木柄的长方形銎孔。长13.6、宽5.6厘米（图五九，4；图版二六，5）。

凿　1件（标本M154:02）。锈蚀。平顶，双锋平刃，由顶至刃逐渐变细。横截面呈长方形。长26.4厘米（图六〇，1）。

环首刀　6件。锈蚀较重。环首，直背，双锋直刃。横截面呈等腰三角形。标本M84:3，刃端残。残长24.4、刀体宽1.2厘米（图六〇，2）。标本M183:1，长42.4、刀体宽2.5厘米（图六〇，3；图版二六，6）。

镦　2件。镦体呈圆筒状。标本M16:1，平底。长7.2、外径3.6、内径2.5厘米（图六〇，5）。TD采:014，锈蚀较重，底部残损。镦体横截面呈水滴状。残长6.4、最

---

① "东汉五铢"相当于顾庙墓地中"五铢"钱的Ⅳ式。

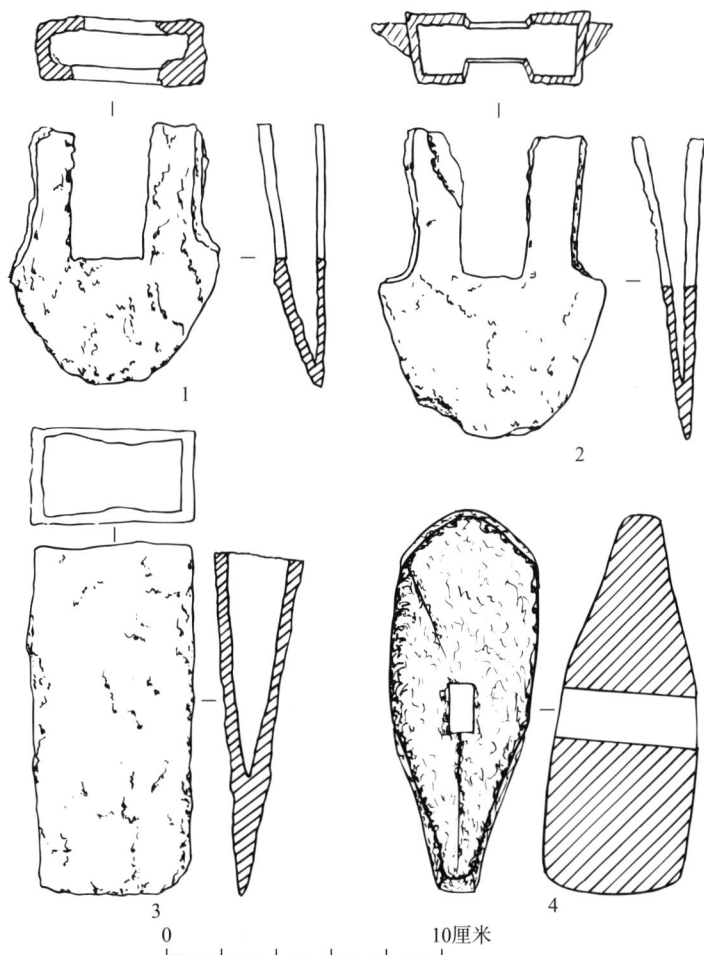

图五九　汉墓出土铁器

1、2. 臿（M28:05、M41:01）　3. 镢（M45:01）　4. 锤（M154:01）

大外径3.4、最大内径2.2厘米（图六〇，6；图版二六，4）。

带钩　1件（标本M130:1）。锈蚀较重。琵琶形，钩纽已锈蚀掉。长6.4厘米（图六〇，7）。

棺钉　1件（标本M156:8）。锈蚀较重。环形钉头，尖端。横截面呈长方形。长6.4厘米（图六〇，4）。

4. 玉石器

14件。多为小型饰件。主要器形有玉璧、环、饼、板、剑格和石黛板等。

玉璧　6件，其中1件素面，5件璧面饰有谷纹。璧体截面呈长方形或梯形。标本

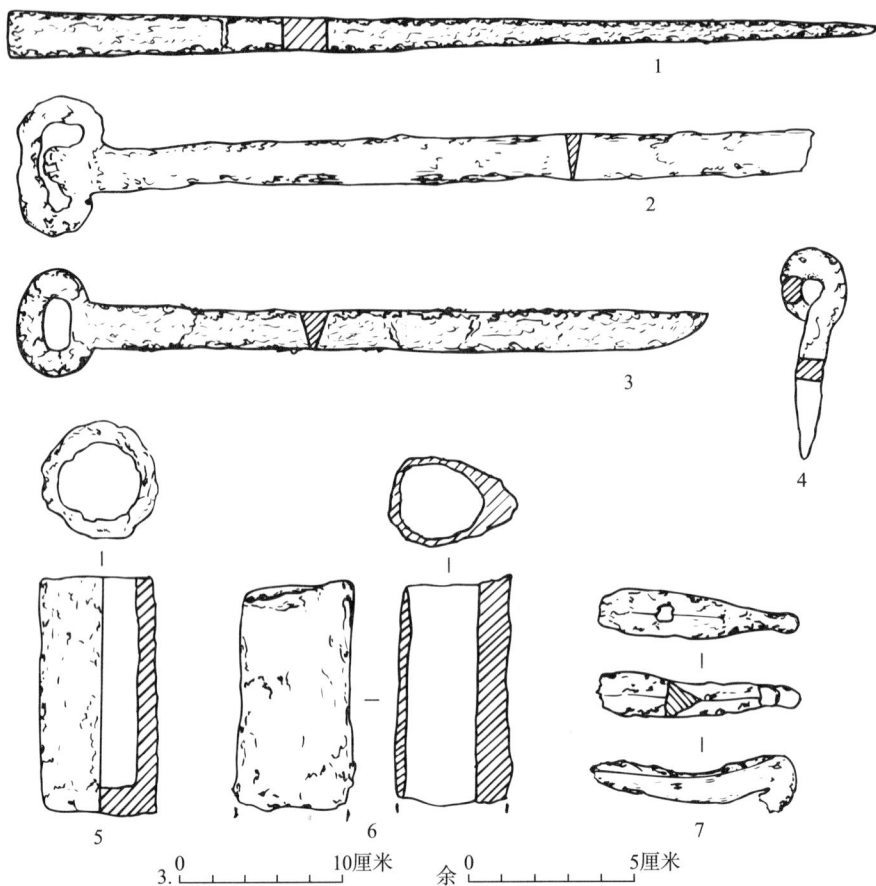

图六〇　汉墓出土铁器

1. 凿（M54:02）　　2、3. 环首刀（M84:3、M183:1）　　4. 棺钉（M156:8）

5、6. 镦（M16:1、TD 采:014）　　7. 带钩（M130:1）

M81:1，青玉质。横截面呈梯形。璧面满饰谷纹。直径4.2、孔径1、厚0.6厘米（图六一，3；彩版一四，1）。标本 M129:5，残。青玉质。截面呈长方形。雕琢有谷纹。复原径13.6、孔径4.8、厚0.4厘米（图六一，5）。标本 M188:1，青玉质，土蚀，局部色白。截面呈长方形。两面均雕琢有谷纹。直径3.4、孔径0.8、厚0.45厘米（图六一，1）。标本 M189:1，土蚀较重。青玉质，色青绿，局部色白。素面。直径3.7、孔径1、厚0.6厘米（图六一，2；彩版一四，2）。

玉环　4件。横截面呈长方形。标本M1:1，棕褐色玉质，局部黑褐色，色泽莹润。素面。直径4.1、孔径1.9、厚0.3厘米（图六二，2）。标本M77:1，青白玉质。正反两面雕琢有对称的凹槽状缺口。两面分别刻划两周凸弦纹，其间阴线刻双谷纹。直径2.9、孔径1.5、厚0.4厘米（图六二，1；彩版一四，3）。标本 M159:2，鸡骨白色，有黑褐斑点。素面。直径4.5、孔径2.3、厚0.4厘米（图六二，3；彩版一四，4）。

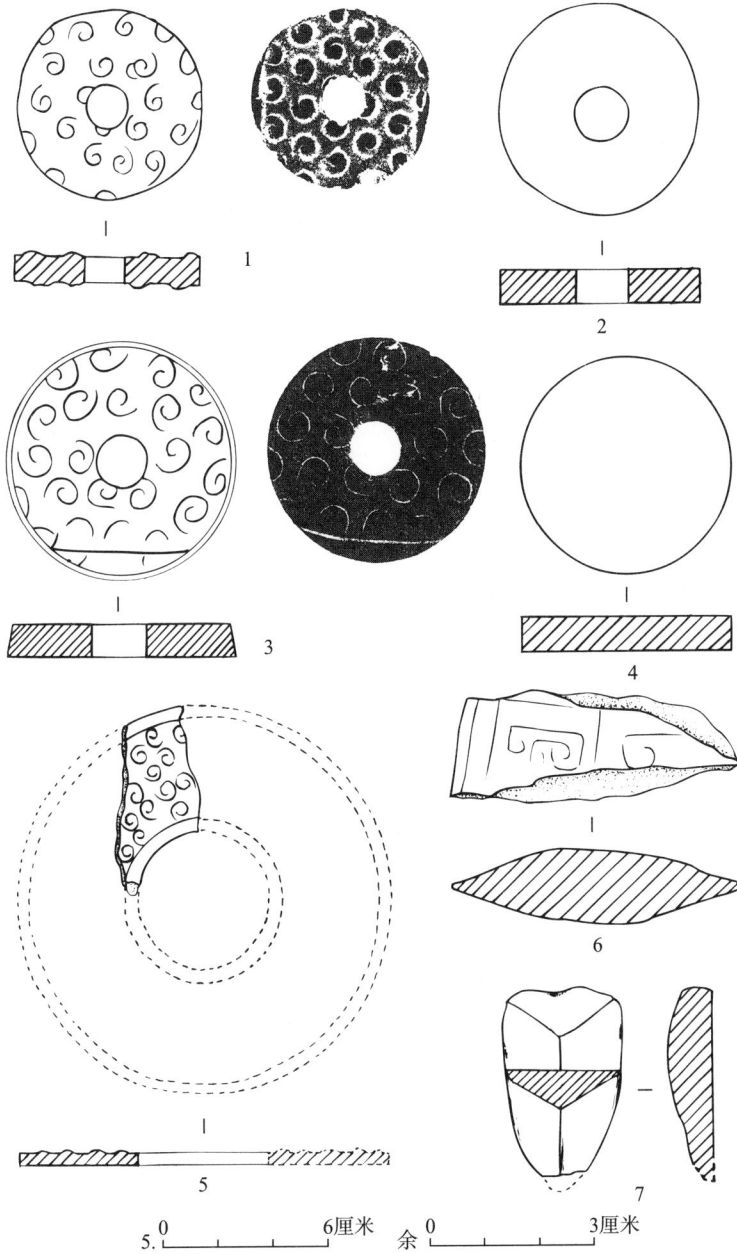

图六一　汉墓出土玉器、骨器

1～3、5. 玉璧（M188:1、M189:1、M81:1、M129:5）　4. 玉饼（M132:7）

6. 玉剑格（M157:3）　7. 骨蝉（M76:7）

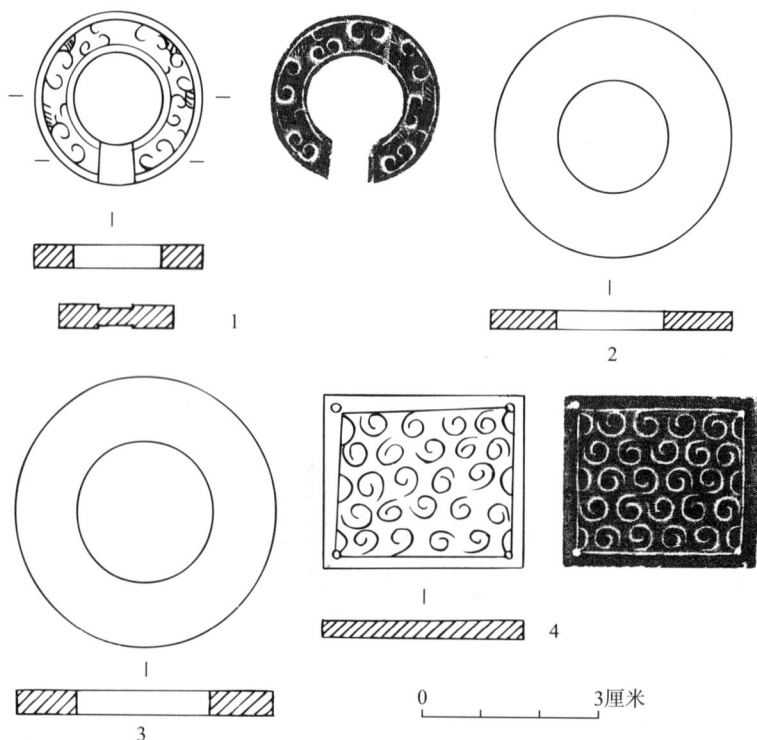

图六二　汉墓出土玉器

1~3. 玉环（M77:1、M1:1、M159:2）　4. 玉板（M73:1）

　　玉饼　1件（标本 M132:7）。青绿色玉质，夹杂黑褐色带，局部有白色土蚀痕。截面呈长方形。素面。直径 3.9、厚 0.6 厘米（图六一，4；彩版一四，5）。

　　玉板　1件（标本 M73:1）。青绿色玉质，局部有白色土蚀痕。长方形薄片。截面呈长方形。四角各有一穿孔。一面阴线刻纹构成边框，框内阴线刻谷纹；另一面素面，光滑。长 3.4、宽 2.9、厚 0.29 厘米（图六二，4；彩版一四，6）。

　　玉剑格　1件（标本 M157:3）。残。乳白色玉质。残存阴线刻纹饰。残长 5.4、厚 1.4 厘米（图六一，6）。

　　石黛板　1件（标本 M156:3）。青灰色页岩。长方形扁薄石板。横截面呈长方形。一面周缘有崩疤。板面平整。饰以朱色彩绘，脱落严重。长 15.5、宽 5.9、厚约 0.6 厘米（图六三；图版二四，3）。

5. 骨器

　　骨蝉　1件（标本 M76:7）。色白。背部磨有两翼，底面平整，尾端残。横截面呈三角形。通体磨制。残长 3.4 厘米（图六一，7）。

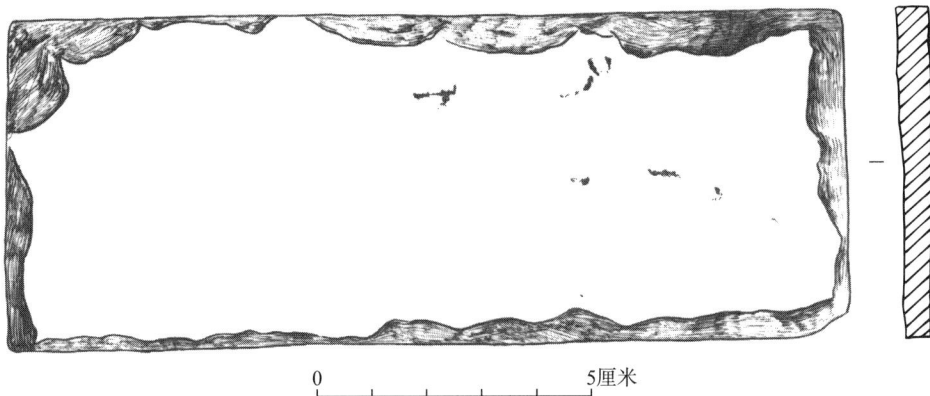

0　　　　　　　　　5厘米

图六三　汉墓出土石黛板（M156:3）

（五）分期与年代

　　墓葬的分期与年代问题主要依据随葬陶器的型式划分、演变规律，同时结合出土的铜钱、铜镜以及墓葬的打破关系等方面进行探讨。在出土的陶器中，尤以鼎、壶、盒、盘、匜和中型罐的时代特征最明显，可以将这六类陶器作为断代的典型器物，发展演变特征概述如下。

　　鼎发展演变的整体风格是由制作规整、鼎体高大向制作粗糙，鼎体变矮小方向发展。其中鼎盖由盖面呈弧形、盖沿与鼎体扣合紧密，发展到盖面近平或平顶、盖沿与鼎口扣合不严；口沿面由平整向内凹或沿面内高外低发展；长方形附耳由较高、外撇向较矮、微外撇、近直发展，长方形耳孔由较大逐渐向较小变化，最后发展为耳孔消失；鼎足由规整变粗糙，由高大变矮小，足跟也有由高变矮的趋势。

　　大型壶中，Aa 和 Ab 型的发展演变趋势基本一致，口部由直口发展为侈口，由侈口又演变为喇叭形口，沿面由平整发展为沿面内倾或内凹；颈由长直颈发展为长颈略束，再发展到矮束颈，最后演变为细高颈；腹部最大径由偏上逐渐下移并发展到居中。其中 Aa 型还有由钝折腹向锐折腹发展的趋势；C 型则由长颈内束、扁鼓腹发展为矮束颈、鼓腹。

　　盒的变化主要体现在口沿和盖上，其中口沿由窄平发展到宽平，再发展为沿面略内凹或沿面内高外低，盒盖则由顶部弧形隆起向弧形顶近平及平顶发展演变。匜总的发展趋势是由直口、长流上翘发展为敞口、平短流。盘的盘体由大变小；口沿由直口、宽折沿发展到敞口、窄折沿；腹部由深变浅，腹壁由折腹到折腹消失，变为弧腹。Aa、Ba 型中型罐总的发展趋势是由斜肩或溜肩、最大腹径偏上向鼓肩、最大腹径居中发展。Cb 型中型罐则由较薄的斜卷沿、溜肩、扁鼓腹向唇面较厚的斜卷沿、鼓肩、扁圆鼓腹发展。

根据典型陶器的型式划分和发展演变规律（表一；图六四），结合墓葬中出土的铜钱，可以将清理的汉代墓葬分为五期：

一期，39 座，代表性墓葬有 M32、M39、M42、M53、M59、M61、M132、M139、M174、M176、M140 ~ M144、M153、M154 等。典型陶器有 Aa 型Ⅰ式、Ab 型Ⅰ式、Ac 型Ⅰ式、Ba 型Ⅰ式、Bb 型Ⅰ式鼎，Aa 型Ⅰ式、Ab 型Ⅰ式、B 型盒，Aa 型Ⅰ式、Ab 型Ⅰ式、Ba 型大型壶，Aa 型Ⅰ ~ Ⅱ式、Ab 型Ⅰ ~ Ⅱ式匜，Ⅰ ~ Ⅱ式盘，Aa 型Ⅰ式、Ac 型、Ad 型、Ba 型Ⅰ式、Bb 型、Ca 型、Cb 型Ⅰ式中型罐，罍，钫等。A、B 型鼎制作规整，高长方形附耳，长条形耳孔，高蹄形足。盒子母口沿面较窄。Aa 和 Ab 型大型壶直口或近直口，长直颈，腹部最大径偏上。A 型匜直口、后端壁平直，长流上翘。盘的盘体较大，直口或微敞口，宽折沿，深折腹。Aa 和 Ba 型中型罐斜肩或溜肩，最大腹径偏上。部分罐腹壁轻薄；Ac 型中型罐矮束颈，广肩，腹部直壁转折斜内收；Ad 型中型罐形体瘦长、深腹，器壁轻薄；Bb 型中型罐形体较小，器壁较厚，宽卷沿或窄平沿，鼓腹或折腹。

二期，28 座，代表性墓葬有 M21、M24、M46、M54、M55、M65、M77、M78、M82、M89、M131、M146、M129、M149、M166、M175、M192、M193 等。典型陶器有 Aa 型Ⅱ式、Ab 型Ⅱ式鼎，Aa 型Ⅱ式、Ab 型Ⅱ式盒，Aa 型Ⅱ式、Ab 型Ⅱ ~ Ⅲ式、Ad 型大型壶，Aa 型Ⅲ ~ Ⅳ式、Ab 型Ⅲ式匜，Ⅲ式盘，Aa 型Ⅱ式、Ba 型Ⅱ ~ Ⅲ式、Ca 型、Cb 型Ⅱ式、D 型中型罐，大型罐，钵等。Aa、Ab 型鼎长方形附耳较小，蹄形足略矮。盒子母口沿面较宽且平整。A 型匜敞口，后端壁内倾，小短流微上翘或平直。Aa 和 Ab 型大型壶侈口或喇叭形口，束颈，最大腹径略偏上。盘的盘体较小，敞口，窄平折沿，浅折腹。Aa 和 Ba 型中型罐平沿，鼓肩，最大腹径居中或略偏上；D 型中型罐侈口，矮颈，腹壁转折内收。大型罐为盘口，深鼓腹，腹壁饰以中绳纹。

三期，12 座，代表性墓葬有 M11、M26、M31、M72、M85、M87、M150、M181、M183、M186、M188 等。典型陶器有 Aa 型Ⅲ式、Ab 型Ⅲ式、Ac 型Ⅱ式、Bb 型Ⅱ式鼎，Aa 型Ⅲ式、Ab 型Ⅲ式盒，Aa 型Ⅲ ~ Ⅳ式、Ab 型Ⅳ式、Ac 型、Bb 型大型壶，B 型匜，Ⅳ式盘，Aa 型Ⅲ式、Ba 型Ⅳ式中型罐，盆等。A、B 型鼎制作粗糙，部分鼎盖和口部扣合不严，小长方形附耳，矮蹄形足。盒的盖面微弧近平或平顶；宽沿面略下凹。Aa 和 Ab 型大型壶喇叭形口，沿面内凹，细高颈，最大腹径居中。盘的盘体更小，敞口，窄平折沿，浅弧腹。Aa 和 Ba 型中型罐鼓肩，鼓腹，最大腹径居中。

四期，10 座，代表性墓葬有 M57、M58、M84、M137、M156、M161、M173 等。典型陶器有 Ba 型Ⅱ式鼎，C 型Ⅰ ~ Ⅱ式大型壶，Ab 型Ⅳ式匜，Ab 型、Cb 型Ⅲ式、E 型中型罐等。鼎的制作简化和潦草，盖沿外撇，出现小长方形鋬耳，矮蹄形足足跟不

表一　汉墓主要陶器共存关系表

期别	鼎Aa	鼎Ab	鼎Ac	鼎Ba	鼎Bb	大型壶Aa	大型壶Ab	大型壶Ac	大型壶Ba	大型壶Bb	大型壶C	盒Aa	盒Ab	盒B	匜Aa	匜Ab	匜B	盘	盆	中型罐Aa	中型罐Ab	中型罐Ac	中型罐Ad	中型罐Ba	中型罐Bb	中型罐Ca	中型罐Cb	中型罐D	中型罐E	中型罐其他	大型罐	小型壶Aa	小型壶Ab	小型罐A
一	I	I	I	I	I	I	I		√			I	I	I	I	II		I、II		I	√	√	√	I	√	√	I					√	√	√
二	II	II	II		II	II	III					II	II		III	III		III		II				II		√	II	√			√	√	√	√
三	III	III	III			III	IV	√		√		III	III	√		IV	√	IV	√	III	√			IV	√								√	√
四				II							I	III	III														III		√	√		√		√
五											II																							√

型式 期别	鼎				
	A			B	
	a	b	c	a	b
一期	1. Ⅰ式（M32:2）	4. Ⅰ式（M141:2）	7. Ⅰ式（M142:1）	9. Ⅰ式（M176:1）	11. Ⅰ式（M174:3）
二期	2. Ⅱ式（M175:4）	5. Ⅱ式（M192:2）			
三期	3. Ⅲ式（M183:5）	6. Ⅲ式（M186:3）	8. Ⅱ式（M188:4）		12. Ⅱ式（M87:1）
四期				10. Ⅱ式（M161:5）	

图六四（一）　汉墓典型

期别	型 / 式	大型壶 A		盒 A	
		a	b	a	b
一期		13. Ⅰ式（M53:2）	17. Ⅰ式（M143:1）	21. Ⅰ式（M142:7）	24. Ⅰ式（M39:1）
二期		14. Ⅱ式（M21:1）	18. Ⅱ式（M77:3） 19. Ⅲ式（M54:1）	22. Ⅱ式（M192:1）	25. Ⅱ式（M175:1）
三期		15. Ⅲ式（M188:3） 16. Ⅳ式（M181:3）	20. Ⅳ式（M87:5）	23. Ⅲ式（M181:2）	26. Ⅲ式（M161:4）
四期					

陶器分期图（一）

期别 \ 型式	匜 A		盘
	a	b	
一期	27. Ⅰ式（M143:5） 28. Ⅱ式（M32:3）	31. Ⅰ式（M144:04） 32. Ⅱ式（M61:4）	36. Ⅰ式（M140:4） 37. Ⅱ式（M142:3）
二期	29. Ⅲ式（M193:1） 30. Ⅳ式（M77:7）	33. Ⅲ式（M193:10）	38. Ⅲ式（M77:11）
三期		34. Ⅲ式（M183:3）	39. Ⅳ式（M87:6）
四期		35. Ⅳ式（M161:3）	

图六四（二）　汉墓典型

期别\型式	中型罐		
	A a	B a	C b
一期	40. I 式（M154:1）	43. I 式（M153:2）	47. I 式（M59:2）
二期	41. II 式（M78:1）	44. II 式（M131:1） 45. III 式（M46:1）	48. II 式（M82:3）
三期	42. III 式（M11:1）	46. IV 式（M26:1）	
四期			49. III 式（M156:7）

陶器分期图（二）

明显。C 型大型壶为扁鼓腹、鼓腹或圆鼓腹。Ab 型匜敞口，后端壁内倾，长流近平。Cb 型中型罐侈口，唇面出现一周凹槽，扁圆鼓腹，腹壁较厚，大平底。

五期，有 2 座，包括 M66、M67。两座墓葬中未出典型陶器，但均随葬有东汉五铢铜钱。

一期陶礼器的总体风格是器体大而规整。C 型鼎、B 型盒及 Ac、Ad、Bb 型中型罐仅在该期存在。另外该期墓葬随葬西汉早期常见的"半两"钱和流行于战国时期的蟠螭纹、四龙纹、方格四叶纹镜以及西汉早期的蟠虺纹镜。鉴于这些因素，可以将一期的时代定为西汉早期。二、三期新出现 Ac、Ad、Bb 型大型壶，B 型匜，钵，D 型中型罐和大型罐等。两期墓葬中部分陶器具有一些共同特征，如鼎、盒等陶器的制作较粗糙，器形不规整；鼎耳为小长方形附耳，矮蹄形足；壶均为喇叭形口，束颈。而且部分典型陶器在发展演变上具有明显的延续性。墓中随葬的铜钱为西汉"郡国五铢"或"宣帝五铢"，不见西汉晚期的"磨郭五铢"和"剪轮五铢"。因此可以将二、三期的时代定为西汉中期。四期新出现 C 型大型壶及 Ab、E 型中型罐，鼎耳演变为不透的小錾耳，矮小的蹄形足不规整，陶罐器壁变厚，具有西汉晚期特点。又考虑到 M57、M84、M156 等墓中出土有"剪轮五铢"钱等，据此推知四期的年代为西汉晚期。

在清理的墓葬中存在这样一个规律，即"半两"钱基本不和"五铢"钱共存。因此结合上述分期中随葬品既有典型陶器又有"半两"钱墓葬的年代，我们初步推定，仅出土"半两"铜钱的 M23、M40、M120、M121、M124、M164、M189 等可能属于西汉早期。M66、M67 虽未出典型陶器，但根据出土的铜钱判断，时代应为东汉时期。部分墓葬尽管不出随葬品，但是这些墓葬或者被有随葬品的墓葬打破，或者打破其他有随葬品的墓葬，因此通过分析它们之间的打破关系，也可以对其年代做出初步推断。如 M122→M121，M123→M124，M159→M160，这几组打破关系墓葬组中的前者仅打破后者的一个角，或一侧边，显然两者具有极其密切的关系，两墓主人先后下葬的时间不会相隔很久，因此推测 M122、M123、M160 的时代不会晚于西汉早期。

（六）结　语

整个墓地位于山岭的西面坡地上，这反映出汉代丧葬礼制中择高地而葬的观念和习俗。清理的墓葬均为小型墓，随葬品以陶器为主，其中鼎、盒、壶为基本组合的陶器群出土数量较大。无论是从墓葬形制还是出土遗物看，该墓地应属汉代平民墓地。墓地中墓葬成片集中分布，每片墓葬既有早期墓，也有晚期墓，时代上具有延续性，因此每一片墓地可能就是一个相对独立和稳定的家族墓地。在单片墓地中，部分墓葬两两相邻，同向并排成组分布；部分墓葬存在打破关系，往往一墓打破另一墓的一角或一侧边，或者两墓错边埋葬。这两类墓葬组内的墓主间应该具有很近的血缘或亲属关系，其中第一类墓葬组中的墓葬不仅墓向一致，而且时代基本相同，可能属于夫妻并穴合葬墓。

从墓葬分期看，墓地使用时间较长，从西汉早期一直延续到东汉时期。其中绝大部分墓葬集中在西汉早中期，未见新莽时期墓葬，东汉时期墓葬则数量极少（仅发现2座）。一个墓地墓葬时代如此集中，在滕州乃至周边地区发掘的汉墓中不多见。

鲁中南地区汉代墓葬盛行土坑竖穴石椁墓，东郑庄墓地也不例外。具体而言，以单石椁墓为主，双石椁墓少量，不见三椁或多椁墓。石椁墓墓室的多寡与时代的早晚有一定关系，从墓葬分期来看，该墓地中单石椁墓出现于西汉早期并一直延续到西汉晚期，是墓葬形制的主流；双石椁墓出现于西汉中期，西汉晚期开始增多。另外在墓地中发现5例双盖板的石椁墓，下层盖板近头侧的部位有圆形出气孔，这同史前人类在埋葬婴儿的葬具瓮棺上凿一小孔的用意一样，目的是便于死者灵魂出入，是古人相信人死而灵魂不灭观念的反映。

该墓地西汉早、中期流行随葬陶礼器和大量铜钱，这也是鲁中南地区汉代墓葬的普遍特征。而鲁北地区汉代小型墓多随葬1~2个陶壶或陶罐，极少随葬铜钱。这折射出汉代时期鲁中南地区重礼而鲁北地区重利的世俗观念，这种差异应是两周时期齐国、鲁国礼制和习俗的孑遗。

二　清代墓葬

2座。土坑竖穴墓。葬具为木棺。随葬品有瓦片、瓷器和铜钱。

M147　位于发掘区东北部。被现代坑打破。墓向4°。墓圹长2.4、宽1.1米，深1.3米。填以黄褐五花土，土质松软。四周有生土二层台，台宽0.2~0.4、高0.3米。木棺已朽蚀，长1.8、宽0.5、残高0.3米。随葬1人，头向北，面向上，两手置于胯两侧，仰身直肢。墓主头下有黑釉瓷罐1件，左手旁有铜钱1枚，左大腿部有瓦片1块（图六五）。

M179　位于发掘区东部，打破M190。墓向354°。墓圹长2、宽0.8米，深0.4米。填以灰褐五花土，夹杂有瓷片和大量木炭等。木棺已朽蚀。棺痕长1.8、宽0.66米。随葬1人，头向北，面向上，两手置于胯两侧，仰身直肢。随葬有板瓦2块，其中一块完整，另一块残，置于左肩处；四系黑釉瓷罐1件，置于墓室西北角（图六六）。

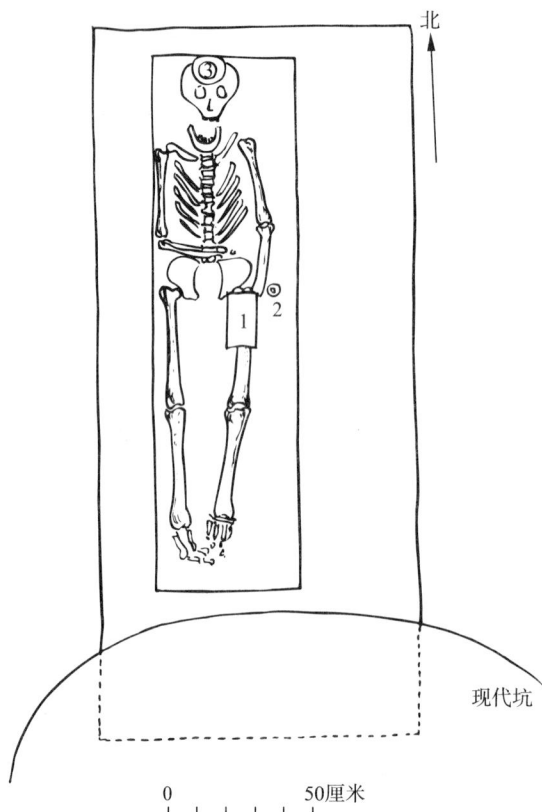

图六五　清墓 M147 平面图
1. 板瓦　2. 铜钱　3. 黑釉瓷罐

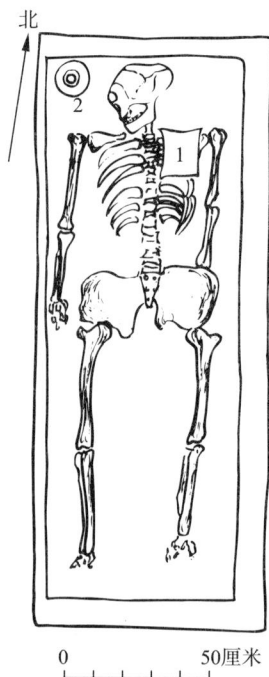

图六六　清墓 M179 平面图
1. 板瓦　2. 四系黑釉瓷罐

1. 瓷器

黑釉罐　1 件（标本 M147:3）。直口，圆唇，短颈，斜肩，筒形腹，腹壁微鼓，大平底。沿和腹部施以黑釉，腹部施釉不到底。口径 8、高 13.1 厘米（图六七，1）。

四系黑釉罐　1 件（标本 M179:2）。直口，圆唇，短颈，溜肩，鼓腹下内收，平底。肩部安有四个条形耳。口沿及肩部施以黑釉。口径 9.8、高 14.9 厘米（图六七，2）。

2. 板瓦片

3 块。分别出自 M147 和 M179。板瓦的断面经过修整打磨。瓦面未见有彩绘或朱书等迹象。

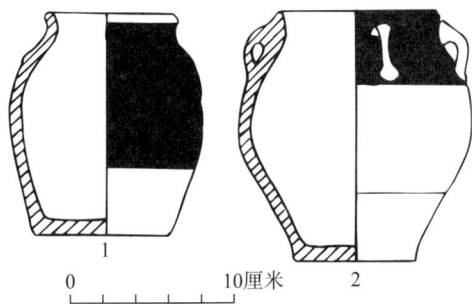

图六七　清墓出土瓷罐

1. 黑釉罐（M147:3）　2. 四系黑釉罐（M179:2）

图六八　清墓出土铜钱

（M147:2）（原大）

3. 铜钱

1枚（标本M147:2）。万历通宝。明神宗朱翊钧万历年间铸造。锈蚀。宽郭，方穿，穿正、背面四周均有突起横划。面文直读，楷书"万历通宝"，字体较瘦长。钱径2.4、穿0.6厘米（图六八）。

执　　笔：兰玉富　孙　波　张振国

线图起草：许　姗　孙　波

墨　　绘：许　姗

摄　　影：冀介良

拓　　片：李胜利

附表　东郑庄汉墓墓葬登记表

（长度单位：米）

墓号	墓型	关系	墓向	墓圹尺寸（长×宽－深）	棺椁尺寸（长×宽－高）及生土台尺寸（宽－高）	壁龛或器物箱	墓主人及葬式	随葬品及位置	期别	备注
M1	单椁		东西	2.7×(1.26~1.5)-2.04	椁：2.3×0.9-0.74（盖板）；棺椁	无	朽重	墓主右肩处：玉环	不详	板厚10~18厘米
M2	土坑		100°	2.2×0.8-1.8	棺椁：1.9×0.55-0.2	无	头向东，面向上，仰身直肢	墓主下腹部：铜郡国五铢4	不详	
M3	单椁		5°	2.6×(1.4~1.6)-2.6	椁：2.3×0.9-1（盖板）	无	头向北，仰身直肢	墓主右肢骨处：陶中型罐 CbI。墓主右手处：铜钱3	一	夯土
M4	土坑		192°	2.9×1.3-0.9	棺椁：1.98×0.4-0.1	无	头向南，仰身直肢	墓主左手处：铜郡国五铢10	不详	夯土
M5	土坑	3层下	10°	1.9×0.65-0.4		无	头向北，面向上，仰身直肢	不详	不详	
M6	土坑		16°	2.4×1-0.4	棺椁：2.1×0.44-0.1	无	头向北，向右，仰身直肢	不详	不详	
M7	土坑		10°	2.1×0.9-0.9	棺椁：1.9×0.3-0.1	无	头向北，仰身直肢	不详	不详	
M8	单椁		南北	2.54×1.2-1.55	椁：2.36×0.74-0.78（盖板）	无	朽重	不详	不详	夯土。板厚6~10厘米
M9	土坑		106°	2.3×1.2-0.7	棺椁：1.8×0.5-0.1	无	头向东，仰身直肢	不详	不详	

续附表

墓号	墓型	关系	墓向	墓圹尺寸（长×宽-深）	棺椁尺寸（长×宽-高）及生土台尺寸（宽-高）	壁龛或器物箱	墓主人及葬式	随葬品及位置	期别	备注
M10	单椁		15°	2.9×1.6-1.2	椁：2.3×0.8-0.94（盖板）	无	头向北，面向上，仰身直肢	不详	不详	夯土。板厚10~14厘米
M11	砖椁		6°	2.7×1.4-1.3	椁：2.5×1-0.2（盖板）	无	头向北，仰身直肢	墓主右肩省处：陶中型罐AaⅢ。墓主左手处：铜带钩B	三	夯土
M12	单椁		南北	2.4×1.2-0.1	椁底板：1.3×0.96	无	未见	不详	不详	盗扰，剩底板
M13	单椁		南北	2.4×1.2-0.1	椁底板：1.3×0.96	无	未见	不详	不详	盗扰，剩底板
M14	土坑		南北	1.6×1-0.4		无	未见	墓室内：陶小型罐A；铜镜	一	盗扰
M15	单椁		南北	2.6×1.6-1.8		无	朽重	不详	不详	板厚8~20厘米
M16*	单椁		10°	2.9×1.4-2.3	椁：2.28×1.08-0.86（盖板）	无	朽重，头向北，仰身直肢	墓主胸端：铁镦	不详	夯土
M17	单椁		10°	3×2-1.36	椁：2.3×1.08-0.86（盖板）	无	朽重，头向北，仰身直肢	椁西侧：陶中型罐D	二	夯土
M18	单椁		东西	2.2×1.2-0.2	椁底板：2.2×1.2	无	未见	不详	不详	盗扰，剩底板
M19	单椁		南北	2.4×1.4-0.7	椁：2.1×1-0.7	无	未见	不详	不详	盗扰
M20	单椁		15°	2.7×1.48-1.86	椁：2.25×0.9-0.86（盖板）	无	头向北，仰身直肢	不详	不详	夯土。板厚10厘米

续附表

墓号	墓型	关系	墓向	墓扩尺寸（长×宽-深）	棺椁尺寸（长×宽-高）（宽-高）及生土台尺寸（宽-高）	壁龛或器物箱	墓主人及葬式	随葬品及位置	期别	备注
M21*	单椁		100°	3.66×2.2-1.4	椁（盖板）立板内侧四周有凹槽	无	朽烂，头向东，仰身直肢	椁南侧：陶鼎 AbⅡ、大型壶 AaⅡ、盒 AbⅡ、匜 AbⅢ	二	夯土
M22	砖椁		南北	2.5×1.32-1.12	空心砖椁：2.16×0.92-0.64（残）	无	未见	椁内东南角：陶罐（未修复）	不详	盗扰
M23	单椁		105°	2.7×1.3-1.86	椁：2.2×1.02-0.92（盖板）	无	头向东，仰身直肢	墓主左手处：铜半两	不详	夯土。板厚8~14厘米
M24	单椁		10°		椁：2.4×0.9-0.9（盖板）	无	头向北，仰身直肢	椁东侧：陶鼎 AbⅡ、大型壶 AaⅡ、盒 Ab、匜 AbⅢ	二	盗扰。板厚10厘米
M25	土坑		15°	2.7×1.4-1.4	棺椁：2.3×0.8-0.1	无	头向北，仰身直肢	墓主左脚处：陶中型罐 AaⅢ	三	
M26	土坑		10°	2.3×1.2-1.3	未见	无	头向北，仰身直肢	墓主头上端：陶中型罐 BaⅣ	三	夯土
M27	土坑		17°	2.6×1.2-1	未见	无	头向北，仰身直肢	无	不详	夯土
M28	双椁		100°	2.5×2.5-1.3	北椁：2.24×0.86-0.86（盖板）南椁：2.24×0.86-0.98（盖板）	无	南、北椁各1人，头向东，仰身直肢	南墓主头左侧：陶小型罐 B2。两墓主右手处：铜郡国五铢3，另12枚铜钱锈蚀不清。填土：铁雨	二	夯土。两椁间距10厘米
M29	土坑		南北	2.6×1.1-0.6		无	朽重	未见	不详	盗扰
M30	单椁		南北	2.2×0.8-0.6	椁：2.2×0.8-0.6	无	朽重	未见	不详	盗扰。板厚4~6厘米

续附表

墓号	墓型	关系	墓向	墓扩尺寸（长×宽-深）	棺椁尺寸（长×宽-高）及生土台尺寸（宽-高）	壁龛或器物箱	墓主人及葬式	随葬品及位置	期别	备注
M31*	单椁		南北	2.9×1.7-5	椁：2.5×1-2.08（盖板）	无	朽重	椁东侧：陶鼎其他型2、大型罐Bb2、小型罐B，铜器碎片，五铢9。盗洞：柿蒂形铜棺饰。	三	盗扰。夯坚硬，厚20厘米
M32	单椁		110°	2.7×1.5-2.5	椁：2.3×0.86-0.96（盖板）	无	头向东，仰身直肢	椁南侧：陶鼎AaⅠ、大型壶AbⅡ、匜AaⅡ、勺	一	夯土。板厚10厘米
M33	单椁		东西	2.3×1.2-0.6	底板：2.28×1.12-0.1	无	未见	未见	不详	破环
M34	单椁		东西	2.4×1.2-1.3	椁：2×0.8-0.72（盖板）	无	未见	未见	不详	夯土。板厚10厘米
M35	土坑		100°	2.5×1.2-1.2	棺朽：2.12×0.88-0.32	无	头向东，仰身直肢	无	不详	夯土
M36	土坑		南北	2.2×1.2-0.2	无	无	朽重	无	不详	夯土
M37	单椁		15°	2.2×1.5-1.8	椁2.4×1.05-0.8（盖板）	无	头向北，仰身直肢	无	不详	夯土。板厚10厘米
M38	单椁		10°	2.6×1.4-1.2	椁：2.2×1-0.7（盖板）	无	头向北，仰身直肢	无	不详	夯土。板厚10厘米
M39	土坑		100°	2.4×1.5-1.9	棺朽：2.1×0.75-0.3	无	头向东，仰身直肢	墓室内：陶鼎AbⅠ、大型壶AbⅠ、盒AbⅠ	一	夯土。残留两块棺木
M40*	单椁		12°	2.6×1.3-3	椁：2.1×0.95-0.9（盖板）；棺朽	无	头向北，面向左，仰身直肢	椁东侧左右手处：陶中型罐Ca。墓主左手处：铜半两8	一	盗扰。夯土

续附表

墓号	墓型	关系	墓向	墓圹尺寸（长×宽－深）	棺椁尺寸（长×宽－高）及生土台尺寸（宽－高）	壁龛或器物箱	墓主人及葬式	随葬品及位置	期别	备注
M41	单椁		189°	2.5×0.9－3.1	椁2.1×0.76－0.74（盖板）	无	头向南	椁南侧：陶大型壶Ba。墓主左手处：铜半两3。填土：铁茚	一	夯土
M42*	单椁		13°	2.6×1.5－3.1	椁2.2×0.9－0.84（盖板）；棺朽	无	头向左，仰身直肢	椁东侧：陶中型罐BaⅠ、Bb，其他型。墓主脚端：铜镜；铁茚。填土：铁茚；铜钱8	一	
M43	单椁		14°	2.8×1.4－1.4	椁2.4×1－1.1（2层生土台，盖板）；棺朽	无	头向北	椁内东南角：陶小型罐A。墓主左手处：铜半两两、五铢	四	盗扰。夯土
M44	单椁		285°	2.5×1－3.5	椁2.3×0.84－0.92（盖板）；棺朽	无	头向西，仰身直肢	无	不详	板厚10~14厘米，夯土
M45	单椁		13°	2.3×1－2.2	椁2.1×0.8－0.74（盖板）；棺朽	无	头向北，面向上，仰身直肢	填土：铁镤	不详	板厚10厘米
M46	单椁		12°	2.3×1.1－2.3	椁2.1×0.9－0.9（盖板）；棺朽	无	头向北，面向上，仰身直肢	椁西侧：陶中型罐BaⅢ。墓主左手处：铜钱	二	板厚10~16厘米
M47	单椁		8°	2.4×0.9－1.95	椁2.2×0.8－0.86（盖板）；棺朽	无	头向北，面向左，仰身直肢	无	不详	夯土，夯层厚12厘米
M48	单椁		104°	2.4×1.1－1.95	椁2.2×0.8－0.88（盖板）；棺朽	无	头向东，面向上，仰身直肢	无	不详	板厚10~14厘米，夯土，夯层厚14厘米

续附表

墓号	墓型	关系	墓向	墓扩尺寸（长×宽-深）	棺椁尺寸（长×宽-高）及生土台尺寸（宽-高）	壁龛或器物箱	墓主人及葬式	随葬品及位置	期别	备注
M49	单椁		102°	2.5 × 1.02 -2.45	椁:2.2×0.9-0.96（盖板）;棺朽	无	头向东,面向上,仰身直肢	无	不详	夯土
M50*	单椁		102°	2.4×1-2.45	椁:2.2×0.8-0.92（盖板）;棺朽	无	头向东,面向上,仰身直肢	无	不详	夯层厚12~15厘米,板厚10厘米
M51*	单椁		15°	2.6×1.3-2	椁:2.35×0.95-0.92（盖板）;棺朽	无	头向北,面向上,仰身直肢	墓主右手处:铜钱。填土:铁臿	不详	夯土,夯层厚15厘米,板厚10厘米
M52*	单椁		196°	2.5×1.3-1.7	椁:1.94×0.7-0.7（盖板）;棺朽	无	头向南,面向上,仰身直肢	填土:铁臿	不详	夯土,夯层厚10~14厘米,板厚10厘米
M53	单椁		15°	2.8 × 1.55 -2.55	椁:2.3×0.85-0.74（盖板）;棺朽,1.98×（0.42~0.52）	边箱有盖板:0.6×0.4-0.34	头向北,面向上,仰身直肢	边箱内:陶鼎 Bb I,大型 壶 Aa I,匜 Aa II,Ab II;珌（玉璧）	一	夯土,夯层厚10~13厘米,板厚8~10厘米
M54*	单椁		5°	2.55 × 1.55 -2.95	椁:2.3×0.86-0.84（盖板）;棺朽,1.94×（0.4~0.5）	边箱有盖板:0.6×0.24-0.36	头向北,面向上,仰身直肢	边箱内:陶鼎 Ab II 2,大型 壶 Ab III	二	夯土,夯层厚10~13厘米,板厚10厘米
M55	单椁		12°	2.4×1.1-2.7	椁:2.3×0.8-0.83（盖板）;棺朽		头向东,面向上,仰身直肢	椁东侧:陶鼎 Ab II,小型 壶 Aa	二	

续附表

墓号	墓型	关系	墓向	墓扩尺寸（长×宽－深）	棺椁尺寸（长×宽－高）及生土台尺寸（宽－高）	壁龛或器物箱	墓主人及葬式	随葬品及位置	期别	备注
M56	单椁（石盖板）		15°	2.5×1.2－1.5	棺椁：2.05×0.55－0.38		头向北，面向上，仰身直肢	墓主腿部：陶中型罐 Ac	一	有盖板，夯层厚12～15厘米，灰痕宽4厘米
M57	单椁		15°	2.4×1－2.1	椁：2.1×0.8－0.68（盖板）棺椁	头箱有盖板0.3×0.16－0.24	头向北，面向上，仰身直肢	头箱内：陶大型壶 CⅠ，中型罐 Ab。墓主左手处：铜部国国五铢4，官帝五铢，磨郭五铢70，剪轮五铢10	四	夯土，板厚4～10厘米
M58	单椁	打破M60	14°	2.8×1－1.8	椁：2.1×0.85－0.9（盖板）；棺椁	无	头向北，面向上，仰身直肢	椁南侧：陶中型罐 CbⅢ	四	盗扰。板厚8～10厘米
M59	土坑		13°	2.5×0.85－1.9	棺椁：2.2×0.5－0.2	无	头向北，面向右，仰身直肢	棺南侧：陶中型罐 CbⅠ。墓主左手处：铜带钩 AⅡ，铜半两35，铜钱5	一	
M60	土坑	被M58打破	192°	2.6×1.05－1.2	棺椁：2.2×（0.5～0.6）－0.2	无	头向西，面向上，仰身直肢	墓主左手处：铜环2，郡国五铢5，剪轮五铢，磨郭五铢	不详	夯土，夯层厚10～14米，灰痕宽4～6厘米
M61	单椁		95°	2.8×1.6－3.2	椁：2.4×0.9－0.94（盖板）；棺椁漆皮	边箱有盖板：0.78×0.3	头向东，面向上，仰身直肢	边箱内：陶鼎 AbⅡ，大型壶 AaⅡ，小型壶 Ab，盒 AbⅡ，匜 AbⅡ	一	夯土，夯层厚10～13厘米
M62	石椁		90°	2.8×1.6－3.2	椁：2.2×0.8－0.8（盖板）；棺椁	无	头向东，面向上，仰身直肢	椁北侧：陶中型罐 BaⅢ2	二	夯土，夯层10～15厘米，板厚10厘米

续附表

墓号	墓型	关系	墓向	墓扩尺寸（长×宽-深）	棺椁尺寸（长×宽-高）及生土台尺寸（宽-高）	壁龛或器物箱	墓主人及葬式	随葬品及位置	期别	备注
M63	双椁		10°	2.5×2.15-1.4	东椁：2.2×(0.76~0.88)-0.6；棺朽 / 西椁：2.2×(0.7~0.92)-0.6；棺朽	无	2，头向北，面向上，仰身直肢	东椁内：陶大型罐。东墓主左手处：铜郡国五铢3，宣帝五铢3	二	夯层厚12~15厘米，板厚10厘米
M64	单椁（石盖板）		282°	2.1×0.75-3.9	棺朽：2×0.45-0.25（残）	无	头向西，面向上，仰身直肢	墓主左手处：铜郡国五铢8，磨郭五铢2	不详	墓壁有脚窝，板厚5厘米
M65	单椁		193°	2.8×1.6-1.7	椁：2.3×0.9-0.94（盖板）；棺朽	无	头向南，面向上，仰身直肢	椁东侧：陶中型罐 BaⅢ，盒 AaⅡ	二	夯土。板厚10厘米
M66	单椁		95°	2.5×1-1.6	椁：2×0.75-0.7（盖板）；棺朽	无	头向东，面向上，仰身直肢	墓主左手处：铜东汉五铢2，磨郭五铢6	五	夯土。板厚8~12厘米
M67	单椁		193°	2.6×1.1-1.65	椁：2.15×0.75-0.76（盖板）；棺朽	无	头向南，面向上，仰身直肢	椁内西北角：陶小型罐 A。墓主左手处：铜郡国五铢31，宣帝五铢8，磨郭五铢15，剪轮五铢，东汉五铢	五	板厚6~14厘米
M68	单椁	被 M89 打破	285°	2.3×0.9-2.2	椁：2.2×?-0.8；棺朽	无	头向西，面向上，仰身直肢	墓主左侧：陶小型罐 A。墓主左手处：铜郡国五铢4	二	板厚4~10厘米
M69	双椁		190°	2.5×2.2-1.6	东椁：2.2×0.6-0.7，西椁：2.2×1-0.7；棺朽	无	2，头向南，面向上，仰身直肢	椁东北侧：陶大型壶 AbⅡ	二	夯土，夯层厚12~15厘米。板厚6~10厘米

续附表

墓号	墓型	关系	墓向	墓圹尺寸（长×宽-深）	棺椁尺寸（长×宽-高）及生土台尺寸（宽-高）	壁龛或器物箱	墓主人及葬式	随葬品及位置	期别	备注
M70	土坑		280°	2.4×1.1-2.3	墓底有草席痕	无	头向西，面向上，直肢	无	不详	
M71*	单椁		15°	2.7×1.6-2	椁：2.3×0.85-0.78（盖板）；棺朽	无	头向北，面向上，仰身直肢	椁东侧：陶大型壶 Ad，匜 AaⅣ，钵，器盖	二	夯土，夯层厚12～14厘米。板厚10厘米
M72	单椁		150°	2.4×1.5-2	椁：2.1×0.9-0.84（盖板）；棺朽	边箱：0.48×0.24-0.2	头向北，面向上，仰身直肢	边箱内：陶中型罐 AaⅢ	三	板厚10厘米
M73*	单椁	被M84打破	192°	2.9×1.6-2.7	椁：2.5×0.9-1.08（2盖板）；棺朽	无	头向南，面向上，仰身直肢	墓主左手处：铜五铢4；珌（玉版）	不详	形制同M43，夯层厚12～14厘米，盖板26，6厘米
M74	单椁		13°	2.5×(1.2～1.3)-2.1	椁：2.2×0.9-0.82（盖板）；棺朽	无	头向北，仰身直肢	椁东侧：陶大型罐。墓主左手处：铜郡国五铢3，宣帝五铢	二	夯土，板厚8～10厘米
M75	单椁		195°	2.6×1.6-2.8	椁：2.4×0.95-0.9（盖板）；棺朽	无	头向南，面向上，仰身直肢	无	不详	夯层厚12～15厘米，板厚10~12厘米
M76*	双椁		280°	2.5×1.8-2.8	南椁：2.3×0.9-0.94；北椁：2.3×0.84-0.94。棺朽	无	头向西，面向上，仰身直肢	北椁墓主腹部：陶小型罐A2。南椁墓基头右侧：陶小型罐A2。北墓主左手处：铜郡国五铢19，宣帝五铢。南墓主右手处：铁环首刀；珌（骨蝉）	四	夯层厚10～13厘米，共用1立。板厚10～14厘米

续附表

墓号	墓型	关系	墓向	墓圹尺寸（长×宽-深）	棺椁尺寸（长×宽-高/宽-高）及生土台尺寸（宽-高）	壁龛或器物箱	墓主人及葬式	随葬品及位置	期别	备注
M77	单椁		12°	3×1.9-3.5	椁：2.44×1.04-1.04（盖板）；棺杕，2×0.5	边箱两端石板相堵，有石盖板：1.05×0.25-0.3	头向北，面向上，仰身直肢	边箱内：陶鼎 AbⅡ2，大型壶 Aa2，盒 AaⅡ，盘Ⅲ，匜 AaⅣ，勺。头下：玉环	二	夯土，夯层厚10~14厘米，盖板厚24、6厘米
M78*	单椁		102°	2.5×1.45-1.9	椁：2.3×0.9-0.84（盖板）；棺杕，1.9×0.5	无	头向东，面向上，仰身直肢	椁南侧：陶中型罐 AaⅡ	二	夯土，夯层厚10~15厘米。板厚10厘米
M79	单椁		104°	2.5×1.25-2.2	椁：2.1×0.78-0.64（盖板）；棺杕	无	头向东，面向上，仰身直肢	墓主左手处：铜宣帝五铢	不详	板厚6厘米
M80	单椁		280°	2.6×1.6-2.5	椁：2.4×0.9-0.9（盖板）；棺杕	无	头向西，面向上，仰身直肢	椁北侧：陶中型罐 BaⅢ	二	夯层厚12~14厘米，板厚10厘米
M81*	单椁		285°	2.8×1.8-2.2	椁：2.45×1-1.1（2盖板）；棺杕，2.1×0.45	无	头向西，面向上，仰身直肢	墓主右脚外侧：铜镞，带钩AⅡ。墓主头下：玉璧	不详	同M73。盖板土，30、6厘米，立板10厘米
M82	单椁		15°	2.3×1.1-1.52	椁：2.22×0.8-0.8（盖板）；棺杕	无	头向北，面向上，仰身直肢	陶内东北角、西北角：中型罐 CbⅡ，小型罐 A。墓主左手处：铜郡国五铢8，宣帝五铢	二	板厚8厘米
M83	单椁		12°	2.4×1.6-2.5	椁：2.14×0.92-0.78（盖板）；棺杕	无	头向北，面向上，仰身直肢	无	不详	板厚10厘米

续附表

墓号	墓型	关系	墓向	墓圹尺寸（长×宽-深）	棺椁尺寸（长×宽-高）及生土台尺寸（宽-高）	壁龛或器物箱	墓主人及葬式	随葬品及位置	期别	备注
M84	单椁	打破M74	104°	2.5×1.2-1.2	椁: 2.1×0.85-0.78（盖板）；棺朽	边箱: 0.6×0.25-0.3	头向东，面向上，仰身直肢	边箱内：陶鼎BaⅡ，壶CⅡ，盒AbⅢ。椁东南角，小型罐A。墓主右腿外侧：铁环首刀。墓主左手处：铜郡国五铢2，宣帝国五铢9，磨郭五铢	四	板厚8厘米
M85*	单椁		15°	2.7×1.4-3.1	椁: 2.5×0.85-0.8（盖板）；棺朽	无	头向北，面向上，仰身直肢	椁西侧：陶中型罐AaⅢ	三	夯层厚11~14厘米。板厚8厘米
M86	单椁		284°	2.4×1-1.6	椁: 2.05×0.7-0.64（盖板）；棺朽	无	头向西，仰身直肢	无	一	板厚4~5厘米
M87	双椁		16°	2.8×2.3-2.7	并列，尺寸一致：2.4×0.95-0.7；棺朽	边箱在两椁间: 0.5×0.22	头向北，仰身直肢	边箱内：陶鼎AbⅣ，壶AbⅡ，大型壶Ab，盒AbⅢ。大型罐Bb，小型罐Ac，盘Ⅳ	三	板厚10厘米
M88	单椁		11°	2.4×1.8-2.7	椁: 2.32×0.98-0.9（盖板）；棺朽	无	头向北，面向左，仰身直肢	椁内西侧：陶中型罐D	一	夯层厚12~15厘米。板厚6~10厘米
M89	单椁	打破M68	287°	2.7×1.3-2.6	椁: 2.22×0.82-0.8（盖板）；棺朽	无	头向西，面向上，仰身直肢	椁内：陶中型罐CbⅠ	二	板厚6~10厘米
M90扰	单椁		东西	2.4×1-2.2	椁: 2.1×0.72-0.68（盖板）；棺朽	无	1人，不详	椁南侧：陶中型罐BaⅢ	二	板厚6~10厘米

续附表

墓号	墓型	关系	墓向	墓圹尺寸（长×宽-深）	棺椁尺寸（长×宽-高）及生土台尺寸（宽-高）	壁龛或器物箱	墓主人及葬式	随葬品及位置	期别	备注
M91	单椁（石盖板）		104°	2.5×1.1-2.3	生土台:(0.2~0.3)-0.3;草帘痕迹	无	头向东,面向上,仰身直肢	墓主左肩处:陶小型罐 B。墓主左手处和头左侧:铜郡国五铢 5	二	盖板
M92	单椁		270°	2.4×0.9-2	椁:2.1×0.6-0.76（盖板）	无	头向北,仰身直肢	无	不详	板厚 4~6厘米
M93	单椁		13°	不详	椁:2.5×1.1-?;棺杇	无		墓主左侧:铜镜	一	板厚 10厘米
M120	单椁		20°	2.4×1.1-1.1	椁:2×0.88-0.85（盖板）	无	头向北,面向上,仰身直肢	椁内:陶小型罐 B。墓主左脚处:铜半两 2	一	板厚 10厘米
M121	单椁	被M122打破	25°	2.4×1.5-1.6	椁:2.2×0.8-0.9（盖板）;棺杇	无	头向北,仰身直肢	墓主右手处:铜半两 3	一	板厚 10厘米
M122	单椁（石盖板）	打破M121	10°	2.25×0.9-0.9	生土台:0.14-0.4;棺杇:2.04×0.6	无	头向北,仰身直肢	无	一	盖板厚8厘米
M123*	单椁	打破M124	8°	2.4×1.06-1.1	椁:2.3×0.9-0.96（盖板）;棺杇:1.9×0.52	无	头向北,仰身直肢	墓主左手处:铜半两 3	一	盖板厚8~16厘米
M124*	单椁	被M123打破	15°	2.7×1.5-1.4	椁:2.3×0.9-0.96（盖板）;棺杇:1.9×0.52	无	头向北,仰身直肢	墓主左手处:铜半两 5。墓主右肩处:铜带钩 AII	一	盖板厚10~16厘米

续附表

墓号	墓型	关系	墓向	墓圹尺寸（长×宽-深）	棺椁尺寸（长×宽-高）及生土台尺寸（宽-高）	壁龛或器物箱	墓主人及葬式	随葬品及位置	期别	备注
M125	土坑		105°	2×0.55-0.2		无	头向东，面向右，仰身直肢	墓主左手处：陶罐	不详	
M126	土坑		20°	2×0.5-0.3		无	头向北，面向上，仰身直肢	墓主脚下：陶中型罐Ad	一	
M127	土坑		197°	2.2×1.1-0.3	棺朽	无	头向南，面向上，仰身直肢	墓主左脚外侧：漆盒（朽重）。棺内西北角：铜半两2	不详	
M128	土坑		195°	2.2×1.1-1		无	头向南，面向上，仰身直肢	墓主右上肢处：铜带钩AⅠ	不详	
M129*	单椁		110°	2.7×1.4-1.7	椁：2.3×0.9-0.94（盖板）	无	头向东，面向上，仰身直肢	椁南侧：陶盒AbⅡ，中型罐AaⅡ，钵3；珌（玉璧）	二	板厚10~14厘米
M130	单椁		100°	2.9×1.6-1.6	椁：2.3×0.9-1（盖板）	无	头向东，仰身直肢	墓主左手处：铁带钩	不详	板厚10~20厘米
M131	单椁（石盖板）		16°	2.9×1.1-1.5	生土台：（0.18~0.3）-0.6；棺朽：2×0.5-0.1（残）	无	头向北，仰身直肢	棺南侧：陶中型罐BaⅡ。填土：铁盂	二	
M132	单椁		112°	2.7×1-1.6	椁：2×0.7-0.7（盖板）	无	头向东，面向上，仰身直肢	椁室西端：陶鼎AaⅠ，大型壶AbⅠ，小型壶Ab，盘Ⅱ，勺；珌（玉饼）	一	岩石充当椁南立板

续附表

墓号	墓型	关系	墓向	墓扩尺寸（长×宽-深）	棺椁尺寸（长×宽-高）及生土台尺寸（宽-高）	壁龛或器物箱	墓主人及葬式	随葬品及位置	期别	备注
M133	土坑		105°	1.9×0.6-0.8		无	头向东	右手处：陶小型罐A	不详	
M134	单椁（石盖板）		100°	2.4×1.2-1	生土台：（0.14~0.25）-0.4	无	头向东，仰身直肢	无	不详	盖板
M135	单椁		192°	2.7×1.2-1.2	椁：2.12×0.8-0.84（盖板）	无	头向南，仰身直肢	墓主脚下：陶罍	一	板厚5~8厘米
M136	单椁		30°	2.65×1.35-2.2	椁：2.3×0.9-0.9（盖板）；棺朽，残存漆皮	无	不详		不详	板厚10厘米
M137	单椁		95°	2.5×1.5-1.4	椁：2.34×0.9-0.9（盖板）	无	头向南，面向上，仰身直肢	椁南北两侧：陶中型罐E，其他	四	板厚8~10厘米
M138	土坑		23°	2×1.14-1.3	生土台：（0.06~0.4）-0.4	无	头向北，面向左，仰身直肢	两台上：陶中型罐Ca	一	
M139	单椁		22°	2.7×（1.4~1.5）-1.98	椁：2.26×0.92-0.88（盖板）	无	1人	椁东侧：陶鼎AbⅠ，大型壶AaⅠ，小型壶Aa，AbⅠ	一	盗扰。板厚约10厘米。夯层厚20~25厘米
M140	单椁		108°	2.6×1.5-2.5	椁：2.3×0.9-0.9（盖板）	无	头向东，缺1壶	椁南侧：陶鼎AbⅠ，小型壶B，型壶其他型，盘Ⅰ，勺。墓主右肩处：铜带钩AⅡ	一	盗扰。夯土，夯层厚15厘米。板厚10厘米
M141*	单椁		105°	2.6×1.7-2.3	椁：2.3×0.9-0.96（盖板）；棺朽	无	头向东，仰身直肢	椁北侧：陶鼎AbⅠ，大型壶Aa，小型壶AaⅠ，盒，匜AaⅡ，铜半两两4	一	夯土，夯层厚15厘米。板厚10厘米

续附表

墓号	墓型	关系	墓向	墓圹尺寸（长×宽-深）	棺椁尺寸（长×宽-高）及生土台尺寸（宽-高）	壁龛或器物箱	墓主人及葬式	随葬品及位置	期别	备注
M142*	单椁		15°	2.76×1.66-2.4	椁：2.28×0.88-1.1（盖板）；棺朽	边箱	头向北，仰身直肢	边箱内：陶鼎 Ab I、Ac I、小型壶 C、盒 Aa I、B、盘 II、钫、中型罐 Aa I。填土：铁镜	一	夯土，夯层厚25厘米。板厚10厘米
M143*	单椁		15°	2.76×1.55-2.3	椁：2.26×0.82-0.88（盖板）	无	头向北，面向上，仰身直肢	椁东侧：陶鼎 Aa I、大型壶 Ab I、盒 Ab I、匜 Aa I、勺	一	夯土，夯层厚23厘米。板厚10厘米
M144	土坑	打破 M145	15°	2.3×1.3-1.4	棺朽：1.9×0.8-0.2（残）	无	头向北，面向上，仰身直肢	盗洞内：陶鼎 Ab I、小型壶 Aa	一	盗扰
M145	土坑	被 M144 打破	15°	2.3×1.1-0.8	棺朽：1.8×0.7-0.3（残）	无	头向北，仰身直肢	棺北侧：陶中型罐 Aa I	一	
M146	双椁	错边	南北	2.6×1.2-1.28	仅剩底板	无	无	椁室内：陶匜 Ab	二	盗扰
M148	土坑		南北	2.4×1.45-0.9	无	无	无	无	不详	空墓
M149	土坑		18°	2.2×1.45-0.8	棺朽：1.8×0.5-0.1（残）	无	头向北，面向上，仰身直肢	棺外西北角：陶中型罐 D	二	
M150	单椁（石盖板）	被 M151 打破	187°	2.3×1.2-2.4	生土台：(0.1~0.3)-0.6；棺朽：1.8×0.7-0.5	无	头向南，面向左，仰身直肢	棺北侧：陶大型壶 Aa III	三	有盖板，夯土
M151	单椁	打破 M150	216°	2.36×1.26-0.8	椁：2.08×0.96-0.7（盖板）	无	头向南，面向上，仰身直肢	无	不详	夯土，夯土

续附表

墓号	墓型	关系	墓向	墓圹尺寸（长×宽-深）	棺椁尺寸（长×宽-高）及生土台尺寸（宽-高）	壁龛或器物箱	墓主人及葬式	随葬品及位置	期别	备注
M152	土坑		南北	2.6×1.4-0.8	无	无	无	东壁坑中：陶中型罐 Aa I	一	夯土
M153	单椁		110°	2.5×1.5-0.9	椁：2.1×0.8-0.7（盖板）；棺朽，残存漆皮	无	头向东，面向右，侧身直肢	棺北侧：陶中型罐 Ba I。墓主两腿间：铜镜	一	夯土，夯层厚15厘米。板厚6~10厘米
M154	砖椁		99°	2.5×1-0.8	单底砖 0.5×0.5-0.045	无	头向东，仰身直肢	椁北侧：陶中型罐 Aa I。墓主右肩处：铜带钩 A I。填土：铁锤，凿	一	盗扰
M155	土坑	打破 M171	9°	2.3×0.9-1.5	棺朽：1.8×0.4-0.4（残）	无	头向北，面向上，仰身直肢	棺南侧：陶小型罐 B。墓主左手处：铜郡国五铢3	二	
M156	单椁（石盖板）		100°	2.5×1-1.1	生土台：0.18-0.5；棺朽：2×0.45-0.06（残）	无	头向东，面向左，仰身直肢	墓主腹部及两侧：陶小型罐A，陶中型罐 CbⅢ；铁环首刀；铜郡国五铢20，剪轮五铢，瓦当。棺东北角：石黛板；铜镜刷。棺西南角：铁棺钉	四	有盖板
M157	双椁	西椁晚。打破 M158，M189	195°	2.8×2-1.5	东：2.26×0.86-0.84（盖板） 西：2.28×0.8-0.72（盖板）	无	2人；均头面向南，仰身直肢	西椁东北角：陶小型罐 A。西墓主左胸下和东墓主左胸处：铜宣帝五铢3，郡国五铢3；玲（玉剑格）	四	夯土。板厚10厘米
M158*	单椁	被 M157 打破	278°	2.6×1.8-（0.5~0.9）	椁：2.34×0.94-0.8	无	头向东，面向上，仰身直肢	无	不详	夯土。板厚1厘米

续附表

墓号	墓型	关系	墓向	墓圹尺寸（长×宽-深）	棺椁尺寸（长×宽-高）及生土台尺寸（宽-高）	壁龛或器物箱	墓主人及葬式	随葬品及位置	期别	备注
M159	土坑	打破M160	284°	2.3×1.3-0.96	生土台：（0.22~0.35）-0.26；棺杓:1.7×0.5-0.04（残）	无	头向西，面向上，仰身直肢	棺西侧：陶中型罐Aa I。右脚外侧：铜镜；玲（玉环）	一	墓身下一层朱砂
M160	土坑	被M159打破	东西	2.4×（1.64~1.8）-1.08	无	无	无	无	一	空墓，下为岩石
M161*	单椁		105°	2.8×1.5-2.3	椁:2.34×0.96-1（盖板）	边箱有盖板:0.8×0.24	头向东，仰身直肢	边箱内：陶鼎BaⅡ，大型壶AbⅢ，CⅡ，小型壶Aa，盒AbⅢ，匜AbⅣ	四	夯层厚约20厘米。板厚10~18厘米
M162	双椁		25°	2.5×2.5-1.6	东:2.22×0.88-0.8（盖板）西:2.14×0.88-0.88（盖板）	无	2人：头向北；东墓主面向上，墓主右面向西；仰身直肢	无	不详	板厚8~10厘米
M163	土坑		东西	2.2×1-0.8	无	无	无	无	不详	空墓，下为岩石
M164#	单椁	被M165打破	东西	3.1×1.9-4.8	椁:2.3×1.04-1.02（盖板）；棺杓	无	不详	椁室中部：残玉璧；铜半两4	不详	夯土，夯层厚约15厘米。板厚15厘米
M165*	单椁	打破M164	110°	2.7×1.4-3	椁:2.28×0.96-1（盖板）；棺杓	无	头向东，仰身直肢	墓主左脚外侧：铜镞。墓主右手处：铜半两8	不详	夯土，夯层厚约15厘米。板厚15厘米

续附表

墓号	墓型	关系	墓向	墓圹尺寸（长×宽-深）	棺椁尺寸（长×宽-高）及生土台尺寸（宽-高）	壁龛或器物箱	墓主人及葬式	随葬品及位置	期别	备注
M166	单椁		200°	2.3×0.9-0.7	椁: 2.3×0.9-0.78	无	头向南，面向上，仰身直肢	墓主右下肢外侧：陶中型罐Ca。墓主左下肢外侧：铜郡国五铢2；宣帝五铢2；珌（玉环）	二	板厚8~10厘米
M167	单椁	打破M168、M169	南北	3.4×1.4-2.2	椁: 2.3×0.9-0.9（盖板）	无	头和下肢骨均在北端	不详	不详	盗扰。板厚10厘米
M168	单椁	被M167、M169打破	南北	2.6×1.6-1.3	椁: 2.3×0.9-0.92（盖板）	无	不详	不详	不详	盗扰。板厚10厘米
M169	单椁	被M167打破	193°	2.6×1.3-2	椁: 2.2×0.78-0.8（盖板）	无	头向南，面向左，仰身直肢	墓主左手处：铜郡国五铢2	不详	板厚6厘米
M170	土坑		105°	2.1×1-1.1	生土台: 0.3-0.3	无	头向东，面向上，仰身直肢	墓室内：铜郡国五铢3	不详	
M171	单椁	被M155打破	150°	2.9×1.5-1.34	椁: 2.2×0.8-0.86（盖板）	无	头向北	无	不详	板厚10厘米
M172	单椁		东西	2.3×1.04-1.3	底板1块厚0.15	无	无	无	不详	
M173	单椁（石盖板）		280°	2.7×1.3-1.6	生土台(0.04~0.36)-0.4	无	头向西，面向上，仰身直肢	墓主盆骨下及下肢内侧：陶中型罐E；铁环首刀	四	有盖板

续附表

墓号	墓型	关系	墓向	墓圹尺寸（长×宽－深）	棺椁尺寸（长×宽－高）及生土台尺寸（宽－高）	壁龛或器物箱	墓主人及葬式	随葬品及位置	期别	备注
M174	单椁		南北	2.75×1.55－2	椁：2.4×0.9－0.9（盖板）	无	不详；盗洞中见碎骨头	椁东侧：陶鼎 Aa I，Bb I，大型壶 Ab I，盒 Aa I，盘 II	一	盗扰。板厚10~16厘米
M175*	单椁		南北	2.2×1.7－2	椁：2.26×0.94－0.96（盖板）	边箱：0.86×0.34	不详；盗洞中见碎骨头	边箱内：陶鼎 Aa II，大型壶 Aa III，盒 Ab II，盘 III，中型罐 D	二	盗扰。
M176	土坑		197°	2.6×1.5－1.8	生土台：(0.2~0.33)－0.3；棺朽：2.1×0.96－0.3	壁龛弧顶，平底：0.5×0.2~0.1	头向南，面向上，仰身直肢	壁龛内台上：陶鼎 Ba I，大型壶 Aa I，小型壶 Ab，盘 II，勺。墓主头右侧：铜带钩 A II	一	夯土，夯层厚12~15厘米
M177	单椁		南北	2.3×1.5－1.4	椁：1.9（残）×0.9－0.84（盖板）	无	不详；盗洞中见碎骨头	盗洞中见陶片	不详	盗扰。板厚10~20厘米
M178	单椁		南北		？×？－0.58	无	无		不详	盗扰
M180	单椁		南北	2.45×1.65－1.6	椁2（残）×1.02－1.1（盖板）	无	不详，填土中见碎骨头	填土中见陶片	不详	盗扰
M181	单椁（石盖板）	打破M182，M183，M184	195°	2.5×1.2－1.6	无	无	头向南，面向右，仰身直肢	墓主脚端：陶鼎 Ac II，大型壶 AaⅣ，盒 Aa III。墓主右手处：铜半两 7	三	墓坑下因有岩石而移向右侧；有盖板
M182扰	土坑	被M181打破	？	1×1.2－0.8	无	无	不详	不详	不详	
M183*	单椁	被M181打破	100°	2.6×1.5－4.2	椁：2.3×0.9－0.86（盖板）；棺朽：1.9×0.5－0.1（残）	无	头向东，仰身直肢	椁西侧：陶鼎 Aa III，大型壶 Ab，小型壶 Aa II，匜 Ab III；铁环首刀	三	夯土，夯层厚约15厘米；板厚10~18厘米

续附表

墓号	墓型	关系	墓向	墓扩尺寸（长×宽−深）	棺椁尺寸（长×宽−高、宽−高）（盖−高）	壁龛或器物箱	墓主人及葬式	随葬品及位置	期别	备注
M184	单椁	被M181、M185打破	东西	2.75×1.4−2.8	椁：2.3×0.9−0.94（盖板）	无	不详	不详	不详	盗扰
M185	单椁（石盖板）	打破M184	204°	2.3×0.7−0.4	无	无	头向南，面向左，直肢	无	不详	
M186	单椁		105°	3×4.6−4.3	椁：2.3×0.9−0.9（盖板）；棺朽，红漆皮：1.9×0.5−0.1（残）	无	头向东，仰身直肢	椁南侧：陶鼎AbⅢ，大型壶AaⅣ，小型壶Ab，AaⅢ，盘Ⅲ。墓主右侧：铁环首刀。墓主左手处：铜半两8	三	夯土，夯层厚约15厘米。板厚10厘米
M187	单椁（石盖板）		197°	2.2×1−1	生土台：(0.1~0.2)−0.1	无	头向南，面向左，仰身直肢	墓主头上端：陶小型罐A	不详	
M188	单椁		200°	3×1.4−4	椁：2.3×0.9−0.9（盖板）；棺朽：2×0.5−0.1（残）	无	头向南，仰身直肢	椁北侧：陶鼎AcⅡ，大型壶AaⅢ。墓主左手处：铜五铢15；珞（玉璧）	三	夯土，夯层厚约15厘米。板厚10厘米
M189*	单椁	被M157打破	282°	3×1.76−3.2	椁：2.4×1−1.14（2盖板）；棺朽	边箱有盖板：0.6×0.5	朽重	棺内：铜半两4；珞（玉璧）。填土：铁雨	不详	夯土，板厚14厘米
M190	单椁	被179打破	南北	3.2×1.7−2.3	椁：2.34×1−0.8	无	不详	不详	不详	盗扰，盖板残

续附表

墓号	墓型	关系	墓向	墓圹尺寸（长×宽－深）	棺椁尺寸（长×宽－高）及生土台尺寸（宽－高）	壁龛或器物箱	墓主人及葬式	随葬品及位置	期别	备注
M191	单椁		南北	2.8×1.4－0.7	椁:2.4×1.02－0.86	无	不详	不详	不详	板厚16厘米
M192*	单椁		东西	2.6×1.25－1.7	椁:2.36×0.98－1.08（盖板）	边箱有盖板；两端挡板:1×0.26－0.72	不详	边箱内:陶鼎AbⅡ，大型壶AaⅢ，小型壶Ab，盒AaⅡ，盘Ⅱ；兽骨	二	盗扰；板厚14厘米
M193	单椁		南北	2.8×1.4－0.9	椁:2.4×1－1.02（盖板）	边箱:0.74×0.6－0.26	不详	边箱内:陶鼎AbⅡ2，大型壶AbⅢ2，小型壶Ab2，盒AaⅡ2，匜AaⅢ，AbⅢ	二	板厚16厘米
M194*	单椁		南北	2.8×1.26－0	椁:2.4×0.84（残）－0.84	无	不详	不详	不详	盗扰。板厚12~14厘米
M195	单椁		东西	2.85×1.5－0	椁:2.44×1.1－0.94	无	不详	不详	不详	盗扰。板厚16~20厘米
M196*	单椁		东西	2.6×1.38－0	椁:2.42×0.94－0.84	无	不详	不详	不详	盗扰。板厚14厘米
M197*	单椁		南北	2.8×1.38－0	椁:2.4×0.92－?	无	不详	不详	不详	盗扰。板厚10厘米
M198*	单椁		南北	2.7×1.3－0.96	椁:2.3×0.82－0.84	无	不详	不详	不详	盗扰。板厚10~13厘米

说明:

1. 在墓号后上标加"*"表示有简单刻画花纹，如树木、房屋、穿璧等；在墓号后上标加"#"表示有人物画像石。
2. "墓型"栏中"土坑"指"土坑墓"，"单石椁"指"单石椁墓"，"双椁"指"双石椁墓"，"单椁（石盖板）"指"石盖板墓"。
3. 墓主人骨架若重无法辨识头向者，墓向用"南北"或"东西"来表识。
4. 龛的尺寸为"宽×高－进深"，器物箱为"长×宽－高"。
5. 表中未标注类别的铜钱锈蚀较重，无法辨识。
6. 在备注栏中填写墓葬保存情况，填土是否经夯土，椁室石板的厚度等内容。

滕州东小宫墓地

山东省文物考古研究所

滕 州 市 博 物 馆

滕州位于山东省南部，地处鲁南山地及汶泗河、黄河冲积平原之间，自古以来就是南北重要的交通要道。

东小宫墓地位于滕州市东沙河镇东小宫村南约 500 米的丘陵上，地处泰沂山系西侧山区与平原的交接地带，地势较高（图一）。墓地南距滕州至山亭公路约 200 米，北部与东部是一条季节性的河流，四周为广阔的平原地带。丘陵的西部有一条晚期的冲沟，破坏了墓地的西部。高埠地的地质结构上层为黄土，厚 1 ~ 2 米，下层为较疏松的基岩。从 20 世纪 50 年代开始，当地村民在整平土地时，不断挖出汉代的石椁墓；70 年代在高埠上修建一条南北向的水渠，基本上是用汉代墓葬的石板及明清墓葬的石碑

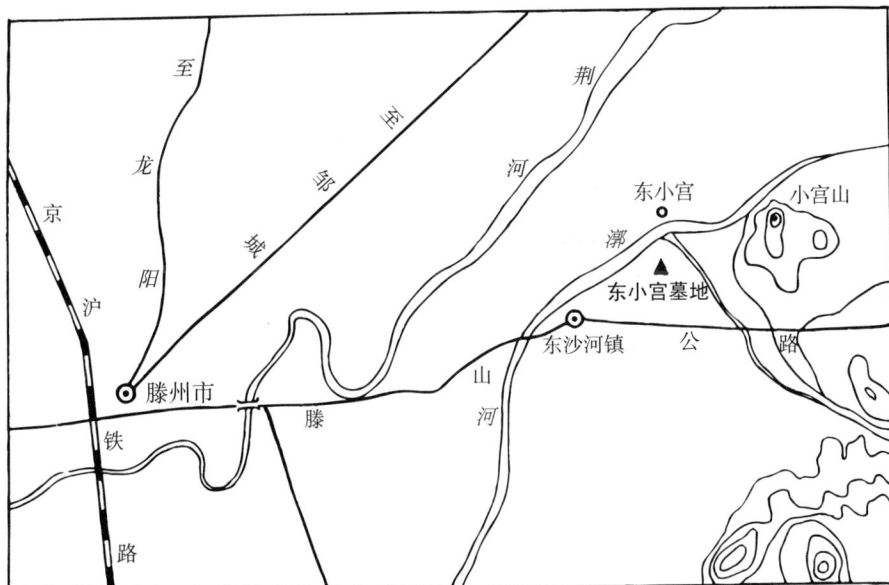

图一　东小宫墓地地理位置示意图

砸碎后砌成的。在土埠的中部，地表上裸露着汉代墓葬的石椁。根据东小宫汉代墓葬的深度，推测高埠的顶部在整平土地时，至少被削掉 2～3 米。

钻探资料表明，在丘陵的中部和西部有岳石文化至汉代的文化遗存，大部分在整平土地时被破坏掉，仅残存有部分灰坑等。东周及汉代墓地位于丘陵的中部和东部，整个墓地南北长约 700 米，东西宽约 400 米。

为配合北京—福州的高速公路建设，1998 年 10～12 月、1999 年 5～6 月山东省文物考古研究所、滕州市博物馆对该墓地进行了两次勘探、发掘工作。我们在墓地范围内勘探发现墓葬 1000 余座，其中除少量为周代墓葬外，绝大部分为汉代墓葬。此次发掘，主要在高速公路取土场征地范围内进行，两次发掘共清理墓葬 369 余座，其中有312 座为汉代墓葬。

本次发掘领队为王守功，参加发掘的人员有王守功、李振光、李曰训、李鲁滕、李胜利、崔圣宽等，参加资料整理的有王守功、崔圣宽、李振光。发掘工作得到了高速公路指挥、施工部门及滕州市地方政府的大力协助和支持，资料整理期间得到了山东大学马良民及山东省文物考古研究所郑同修、李振光等诸多先生的指导和帮助，在此深表感谢。

由于课题设置原因，东小宫墓地中发现的 28 座东周时期墓葬的资料将另文发表。本报告只报道东小宫墓地中汉代墓葬资料。

（一）墓地概况

312 座汉代墓葬多为长方形竖穴土坑墓，其中有 4 座墓葬有墓道。有的墓壁经过仔细修整并抹一层黄褐色细泥。墓内填土以红褐土夹青灰砂石为主，有的经过夯打，夯层一般厚 0.2 米；一些墓葬的填土经过挑选，均为红褐色细土，也有的用一层细土夹一层青灰色砂石。为了防盗，有的在填土中加一层防盗石板。

根据棺椁的不同，将墓葬分为土坑墓、石椁墓和其他墓（侧室墓、瓮棺墓、空墓）三类。其中土坑墓 41 座，约占 13%；石椁墓 264 座，约占 84%；其他墓 7 座，约占3%。考虑到空墓中大多存在一些石板，是尚未建成的石椁墓，这样石椁墓的总体数量应在 84% 以上。

土坑墓分为单室、双室两种，墓室一般较小，随葬品较简单，出土 1～3 件陶罐，有的没有随葬品。

石椁墓可分为单室、双室、三室和多室石椁墓，以单室为主。单室石椁墓有并穴葬的现象，一般是两个规模、随葬品基本一致的墓并列。两个以上的石椁墓，有的是一次建成椁室，后葬者再次挖开墓室，放进木棺，墓室的填土明显分为两部分；有的为两次建成，先埋葬一个，后再从墓室的一侧修建另一墓室，一些墓室之间平面出现错位，有的墓底部高低不同，两者关系从考古学上看为打破关系，但实际表示死者追求死后同穴的意识，因此，我们仍按一个墓给予编号。

墓葬绝大部分有木棺，个别土坑墓没有发现棺的迹象。由于地下水位较浅，许多墓葬内的木棺范围不清，一些棺木上有厚厚的黑漆或红漆。

葬式均为一次葬，以仰身直肢葬为主，有的骨架腐朽较甚，葬式不明。

随葬品摆放有一定的规律，一般陶器放置在椁外、椁外的边箱或壁龛内，个别放置在椁内，也有放置在墓葬填土中的现象。壁龛一般位于椁室的一侧或一端，有的壁龛较大；边箱一般用较薄的石板砌成，位于椁室的一侧，多发现于单石椁墓中。有前室的墓葬陶器一般在前室中。铜钱、铜镜、铁剑、铁刀、玉器等一般在棺内墓主人周围。

随葬品的种类有陶器、铜器、铁器、木器、玉器、石器、琉璃器等。陶器从功用上可分为三类：一类为罐、壶等日常生活用品；一类为鼎、盒、钫、盘、匜、杯等礼器，这些礼器多为泥质红陶，烧成火候较低，鼎、盒、壶、钫多成对出现；另一类为模型明器，主要有仓、灶、猪圈、猪等，一般与陶礼器共出。铜器主要有铜镜、钱、鸠杖首等。铁器主要有剑、削、刀等。木器多腐朽，在一些墓葬的壁龛中发现有木器腐朽的痕迹，器形不辨。玉器为璧、环、串饰等。石器主要为滑石的鼻塞、耳塞等。琉璃器主要有璧等。此外，在一些铜镜和铜钱上发现有丝织品腐朽的痕迹。

（二）墓葬分类及典型墓例

墓葬可分为土坑墓、石椁墓、其他墓等。土坑墓的数量较少，可分为单室墓、双室墓等。石椁墓可分为单室、双室、三室和多室石椁墓等。其他墓包括侧室墓、瓮棺墓和空墓。瓮棺墓为儿童墓葬。空墓应为由于其他原因没有下葬的墓（附表）。

1. 土坑墓

41 座。

M57　长方形竖穴土坑单室墓，打破 M55。墓向 181°。墓口长 2.05、宽 0.64 米，深 0.9 米，墓内填土为红褐黏土，夹细砂及青灰石。单人仰身直肢葬，头向南。葬具不清。随葬陶中型罐 2 件（其中 1 罐带有器盖），置于头的右上角；铁钱 1 串（皆朽蚀严重），置于头的左臂处（图二）。

M68　长方形竖穴土坑双室墓，南北向。东室打破西室。东室南北长 2.65、宽 1.2 米，深 1.1 米。墓穴四周有二层台。葬具为棺，棺长 2、宽 0.5 米。墓主为仰身直肢

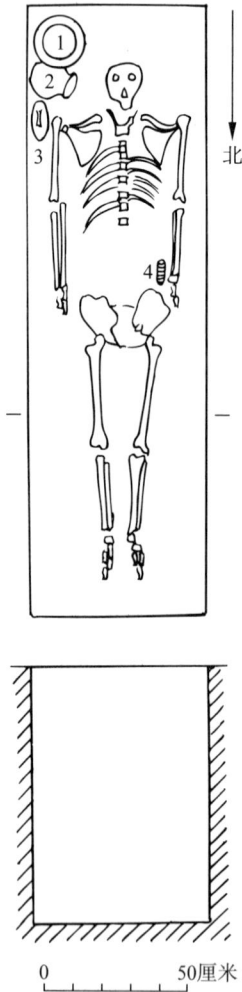

图二　汉墓 M57 平、剖面图

1、2. 陶中型罐　3. 陶器盖
（属于 2 号罐）　4. 铁钱

葬，头向南，面向上，在棺外有一陶壶。西室东北侧被东室打破，底部低于东室墓底 0.8 米。墓室长 2.4、宽 1.05 米。葬具为棺，棺长 2.05、宽 0.55 米。墓主人为仰身直肢葬，头向北，面向东，无随葬品（图三）。

2. 石椁墓

264 座。按椁室的多少不同，石椁墓可分为单室、双室、三室和多室石椁墓等。单室石椁墓一般由一块底板、两块侧立板、两块端立板、一至三块盖板组成。椁室大多位于墓室的中部。有的有壁龛或边箱，放置陶器等形体较大的随葬品。单室石椁墓多两两并排，应是夫妻并穴葬。也有的单室墓在墓的底部留生土二层台，放置棺木后盖以石盖板。双室石椁墓有的是一次挖好墓穴，大部分有再次挖开的痕迹：有的为先挖较窄的墓穴放置棺椁安葬，第二次在墓穴一侧再次挖墓穴安葬另一位死者。有两个椁室共用中间立板的现象。三室石椁墓及多室石椁墓也有共用边板的现象。在两个以上的石椁墓中，有的随葬品（主要指陶器）分别放置，有的放置在一侧或壁龛内，表明墓主人共同拥有这些随葬品。

（1）单室石椁墓

190 座。

M76　位于墓区中部，墓向 190°。分为墓道、墓室两部分。墓道呈阶梯状，长 3、宽 1.3 米，深 0～3.2 米。墓道及墓室内填土均为红褐色黏土，夹青砂碎石块，经夯打。墓室长 2.8、宽 3 米，深 3.8 米。在墓室西侧有一椁室，椁室长 2.3、宽 1、高 0.65 米，椁内有木椁，已朽。墓主人为一 25 岁左右的女性，仰身直肢葬，头向南。骨架周围有铜钱 14 枚，在椁室北侧距墓底 0.75 米处有一近长方形壁龛，宽 1.1、高 1、进深 0.3～0.5 米。龛内放置中型罐、壶各 1 件。在椁室的东侧墓底铺有两块石板。从墓室东侧向外突出及墓葬填土情况看，墓道及墓室东部是第二次挖开的，椁室只铺了底板，其他部分尚未修建（图四）。

M80　位于墓地的东南部，墓向 200°。墓室长 2.3、宽 1.3 米，深 2.05 米。椁室长 2.1、宽 0.84、高 0.74 米，椁室石板厚 0.07 米。椁内有棺木腐朽的痕迹。在墓穴的

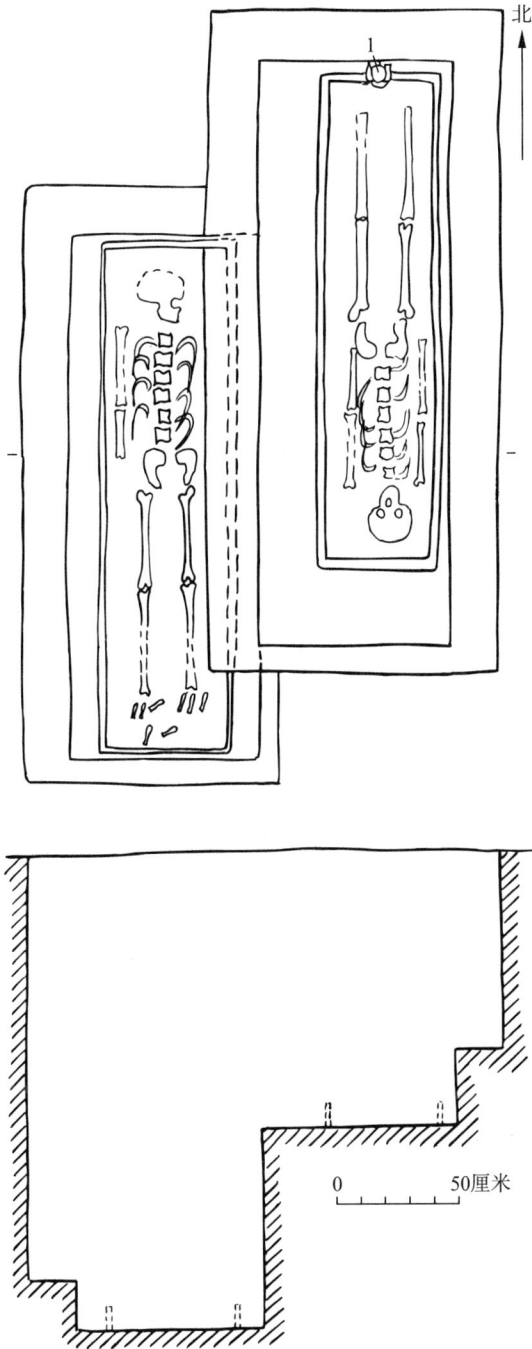

北

图三　汉墓 M68 平、剖面图

1. 陶壶

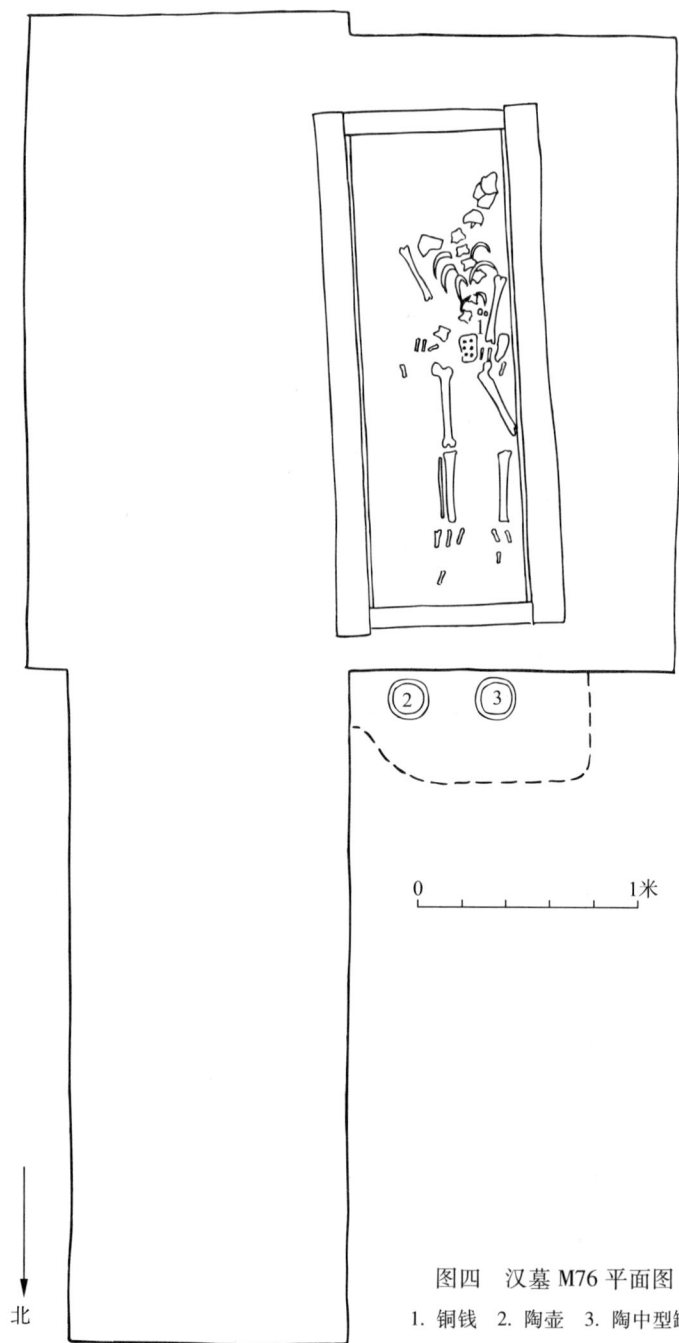

图四　汉墓 M76 平面图
1. 铜钱　2. 陶壶　3. 陶中型罐

北

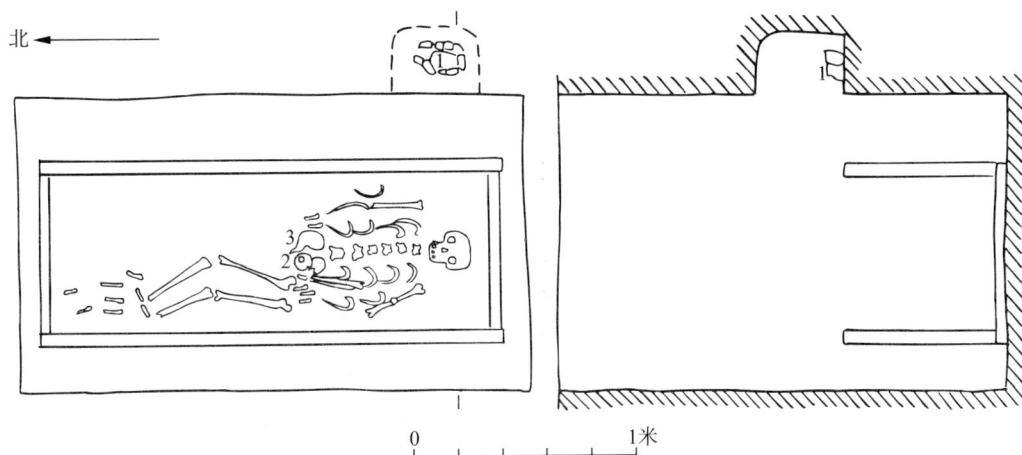

图五　汉墓 M80 平、剖面图

1. 陶壶　2. 铜镜　3. 铜钱

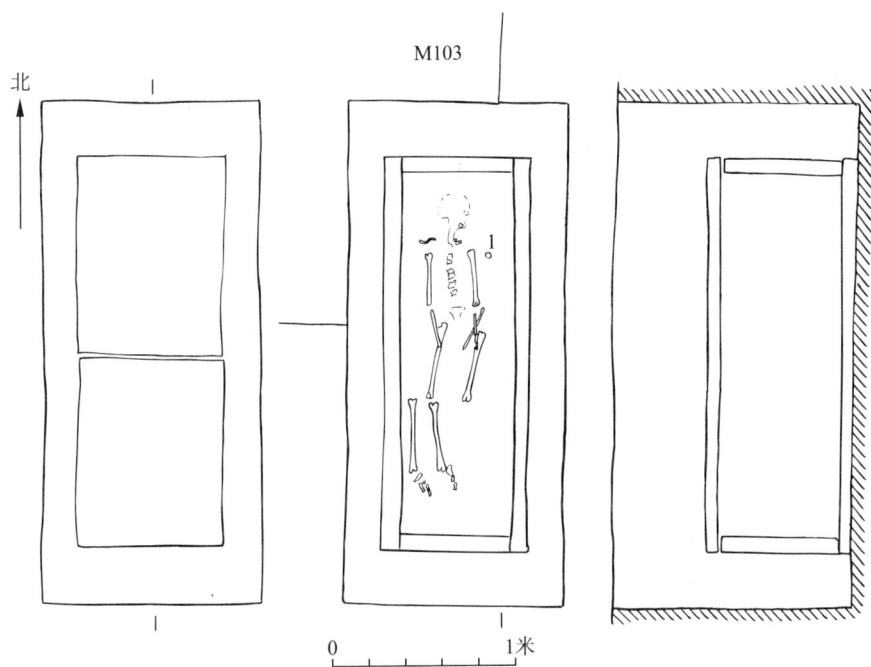

图六　汉墓 M102 平、剖面图

1. 铜钱

东南部有一壁龛，壁龛宽 0.4、高 0.4、进深 0.3 米，内放置陶壶 1 件。墓主人为一 18 岁左右的女性，仰身直肢，头向南，面向上。在墓主人的下腹部随葬有铜镜 1 面、铜

北

钱 8 枚（图五）。

　　M102　位于墓区东南部，打破 M103，墓向 360°。墓室长 2.7、宽 1.2 米，深 1.34 米。填土为红褐土，葬具为石椁、木棺。石椁长 2.1、宽 0.8、高 0.72 米。石板较薄，厚约 0.08 ~ 0.1 米。木棺已朽。骨架腐朽较甚，为仰身直肢，头向北，面向东，仅在骨架左侧随葬 1 铜钱（图六）。

　　M246　位于墓区东部，墓向 360°。墓室长 3.1、宽 2.2 米，深 2.65 米。墓室内有一石椁和石边箱。石椁长 2.6、宽 1.2、高 0.92 米。由底板、竖板及两层盖板组成。上层盖板厚 0.2 米，下层两块盖板厚 0.05 米，制作十分规整，放置在立板的内槽上。椁内有棺已朽，骨架腐朽较重，仰身直肢，头向北。随葬品均放置在椁室西侧边箱内，边箱长 1.7、宽 0.6 米，有一块石盖板，箱内随葬品有陶鼎 2、壶 1、盒 2、钫 1、盘 1 件（图七）。

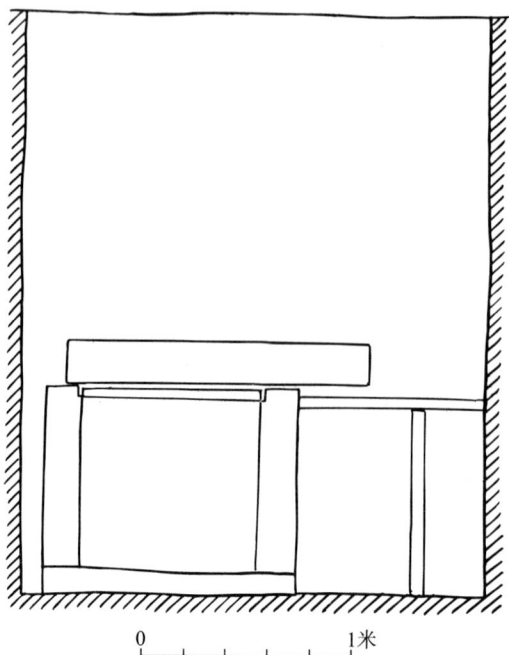

　　M272　位于发掘区的东部，墓向 5°。墓室长 2.9、宽 1.9 米，深 2 米。填土为黄褐色土，经夯打，夯层厚 0.2 米。墓室内有一石椁、木棺和石边箱。石椁长 2.5、宽 0.96、高 0.8 米。有底板和两层盖板。立板内侧有规整的钻花。南端立板内侧刻元宝、穿璧纹，北端立板刻有社树图案。木棺已朽。棺内骨架已朽，从残存部分看为仰身直肢葬，头向北。边箱位于椁室西侧，由五块立板和一块顶板组成，长 1.6、宽 0.5、高 0.7 米。箱内放置有带盖的鼎、

图七　汉墓 M246 平、剖面图

1、2. 陶鼎　3. 陶壶　4、5. 陶盒　6. 陶钫　7. 陶盘

壶、盒各2件，盘、小型罐各1件（图八）。

　　M314　位于墓区中部，墓向88°。墓底长2.8、宽1.6米，深2.3米。填土为夹砂五花土，含少量青灰石。石椁长2.6、宽1.6米，有底板和盖板，内置两棺，棺已朽。墓主人均为仰身直肢葬，头向东，面向上。北侧墓主人为一成年男性，左侧有1铁剑，右手有两串铜钱；南侧墓主人性别不详，左手处有3枚铜钱（图九）。

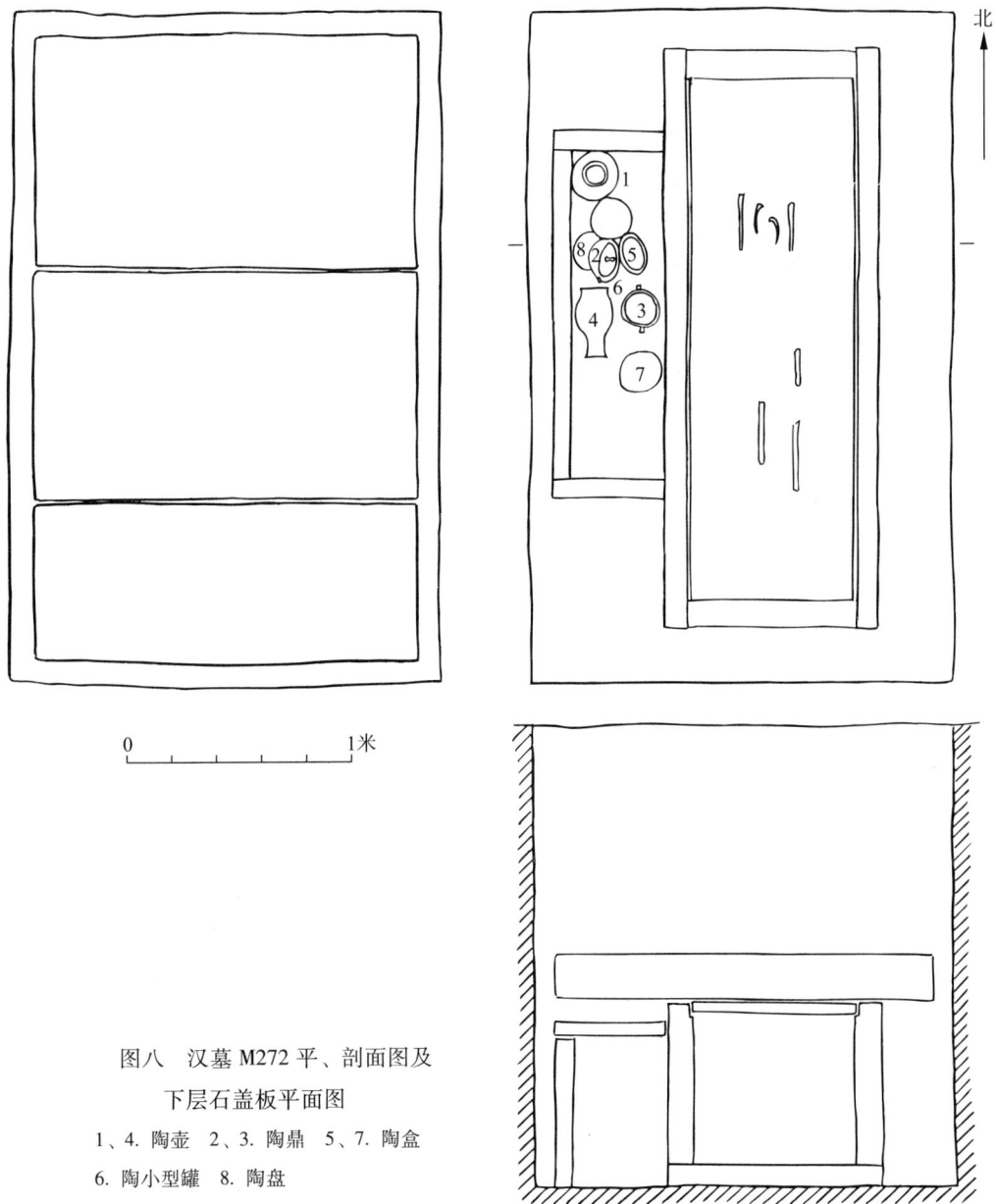

图八　汉墓M272平、剖面图及
下层石盖板平面图

1、4. 陶壶　2、3. 陶鼎　5、7. 陶盒

6. 陶小型罐　8. 陶盘

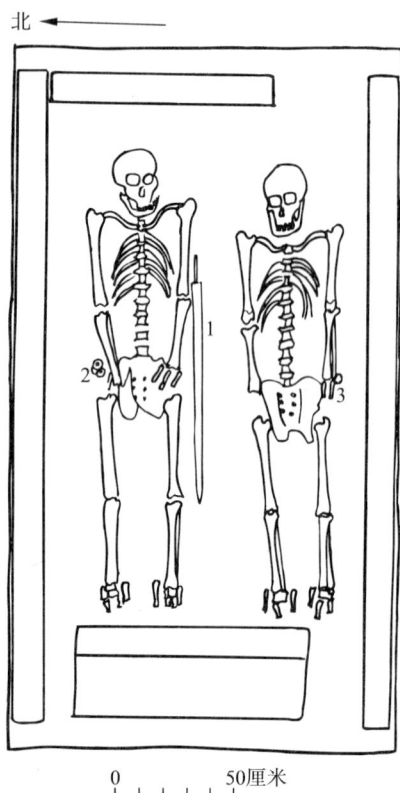

图九　汉墓 M314 平面图

1. 铁剑　2、3. 铜钱

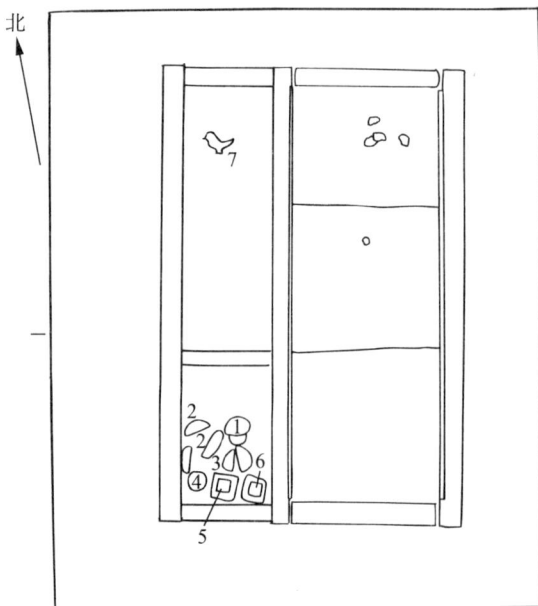

图一〇　汉墓 M326 平、剖面图

1、2. 陶盒　3、4. 陶鼎　5、6. 陶钫

7. 铜鸠杖首

　　M326　位于墓区东部，墓向 190°。墓室长 3.2、宽 2.7 米，深 2.6 米。填土为红褐色花土。椁室长 2.42、宽 0.94、高 0.8 米，西侧有边箱。石板厚度为 0.15 米。椁室盖板分两层，上层三块盖板厚 0.18 米，下层两盖板为扁薄的石板，厚 0.08 米，盖在椁室边板的扣槽内。边箱长度与椁室一样，宽 0.7 米，内用石板分隔成南北两部分，南部长 0.9 米，主要放置陶器；北部长 1.52 米，发现铜鸟 1 件，为鸠杖首。椁室内有棺

木腐朽的痕迹，墓主人骨架腐朽较甚。在椁室的北侧发现头骨残片，头向北。随葬品有陶盒、鼎、钫各2件，铜鸠杖首1件（图一〇）。

M331 位于墓区中部，被M332打破，墓向183°。墓室长2.7、宽1.9米，深3.1米。墓内填土为黄褐花土，杂青灰石。双盖板石椁，长2.34、宽1.02米。石板铺底，厚0.16米。侧立板高0.7、厚0.15米，上端及两端开槽，盖板及端立板卡入槽中。上层盖板2块，厚约0.2米。下层盖板3块，厚0.06米。有棺，朽甚。墓主人为一大于50岁的女性，骨架散乱，头向南。西壁近底部挖一壁龛，宽1.2、高0.52、进深0.52米。龛外用石板封挡，龛内有陶器23件，其中鼎（附盖）、壶（附盖）、仓、匝、盘各2件，盒4件，杯3件，小型罐、甑、勺、灶、猪圈、陶猪各1件，椁内有铜钱2枚（图一一）。

（2）双室石椁墓

71座。

M65 位于发掘区中部，墓向180°。东、西两室分两次建成，先建东室，后建西室。东室墓室长2.7、残宽1.2米，深2.1米，高于西室墓底0.5米。墓内填土为红褐黏土夹青灰石块，经夯打。椁室长2.5、宽1、高0.8米。有两层盖，上层盖板两块，厚0.15米；下层盖板在立板的内槽上，厚0.05～0.06米。椁内木棺已朽。墓主人骨架已朽，仰身直肢，头向南。骨架右侧有铁削、铜带钩各1件。西室为二次挖成，墓室略长于东室。

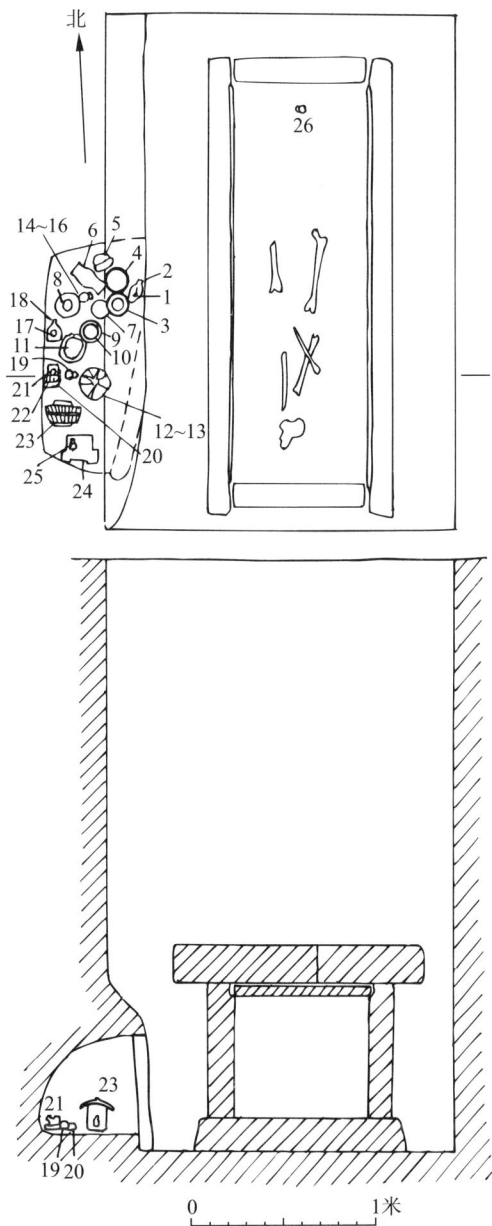

图一一 汉墓M331平、剖面图

1. 陶勺　2、18. 陶匝　3、5、11、22. 陶盒　4、7. 陶鼎

6、8. 陶壶　9、10. 陶盘　12、23. 陶仓

13. 陶小型罐（在12内）　14～16. 陶杯　17. 陶甑

19、20. 陶器盖（6、8两壶的器盖）

21. 陶灶　24. 陶猪圈　25. 陶猪　26. 铜钱

图一二　汉墓 M65 平、剖面图

1～4. 陶中型罐　5. 铜钱　6. 铁削　7. 铜带钩

填土为红褐土夹青灰石块，经夯打，夯层不明显。墓室长2.9、宽1.7米，深2.6米。石椁低于东室，长2.55、宽1.05、高0.84米，有两层盖板。墓主人头向南，骨架已朽，在腹部有1枚铜钱。随葬陶器分别放于东室椁外及西室北端壁龛内。在东室东外侧放置陶中型罐2件。在西室北有壁龛，宽1、高0.7、进深0.8米，内置陶中型罐2件（图一二；彩版一五，1）。

M108　位于墓区中部，墓向100°。墓室长2.8、宽2.3米，深1.9米。填土为红褐土，内含少量青灰石。墓内并排两个石椁。北椁室长2.55、宽1.1、高0.9米，有两块盖板石。椁内有木棺，已朽。墓主人为一50～60岁男性，仰身直肢，头向东，面向上。左侧有1铁剑。南椁室长、宽、高与北椁室同，与北椁室共用底板和中间立板。椁内木棺已朽，墓主人为一55～65岁男性，仰身直肢，头向东，面向南，脚部放置1面铜镜和1串铜钱。在北椁室的外侧，随葬有陶壶2件，大型罐、小型罐、盒各1件（图一三）。

M110　位于墓区东南部，墓向96°。墓室长2.7、宽2.7

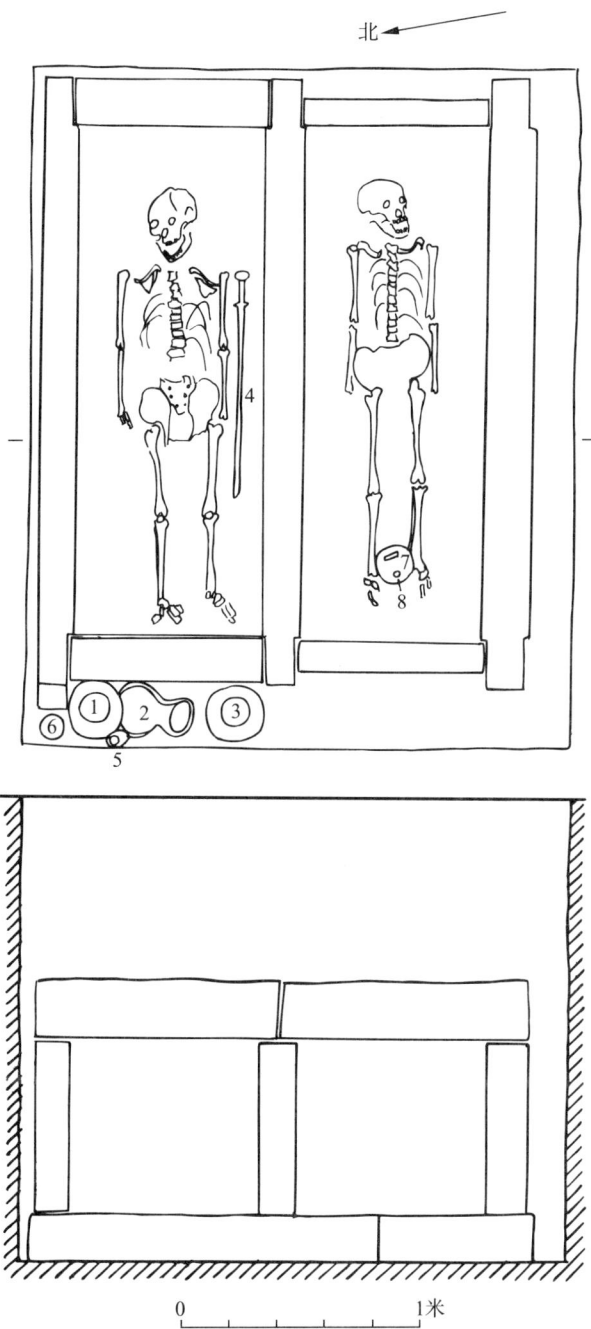

图一三 汉墓 M108 平、剖面图

1、2. 陶壶 3. 陶大型罐 4. 铁剑 5. 陶小型罐 6. 陶盒 7. 铜镜 8. 铜钱

米，深 2.1 米。填土为红褐土，较松软。墓内并排两个石椁。北椁室长 2.3、宽 1.02、高 1.1 米。两块盖板。椁内有木棺，长 1.85、宽 0.54 米。墓主人仰身直肢，头向东。头部有滑石玲 1、铜钱 1 组，左侧有铁剑 1 件，股骨周围有铜钱 2 组。南椁室长、宽、高与北椁室同，与北椁室共用底板和中间立板。椁内木棺已朽，墓主人为一 25 ~ 35 岁男性，仰身直肢，头向东，面向上。在左侧手部有 1 面铜镜和铜钱 1 组（16 枚）。随葬陶器放置于椁盖板上和壁龛内。在两椁室之间盖板上放置大型罐、中型罐各 1 件。北椁室东北部距墓底 1 米处有一壁龛，宽 1.05、高 0.7、进深 0.5 米。内放置陶中型罐 2件，在罐的上部有 2 件圆形木器，已朽，器形不辨（图一四）。

M161　位于墓区中部，打破 M162。墓向 100°。墓室长 3.1、宽 2.7 米，深 2.3 米。填土为红褐夹砂土，含青灰石，夯层厚约 0.2 米。墓内有两个石椁，从填土及盖板叠

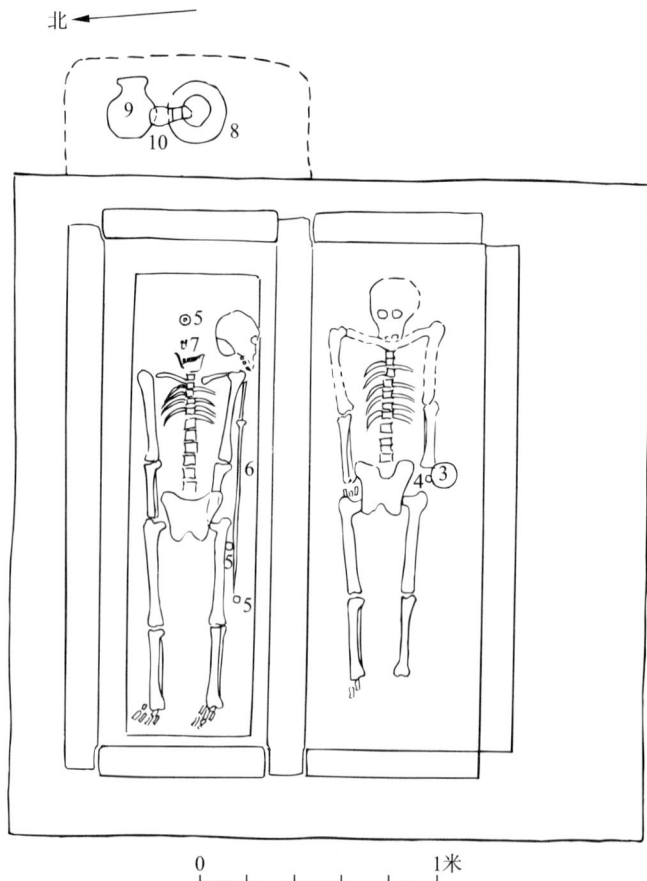

图一四　汉墓 M110 平面图

1. 陶大型罐（填土）　2. 中型罐（填土）　3. 铜镜　4、5. 铜钱

6. 铁剑　7. 滑石玲　8、9. 陶中型罐　10. 木器（残迹）

压情况看，北椁室早于南椁室。北椁室长2.45、宽1.2、高1.1米。盖板两层，上层为一块较厚的石板，下层为两块较薄的石板。椁内木棺已朽，骨架较凌乱，头向东，左侧有铁剑1件、铜钱1枚。南椁室长、宽、高与北椁室同，二者共用底板及中间立板。有两层盖板。椁内木棺已朽。墓主人为仰身直肢葬，头向东。随葬陶器放在东、北壁龛内。东壁龛位于南椁室的东端，宽1、高0.8、进深0.7米。内放陶大型罐1件、其他罐1件、釉陶壶1件。北壁龛位于北椁室的东侧，龛宽0.9、高0.7、进深0.7米。内放陶中型罐2件、大型罐1件（图一五）。

M222 位于墓区中部，墓向360°。为双室石椁画像石墓。墓室长2.8、宽2.7～3米，深1.22米。双椁室并排，西椁室长2.38、宽1.12、高0.8米。底铺石板，厚0.1米。立板上开口槽。双层顶盖板，下层盖板三块，上层盖板二块。有棺，朽甚。单人仰身直肢葬，头向北。铜钱、石串饰置于胸部，另有石玲、耳塞、鼻塞等。东椁室长

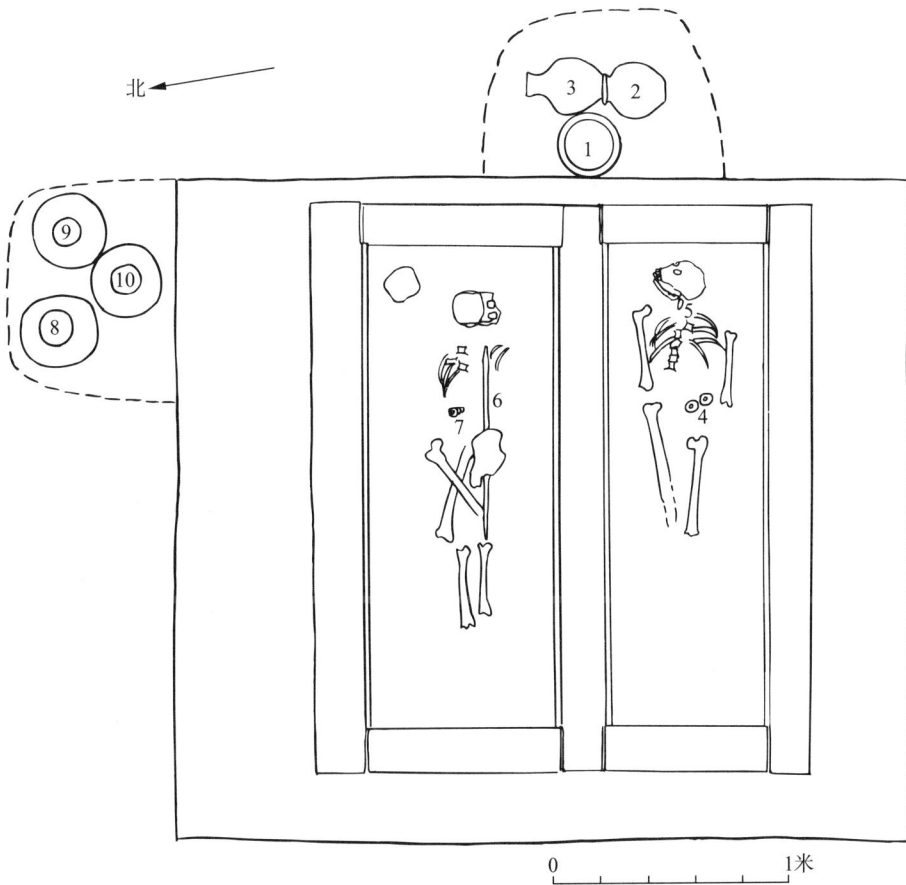

图一五　汉墓M161平面图

1、10. 陶大型罐　2. 陶其他罐　3. 釉陶壶　4、7. 铜钱　5. 石蝉（口含）　6. 铁剑　8、9. 陶中型罐

2.56、宽1.4、高0.85米。底铺石板。立樽板上端及两端开槽，两端立板卡入槽中。四壁皆刻有画像。双层盖板，下层盖板三块，上层盖板三块。有棺，朽甚。单人仰身直肢葬，头向北。铜钱置于胸部，铁剑、铁削置于骨架右侧。墓穴北壁东端有一壁龛，宽1、高0.4、进深1米。内有陶大型罐1件、中型罐3件（图一六）。

画像石：共4块，均刻于东樽室四壁，雕刻技法为竖条痕线刻，画面内刻以麻点或曲线纹。北端立板宽0.8、高0.69米。周边均刻竖穴条纹、菱形纹及水波纹。画面宽0.42、高0.45米，上刻有双阙，主人头盘发髻、抄双手，立于阙间，两侍者低头侍立两侧。南端立板宽0.6、高0.58米，周边凿纹同北端立板，画面宽0.4米，分上下两部分：上部刻两个铺首衔环，下部分刻穿璧纹（图一七）。

东侧立板宽2.15、高0.64米。分为三个画面：左侧画面宽0.41、高0.43米，刻一朱雀，昂首展翅，长腿玉立，尾屏展开。右侧画面宽0.44、高0.44米，刻有双打击鼓，中部竖一立木，顶部有一鼓，双人击鼓对舞。中部画面宽0.87、高0.44米，分为上下两层。上层刻歌舞图，两人长袖挥舞，一人伏于地，一人静坐左侧；下层刻车骑出

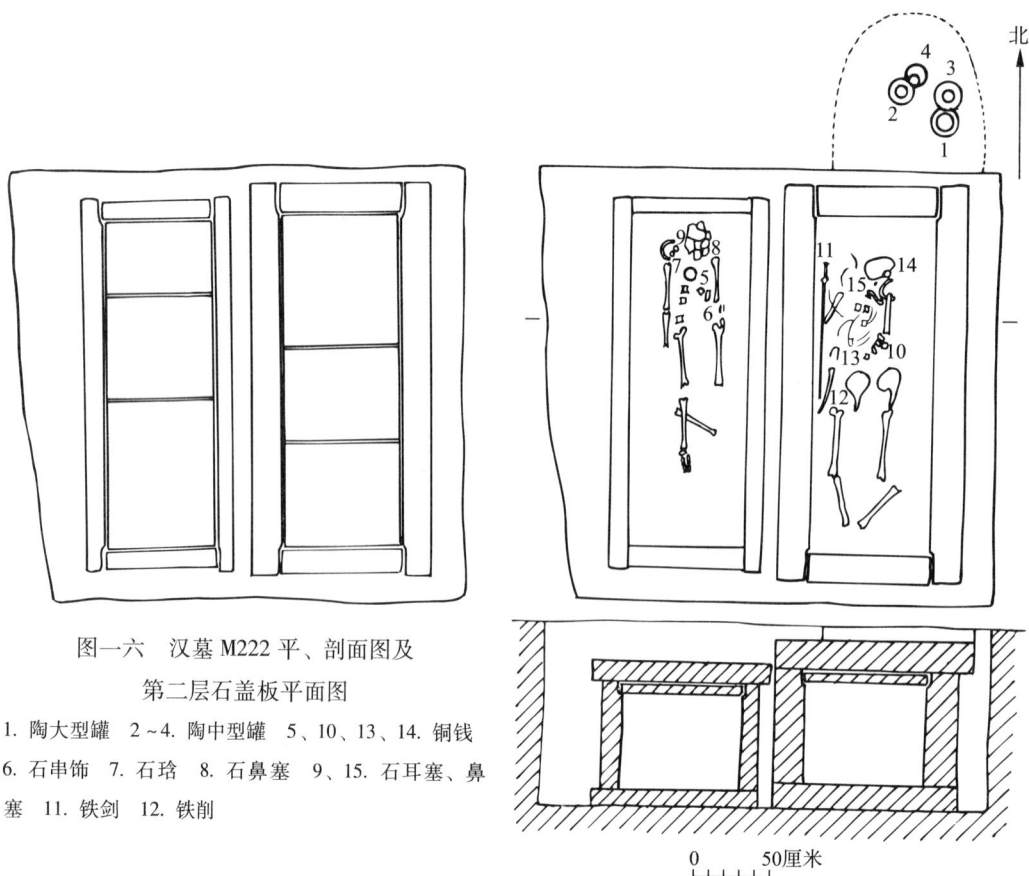

图一六　汉墓 M222 平、剖面图及
第二层石盖板平面图

1. 陶大型罐　2~4. 陶中型罐　5、10、13、14. 铜钱
6. 石串饰　7. 石琀　8. 石鼻塞　9、15. 石耳塞、鼻
塞　11. 铁剑　12. 铁削

0　　　50厘米

0 ____ 5厘米

图一七　汉墓 M222 画像石

1. 北端立板　2. 南端立板

0 ____ 10厘米

图一八　汉墓 M222 画像石

1. 东侧立板　2. 西侧立板

行图，马拉辒车奋蹄前行，主人安坐车内，侍者挥鞭赶车。车后一人骑马随车慢行，一人肩扛长枪，一人背负弓箭迈步紧从。西侧立板宽 2.15、高 0.69 米，周边刻竖线纹、菱形纹及水波纹带，画面宽 1.92、高 0.41 米，共分三部分：左侧部分上刻双人搏击图，下刻伏虎图；中部左侧两人执笏对拜，右侧两人站立于旁；右侧刻捕鱼图，一人持枪投入水中，下方刻有鱼鳖。雕刻技法为竖条痕线刻，画面内刻以麻点或曲线纹（图一八）。

M307 位于墓地东部，为一带墓道和前室的双石椁墓，墓向 90°。被盗严重。墓葬分为墓道、前室、后室三部分。墓道为梯形状墓道，长 2.8、宽 1.5~1.7 米，深 0~1.4 米。前室长 0.8、宽 1.9 米，原有石板砌成，石板均被盗。后室长 2.8、宽 2.6 米，深 1.4 米，为双椁室，一次建成。两椁室长 2.4、宽 1.95、高 0.7 米。侧立板较薄，共用的中间立板较厚。盖板大多被盗，墓室内被盗。在填土内发现铜钱 1 枚。随葬陶器均放于前室内，有陶中型罐 2、壶 4、洗 1 件（图一九）。

M323 位于墓地东部，北邻 M307，墓向 90°。填土为红褐土夹大量青灰石。墓葬分为墓道、前室、后室三部分。墓道为长方形斜坡状，长 2.7、宽 1.3 米，深 0~1.52 米。前室由四块石板砌成，后端为石椁，两侧有立板，上有盖板，前有挡门石板，无底板。前室长 1.35、宽 1.4、高 1.3 米。后室长 2.8、宽 2.2 米，深 1.5 米。内有双石椁。北椁室长 2.5、宽 1.1、高 0.82 米。椁内木棺已朽。墓主人为仰身直肢葬，似头向东，头右侧有 1 面铜镜，左侧有 8 枚铜钱。南椁室长 2.5、宽 1.05、高 0.82 米。椁内木棺已朽。墓主人为仰身直肢葬，头向西，面向北。骨架周围有铁剑、铁削、铜镜各 1 件，铜钱 1 串。随葬陶器放置在前室中，有小型罐 1、壶 4 件（图二○）。

（3）三室石椁墓

2 座。

M315 长方形竖穴土坑三椁室墓，墓向 355°。墓室长 3.25~3.5、宽 2.4 米，深 3.5~4 米。室内有三椁，分别为中室、东室和西室。填土为黄褐色平砂石块，夯层不明显。从层位关系看，先埋葬中室，后安放西室，最后加东室。中室石椁长 2.3、宽 1.2、高 0.9 米，有两层盖板。椁室内木棺已腐朽，骨架腐朽较甚，头向北，骨架左侧随葬铁剑 1 件、铜钱 1 组。西室长 2.3、宽 0.98、高 0.84 米，墓底高于中室 0.2 米。单层盖板。木棺已朽，骨架保存较好，仰身直肢，头向北，面向上。身体两侧有 2 件带盖陶盒。东室墓底低于中室 0.3 米。东椁室长 2.3、宽 0.96、高 0.82 米。有两层盖板，椁内棺已朽，骨架腐朽较甚。随葬陶器放置在东室与中室之间，有带盖盒 2、大型罐 1、壶 1 件（图二一）。

M332 位于墓区中部，打破 M331。墓向 273°。墓室长 3、宽 2.65 米，深 3.06 米。墓内填土为红褐土夹青灰石。墓室内有三个椁室，系一次修建而成。每个椁室长 2.5、

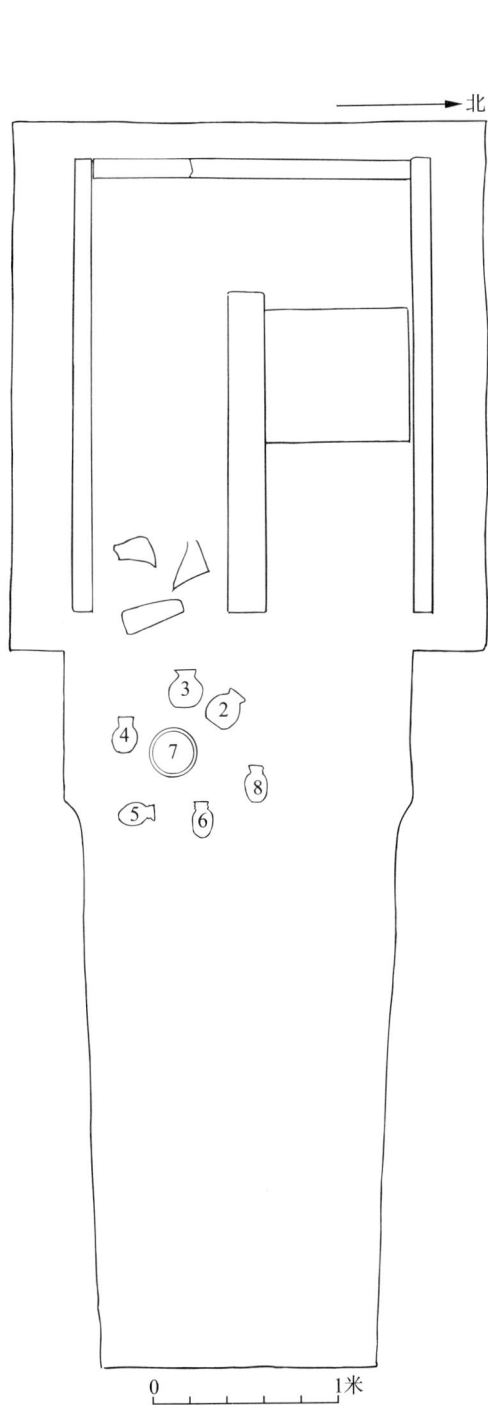

图一九　汉墓 M307 平面图
1. 铜钱（填土）　2、3. 陶中型罐
4、5、6、8. 陶壶　7. 陶洗

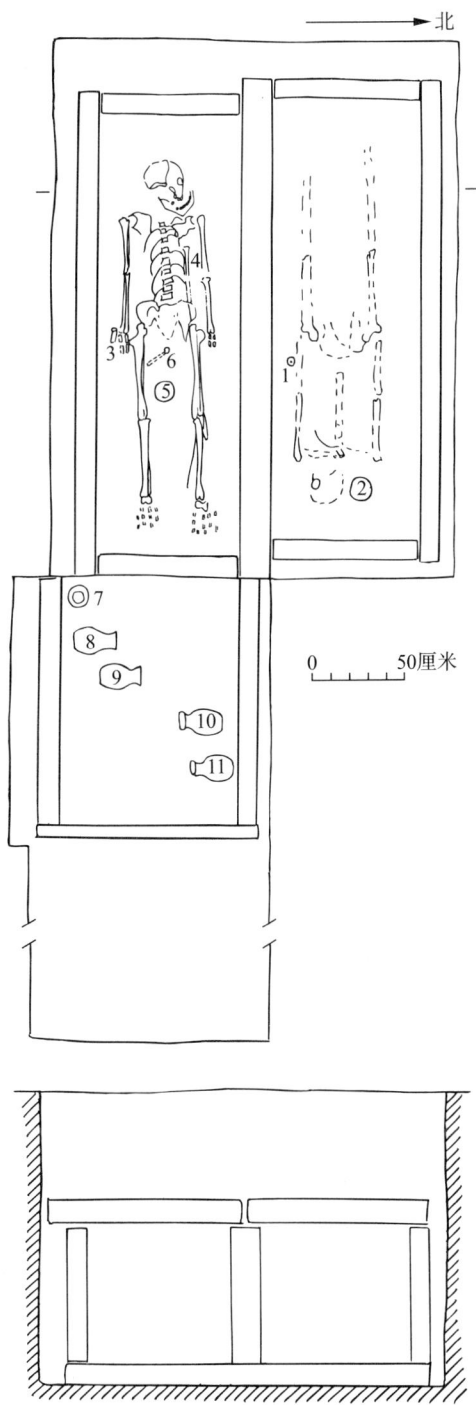

图二○　汉墓 M323 平、剖面图
1、3. 铜钱　2、5. 铜镜　4. 铁剑　6. 铁削
7. 陶小型罐　8～11. 陶壶

宽 1~1.15、高 0.8 米。椁室共用中间两块立板。盖板均由两块石板构成。椁室内有木棺。中室墓主人为一 30~40 岁男性，仰身直肢，头向西。南室为大于 40 岁的女性。仰身直肢，头向西。左侧有铜五铢及大布黄千各 1 串。北室为一 35~40 岁的女性，仰身直肢，头向西。头部有石玲、石鼻塞、石耳塞，右侧有铜钱 1 串。在墓室西南角近墓口处有一壁龛。龛宽 0.8 米，高度不详，进深 0.45 米。内置陶中型罐 3 件（图二二）。

（4）多室石椁墓

1 座（M324）。

M324 位于墓区东部，墓向 95°。带墓道的多椁室墓，由墓道、前室、后室构成。墓道为长条形斜坡状，长 3.9、口宽 0.92~1.06 米，深 2.22 米。不规则长方形前室，东西长 1.8~2.8、南北宽 3.1 米。南部埋有一人，有棺，朽甚，棺长 1.9、宽 0.67 米。单人仰身直肢葬，头向西，面向上，铁戟 1 件置于体左，铜镜 1 枚、铜钱"大泉五十" 1 串置于头右上方。前室北部与门道相对应处为一石砌器物库，底铺二块石板。器物库内有陶壶 3 及小型罐、盘、中型罐各 1 件，前室南侧有陶大型罐、鼎各 1 件。东部置门槛石，长 1.4、宽 0.36、厚 0.14 米，两端各有一门轴窝。南北两侧各立两块石板。东侧立板上端有宽 0.6、高 0.2 米的口槽，西立板的立面有一个三角形缺口。立板上端口槽内置门楣石，长 1.9、宽 0.36、厚 0.18 米。门楣内下侧有宽 12、深 4 厘米的浅槽。槽两端有直径 8、深 6 厘米的轴窝。门楣上刻有画像。石门两扇，分别宽 0.81 和 0.52 米，高 1.06、厚 0.12 米。门有轴，门内面刻有画像。南北侧立板及门楣石上南北横置三块长条石板作顶盖。门外立封门石一块。

后室呈长方形，南北长 3.4、东西宽 2.6 米，深 2.2 米，两次挖成。墓室内砌有南北并排石椁室 4 个，皆一层盖板，底铺石板，共用中间立板。

北椁室：立板长 2.44、高 0.64、厚 0.1 米。盖板两块，宽 0.82~0.94、厚 0.13米。有棺，朽甚。单人仰身直肢葬，头向西，面向上。内随有陶中型罐 4 件，置于右腿外侧；铜钱"大泉五十" 1 串，置于右手外侧。

中北椁室：南侧立板长 2.38、高 0.64、厚 0.11 米。盖板两块，宽 0.85、厚 0.2 米。有棺，朽甚。仰身直肢葬，头向西，面向南。随葬铁削 1 件，置于头左侧；石串饰 1 串，置于头右侧。

中南椁室：南侧立板长 2.44、高 0.68、厚 0.15 米。东堵板宽 0.72、厚 0.12 米，北留一空。盖板两块，宽 0.92、厚 0.26 米。有棺，朽甚。骨架散乱，头向西，面向南。随葬陶壶、鼎各 1 件，置于脚端右侧；铜镜 1 面置于头右侧，石串饰 1 串置于体左侧。东堵板空处置陶鼎 1 件。尸骨左手部放置铁剑、铁带钩各 1 件。

南椁室：南侧立板长 2.38、高 0.74、厚 0.1 米。盖板两块，宽 0.68、厚 0.2 米。有棺，朽甚。仰身直肢葬，头向西，面向下。随葬铁刀 1 件，置于体右侧。

北

图二一 A　汉墓 M315 平面图

1、4、6、7. 陶盒　2. 陶壶　3. 陶大型罐　5. 陶中型罐　8. 铜钱　9. 铁剑

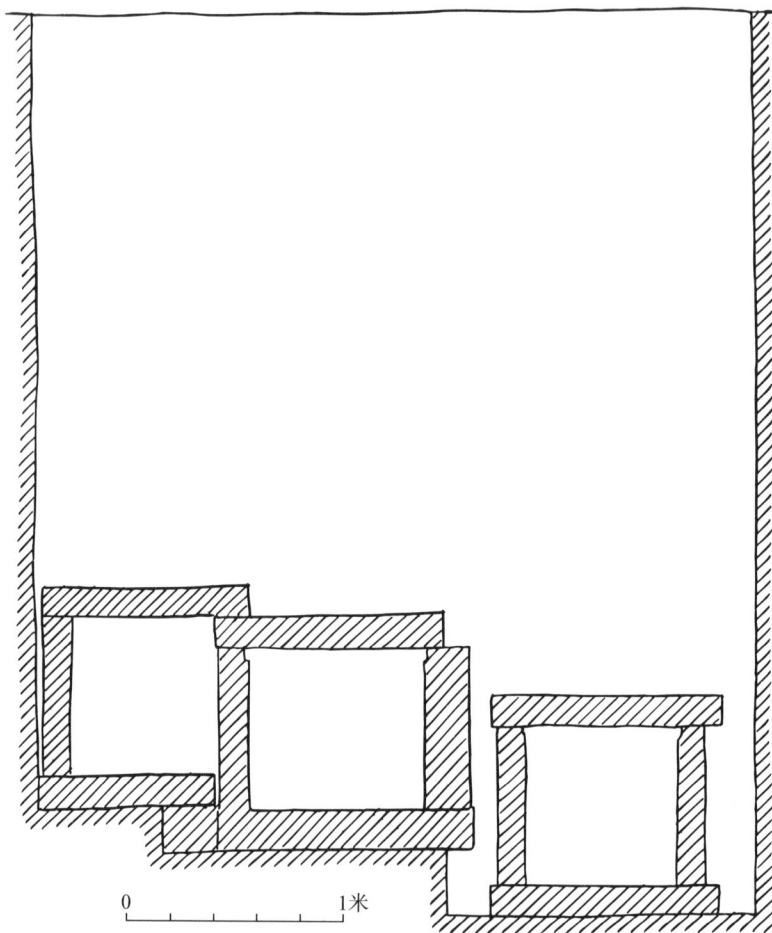

图二一 B　汉墓 M315 剖面图

　　后室西壁有一壁龛，宽1.32、高1.06、进深0.74米。内有陶器6件（图二三；彩版一五，2）。

　　画像石：门楣石内侧宽1.84、高0.18米，刻斜线条痕；外侧画面宽0.78、高1.06米，刻菱形纹。南侧门扉内画面宽0.79、高1.06米，周边刻斜线条痕，内侧十字穿璧纹。北侧门扉内面画面宽2.36、高0.74米，周边刻斜条痕，内刻十字穿璧纹。雕刻技法为平地阴线刻（图二四）。

3. 其他墓

7 座。

（1）侧室墓

1 座（M143）。

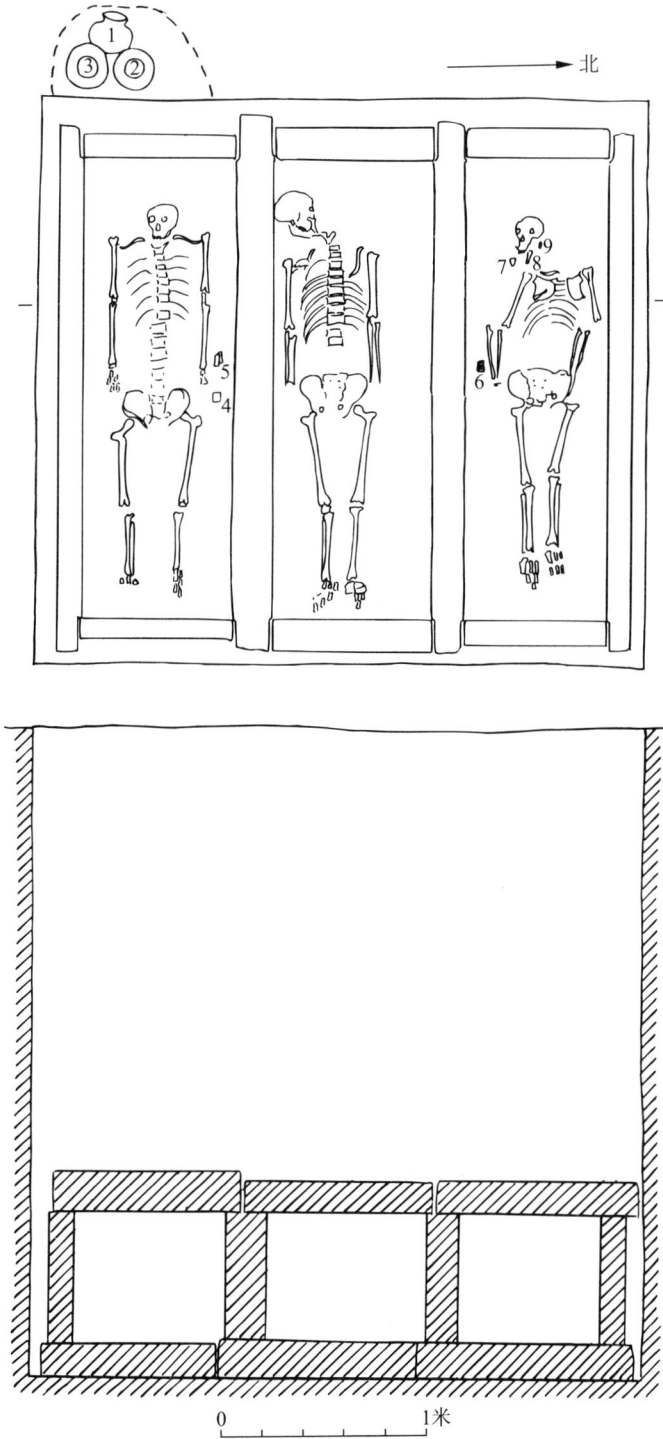

图二二　汉墓 M332 平、剖面图

1～3. 陶中型罐　4～6. 铜钱　7. 石琀　8. 石鼻塞　9. 石耳塞

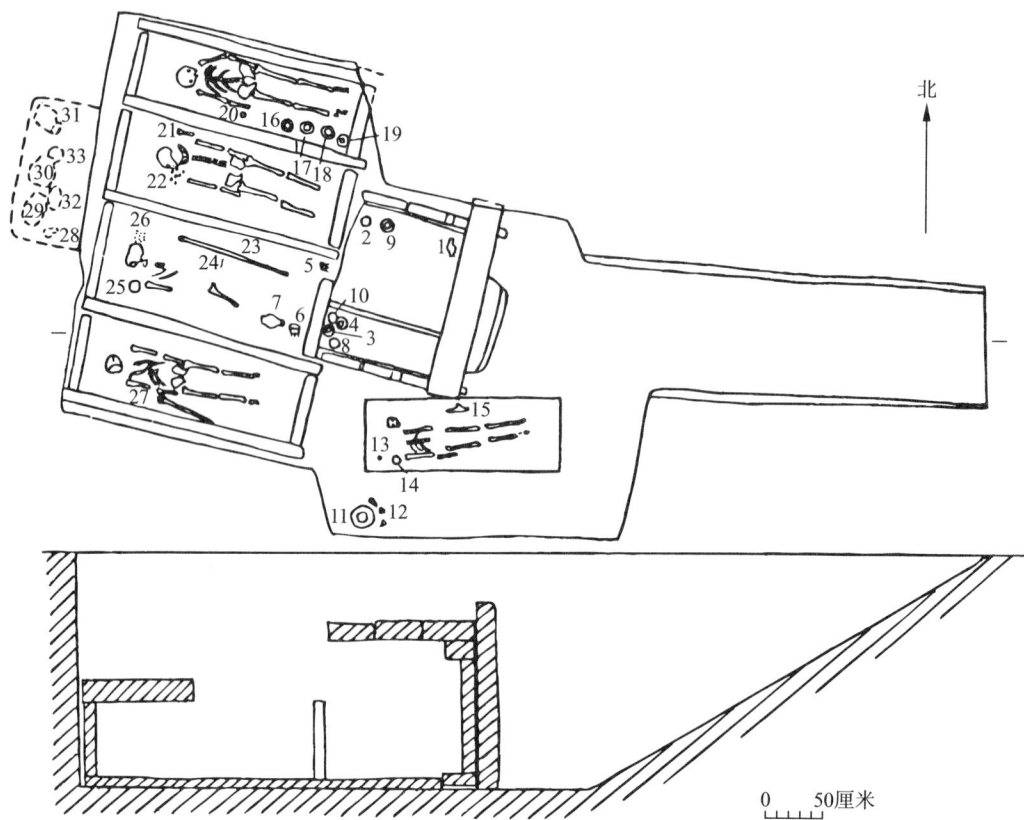

图二三　汉墓 M324 平、剖面图

1、2、3、7、28~30. 陶壶　4. 陶小型罐　5、6、12、32、33. 陶鼎　8. 陶盘　9、16~19. 陶中型罐　10. 陶器盖
（属于 3 号壶）　11、31. 陶大型罐　13、20. 铜钱　14、25. 铜镜　15. 铁戟　21. 铁削　22、26. 石串饰
23. 铁剑　24. 铁带钩　27. 铁刀

图二四　汉墓 M324 门楣石外侧画像石

M143 位于墓区西部，墓向 96°。长方形竖穴墓道，长 2.2、宽 1 米，深 1.1 米。在墓的北侧墓壁向外掏出一长方形侧室。侧室长 2、进深 0.68、高 0.82 米。内放置墓主人。墓主人为男性，仰身直肢，面向上，头向东。无葬具。侧室与墓道之间用两块较薄的石板封挡。墓道西端近底处有一小型壁龛，龛内随葬陶中型罐 1 件（图二五；彩版一五，3）。

（2）瓮棺葬

1 座（M142）。

M142 土坑竖穴瓮棺葬。东部被 M135 打破，墓向 179°。墓室略呈椭圆形，长径 0.72、短径 0.58 米，深 0.9 米。在墓底有两个口部相对的大口罐及敛口瓮陶质葬具，内有小量骨骼残片，腐朽较甚（图二六）。

（3）空墓

5 座。有的仅挖好墓坑，有的部分修建了椁室。

M106 位于墓区西南部，打破 M107，墓向 280°。长方形土坑竖穴墓。墓室长 2.5、宽 1.3 米，深 1.65 米。填土为红褐土，底部有两块底板，南侧有一立板。从墓葬现状看，石椁尚未建成（图二七；彩版一五，4）。

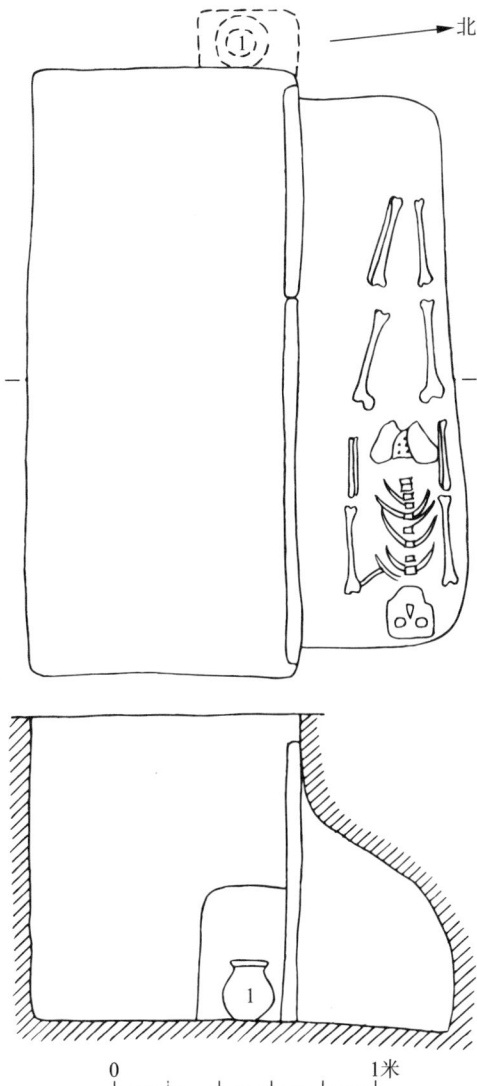

图二五 汉墓 M143 平、剖面图
1. 陶中型罐

（三）随葬品

东小宫墓地 312 余座汉代墓葬出土遗物多达 800 余件，包括陶、铜、铁、玉石、琉璃器等，其中陶器占大宗，器类有鼎、盒、壶、钫、匜、盘、罐等；铜器包括铜镜、铜钱、带钩等，皆是一些小型器；铁器包括剑、刀、镢、舀等，大部分锈蚀严重；玉、

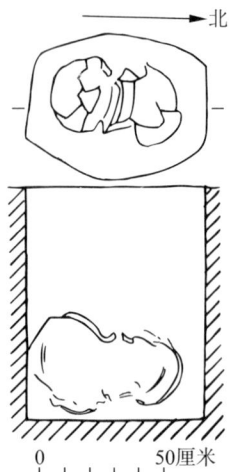

图二六　汉墓 M142 平、剖面图

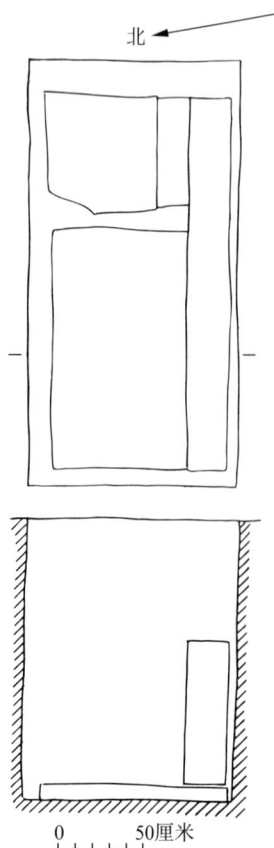

图二七　汉墓 M106 平、剖面图

石、琉璃器有玉环、石珩、石鼻塞、石耳塞、石黛板及琉璃璧等。

1. 陶器

陶器有 688 件，器类有鼎、盒、壶、钫、匜、盘、罐等，部分残破。

鼎　69 件。根据腹部的形态可分五型，无法归入上述五型的统称其他型，另残 11 件。

A 型　16 件。折腹鼎。根据腹的深浅分为两亚型。

Aa 型　15 件。腹较深，圜底，两竖耳微外撇，马蹄形三足。可分三式。

Ⅰ式　9 件。子口，方唇，平沿，上腹若内敛，上下腹间有明显的接棱，圜底。两对称竖耳略外撇，耳上有较高的长条形穿孔。三蹄状足比较肥硕。弧顶盖。标本 M203:3，泥质灰陶。口径 13.1、通高 14.2 厘米（图二八，1；图版二七，1）。标本 M40:4，泥质灰陶。口径 12.9～13.5、通高 12.8 厘米（图二八，3）。标本 M322:3，泥质灰陶。马蹄形较肥硕，蹄部外撇。口径 13.3、通高 12.4 厘米（图二八，2）。标本 M331:7，泥质红褐陶。平沿略向内斜高。两对称外撇竖耳，下部有长条形凹槽。马蹄形足蹄部较直。口径 12.4、通高 14.3 厘米（图二八，4；图版二七，2）。

Ⅱ式　3 件。子口，尖唇，平沿，上腹较直，上下腹间有明显的接棱或凸棱，上腹较直，下部弧腹，圜底。两对称竖耳，上部外撇，上中部有未穿透的长条形凹槽。三蹄状足。弧顶盖。标本 M242:5，泥质红褐陶。两对称竖耳上部略外撇，下部有长条形凹槽。马蹄形足蹄部微外撇。口径 12.5、通高 12.8 厘米（图二八，5）。标本 M124:5，泥质灰陶。三马蹄形足略内收。弧顶盖近平。口径 13.2～13.7、通高 13.1 厘米（图二八，6）。

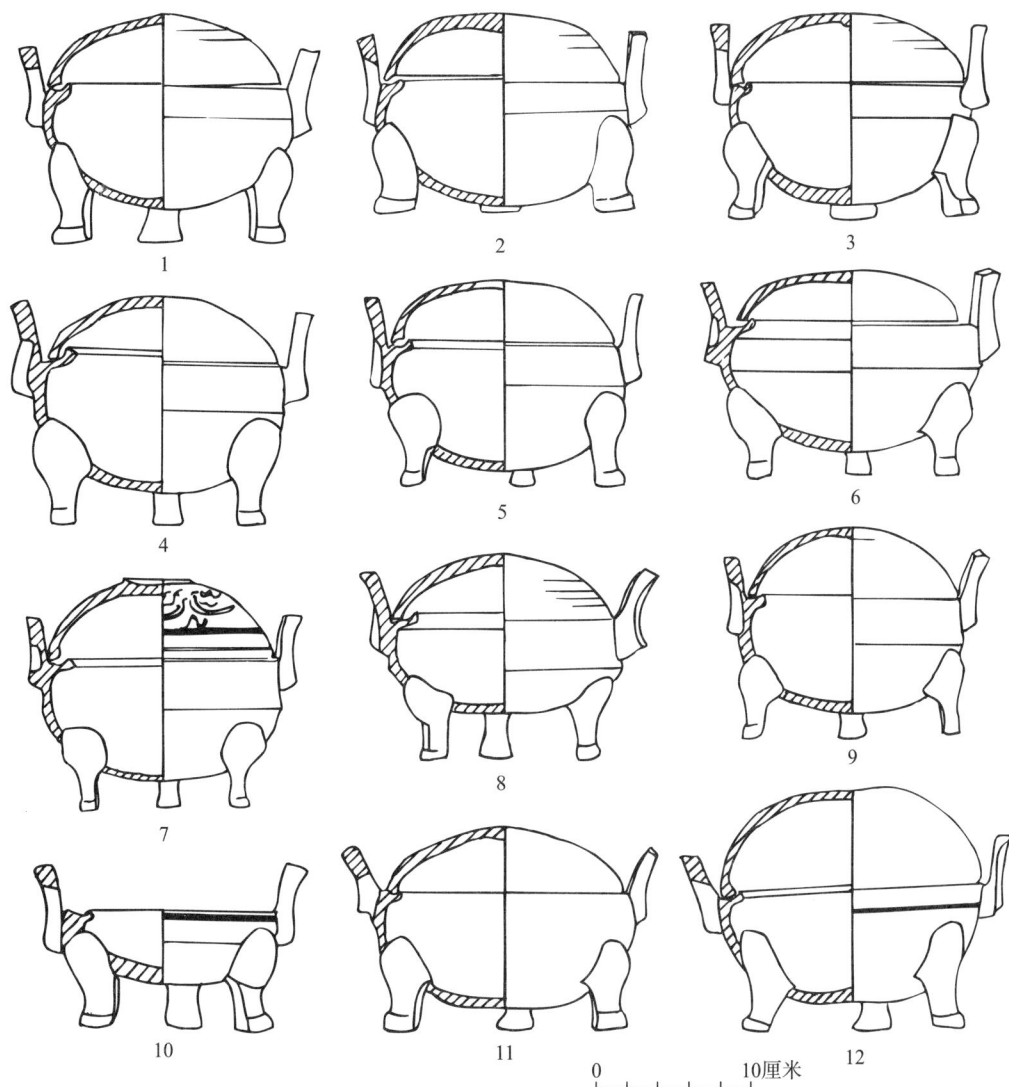

图二八　汉墓出土陶鼎

1～4. Aa 型Ⅰ式（M203:3、M322:3、M40:4、M331:7）　　5、6. Aa 型Ⅱ式（M242:5、M124:5）

7～9. Aa 型Ⅲ式（M153:4、M294:1、M152:4）　　10. Ab 型（M191:2）　　11. B 型Ⅰ式（M213:3）

12. B 型Ⅱ式（M281:5）

　　Ⅲ式　3件。子口，尖唇，平斜沿，上腹较直，下腹弧腹，圜底。两竖耳外撇，下部有长条形凹槽。马蹄形足，蹄根部不明显。弧顶盖。标本 M294:1，泥质红褐陶。折腹处有接棱，上腹较直，下腹近弧平。两竖耳各有一长条形未穿透的凹槽。三蹄状足较直，蹄部不明显。弧顶盖顶部略尖。口径11.2、通高13.2厘米（图二八，8）。标本

M152:4，泥质红褐陶。折腹处接棱明显，上部较直，下腹弧腹，圜底。两竖耳略外撇，其上各有一未穿透的长条形凹槽。三马蹄形足，蹄部较直，表现不明显。弧顶盖较尖。口径 11.9、通高 13.3 厘米（图二八，9）。标本 M153:4，泥质灰褐陶。折腹处接棱明显，上腹较直，下腹弧腹圜底。两竖耳略外撇，中下部各有一个未穿透的长条形凹槽。三马蹄形足略内收。盖顶有矮圈足形捉手。盖上施浅黑色彩为地，上绘有红、黄两色组成的条带纹及卷云纹，盖口有两圈弦纹。口径 12.2、通高 14.5 厘米（图二八，7；彩版一六，1）。

Ab 型　1 件（标本 M191:2）。泥质红褐陶。子口，尖唇，平沿微向内斜，浅折腹，折腹处有一周凸棱，上腹较直，下腹近弧平，腹较浅。两对称竖耳较外撇，耳上各有长条形穿孔。三马蹄形足较肥硕，蹄部较外撇。耳及口沿等边饰有红彩带纹。口径 10.9、高 10.6 厘米（图二八，10；彩版一六，2）。

B 型　30 件。弧腹鼎。弧腹较深，圜底，马蹄形三足，两竖耳微外撇。可分三式。

Ⅰ式　3 件。泥质灰陶。子口，尖唇，平沿中间微下凹，弧腹，上腹微敛，圜底。两对称竖耳外撇，其上各有一个穿透的长条形凹槽。三马蹄状足较肥硕，蹄部较外撇。弧顶盖。标本 M213:3，子口残存不高，马蹄状足蹄部外撇。弧顶盖较浅平。口径 13～13.5、通高 12.7 厘米（图二八，11；图版二七，3）。标本 M282:4，三蹄状足蹄部表现不突出。弧顶盖顶部有一个较矮的圈足形捉手。器表通体以白彩为地，其上红色彩绘纹饰大部分已脱落；盖上施红色条带纹和卷云纹，鼎腹上部残留有条带纹饰。内有兽骨。口径 16、通高 15.1 厘米（图二九，1；彩版一六，3）。

Ⅱ式　15 件。泥质灰陶。子口，尖唇，沿部斜弧向上，弧腹较深，上腹近直，圜底近平。三蹄状足略外撇。两竖耳外撇，其上各有长条形穿孔。弧顶盖。多素面，有的器表及耳、盖顶施红色彩绘纹饰。标本 M281:5，弧顶盖顶部微下凹。器表施红色彩绘大部分脱落，只在口沿下及耳部残留红色彩绘条纹带。口径 14.8、通高 15.2 厘米（图二八，12）。

Ⅲ式　12 件。泥质灰陶、灰褐陶。子口，尖唇，平沿中部下凹并弧斜向上连接子口。口部外侈，弧腹较浅，圜底。两竖耳外撇，其上各有一长条形穿透较小或没有穿透的凹槽。三蹄状足外撇较甚，蹄部表现几乎没有。标本 M231:5，口部略外侈。两竖耳外撇，其上各有一长条形穿透较小的凹槽。三蹄状足简化，蹄部不明显，足外撇。弧顶盖较浅，顶部较尖。口径 14.3～14.8、通高 12.8 厘米（图二九，5；图版二七，4）。标本 M297:6，两竖耳外撇，其上各有一长条形没有穿透的凹槽。三蹄状足外撇，蹄部简化，表现不突出。弧顶盖较浅，上有数周抹痕。口径 14.8、通高 13.6 厘米（图二九，6）。

C 型　5 件。平底鼎。弧腹，平底。根据三足、錾耳的变化可分两式。

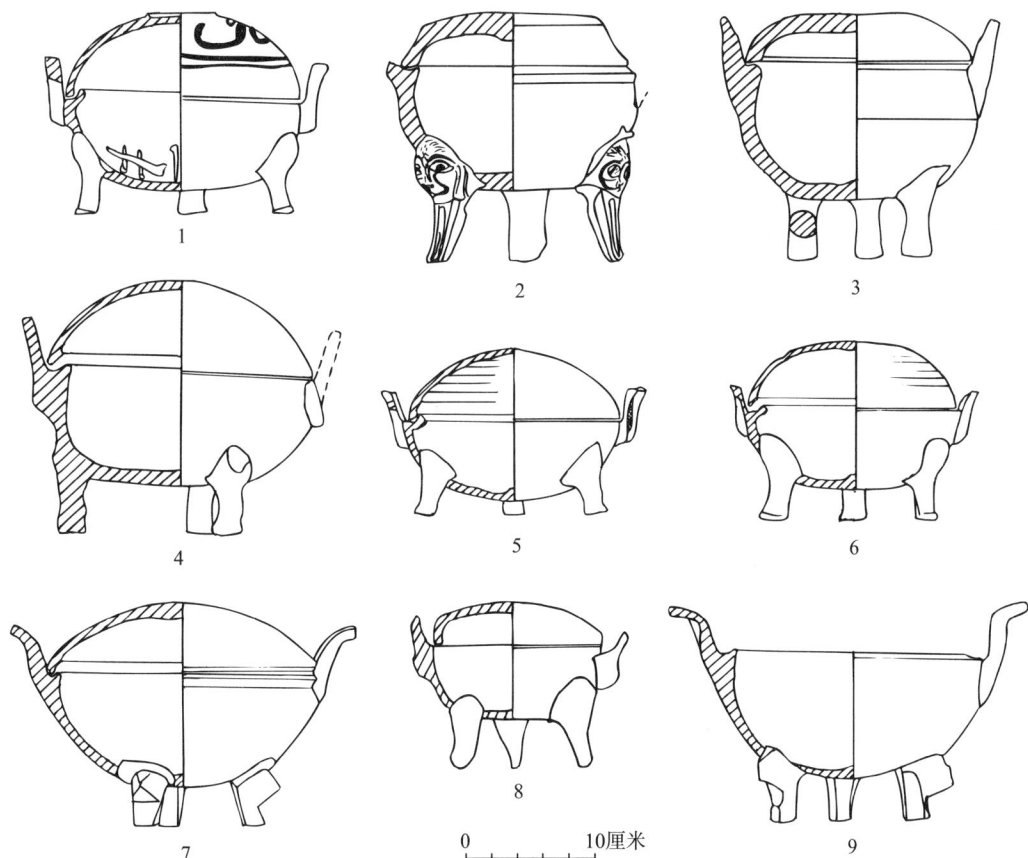

图二九　汉墓出土陶鼎

1. B 型 I 式（M282:4）　　2、8. C 型 I 式（M324:32、M5:2）　　3、4. C 型 II 式（M89:1、M192:1）
5、6. B 型 III 式（M231:5、M297:6）　　7、9. D 型 I 式（M316:3、M4:4）

I 式　2 件。泥质灰陶。简化的兽面形或蹄形足。素面。标本 M324:32，矮子口微敛，斜沿，圆唇。两耳残。三兽面形足，足底较扁。盘形盖，盖腹部有折棱。口径 15～15.5、通高 18.8 厘米（图二九，2）。标本 M5:2，敛口，斜沿，尖圆唇。两对称錾耳。弧顶盖近平，三蹄状足捏制简化。口径 12.6～13、通高 12.8 厘米（图二九，8）。

II 式　3 件。泥质灰陶。近直口，尖唇，弧腹，平底。标本 M192:1，直口微敛，斜折沿，尖唇，弧腹，圜底近平。两对称錾耳外撇，下部有泥突。三圆柱形足，足上部有凸起的泥突。弧顶盖微鼓。口径 16.9～17.4、通高 19.3 厘米（图二九，4）。标本 M89:1，尖唇，平沿，腹部出肩并有一折痕，弧腹，平底。三圆柱形足较直，两竖耳略外撇，耳下部凸起不明显。弧顶盖较平。口径 16.8、通高 18.6 厘米（图二九，3；图版二七，5）。

D 型　4 件。盆形鼎。弧腹，圜底，柱状足。可分两式。

Ⅰ式　3 件。皆泥质灰陶。侈口，弧腹，圜底，錾耳。标本 M4:4，矮子口，平沿微斜，方唇，子口略内敛。两对称錾耳，上部外卷。五棱形柱状三足，上部有三棱锥形突起。口径 18.4、高 16.3 厘米（图二九，9）。标本 M316:3，侈口，平沿微斜，方唇，弧腹，圜底。口下部有一周凹弦纹。两对称錾耳，上部外卷。五棱形柱状三足，上部向外有一个锥形突起。弧顶盖较尖。口径 20、通高 17.2 厘米（图二九，7；图版二七，6）。标本 M329:6，直口微敛，尖唇，口下有一周弦纹，弧腹圜底。三圆柱形足。弧顶盖微鼓。两对称錾耳外撇，耳下部凸起不明显。口径 15.5～16、通高 18.6 厘米（图三〇，1；图版二八，1）。

Ⅱ式　1 件（标本 M359:4）。泥质灰陶。口微敛，平沿，圆唇，弧腹下垂。口部有两对称压舌状耳，耳下部有泥突凸起。三柱状足均残。口下有一周弦纹。弧顶盖近平。口径 15.2～16.1、残高 14.8 厘米（图三〇，2）。

E 型　2 件。鼎的耳及三足皆简化。根据耳、足的演化程度可分两式。

Ⅰ式　1 件（标本 M342:3）。泥质灰陶。敛口，斜折沿，尖唇，出肩，弧腹较深，圜底。肩下有两对称的錾耳，上部外卷。三个四棱形矮锥状足。腹部有两圈弦纹痕迹。盘形盖。口径 16.3～16.5、通高 16.5 厘米（图三〇，6）。

Ⅱ式　1 件（标本 M125:6）。泥质灰陶。直口，卷沿，圆唇，腹部近直，深腹，圜底。三矮锥状足外撇。盖为圆形云纹瓦当。口径 16.6、残高 12.5 厘米（图三〇，3）。

其他型　11 件。多泥质灰陶，器形各异，制作较粗糙。与上面几类鼎差别较大，很难归属进去，相对年代基本上皆为王莽及其以后墓葬中出土。标本 M324:5，泥质灰陶。敛口，斜沿，尖唇，鼓腹，平底。两对称斜直錾耳。三兽首形足。盘形盖。口径 16.1、通高 17 厘米（图三〇，9）。标本 M339:3，泥质灰陶。敛口，平沿，圆唇，斜肩，弧腹，圜底微凹。两对称压舌状耳，上部微外撇。三柱状足外撇。弧顶盖近平。口径 12.8～13.3、通高 12.2 厘米（图三〇，7；图版二八，2）。标本 M287:2，泥质灰陶。子口，圆唇，斜折沿，两耳残，鼓腹，小平底。三矮柱状足外撇。盘形盖，平顶。口径 12.8、通高 14.9 厘米（图三〇，4）。标本 M359:3，泥质灰陶。敛口，卷沿，圆唇，鼓腹，平底。三足残，无耳。弧顶盖近平。口径 9.9～10.2、残高 13.4 厘米（图三〇，5）。标本 M255:5，泥质灰陶。敛口，卷沿，圆唇，下腹近斜直。肩部有两个对称的压舌状耳。三个矮柱状足外撇，足底略尖。盘形盖。口径 13.5～14.1、通高 14 厘米（图三〇，8）。标本 M166:7，泥质灰陶。子口，平沿，圆唇，斜肩，垂腹，尖圜底。肩中间有两对称竖耳，耳下部有穿孔。三柱状足已残。弧顶盖近平。口径 11.5、残高 16.3 厘米（图三〇，10）。标本 M234:1，泥质灰陶。敛口，斜折沿，圆唇，鼓腹圜底。耳、足均残。口径 11.3～11.5、残高 11.8 厘米（图三〇，11）。

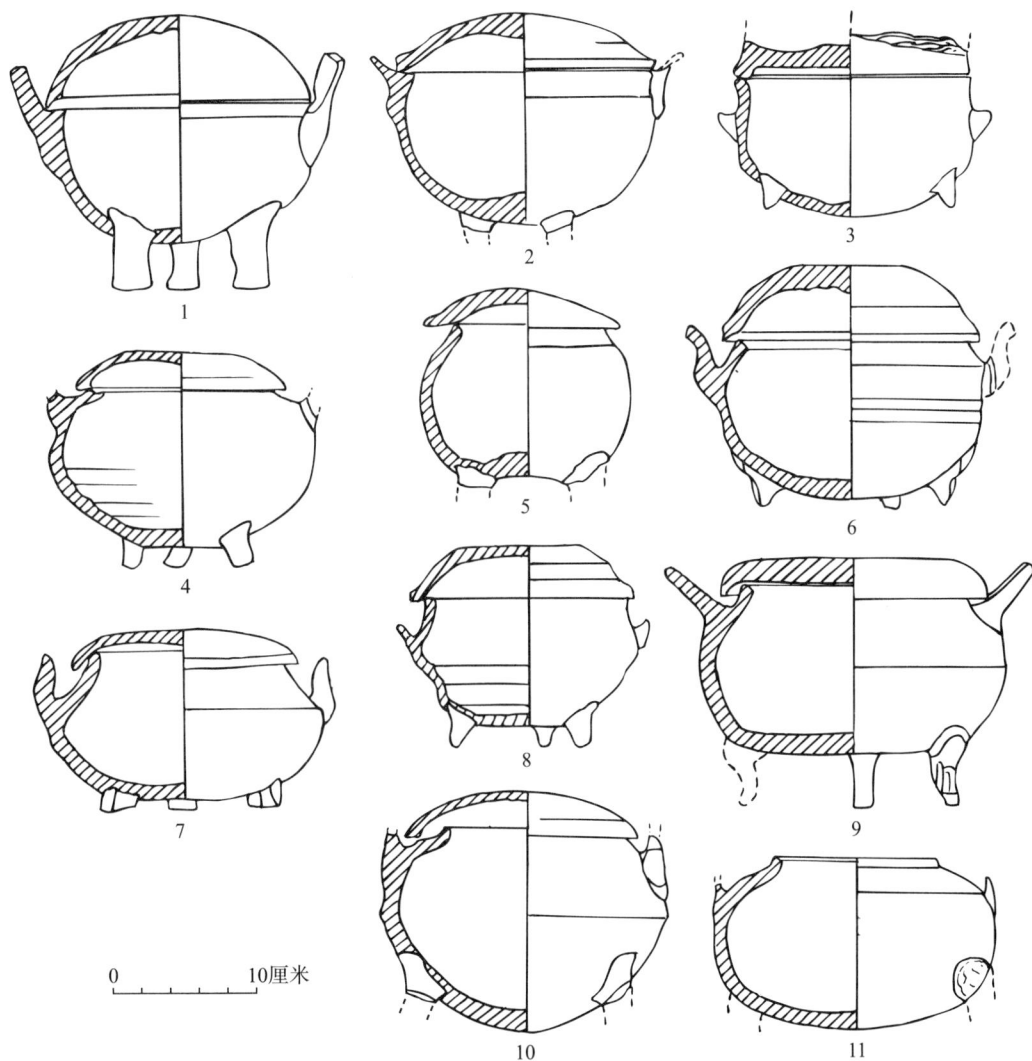

图三〇 汉墓出土陶鼎

1. D 型 I 式 （M329:6） 2. D 型 II 式 （M359:4） 3. E 型 II 式 （M125:6） 4、5、7 ~ 11. 其他型（M287:2、M359:3、M339:3、M255:5、M324:5、M166:7、M234:1） 6. E 型 I 式 （M342:3）

盒 76 件。分为六型。

A 型 7 件。圈足形捉手盖盒。分为三式。

I 式 4 件。泥质黄褐陶。子口，斜折沿，弧腹，平底。覆钵形盖带圈足形捉手。盖及器腹各有两周弦纹。标本 M331:5，口径 11.8、底径 5.2 ~ 5.5、通高 11.8 厘米（图三一，1；图版二八，3）。

II 式 1 件（标本 M124:6）。泥质黄褐陶。子口，斜折沿，弧腹，平底微凹。覆钵

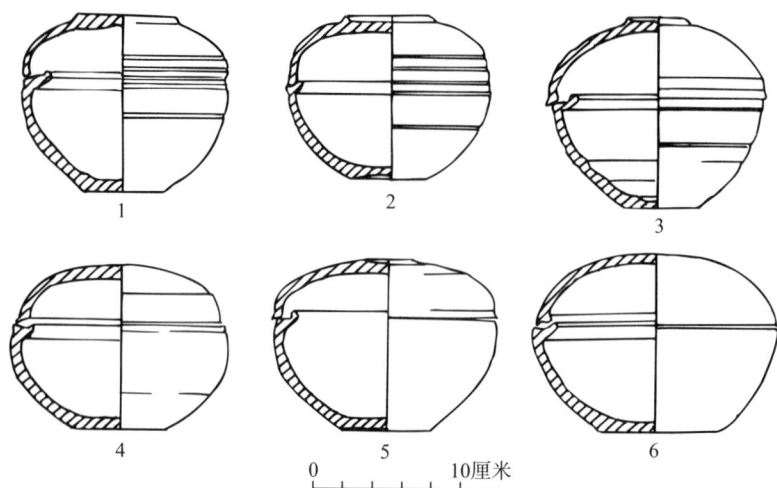

图三一　汉墓出土陶盒

盖有较小圈足形捉手。盖口及腹部各有两周弦纹。口径 12.8、底径 4.7、通高 10.9 厘米（图三一，2；图版二八，4）。

　　III 式　2 件。泥质黄褐陶。子口，斜折沿，弧腹近斜直，平底。标本 M153:2，覆钵形盖，盖顶有小圈足形捉手。盖及器腹各有两周弦纹。器腹残留有红色彩绘。口径 12.3～12.5、底径 5.1～5.4、通高 12.6 厘米（图三一，3；图版二八，5）。

　　B 型　33 件。弧顶盖盒。分为两亚型。

　　Ba 型　14 件。弧腹盒。分为三式。

　　I 式　4 件。泥质灰陶。子口微敛，平沿，圆弧腹微鼓，平底。弧顶盖顶部近平。素面。标本 M322:1，口径 12.4～12.6、底径 6～6.2、通高 11 厘米（图三一，4；图版二八，6）。

　　II 式　4 件。泥质灰陶。子口微敛，平沿，弧腹，平底。弧顶盖顶部近平。素面。标本 M213:2，口径 12.7～12.8、底径 6.1、通高 11.4 厘米（图三一，5）。

　　III 式　6 件。泥质灰陶。子口，斜折沿，弧腹，平底。弧顶盖。素面。标本 M297:7，口径 14.6～15.2、底径 8.1、通高 11.9 厘米（图三一，6；图版二九，1）。标本 M294:4，口径 15、底径 6.8、通高 12.2 厘米（图三二，1）。

　　Bb 型　19 件。折腹盒。分为三式。

　　I 式　4 件。泥质灰陶。子口，平沿，腹微折，上腹部近直，平底。弧顶盖近平。素面。标本 M40:10，口径 14～14.3、底径 6.1～6.2、通高 12.9 厘米（图三二，2；图

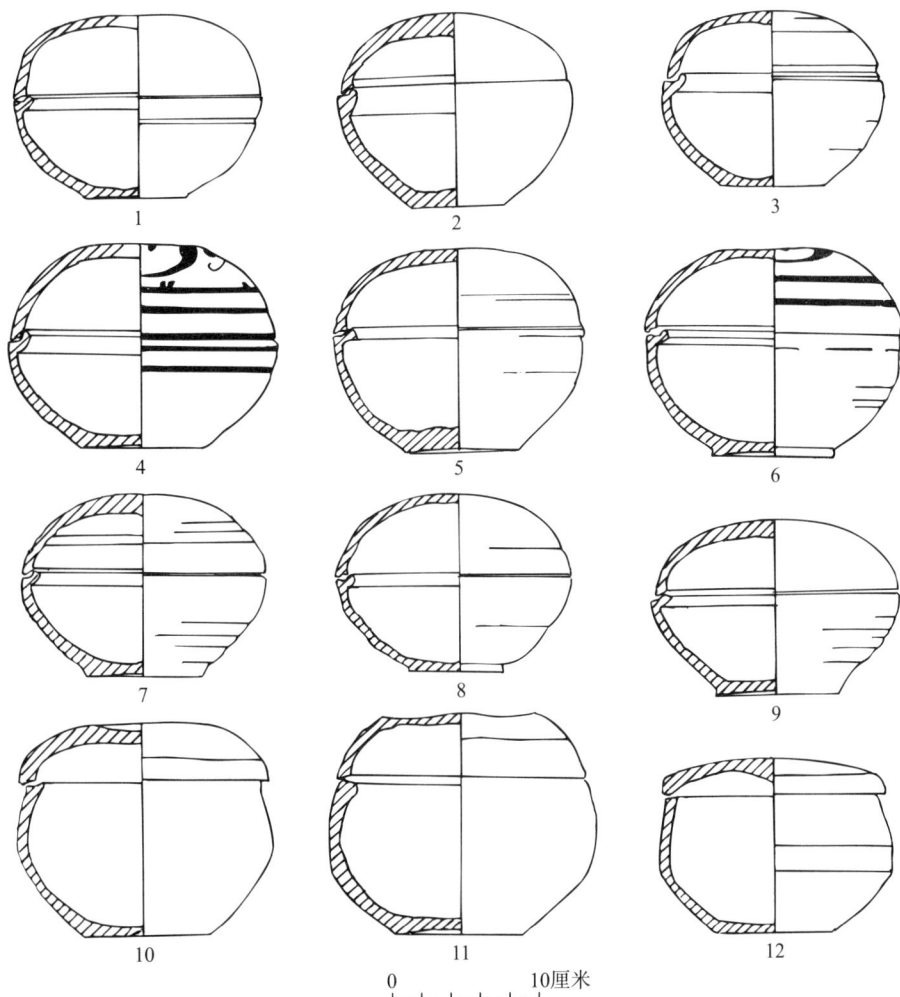

图三二　汉墓出土陶盒

1. Ba 型Ⅲ式（M294:4）　　2、3. Bb 型Ⅰ式（M40:10、M203:4）　　4. Bb 型Ⅰ式（M282:6）

5、6. Bb 型Ⅱ式（M272:5、M281:6）　　7～9. Bb 型Ⅲ式（M274:3、M231:3、M326:1）

10. C 型Ⅰ式（M287:1）　　11. C 型Ⅱ式（M45:1）　　12. C 型Ⅲ式（M315:4）

版二九，2）。标本 M203:4，口径 13、底径 6.8、通高 11.6 厘米（图三二，3）。标本
M282:6，器表有红色彩绘，盖上有红色条带纹和卷云纹。口径 16～16.3、底径 8.1～
8.3、通高 13.6 厘米（图三二，4；彩版一六，4）。

　　Ⅱ式　7 件。泥质灰陶。子口，斜折沿，弧腹，平底。弧顶盖顶部近平。有的器盖
施有红、白色彩绘，纹饰有条带纹、卷云纹等。标本 M272:5，口径 15、底径 7.5、通
高 13.7 厘米（图三二，5）。标本 M281:6，口径 15.5、底径 8.5、通高 13.9 厘米（图
三二，6；彩版一六，5）。

Ⅲ式　8件。泥质灰陶、灰褐陶。子口，斜折沿，弧腹近直，近口部有折痕，平底微凹。弧顶盖较高。素面。标本 M274:3，口径 14.5～15、底径 8.1～8.3、通高 12.2 厘米（图三二，7；图版二九，3）。标本 M231:3，口径 13.8～14.3、底径 6.6～6.8、通高 12 厘米（图三二，8）。标本 M326:1，口径 14.5～15.3、底径 8.8～9、通高 11.6 厘米（图三二，9）。

C 型　8件。深折腹盒。分为三式。

Ⅰ式　4件。泥质灰陶。敛口，平沿微出子口，圆唇，腹微鼓中间有折痕，下腹近斜直，平底。盘形盖。素面。标本 M287:1，口径 16～16.2、底径 8.3～8.6、通高 14.3 厘米（图三二，10；图版二九，4）。

Ⅱ式　3件。泥质灰陶。敛口，斜沿微出子口，圆唇，腹微鼓，下腹近斜直，平底。盘形盖。素面。标本 M45:1，口径 16.6～16.9、底径 8.1～8.4、通高 14.8 厘米（图三二，11）。

Ⅲ式　1件（标本 M315:4）。泥质灰陶。近直口，平沿，圆唇，上腹较直，下腹近斜直，弧顶盖近平。素面。口径 14.8、底径 8～8.2、通高 11.8 厘米（图三二，12）。

D 型　10件。钵形盒。分为三式。

Ⅰ式　2件。泥质灰陶。敛口，斜折沿，圆唇，扁鼓腹，平底。浅盘形弧顶盖，盖顶近平。素面。标本 M259:6，口径 12.9～13.2、底径 10.9～11.2、通高 11.7 厘米（图三三，1；图版二九，5）。标本 M266:3，口径 12.7、底径 9.2～10、通高 11.7 厘米（图三三，4）。

Ⅱ式　3件。泥质灰陶。敛口，斜折沿，圆尖唇，扁鼓腹，平底。弧顶盖近平。素面。标本 M315:1，口径 12.4～13、底径 10.7～11、通高 11.8 厘米（图三三，2）。标本 M339:5，口径 15.6～16.4、底径 12.8、通高 13.4 厘米（图三三，3）。标本 M115:3，口径 15.2、底径 11.2、通高 12.2 厘米（图三三，5）。

Ⅲ式　5件。泥质灰陶。敛口，平沿微斜，圆唇，腹微鼓，大平底。弧顶盖近平。素面。标本 M166:6，口径 15.8、底径 14.8～15、通高 13.8 厘米（图三三，6；图版二九，6）。标本 M51:5，口径 12.4、底径 10.1～10.5、通高 11.6 厘米（图三三，9）。标本 M169:2，口径 14.5、底径 11.4、通高 13 厘米（图三三，8）。

E 型　6件。罐形盒。分为两式。

Ⅰ式　2件。泥质灰陶。敛口，平沿，圆唇，鼓腹，平底。浅盘形盖。素面。标本 M259:2，口径 11.5、底径 10.9、通高 13.7 厘米（图三三，7；图版三〇，1）。

Ⅱ式　4件。泥质灰陶。敛口，斜沿，圆唇，鼓腹，平底。弧顶盖。素面。标本 M25:3，口径 15.7、底径 11、通高 15.5 厘米（图三三，10；图版三〇，2）。标本 M315:6，口径 11.8～13.4、底径 10.8、通高 14.4 厘米（图三三，11）。标本 M123:2，

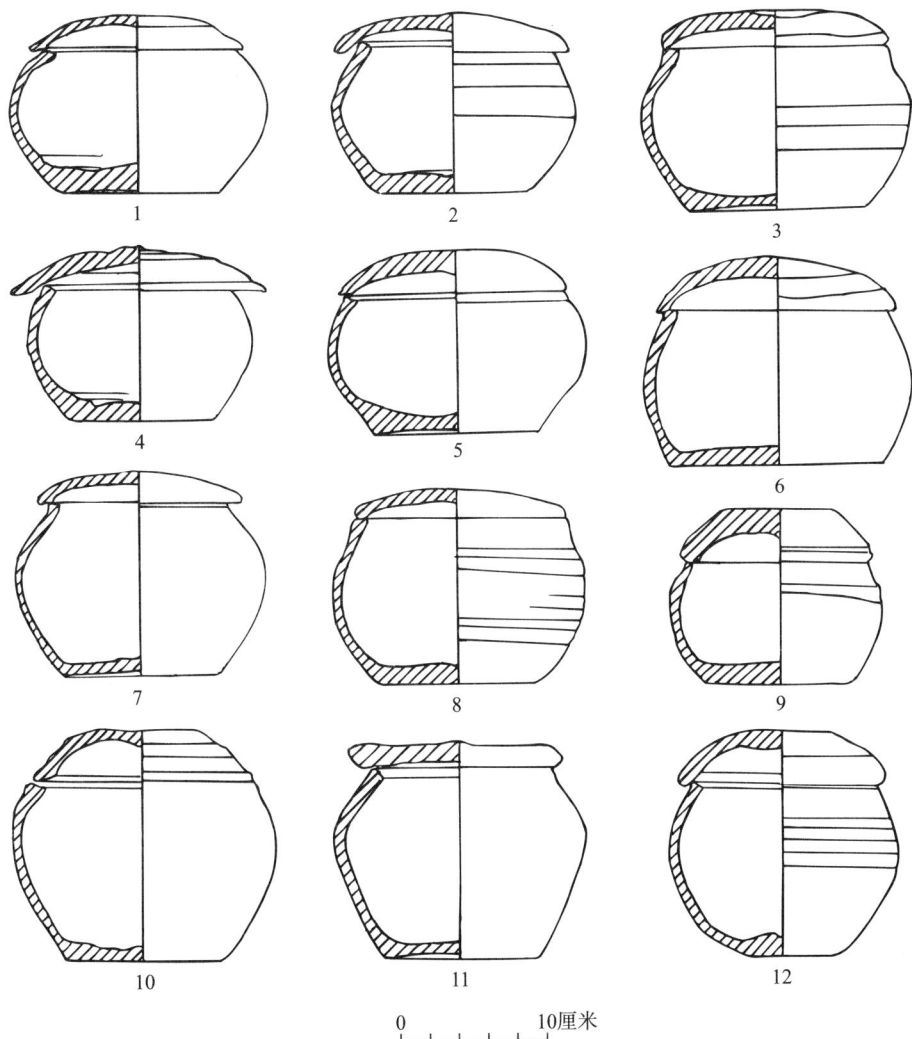

图三三　汉墓出土陶盒

1、4.D 型 I 式（M259:6、M266:3）　　2、3、5.D 型 II 式（M315:1、M339:5、M115:3）

6、8、9.D 型 III 式（M166:6、M169:2、M51:5）　　7.E 型 I 式（M259:2）

10~12.E 型 II 式（M25:3、M315:6、M123:2）

口径 12.2~12.7、底径 6~6.5、通高 14.9 厘米（图三三，12）。

　　F 型　12 件。盆形盒。分为三式。

　　I 式　5 件。泥质灰陶。直口微敛，斜沿，圆唇，弧腹内收，平底微凹。盘形盖，平顶。素面。标本 M342:2，口径 18.8、底径 10.1~11、通高 13 厘米（图三四，3）。标本 M342:1，口径 17、底径 8.9~9.2、通高 12.7 厘米（图三四，1；图版三〇，3）。标本 M329:5，口径 16.8、底径 12、通高 15 厘米（图三四，2）。

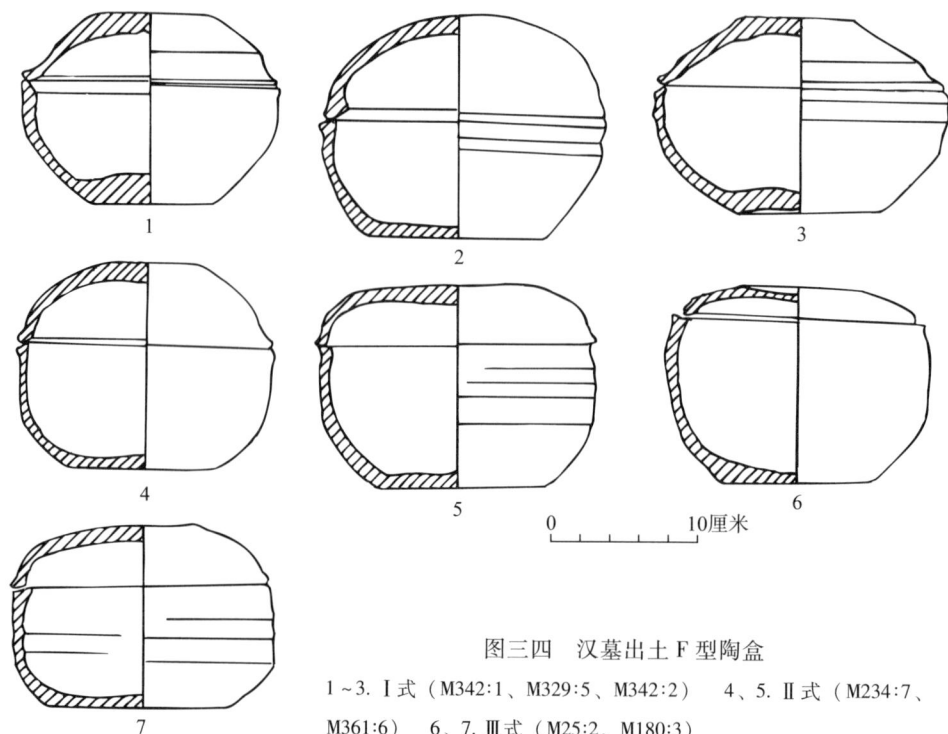

图三四　汉墓出土 F 型陶盒

1～3. I 式（M342:1、M329:5、M342:2）　4、5. II 式（M234:7、M361:6）　6、7. III 式（M25:2、M180:3）

II 式　5 件。泥质灰陶。直口，斜沿，圆唇，上腹近直，下腹内收，平底。弧顶盖。素面。标本 M234:7，口径 16.8、底径 10.5、通高 13.5 厘米（图三四，4）。标本 M361:6，口径 18.7、底径 11.1～11.4、通高 13.7 厘米（图三四，5；图版三〇，4）。

III 式　2 件。泥质灰陶。直口微敛，平沿，中间有一周凹痕，尖唇，腹近直，平底。浅盘形盖。素面。标本 M25:2，口径 14.4、底径 10.2～10.5、通高 13.1 厘米（图三四，6；图版三〇，5）。标本 M180:3，口径 16、底径 13～13.4、通高 12.2 厘米（图三四，7）。

壶　127 件。根据圈足有无可分为三型，无法归入上述三型的（或残碎）统称其他型。

A 型　42 件。圈足壶。分为五个亚型。

Aa 型　8 件。折肩圈足壶。分为两式。

I 式　6 件。均泥质灰陶。侈口，平沿微斜，尖唇，束颈，溜肩，鼓腹，最大腹径位于腹部中部，圜底近平，圈足较高。矮圆锥形盖，尖顶。盖内部有一周凸棱。个别器表上还残留有红色彩绘。标本 M322:5，口径 9.8、腹径 16.7、圈足径 10.5、通高 23.6 厘米（图三五，1；图版三一，1）。标本 M203:2，口径 10～10.8、腹径 17.3、圈足径 11.4、高 21.4 厘米（图三五，2）。

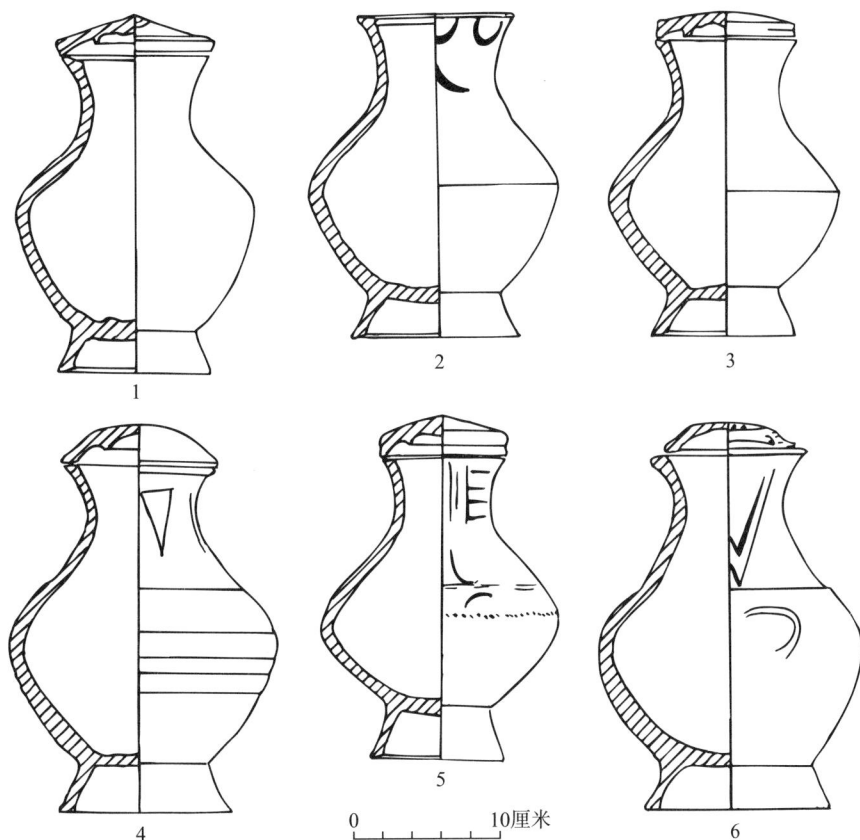

图三五 汉墓出土 A 型陶壶

1、2.Aa 型Ⅰ式（M322:5、M203:2） 3、5.Aa 型Ⅱ式（M246:3、M191:1）

4、6.Ab 型Ⅲ式（M297:1、M193:5）

Ⅱ式 2 件。均泥质灰陶。侈口，平沿，束颈，溜肩，折腹，圜底近平，圈足较高。矮圆锥形盖近平，内侧有一周凸棱。个别器表残留有红色彩绘。标本 M191:1，口径 8.4、腹径 16.5、圈足径 8.9～9、通高 23 厘米（图三五，5）。标本 M246:3，口径 9.7～9.9、腹径 16.2、圈足径 9.9～10、通高 21.4 厘米（图三五，3；图版三一，2）。

Ab 型 16 件。圆肩圈足壶。分为三式。

Ⅰ式 2 件。标本 M331:6，泥质灰褐陶。侈口，折沿，尖唇，直颈微束，近球腹，圜底，圈足外撇。颈肩处有一周接棱。腹上部有两个对称的兽面铺首，腹部有三周弦纹。弧顶盖较高，盖内有一周凸棱。口径 11.2、腹径 22.8、圈足径 14、通高 34.6 厘米（图三六，2；图版三一，3）。

Ⅱ式 6 件。泥质灰褐陶。侈口，平沿，尖唇，束颈，溜肩，鼓腹，最大腹径位于肩下，下腹近斜直，近平底，圈足外撇。颈肩处有一周接棱。弧顶盖较矮，内侧有一

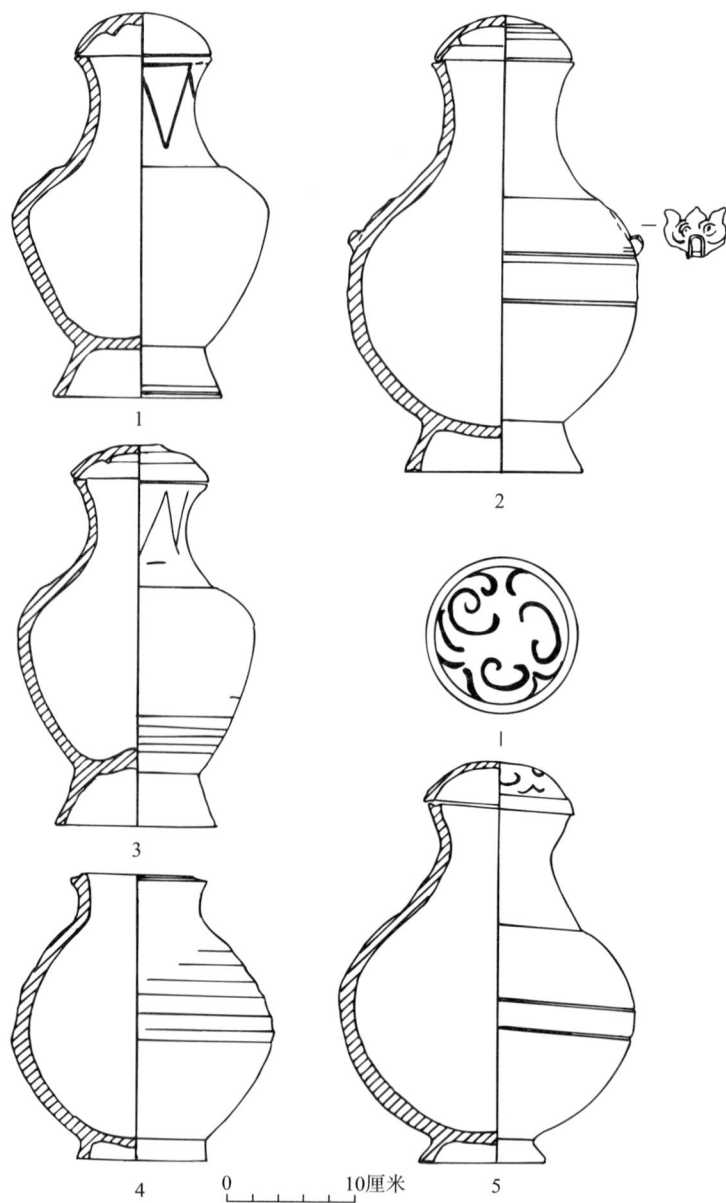

图三六　汉墓出土 A 型陶壶

1、3. Ab 型 Ⅱ 式（M272:1、M272:4）　2. Ab 型 Ⅰ 式（M331:6）

4. Ac 型 Ⅲ 式（M359:2）　5. Ab 型 Ⅲ 式（M153:14）

周凸棱。颈部残留有白彩组成倒三角纹彩绘，白地红彩。标本 M272:4，口径 11.1、腹径 19.2、圈足径 13、通高 29 厘米（图三六，3）。标本 M272:1，口径 11.1、腹径 20.6、圈足径 13.5、通高 28.9 厘米（图三六，1；图版三一，4）。

Ⅲ式 8件。均泥质灰褐陶。侈口，平沿，尖唇，束颈较甚，鼓腹，圜底近平，圈足外撇。颈下有一周接棱。弧顶盖近平，内侧有一周较矮的凸棱，有的则没有。个别器物表面还残留有红、白色彩绘。标本 M233:1，口径 11.9、腹径 19.1、圈足径 14～14.3、通高 28.2 厘米（图三七，1）。标本 M297:1，口径 10.2～10.4、腹径 18.5、圈足径 11.8、通高 25.8 厘米（图三五，4；图版三二，1）。标本 M153:14，口径 11.2～11.6、腹径 23.2、圈足径 10.3、通高 30.5 厘米（图三六，5）。标本 M193:5，口径 10.5～10.8、腹径 18.5、圈足径 12.8、通高 25.8 厘米（图三五，6）。

Ac 型 6件。灰陶圈足壶。分为三式。

Ⅰ式 1件（标本 M80:1）。泥质灰陶。侈口，斜折沿，尖唇，束颈较高，球腹，圜底，圈足较直。素面。口径 13.2、腹径 28.2、圈足径 13.5～13.8、通高 34.8 厘米（图三七，2；图版三二，2）。

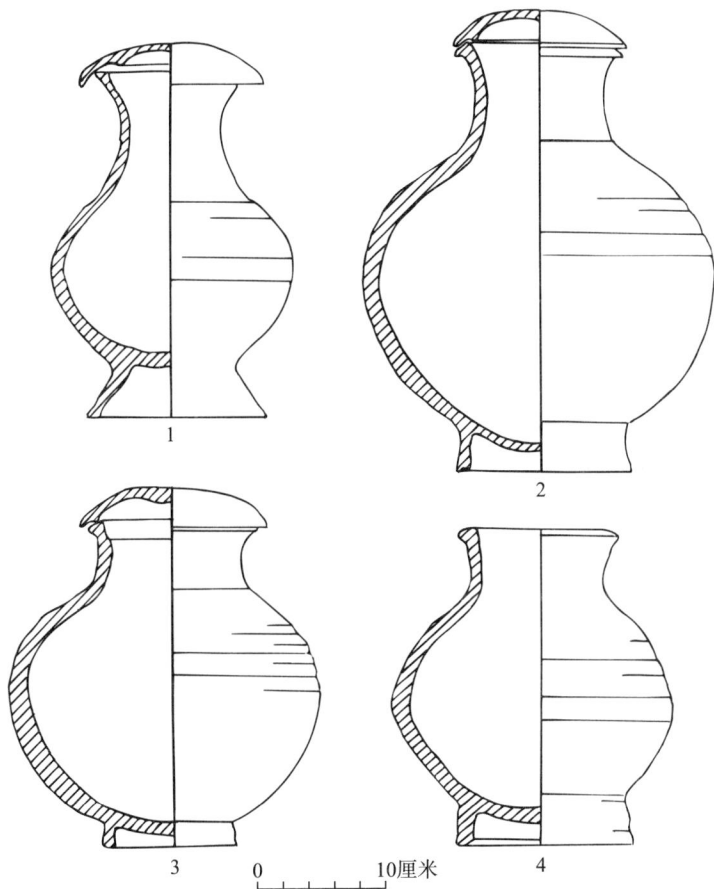

图三七 汉墓出土 A 型陶壶

1. Ab 型Ⅲ式（M233:1） 2. Ac 型Ⅰ式（M80:1） 3、4. Ac 型Ⅱ式（M255:9、M329:7）

Ⅱ式　4件。泥质灰陶。侈口，斜折沿，圆唇，束颈，球腹，圜底，圈足较直。素面。标本 M255:9，口径 12.8、腹径 24.7、圈足径 10.8、通高 27.3 厘米（图三七，3；图版三二，3）。标本 M329:7，口径 12.7、腹径 22.6、圈足径 13.9～14.4、高 24 厘米（图三七，4）。标本 M89:3，口径 11.4、腹径 20、圈足径 13.2、通高 24.9 厘米（图三八，2）。

Ⅲ式　1件（标本 M359:2）。泥质灰陶。侈口，斜折沿，圆唇，束颈较短，溜肩，垂腹，圜底，矮圈足微外撇。素面。口径 11、腹径 21、圈足径 10.5～10.6、高 21.5～21.7 厘米（图三六，4；图版三二，4）。

Ad 型　6件。盘口壶。分为三式。

Ⅰ式　2件。泥质灰陶。浅盘口较直，直颈，球腹，圜底或平底，圈足较高。有的有盖。素面。标本 M316:7，口径 15～15.3、腹径 31.7、圈足径 15.5～15.8、高 33.3 厘米（图三八，1）。标本 M218:1，口径 12～12.4、腹径 27、圈足径 13.9、通高 30.5 厘米（图三八，3；图版三三，1）。

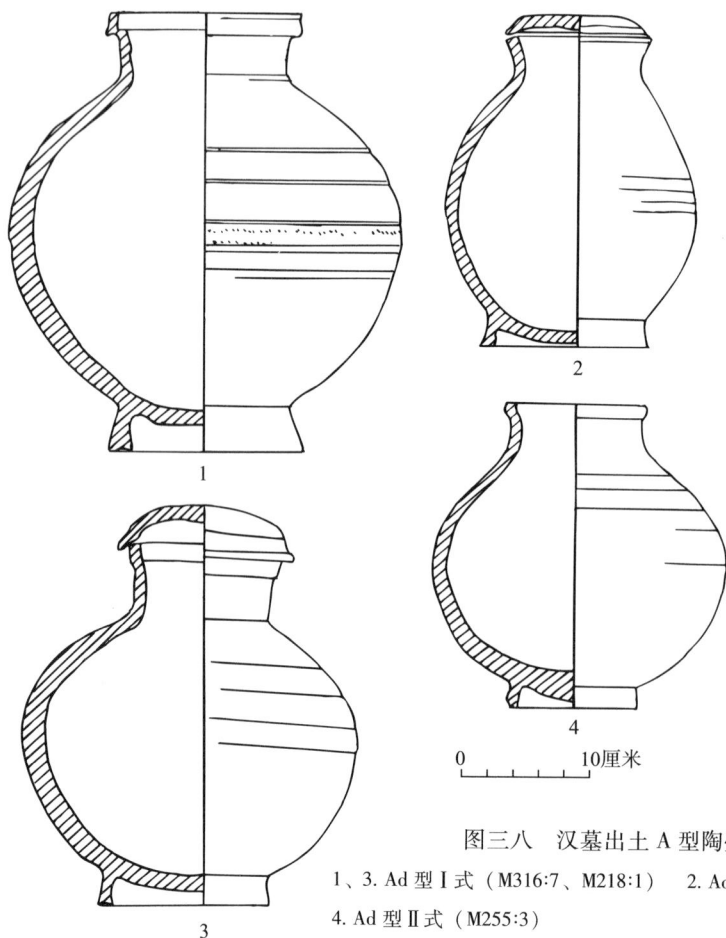

图三八　汉墓出土 A 型陶壶

1、3. Ad 型Ⅰ式（M316:7、M218:1）　2. Ac 型Ⅱ式（M89:3）

4. Ad 型Ⅱ式（M255:3）

　　Ⅱ式　2件。泥质灰陶。浅盘口较直，直颈，近球腹，圜底，矮圈足。素面。标本M255:3，口径11.2~11.5、腹径23.3、圈足径10、高23.3厘米（图三八，4；图版三三，2）。

　　Ⅲ式　2件。泥质灰陶。盘口微敛，直颈，球腹，圜底，矮圈足。弧顶盖。素面。标本M215:3，口径12.2~12.5、腹径22.4、圈足径10.8、通高28.5厘米（图三九，1）。

　　Ae型　6件。垂腹盘口壶。分为两式。

　　Ⅰ式　3件。均泥质灰陶。盘口较深，卷沿，方唇，束颈，溜肩，腹略下垂。标本M287:5，盘口下及肩腹部有四组弦纹，腹部有两对称铺首衔环，环已脱落，圜底，圈足已残。口径13.6~14.4、腹径23.2、残高29.6厘米（图三九，4）。标本M72:5，盘

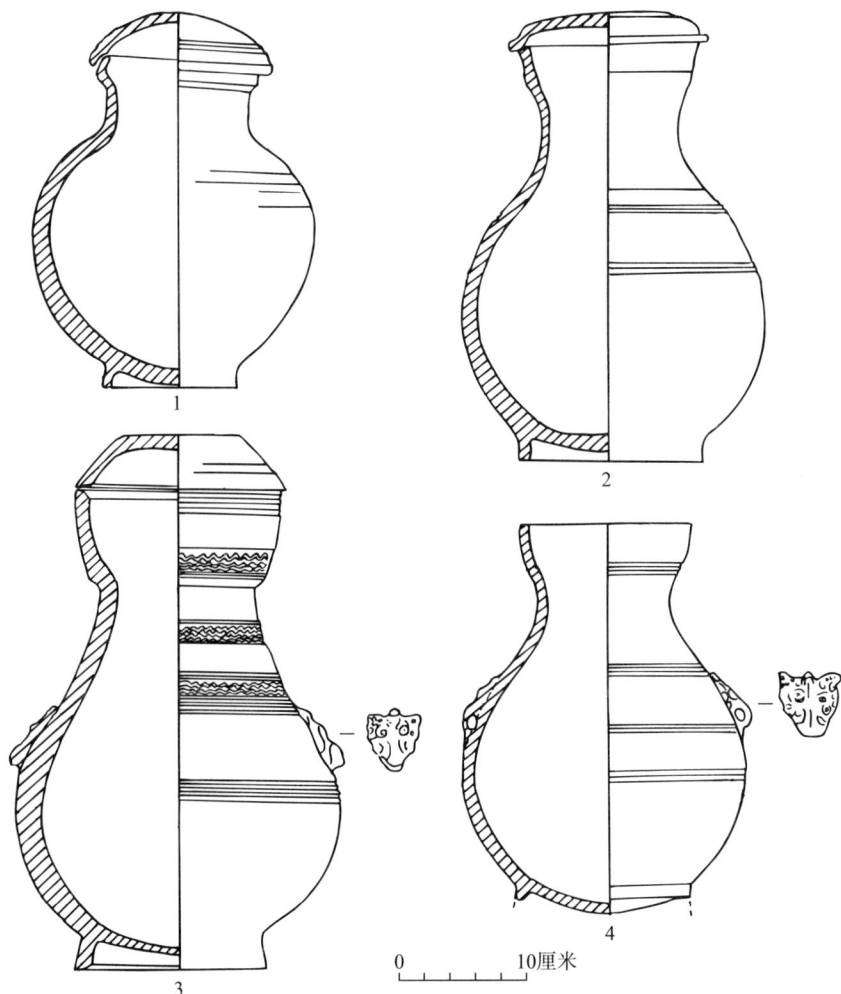

图三九　汉墓出土A型陶壶

1. Ad型Ⅲ式（M215:3）　　2、4. Ae型Ⅰ式（M72:5、M287:5）　　3. Ae型Ⅱ式（M265:6）

口下及肩腹部有三组弦纹。口径14、腹径24、圈足径14.5、通高34厘米（图三九，2；图版三三，3）。

Ⅱ式 3件。泥质灰陶。深盘口，卷沿，方唇，溜肩较斜长，垂腹，矮圈足，圜底。腹部贴塑铺首。盘口下部、肩部饰三组两道弦间刻划的波浪纹，腹部有弦纹数周。标本M265:6，口径16.2、腹径26、圈足径14.6～15.2、通高40.9厘米（图三九，3；图版三三，4）。

B型 7件。假圈足壶。分为三式。

Ⅰ式 3件。泥质灰褐陶。侈口，平沿，尖唇，颈微束，耸肩，假圈足较高。颈肩部有一周接棱，肩部有两对称模印的铺首，腹部有两组弦纹。弧顶盖内有一周凸棱。标本M331:8，器表残留有白色彩绘。口径9.6、腹径18.1、底径11.1、通高27厘米（图四○，1；图版三四，1）。标本M282:2，器表残留有红、白色彩绘，纹饰有卷云纹、条带纹、三角纹、涡纹等。口径10、腹径20.1、底径11.8、通高30.5厘米（图四○，2；彩版一七，1）。

Ⅱ式 1件（标本M124:1）。泥质灰褐陶。侈口，卷沿，圆唇，颈微束，圆肩，鼓腹，下腹较斜直，假圈足底较高。颈肩处有一周接棱。弧顶盖，盖内有一周凸棱。口径9.6、腹径15.9、底径9.9、通高26.3厘米（图四○，3）。

Ⅲ式 3件。均泥质灰褐陶。侈口，平沿，尖唇，束颈较甚，耸肩，鼓腹，下腹近斜直，假圈足。弧顶盖。颈肩部有一周接棱，肩腹部有两周或一周弦纹。个别器表残留有红、白色彩绘，纹饰有卷云纹等。标本M152:5，口径9.2～9.8、腹径17.2、底径10.1～10.3、通高27.6厘米（图四○，4）。标本M294:5，口径9.3～9.4、腹径15.4、底径9.3、通高25.2厘米（图四○，5；图版三四，2）。标本M245:2，口径9.6～10.2、腹径16.2、底径8.8～9.1、高21.5厘米（图四○，6）。

C型 57件。平底壶。分为四个亚型。

Ca型 9件。长颈扁腹壶。分为四式。

Ⅰ式 1件（标本M213:1）。泥质灰陶。侈口，平沿，尖唇，束颈较高，溜肩，扁鼓腹，下腹近斜直，平底微凹。无盖。素面。口径9.9、腹径18.4、底径11.4～11.6、高18.3厘米（图四○，7；图版三四，3）。

Ⅱ式 4件。均泥质灰陶。侈口，平沿，尖唇，束颈较高，扁鼓腹，平底微凹。有弧顶盖、盘形盖。个别器腹有戳印纹。标本M273:1，口径12.6、腹径20.6、底径14、通高23.6厘米（图四○，9；图版三四，4）。

Ⅲ式 2件。泥质灰陶。侈口，斜折沿，圆唇，颈较直，扁鼓腹，平底。弧顶盖近平。素面。标本M154:1，口径11.4、腹径19.5、底径13.2～13.4、通高22.1厘米（图四一，1；图版三五，1）。标本M166:5，口径13.7、腹径20.3、底径12.5～12.6、

图四〇 汉墓出土陶壶

1、2. B 型Ⅰ式（M331:8、M282:2） 3. B 型Ⅱ式（M124:1） 4~6. B 型Ⅲ式（M152:5、M294:5、M245:2） 7. Ca 型Ⅰ式（M213:1） 8. Cb 型Ⅰ式（M242:6） 9. Ca 型Ⅱ式（M273:1）

通高 23.2 厘米（图四一，3；图版三五，2）。

Ⅳ式 2 件。均泥质灰陶。敞口，斜折沿，圆尖唇，束颈，扁鼓腹，平底。腹部有

图四一 汉墓出土 C 型陶壶

1、3. Ca 型Ⅲ式（M154:1、M166:5） 2. Ca 型Ⅳ式（M337:3） 4、6. Cb 型Ⅱ式（M287:3、M259:4）

5、7. Cb 型Ⅲ式（M115:8、M259:1） 8、9. Cb 型Ⅳ式（M339:2、M68:1）

多道瓦棱纹。弧顶盖近平，个别无盖。素面。标本 M337:3，口径 13.7、腹径 20.3、底径 11.5、高 21.2 厘米（图四一，2）。

Cb 型 19 件。瘦体平底壶。分为四式。

Ⅰ式 1 件（标本 M242:6）。泥质灰陶。侈口，平沿，圆唇，颈微束，弧腹，平底。弧顶盖。素面。口径 10.4～10.6、腹径 16.9、底径 11.2、通高 19.6 厘米（图四

○，8；图版三五，3）。

Ⅱ式　12件。均泥质灰陶。侈口，平沿微折，颈微束，弧腹，平底，弧顶盖近平。素面，个别器腹有抹痕。标本 M287:3，口径10.2、腹径18、底径12.4、通高23厘米（图四一，4；图版三五，4）。标本 M259:4，口径10、腹径17、底径10、通高21.8厘米（图四一，6；图版三五，5）。

Ⅲ式　4件。均泥质灰陶。侈口，斜折沿，沿面有一周凹痕，束颈较短，弧腹，平底。弧顶盖近平。素面。标本 M115:8，口径10.5、腹径17.5、底径10.4、通高21.4厘米（图四一，5）。标本 M259:1，口径10.3、腹径16.6、底径9.3、通高20.6厘米（图四一，7）。

Ⅳ式　2件。均泥质灰陶。侈口，斜折沿，沿面有一周凹痕，束颈更短，弧腹，平底。弧顶盖近平。素面，个别器腹有抹痕。标本 M339:2，口径10.8、腹径18.3、底径11.2、通高20.9厘米（图四一，8；图版三五，6）。标本 M68:1，口径10、腹径16、底径9～9.2、高18厘米（图四一，9）。

Cc 型　18件。扁鼓腹平底壶。分为四式。

Ⅰ式　4件。均泥质灰陶。侈口，斜折沿，圆尖唇，束颈，扁鼓腹，平底。弧顶盖。多素面，个别器表颈腹部施黑白色彩绘，纹饰有条带纹、卷云纹、之字纹等。标本 M218:2，口径12.7、腹径20.2、底径13～13.7、通高21.4厘米（图四二，1；图版三六，1）。标本 M255:7，口径12.8、腹径20.6、底径12.3～12.5、通高21.4厘米（图四二，2）。

Ⅱ式　4件。均泥质灰陶。侈口，斜折沿，圆尖唇，束颈，鼓腹，平底较大。素面。标本 M315:2，口径11.5、腹径19.7、底径13.5～13.9、通高21厘米（图四二，3；图版三六，2）。标本 M168:2，口径11.9～12.5、腹径20.1、底径16.2、高17.4厘米（图四二，9）。

Ⅲ式　5件。均泥质灰陶。侈口，斜折沿，尖唇，束颈，近直腹，大平底。弧顶盖近平。素面。标本 M225:1，口径13～13.2、腹径19.1、底径14.8～15.2、通高20.7厘米（图四二，4）。标本 M342:4，口径13～13.1、腹径21.3、底径17、高18.9厘米（图四二，6；图版三六，3）。

Ⅳ式　5件。均泥质灰陶。近直口，斜折沿，尖唇，颈较直，鼓腹，大平底。盘形盖。素面，个别器表有数十周抹痕。标本 M363:2，口径11.2、腹径20.5、底径14、通高22.1厘米（图四二，7；图版三六，4）。标本 M113:3，口径9.8、腹径16.7、底径12、通高15.6厘米（图四二，8）。

Cd 型　11件。平底盘口壶。分为三式。

Ⅰ式　2件。标本 M25:3，泥质灰陶。浅盘形口，卷沿，圆唇，束颈较长，溜肩，

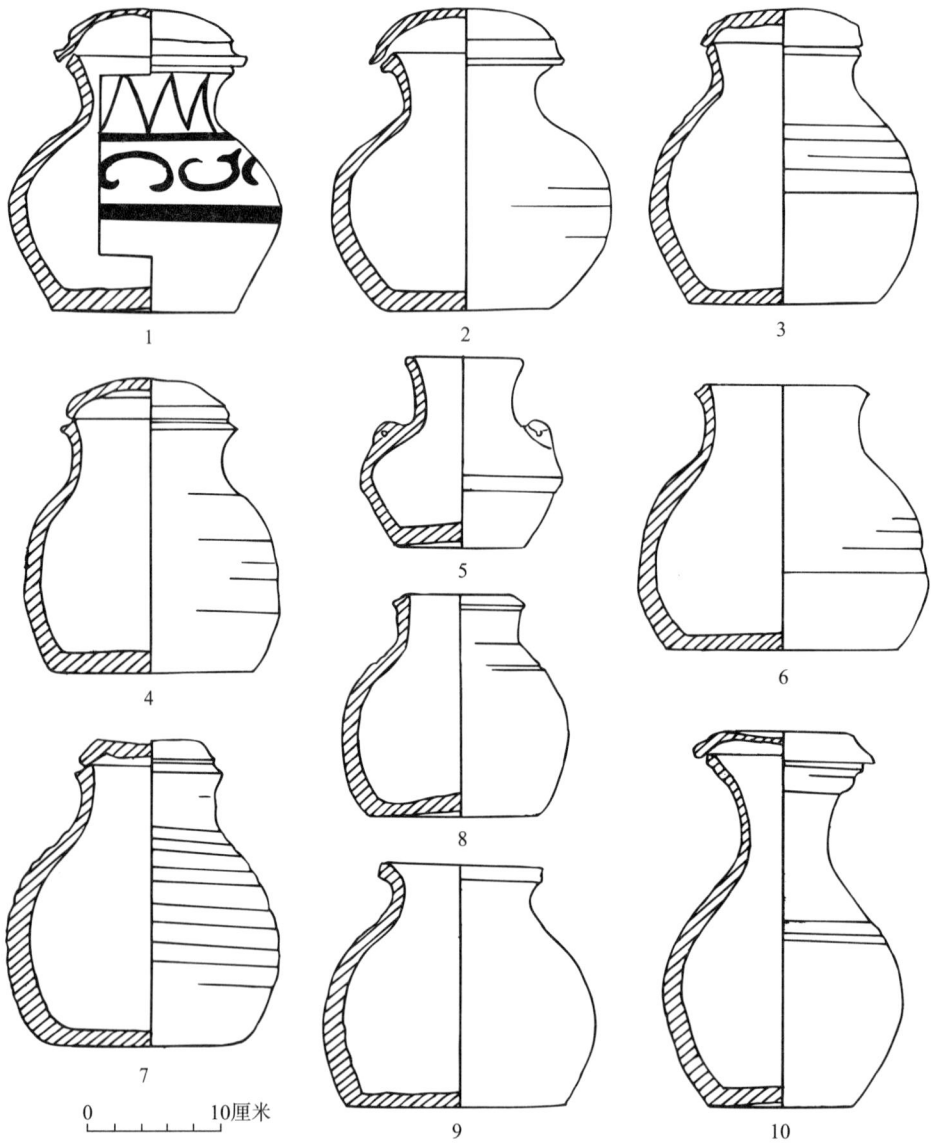

图四二　汉墓出土 C 型陶壶

1、2. Cc 型 I 式（M218:2、M255:7）　　3、9. Cc 型 II 式（M315:2、M168:2）　　4、6. Cc 型 III 式
（M225:1、M342:4）　5. 其他型（M79:2）　7、8. Cc 型 IV 式（M363:2、M113:3）　10. Cd 型 I 式
（M25:3）

弧腹，平底微凹。上腹部有三周弦纹。盘形盖，平顶微凹。口径 11.7、腹径 17.6、底
径 10.5～10.7、通高 26.6 厘米（图四二，10；图版三六，5）。

　　II式　1件（标本 M343:6）。泥质灰陶。浅盘口，平沿，尖唇，颈微外敞，鼓腹，腹部有数周弦纹。平底微凹。弧顶盖近平。口径 11.4～12.2、腹径 19.2、底径 11、通高 23.3 厘米（图四三，1）。

Ⅲ式　8 件。深盘口，卷沿，圆唇，束颈近直，溜肩，弧腹。平底，个别微凹。标本 M323:8，泥质红陶，口径 11.9、腹径 17.5、底径 10.6～11.1、高 20.7～21 厘米（图四三，2；彩版一七，2）。标本 M307:4，泥质灰陶。口径 11～11.5、腹径 16.3、底径 9.8、高 20 厘米（图四三，3；图版三六，6）。

其他型　21 件。有圈足壶、平底壶之分。标本 M343:9，泥质灰陶。直口，卷沿，圆唇，直颈，弧腹，矮圈足。腹部有两个竖向中间有圆孔的錾耳及数十周弦纹，弧顶盖近平。口径 14、腹径 26.1、圈足径 11.4～12.3、通高 35 厘米（图四三，4）。标本 M79:2，泥质灰陶。侈口，卷沿，圆唇，颈微束，溜肩折腹，下腹斜直，平底微凹。肩上有两对称桥形纽。口径 8.6、腹径 15.1、底径 9.3～9.5、高 13.5 厘米（图四二，5）。标本 M324:1，泥质灰陶。浅盘口，斜折沿，尖唇，束颈，溜肩，垂腹。矮圈足较

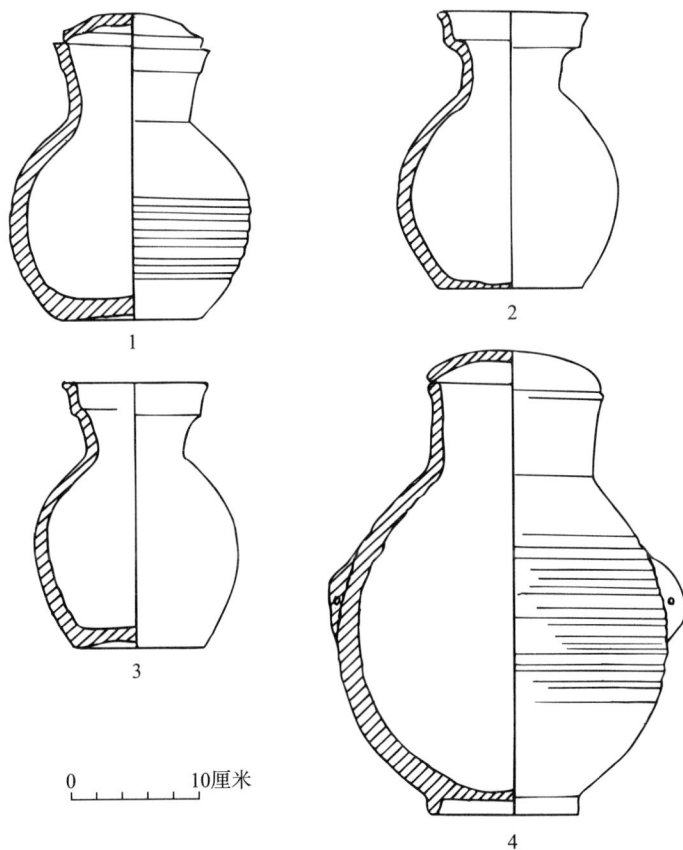

图四三　汉墓出土陶壶

1. Cd 型Ⅱ式（M343:6）　2、3. Cd 型Ⅲ式（M323:8、M307:4）　4. 其他型（M343:9）

直，圜底。肩部有两个对称的铺首。口径 18～18.3、腹径 26.2、圈足径 15、高 28.3
厘米（图四四，1）。标本 M324:2，泥质灰陶。侈口，平沿，尖唇，束颈，圆肩，鼓
腹，矮圈足，圜底。上腹部有两对称的铺首衔环。口径 17.8、腹径 29.2、圈足径
15.2、高 28.5 厘米（图四四，3）。标本 M4:5，泥质灰褐陶。浅盘口，短颈微束，溜肩

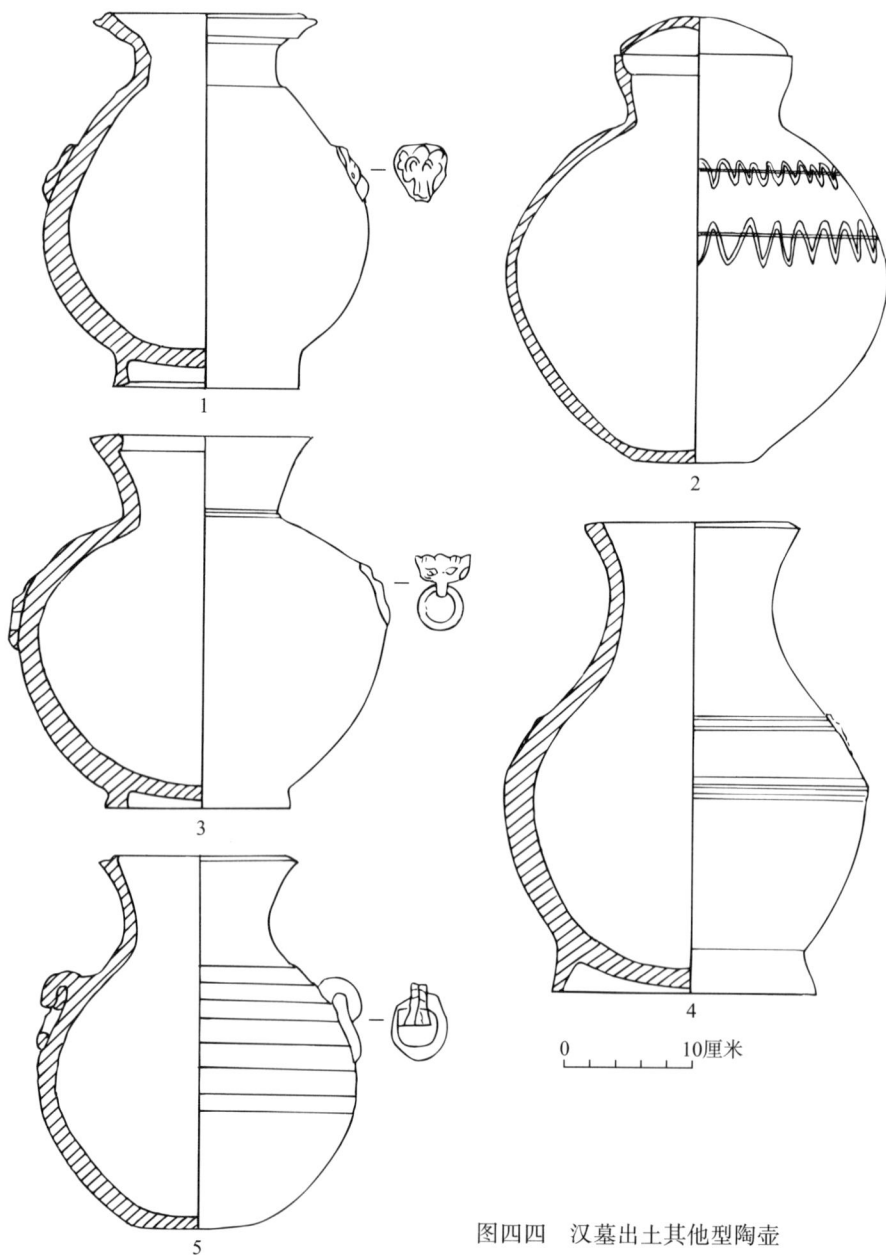

图四四　汉墓出土其他型陶壶
1. M324:1　2. M4:5　3. M324:2　4. M265:3　5. M343:4

鼓腹，平底。肩腹部有两周弦纹及两周之字纹。口径 14 ~ 14.3、腹径 30、底径 9.4 ~ 10、通高 33.2 厘米（图四四，2）。标本 M265:3，泥质灰陶。侈口，尖唇，斜折沿，束颈，鼓腹，圈足。肩腹部有两组凸棱纹及两对称铺首（已脱落）。口径 16.8 ~ 17.1、腹径 28.7、圈足径 21、高 36.1 厘米（图四四，4）。标本 M343:4，泥质灰陶。侈口，斜折沿，圆唇，束颈，溜肩鼓腹，平底。肩部有两个对称桥形纽套环。口径 15.6 ~ 16、腹径 26、底径 8.8、高 28.3 厘米（图四四，5）。标本 M324:28，泥质灰陶。形体瘦长。侈口，卷沿，圆唇，弧腹，小平底。口径 7.2、腹径 10.8、底径 4.1 ~ 4.3、高 12.6 厘米（图四五，1）。标本 M13:1，泥质灰褐陶。侈口，平沿，尖唇，束颈，弧腹，矮假圈足底。口径 11.6 ~ 11.8、腹径 16.6、底径 9、高 20.3 ~ 20.7 厘米（图四五，2）。

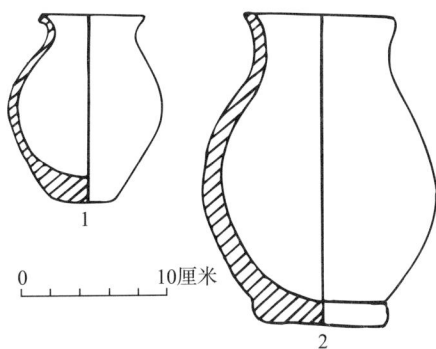

图四五　汉墓出土其他型陶壶
1. M324:28　2. M13:1

钫　20 件。分为三式。

Ⅰ式　4 件。高领，覆斗顶子口盖。标本 M282:1，泥质灰陶。侈口，平沿，领较高，束颈，鼓腹，最大径位于腹的中部，圈足较高。覆斗形器盖，宽平沿，子口，子口内为覆斗形凹槽，小平顶。器表通体残留有白、红色彩绘。盖饰红白色组成的卷云纹，颈部大部分彩绘脱落，纹饰不清。颈腹部饰五条红色条带纹，腹部饰红白色组成的卷云纹。器口及足、盖的边缘饰红色条带纹。口边长 11.2 ~ 11.4、通高 37 厘米（图四六，1；彩版一七，3）。标本 M182:2，泥质灰陶。侈口，平沿，口下有一窄领，束颈，鼓腹，最大腹径位于腹中部，高方圈足。覆斗形器盖，子口，方唇，宽平沿，子口内为覆斗形空腔。口边长 10.5 ~ 10.8、通高 35.8 厘米（图四六，3）。标本 M366:3，泥质灰陶。侈口，平沿，口下有一较宽领，束颈，鼓腹，高方圈足。覆斗形器盖，子口，方唇，平沿，子口内为方形凹槽空腔，小平顶。口边长 10.8 ~ 11.2、通高 34.6 厘米（图四六，2）。

Ⅱ式　6 件。覆斗顶盖，盖为宽平口。标本 M298:1，泥质灰褐陶。侈口，平沿，口下有窄领，束颈，鼓腹，最大腹径位于腹中间偏上，高方圈足。覆斗形器盖，内有覆斗形空腔。颈部残留有红色彩绘组成的倒三角纹。口边长 10 ~ 10.5、通高 34.2 厘米（图四六，4；图版三七，1）。标本 M281:3，泥质灰陶。侈口，平沿，口下有窄领，束颈，鼓腹，最大腹径位于腹部中间略偏上，高方圈足外撇。覆斗形器盖，小平顶，盖较高，盖内有一覆斗形空腔。器表残留有红白色彩绘。颈部饰微红色彩带组成的三角纹，内填白彩，颈腹部有四条红色条带纹，内有红白色组成的卷云纹。圈足饰两条红色彩带。盖表面外圈有一周红彩带纹，内侧四方各有一红色卷云纹。口边长 11.1 ～ 11.6、通高 35 厘米（图四六，5；彩版一七，4）。标本 M104:2，泥质灰褐陶。侈口，平沿，口下有窄领，束颈，鼓腹，最大腹径位于腹部中间偏上，高方圈足外撇。覆斗形器盖，内有覆斗形空腔，小平顶。颈部残留有白色三角纹饰。口边长 10.6 ～ 11、通高 34.5 厘米（图四六，6）。

Ⅲ式　10 件。覆斗顶盖，盖口内侧简化。标本 M231:1，泥质灰褐陶。侈口，平

0　　　　　　10厘米

图四六　汉墓出土陶钫

1 ～ 3. Ⅰ式（M282:1、M366:3、M182:2）　　4 ～ 6. Ⅱ式（M298:1、M281:3、M104:2）

沿,口下有窄领,束颈,鼓腹,最大腹径位于腹部中间偏上,高方圈足。四棱锥形器盖较低,内为凹陷的空腔,尖顶。颈部残留有白色彩绘组成的倒三角纹。口边长10.4~11.1、通高33.5厘米(图四七,1)。标本M233:3,泥质灰陶。侈口,平沿,口下有窄领,束颈,鼓腹,最大腹径位于腹中部偏上,高方圈足。覆斗形器盖较矮,小平顶,内为凹陷的空腔。口边长10.1~10.5、通高32.3厘米(图四七,2)。标本M326:6,泥质灰褐陶。侈口,平沿,口下有窄领,束颈,鼓腹,最大腹径位于中间偏上,高方圈足。覆斗形器盖,小平顶,内有凹槽。口边长10.9~11.3、通高34厘米(图四七,3;图版三七,2)。

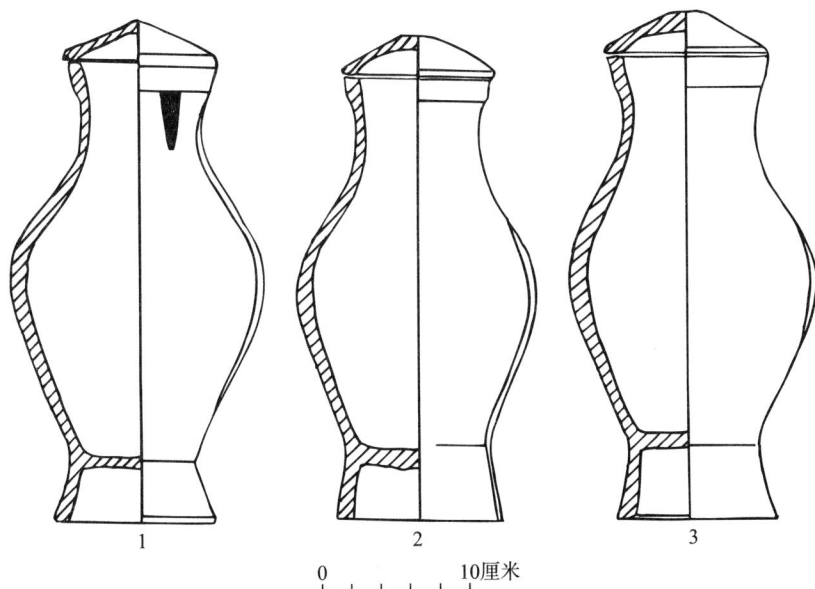

图四七　汉墓出土Ⅲ式陶钫
1. M231:1　2. M233:3　3. M326:6

匜　12件。分五式。

Ⅰ式　6件。泥质灰陶。器口平面呈圆角方形,一侧直流上翘,流口剖面呈长方形,腹中间有折棱,上腹近直,下腹斜弧,圆平底。标本M322:8,口径9.6~14、底径5.3~5.6、高4.2厘米(图四八,1;图版三七,3)。标本M40:2,口径11~12.8、底径5、高3.2~4.8厘米(图四八,5)。标本M331:2,口径9.6~11.2、底径5.2~5.7、高3.4~4.3厘米(图四八,3;图版三七,4)

Ⅱ式　1件(标本M124:4)。泥质灰褐陶。器口平面呈圆角方形,一侧有流微上翘,流口剖面呈半圆形,弧腹,平底。口径8~11.2、底径5.3~6、高2.6~5.3厘米(图四八,2)。

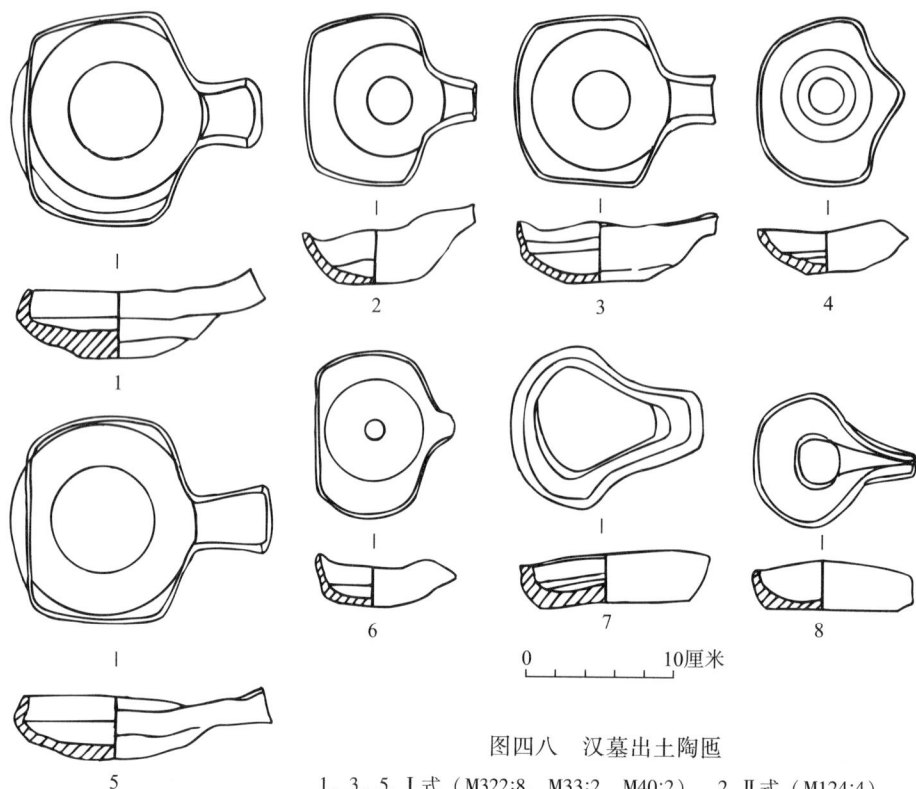

图四八　汉墓出土陶匜

1、3、5. Ⅰ式（M322:8、M33:2、M40:2）　　2. Ⅱ式（M124:4）
4、6. Ⅲ式（M294:3、M153:10）　　7. Ⅳ式（M316:4）
8. Ⅴ式（M89:2）

Ⅲ式　3件。泥质灰褐陶。器口平面呈不规则圆角方形，一侧向外捏出一个短流，与流相对一边腹部向上折起，其他两边斜弧。标本 M153:10，圜底近平。口径 7.2 ~ 10.8、高 2.6 ~ 3.5 厘米（图四八，6；图版三七，5）。标本 M294:3，小平底。口径 8 ~ 10.8、底径 3.7、高 3.4 厘米（图四八，4）。

Ⅳ式　1件（标本 M316:4）。泥质灰陶。器口呈不规则半圆形，一侧捏出流，流与器底平连，近直腹，平底，制作随意。底径 10、高 2.9 ~ 3.5 厘米（图四八，7；图版三七，6）。

Ⅴ式　1件（标本 M89:2）。泥质灰陶。器口呈不规则的半圆形，一侧捏出把，把与器底平连，腹部近斜直，制作简化。高 2.4 ~ 3.4 厘米（图四八，8）。

盘　29件。2件残，余分两型。

A 型　14件。折腹盘。分四式。

Ⅰ式　2件。泥质灰褐陶。侈口，平沿，方唇，折腹，上腹较高直，下腹近斜直，平底微凹。标本 M322:9，口径 16.4 ~ 16.7、底径 5.6 ~ 5.9、高 3.7 ~ 3.9 厘米（图四九，1；图版三八，1）。

Ⅱ式　4件。泥质灰褐陶。侈口，平沿，方唇，折腹，上腹近直，下腹斜直内收，平底微凹。标本 M182:7，口径 15.1、底径 6.8、高 4.4 厘米（图四九，3；图版三八，2）。标本 M272:8，口径 14.5～14.8、底径 6.8～7、高 3.6～3.9 厘米（图四九，2）。标本 M93:5，口径 14.8、底径 6.8～7、高 4 厘米（图四九，4）。

Ⅲ式　6件。泥质灰褐陶。侈口，斜折沿，折腹不明显，近弧腹，平底。标本 M226:4，口径 15、底径 7、高 2.7～3.4 厘米（图四九，5；图版三八，3）。标本 M274:4，口径 14.5～14.7、底径 6、高 3 厘米（图四九，6）。标本 M193:9，口径 16.5～16.7、底径 5.9、高 3.4 厘米（图四九，8；图版三八，4）。标本 M297:8，口径 14.8～15、底径 6.4、高 3.2 厘米（图四九，7）。

Ⅳ式　2件。泥质灰陶。侈口，斜折沿，圆尖唇，折腹，圜底近平。标本 M255:7，口径 15.9、高 3.9 厘米（图四九，9；图版三八，5）。

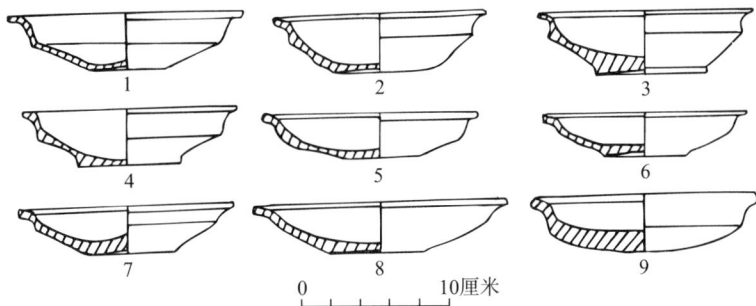

图四九　汉墓出土 A 型陶盘

1. Ⅰ式（M322:9）　　2～4. Ⅱ式（M272:8、M182:7、M93:5）　　5～8. Ⅲ式（M226:4、M274:4、M297:8、M193:9）　　9. Ⅳ式（M255:7）

B 型　13件。弧腹盘。分四式。

Ⅰ式　3件。泥质灰陶。侈口，平沿微斜，弧腹，平底微凹。标本 M282:7，内有红色彩绘。口径 20.3、底径 7.8、高 5～5.2 厘米（图五〇，1；彩版一六，6）。标本 M331:10，口径 12.9、底径 5、高 2.8～3.1 厘米（图五〇，2）。

Ⅱ式　4件。泥质灰褐陶。侈口，斜折沿，方唇，弧腹，平底。标本 M298:4，口径 15.8、底径 5.4、高 3 厘米（图五〇，3）。标本 M124:3，口径 12.4、底径 3.5、高 2.6～2.8 厘米（图五〇，4；图版三八，6）。

Ⅲ式　3件。泥质灰褐陶。侈口，平沿微斜，方唇，弧腹，平底。标本 M294:1，口径 11～11.2、底径 5.8～6.2、高 2～2.2 厘米（图五〇，6）。标本 M152:7，口径 11.1、底径 4、高 3.3 厘米（图五〇，7）。

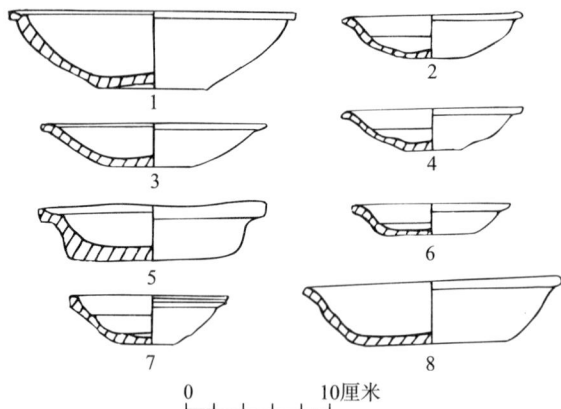

图五〇　汉墓出土 B 型陶盘

1、2. Ⅰ式（M282:7、M331:10）　　3、4. Ⅱ式（M298:4、M124:3）

5、8. Ⅳ式（M255:9、M316:9）　　6、7. Ⅲ式（M294:1、M152:7）

Ⅳ式　3件。泥质灰陶。侈口，斜折沿，圆唇，斜直腹，平底。标本 M316:9，口径 18、底径 10.9、高 4～4.3 厘米（图五〇，8；图版三八，7）。标本 M255:9，口径 15.9～16.2、底径 9.8～10.5、高 3.8 厘米（图五〇，5）。

罐　334件。从形体大小上可以分大型罐、中型罐、小型罐、其他类罐以及残损的罐等。

大型罐　77件。除 2 件残无法分型式外，余分两型。

A型　27件。根据口沿的不同分为两亚型。

Aa型　16件。卷沿罐。分五式。

Ⅰ式　3件。均泥质灰陶。侈口，卷沿，方唇，束颈，溜肩鼓腹，最大腹径位于腹中间偏上部，平底微凹。下腹、底部均饰较粗的绳纹。标本 M37:1，口径 11.4、腹径 27、底径 7、高 25.6 厘米（图五一，1；图版三九，1）。标本 M55:1，口径 13.3、腹径 27.7、底径 7.6、高 27.6 厘米（图五一，2）。

Ⅱ式　3件。均泥质灰陶。侈口，卷沿，方唇，束颈，近球腹，圜底近平，最大腹径位于腹中部。上腹有几道抹痕，下腹及底部均饰横、斜向绳纹。标本 M219:7，口径 13.5、腹径 30.3、高 29.3 厘米（图五一，3）。标本 M244:2，口径 13～13.2、腹径 32、高 29.3～30 厘米（图五一，4；图版三九，2）。

Ⅲ式　4件。均泥质灰陶。侈口，卷沿，方唇，唇面微下垂，束颈，溜肩鼓腹，最大腹径位于腹中部，平底微凹。唇面有一周凹痕，下腹及底部遍饰较粗的横、斜向绳纹。标本 M161:10，口径 16.9～17.2、腹径 34.8、底径 12、高 31.7 厘米（图五二，2）。标本 M178:3，侈口，卷沿，方唇，唇面微下垂，中间有一道凹痕，颈近斜直，圆肩鼓腹，平底微凹。下腹及底遍饰横向较细绳纹。口径 16、腹径 29、底径 9、高 28.4 厘米（图五二，1；图版三九，3）。

Ⅳ式　3件。泥质灰陶。侈口，卷沿，方唇，唇面下垂，中部有一周凹痕，颈微束，溜肩弧腹，最大腹径位于腹中部偏下，平底。下腹底部及底饰横、竖、斜向细绳纹。标本 M137:2，口径 16.2～16.5、腹径 26.6、底径 9.3～10、高 28.4 厘米（图五二，3）。

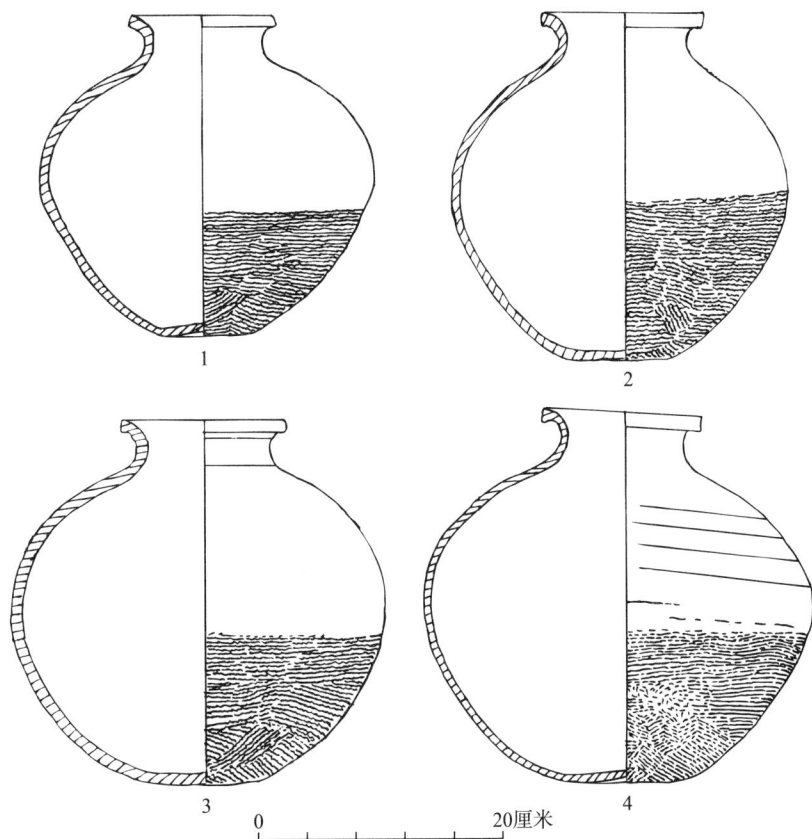

图五一 汉墓出土 Aa 型陶大型罐

1、2. I 式（M37:1、M55:1）　3、4. II 式（M219:7、M244:2）

V 式　3 件。泥质灰陶。侈口，卷沿，圆唇，颈较直，近球腹，平底或平底微凹。下腹及底部饰横、斜、竖向细绳纹。标本 M351:1，口径 15.7、腹径 30.5、底径 12、高 31 厘米（图五二，4；图版三九，4）。标本 M107:1，口径 18.1、腹径 28.5、底径 9.2、高 27.8 厘米（图五二，5）。

Ab 型　11 件。平沿罐。分五式。

I 式　1 件（标本 M59:3）。泥质灰陶。侈口，平沿，方唇，颈微束，鼓腹，最大腹径位于腹中部，下腹弧腹，圜底近平。腹中间有一周不连续的戳印纹，下腹部及底饰斜、横向较粗绳纹。口径 13.5、腹径 29.2、高 27.6 厘米（图五二，6；图版三九，5）。

II 式　3 件。均泥质灰陶。侈口，平沿微斜，方唇，束颈，近球腹，最大腹径中间偏下，圜底微凹。上腹有几道弦抹痕，下腹部及底饰绳纹。标本 M336:2，口径 14.1、腹径 31.7、高 29.1～30.2 厘米（图五三，1）。标本 M219:6，口径 14.6、腹径 33.3、高 31.4 厘米（图五三，2；图版四〇，1）。

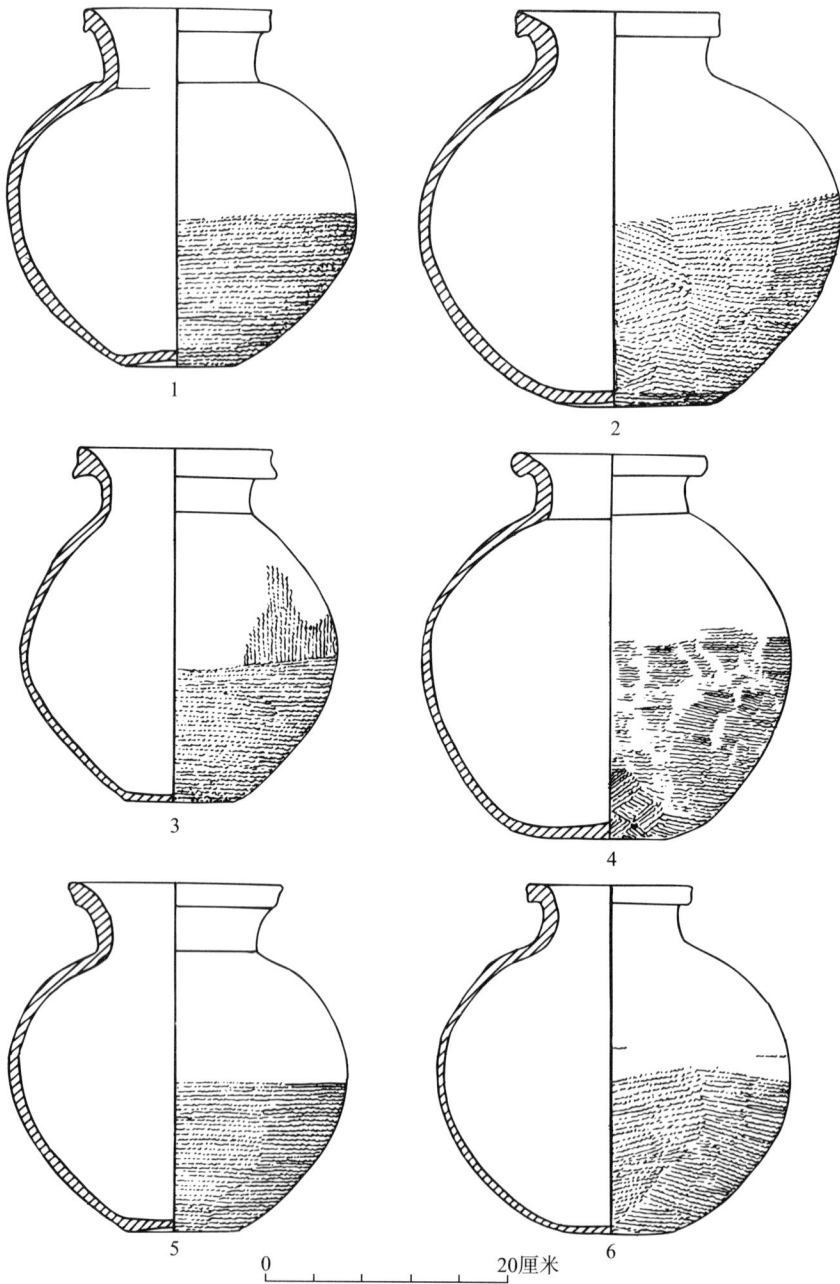

图五二　汉墓出土 A 型陶大型罐

1、2. Aa 型Ⅲ式（M178:3、M161:10）　　3. Aa 型Ⅳ式（M137:2）　　4、5. Aa 型Ⅴ式
（M351:1、M107:1）　　6. Ab 型Ⅰ式（M59:3）

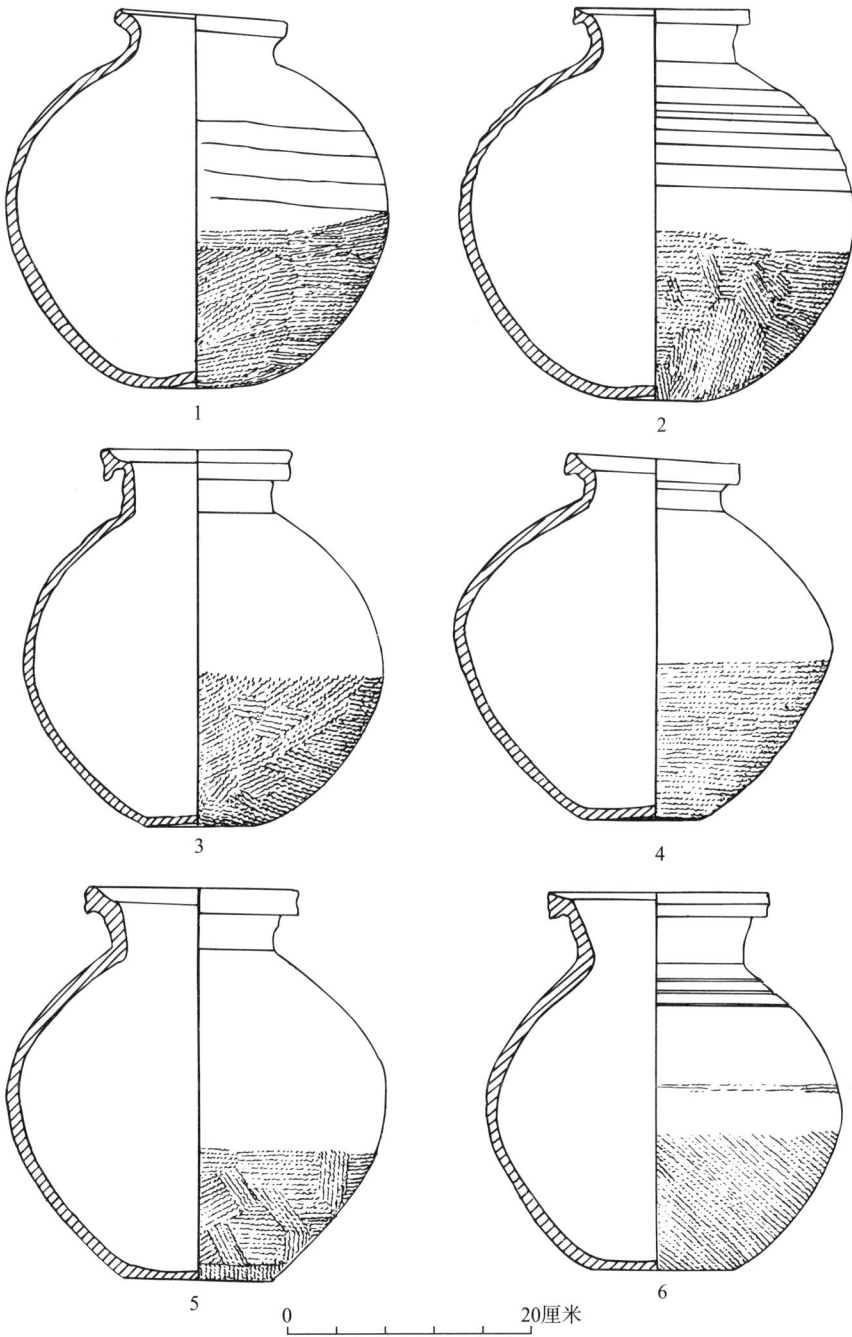

图五三 汉墓出土 Ab 型陶大型罐

1、2. Ⅱ式（M336:2、M219:6） 3、5. Ⅳ式（M117:2、M25:1） 4. Ⅲ式（M7:1） 6. Ⅴ式（M337:4）

Ⅲ式　2件。均泥质灰陶。侈口，平沿向斜折沿转变，沿部微凹，圆唇，唇面微斜，束颈，溜肩，鼓腹，最大腹径位于中间，平底微凹。下腹及底饰横向绳纹。标本 M7:1，口径 14.4、腹径 31.5、底径 8.6、高 28.4～29.2 厘米（图五三，4；图版四〇，2）。

Ⅳ式　3件。均泥质灰陶。口微侈，斜折沿，方唇下垂，颈较直，近球腹，圜底微凹。唇面中部有一周凹弦纹，下腹及底饰横、斜向细绳纹。标本 M117:2，口径 15.8、腹径 29.6、底径 8～9、高 30 厘米（图五三，3；图版四〇，3）。标本 M25:1，口径 17.2、腹径 30.9、底径 12.5、高 31.1～31.4 厘米（图五三，5；图版四〇，4）。

Ⅴ式　2件。均泥质灰陶。侈口，斜折沿，方唇略下垂，束颈，颈上部微外凸，鼓腹，平底。唇面有一周凹抹痕，下腹部及底饰横、斜向拍印细绳纹。标本 M337:4，口径 18.2～18.4、腹径 29.4、底径 12.4、高 30.1 厘米（图五三，6）。

B 型　48件。盘口罐。分五式。

Ⅰ式　6件。夹砂灰陶。浅盘口，卷沿，尖唇，矮领，束颈，圆肩，鼓腹，最大腹径约在腹中间，下腹弧腹，圜底近平。肩腹部有两段竖向绳纹，下腹部及底为横、斜向绳纹。标本 M120:1，口径 14.8、腹径 26.1、高 25.1～26.8 厘米（图五四，1；图版四〇，5）。

Ⅱ式　9件。夹砂、泥质灰陶。浅盘口，尖唇，卷沿，领较高，束颈，溜肩，弧腹，最大腹径位于腹部中间。圜底近平。肩腹部施竖向绳纹，个别分成三段。下腹及底部施横向绳纹。标本 M205:12，夹砂灰陶。口径 13.4、腹径 23.9、高 26～27.1 厘米（图五四，2）。标本 M178:1，泥质灰陶。口径 14.2、腹径 25.8、高 28～29 厘米（图五四，3）。

Ⅲ式　19件。泥质灰陶。高盘口微敛，圆唇，卷沿，圆肩（个别溜肩），鼓腹，下腹弧腹。最大腹径位于腹中部，圜底近平或平底。肩腹部饰竖向较细绳纹，下腹及底部饰横向绳纹。标本 M266:7，口径 12.8、腹径 23.3、高 25.4 厘米（图五四，4；图版四〇，6）。标本 M33:1，口径 12.6、腹径 23.3、底径 8、高 25.6～26.5 厘米（图五四，5；图版四一，1）。标本 M239:2，口径 13、腹径 24.1、底径 5.2、高 25.3～26 厘米（图五四，6）。标本 M150:1，口径 13、腹径 25.1、底径 5.6、高 28 厘米（图五五，1）。标本 M110:1，口径 14、腹径 26.6、底径 8.6、高 28.9 厘米（图五五，2；图版四一，2）。

Ⅳ式　8件。泥质灰陶。深盘口近直，圆唇，卷沿，高领，束颈，溜肩，鼓腹，下腹较斜直，最大腹径为腹中部偏下，平底。下腹部及底饰细绳纹。标本 M91:2，口径 14.6、腹径 24.6、底径 6.3、高 27.6～28.4 厘米（图五五，3）。标本 M115:10，口径 14.4、腹径 24.4、底径 8、高 27.8 厘米（图五五，4）。标本 M137:1，口径 14.1、腹径 24.7、底径 8.6、高 27.9～28.9 厘米（图五五，5；图版四一，3）。

Ⅴ式　6件。泥质灰陶。盘口微敛，圆唇，卷沿，束颈，圆肩鼓腹，平底。上腹施

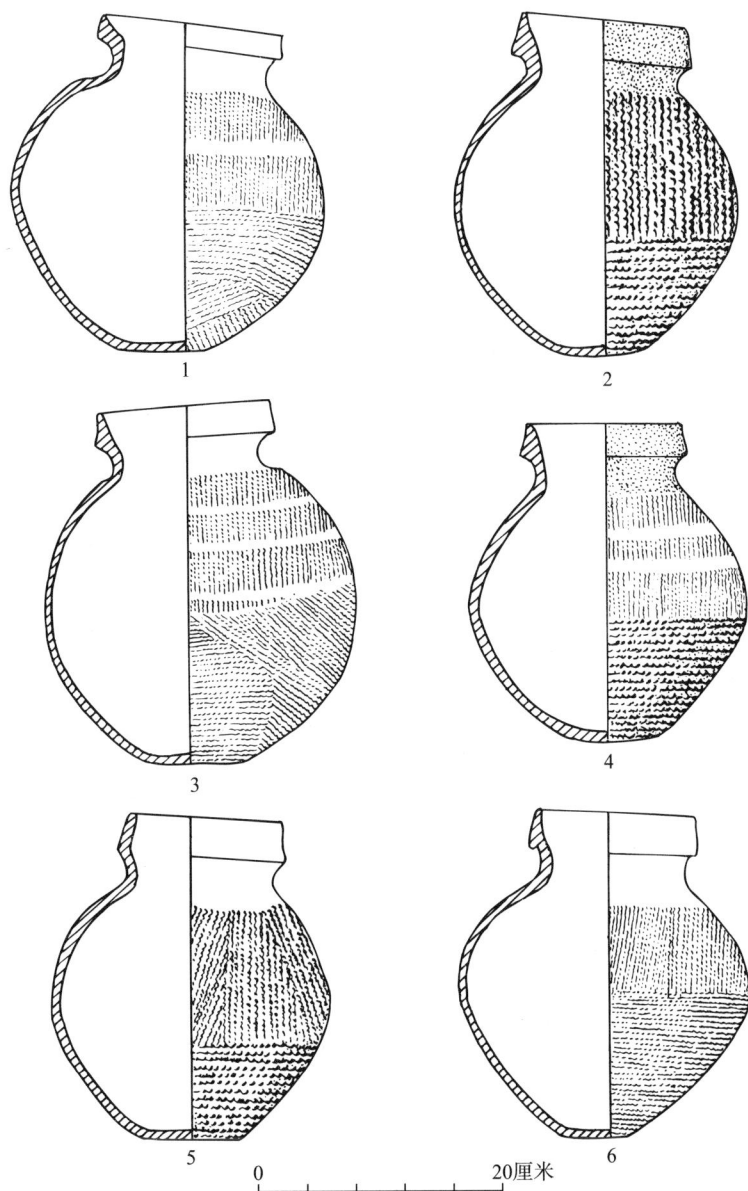

图五四　汉墓出土 B 型陶大型罐

1. Ⅰ式（M120:1）　　2、3. Ⅱ式（M205:12、M178:1）　　4~6. Ⅲ式（M266:7、
M33:1、M239:2）

细绳纹，下腹及底部施细绳纹。标本 M260:1，口径 17.2、最大腹径 30.5、底径 11、高
31.9 厘米（图五五，6）。

中型罐　213 件（包括残的没有归入型式的残碎中型罐），其中有 185 件可分型。
根据沿部不同分为两型。

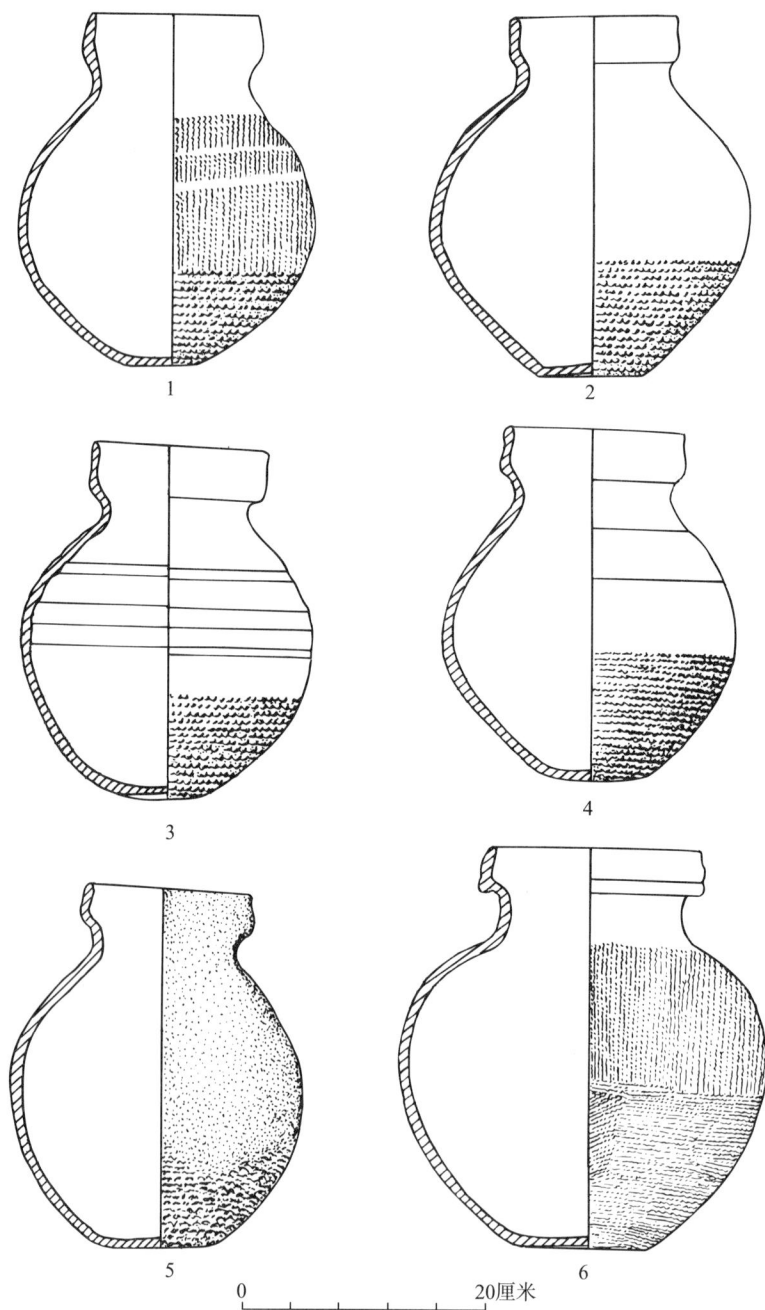

图五五　汉墓出土 B 型陶大型罐

1、2. Ⅲ式（M150:1、M110:1）　　3～5. Ⅳ式（M91:2、M115:10、M137:1）　　6. Ⅴ式（M260:1）

A 型　108 件。折沿罐。可分为两个亚型。

Aa 型　24 件。折沿鼓腹罐。分为四式。

Ⅰ式　2 件。均泥质灰陶。口微侈，折沿近平，方唇，束颈较高，鼓腹，有的器腹有旋抹的痕迹，最大腹径约位于腹中间。素面。标本 M118:10，平底。口径 12.1、腹径 21.7、底径 14.5、高 17.8 厘米（图五六，1；图版四一，4）。标本 M143:1，平底微凹。口径 12.4、腹径 21.6、底径 12.5～13、高 18.4 厘米（图五六，2）。

Ⅱ式　10 件。均泥质灰陶。口微侈，折沿，方唇，束颈，鼓腹。有的器腹表面有

图五六　汉墓出土 A 型陶中型罐

1、2. Aa 型Ⅰ式（M118:10、M143:1）　　3、6. Aa 型Ⅱ式（M165:1、M222:3）　　4. Aa 型Ⅲ式（M28:2）

7. Aa 型Ⅳ式（M7:2）　　5、8、9. Ab 型Ⅰ式（M224:1、M220:1、M249:1）

旋抹痕迹，素面。标本 M222:3，口径 12 ~ 12.2、腹径 22.2、底径 12.8、高 19.7 ~ 20.1 厘米（图五六，6）。标本 M165:1，口径 11.7、腹径 22.1、底径 12.6 ~ 12.9、高 17.6 厘米（图五六，3；图版四二，1）。

Ⅲ式　7 件。均泥质灰陶。口微侈，折沿较甚近盘口，方唇，束颈，鼓腹，平底微凹。唇面有一周凹弦纹。标本 M28:2，口径 12.4、腹径 21.6、底径 13.5、高 17.5 ~ 17.7 厘米（图五六，4；图版四二，2）。

Ⅳ式　5 件。均泥质灰陶。盘口，束颈，溜肩，鼓腹，最大腹径下移，大平底微凹。素面。标本 M7:2，口径 12.2、腹径 23、底径 17 ~ 17.5、高 19 厘米（图五六，7；图版四二，3）。

Ab 型　84 件。折沿溜肩罐。分五式。

Ⅰ式　5 件。均泥质灰陶。侈口，平沿，方唇微斜，颈较高，溜肩，鼓腹，最大腹径位于中部偏上，下腹近斜直，平底微凹。素面。标本 M249:1，口径 12.2、腹径 21、底径 9.8、高 19.3 厘米（图五六，9）。标本 M220:1，口径 12.2、腹径 22.3、底径 12 ~ 12.2、高 20.1 ~ 20.3 厘米（图五六，8）。标本 M224:1，口径 10.7、腹径 21、底径 10.8、高 18.6 厘米（图五六，5；图版四二，4）。

Ⅱ式　17 件。均泥质灰陶。口微侈，平沿微斜，方唇略下垂，颈微束，溜肩、鼓腹。最大腹径位于中部，平底。素面。标本 M53:1，口径 12.2 ~ 12.4、腹径 22、底径 12.8、高 19 厘米（图五七，1；图版四二，5）。标本 M210:1，口径 12.4 ~ 12.8、腹径 22.1、底径 12.3 ~ 13、高 20.4 ~ 20.7 厘米（图五七，2）。

Ⅲ式　39 件。均泥质灰陶。直口微侈，斜沿，斜方唇，束颈较矮，溜肩，鼓腹，有的折腹，下腹斜直，平底或平底微凹。有的唇面有一周凹痕。有的器表表面有戳印痕迹。标本 M332:2，口径 12、腹径 20.3、底径 13 ~ 13.2、高 19.1 ~ 19.3 厘米（图五七，3；图版四三，1）。标本 M147:2，口径 11.5、腹径 20.1、底径 10.3、高 17.7 厘米（图五七，4）。

Ⅳ式　14 件。均泥质灰陶。直口微敛，斜沿近盘口，溜肩鼓腹，下腹近斜直。素面。标本 M324:7，平底。口径 12.2、腹径 20.7、底径 13.4、高 18.8 ~ 19.2 厘米（图五七，5；图版四三，2）。标本 M201:1，平底微凹。口径 13.5、腹径 23.2、底径 13.7 ~ 13.9、高 19.6 厘米（图五七，6）。

Ⅴ式　9 件。均泥质灰陶。盘口，束颈，弧腹，大平底或平底微凹。素面。标本 M239:1，口径 12.6、腹径 20.8、底径 14、高 20.2 厘米（图五七，7）。标本 M79:1，口径 11.9、腹径 22.7、底径 13.8、高 20.8 厘米（图五七，8；图版四三，3）。

B 型　77 件。卷沿罐。可分为两个亚型。

Ba 型　30 件。卷沿鼓腹罐。分五式。

图五七　汉墓出土陶中型罐

1、2. Ab 型 Ⅱ 式（M53:1、M210:1）　　3、4. Ab 型 Ⅲ 式（M332:2、M147:2）　　5、6. Ab 型 Ⅳ 式（M324:7、M201:1）　　7、8. Ab 型 Ⅴ 式（M239:1、M79:1）　　9. Ba 型 Ⅰ 式（M69:1）

Ⅰ式　3件。均泥质灰陶。侈口，卷沿，圆尖唇，束颈较高直，鼓腹，平底微凹。素面。标本 M69:1，口径 11.6、腹径 20.9、底径 11、高 17 厘米（图五七，9；图版四三，4）。标本 M203:1，口径 11.5、腹径 21.2、底径 9.5、高 17.7～18.4 厘米（图五八，1）。

Ⅱ式　3件。均泥质灰陶。侈口，卷沿，圆尖唇，束颈较高，鼓腹，平底微凹。素面。标本 M110:9，口径 12.5、腹径 22.4、底径 12.4、高 18 厘米（图五八，2；图版四三，5）。

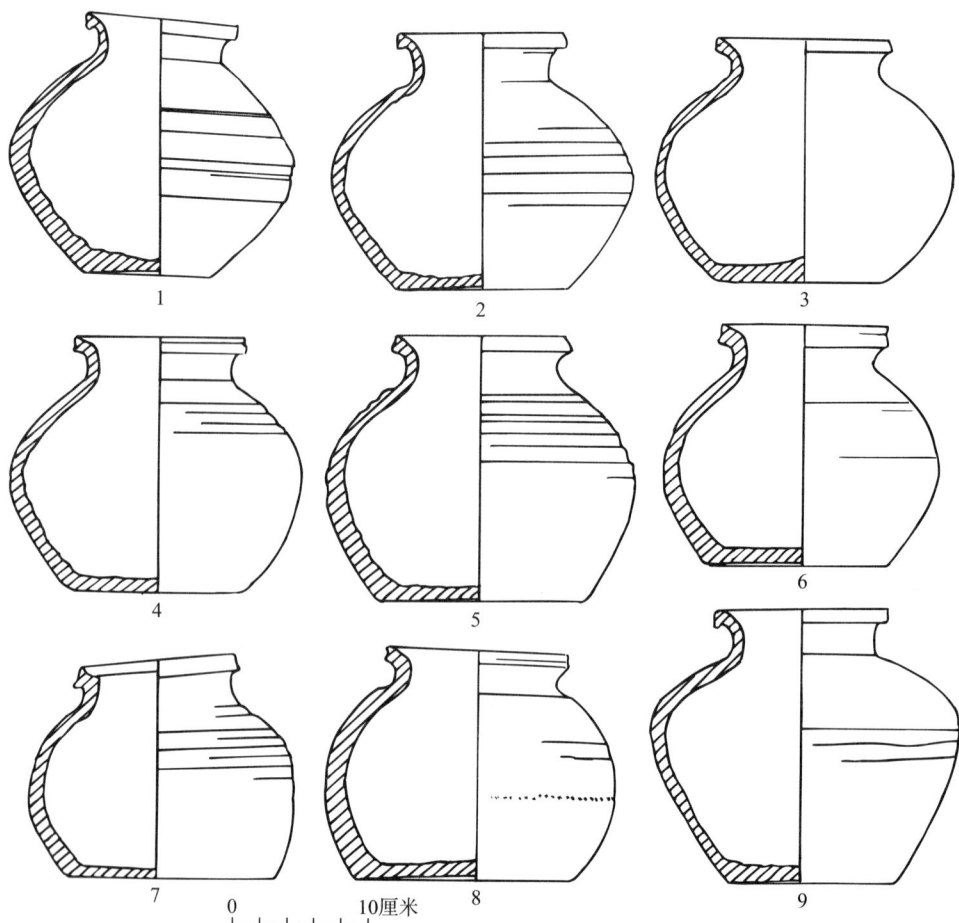

图五八　汉墓出土 B 型陶中型罐

1. Ba 型 I 式（M203:1）　2. Ba 型 II 式（M110:9）　3、4、5、7. Ba 型 III 式（M168:1、M132:1、
M316:6、M155:2）　6. Ba 型 IV式（M67:1）　8. Ba 型 V式（M65:4）　9. Bb 型 I 式（M199:1）

III式　12件。均泥质灰陶。侈口，卷沿，圆尖唇，束颈较短，鼓腹，平底或平底微凹。素面。标本 M168:1，口径 12.6、腹径 22.2、底径 12.4、高 17.2 厘米（图五八，3；图版四四，1）。标本 M132:1，口径 12.8、腹径 22、底径 12.8、高 18 厘米（图五八，4）。标本 M316:6，口径 13.3、腹径 22.8、底径 14.8、高 19 厘米（图五八，5）。标本 M155:2，口径 12.4、腹径 20、底径 15.2~15.5、高 14.9~16 厘米（图五八，7）。

IV式　6件。均泥质灰陶。侈口，卷沿，圆尖唇，唇面内斜，束颈较短，鼓腹，平底。素面。标本 M67:1，口径 12.3、腹径 20.5、底径 13.3、高 17.2 厘米（图五八，6；图版四四，2）。

V式　6件。均泥质灰陶。侈口，卷沿，尖唇，矮颈，鼓腹，大平底或平底微凹。

素面。标本 M65:4，口径 13～13.5、腹径 21.5、底径 16、高 16.2～16.6 厘米（图五八，8；图版四四，3）。

Bb 型 47 件。卷沿溜肩罐。分五式。

Ⅰ式 4 件。均泥质灰陶。侈口，卷沿，圆尖唇，束颈较高，溜肩，弧腹，最大腹径位于腹部偏上，平底或平底微凹。素面。标本 M199:1，口径 12.8、腹径 22.7、底径 12.6～13、高 19.3～19.7 厘米（图五八，9）。

Ⅱ式 5 件。均泥质灰陶。侈口，卷沿，圆尖唇，束颈较高，溜肩，弧腹，最大腹径约位于中部，平底或平底微凹。标本 M360:1，口径 11.8～12、腹径 20.7、底径 9.7、高 18.4 厘米（图五九，1）。标本 M206:1，口径 12、腹径 22.5、底径 11.5～11.7、高 20.8 厘米（图五九，2）。

Ⅲ式 20 件。均泥质灰陶。侈口，卷沿，圆尖唇，束颈，弧腹，平底。素面。标本 M110:2，口径 12.8、腹径 22.1、底径 12、高 20.8 厘米（图五九，3；图版四四，4）。标本 M47:1，口径 12.6～13.1、腹径 20.7、底径 13.6～13.8、高 19.8～20.3 厘米（图五九，4）。

Ⅳ式 15 件。均泥质灰陶。侈口，卷沿，圆尖唇，束颈近直，弧腹，平底微凹。素面。标本 M307:2，口径 13、腹径 19.4、底径 12.8、高 18.5 厘米（图五九，5；图版四四，5）。

Ⅴ式 3 件。均泥质灰陶。侈口，卷沿，尖唇，缩颈，弧腹，大平底微凹。素面。标本 M305:1，口径 13.6、腹径 19.7、底径 15～15.3、高 16.6～16.8 厘米（图五九，6；图版四四，6）。

小型罐 39 件。皆泥质灰陶。此类罐形制多样，制作粗糙，多素面。分期特征不是很明显，在这里只作简单举例说明。标本 M196:3，敛口，平沿微斜，圆唇，斜肩折腹，下腹近斜直，平底。口径 8.2、腹径 13.6、底径 3.5～4、高 9.3 厘米（图六〇，1）。标本 M213:4，直口，圆唇，鼓腹，矮假圈足。口径 5.6、腹径 9.3、底径 5.7、高 8.2 厘米（图六〇，2）。标本 M108:5，敛口，平沿，圆唇，溜肩鼓腹，下腹斜直，平底。口径 6.4、腹径 11.4、底径 6.8、高 9.3～9.5 厘米（图六〇，3）。标本 M196:2，侈口，平沿，方唇，近直颈，斜肩折腹，下腹斜直，平底。口径 9.7、腹径 15.3、底径 6.5、高 11.3 厘米（图六〇，4）。标本 M30:1，侈口，平沿，圆唇，溜肩鼓腹，下腹斜直，平底微凹。口径 6.4、腹径 10.5、底径 5.5、高 8.3 厘米（图六〇，5）。标本 M25:6，近直口，卷沿，圆唇，弧鼓腹，平底。口径 6、腹径 10、底径 5.8～6、高 8.8 厘米（图六〇，6）。标本 M239:4，侈口，卷沿，圆唇，鼓腹，平底微凹。口径 6～6.2、腹径 8.8、底径 5、高 6.7 厘米（图六一，1）。标本 M231:4，直口微侈，圆唇，溜肩鼓腹，矮假圈足。口径 3.6、腹径 6.3、底径 4.5、高 5～5.2 厘米（图六一，2）。

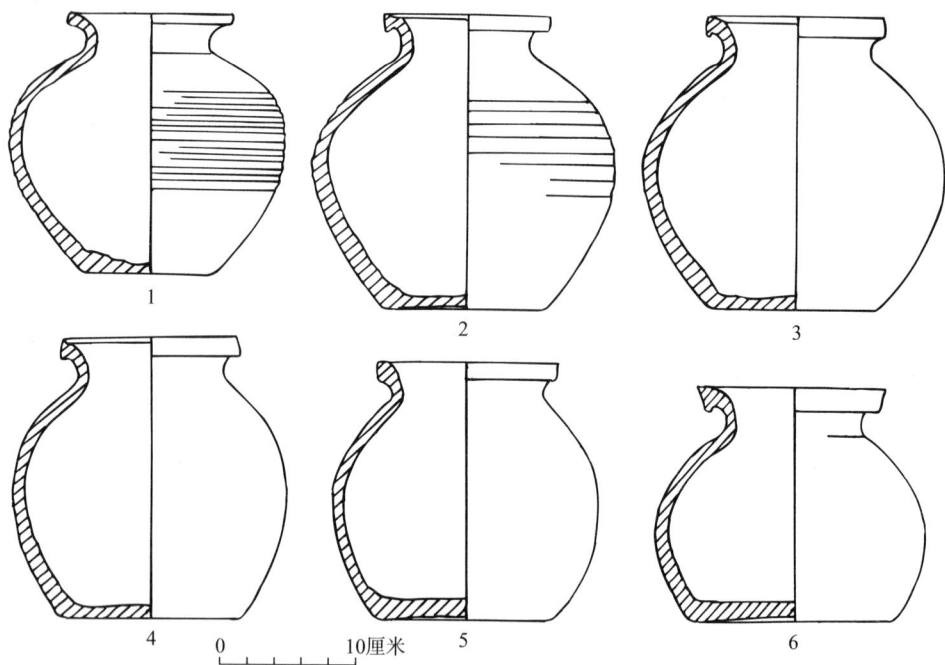

图五九　汉墓出土 Bb 型陶中型罐

1、2. Ⅱ式（M360:1、M206:1）　　3、4. Ⅲ式（M110:2、M47:1）　　5. Ⅳ式（M307:2）　　6. Ⅴ式（M305:1）

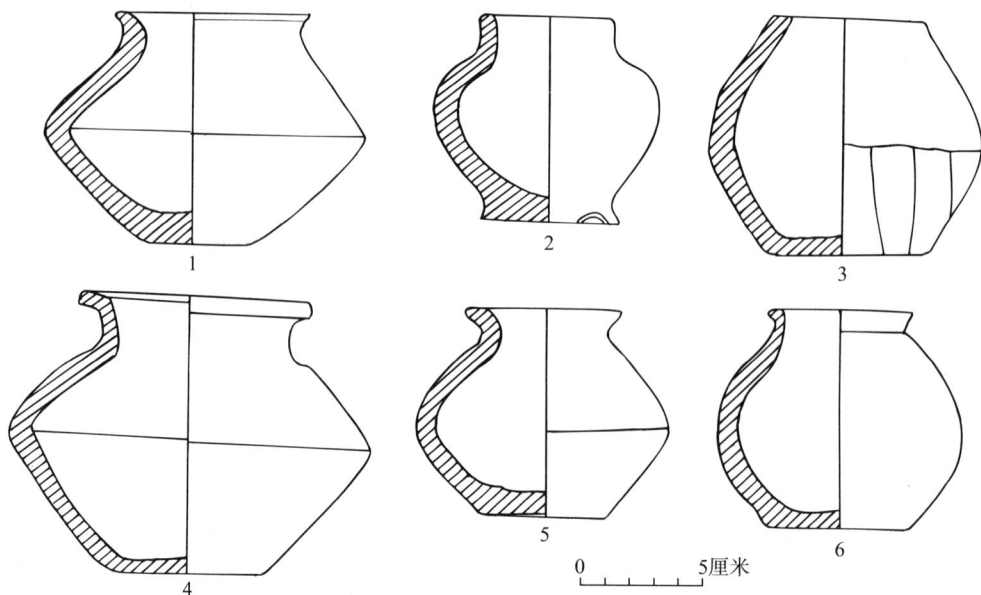

图六〇　汉墓出土陶小型罐

1. M196:3　2. M213:4　3. M108:5　4. M196:2　5. M30:1　6. M25:6

标本 M322:10，高直口微侈，圆唇，鼓腹，高假圈足。口径 5.7、腹径 7.2、底径 4.8、高 7.3 厘米（图六一，4）。标本 M272:6，直口微侈，卷沿，圆唇，鼓腹，矮假圈足。口径 3、腹径 6.9、底径 4.7～4.9、高 6.8 厘米（图六一，3）。标本 M282:9，近直口，平沿，圆唇，鼓腹，平底微凹。口部及腹部各有一周红色彩绘带。口径 3.2、腹径 7.3、底径 5.1、高 6.4 厘米（图六一，7）。标本 M259:3，敛口，斜沿，圆唇，溜肩折腹，下腹斜直，平底。口径 6.2、腹径 10.7、底径 5.8、高 8.7 厘米（图六一，10）。标本 M324:9，侈口，卷沿，圆唇，鼓腹，平底。口径 4.5、腹径 6.9、底径 3、高 6 厘米（图六一，9）。标本 M193:6，敛口，卷沿，圆唇，鼓腹，平底。口径 3.8、腹径 6.8、底径 4.6、高 5.4 厘米（图六一，5）。标本 M343:7，敛口，平沿，圆唇，斜肩，下腹斜直，圜平底。口径 3.6～3.8、腹径 6.7、高 4.4 厘米（图六一，6）。标本 M158:2，侈口，斜沿，圆唇，鼓腹，平底。口径 7.2、腹径 9.4、底径 8、高 6 厘米（图六一，8）。

其他罐　15 件。标本 M8:1，泥质灰陶。大口斜直，平沿，圆唇，圆肩，球腹，圜底微凹。下腹部及底饰较粗的绳纹。口径 21～21.2、腹径 31.4、高 26.7 厘米（图六

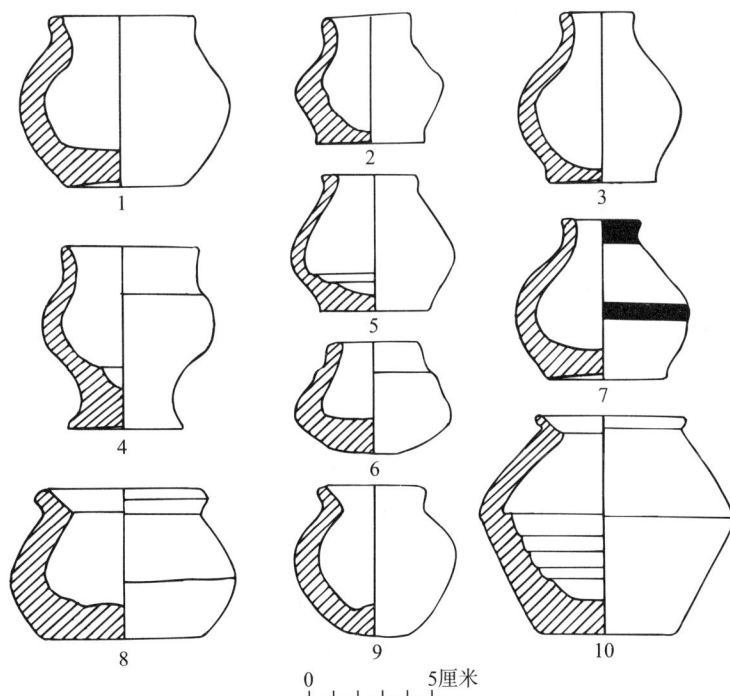

图六一　汉墓出土陶小型罐

1. M239:4　2. M231:4　3. M272:6　4. M322:10　5. M193:6　6. M343:7　7. M282:9
8. M158:2　9. M324:9　10. M259:3

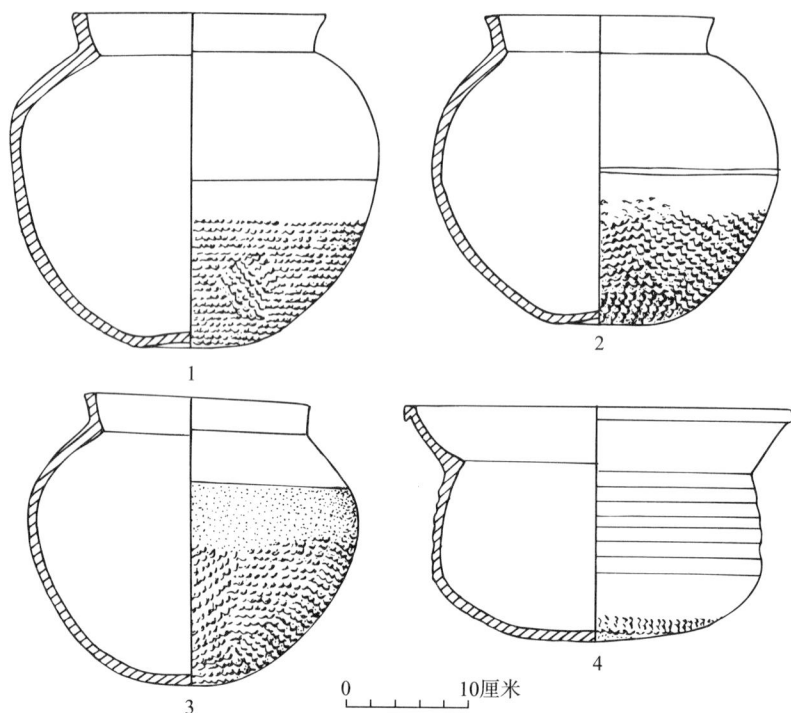

图六二 汉墓出土陶罐

1~3. 其他罐（M8:1、M20:1、M356:1） 4. 其他罐（瓮棺葬具）（M142:1）

二，1）。标本 M20:1，泥质灰陶。大口斜直，平沿微斜，圆唇，球腹，圜底近平。腹部一周凹痕内有戳印纹，下腹部及底饰绳纹。口径 18.7～19、腹径 28.6、高 24.4 厘米（图六二，2）。标本 M356:1，泥质灰陶。大口斜直，平沿微斜，圆唇，圆肩鼓腹，圜底近平。下腹部饰绳纹。口径 18.9～19.8、腹径 28、高 22.5～23.5 厘米（图六二，3）。标本 M142:1，泥质灰陶。盘口，卷沿，方唇，腹部近直，圜底。底部饰绳纹。口径 32.4、高 18.8 厘米（图六二，4）。标本 M237:4，泥质红褐陶。侈口，平沿，尖唇，斜肩折腹，平底。肩部有数道弦纹。口径 13、肩径 19.4、底径 8、高 17.7 厘米（图六三，1）。标本 M161:2，夹砂灰陶。矮直口，平沿圆唇，球形腹带把，圜底，腹一侧有圆把。口径 11、高 16.4 厘米（图六三，2）。

洗 2 件，其中 1 件残。标本 M307:7，泥质红陶。侈口，宽斜折沿，圆尖唇，弧腹，假圈足底。素面。口径 27.7～27.9、底径 14～14.2、高 7.4 厘米（图六三，4）。

灯 2 件，其中 1 件残。标本 M164:3，泥质灰褐陶。直口，平沿圆唇，近斜直腹，喇叭形底。口径 14.4、底径 8、高 10 厘米（图六三，3）。

灶 2 件，其中 1 件残。标本 M331:21，泥质褐陶。由灶及灶上小罐组成。灶体呈长方形，火膛中空，半圆形灶门，方形火墙，圆形火眼，斜弧烟道。灶体长 13.6、宽

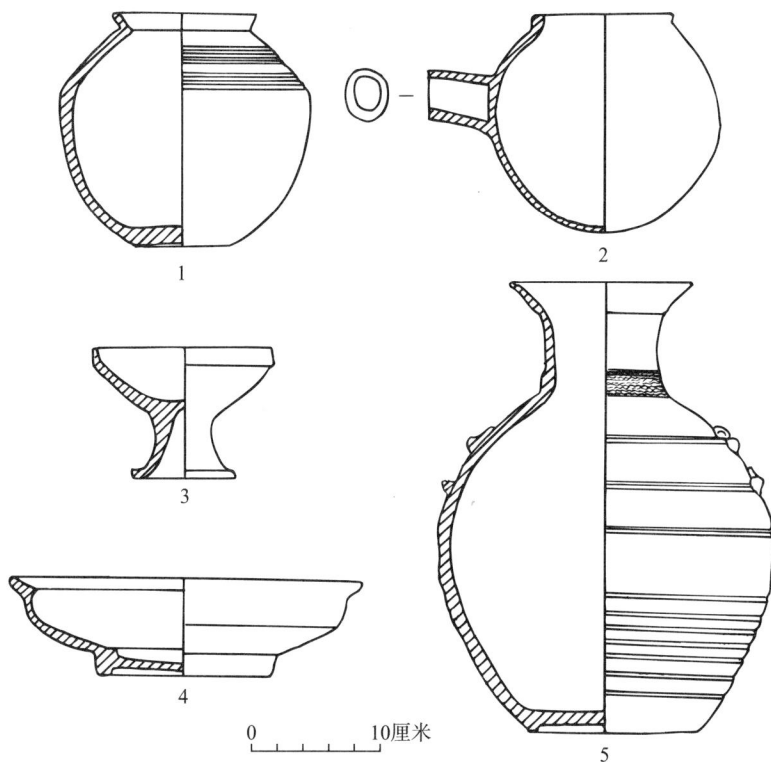

图六三　汉墓出土陶器、釉陶器

1～2. 陶其他罐（M237:4、M161:2）　3. 陶灯（M164:3）　4. 陶洗（M307:7）

5. 釉陶壶（M161:3）

6.8、高 7.2 厘米，灶门宽 3.2、高 3.6 厘米，火眼直径 4.4、烟道孔径 0.4 厘米。上置小罐 1 件，泥质灰褐陶。敛口，圆唇，耸肩，斜直腹，小平底。口径 3.2、底径 2、高 5 厘米（图六四，1）。

仓　4 件，2 件残碎。标本 M331:23，长方形仓，直壁，一侧近底部开长方形口孔。仓长 11.6、宽 8.2、高 8.4 厘米。四面坡屋顶。长 16.8、宽 11.2、高 4 厘米（图六四，3）。标本 M331:12，仓及盖均作圆形，仓壁下部内收，平底。四面坡屋顶。屋顶直径 15.2、高 4.8 厘米（图六四，2）。

猪圈及猪　1 组。猪圈（标本 M331:24），泥质红褐陶。由猪舍、厕所、围墙组成。猪舍与厕所皆为两面坡顶。猪舍一角有柱子支撑顶部，厕所墙根有一孔与圈内相通。长 18、宽 13.8、高 7.5 厘米。猪（标本 M331:25），泥质红褐陶。置于猪圈内。长嘴瘦体。长 9.4、高 4.8 厘米（图六四，4）。

杯　9 件。标本 M331:16，泥质褐陶。敞口，圆唇，斜直壁，束腰状柄，柄内空，座底平。口径 6.8、高 9 厘米（图六四，5）。

图六四　汉墓出土陶器

1. 灶（M331:21）　　2、3. 仓（M331:12、M331:23）　　4. 猪圈（M331:24）及猪（M331:25）（透视图）

5. 杯（M331:16）　　6. 甑（M331:17）

甑　1件（标本 M331:17）。泥质灰陶。敞口，尖圆唇，折沿，斜直壁，平底，底部有五个小圆孔。口径 8.4、底径 1.8、高 3.6 厘米（图六四，6）。

此外，还有少量的陶勺、碗、瓦残片等 10 件。大部分残碎。这里不作描述。

2. 釉陶器

釉陶壶　1件（标本 M161:3）。硬釉陶。盘口，斜折沿，圆唇，直颈，颈下部饰数十周细波浪纹，溜肩，矮圈足。肩腹部有两对称铺首衔环及三组弦纹，下腹有数周深弦纹。口径 14.3、腹径 26.4、底径 13.4～14.2、高 34.3 厘米（图六三，5）

3. 铜器

包括铜镜、铜钱、铜鸠杖首、铜带钩、镞等，其中铜镜 16 枚、铜钱 1300 余枚。

铜镜　16 枚。分为博局镜、四乳四虺镜、日光镜、昭明镜、星云纹镜、飞鸟镜、五鸟镜、蟠虺镜等。

博局纹镜　3枚。标本M108:7，圆形，圆纽，变形四叶纹纽座。座外博局纹，方格外八个乳钉纹，四方八区为：青龙配凤鸟及神兽、白虎配独角兽及禽鸟、朱雀配独角兽及禽鸟、玄鸟配羽人及禽鸟。向外一圈铭文带："王氏作镜四夷服多贺新家人民息胡虏殄灭天下复风雨时节五谷熟长保二亲乐毋够大利兮。"再外有一圈条竖纹、两周锯齿纹中间夹一周双线波折纹。镜面直径13.88厘米，重418.4克（图六五，1）。标本M323:5，圆形，圆纽，圆纽座。方格外博局纹有与方格四角相对的"V"纹及方格四边的"T"纹。每个方位二禽鸟向背，隔"V"纹与相邻二区的禽鸟相对、外围一周条竖纹、一周锯齿纹。三角缘。镜面直径8.9厘米，重89.9克（图六六，1）。标本M265:1，圆形，圆纽，圆纽座，座外环列八枚乳钉及"长宜子孙"铭文。大方格外八乳钉及博局纹区分的四方八区各有一禽兽，各方位内二区的禽兽相对。再向外一圈条竖纹带。云气纹缘。镜面直径13.07厘米，重345.3克（图六五，2）。

四乳四虺镜　4枚。标本M137:7，圆形，圆纽，圆纽座。圆座外有四组回旋条纹及一周凸弦纹。两组细短斜线纹圈带内为主纹。主纹是四乳与四虺纹相互环绕。四乳带圆座，四虺成钩形躯体，在躯体内外侧各有一只简化的鸟纹。素宽缘。镜面直径11.97厘米，重380克（图六六，2）。标本M115:1，圆形，圆纽，圆纽座。圆座外有一周凸弦纹。两组细短斜线纹圈带内为主纹。主纹是四乳与四虺纹相间。四乳带圆座四虺成钩形躯体，在躯体内外侧各有一只简化的鸟纹。素宽缘。镜面直径10.12厘米，重176克（图六六，3；彩版一八，1）。标本M80:2，圆形，圆纽，圆纽座。纽座外伸出几组短线纹，两周短斜线纹带内为主纹。主纹为四乳与四虺纹相间环绕，四乳带圆座，四虺成钩形躯体。宽素缘。镜面直径9.2厘米，重102.8克（图六六，4）。

日光镜　2枚。标本M78:3，圆形，圆纽，圆纽座。纽座外一圈内向八连弧纹，纽座圆周向外伸出四条短弧线条。连弧纹外有两圈短斜线纹，其间为铭纹带，铭文为"见日月之勿夫毋忘"。镜面直径6.7厘米，重41克（图六五，3）。标本M79:4，圆形，圆纽，圆纽座。纽座外一周内向八连弧纹，纽座圆周均匀伸出四条短弧线和四条短直线。连弧纹外一周短斜线纹及两个细线凸弦纹圈带。凸弦纹带内置铭文"见日之光，天下大明"。再向外一圈短斜线纹。宽素缘凸起。镜面直径7.6厘米，重60.5克（图六五，4）。

昭明镜　1枚（标本M26:3）。圆形，圆纽，圆纽座。座外一周内向八连弧纹带，连弧间有简单的纹饰。再外有两周短斜线纹，其间为铭文"内清……"宽素缘。镜面直径8.3厘米，重60.5克（图六五，5）。

星云纹镜　1枚（标本M219:2）。圆形，连峰纽，圆纽座。座外一周内向十六连弧纹圈带。两周凸弦纹带内为主纹，四枚并蒂四叶座的乳环列四方，分为四区。每区内各有弧线相连的七枚乳钉。内向十六连弧纹缘。镜面直径10.7厘米，重121.3克（图

图六五　汉墓出土铜镜

1、2. 博局纹镜（M108:7、M265:1）　3、4. 日光镜（M78:3、M79:4）　5. 昭明镜（M26:3）

6. 飞鸟镜（M323:2）　7. 五乳五鸟镜（M324:25）　8. 四乳八鸟镜（M110:3）

图六六 汉墓出土铜镜

1. 博局纹镜（M323:5） 2~4. 四乳四虺镜（M137:7、M115:1、M80:2）
5. 星云纹镜（M219:2） 6. 蟠虺镜（M99:1）

六六，5；彩版一八，4）。

飞鸟镜 1枚（标本M323:2）。圆形，圆纽，圆纽座。纽及纽座下叠压一飞鸟。其外为两圈短斜线纹带，内圈每个短线间距较宽。三角缘。镜面直径 7.8 厘米，重 130.4 克（图六五，6；彩版一八，2）。

五乳五鸟镜　2 枚。标本 M324:25，圆形，圆纽，圆纽座。座外五乳间以五禽鸟，五禽鸟头逆向一致。向外两周细凸弦纹带，内有短竖线和横线纹相间。再外一周短条竖线纹一周锯齿纹和一周凸弦纹。三角缘。镜面直径 8.1 厘米，重 77.9 克（图六五，7；彩版一八，3）。

四乳八鸟镜　1 枚（标本 M110:3）。圆形，圆纽，圆纽座。纽座外一周凸弦纹。两周短斜线纹带内为四乳八鸟。四乳中间，两禽鸟相对。禽鸟表现简单，二岐冠，覆羽翼，翘尾。宽素缘。镜面直径 7.8 厘米，重 121.6 克（图六五，8）。

蟠螭镜　1 枚（标本 M99:1）。圆形，三弦纹纽，纽外一圈较窄凹面带。纹饰主要有同心圆和两条螭。螭纹被一圈凹面形圈带叠压，圈带上均匀地分布四枚乳钉纹。匕缘。镜面直径 6.81 厘米，重 27.1 克（图六六，6）。

铜钱　200 余枚。大多锈蚀严重，钱纹多漫漶不清。随葬鼎、盒、盘、匜、钫陶礼器的墓葬基本不出土铜钱。在随葬罐、壶类的墓葬中，大部分都出土有铜钱，种类比较丰富，具有时代特征。种类有战国钱、半两钱、五铢钱、莽钱等。

战国钱币　1 枚（标本 M158:3－1）。圆形，方孔，平背，钱文"賹四化"。从钱看应是战国时期齐国的货币，但该墓与半两、五铢钱同出。钱径 2.8、穿边长 0.9 厘米（图六七，5）。

半两钱　1 枚（标本 M158:3－2）。圆形无郭，方孔，平背。钱径 2.9、穿边长 1.1 厘米（图六七，4）。

五铢钱　150 余枚。五铢钱的种类变化比较复杂，从"五铢"两字钱文看，"铢"字头有方折、圆折之分，郭有磨郭、凿郭之别；"五"字中间的交叉有圆弧、斜直之分，同时有的方框下有半星或框上一横的不同（图六七，1～3、6～11；图六八，4～11；图六九，1～8；图七〇，1、3～6、9）。这些特征既有时代上的差异，又有三官、郡国等铸造特征。如标本 M219:3（图六七，9）、M167:2－1（图六七，1）、M167:2－2（图六七，2）等，"铢"字头方折，属于西汉晚期昭宣帝时期钱币。"铢"字头圆折的可能相对较晚，但这种情况出现在西汉晚期，如标本 M74:1－2（图六八，11）。磨郭及凿郭五铢，自西汉昭宣帝以后出现，到了东汉时期，这种情况更为普遍，如标本 M71:3－1（图六八，6）、M74:1－2（图六八，11）、M170:2－2（图六七，11）。

莽钱　40 多枚。种类有"货泉"、"大泉五十"、"大布黄千"等（图六八，1～3；图六九，9、10；图七〇，2、7、8）。大布黄千 2 枚，如标本 M332:5（图六八，1）。货泉数量相对较少，如标本 M35:1（图六九，9）、标本 M25:10－1（图七〇，7）。"大泉五十"相对最多，如标本 M115:5（图六八，2），钱文正背皆有，这可能是在用范模

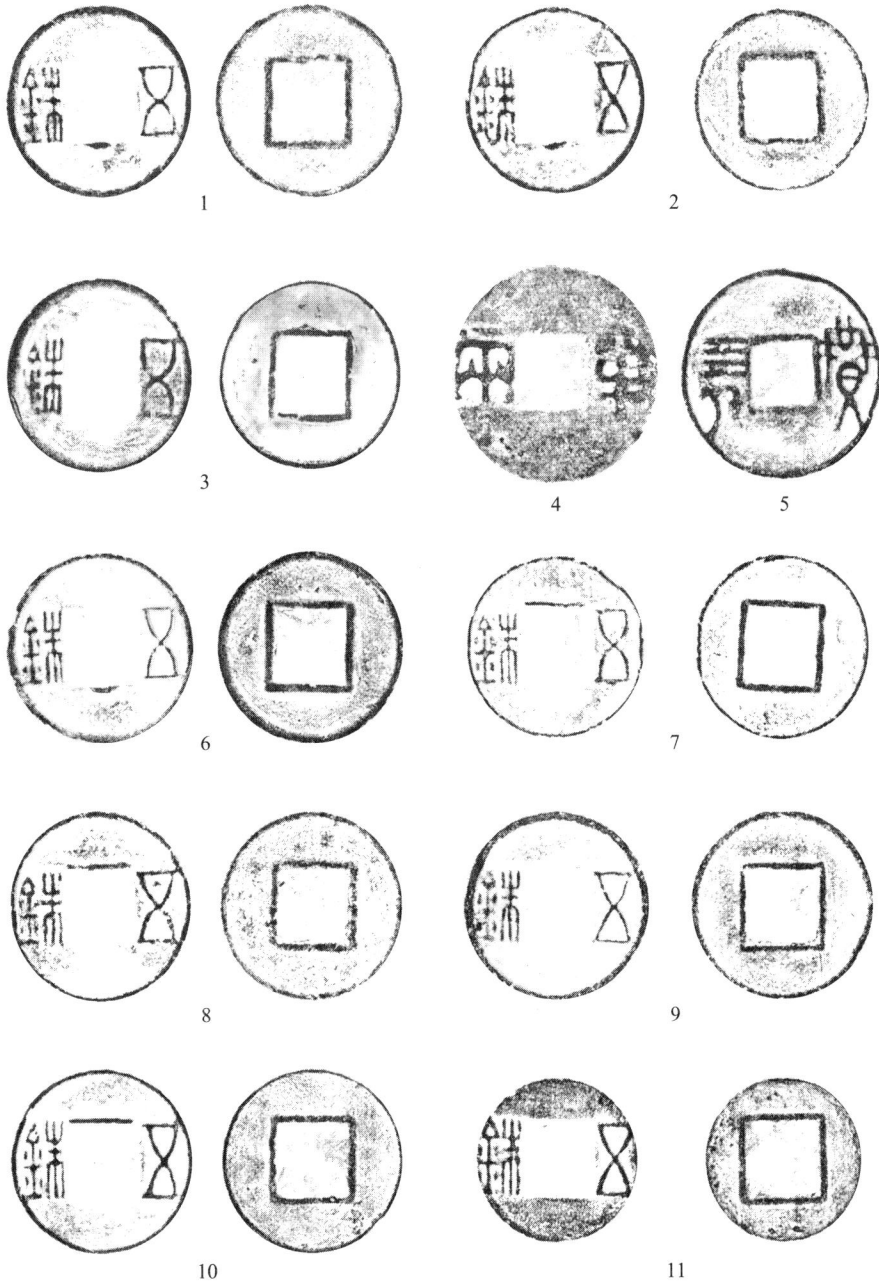

图六七　汉墓出土铜钱（原大）

1～3、6～11. 五铢（M167∶2－1、M167∶2－2、M158∶3－3、M255∶12－1、M255∶12－2、M151∶1、M219∶3、M170∶2－1、M170∶2－2）　4. 半两（M158∶3－2）　5. 𦈡四化（M158∶3－1）

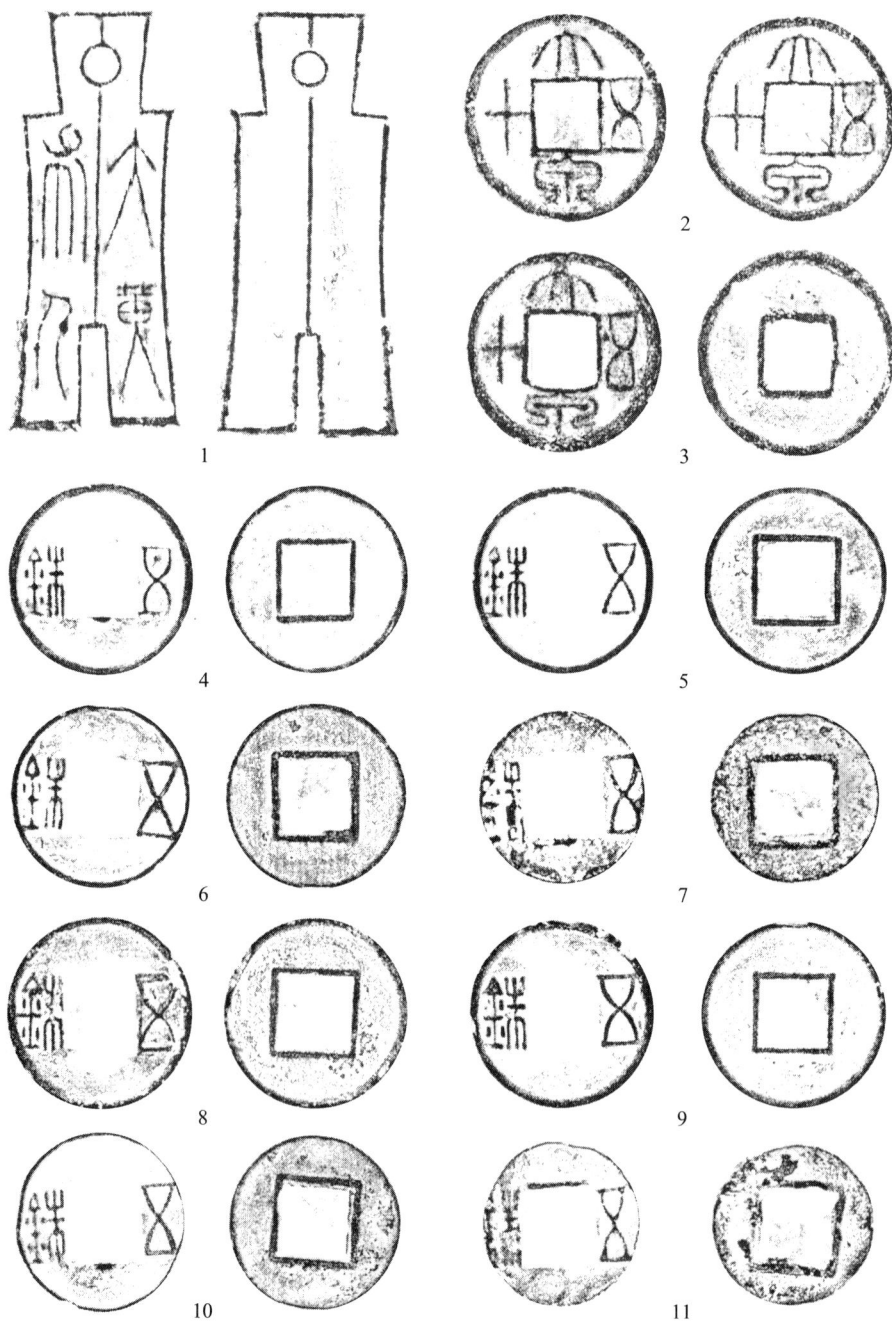

图六八　汉墓出土铜钱（原大）

1. 大布黄千（M332:5）　　2、3. 大泉五十（M115:5、M154:4）　　4～11. 五铢（M110:5 - 1、M110:5 - 2、
M71:3 - 1、M71:3 - 2、M323:1 - 1、M323:1 - 2、M74:1 - 1、M74:1 - 2）

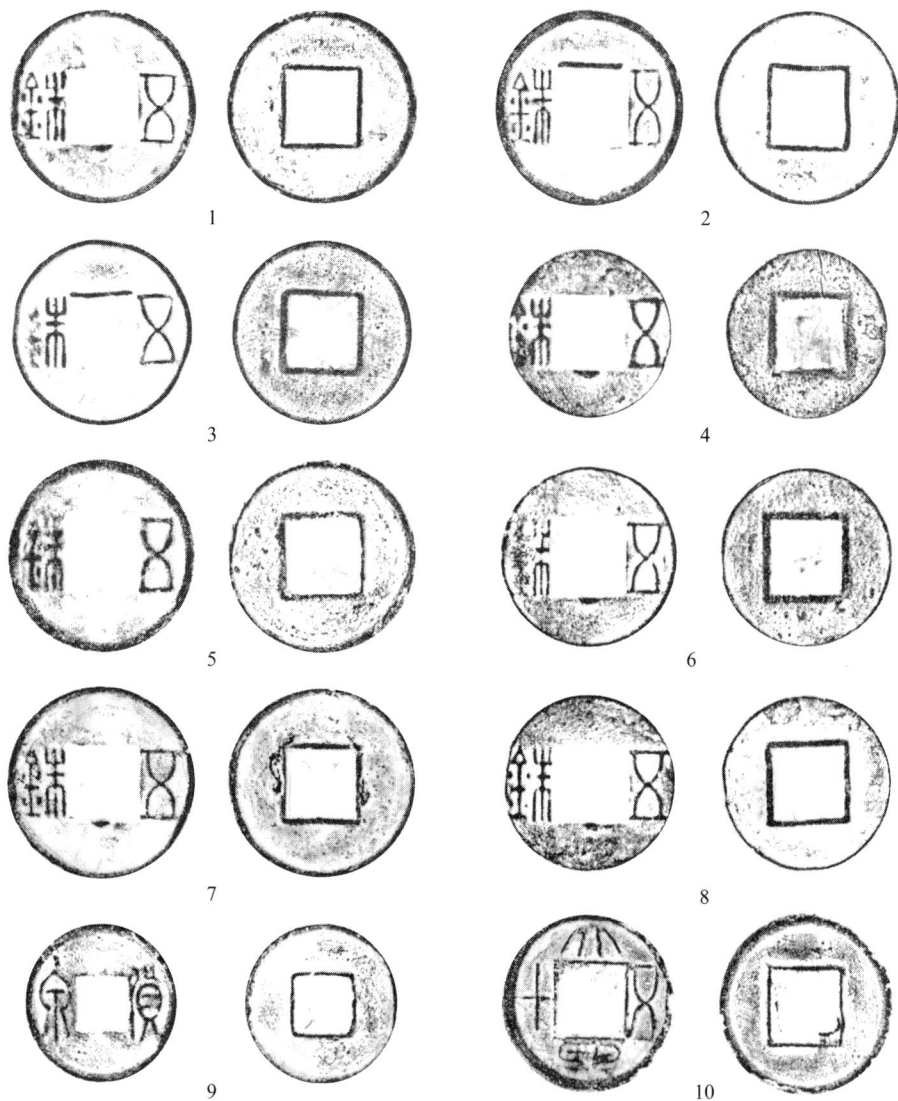

图六九　汉墓出土铜钱（原大）

1~8. 五铢（M180:5-1、M180:5-2、M218:9-1、M218:9-2、M153:8、M44:1-1、M65:5、

M44:1-2）　9. 货泉（M35:1）　10. 大泉五十（M31:1）

制作过程中出错而形成；标本 M154:4（图六八，3）等。时代应为王莽新朝至东汉光
武帝时期。

带钩　5件。标本 M358:6，形体较小，弯曲较甚。纽位于尾端，钩相对较长。全
长2.15厘米（图七一，6）。标本 M62:5，形体瘦长，带钩较短，圆形纽位于尾部中
间，较矮。全长7.1厘米（图七一，7）。标本 M205:3，形体较大，弯曲度较大，纽位

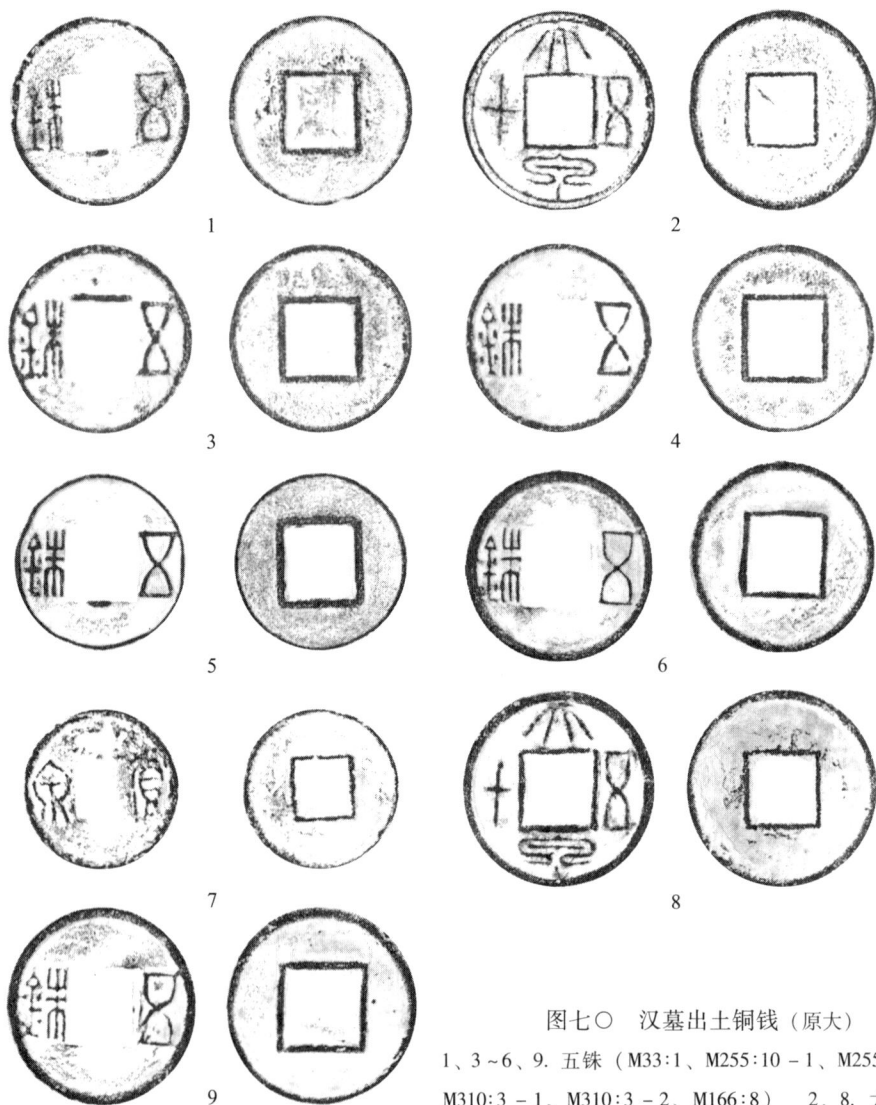

图七〇　汉墓出土铜钱（原大）

1、3～6、9. 五铢（M33：1、M255：10－1、M255：10－2、M310：3－1、M310：3－2、M166：8）　2、8. 大泉五十（M24：3、M25：10－2）　7. 货泉（M25：10－1）

于尾部中间，较高。全长8.3厘米（图七一，8）。

鸠杖首　1件（标本 M326：7）。立姿，两羽翅合于体侧，身下为接杖端。整体线纹流畅，姿态逼真。接杖端口高1.6、直径2.4厘米，杖首高8厘米（图七三，4）。

铜镞　1件。出土于M222椁内。镞残，锈蚀严重，形制不清。

4. 铁器

82件。包括铁剑、铁刀、铁削、铁镬、铁凿、铁臿、铁戟、铁锤、夯具等。另外

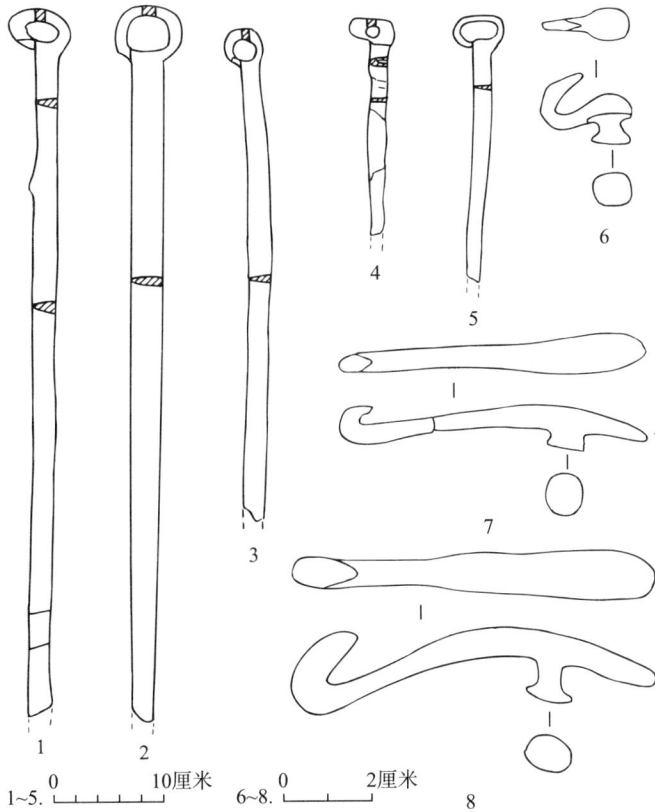

图七一 汉墓出土铁、铜器

1~3. 铁刀（M154:5、M324:27、M66:2） 4、5. 铁削（M74:2、M61:7）

6~8. 铜带钩（M358:6、M62:5、M205:3）

还有铁铲、铁带钩等。大部分锈蚀严重，或残或断，完整器少见。

铁剑 44件。标本M44:3，残。铜剑铬。剑身双面刃，菱形断面。柄残长14.4、剑身长92、通长107.4厘米（图七二，1）。标本M72:4，残。铜剑铬。剑身残，菱形断面，双面刃，剑身残留有木剑鞘痕迹。柄端为漏斗状铜柄端饰，柄长20、剑身残长78.4、通长103.4厘米（图七二，2）。标本M219:1，残。铜剑铬。剑身残，菱形断面，双面刃。柄残长8、剑身残长80、通长88.4厘米（图七二，3）。标本M61:5，残。铜剑铬。剑身残，菱形断面，双面刃。柄残长16、剑身残长89.6、通长107.3厘米（图七二，4）。标本M180:4，残。铜剑铬。剑身残，菱形断面，双面刃。柄残长12、剑身残长84.8、通长98.2厘米（图七二，5）。标本M121:2，柄略残。铜剑铬。剑身双面刃，菱形断面。柄残长14.8、剑身长90、通长106.8厘米（图七二，6）。

刀 12件。绝大部分残断，锈蚀严重。标本M154:5，环首，背近直，单面刃。残

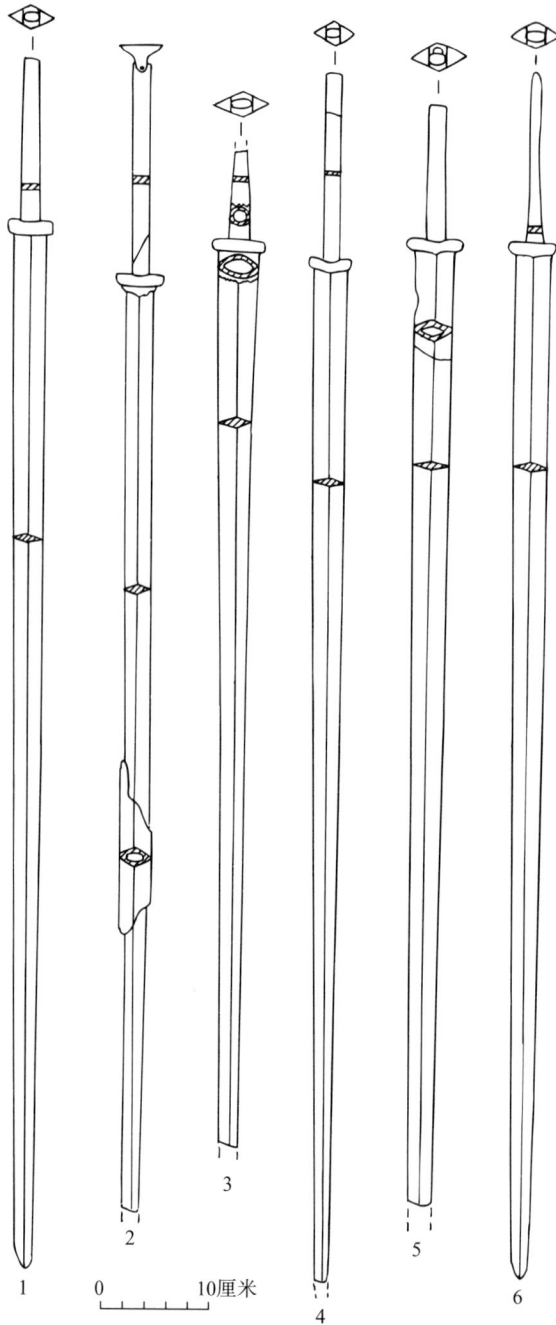

图七二　汉墓出土铁剑

1. M44:3　2. M72:4　3. M219:1　4. M61:5　5. M180:4　6. M121:2

长62.8、刀身宽2、环宽3.4厘米（图七一，1）。标本 M324:27，环首，直背，单面刃。残长64、刀身宽2.8、环宽4.5厘米（图七一，2）。标本 M66:2，环首，背略弧，单面刃。残长43.6、刀身宽2、环宽3.4厘米（图七一，3）。

削　14件。皆锈蚀残断。标本 M74:2，环首，背近直，单面刃。器表残留少许木鞘痕迹。残长19.2厘米（图七一，4）。标本 M61:7，环首，背略弧，单面刃。残长约23.6厘米（图七一，5）。

钁　3件。锈蚀严重，多为填土中出土。标本 M53:2，填土内出土。平面略呈长方形，口为长方形。钁身两侧壁较厚，正反两壁较薄。长11.2、宽6.6厘米（图七四，4）。

凿　2件。标本 M232:2，表面锈蚀严重。顶端断面呈长方形。长11厘米（图七三，2）。标本 M233:10，上部略窄，刃部略宽。顶端断面呈长方形。长13厘米（图七三，1）。

锸　3件。标本 M5:5，填土内出土，略残，平面呈凹缺形，长方形口，宽面弧刃。刃宽8.8、长8.9厘米（图七四，1）。标本 M214:1，填土内出土，略残，平面呈凹缺形，长方形口，宽面弧刃。刃宽6.7、长8.2厘米（图七四，2）。

戟　1件（标本 M324:15）。锈蚀严重，刺长13.2厘米，旁出的横枝长8厘米，全长约42.5厘米（图七三，3）。

锤　1件（标本 M258:3）。锈蚀严重，锤体略呈圆柱形，腹微鼓。长7.1、端径4、腹径约5.2厘米，中部方孔深2.2、边长约2.4厘米（图七三，5）。

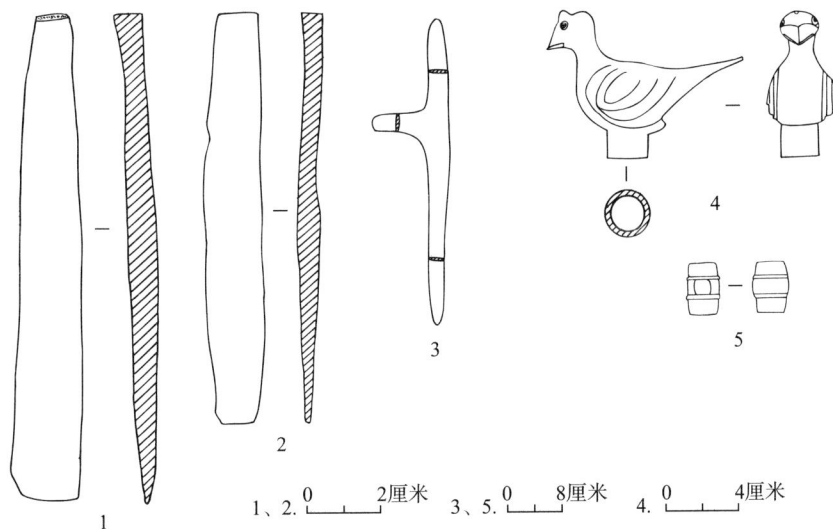

图七三　汉墓出土铜、铁器

1、2. 铁凿（M233:10、M232:2）　3. 铁戟（M324:15）　4. 铜鸠杖首（M326:7）　5. 铁锤（M258:3）

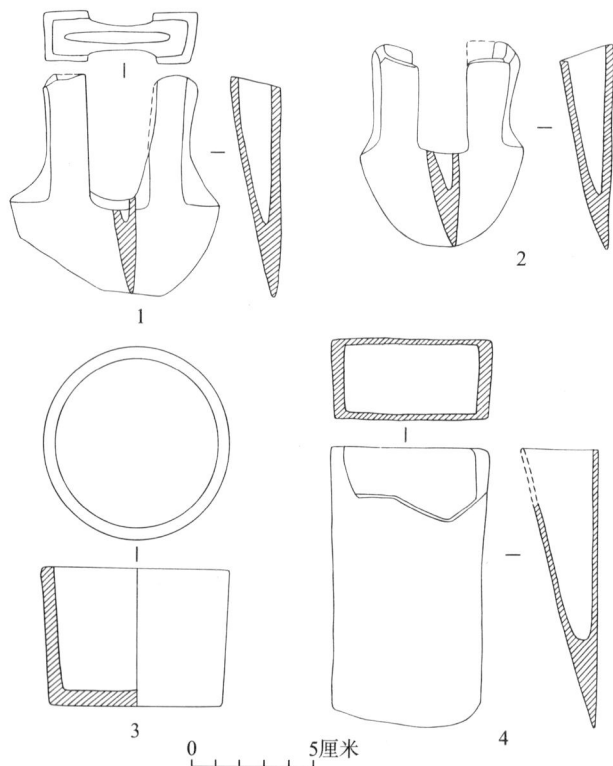

图七四　汉墓出土铁器

1、2. 臿（M5:5、M214:1）　　3. 夯具（M225:1）　　4. 镢（M53:2）

夯具　1件（标本 M225:1）。填土内出土。圆柱形，口径7.8、高5.5、壁厚0.6厘米（图七四，3）。

5. 玉石器

玉器包括玉环、玉璧、串饰等，共5件，大多是小型饰件，且残断较甚。石器有石璧、琀、耳塞、鼻塞、石黛板、磨石以及小串饰等，共40余件。这些几乎没有完整器，特别是耳鼻塞、琀皆滑石器，易碎等，在这里不作说明。

6. 琉璃器

2件。皆为琉璃璧，钙化残损严重，直径不详。

（四）分期与年代

根据出土陶器组合，我们可以把东小宫汉代墓地墓葬分为两类：第一类是出土鼎、盒、壶、盘、匜等器物组合的墓葬；第二类是仅出土罐类、陶器比较单纯的墓葬。第一类墓葬存在的时间段自西汉中期延续到东汉早期，第二类墓葬在西汉晚期至东汉时期。这或许是由于墓主人身份的不同或者是埋葬习俗的变化而造成的。我们根据墓葬出土陶器的演变规律，结合墓葬打破关系，对照出土五铢钱的特征，对墓葬进行分期研究，大致可分为六期。

1. 分期

（1）分期

一期：包括随葬鼎、盒、壶、盘、匜组合墓葬中的 Aa 型Ⅰ式、B 型Ⅰ式鼎，Ⅰ式钫，A 型Ⅰ式、Ba 型Ⅰ式、Bb 型Ⅰ式盒，A 型Ⅰ式、B 型Ⅰ式盘，Ⅰ式匜，Aa 型Ⅰ式、Ab 型Ⅰ式、B 型Ⅰ式壶，Ba 型Ⅰ式中型罐。

鼎　Aa 型Ⅰ式折腹鼎，子口，平沿，折腹，口微敛，上下腹部接棱明显，圜底，两竖耳穿孔较高，蹄状足肥硕突出，蹄根部外撇。B 型Ⅰ式弧腹鼎，子口，尖唇，平沿中间微下凹，弧腹，上腹微敛，圜底，两对称竖耳外撇，三马蹄状足较肥硕，蹄部较外撇。

钫　Ⅰ式钫，覆斗形子口盖，高领。

盒　A 型Ⅰ式圈足形捉手盖盒，宽圈足盖顶，子口，宽斜折沿近平，盒上腹近直。Ba 型Ⅰ式弧腹盒，子口微敛，平沿，鼓腹，弧顶盖近平。Bb 型Ⅰ式折腹盒，子口，平沿，上腹近直，平底，弧顶盖近平。

盘　A 型Ⅰ式折腹盘，侈口，平沿较宽，方唇，折腹，上腹较高直，平底。B 型Ⅰ式弧腹盘，侈口，平沿微斜，弧腹，平底微凹。

匜　Ⅰ式匜平面呈圆角方形，把上翘，截面呈长方形，上腹近直，下腹弧，圆平底。

壶　Aa 型Ⅰ式折肩圈足壶，侈口，平沿微斜，尖唇，束颈，溜肩，折腹不很明显，尖顶盖内有一周凸棱。Ab 型Ⅰ式圈足壶，侈口，折沿，颈微束，肩部有接棱，近球腹，上腹有两对称铺首。B 型Ⅰ式假圈足壶，侈口，平沿，尖唇，颈微束，耸肩，肩部有接棱及两对称的铺首，弧顶盖内有一周凸棱。

中型罐　Ba 型Ⅰ式卷沿鼓腹罐，侈口，卷沿，圆尖唇，束颈较高直，鼓腹。

据以上分析，属于该期墓葬有：M40、M203、M282、M322、M331、M366。

二期：包括 Aa 型Ⅱ式、Ab 型Ⅰ式、B 型Ⅱ式鼎，Ⅱ式钫，A 型Ⅱ式、Ba 型Ⅱ式、Bb 型Ⅱ式盒，A 型Ⅱ式、B 型Ⅱ式盘，Ⅱ式匜，Aa 型Ⅱ式、Ab 型Ⅱ式、B 型Ⅱ式、Ca 型Ⅰ式、Cb 型Ⅰ式壶，Aa 型Ⅰ式、Ab 型Ⅰ式、B 型Ⅰ式大型罐，Aa 型Ⅰ式、Ab 型Ⅰ式、Bb 型Ⅰ式中型罐。

鼎　Aa 型Ⅱ式折腹鼎，子口，平沿略宽，折腹，上腹近直，上下腹部接棱明显，圜底，两竖耳穿孔位于中下部，蹄状足较肥硕，蹄根部较直。Ab 型 I 式浅折腹鼎，只是腹比较浅，圜底近平。B 型 II 式弧腹鼎，子口，斜折沿，上腹近直，三蹄状足略外撇，蹄根部较矮。

钫　II 式钫，覆斗顶，盖为宽平口。

盒　A 型 II 式圈足形捉手盖盒，圈足盖顶较宽，子口，宽斜折沿，弧腹。Ba 型 II 式弧腹盒，子口，平沿微斜，弧腹，上腹近直，弧顶盖近平。Bb 型 II 式折腹盒，子口，斜折沿，腹上部微折，矮假圈足，弧顶盖近平。

盘　A 型 II 式折腹盘，侈口，平沿，方唇，折腹，折棱明显，上腹近直，平底微凹。B 型 II 式弧腹盘，侈口，斜折沿，弧腹，平底。

匜　II 式匜平面呈圆角方形，把微翘，把截面呈半圆形，弧腹，平底。

壶　Aa 型 II 式圈足壶，侈口，平沿微斜，尖唇，束颈，溜肩折腹，尖顶盖近平且内有一周矮凸棱。Ab 型 II 式圈足壶，侈口，平沿，束颈，颈肩处有接棱，耸肩。B 型 II 式假圈足壶，侈口，卷沿，圆唇，颈束，圆肩，肩颈部接棱明显，弧顶盖。Ca 型 I 式平底壶，侈口，平沿，尖唇，束颈，溜肩，扁鼓腹，平底。Cb 型 I 式平底壶，侈口，平沿微斜，圆唇，颈微束，弧腹，平底微凹，弧顶盖。

大型罐　Aa 型 I 式卷沿罐，侈口，卷沿，方唇，溜肩鼓腹，最大腹径偏上，下腹近斜直，平底或圜底；下腹饰较粗的绳纹。Ab 型 I 式平沿罐，侈口，平沿，方唇，鼓腹；下腹及底部饰较粗绳纹。B 型 I 式盘口罐，浅盘口，尖唇，矮领，圆肩，鼓腹，最大腹径位于中部，下腹斜弧，圜底近平；上腹部饰竖向绳纹，下腹部及底饰横、斜向绳纹。

中型罐　Aa 型 I 式折沿鼓腹罐，口微侈，折沿近平，方唇，束颈鼓腹，最大腹径位于中部。Ab 型 I 式折沿溜肩罐，侈口，平沿，方唇，颈较高直，最大腹径偏上部，平底微凹。Bb 型 I 式卷沿溜肩罐，侈口，卷沿，圆尖唇，束颈较高，溜肩，弧腹，最大腹径位于腹部偏上，下腹近斜直，口径与底径同宽。

属于该期的墓葬有：M12、M37、M44、M50、M69、M71、M93、M95、M104、M109、M118、M120、M124、M143、M157、M182、M184、M191、M194、M196、M199、M213、M224、M246、M249、M272、M281、M298 等。

三期：包括 Aa 型 III 式、B 型 III 式鼎，III 式钫，A 型 III 式、Ba 型 III 式、Bb 型 III 式盒，A 型 III 式、B 型 III 式盘，III 式匜，Ab 型 III 式、B 型 III 式壶，Aa 型 II 式、Ab 型 II 式、B 型 II 式大型罐，Aa 型 II 式、Ab 型 II 式、Ba 型 II 式、Bb 型 II 式中型罐。

鼎　Aa 型 III 式折腹鼎，子口，平沿微斜，折腹，上腹近直，上下腹部有接棱，圜底，两竖耳半穿孔位于中部，蹄状足简化，蹄根部近柱状。B 型 III 式弧腹鼎，子口，斜折沿，弧腹较浅，三蹄状足外撇，蹄根部不明显。

钫　Ⅲ式钫，覆斗顶盖，盖口内侧简化。

盒　A型Ⅲ式圈足形捉手盖盒，盖顶圈足较小，子口，斜折沿，弧腹近直。Ba型Ⅲ式弧腹盒，子口，斜折沿，弧腹，弧顶盖近平。Bb型Ⅲ式折腹盒，子口，斜折沿，下腹近直，矮假圈足，弧顶盖近平。

盘　A型Ⅲ式折腹盘，侈口，斜折沿，方唇，折腹不甚明显，平足底。B型Ⅲ式弧腹盘，侈口，平沿微斜，弧腹，平底。

匜　Ⅲ式匜平面呈不规则圆角方形，把简化为一个捏塑的短流，与把对应的腹边向上折起，不规则圆平底。

壶　Ab型Ⅲ式圈足壶，侈口，平沿，束颈，颈下有接棱，鼓腹，矮圈足。B型Ⅲ式假圈足壶，侈口，平沿，尖唇，束颈，耸肩，肩颈部接棱明显，弧顶盖。

大型罐　Aa型Ⅱ式卷沿罐，侈口，卷沿，方唇，近球腹，圜底近平，最大腹径位于腹部中间，下腹近斜直；下腹饰横、斜向绳纹。Ab型Ⅱ式平沿罐，侈口，平沿微斜，方唇，近球腹；下腹及底部饰绳纹。B型Ⅱ式盘口罐浅盘口，尖唇，领较高，溜肩，弧腹，最大腹径位于中部，圜底近平；上腹部饰竖向绳纹，下腹部及底饰横向绳纹。

中型罐　Aa型Ⅱ式折沿鼓腹罐，口微侈，折沿近平，方唇，鼓腹，最大腹径位于中部偏下。Ab型Ⅱ式折沿溜肩罐，侈口，平沿微斜，方唇，颈较高，最大腹径位于中部，平底。Ba型Ⅱ式卷沿鼓腹罐，侈口，卷沿，圆尖唇，束颈较高，鼓腹，底径约大于口径。Bb型Ⅱ式卷沿溜肩罐，侈口，卷沿，圆尖唇，束颈较高，溜肩，弧腹，最大腹径约位于中部，下腹近斜直，底径约大于口径。

属于该期的墓葬有：M10、M39、M53、M54、M58、M59、M96、M103、M126、M152、M153、M160、M162、M164、M165、M183、M193、M200、M202、M206、M210、M219、M220、M226、M227、M231、M233、M236、M237、M242、M244、M274、M294、M297、M313、M326、M336、M360等。

四期：包括C型Ⅰ式、C型Ⅱ式、E型Ⅰ式鼎，C型Ⅰ式、D型Ⅰ式、E型Ⅰ式、F型Ⅰ式、F型Ⅱ式盒，A型Ⅳ式、B型Ⅳ式盘，Ⅳ、Ⅴ式匜，Ac型Ⅰ式、Ac型Ⅱ式、Ad型Ⅰ式、Ad型Ⅱ式、Ae型Ⅰ式、Ca型Ⅱ式、Cb型Ⅱ式、Cc型Ⅰ式、Cd型Ⅰ式壶，Aa型Ⅲ式、Ab型Ⅲ式、B型Ⅲ式大型罐，Aa型Ⅲ式、Ab型Ⅲ式、Ba型Ⅲ式、Bb型Ⅲ式中型罐。

鼎　C型Ⅰ式平底鼎，矮子口微敛，上腹近直，简化蹄形足及首面足，两竖耳下部突起明显。C型Ⅱ式平底鼎，直口微敛，近直腹，三柱状足，两竖耳近錾形，个别下部突起不很明显。E型Ⅰ式鼎，敛口，折沿，尖唇，出肩，深弧腹，圜底，两对称錾耳上部外卷，四棱形锥形矮鼎足，盘形盖。

盒　C型Ⅰ式折腹盒，矮子口微敛，平沿，折腹，下腹部斜弧，平底，盘形盖。D

型Ⅰ式钵形盒，敛口，斜折沿，扁鼓腹，平底。E 型Ⅰ式罐形盒，敛口，平沿，圆唇外凸，鼓腹。F 型Ⅰ式盆形盒，直口微敛，斜折沿，圆唇，弧腹内收，盘形盖。F 型Ⅱ式直口，斜折沿，上腹近直，弧顶盖。

盘　A 型Ⅳ式折腹盘，侈口，斜折沿，圆尖唇，折腹，圜底近平。B 型Ⅳ式弧腹盘，侈口，斜折沿，圆唇，斜直腹，平底。

匜　Ⅳ式匜器口呈不规则半圆形，一侧捏出把，把与器底平连，近直腹，平底。Ⅴ式匜器口呈不规则半圆形，一侧捏出把，把与器底平连，斜直腹。

壶　Ac 型Ⅰ式圈足壶，侈口，斜折沿，尖唇，束颈较高，球腹，圜底，圈足较直。Ac 型Ⅱ式圈足壶，侈口，斜折沿，圆唇，短颈微束，矮圈足。Ad 型Ⅰ式盘口圈足壶，浅盘口较直，直颈，球腹，圜底，圈足较高。Ad 型Ⅱ式盘口圈足壶，浅盘口较直，直颈，球腹，矮圈足。Ae 型Ⅰ式垂腹盘口圈足壶，盘口较深，方唇，垂腹，矮圈足；上腹有对称铺首并有数组弦纹。Ca 型Ⅱ式平底壶，侈口，平沿，尖唇，束颈较高，扁鼓腹，盘形盖。Cb 型Ⅱ式平底壶，侈口，平沿微折，长颈微束，弧腹，平底，弧顶盖近平。Cc 型Ⅰ式平底壶，侈口，斜折沿，圆尖唇，束颈，扁鼓腹，底径约同等于口径；多素面，个别颈腹部有黑白色彩绘，纹饰有条带纹、卷云纹、之字纹等。Cd 型Ⅰ式平底盘口壶，浅盘口，卷沿，束颈较长，溜肩，弧腹，盘形盖。

大型罐　Aa 型Ⅲ式卷沿罐，侈口，卷沿，方唇，唇面有一周凹痕，并微下垂，近球腹，平底微凹；下腹部饰横、斜向绳纹。Ab 型Ⅲ式平沿罐，侈口，斜折沿，圆唇，溜肩，鼓腹；下腹及底饰横向绳纹。B 型Ⅲ式盘口罐，深盘口微敛，圆唇，溜肩，鼓腹，最大腹径位于中部，圜底近平；上腹部饰竖向绳纹，下腹部及底饰横、斜向绳纹。

中型罐　Aa 型Ⅲ式折沿鼓腹罐，口微侈，折沿，方唇唇面有一周凹痕，短颈微束，鼓腹，最大腹径位于中部偏下。Ab 型Ⅲ式折沿溜肩罐，直口微侈，斜沿，方唇唇面有一周凹痕，最大腹径位于中部，平底。Ba 型Ⅲ式卷沿鼓腹罐，侈口，卷沿，圆尖唇，束颈较短，鼓腹，最大腹径位于中部偏下。Bb 型Ⅲ式卷沿溜肩罐，侈口，卷沿，圆尖唇，束颈，弧腹，底径大于口径。

属于该期的墓葬有：M5、M17、M24、M26、M28、M32、M33、M35、M46、M47、M55、M56、M57、M61、M62、M72、M75、M80、M89、M92、M110、M121、M132、M135、M147、M148、M150、M151、M155、M156、M158、M161、M178、M192、M204、M211、M222、M232、M234、M245、M247、M254、M255、M258、M263、M264、M266、M270、M273、M287、M306、M330、M340、M361 等。

五期：包括 D 型Ⅰ式、D 型Ⅱ式、E 型Ⅱ式鼎，C 型Ⅱ式、C 型Ⅲ式、D 型Ⅱ式、D 型Ⅲ式、E 型Ⅱ式、F 型Ⅲ式盒，Ac 型Ⅲ式、Ad 型Ⅲ式、Ae 型Ⅱ式、Ca 型Ⅲ式、Cb 型Ⅲ式、Cb 型Ⅳ式、Cc 型Ⅱ式、Cc 型Ⅲ式、Cd 型Ⅱ式壶，Aa 型Ⅳ式、Ab 型Ⅳ

式、B 型 Ⅳ 式大型罐，Aa 型 Ⅳ 式、Ab 型 Ⅳ 式、Ba 型 Ⅳ 式中型罐。

鼎　D 型 Ⅰ 式盆形鼎，矮子口，平沿微斜，子口微敛，弧腹，圜底，两耳上部外卷，五棱形柱状三足上部有向外四棱锥状突起。D 型 Ⅱ 式盆形鼎，直口微敛，平沿，弧腹，圜底，两对称竖耳向上斜伸，三柱状足，弧顶盖。E 型 Ⅱ 式鼎近直口，卷沿，上腹近直，圜底，两对称錾耳变成泥突状。

盒　C 型 Ⅱ 式盒口微敛，斜折沿内侧微出子口，折腹，平底，盘形盖。C 型 Ⅲ 式折腹盒，口微敛，斜折沿，折腹，上腹部近直，下腹部近斜直。D 型 Ⅱ 式钵形盒，敛口，斜折沿，扁鼓腹，平底。D 型 Ⅲ 式钵形盒，敛口，平沿微斜，圆唇，腹微鼓，大平底，弧顶盖近平。E 型 Ⅱ 式罐形盒，敛口，斜折沿，圆唇，弧腹。F 型 Ⅲ 式盆形盒，敛口，斜折沿，近直腹，平底。

壶　Ac 型 Ⅲ 式圈足壶，侈口，斜折沿，圆唇，矮颈，腹微下垂，圜底，圈足外撇。Ad 型 Ⅲ 式盘口圈足壶，盘口微敛，直颈，球腹，矮圈足微外撇。Ae 型 Ⅱ 式垂腹盘口壶，深盘口，卷沿，方唇，垂腹，矮圈足微外撇；上腹有对称铺首并有数组弦纹，盘口下部、肩部饰波浪纹。Ca 型 Ⅲ 式平底壶，侈口，斜折沿，直颈，扁鼓腹，弧顶盖近平。Cb 型 Ⅲ 式平底壶，侈口，斜折沿，束颈较短，弧腹，平底，弧顶盖近平。Cb 型 Ⅳ 式平底壶，侈口，斜折沿，束颈更短，弧腹，平底，弧顶盖近平。Cc 型 Ⅱ 式平底壶，侈口，斜折沿，圆尖唇，束颈，鼓腹，最大腹径位于腹中部偏下，底径大于口径。Cc 型 Ⅲ 式平底壶，侈口，斜折沿，尖唇，颈微束，近直腹，大平底，弧顶盖近平。Cd 型 Ⅱ 式平底盘口壶，浅盘口，平沿，束颈较长，鼓腹。

大型罐　Aa 型 Ⅳ 式卷沿罐，侈口，卷沿，方唇唇面下垂，中部有一周凹痕，短颈微束，弧腹，平底；腹下部饰细绳纹。Ab 型 Ⅳ 式平沿罐，宽斜沿，方唇，唇面下垂，中部有一周凹痕，颈较直，近球腹；下腹部饰绳纹。B 型 Ⅳ 式盘口罐，高盘口近直，圆唇，溜肩鼓腹，最大腹径位于中部，平底；下腹部及底饰细绳纹。

中型罐　Aa 型 Ⅳ 式折沿鼓腹罐，浅盘口，溜肩鼓腹，最大腹径近底部。Ab 型 Ⅳ 式折沿溜肩罐，直口微敛，斜沿近盘口，溜肩，鼓腹，下腹近斜直，平底，最大腹径位于中部。Ba 型 Ⅳ 式卷沿鼓腹罐，侈口，卷沿，圆尖唇，唇面内斜，束颈较短，鼓腹，最大腹径位于中部偏下。

属于该期墓葬有：M4、M7、M25、M41、M51、M52、M67、M76、M115、M117、M137、M144、M166、M168、M169、M177、M180、M214、M218、M243、M259、M311、M315、M316、M319、M324、M329、M332、M342、M343、M359、M362 等。

六期：包括 Ca 型 Ⅳ 式、Cc 型 Ⅳ 式、Cd 型 Ⅲ 式壶，Aa 型 Ⅴ 式、Ab 型 Ⅴ 式、B 型 Ⅴ 式大型罐，Ab 型 Ⅴ 式、Ba 型 Ⅴ 式、Bb 型 Ⅳ 式、Bb 型 Ⅴ 式中型罐。

壶　Ca 型 Ⅳ 式平底壶，敞口，斜折沿，圆尖唇，颈微束，扁鼓腹，腹部有多道瓦棱纹，平底，弧顶盖近平。Cc 型Ⅳ式平底壶，近直口，斜折沿，尖唇，直颈，鼓腹，大平底，盘形盖。Cd 型Ⅲ式平底盘口壶，深盘口，卷沿，圆唇，束颈，弧腹。

大型罐　Aa 型Ⅴ式卷沿罐，侈口，卷沿，圆唇，颈较直，近球腹，平底或平底微凹；腹下部饰细绳纹。Ab 型Ⅴ式平沿罐侈口，斜沿，方唇，唇面下垂，中部有一周凹痕，颈较斜直，鼓腹；下腹部饰细绳纹。B 型Ⅴ式盘口罐，高盘口微敛，圆唇，圆肩鼓腹，最大腹径位于中部，平底；个别器表上下腹部皆饰绳纹。

中型罐　Ab 型Ⅴ式折沿溜肩罐，折沿近浅盘口，最大腹径位于中部偏下。Ba 型Ⅴ式卷沿鼓腹罐，侈口，卷沿，尖唇，矮颈，鼓腹，最大腹径位于中部偏下。Bb 型Ⅳ式卷沿溜肩罐，侈口，卷沿，束颈，弧腹，平底。Bb 型Ⅴ式卷沿溜肩罐，大平底，近直腹。

属于该期墓葬有：M21、M22、M29、M45、M63、M65、M68、M79、M91、M107、M108、M113、M122、M123、M125、M154、M170、M201、M205、M215、M216、M225、M239、M251、M256、M260、M265、M292、M296、M305、M307、M309、M310、M317、M323、M325、M337、M339、M351、M358、M363 等（表一）。

表一　东小宫汉代墓地出土陶器分期表

期别 \ 类型	鼎 Aa	Ab	B	C	D	E	钫	盒 A	Ba	Bb	C	D	E	F	盘 A	B	匜
一	Ⅰ		Ⅰ				Ⅰ	Ⅰ	Ⅰ	Ⅰ					Ⅰ	Ⅰ	Ⅰ
二	Ⅱ	Ⅰ	Ⅱ				Ⅱ	Ⅱ	Ⅱ	Ⅱ					Ⅱ	Ⅱ	Ⅱ
三	Ⅲ		Ⅲ				Ⅲ	Ⅲ	Ⅲ	Ⅲ					Ⅲ	Ⅲ	Ⅲ
四				Ⅰ Ⅱ		Ⅰ					Ⅰ	Ⅰ	Ⅰ	Ⅰ Ⅱ	Ⅳ	Ⅳ	Ⅳ Ⅴ
五				Ⅰ Ⅱ	Ⅱ						Ⅱ Ⅲ	Ⅱ Ⅲ	Ⅱ	Ⅲ			
六																	

期别 \ 类型	壶 Aa	Ab	Ac	Ad	Ae	B	Ca	Cb	Cc	Cd	大型罐 Aa	Ab	B	中型罐 Aa	Ab	Ba	Bb
一	Ⅰ	Ⅰ				Ⅰ										Ⅰ	
二	Ⅱ	Ⅱ				Ⅱ	Ⅰ	Ⅰ			Ⅰ	Ⅰ	Ⅰ	Ⅰ	Ⅰ		Ⅰ
三		Ⅲ				Ⅲ					Ⅱ	Ⅱ	Ⅱ	Ⅱ	Ⅱ	Ⅱ	
四			Ⅰ Ⅱ	Ⅰ Ⅱ	Ⅰ		Ⅱ	Ⅱ	Ⅰ	Ⅰ	Ⅲ	Ⅲ	Ⅲ	Ⅲ	Ⅲ	Ⅲ	Ⅲ
五		Ⅲ	Ⅲ		Ⅱ		Ⅲ	Ⅲ Ⅳ	Ⅱ Ⅲ	Ⅱ	Ⅳ	Ⅳ	Ⅳ	Ⅳ	Ⅳ	Ⅳ	
六							Ⅳ		Ⅳ	Ⅲ	Ⅴ	Ⅴ	Ⅴ	Ⅴ	Ⅴ	Ⅴ	Ⅳ Ⅴ

（2）器物演变规律

从整个墓地来看，出土鼎、盒、壶、盘、匜、钫类的陶器整体特征比较鲜明，可延续到第五期；出土罐、壶类的则显得较为凌乱，一直到第六期都有，但都有一定规律可循。早期鼎、钫、盒、壶等还残留有仿铜陶礼器的特征，四期以后则消失（图七五）。

鼎的演变特征可明显分出两个大的时间段，也就是四期初始可作为一个大的界标。前段A型（折腹鼎）分为Aa型（深腹）及Ab型（浅腹）两类，泥质灰陶、灰褐陶、红褐陶兼有，四期及其以后皆泥质灰陶。折腹鼎的演变主要从三蹄形足、鼎耳、口沿及腹部的变化为主，演变规律从蹄状足肥硕，蹄根部从外撇到渐直乃至微内收，鼎耳上的长方形穿孔从长穿到半穿乃至不穿孔，口沿则从平沿到斜沿乃至斜沿面微凹，上腹部从微内收到近直的变化；B型（弧腹鼎）在口沿、鼎耳的变化上与折腹鼎相近，蹄状三足也是从肥硕向瘦体简化方向发展，但外撇度增大，弧腹变得越来越浅，上腹口部由微敛向侈口变化。四期及其以后鼎的种类繁多，造型各样，与前段呈现明显的差别。鼎足出现了简化蹄形足、兽面形足、柱状足、多棱形足、锥状足乃至演变成三个小泥突。鼎耳多为板状，上部外卷或斜直乃至简化成外伸的泥突。腹部多种多样，有钵形的、盆形的、罐形的、釜形的等。底部有平底、圜底之分。

钫的变化也比较明显，从早到晚覆斗形盖由高到矮，平顶由宽到尖，由出子口到平口乃至方形盘口的变化；领部由高到矮；彩绘纹饰的变化由繁到简，由变形龙纹、卷云纹到三角纹、波浪纹的演变；腹部的变化不很明显。

盒中的A型（圈足形捉手盖盒）盖的圈足径从大到小，口沿由平沿向斜沿、斜沿面下凹演变。上腹部由近直到斜弧腹演变。器表皆有弦纹。Ba型（弧腹盒）的变化除盒盖不带圈足形捉手外，口沿的变化与前者相近，上腹由微敛到外侈变化。Bb型（折腹盒）的口沿变化同前者，腹部的折腹处由矮到高，口由直口到侈口的变化规律，同时器底平底向假圈足底的变化。C、D、E、F类盒则出现于四期及以后，C型（深折腹盒）口沿由平沿微出子口向平沿变化，上腹由微内收到近直，盖到后期简化成近泥柄状盖；D型（钵形盒）整体扁鼓腹，敛口由敛到微敛，口沿由斜沿到近平沿，圆唇面并逐渐外突；E型（罐形盒）整体由鼓腹向弧鼓腹变化，口沿由平沿到折沿，底由大到小；盆形盒（F型）腹部由浅变深，口由近直口到微敛演变。

盘分A型（折腹）及B型（弧腹）。折腹盘口沿由宽平沿到斜折沿，折腹逐渐不明显，在变化过程中出现了假圈足，平底最后变为圜平底。弧腹盘口沿由宽平沿到斜折沿、卷沿方向变化，腹部由弧腹到近直腹，平底由小到大。

匜整体平面形状从规整的圆角方形演化成半圆形，流把由上翘到与底平，流的截面由长方形到半圆形最后捏塑成尖流。

类型 期别	鼎						匜
	Aa	Ab	B	C	D	E	
一	 1. Ⅰ式 （M203:3）		 5. Ⅰ式 （M213:3）				 14. Ⅰ式 （M322:8）
二	 2. Ⅱ式 （M242:5）	 4.（M191:2）	 6. Ⅱ式 （M281:5）				 15. Ⅱ式 （M124:4）
三	 3. Ⅲ式 （M153:4）		 7. Ⅲ式 （M231:5）				 16. Ⅲ式 （M294:3）
四				 8. Ⅰ式 （M5:2） 9. Ⅱ式 （M89:1）		 12. Ⅰ式 （M342:3）	 17. Ⅳ式 （M316:4） 18. Ⅴ式 （M89:2）
五				 10. Ⅰ式 （M4:4） 11. Ⅱ式 （M359:4）	 13. Ⅱ式 （M125:6）		
六							

图七五（一）　　汉墓典型

盘		盒						
A	B	A	Ba	Bb	C	D	E	F
19. I 式 (M322:9)	23. I 式 (M282:7)	27. I 式 (M331:5)	30. I 式 (M322:1)	33. I 式 (M203:4)				
20. II 式 (M182:7)	24. II 式 (M298:4)	28. II 式 (M124:6)	31. II 式 (M213:2)	34. II 式 (M272:5)				
21. III 式 (M297:8)	25. III 式 (M294:1)	29. III 式 (M153:2)	32. III 式 (M297:7)	35. III 式 (M274:3)				
22. IV 式 (M255:7)	26. IV 式 (M255:9)				36. I 式 (M287:1)	39. I 式 (M259:6)	42. I 式 (M259:2)	44. I 式 (M329:5) / 45. II 式 (M361:6)
					37. II 式 (M45:1)	40. II 式 (M115:3)		
					38. III 式 (M315:4)	41. III 式 (M166:6)	43. II 式 (M25:3)	46. III 式 (M180:3)

陶器分期图（一）

类型 期别	壶				
	Aa	Ab	Ac	Ad	Ae
一	4. Ⅰ式（M322:5）	6. Ⅰ式（M331:6）			
二	5. Ⅱ式（M246:3）	7. Ⅱ式（M272:1）			
三		8. Ⅲ式（M233:1）			
四			9. Ⅰ式（M80:1） 10. Ⅱ式（M255:9）	12. Ⅰ式（M316:7） 13. Ⅱ式（M255:3）	15. Ⅰ式（M72:5）
五			11. Ⅲ式（M359:2）	14. Ⅲ式（M215:3）	16. Ⅱ式（M265:6）
六					

壶				
B	Ca	Cb	Cc	Cd
17. Ⅰ式（M331:8）				
18. Ⅱ式（M124:1）	20. Ⅰ式（M213:1）	24. Ⅰ式（M242:6）		
19. Ⅲ式（M152:5）				
	21. Ⅱ式（M273:1）	25. Ⅱ式（M115:8）	28. Ⅰ式（M218:2）	32. Ⅰ式（M25:3）
	26. Ⅲ式（M259:1）	29. Ⅱ式（M315:2）		
	22. Ⅲ式（M154:1）	27. Ⅳ式（M339:2）	30. Ⅲ式（M225:1）	33. Ⅱ式（M343:6）
	23. Ⅳ式（M337:3）		31. Ⅳ式（M363:2）	34. Ⅲ式（M307:4）

陶器分期图（二）

类型 期别	钫	大型罐		
		Aa	Ab	B
一	1. I式（M282:1）			
二	2. II式（M281:3）	35. I式（M37:1）	40. I式（M59:3）	45. I式（M120:1）
三	3. III式（M231:1）	36. II式（M244:2）	41. II式（M219:6）	46. II式（M205:12）
四		37. III式（M178:3）	42. III式（M7:1）	47. III式（M33:1）
五		38. IV式（M137:2）	43. IV式（M117:2）	48. IV式（M115:10）
六		39. V式（M107:1）	44. V式（M337:4）	49. V式（M260:1）

图七五（三）　汉墓典型

中型罐			
Aa	Ab	Ba	Bb
		59. Ⅰ式（M203:1）	
50. Ⅰ式（M118:10）	54. Ⅰ式（M224:1）		64. Ⅰ式（M199:1）
51. Ⅱ式（M165:1）	55. Ⅱ式（M53:1）	60. Ⅱ式（M110:9）	65. Ⅱ式（M206:1）
52. Ⅲ式（M28:2）	56. Ⅲ式（M147:2）	61. Ⅲ式（M132:1）	66. Ⅲ式（M110:2）
53. Ⅳ式（M7:2）	57. Ⅳ式（M201:1）	62. Ⅳ式（M67:1）	
			67. Ⅳ式（M307:2）
	58. Ⅴ式（M239:1）	63. Ⅴ式（M65:4）	68. Ⅴ式（M305:1）

陶器分期图（三）

圈足壶可分为 A 型（圈足）和 B 型（假圈足）两大类。Aa 型（折肩圈足壶）折肩从中上部逐渐上移变为耸肩，盖由矮圆锥形盖变成弧顶盖，且盖内一周向下的突起由高到矮消失；Ab 型（颈腹部有接棱的圈足壶），颈部有微束到束颈更甚发展，侈口到晚期变得几近喇叭形口，壶盖的变化与折腹壶盖的变化同。Ac、Ad、Ae 型圈足壶则出现在四期，Ac 型圈足壶颈部由高到矮，圆尖唇唇面下垂到下垂不明显，圈足底逐渐变矮，弧顶盖由高到近平发展；Ad 型盘口壶，盘口由浅到深，圈足由高到矮；Ae 垂腹壶盘口也是由浅变深，壶盖顶由弧顶变成平顶，纹饰上多弦纹到后期增加了波浪纹。假圈足壶皆有肩，颈部近直到束颈较甚，口由近直口到几近盘口，纹饰由繁到简，假圈足的外撇到近直。

平底壶分四个亚型。长颈扁腹壶，形体演变主要在颈部，从早到晚颈部由束颈到微缩近直，最后演变成长直颈，口部由平沿尖唇向圈沿圆唇过渡；瘦体平底壶，溜肩鼓腹，颈由微缩向直颈演变，同时颈部从早到晚逐渐缩短；扁鼓腹平底壶，演变规律基本同前者，同时平底直径逐渐变大，到了晚期近乎与腹径相近；平底盘口壶，形体瘦长，早期颈部较长，缩颈，此后逐步向近直颈演变，盘口加深更加明显。

大型罐分 Aa 型（卷沿罐）、Ab 型（平沿罐）和 B 型（盘口罐）。折沿罐在该墓地基本不见于西汉早中期。它的变化是由平沿至斜折沿、宽斜折沿，方唇唇面逐步下垂，下腹部所饰绳纹由粗到细，圜底近平到平底；卷沿罐的变化方唇唇面也是逐步下垂，从无颈到有近直颈，早期的罐腹溜肩底小到弧鼓腹平底，下腹部绳纹由粗到细；盘口罐类盘口由浅到深，领部由底到高，腹部由扁鼓腹到弧腹，底由圜底近平到平底，早期通体饰绳纹逐步向多施在下腹部变化，绳纹由粗到细。

中型罐分为 A 型（折沿）、B 型（卷沿）两大类，每个大类又分鼓腹、溜肩两个亚型。Aa 型（折沿鼓腹罐）由平沿向折沿或折沿近盘口发展，颈部由高到矮，平底由小到大，最大腹径逐步下移；Ab 型（折腹溜肩罐）形体较高，口沿及腹部最大径的变化同折沿鼓腹罐，下腹弧腹到弧腹近直；Ba 型（卷沿鼓腹罐）唇由圆尖唇向尖唇变化，颈腹及底的演变同折沿鼓腹罐；Bb 型（卷沿溜肩罐）唇面逐步下垂，颈由高到矮，最大腹径逐步下移，平底逐渐变大。

2. 年代

从以上各类陶器的演变规律、基本特点，结合出土铜钱、铜镜及墓葬打破关系综合分析，该墓地六期的相对年代基本明确。出土鼎、盒、壶、盘、匜、钫等陶礼器的这类墓葬基本延续到东汉早期。东汉中晚期土坑竖穴石椁这类小型墓基本上只随葬罐、壶等陶器，在王莽及东汉前期出土以上陶礼器墓的器物与西汉时期的同类器物有较大缺环，器类形式各样，这可能与当时西汉传统礼制遭到破坏有关，礼制上出现了紊乱，王莽的复古运动以及东汉前期政治混乱，战乱不断，那么反映在随葬陶器上是千差万别、各具特征。

一期，出土陶礼器的墓葬折腹鼎类基本上延续了仿铜鼎的特征，子口平沿，蹄状足肥硕鲜明，耳部长方形穿孔较高。钫的器盖为子口，领较高，纹饰繁缛；各类盒也都是子口平沿；较大的圈足捉手盖。壶、罐类的口沿也大多是平沿，圈足壶的器盖内侧有明显的凸棱。这些都具有时代特征，与西汉早期的相近，但器物形体又有明显差别，如罐类平沿、近直颈、耸肩、小平底的罐基本不见。出土铜钱极少，五铢铜钱"铢"字头多方折，因此一期大致处于西汉中期，相对年代在武帝元狩五年（公元前118 年）以后到昭帝时期。

二期，鼎类中折腹鼎子口，平沿微斜，上腹近直，蹄状足变瘦，蹄根部变直矮；弧腹鼎的鼎足外撇，弧腹上部近直，口沿部分基本与同期折腹鼎相近。钫的覆斗形盖无子口，宽平沿，矮领。盒口沿平沿微斜向上出子口，盒盖圈足形捉手较宽，弧腹上部近直；折腹盒出现了假圈足。盘类的折腹盘折腹较高，窄平沿微斜，亦出现假圈足；弧腹盘窄平沿，浅弧腹。匜的流把渐平，流把的对边向内折起。圈足壶盖内的凸棱简化，束颈；假圈足壶颈微束，盖的特征同圈足壶盖。大型罐中的折沿罐平沿，方唇，弧鼓腹，下腹饰较粗的绳纹；卷沿罐方唇，器腹有肩，小圜底微凹，绳纹较粗；盘口罐浅盘口，尖唇，矮领，扁鼓腹。中型罐类中的折沿鼓腹罐，近平沿，口近直，颈微束，最大腹径位于腹中部，底径约等于口径；折沿溜肩罐，平沿，近直口，颈较高，下腹弧腹近直，底径约等于口径；卷沿鼓腹罐除卷沿圆尖唇，其他颈、腹、底的特征基本与本期折沿鼓腹罐相近；卷沿溜肩罐颈、腹、底也同折沿溜肩罐相近。时代上属于西汉晚期，相对年代大致在昭宣时期。

三期，鼎类折腹鼎斜沿出子口，蹄状足更瘦，个别三足内收，鼎耳不穿透；弧腹鼎鼎足外撇，蹄根部简化有的消失，浅弧腹，腹上部外侈。钫的覆斗形盖平顶更小有的成为尖顶，内侧近方形盘式。盒类捉手盒盖上小圈足，斜沿中部下凹向上斜伸出子口，弧腹近斜直。其他弧腹盒、折腹盒除盖之外，其他如口沿、唇面、腹的特征与本期捉手盒相同，只是折腹盒本期也有假圈足。盘类中折腹盘折腹不明显，斜沿；弧腹盘浅腹，平沿更窄有的为卷沿，弧腹近直，底径变大。匜平面不规则圆形，一侧捏出短流。圈足壶类的弧顶盖束颈更甚；假圈足壶的假圈足近直。大型罐类的折沿罐平沿微斜，方唇唇面微下垂，颈束，弧鼓腹；卷沿罐方唇唇面微有下垂，弧鼓腹；盘口壶，盘口较甚，圆唇，领部较高，弧鼓腹。中型罐类的折沿鼓腹罐斜沿，方唇唇面出现一周凹痕，最大腹径位于腹中部偏下，底径略大于口径；折沿溜肩罐耸肩不明显变成弧鼓腹；卷沿鼓腹罐卷沿方唇，最大腹径位于腹中部偏下，底径略大于口径；卷沿溜肩罐卷沿，唇面微下垂，耸肩不明显，短颈微束，底径略大于口径。此期出现了平底壶，是前期圈足壶的基础上去掉圈足而形成，只是腹部较扁鼓。时代上属于西汉末期，相对年代大致在元帝至哀帝时期。

四期，整体上陶器多泥质灰陶，陶胎较厚重，形式多样。鼎类的显然与前期有较大差距，形式各样，制作粗糙。鼎有平底鼎、盆形鼎、圜底鼎、釜形鼎多种。鼎足有简化的蹄形足到柱形足，如 C 型平底鼎，并有兽面足出现；多棱形足到后段转化成柱状足，如 D 型盆形鼎。鼎口有敛口、侈口之分，斜沿微出子口，唇面有的外突。鼎耳的简化更为显著，此期鼎耳多数为錾形耳，且中部不穿透或没有凹槽，鼎耳下部的突起不明显，錾耳前段上部外卷，后段变成斜直錾状耳。钫类到此期已消失。盒类整体多深腹，折腹盒平沿微出子口，敛口；钵形盒敛口斜沿；罐形盒敛口平沿，圆唇唇面外突；盆形盒上部近直，下腹弧腹，弧顶盖较高，个别为盘形盖。盘类中的折腹盘变成近直腹圜平底如盖状；弧腹盘卷沿斜直腹大平底。匜类平面半圆形，流为捏塑成瓢把状并与底连平。圈足壶类中的 Ac 型侈口，斜沿，尖唇，到了后段变为圆尖唇，颈部变短近直，圈足变矮；Ad 型盘口壶浅盘口；Ae 型垂腹壶盘口较深，领部与颈弧连。平底壶类中 Ca 型长颈扁腹壶侈口平沿尖唇，颈微束；Cb 型瘦体平底壶侈口，斜折沿沿面有一周凹痕，束颈，弧腹；Cc 型扁鼓腹平底壶侈口，斜沿沿面外突并微下垂，缩颈；Cd 型盘口平底壶浅盘口，束颈较长。大型罐类的折沿罐折沿，扁鼓腹；卷沿罐唇微下垂，鼓腹；盘口罐深盘口，盘口微敛，圆唇，扁鼓腹。中型罐类折沿鼓腹罐折沿较甚，唇面也有一周凹痕，最大腹径比前期继续下移，底径大于口径；折沿溜肩罐圆肩，口沿特征与折沿鼓腹罐相近，只是圆肩，下腹弧腹近直；卷沿鼓腹罐唇面有一周凹痕；卷沿溜肩罐唇面下垂，弧腹。此期时代上属于新朝至东汉前期，相对年代在王莽至光武帝时期。

五期，鼎类急剧减少，鼎足及耳更加简化，有的没有附耳，鼎足有三泥突、矮柱状等。盒类中折腹盒平沿，近直口，下腹斜直；钵形盒平沿，圆唇微外突，口微敛；罐形盒敛口，斜沿，弧腹；盆形盒斜折沿，近直腹。匜平面半圆形，流演变成尖流。圈足壶中 Ac 型近直口，斜沿，圆唇，短直颈，矮圈足；Ad 型盘口圈足壶盘口较深；Ae 型垂腹圈足壶深盘口，领部突出。平底壶中 Ca 型长颈扁腹壶侈口斜沿，直颈；Cb 型瘦体平底壶口微侈，斜折沿沿面有一周凹痕，缩束颈较短；Cc 型扁鼓腹平底壶侈口，斜沿，微束颈；Cd 型盘口平底壶盘口，平沿，领部不很突出。大型罐类的平沿罐折沿较甚，鼓腹；卷沿罐方唇唇面微凹，鼓腹；盘口壶深盘口近直，弧腹。中型罐平沿溜肩罐折沿更深，唇面也有一周凹痕，下腹斜直；卷沿鼓腹罐卷沿，唇微斜。时代大致在东汉早期。

六期，此期随葬陶礼器的小型墓葬基本消失，皆随葬壶、罐类。圈足壶消失。平底壶中 Ca 型长颈扁腹壶近喇叭口卷沿，圆尖唇，束颈；Cb 型瘦体平底壶近直口，斜折沿沿面有一周凹痕，颈极短，弧腹；Cc 型扁鼓腹近直口到直口，斜沿沿面外突，大平底；Cd 型盘口平底壶深盘口微侈，卷沿圆唇，领部突出，近直颈，弧鼓腹。大型罐类的平沿罐沿折、下凹更甚，敞口，鼓腹；卷沿罐卷沿圆唇，侈口；盘口罐深盘口微敛，领部突出，腹部饰细绳纹。中型罐中折沿鼓腹罐浅盘口，最大腹径比前期继续下移，大平底；折沿溜肩罐折沿沿面有一周凹槽，方唇，溜肩，下腹近直；卷沿鼓腹罐卷沿，唇更斜，颈部几乎消失，近直腹，大平底；卷沿溜肩罐唇面下垂，短颈几乎消失，近直腹，大平底。时代大致在东汉中晚期。

（五）结　语

近年来，为配合国家工程建设，我们在山东地区发掘了大量的汉代墓地，东小宫墓地是其中比较重要的墓地。

滕州地处鲁中南地区，是汉代画像墓分布的重要区域。以往在该地区发掘了大量的汉代墓葬，比较重要的有滕州柴胡店墓地[1]、滕州市官桥车站村汉墓[2]、枣庄市渴口墓地[3]、枣庄市小山西墓地[4]等。东小宫墓地发掘墓葬数量多，墓葬类型齐全，随葬品丰富，为该地区汉代物质文化研究提供了丰富的资料。

在发掘和整理的过程中，我们对这批墓葬有以下认识：

1. 关于合葬墓问题

在这次发掘中，合葬墓如 M108、M110、M222，每个墓中的两个石椁大小及使用的石料完全一致，共用底板及中间的立板，显然一次建造成的，单从椁室上是分不出早晚关系的。在田野中，我们只能通过墓葬填土来分析哪个椁室内的墓主人是先葬的，哪个是后葬的；有的石椁先后建成，后建成者不破坏前者的椁室，有的还与前者共用中间立板；也有的墓室与前者在平面或剖面上有一定的错位，如 M65，比较明显可以看出早晚关系。在三椁室墓中 M332 是一次性建造的，而 M315 分三次修建。无论建造方式如何，都表达了死者"死后同穴"的意识。

有学者强调二者的打破关系，认为这类墓葬应该单独编号。在发掘和整理时我们

---

① 山东省博物馆：《山东滕县柴胡店汉墓》，《考古》1963 年第 8 期。

② 山东省文物考古研究所鲁中南考古队、滕州市博物馆：《山东滕州市官桥车站村汉墓》，《考古》1994 年第 4 期。

③ 吴文祺：《枣庄市渴口汉墓》，《中国考古学年鉴（1986）》，文物出版社，1988 年。

④ 枣庄市管理委员会办公室、枣庄市博物馆：《山东枣庄小山西汉画像石墓》，《文物》1997 年第 12 期。

注意到，一些墓葬虽然可以明显看出建造的早晚关系，但在随葬品上往往无法归属。有的墓葬只有一套随葬品；一些随葬品放置在两个椁室之间；也有的墓葬壁龛在两个椁室之间，我们无法确定这些随葬品到底应该归哪个墓主人，应是两个椁室墓主人共同的随葬品。

这些现象表明，这类具有打破关系的墓葬具有相近的关系，墓主人的人骨鉴定正好说明了这一问题。东小宫墓葬出土的人骨鉴定是由韩康信先生负责完成的。尽管大部分墓葬的人骨腐朽较严重，但具有打破关系墓葬的大多为一男一女。说明二者为夫妻（妾）的关系，而二者之间的打破关系，应是追求死后同穴的表现。

2. 墓葬特点

（1）以石椁墓为主

发掘的312座中绝大部分为石椁墓。以往的发掘报告中，对这类墓葬被称为"石棺"、"石匣"、"石室"等，大量资料表明，墓葬中用石板构筑的石室起"椁"的作用，是古代棺椁制度在中、下层人群中的体现，因此我们在报告中称为"石椁墓"，以示与其他墓葬的区别。石椁墓一般由底板、边板、侧板、盖板组成。石板的厚度多在7～30厘米。石板的加工程度不一，一般都有各种线状錾花，有的刻画出穿壁、房屋、社树、鱼鸟等简单的图案；也有少量有复杂画面的画像石，刻有车马出行、杂技、庖厨、神像等场面。加工较好的石椁墓一般有两层盖板，一般先在侧立板和端立板的内上侧开槽，槽内放置2～3块厚5～6厘米的盖板（这种盖板加工十分精细），再在上面加盖20～30厘米的厚盖板。这种双层盖板是否表示重椁的含义，有待商榷。

（2）随葬品相对比较丰富

随葬品多寡不一，多者二三十件，少者一两件，有的没有随葬品。随葬品的种类有陶、铜、铁、木、玉、石、琉璃器等。随葬品位置有一定的规律，一般铜、铁、木、玉、石、琉璃器等小件物品多放在棺内墓主人周围，陶器多放在椁室外侧，有的在壁龛、器物箱内；少量放在椁室内，个别墓葬的陶器放在填土中。竖穴土坑墓多放置在椁外的二层台上；单石椁墓有的放在椁外，有的放置在壁龛或器物箱内；两个椁室以上的墓葬一般没有器物箱，多放在椁外或壁龛内。随葬陶器有的为罐、壶等日常生活用品；也有的用鼎、盒、钫、盘、匜、杯等礼器，这些礼器多为泥质红褐陶，烧成火候较低，鼎、盒、壶、钫多成对出现。有陶礼器的墓葬个别随葬有仓、灶、猪圈、猪等模型明器。随葬铜钱的数量较多，从一枚到数十枚，多者超过100枚。用铁剑、削、刀等陪葬的现象也比较普遍。

由于保存环境的原因，漆器、木器、丝织品等不易保存，在一些墓葬中也发现这类随葬品的痕迹。一些壁龛容积很大，与随葬的陶器不成比例，可能有其他容易腐朽的随葬品，但我们现在很难发现，需在今后的田野工作中做更细致的工作。

3. 墓葬的分期与年代

东小宫墓地存在大量的打破关系，但这些打破关系绝大部分是有意打破的，这些墓葬在前后年代相差不是很大，有的两个墓葬共有一组随葬品，不具备分期意义。有的墓葬之间虽然不是有意打破的，但往往有的墓葬没有随葬品，这些因素使我们在对墓葬分期时，无法依靠墓葬之间的打破关系进行分期。

墓葬分期主要依靠陶器类型排队进行的。大部分墓葬随葬一定数量的陶器，有些墓葬的随葬品具有一定的组合关系，为我们进行墓葬分期提供了依据。铜镜时代性较强，考虑到有的铜镜使用时间长，因此铜镜只能确定墓葬的上限。东小宫墓地几乎每个墓葬都随葬数量不等的铜钱，在对陶器进行分期时，我们发现铜钱的变化比较快，这为我们进行年代划分提供了重要的参考依据。根据墓葬随葬品的类型学研究，我们将东小宫发掘的墓葬分为六期。墓葬中没有发现武帝元狩五年以前流行的半两铜钱，因此我们认为这批墓葬都是西汉中期以后的墓葬。六期的基本划分为：

一期大致为西汉中期，年代在武帝元狩五年以后到昭帝时期。

二期属于西汉晚期，相对年代大致在昭宣时期。

三期属于西汉末期，相对年代大致在元帝至哀帝时期。

四期属于新朝至东汉前期，相对年代在王莽至光武帝时期。

五期大致在东汉早期。

六期大致属于东汉中晚期。

由于以往汉代墓葬的分期工作做的较少，对分期中年代的划分还需要进行深入的研究。

执　　笔：崔圣宽　王守功　李鲁滕

线图起草：刘相文　房成来

墨　　绘：王站琴

摄　　影：冀介良

拓　　片：李胜利

附表 东小宫汉墓墓葬登记表

（长度单位：米）

墓号	墓型	墓室	墓向	墓圹尺寸（长×宽－深）	棺椁尺寸（长×宽－高）	墓主人（葬式、头向、性别、年龄）	壁龛（宽×高－进深）或器物箱	随葬品及位置	期别	备注
M2	单室石椁墓		187°	2.7×1.3－2	2.3×0.9	仰身直肢，腐朽	无	无	不详	
M3	单室石椁墓		207°	2.55×1.4－2.9	2.3×0.9	仰身直肢，腐朽			不详	
M4	双室石椁墓	东室	180°	3.5×1.75－2.5	2.2×1－0.7	仰身直肢，腐朽	北壁有壁龛	陶罐（残）；铜钱	五	椁室为双层盖板
		西室		3.5×1.8－2.2	2.2×0.9－0.7	仰身直肢，腐朽		陶鼎DⅠ，其他壶；铜钱		
M5	单室石椁墓		180°	2.7×1.8－1.4		仰身直肢，男，40±岁		陶鼎CⅠ，壶CbⅡ，盒C I。填土：铁臿IV	四	
M6	单室石椁墓		180°	3.05×1.9－2.5	2.3×0.9－0.78	仰身直肢			不详	
M7	单室石椁墓		180°	2.8×1.6－2.7	2.3×0.9－0.7	仰身直肢，腐朽	北部有壁龛	陶大型罐AbⅢ，中型罐Aa	五	被盗
M8	单室石椁墓		180°	2.7×1.8－2.3	2.3×0.95－0.7	仰身直肢，腐朽，西		陶其他罐；铜钱	不详	双层盖板
M9	双室石椁墓	南室	90°	2.7×1.05－1.95	2.1×0.9－0.7	仰身直肢，西，男，35±岁			不详	
		北室	90°	2.9×1.5－1.8	2.1×0.9－0.7	仰身直肢，西，性别不明，成年		棺内：铜钱10		双层盖板

续附表

墓号	墓型	墓室	墓向	墓圹尺寸（长×宽-深）	棺椁尺寸（长×宽-高）	墓主人（葬式、头向、性别、年龄）	壁龛（宽×高-进深）或器物箱	随葬品及位置	期别	备注
M10	单室石椁墓		180°	2.55×1.8-2.3	2.3×0.94-0.7	仰身直肢，南		陶罐（残），钫Ⅲ	三	双层盖板
M11	单室石椁墓		172°	2.7×1.8-2.35	2×0.9-0.6	仰身直肢，南，男，25±岁			不详	
M12	单室石椁墓		183°	2.8×1.5-2	2.4×0.86-0.55	仰直，南		陶中型罐 BbⅠ	二	
M13	单室石椁墓		186°	2.6×1.6-1.5	2.1×0.76-0.65	仰直，南		陶罐（残），其他壶	不详	
M14	单室石椁墓		185°	2.7×1.2-2.6	2.1×0.9-0.7	南		铜钱	不详	
M15	单室土坑墓		180°	2.74×1.5-2.1		南			不详	
M16	双室石椁墓	东室	175°	2.8×1.5-2.7	2.45×0.95-0.7	南	北壁有壁龛	陶罐（残）	不详	
		西室	175°	2.8×1.5-2.7	2.35×0.95-0.74	南		陶罐（残）		被盗
M17	双室石椁墓	东室	165°	2.74×1.44-1.94	2.45×0.88-0.64	南，男，约35~40岁		陶中型罐 BbⅢ，罐（残）	四	先葬
		西室	165°	2.7×1.3-2.84	2.3×0.88-0.74	南		陶中型罐 BbⅢ2		
M18	单室土坑墓		360°	2.7×1.5-0.74		北，腐朽			不详	
M19	单室石椁墓		180°	2.5×1.5-2.1					不详	为空墓

续附表

墓号	墓型	墓室	墓向	墓圹尺寸（长×宽－深）	棺椁尺寸（长×宽－高）	墓主人（葬式，头向，性别，年龄）	壁龛（宽×高－进深）或器物箱	随葬品及位置	期别	备注
M20	双室石椁墓	东室	5°	3.2×2.8-1.85	2.16×0.74-0.7	北，腐朽，35~45岁			不详	
		西室	5°		2.1×0.8-0.7	北，腐朽		西椁西外侧：陶其他罐		
M21	单室石椁墓		183°	2.5×1.4-2.42	2.1×0.8-0.8	南	有壁龛	壁龛内：陶中型罐BbⅣ	六	
M22	单室石椁墓		190°	2.7×1.6-2	2.04×0.74-0.7	南		椁外：陶中型罐BbⅣ	六	双层盖板
M23	单室石椁墓		188°	2.6×1.46-2.6	2.1×0.7-0.7	南		人头下：筒瓦	不详	
M24	双室石椁墓	东室	190°	2.85×3.2-2.8	2.5×0.92-0.7	南	南有壁龛	壁龛内：陶中型罐AaⅢ、BaⅢ；铜钱	四	
		西室	190°		2.5×0.92-0.65	南		铜钱；铁剑	不详	
M25	双室石椁墓	东室	187°	2.9×2.12-?	1.9×0.8-0.76	仰直，南		东室：铁剑；铜钱。	五	
		西室	187°		1.9×0.76-0.76	仰直，南	西壁有壁龛	西室：壁龛内：陶大型罐AbⅣ、盒EⅡ、FⅢ、平底壶CdⅠ2、小型罐2；铜镜		
M26	单室石椁墓		195°	2.7×1.4-1.9	2.2×0.72-0.72	仰直，南		陶罐（残），大型罐BⅢ；铜镜	四	
M27	单室石椁墓		188°	2.8×1.5-2.6	2.3×0.9-0.7	仰直，南		铜钱14	不详	

续附表

墓号	墓型	墓室	墓向	墓圹尺寸（长×宽－深）	棺椁尺寸（长×宽－高）	墓主人（葬式、头向、性别、年龄）	壁龛（宽×进深－高）或器物箱	随葬品及位置	期别	备注
M28	双室石椁墓	东室	177°	2.6×1.2-2.55	2.3×0.9-0.65	仰直，男25~30岁		陶大型罐 BⅢ	四	
		西室	177°	2.7×1.45-2.25	2.3×0.9-0.65	仰直，南		陶中型罐 AaⅢ、AbⅢ	不详	
M29	双室石椁墓	东室	173°	2.7×1.6-2.8	2.4×1.06-0.7	仰直，南		陶中型罐 BbⅢ；铜钱；铁剑	六	
		西室	173°	2.7×1.7-0.28	2.4×1.06-0.7	无骨架		陶平底壶 CcⅣ	不详	双层盖板
M30	单室石椁墓		170°	2.2×1-0.9	1.9×0.76-0.6	仰直，南，性别不明，未成年		陶小型罐；铜钱	不详	
M31	单室土坑墓		8°	2.5×0.56-0.2				铜钱	不详	土坑墓
M32	单室土坑墓		200°	2×0.58-0.5		仰直，男？		陶中型罐 AbⅢ	四	土坑墓
M33	单室石椁墓		193°	2.70×1.4-2.25	2.40×1.02-0.65	南，男，40~50岁		椁内：铜钱；铁剑。椁外：陶大型罐 BⅡ、BⅢ	四	
M34	单室石椁墓		185°	2.6×1.4-1.8	2.1×0.66-0.6	南		陶罐（残）	不详	
M35	单室土坑墓		195°	2.3×0.6-0.3		仰直，南，性别不明，成年		陶中型罐 AbⅢ；铜钱	四	土坑墓
M37	单室石椁墓		178°	3.15×1.8-2.6	2.45×1-0.7	仰直，南，男，大于45岁		陶大型罐 AaⅠ；铜钱	二	

续附表

墓号	墓型	墓室	墓向	墓圹尺寸（长×宽-深）	棺椁尺寸（长×宽-高）	墓主人（葬式、头向、性别、年龄）	壁龛（宽×高-进深）或器物箱	随葬品及位置	期别	备注
M38	单室石椁墓		180°	2.4×1.4-2.1	2.1×0.9-0.6	仰直，南，腐朽，不大于30岁			不详	
M39	单室土坑墓		180°	2.1×1.1-1.8		仰直，南，腐朽		陶中型罐 BbⅡ，瓦（头骨下）	三	土坑墓，有生土二层
M40	单室石椁墓		183°	2.7×1.7-2.25	2.35×0.94-0.65	仰直，南，男，18~20岁		陶鼎 AaⅠ2，壶 AaⅠ2，盒 AⅠ，盘Ⅰ，匜Ⅰ，小型罐 BbⅠ，罐2	一	
M41	单室石椁墓		186°	2.7×1.3-1.5	2.3×1-0.7	仰直（?），南，男，35~40岁		陶中型罐 AbⅣ	五	
M42	单室石椁墓		8°	2.8×1.5-2	2.2×0.74-0.74	仰直，北			不详	
M43	单室石椁墓		195°	2.6×1.2-2.4	2×0.76-0.74	仰直，南			不详	
M44	单室石椁墓		360°	2.4×2.19-1.5	2.1×0.7-0.64	仰直，北		陶中型罐 AbⅠ；铜钱；铁剑	二	
M45	双室石椁墓	东室	180°	2.7×1.6-2.8	2.1×0.7-0.7（?）	南		陶盒 CⅡ，壶（其他）	六	
M45		西室	180°	2.7×1.6-2.7	2.1×0.7-0.7（?）	南		陶中型罐 BbⅣ		
M46	单室石椁墓		177°	2.6×1.5-2.72	2.1×0.74-0.7（?）	南		陶中型罐 AbⅢ	四	

续附表

墓号	墓型	墓室	墓向	墓圹尺寸（长×宽－深）	棺椁尺寸（长×宽－高）	墓主人（葬式、头向、性别、年龄）	壁龛（宽×进深）或器物箱（高）	随葬品及位置	期别	备注
M47	单室石椁墓		175°	2.6×1.3-1.8	2.1×0.7-0.7（?）	南		陶中型罐 Bb Ⅲ	四	
M48	单室石椁墓		180°	2.6×1.5-1.84	2.1×0.64－0.64（?）	北（?）			不详	
M49	单室土坑墓		90°	2.86×1.8-2		西（?）			不详	
M50	单室石椁墓		180°	2.9×1.8-2.3	2.44×0.96-0.7	北（?）		陶大型罐 B Ⅰ	二	
M51	双室石椁墓	东室	180°	2.6×2.2-1.8	2.1×0.72-0.7	南、男、成（?）		陶盒 D Ⅲ，壶 Cc Ⅱ；铜钱	五	打破 M52
		西室	180°		2.3×0.7-0.7	南		陶中型罐 Ab Ⅲ 2、Bb Ⅲ；铜钱		
M52	单室石椁墓		182°	2.8×1.5-2.3	2.26×0.8-0.64	南，女18~22岁		陶中型罐 BaⅣ；铜钱	五	被 M51 打破
M53	双室石椁墓	东室	178°	3×1.9-2.8	2.4×0.94-0.74	南		椁内：陶中型罐 Ab Ⅱ。填土内：铁镢	三	东室打破西室。东室双层盖板，晚于西室
		西室	178°	2.95×1.45－3.6（?）	2.4×1-0.7	南，腐朽		铜钱；铁镢		
M54	单室石椁墓		180°	2.6×1.6-2.12	2.24×0.94-0.7	南，腐朽		陶大型罐 B Ⅱ	三	

续附表

墓号	墓型	墓室	墓向	墓扩尺寸（长×宽-深）	棺椁尺寸（长×宽-高）	墓主人（葬式、头向、性别、年龄）	壁龛（宽×高-进深）或器物箱	随葬品及位置	期别	备注
M55	单室石椁墓		185°	2.7×1.6-1.8	2.4×0.94-0.66	南（?），男，成年		陶大型罐Aa I，中型罐 Ab Ⅲ	四	被M57打破
M56	单室石椁墓		180°	2.8×1.4-2	2.36×0.8-0.64	南，性别不明，18±岁		椁外：陶中型罐 AaⅢ。棺内：铁剑	四	
M57	单室土坑墓		181°	2.05×0.64-0.9		仰直，南		陶中型罐 AbⅢ2；铁钱	四	打破M55
M58	单室石椁墓		193°	2.65×1.4-1.35	2.2×0.9-0.65	仰直，南		椁外：陶中型罐 Aa Ⅱ	三	被M61打破
M59	单室石椁墓		174°	3×2-3.6	2.5×1.02-0.8	南，腐朽	龛0.4×0.5-1	椁内：玉璧；铜钱。壁龛：陶大型罐 Ab I，Ab Ⅱ，其他罐，瓦	三	双层盖板，有防盗石
M60	单室石椁墓		180°	2.75×1.4-1.9	棺2×0.65-?	腐朽，头向不明		铜钱	不详	
M61	双室石椁墓	东室	180°	3.1×2.4-1.7	2.5×0.95-0.7	仰直，南，大于50岁		铜钱；铁削，铁剑	四	东室打破西室，打破M58
		西室	180°		棺2.2×0.68-?	仰直，男，南，50~60岁		陶中型罐（残），壶 CbⅡ；铜钱		
M62	双室石椁墓	东室	175°	2.6×1.5-2.65	2.2×0.94-0.7	仰直，南，女，30~50岁	龛0.9×1-1	陶中型罐Aa Ⅲ；铜钱，铜带钩	四	西室打破东室。双层盖板
		西室	170°	2.7×1.7-2.5	2.35×1.08-0.7	仰直，南		陶中型罐 AaⅢ；铜钱	不详	双层盖板

续附表

墓号	墓型	墓室	墓向	墓圹尺寸（长×宽－深）	棺椁尺寸（长×宽－高）	墓主人（葬式、头向、性别、年龄）	壁龛（宽×高－进深）或器物箱	随葬品及位置	期别	备注
M63	双室石椁墓	东室	190°	2.4×2.05－2.1	2.35×0.98－0.6	仰直，南，男，16~18岁		陶中型罐BbⅣ、BaⅣ；铁剑、铁刀；磨石（残）	六	打破M71
		西室	190°		2.35×0.98－0.6	仰直，南，女，成年				
M64	单室石椁墓			（残）2.5×1.4－1.3	2.3×0.8－0.7	仰直，南			不详	
M65	双室石椁墓	东室	180°	2.7×1.2（残）－2.1	2.5×1－0.8	仰直，南	龛1×0.7－0.8	椁外：陶中型罐AbⅣ、BaⅤ。椁内：铁削；铜带钩	六	西室打破东室。双层盖板
		西室	180°	2.9×1.7－2.6	2.55×1.05－0.84	南，腐朽	龛	龛：陶中型罐AbⅤ2。椁内：铜钱	不详	双层盖板
M66	单室石椁墓		180°	2.6×1.3－2.1	2.25×0.95－0.7	南，腐朽		龛：陶盒（残）。铜钱；铁刀	不详	
M67	单室石椁墓		176°	3×1.8－2.3	2.4×0.9－0.7	仰直，南		椁外：陶中型罐BaⅣ。椁内：铁镢	五	
M68	双室土坑墓	东室	185°	2.65×1.2－1.1	棺2×0.5－？	仰直，南		陶壶CbⅣ	六	有生土台土坑墓
		西室	5°	2.4×1.05－1.9	棺2.05×0.55－？	仰直，北				有生土台土坑墓
M69	单室石椁墓		180°	2.8×1.6－2.85	2.5×0.7－0.65	仰直，南		陶中型罐BaⅠ	二	

续附表

墓号	墓型	墓室	墓向	墓圹尺寸（长×宽－深）	棺椁尺寸（长×宽－高）	墓主人（葬式、头向、性别、年龄）	壁龛（宽×高－进深）或器物箱	随葬品及位置	期别	备注
M71	双室石椁墓	东室		2.7×1.9－2.25	2.4×0.9	仰直，南		陶中型罐 Ba I；铁剑；铜钱	二	被 M63、M72 打破
		西室								
M72	双室石椁墓	南室	288°	2.7×2.2－2.15	2.3×0.98	仰直，南，男，20~30岁		南室：铁剑；铜钱；石玲；石鼻塞。	四	打破 M71、M73
		北室	288°		残长 2.3	仰直，西，男，35~45岁	西部壁龛	龛内：陶壶 Ae I 2		
M73	单室石椁墓	南室	180°	2.4×1.7－2.5	2.1×0.7－0.6	南，腐朽			不详	被 M72 打破
M74	双室石椁墓	东室	180°	2.7×1.5－2.45	2.3×0.94－0.75	南，腐朽		铜钱；铁削	不详	西室打破东室。双层盖板
		西室	180°	2.7×1.3－2.15	2.3×0.8－0.65 椁 1.8×0.5－？	仰直，南	1.2×0.8－0.9			
M75	单室石椁墓		192°	2.7×1.4－0.5	2.4×0.9－0.7	仰直，南，女，18~20岁		陶中型罐 Bb Ⅲ；铜钱	四	
M76	单室石椁墓		190°	2.8×3－3.8	2.3×1－0.65	仰直，南，女，25±岁	龛 1.1×1－（0.3~0.5）	陶中型罐 Cb Ⅲ、中型罐 Ba；龛：陶壶 Ⅳ。铜钱	五	有墓道
M78	双室石椁墓	东室	180°	2.4×1.4－3.25	2.3×1.15－0.65	仰直，南		铜镜、铜钱；铁剑	不详	西室打破东室
		西室	180°	2×1.1－3.25	1.95×0.73－0.65	仰直，南，男，16±岁（？）				

续附表

墓号	墓型	墓室	墓向	墓扩尺寸（长×宽-深）	棺椁尺寸（长×宽-高）	墓主人（葬式、头向、性别、年龄）	壁龛（宽×高-进深）物箱或器	随葬品及位置	期别	备注
M79	双室石椁墓	东室	205°	2.6×1-2.25	2.3×0.8-0.65	仰直，南，男，大于45岁（?）		陶中型罐AbⅤ，其他壶；铁刀	六	东室打破西室
		西室	205°	2.6×1.05-2.55	2.3×0.8-0.65			铜镜，铜钱		
M80	单室石椁墓		200°	2.3×1.3-2.05	2.1×0.84-0.74	仰直，南，女，18±岁	龛0.4×0.4-0.3	陶壶AcⅠ；铜镜，铜钱	四	
M89	单室石椁墓		185°	2.9×1.76-2.7	2.1×0.96-0.7	仰直，南		陶鼎CⅡ，匜Ⅴ，壶AcⅡ；铜钱	四	被M218打破
M91	单室石椁墓		186°	2.7×1.4-1.7	2.16×0.94-0.7	仰直，南	龛0.6×0.4-0.4	龛内：陶大型罐BⅣ，中型罐BbⅣ	六	
M92	单室土坑墓		180°	2.5×1.2-1.7	生土二层台加盖板	仰直，北（?）	龛0.4×0.3-0.4	龛内：陶中型罐AbⅢ	四	
M93	单室石椁墓		180°	2.8×1.8-2.06	2×0.88-0.7	仰直，南，性别不明，30~35岁		陶壶AbⅡ2，鼎BⅡ，盒BbⅡ，盘AⅡ，勺	二	
M94	单室石椁墓		10°	2.7×1.7-2.3	2.1×0.84-0.8	仰直，北，男（?），大于45岁		陶中型罐（残）	不详	
M95	单室石椁墓		187°	2.7×1.5-2	2.1×0.76-0.8	仰直，南		椁外：陶中型罐AbⅠ	二	

续附表

墓号	墓型	墓室	墓向	墓圹尺寸（长×宽-深）	棺椁尺寸（长×宽-高）	墓主人（葬式、头向、性别、年龄）	壁龛（宽×进深）或器物箱	随葬品及位置	期别	备注
M96	双室石椁墓	东室	190°		2.1×0.8-0.76	仰直，南		陶中型罐AbⅡ	三	东室打破西室。双层盖板
		西室	190°		2.3×0.8-0.2	仰直，南		陶中型罐AbⅡ		
M97	单室石椁墓		5°	2×0.92-0.8	1.8×0.64-0.9				不详	被盗
M98	单室石椁墓		7°	2.7×1.5-1.84	2.12×0.9-0.8	仰直，未见人骨		陶罐（残）	不详	
M99	单室土坑墓		2°	2.5×1.4-1.7	生土台上加盖板棺1.8×0.7	仰直，北，女（?），20~25岁		铜镜	不详	
M100	单室土坑墓		190°	2.8×0.8-0.7		仰直，南			不详	
M101	单室土坑墓		8°	2.2×0.72-0.64		仰直，北		铜钱	不详	土坑墓
M102	单室石椁墓		360°	2.7×1.2-1.34	木棺腐朽2.1×0.8-0.72	仰直，北		铜钱	不详	土坑墓。打破M103
M103	单室石椁墓		190°	2.7×1.5-1.7	2.1×0.7-0.6	仰直，南		椁外：陶中型罐AbⅡ	三	被M102打破
M104	单室石椁墓			3×1.7-2.6	2.15×0.76-0.7	仰直，南	箱0.8×0.35	陶纺Ⅱ、盒BbⅡ、鼎BⅡ、壶AbⅡ	二	
M105	单室			3.4×2.34-2 2.5×1.3	底有两块石板					空墓

续附表

墓号	墓型	墓室	墓向	墓圹尺寸（长×宽－深）	棺椁尺寸（长×宽－高）	墓主人（葬式，头向，性别，年龄）	壁龛（宽×高－进深）或器物箱	随葬品及位置	期别	备注
M106	单室		280°	2.5×1.3－1.65	底板及立板					空墓。打破M107
M107	单室		184°	3.2×2－2.6	2.1×0.76－0.7	腐朽		盗洞：陶大型罐Aa Ⅴ，中型罐Ab Ⅱ	六	被盗打破
M108	双室石椁墓	南室	100°	2.8×2.3－1.9	2.55×1.1－0.9	仰直，东，男，55~65岁		椁内：铜镜，铜钱。椁外：陶其他壶2，大型罐B Ⅴ，小型罐C Ⅱ，盒C Ⅱ。	六	
M108		北室	100°		2.55×1.1－0.9	仰直，东，男，50~60岁		椁内：铁剑		
M109	单室石椁墓		5°	2.7×1.6－2.2	2.2×0.75－0.75	腐朽		椁外：陶中型罐Bb Ⅰ	二	被盗
M110	双室石椁墓	南室	96°	2.7×2.7－2.1	2.3×1.02－1.1	仰直，东，男，25~35岁	龛1.05×0.7－0.5	填土内：陶大型罐B Ⅲ，中型罐Bb Ⅲ；铜镜，铜钱。	四	南室打破北室
M110		北室	96°		2.3×1.02－1.1	仰直，东		椁内：铜钱；铁剑；石珩。龛内：陶中型罐Ba Ⅱ，Bb Ⅲ；木器		
M111	单室石椁墓		295°	2.6×1.7－1.66	2.1×0.7－0.76	仰直，西，女，25~30岁		椁外：陶其他罐。椁内：铜钱	不详	木器已朽
M112	单室土坑墓		3°	2.6×1.6	生土台盖石板	仰直，北			不详	

续附表

墓号	墓型	墓室	墓向	墓圹尺寸（长×宽-深）	棺椁尺寸（长×宽-高）	墓主人（葬式,头向,性别,年龄）	壁龛（宽×高-进深）或器物箱	随葬品及位置	期别	备注
M113	单室石椁墓		183°	2.8×1.4-3.2	2×0.7-0.7?	仰直,南,男,13~14岁	龛1.2×0.9-0.7	龛内：陶大型罐BⅡ,壶CcⅣ,小型罐CcⅣ。椁内：铁剑,铁削	六	
M114	单室石椁墓		175°	2.6×1.4-1.86	2.1×0.7-0.66	仰直,南			不详	
M115	单室石椁墓		117°	2.6×1.4-1.8	2.1×0.8-0.62	仰直,东	龛0.7×0.4-0.3	龛：陶壶CbⅢ,大型罐BⅣ,盒CⅡ,DⅡ。椁内：铜镜,铜钱,铁削;石黛板	五	
M116	单室石椁墓		110°	2.9×2.1-2.8	2.36×0.7-0.57	腐朽			不详	
M117	单室石椁墓		8°	2.4×1.6-2.05	2.42×1.2-0.76	仰直,北		陶大型罐AbⅣ,中型罐AbⅣ	五	
M118	单室石椁墓		165°		棺不清	腐朽		陶中型罐AaⅠ	二	
M119	单室土坑墓		7°	2.2×1.3-1.9	2.3×0.94-0.44	腐朽		陶罐（残）	不详	土坑墓
M120	单室石椁墓		96°	2.9×1.86-1.9	2.24×1.12-0.7	腐朽		椁外：陶大型罐BⅠ	二	

续附表

墓号	墓型	墓室	墓向	墓圹尺寸（长×宽－深）	棺椁尺寸（长×宽－高）	墓主人（葬式，头向，性别，年龄）	壁龛（宽×高－进深）或器物箱	随葬品及位置	期别	备注
M121	双室石椁墓	东室	180°	2.7×1.6－0.9	1.9×0.56－0.6	仰直，南		陶中型罐 Ab Ⅲ；铁剑	四	东室打破西室
		西室			1.9×0.56－0.6	仰直，男，13~14岁			不详	
M122	单室石椁墓		195°	2.6×1.48－2.7	椁 2.34×0.95－0.7	仰直，腐朽		椁外：陶中型罐 Bb Ⅳ，平底壶 Cc Ⅲ 2	六	
M123	单室石椁墓		180°	2.5×1－2.4	椁 2.3×0.8－0.6	仰直，南		棺外：陶盒 E Ⅱ，壶 Cc Ⅲ，中型罐 Aa Ⅲ。棺内：铁剑；铜钱	六	
M124	单室石椁墓		94°	2.4×1.8－2.6	椁 2.2×1.02－0.7	腐朽		椁外：陶鼎 Aa Ⅱ，匜 Ⅱ，盘 A a Ⅱ，盘 B Ⅱ，勺 Ⅱ，壶 B Ⅱ，盒 A Ⅱ，小型罐	二	
M125	双室石椁墓	东室	182°	2.8×1.1－2.8	2.6×1.04－0.68	腐朽，男，大于55岁(?)		陶鼎 E Ⅱ，大型罐 B Ⅴ，中型罐 Aa Ⅳ，Ab Ⅳ，壶 Ab Ⅳ，小型罐（残）	六	双层盖板
		西室	182°	2.8×1.24－2.8	2.72×0.82－0.68	腐朽				双层盖板
M126	单室石椁墓		4°	2.4×1.8－2.6	2.2×0.96	仰直，北		椁外：陶纺 Ⅲ	三	双层盖板
M127	单室石椁墓		96°	2.42×1.8－2.4	2.3×1.12－0.72	腐朽			不详	双层盖板
M128	单室土坑墓		275°	2.3×1.4－0.7	棺不清	仰直，西(?)			不详	二层台

续附表

墓号	墓型	墓室	墓向	墓圹尺寸（长×宽-深）	棺椁尺寸（长×宽-高）	墓主人（葬式、头向、性别、年龄）	壁龛（宽×高-进深）或器物箱	随葬品及位置	期别	备注
M129	单室石椁墓		183°	2.8×1.6-2.3	2.3×0.9-0.7	南，腐朽			不详	
M130	单室石椁墓		180°	2.6×1.5-2.8	2.36×0.85-0.7	南，腐朽			不详	被盗
M131	单室石椁墓		10°	椁3×1.9-2.4	2.1×0.7-0.7	北，腐朽	箱	陶中型罐（残）	不详	
M132	单室石椁墓		295°	椁2.8×1.5-1.7	2.1×0.8-0.7	西，腐朽		陶中型罐 Ba Ⅲ；铜钱	四	
M133	单室石椁墓		272°	2.6×1.4-3.24	2.4×1-0.8 棺1.86×0.44	西，腐朽		椁外：陶中型罐（残）	不详	
M134	单室石椁墓		180°	2.4×1.2-1.1	2.2×0.8-0.6	仰直，南		铜钱	不详	
M135	单室石椁墓		93°	2.7×1.4-2.6	2.38×1-0.7	仰直，东，男，14~15岁		龛：陶大型罐 Aa Ⅲ，中型罐 Ab Ⅲ式。棺内：铁剑	四	打破 M142
M136	单室石椁墓		180°	2.8×1.7-2.3	2.1×0.72-0.6	南，腐朽，女，45~55岁	龛		不详	
M137	双室石椁墓	南室	110°	2.8×2.2-2.6	2.3×0.8-0.68	仰直，东，男，18~20岁	龛	龛：陶大型罐AaⅣ、BⅣ2。铜镜	五	北室打破南室
		北室	110°	2.8×2.2-2.6	2.34×0.92-0.7	仰直，东，男，大于45岁		陶中型罐 Aa Ⅲ，铁剑；铜钱	不详	

续附表

墓号	墓型	墓室	墓向	墓圹尺寸（长×宽－深）	棺椁尺寸（长×宽－高）	墓主人（葬式，头向，性别，年龄）	壁龛（宽×高－进深）或器物箱	随葬品及位置	期别	备注
M138	单室土坑墓		360°	2.6×1.4－0.3					不详	土坑墓
M140	单室石椁墓		273°	3×1.6－1.02	2.2×0.76－0.74	仰直，西，男，20~30岁		铜镜，铜钱；铁剑，铁削	不详	
M141	双室石椁墓	东室	185°	2.8×1.7－3.4	2.4×0.88－0.68	南，腐朽			不详	被盗
		西室	185°	2.8×1.7－3.4	2.4×0.88－0.68	南，腐朽			不详	被盗
M142	瓮棺		179°	0.72×0.58－0.9	两瓮相对			陶其他罐，瓮（残）（皆为葬具）	不详	被M135打破
M143	侧室		96°	墓道2.2×1－1.1	墓室2×0.68－0.82	仰直，东，男，成年		陶中型罐Aa I	二	竖穴墓道
M144	单室石椁墓		94°	2.82×2.22－1.5	2.36×0.98－0.7	腐朽		陶大型罐B IV，中型罐（残）	五	
M145	单室石椁墓		90°	2.4×1.14－1.4	2.3×0.88－0.7	东，腐朽			不详	
M146	单室土坑墓		90°	2.2×1.2－1.6	生土台上有盖板，有棺不清	仰直，东			不详	土坑墓
M147	单室石椁墓		176°	2.6×1.6－2.54	2.2×0.7－0.7	仰直，南，女，18~20岁		椁外：陶中型罐Ab III	四	
M148	单室石椁墓		185°	2.7×1.5~2.2－2.1	2.1×0.7－0.7	仰直，南，未见人骨		陶中型罐Aa III	四	

续附表

墓号	墓型	墓室	墓向	墓圹尺寸（长×宽-深）	棺椁尺寸（长×宽-高）	墓主人（葬式、头向、性别、年龄）	壁龛（宽×高-进深）或器物箱	随葬品及位置	期别	备注
M149	单室石椁墓		180°	2.5×1.2-2.14	2.1×0.7-0.64	仰直，南		铁剑	不详	
M150	单室石椁墓		183°	2.6×1.6-0.94	2.1×0.7-0.7	南，腐朽，男，大于55岁		椁外：陶大型罐Ab Ⅲ，B Ⅲ2	四	
M151	单室石椁墓		184°	2.6×1.5-1.1		仰直，南	箱	箱：大型罐B Ⅲ。椁内：铜钱	四	双层盖板
M152	单室石椁墓		192°	3.3×2.2-2.9	2.4×0.86	仰直，南		陶鼎Aa Ⅲ，B Ⅲ，壶B Ⅲ，杯，匜Ⅲ，盘B Ⅲ，大型罐Aa Ⅱ，瓦	三	双层盖板
M153	单室石椁墓		185°	2.9×2-0.7	2.1×0.76-0.8	仰直，南	箱	箱内：陶鼎Aa Ⅲ，盒A Ⅲ，壶B Ⅲ，盘A Ⅲ，杯，碗，匜Ⅲ，灶，磨，勺，小型罐2，仓2，杯。椁内：铜钱	三	双层盖板
M154	双室石椁墓	东室	184°	2.8×2-2.5	2.34×0.94-0.7	仰直，南，男(?)40~45岁		椁内：陶中型罐Ab Ⅱ2，大型罐（残），壶Ca Ⅱ，Ca Ⅲ；铁刀	六	东室盖板压西室
		西室	184°	2.8×2-2.3	椁2.34×0.9-0.68	南，腐朽		陶中型罐BaⅤ；铜钱		
M155	单室石椁墓		96°	2.4×1.56-2.6	2.2×0.98-0.7	腐朽		陶中型罐Ab Ⅱ2，Ba Ⅲ	四	
M156	单室石椁墓		96°	2.7×1.06-1.2	2.1×0.9-0.66	仰直，东，未见人骨		陶中型罐Ab Ⅲ2	四	

续附表

墓号	墓型	墓室	墓向	墓扩尺寸（长×宽−深）	棺椁尺寸（长×宽−高）	墓主人（葬式、头向、性别、年龄）	壁龛（宽×高−进深）或器物箱	随葬品及位置	期别	备注
M157	单室石椁墓		25°		2.2×0.82−0.68	腐朽		椁外：陶中型罐Bb I	二	
M158	双室石椁墓	南室	94°	2.6×2−2.4	2.29×0.86−0.7	仰直，东		陶中型罐BbⅢ2，铜钱	四	北室盖板压南室
		北室			2.25×0.9−0.7	仰直，东，男，大于55岁		陶中型罐BbⅢ		
M160	单室土坑墓		185°	2.5×1.2−2	生土二层台	仰直，南		陶中型罐AbⅡ（二层台上）	三	土坑墓
M161	双室石椁墓	南室	100°	3.1×2.7−2.3	2.45×1.2−1.1	仰直，东	东龛1×0.8−0.7	东龛：陶大型罐AaⅢ，其他罐，釉陶壶。南椁内：石珞；铜钱	四	南室打破北室。南室打破M162
		北室	100°		2.45×1.2−1.1	仰直，东	北龛0.9×0.7−0.7	北椁：陶中型罐AbⅢ2，大型罐AaⅢ。北椁内：铁剑；铜钱		
M162	单室石椁墓		188°	2.6×1.6−3.4	2.1×0.75−0.8	仰直，南		陶中型罐AbⅡ	三	打破M219，被M161打破。双层盖板
M163	单室石椁墓		187°	3.1×2−2.7	2.1×0.7−0.7	仰直，南		铜钱；石鼻塞	不详	
M164	单室土坑墓		179°	2.3×1.1−2	生土台上盖石板	仰直，南		二层台上：陶中型罐AbⅡ，灯	三	
M165	单室石椁墓		179°	3×1.5−2.6	1.92×0.7−0.84	仰直，南		陶中型罐AaⅡ，AbⅡ	三	

续附表

墓号	墓型	墓室	墓向	墓扩尺寸（长×宽－深）	棺椁尺寸（长×宽－高）	墓主人（葬式，头向，性别，年龄）	壁龛（宽×高－进深）或器物箱	随葬品及位置	期别	备注
M166	双室石椁墓	东室	184°	2.5×1.23－2.2	2.1×0.74－0.7	仰直，南		铁削；铜钱，铜泡	五	
		西室	184°	2.5×1.23－2.2	2.06×0.64－0.7	仰直，南		棺外：陶壶Ca III，盒D III，其他鼎。棺内：铁刀；铜钱		
M167	单室土坑墓		96°	2.1×0.8	棺不清	仰直，东		铁刀；铜钱	不详	
M168	单室石椁墓		178°	2.9×1.8－2.4	2×0.7－0.7	仰直，南，女，17~18岁		龛：陶中型罐Ba III，壶Cc II	五	双盖板
M169	双室石椁墓	东室	5°	2.04×0.7－0.71		仰直，北	龛1×0.5－0.6	陶壶Cb II，盒C I，D III；铜钱	五	东室盖板压西室
		西室	175°	2×0.7－0.7		仰直，南		铜钱		
M170	单室石椁墓		179°	2.9×1.5－3	2.14×0.69－0.7	仰直，南		陶大型罐AbV；铜钱	六	
M171	单室土坑墓		185°	2.7×1.6－2.1	棺2×0.7－0.1（残）	仰直，南			不详	土坑墓
M172	单室土坑墓		185°	2.72×1.62－2.1	棺2×0.7－0.7	仰直，南			不详	土坑墓
M176	单室土坑墓		14°	3.2×1.6－2.6		有生土二层台			不详	土坑墓

续附表

墓号	墓型	墓室	墓向	墓圹尺寸（长×宽－深）	棺椁尺寸（长×宽－高）	墓主人（葬式、头向、性别、年龄）	壁龛（宽×高－进深）或器物箱	随葬品及位置	期别	备注
M177	双室石椁墓	东室	355°	3×2.4－3.7	2.2×0.8－0.7	头向北	龛0.56×0.6－0.56	龛：陶大型罐AbⅣ、BⅢ2。椁内：铁剑；铜钱	五	东室打破西室
		西室	355°	2.6×1.2－3.7	2.1×0.7－0.7					
M178	双室石椁墓	东室	187°	2.6×0.94－0.7	棺木不清	有南壁龛	龛0.8×0.8－0.8	龛：陶大型罐AaⅢ、BⅡ，中型罐BbⅢ2	四	
		西室		2.6×0.98－0.68	棺木不清			陶罐（残）		借用西椁立板
M179	单室土坑墓		184°	2.2×1.84－1.96					不详	有生土二层台
M180	单室石椁墓		170°	2.7×1.5－1.34	2.2×0.7－0.7	仰直，南	南壁龛	龛：陶其他鼎、盒EⅡ、FⅢ。棺内：铁剑；铜钱	五	双层盖板
M181	单室石椁墓		180°	2.94×1.3－2.2	2.2×0.68－0.7	仰直，北			不详	
M182	单室石椁墓		185°	2.8×1.9－3	2.2×0.7－0.7	仰直，北	东边箱	陶纺轮Ⅰ2、鼎BⅡ2、盒BaⅡ2、盘AⅡ、小型罐	二	双层盖板
M183	单室石椁墓		180°	2.6×1.8－1.9	2.1×0.7－0.7	仰直，南		陶中型罐AaⅡ；铁剑	三	
M184	单室土坑墓		5°	3×1.8－2.7	2.1×0.7－0.7	仰直，北		陶鼎BⅡ、壶AbⅡ	二	北临M185

续附表

墓号	墓型	墓室	墓向	墓圹尺寸（长×宽-深）	棺椁尺寸（长×宽-高）	墓主人（葬式、头向、性别、年龄）	壁龛（宽×高-进深）／器物箱	随葬品及位置	期别	备注
M188	单室石椁墓		353°	2.8×1.68-2.8	2.2×0.72-0.7	仰直，北			不详	双层盖板
M189	单室石椁墓		7°	2.5×1.52-1.36	2.26×0.92-0.62	仰直、北，男，25~30		铁剑	不详	打破M195
M190	单室石椁墓		184°	2.76×1.5-1.8	2.4×0.9-0.72	腐朽			不详	打破M197
M191	单室石椁墓		180°	2.8×2-2.44	2.1×0.8-0.7	仰直，南	龛1×0.8-0.8	陶壶AaI、AaII、鼎AbI	二	
M192	双室石椁墓	东室／西室	7°	2.94×1.92-1.8	2.54×?-0.68	北，腐朽	龛1.6×0.76-0.8	陶中型罐AbⅢ、鼎CⅡ、壶AdⅡ、钫Ⅲ	四	
M193	单室石椁墓		185°	3.1×2-2.1	2.56×1.12-0.8	腐朽	箱	边箱:陶鼎BⅢ、盒BaⅢ、壶AbⅢ、小型罐BaⅢ、盘AⅢ	三	双层盖板
M194	单室石椁墓		360°	2.6×1.6-3	2.1×0.7-0.7	仰直、北，女，14±岁		椁外:陶大型罐BI	二	
M195	单室土坑墓		187°	2.1×1-1	棺1.9×0.4	仰直，南			二	被M189打破
M196	单室石椁墓		5°	2.8×1.7-2	2.1×0.7-0.7	北，错乱		椁外:陶大型罐BI2、小型罐2	二	双层盖板

续附表

墓号	墓型	墓室	墓向	墓圹尺寸（长×宽-深）	棺椁尺寸（长×宽-高）	墓主人（葬式，头向，性别，年龄）	壁龛（宽×高-进深）或器物箱	随葬器及位置	期别	备注
M198	单室土坑墓		96°	2.66×1.52-1.8	棺木清	腐朽		陶鼎（残）		
M199	单室石椁墓		194°	2.7×1.72-1.74	2.38×0.98-0.74	南，腐朽		椁外：陶中型罐 Bb I	二	双层盖板
M200	单室石椁墓		190°	3×1.9-3.06	2.38×1.02-0.7	南，腐朽	箱	箱：陶鼎 BⅢ2，盒 BaⅢ2，壶 AbⅢ2，小型罐	三	双层盖板
M201	双室石椁墓	东室	180°	2.7×2.4-1.6	2.42×1.02-0.68	南，腐朽				西室压东室
		西室	180°		2.42×1.02-0.68	南，腐朽		陶中型罐 AbⅣ，BbⅤ	六	
M202	单室石椁墓		190°	2.7×1.7-2.54	2.4×0.1-0.74	南，腐朽	箱	陶钫Ⅲ，鼎 BⅢ（残）	三	
M203	单室石椁墓		186°	2.8×1.8-2.22	2.1×0.7-0.7 棺木清，有黑漆皮	南，腐朽	箱	箱：陶鼎 AaⅠ2，盒 BbⅠ，中型罐 Ba，壶 AaⅠ，匜Ⅰ，大型罐Ⅰ	一	双层盖板
M204	单室石椁墓		180°	2.6×1.2-1	2×0.72-0.76	腐朽		椁外：陶中型罐 AbⅢ，大型罐（残）	四	被盗
M205	双室石椁墓	东室	360°	2.9×2.8-2.9	2.14×0.76-0.76	仰直，北	龛 2.4×0.8-1	石耳塞，鼻塞，琀		双层盖板
		西室	360°		2.14×0.76-0.76	仰直，北		龛：陶大型罐 AaⅣ，AaⅤ，BⅡ，中型壶 AaⅡ，AbⅡ，其他壶 4。椁内：铜镜，铜带钩；铁削	六	

续附表

墓号	墓型	墓室	墓向	墓扩尺寸（长×宽-深）	棺椁尺寸（长×宽-高）	墓主人（葬式、头向、性别、年龄）	壁龛（宽×高-进深）或器物箱	随葬品及位置	期别	备注
M206	单室石椁墓		10°	2.6×1.2-2.3	2.1×0.7-0.7	北，腐朽		椁外：陶中型罐 BbⅡ	三	
M210	单室石椁墓		5°	2.5×1.4-2.4	1.98×0.7-0.7	仰直，北，女，30~40岁		椁外：陶中型罐 AbⅡ	三	
M211	单室石椁墓		180°	2.9×1.6-1.34	2.2×0.64-0.7	南，腐朽		椁外：陶大型罐 BⅢ2。椁内：石珩、鼻塞	四	双层盖板
M212	单室石椁墓		186°	3.1×2.1-2.2	2.4×0.75-0.9	仰直，南		铜钱	不详	打破 M218。双层盖板
M213	单室石椁墓		187°	2.8×1.7-2.6	2.14×0.74-0.75	仰直，南		椁外：陶壶 CaⅠ、盒 BaⅡ、小型罐、鼎 BⅠ、匜Ⅰ；铁臿I	二	双层盖板
M214	单室石椁墓		191°	2.5×5-2.9	2.1×0.67-0.76	仰直，南		椁内：陶中型罐 AbⅣ；铜钱；石珩，鼻塞。填土内：铁臿	五	双层盖板
M215	双室石椁墓	东室	165°	2.8×1.2-2.6	2.05×0.75-0.75	仰直，南	龛	龛内：陶中型罐 AaⅣ、壶 CcⅢ、AdⅢ	六	东室打破西室。被 M216 打破，被盗
		西室	165°	2.8×1.6-2.6	2.09×0.68-0.75					
M216	单室石椁墓		186°	2.8×1.6-2.6	2×0.66-0.6	仰直，南		椁外：壶 CcⅢ	六	打破 M215，被 M217 打破
M217	单室土坑墓		84°	2.5×1.3-1.2	生土台上置石板	腐朽		铜钱	不详	打破 M216、M218

续附表

墓号	墓型	墓室	墓向	墓圹尺寸（长×宽－深）	棺椁尺寸（长×宽－高）	墓主人（葬式、头向、性别、年龄）	壁龛（宽×高－进深）或器物箱	随葬品及位置	期别	备注
M218	单室石椁墓		195°	3.4×2.2-2.6	2.37×0.92-0.92 棺板灰、红漆皮	仰直，南		椁外：陶大型罐BⅣ、壶、AdⅠ、CcⅠ、小型罐。椁内：玉环2；石鼻塞2；玲；铜钱、铜带钩；铁剑；琉璃璧2；铁刀	五	打破M89、被M212、M217打破。双层盖板
M219	单室石椁墓		190°	3×2-3.2	2.1×0.78-0.8	南		椁外：陶大型罐AaⅠ、AbⅡ。椁内：铜钱、铜镜；铁剑；铁刀	三	被M162打破。双层盖板
M220	双室石椁墓	东室	360°	2.6×1.7-0.7	2.2×0.7-0.7	仰直，北		椁外：陶中型罐AaⅡ、AbⅠ。铜钱；玉环	三	东室打破西室
		西室	360°	2.6×0.1-1.8	2.1×0.76-0.7	仰直，北		椁外：陶中型罐AbⅡ		
M221	单室石椁墓		360°	2.6×1.5-1.4	2.1×0.66-0.7	仰直，北		椁外：陶罐（残）。椁内：铜钱；石鼻塞；鼻塞	不详	双层盖板
M222	双室石椁墓	东室	360°	2.8×(2.7~3)-1.22	2.56×1.4-0.85	仰直，北	龛1×0.4-1	龛：陶大型罐BⅡ、中型罐AaⅡ、AbⅢ。椁内：铁剑、削；铜钱；石鼻塞、耳塞	四	打破M226。双层盖板
		西室	360°		2.38×1.12-0.8	仰直，北		铜钱；石串饰、玲、鼻塞；耳塞		双层盖板

续附表

墓号	墓型	墓室	墓向	墓圹尺寸（长×宽-深）	棺椁尺寸（长×宽-高）	墓主人（葬式、头向、性别、年龄）	壁龛（宽×高-进深）或器物箱	随葬品及位置	期别	备注
M223	双室石椁墓	东室	360°	2.5×1.4-1.8	2.1×0.7-0.7	北，腐朽		陶罐（残）		西室打破东室
		西室		2.6×1.5-1.8	二层台加石板 棺1.9×0.5-0.16	仰直，北		铜钱	不详	
M224	单室石椁墓		194°	2.7×1.84-3.16	2.38×0.98	南，腐朽		椁内：陶中型罐 AbⅠ	二	
M225	双室石椁墓	东室	360°	2.8×2.4-2.34	2.2×0.76-0.7	仰直，南		椁内：陶中型罐 AbⅣ2、BbⅣ2、壶 CcⅢ 填土内：铁夯具	六	打破 M227。两墓室共用一块墓室竖板
		西室	360°		2.2×0.74-0.7	仰直，南		椁外：陶中型罐 AbⅣ		
M226	单室石椁墓		180°	2.6×1.7-1.54	2.2×0.76-0.7	仰直，南		椁外：陶纺Ⅲ、鼎 BⅡ、盒 AⅢ、BbⅢ 椁内：盘 AⅢ、铜镞	三	被 M222 打破
M227	单室土坑墓		190°	1.7（残）×1-1.1	棺 1.74-0.44	仰直，南		二层台 陶中型罐 AbⅡ	三	被 M225 打破。土坑墓
M228	单室石椁墓		5°	2.4×1.2-1.6	1.8×0.6-0.6	被盗		椁外：陶罐2（残）	不详	被盗
M229	单室石椁墓		180°	2.3×1.4-1.8	2×0.6-0.7	仰直，南			不详	
M231	单室石椁墓		96°	2.94×1.8-3.21	2.42×1.22-0.76	腐朽	箱	箱：鼎 BⅢ2、纺Ⅲ、盒 BbⅢ、盒 AbⅢ、盘 AⅢ、壶、小型罐	三	双层盖板

续附表

墓号	墓型	墓室	墓向	墓圹尺寸（长×宽-深）	棺椁尺寸（长×宽-高）	墓主人（葬式，头向，性别，年龄）	壁龛（宽×高-进深）或器物箱	随葬品及位置	期别	备注
M232	单室石椁墓		183°	2.6×1.9-2.34	2.34×0.9-0.7	仰直，南		陶中型罐BaⅢ；铁凿	四	双层盖板
M233	单室石椁墓		90°	2.8×1.8-3.4	2.44×0.98-0.7	仰直，东（?）	箱	南箱：陶鼎BⅡ2，盒BbⅡ，BbⅢ，壶AbⅢ2，纺轮Ⅲ，盘AⅢ，小型罐，铁凿	三	双层盖板
M234	双室石椁墓	南室	96°	2.8×?-2.6	2.38×1.02-0.7	腐朽		陶盒FⅡ，其他鼎（残）	四	北室打破南室
		北室	96°	2.8×1.4-2.6	2.38×1.02-0.7 棺朽，有红漆皮	仰直，东		椁外：陶壶CbⅡ2，中型罐BaⅢ。椁内：陶壶BaⅡ。		
M235	单室石椁墓		174°	2.7×1.4-2.6	2.34×0.84-0.68	南，腐朽			不详	
M236	单室石椁墓		185°	2.8×1.9-2	2.1×0.7-0.7	仰直，南		陶中型罐AaⅡ	三	
M237	双室石椁墓	东室	180°	2.6×1.5-1.98	2.38×0.98-0.74	仰直，南		陶罐（残）	三	东室打破西室
		西室	180°	2.84×1.4-2.7	2.38×0.98-0.74	腐朽	龛?×0.9-0.6	龛内：陶中型罐AaⅡ2	三	双层盖板
M238	单室石椁墓		182°	2.8×1.7-1.92	2.1×0.7-0.72	腐朽			不详	
M239	双室石椁墓	南室	88°	2.8×2.6-2.6	2.1×0.7-0.7	仰直，西，男，25~30岁（?）	龛	龛：陶大型罐BⅢ，中型罐AbⅤ，BaⅤ。椁内：铜钱	六	南室打破北室。出顶骨碎片
		北室	88°		2.1×0.7-0.7	仰直，西（?）		椁内：陶罐（残）。椁内：陶小型罐，壶CbⅡ		被盗

续附表

墓号	墓型	墓室	墓向	墓扩尺寸（长×宽-深）	棺椁尺寸（长×宽-高）	墓主人（葬式，头向，性别，年龄）	壁龛（宽×高-进深）或器物箱	随葬品及位置	期别	备注
M242	单室石椁墓		355°	3×1.8-2.6	2.3×1-0.7	仰直，北，	西侧边箱内	箱内：陶鼎AaⅡ，中型罐BaⅡ，盒BbⅢ，小型罐，杯，壶CbⅠ	三	西临M241。双层盖板
M243	单室石椁墓		180°	2.8×1.7-1.85	2.5×1.1-0.75	南，腐朽		椁外：陶中型罐AbⅣ	五	双层盖板
M244	单室石椁墓		360°	3×2-2.45	2.4×1.02-0.76	北，腐朽	箱1×0.5-0.8	箱：陶大型罐AaⅠ，AaⅡ	三	双层盖板
M245	单室石椁墓		260°	2.6×1.4-2.4	2.3×1.1-0.7	仰直，西		椁外：陶中型罐AbⅢ3，壶BⅢ，盘（残）	四	
M246	单室石椁墓		360°	3.1×2.2-2.65	2.6×1.2-0.92	仰直，北	箱1.7×0.7-0.85	椁外：陶中型罐AaⅠ，BⅡ，小型罐，灯，盘；箱内：陶鼎AaⅠ，壶AaⅡ，钫Ⅱ，盒BaⅠ2，盘AⅡ（残）	二	双层盖板
M247	单室石椁墓		267°	2.6×1.3-2.8	2.3×0.9-0.6	仰直，西		陶盒EⅠ，FⅡ，壶CbⅡ2	四	
M249	单室石椁墓		185°	2.6×1.4-1.8	2.14×0.9-0.7	仰直，南		陶中型罐AbⅠ	二	
M250	单室石椁墓		170°	3×1.7-1.8	2.48×1.08-0.8	仰直，北，男（?）		椁内：铁剑；铜钱	六	
M251	双室石椁墓	南室	88°				瓮	瓮：陶中型罐BbⅣ，小型罐		北室打破南室
		北室	88°	2.6×2.5-2.5	2.2×0.74-0.7	腐朽		铁刀（残）		双层盖板

续附表

墓号	墓型	墓室	墓向	墓圹尺寸（长×宽-深）	棺椁尺寸（长×宽-高）	墓主人（葬式、头向、性别、年龄）	壁龛（宽×高-进深）或器物箱	随葬品及位置	期别	备注
M254	单室石椁墓		187°	2.5×2.1-2.9	2.3×1.7-0.7	南，2人，东，男，35±岁，西，性别不明，成年		椁外：陶中型罐BbⅡ、BbⅢ、盒FⅠ	四	双棺
M255	双室石椁墓	东室	180°	2.7×1.9-2.9	2.1×0.7-0.7	仰直，南，40~45岁（?）	瓮1×0.7-0.2	龛：陶壶CbⅡ、CcⅠ、CⅡ、盘、鼎AⅣ、BⅣ。椁内：铜钱	四	西室打破东室 双层盖板
		西室	180°	2.7×1.5-3.3	2.1×0.7-0.7	仰直，南		椁外：陶壶AcⅡ、AdⅡ、CcⅠ、大型罐BⅡ2、其他、鼎2。椁内：铜钱		双层盖板
M256	双室石椁墓	东室	180°	2.5×2-2	2.1×0.7-0.7	仰直，南		椁外：陶中型罐AbⅢ、大型罐BV、罐（残）。椁内：铜钱	六	东室打破西室
		西室	180°	2.1×0.72-0.6		仰直，南		陶中型罐AbⅢ		
M257	单室石椁墓		180°	2.5×1.1-1.3	2.1×0.7-0.7	仰直，南			不详	
M258	单室石椁墓		190°	2.1×0.8-1.5	2.1×0.8-0.7	仰直，南		陶中型罐AbⅢ、大型罐BⅢ；铁锤	四	
M259	单室石椁墓		188°	2.5×1.2-2.2	2×0.7-0.7	仰直，南	箱0.9×0.36-0.8	箱：陶壶CbⅡ、CbⅢ、盒CⅠ、DⅠ、EⅠ、小型罐	五	
M260	单室石椁墓		180°	2.6×1.2-2.3	2.1×0.7-0.7	仰直，南，男，40~45岁		椁外：陶大型罐BV。椁内：铁剑；铜钱	六	

续附表

墓号	墓型	墓室	墓向	墓圹尺寸（长×宽-深）	棺椁尺寸（长×宽-高）	墓主人（葬式、头向、性别、年龄）	壁龛（宽×高-进深）或器物箱	随葬品及位置	期别	备注
M261	单室石椁墓		180°	2.4×1.4-1.75	2.25×0.84-0.7	仰直，南			不详	
M262	单室石椁墓		170°	2.7×1.6-1.4	2.1×0.74-0.7	仰直，北(?)		铜钱	不详	双层盖板
M263	单室石椁墓		80°	2.7×1.6-2	2.2×0.86-0.7	仰直，东(?)		椁外：陶中型罐BbⅢ、AbⅢ、BaⅢ。椁内：铁剑；铜钱	四	双层盖板
M264	单室石椁墓		180°	2.9×1.4-1.3	2.1×0.7-0.6	仰直，南		椁外：陶大型罐BⅢ。椁内：石珩、耳蓥、鼻蓥	四	
M265	双石椁墓	东室	183°	2.5×1.5-2.5	2×0.8-0.8	仰直，南		椁外：陶大型罐BⅤ、壶AeⅡ。椁内：铜镜；铁剑	六	东室打破西室
		西室	183°	2.8×1.5-2.5	2.2×0.78-0.7	仰直，南	龛0.6×0.8-0.75	龛：陶壶AeⅡ2		
M266	双室石椁墓	东室		2.6×1.3-2.4	2.1×0.7-0.7	仰直，南，男，35~40		椁外：陶大型罐BⅢ2、中型罐AbⅢ、盒DⅠ。椁内：铜钱	四	西室打破东室
		西室		2.8×1.2-2.4	2.1×0.7-0.72	仰直，南				
M267	单室石椁墓		185°	2.5×1.5-2.8	2×0.7-0.7	仰直，南		椁内：陶罐（残）	不详	
M268	单室土坑墓		190°	2.5×1.1-2	生土二层台	仰直，南		筒瓦	不详	

续附表

墓号	墓型	墓室	墓向	墓扩尺寸（长×宽-深）	棺椁尺寸（长×宽-高）	墓主人（葬式,头向,性别,年龄）	壁龛（宽×高-进深）或器物箱	随葬品及位置	期别	备注
M269	单室石椁墓		360°	2.5×2.6-2.9	2.1×0.7-0.7				不详	
M270	单室石椁墓		180°	2.5×1.5-2.8	2×0.7-0.7	仰直,南		椁外:陶中型罐 Bb Ⅲ	四	
M271	双室土坑墓	东室	180°	2.3×0.7-1.7		仰直,南			不详	西室打破东室
		西室	180°	2.3×0.8-1.1						
M272	单室石椁墓		5°	2.9×1.9-2	2.5×0.96-1	北,腐朽	箱 1.6×0.5-0.7	箱:陶鼎 BⅡ2,壶 Ab Ⅱ2,盒 BbⅡ2,小型罐,盘 A Ⅱ	二	双层盖板
M273	单室石椁墓		270°	2.8×1.3-1.5	2.4×0.96-0.6	西,腐朽	龛 0.8×0.3-0.3	龛:陶壶 Ca Ⅱ	四	打破 M274。被盗
M274	单室石椁墓		360°	2.9×1.85-2.85	2.3×1-0.75	仰直,北,女,成年		椁外:陶鼎 BⅡ,盒 Bb Ⅲ,钫Ⅱ,盘 A Ⅲ	三	被 M273 打破。双层盖板
M276	单室土坑墓		10°	2.1×1.1-1.2	生土台盖石板	仰直,北			三	有防盗石
M281	单室石椁墓		180°	3.1×2.1-3.06	2.16×0.78-0.82 椁内有红漆皮	南,腐朽	箱 0.9×0.5-0.5	箱:陶鼎 BⅡ2,钫Ⅱ2,盒 Bb Ⅲ,小型罐,盘 B Ⅱ	二	临 M282。双层盖板
M282	单室石椁墓		176°	3.1×2.1-2.7	2.52×1.12-0.8 有红、黑漆皮	南,腐朽,性别不明,成年	龛 1.4×0.58-0.6	龛:陶鼎 BⅠ2,壶 BⅠ,盒 BbⅠ2,盘 BⅠ,小型罐 2	一	临 M281

续附表

墓号	墓型	墓室	墓向	墓圹尺寸（长×宽－深）	棺椁尺寸（长×宽－高）	墓主人（葬式、头向、性别、年龄）	壁龛（宽×高－进深）或器物箱	随葬品及位置	期别	备注
M287	单室石椁墓		90°	2.7×1.3－2.32	2.2×0.7－0.6	仰直，东（？）		椁外：陶其他鼎，Ca Ⅱ、Cb Ⅱ、盒Ⅱ、小型罐。椁内：壶 Ae Ⅰ、盒 C Ⅰ、小型罐；铜钱；铁剑	四	
M288	单室土坑墓		185°	2×0.8－1.2		仰直，南			不详	或为周墓
M289	单室石椁墓		185°	2.9×1.4－2	2.3×0.9－0.65	仰直，南			不详	
M290	单室石椁墓		185°	2.5×1.5－2.8	2.3×0.96－0.7	仰直，南	龛 1×0.8－0.8	填土：陶中型罐 Ba V2	不详	双层盖板
M292	双室石椁墓	东室	170°	3×1.6－2.32	2.2×0.79－0.7（?）	南，男，大于50岁			六	西室外打破东室。双层盖板
		西室	170°		2.38×1.03－0.7	南，腐朽				
M294	单室石椁墓		5°	2.6×1.8－1.9	2.3×0.9－0.7	侧身屈肢，北	箱 0.9×0.5－0.4	箱：陶鼎 Aa Ⅲ、盒 Ba Ⅲ2、壶 B Ⅲ、小型罐、匜 Ⅲ、杯、勺、盘 B Ⅲ	三	双层盖板
M296	双室石椁墓	南室	96°	2.5×2.4	2.34×0.98－0.7	东（？），腐朽	箱	椁内：陶中型罐 Bb V	六	南室盖板压北室
		北室	96°		2.1×0.7－0.4	东				
M297	单室石椁墓		185°	3×2－2.5	2.1×0.72－0.76（?）	仰直，南	箱	箱：陶鼎 B Ⅲ3、壶 Ab Ⅲ、钫 Ⅲ、小型罐、盒 Ba Ⅲ、盘 A Ⅲ	三	邻 M298。双层盖板有盗洞

续附表

墓号	墓型	墓室	墓向	墓圹尺寸（长×宽－深）	棺椁尺寸（长×宽－高）	墓主人（葬式、头向、性别、年龄）	壁龛（宽×高－进深）或器物箱	随葬品及位置	期别	备注
M298	单室石椁墓		180°	2.8×1.7-2.6	2.12×0.68-0.76（?）	仰直，南		陶鼎BⅡ、纺BⅡ、盒BaⅡ、盘BⅡ、杯	二	双层盖板
M301	单室			2.6×1.4-2.5					不详	空墓
M302	单室		180°	2.8×1.3-1.6					不详	空墓
M304	单室石椁墓		180°	3.1×1.8-3.3	2.1×0.7-0.7	仰直，南		铜钱	不详	双层盖板
M305	单室土坑墓		180°	2.2×0.6-1.5		仰直，南		陶中型罐BbⅤ	六	
M306	单室石椁墓		185°	2.7×1.4-2.8	2.1×0.7-0.7	仰直，南		椁外：陶壶CaⅡ、中型罐BbⅢ	四	
M307	双室石椁墓	南室 北室	90°	墓道 2.8×(1.5~1.7)-(0~1.4) 前室0.8×1.9-1.4 后室2.8×2.6-1.4	两椁室：2.4×1.95-0.7	尸骨无存		前室：陶中型罐BbⅣ、壶CdⅢ4、洗。填土：铜钱	六	有墓道
M308	单室石椁墓		189°	2.7×1.4-1.9	2.12×0.9-0.9	仰直，南			不详	

续附表

墓号	墓型	墓室	墓向	墓圹尺寸（长×宽－深）	棺椁尺寸（长×宽－高）	墓主人（葬式、头向、性别、年龄）	壁龛（宽×高－进深）或器物箱	随葬品及位置	期别	备注
M309	单室石椁墓		185°	3.2×1.5－2.8	2.3×0.9－0.7	仰直，南		陶大型罐BV，中型罐Bb IV2	六	邻M310
M310	双室石椁墓	东室	173°	2.5×?－2.4	2.3×?	仰直，南，男(?)，16~18岁	龛1×0.9－0.8	龛：陶中型罐BbIV。椁内：铁剑；铜钱	六	邻M309
		西室	173°	2.5×?－2.1	2.3×?	仰直，南，女，25~35岁		铜钱	不详	
M311	单室石椁墓		360°	2.7×1.2－3.5	2.3×0.82－0.7	仰直，北		椁外：陶壶CcII	五	
M313	双室石椁墓	南室	92°	2.5×2.1－2.32	2.44×0.98－0.7	东，腐朽，成年，男，12~13岁		椁外：陶大型罐BII，中型罐BaII。椁内：铜钱	三	南室打破北室。被盗
		北室			2.1×0.7－0.68(?)	仰直，东		铜钱	三	有盗洞
M314	单室石椁墓		88°	2.8×1.6－2.3	2.6×1.6－?	北侧：仰直，男，东，成年		铁剑；铜钱	不详	双棺：先葬北棺，后葬南棺
						南侧：仰直，东，性别不详，12~13岁		铜钱		

续附表

墓号	墓型	墓室	墓向	墓扩尺寸（长×宽－深）	棺椁尺寸（长×宽－高）	墓主人（葬式、头向、性别、年龄）	壁龛（宽×进深－高）器物箱	随葬品及位置	期别	备注
M315	三室石椁墓	东室	355°	墓室：(3.25～3.5)×2.4－(3.5~4)	2.3×0.96－0.82	腐朽		椁外：陶大型罐 BⅢ、壶 CcⅡ、盒 DⅡ、CⅢ		中室最早，西室次之，东室晚
		中室			2.3×1.2－0.9	北，腐朽，男（?）		椁内：铁剑；铜钱	五	
		西室			2.3×0.98－0.84	仰直，北，大于55岁女（?）		椁外：陶中型罐 AbⅣ。椁内：陶盒 DⅢ、EⅡ		
M316	单室石椁墓		90°	3×2－2.94	2.2×0.7－0.74（?）	仰直，东，男，大于55岁		椁外：陶鼎 DⅠ、盒 FⅡ2、中型罐 BaⅢ3、匜Ⅳ、BⅣ、壶 AdⅠ。椁内：石璧	五	双层盖板
M317	单室石椁墓		90°	2.8×1.5－2.9	2.1×0.7－0.7（?）	东，腐朽	龛	龛：陶壶 CcⅣ、中型罐 Aa Ⅳ	六	打破 M318
M318	单室石椁墓		180°	2.8×1.1－1.3					不详	被 M317 打破，被石板被 M317 用。打破较甚
M319	单室土坑墓		180°	2.4×0.8		仰直，南		陶中型罐 BaⅣ2；铜钱	五	土坑墓
M320	双室石椁墓	东室	190°	2.5×1.3－2.2	2.1×0.7－0.7	仰直，南		铁刀	不详	东室打破西室
		西室	180°	2.6×1.3－2.2	2.2×0.74－0.6	仰直，南				

墓号	墓型	墓室	墓向	墓圹尺寸（长×宽－深）	棺椁尺寸（长×宽－高）	墓主人（葬式、头向、性别、年龄）	壁龛（宽×高－进深）或随葬器物箱	随葬品及位置	期别	备注
M321	单室石椁墓		168°	2.4×1.2-2.2	2.2×0.7-0.65	仰直，南			不详	被盗
M322	单室石椁墓		175°	2.8×1.86-2.4	2.1×0.74-0.74（?）有大量漆皮	仰直，南		椁外：陶鼎 Aa I 2，盒 Ba I 2，壶 Aa I 2，盘 A I，匜 I，小型罐 2	一	双层盖板
M323	双室石椁墓	南室	90°	墓道 2.7×1.3-（0～1.52）前室 1.35×1.4-1.3	2.5×1.05-0.82	仰直，西	前室随葬有陶器	南椁内：铜镜，铜钱；铁剑，铁削。	六	
		北室	90°	后室 2.8×2.2-1.5	2.5×1.1-0.82	仰直，东		北椁内：铜钱，铜镜；铁剑；前室：陶壶 Cd Ⅲ 4，小型罐		
M324	五室石椁墓	南室	95°	墓道 3.9×（0.92～1.06）-2.22 前室（1.8～2.8）×3.1-2.22 后室 3.4×2.6-2.2	2.38×1.12-0.74	仰直，西	龛 1.32×1.06-0.74	南椁：铁刀。	五	
		中南室			2.44×1.12-0.68	葬式不清，西		中南椁：陶鼎 C I、其他型、壶 其他型；铁剑，铁带钩；石串饰。		
		中北室			2.38×1.12-0.64	仰直，西		中北椁：铁削；石串饰。北椁：陶中型罐 Ab Ⅲ 2，Ab Ⅳ 2；铜钱。		
		北室			2.44×0.88-0.64	仰直，西		前室南：陶大型罐 BⅣ，鼎 其他型；铜镜，铜钱；铁较。		
		前室南侧			棺 1.9×0.67-0.1	仰直，西		前室：陶壶其他型 3，盘，中型罐 Ab Ⅲ，小型罐，瓮：陶大型罐 BⅣ，壶其他型 3，鼎其他型 2		

续附表

墓号	墓型	墓室	墓向	墓圹尺寸（长×宽-深）	棺椁尺寸（长×宽-高）	墓主人（葬式、头向、性别、年龄）	壁龛（宽×高-进深）或器物箱	随葬品及位置	期别	备注
M325	单室土坑墓		170°	2.3×1.1-1.6	二层台上盖石板	仰直、南		陶中型罐AbV；铜钱	六	
M326	单室石椁墓		190°	3.2×2.7-2.6	2.42×0.94-0.8	腐朽	箱	陶鼎BⅢ2、盒BbⅢ2、钫Ⅲ2；铜鸠杖首	三	双层盖板
M329	双室石椁墓	南室	79°	2.5×1.66-1.9	2.1×0.74-0.7	东、腐朽		椁外：陶罐（残）。椁内：铜钱；石鼻塞	五	
		北室	79°	2.7×1.5-2.74	2.2×0.7-0.7	东、腐朽		椁外：陶鼎DI、盒FI2、中型罐AbⅢ、BaⅢ、壶AcⅡ。椁内：铜钱		双层盖板
M330	单室土坑墓		175°	2×0.9-0.9	棺1.6×0.4-0.4	仰直、腐朽		陶壶AcⅡ、中型罐AaⅡ	四	土坑墓
M331	单室石椁墓		183°	2.7×1.9-3.1	2.34×1.02-0.7	仰直、腐朽、女、大于50岁	龛：1.2×0.52-0.52	箱：陶鼎AaⅠ2、盒AⅠ4、壶AbⅠ（带盖）、BⅠ、匜Ⅰ2、盘BⅠ2、勺、杯3、灶、仓2、猪圈、猪、甑、小型罐。椁外：铜钱	一	被M332打破。本应头向北被扰乱
M332	三室石椁墓	南室	273°	3×2.65-3.06	2.5×1.15-0.8	仰直、西、大于40岁	龛：0.8×？-0.45	龛：陶中型罐AbⅢ3。椁内：铜钱	五	三室一次性建成。打破M331
		中室				仰直、西、男、30~40岁				
		北室			2.5×1-0.8	仰直、西、女、35~40岁		椁内：铜钱；石珩、鼻塞、耳塞		

续附表

墓号	墓型	墓室	墓向	墓圹尺寸（长×宽-深）	棺椁尺寸（长×宽-高）	墓主人（葬式、头向、性别、年龄）	壁龛（宽×进深-高）或器物箱	随葬品及位置	期别	备注
M333	双室石椁墓	南室	180°	2.6×2.3-0.9	2.1×0.64-0.7				不详	被盗扰
		北室			2.1×0.7-0.7					
M334	单室土坑墓		178°	2×0.9-1.1	二层台盖石板棺-0.4	仰直，南		铜钱	不详	
M335	单室土坑墓		178°	1.8×(0.8~0.9)-1.1	二层台盖石板，棺尺寸不详	仰直，南			不详	
M336	单室石椁墓		8°	3×1.8-2.7	2.4×1.06-0.7	仰直，北		陶大型罐 AbⅡ，中型罐 AbⅡ	三	早期被盗
M337	单室石椁墓		180°	2.85×1.6-2.5	2.5×1-0.65	南，腐朽	龛 1.45×0.7-0.5	龛：陶大型罐 AbⅤ，盒 D Ⅲ，壶 CaⅣ2，中型罐 AaⅣ	六	打破 M338、M339。早期被盗
M338	双室石椁墓	东室	180°	2.5×1.4-2.7	2.2×1.1-0.7	仰直，男，20~45岁		椁内：铁剑；铜钱	不详	被 M337 打破。东室早于西室
		西室	180°	2.2×0.9-0.7		仰直，南		铜钱		
M339	双室石椁墓	东室	180°	2.95×2.8-2.6	2.5×0.94-0.65	仰直，女，30~50岁		椁内：陶中型罐 BaⅤ，其他鼎、壶 CbⅣ，盒 D Ⅱ；铜钱。椁外：陶中型罐 AbⅤ2	六	被 M337 打破。同时下葬，早期被盗
		西室			2.5×0.94-0.65	仰直，南				

续附表

墓号	墓型	墓室	墓向	墓圹尺寸（长×宽-深）	棺椁尺寸（长×宽-高）	墓主人（葬式、头向、性别、年龄）	壁龛（宽×进深-高）或器物箱	随葬品及位置	期别	备注
M340	单室石椁墓		180°	2.5×1.6-2	2.3×1-0.7	仰直，南	龛0.6×0.3-0.3	龛：陶大型罐BⅠ，壶CcⅠ。椁内：石璧；铜钱	四	
M341	单室石椁墓		170°	2.8×1.3-2.4	2.3×0.9-0.7	南，腐朽			不详	被盗扰乱
M342	双室石椁墓	东室	176°	2.7×2.9-2.75	2.5×1.06-0.65	南，腐朽	龛1×0.4-0.3	龛：陶鼎EⅠ，盒FⅠ2，壶CcⅢ	五	同时下葬；双层盖板
		西室			2.5×1.1-0.65	南，腐朽				
M343	双室石椁墓	南室	270°	3.1×2.7-2.85	2.4×1.02-0.75	仰直，西，男，40~45岁	龛2.1×1.2-0.9	龛：陶壶AdⅢ，CdⅡ，中型罐BbⅢ2，铁剑；铜钱	五	同时下葬
		北室			2.4×1.08-0.75	仰直，西		铜钱		
M350	单室石椁墓	东室	167°	2.9×1.56-1.48	2.4×1.05-0.74	腐朽		铜钱	不详	打破M365。被破坏
M351	双室石椁墓	东室	174°	2.7×2.1-3.63	2.4×0.92-0.72	仰直，南		铜钱	六	西室打破东室。双层盖板
		西室			2.3×0.96-0.72	仰直，南		椁外：陶中型罐BbⅢ，大型罐AaV。椁内：陶其他鼎，中型罐AbV2；铜镜，铜钱		

续附表

墓号	墓型	墓室	墓向	墓圹尺寸（长×宽－深）	棺椁尺寸（长×宽－高）	墓主人（葬式、头向、性别、年龄）	壁龛（宽×高－进深）或器物箱	随葬品及位置	期别	备注
M355	单室石椁墓		178°	2.8×1.7－1.9	2.4×0.92－0.7			椁外：陶罐（残）；铁镬	不详	被M354、M356打破。双层盖板
M356	单室石椁墓		15°		2.55×0.75	男，大于55岁		陶其他罐	不详	打破 M355、M357。被破坏
M358	双室石椁墓	东室	193°	3×2.7－2.8	2.16×0.7－0.7（?）	仰直，南，男（?），18～20岁	龛 1.6×0.6－0.35	龛：动物肢骨。椁内：铁剑，刀；铜带钩，铜钱	六	西室打破东室。打破M364。被破坏
		西室	183°		2.4×1－0.7	仰直，南，女（?），35±岁		椁内：陶中型罐AbIV、Bb IV；铜钱		
M359	双室石椁墓	东室	156°	2.75×2.68－1.96	2.45×0.94－0.72	仰直，南，男（?）		陶鼎DII，其他，壶AcIII	五	双层盖板
		西室			2.29×0.94－0.72	仰直，南，女（?）				
M360	单室石椁墓		164°	2.8×1.6－1.7	2.24×0.94－0.7	腐朽		椁外：陶中型罐BbII	三	邻M361
M361	单室石椁墓		165°	2.82×1.44－2.14	2.1×0.72－0.63（?）	南，腐朽		椁内：陶中型罐BbIII，盒FII，盘BIV	四	邻M360。打破M367。被破坏
M362	单室石椁墓		181°	2.4×1.2－2.35	2.2×0.93－0.7	仰直，南		椁外：陶大型罐AaIV、中型罐AbIV。椁内：铁刀；铜钱	五	

续附表

墓号	墓型	墓室	墓向	墓扩尺寸（长×宽－深）	棺椁尺寸（长×宽－高）	墓主人（葬式、头向、性别、年龄）	壁龛（宽×高－进深）或器物箱	随葬品及位置	期别	备注
M363	单室石椁墓		178°	2.6×1.5－1.8	0.4×1.1－0.7	南		椁外：陶壶 CcIV2	六	双层盖板早期被盗
M364	单室石椁墓		178°	2.5×1.3－0.94	2.3×0.8－0.6	仰直，南			不详	被 M358 打破
M365	单室石椁墓		83°	2.8×1.5－2.58	2.1×0.74－0.75	仰直，南			不详	被 M350 打破
M366	双室石椁墓	东室	185°	2.8×2.1－1.58	2.25×0.7－0.7	仰直，南		铁剑；铜钱	一	西室打破东室
		西室			2.1×0.7－0.7	仰直，南		椁内：陶纺I，小型罐，盘BI		
M367	双室石椁墓	东室	165°	2.9×2.6－3.2	2.14×0.7－0.74（?）	仰直，南		陶中型罐（残）	不详	打破 M369，被 M361 打破。双层盖板
		西室			2.14×0.72－0.74（?）	仰直，南				
M368	单室石椁墓		182°	2.7×1.5－2.1	2.1×0.72－0.66（?）	仰直，南		椁外：陶罐（残）	不详	
M369	单室石椁墓		182°	2.7×1.6－2.95	2.14×0.7－0.7（?）	南，腐朽			不详	被 M367 打破
M370	单室土坑墓		185°	2×1	生土台盖石板	仰直，南			不详	该墓原来与 M130 重号

注：①表中墓葬基本上皆为汉代墓葬，有个别墓葬因为工程取土、盗掘等原因破坏严重，如 M1、M36、M70、M77、M81～M88、M90、M139、M159、M173～M175、M185～M187、M197、M207～M209、M230、M312、M352～M354 等；另外一些墓葬为周代墓葬，如：M240、M241、M248、M252、M253、M275、M277～M280、M283～M286、M291、M293、M295、M299、M300、M303、M327、M328、M344～M349 等，这些墓葬都没有在表中出现。此外有儿座空墓，时代不清，如 M19、M105、M106、M301、M302；还有一些出土汉代陶器残碎以及部分汉代铜钱的墓葬，期别不好判定，但皆列入。

②"随葬品"栏中除"铜钱"伴数未注明外，其余未注明者均为 1 件。

滕州顾庙墓地

山东省文物考古研究所
滕州市博物馆

　　顾庙墓地位于滕州市龙阳镇顾庙村北约200米处的土岭上（图一）。墓地所在区域被京福高速公路建设工程征用为取土场。为配合京福高速公路工程建设，山东省文物考古研究所会同滕州市博物馆，于1999年5月下旬至7月上旬，对顾庙墓地进行了抢救性考古发掘，整个发掘工作历时约40天。

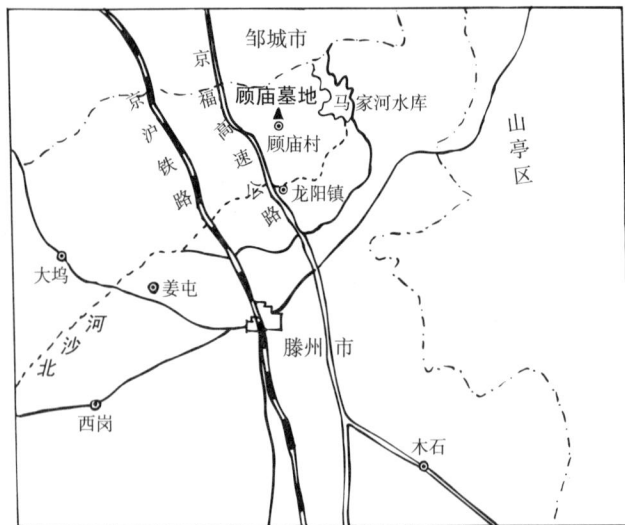

图一　顾庙墓地地理位置示意图

　　墓地在工程施工过程中遭到一定程度的破坏，仅在西南部、西北部和东北部区域残存部分墓葬。考古队采取边勘探边发掘的方法对墓地进行清理，共清理墓葬82座。为便于介绍，将发掘区域划分为Ⅰ、Ⅱ、Ⅲ三个区。其中，Ⅰ区位于墓地的西南部，清理墓葬24座。Ⅱ区位于墓地的西北部，清理墓葬13座。Ⅲ区位于墓地的东北部，清理墓葬45座。清理的墓葬中出土有大量陶、铜、铁、石器等遗物。另有6座尽管进行了编号，但未清理。

由于施工部门取土而遭到破坏的墓葬，绝大部分残留墓圹底部，其中石椁墓的椁室尽管遭到不同程度的损毁，但形制尚可辨识。我们将遭到破坏的墓葬一并做了测绘。这批墓葬在编号时墓号前加"0"，以与清理的墓葬有所区别。其中Ⅰ区测绘墓葬88座，编号M01～M088；Ⅱ区测绘墓葬94座，编号M090～M0183；Ⅲ区测绘墓葬70座，编号M0184～M0253（图二）。

墓地发掘领队为李振光，先后参加发掘工作的人员有李胜利、苏庆林、李顺华、兰玉富、李鲁滕、房成来、石念吉、张献英、张资臻、苏凡秋、张学堂、马文力、周登军等。整个发掘工作得到了当地政府和滕州市博物馆有关领导干部、广大群众的大力支持和协助。在发掘报告整理和编写过程中，得到了山东大学马良民先生的悉心指导和其他同仁的热忱帮助。在此一并致以诚挚的谢意。

（一）墓地概况

1. 墓地分析

整个墓地处在比较平缓的岭地上。岭地西侧为南北向土路，北、南、东侧为低洼地，一条水渠东西向穿过墓地南边缘。岭地上覆盖有一层黄褐沙土，应为山体基岩风化形成。其下为灰绿色基岩，岩石呈大颗粒状，质地松软，结构粗疏。因为岩性疏软，使得部分墓葬的岩壁在清理过程中极易坍塌。墓地平面大致呈长方形。南北长约600、东西宽约350米，面积约21万平方米（彩版一九，1）。

从清理和测绘的墓葬看，墓地布局具有一定的规律，分片、成排或成组分布。每片墓葬数量不等，相互间很少发生打破关系，排列有序，相邻墓葬的墓向基本一致。

墓葬填土分为三类：（1）红黏土夹杂粗砂粒构成的五花土；（2）灰粗砂土夹杂红黏土构成的五花土；（3）黄褐沙土夹杂碎沙石构成的五花土。墓葬填土以前两类为主，少量墓葬的填土为五花夯土。

2. 墓葬形制

清理的墓葬绝大多数为小型竖穴土坑或岩坑墓，平面呈长方形，少量墓葬平面呈方形或近方形。根据形制的不同，可以将墓葬分为土坑墓、石椁墓、土坑带墓道墓三大类。土坑墓形制简单，长方形墓圹内放置木棺，部分墓室内有二层台，少许墓葬设有壁龛或器物箱。石椁墓又有石盖板墓、单石椁墓和双石椁墓之分。石盖板墓的墓室四周或两侧有生土或岩石二层台，其上承托有石盖板。单石椁墓的椁室由底板、立板和盖板构成，立板包括侧板和端板两部分。立板和底板多用整块石板制成，而盖板则

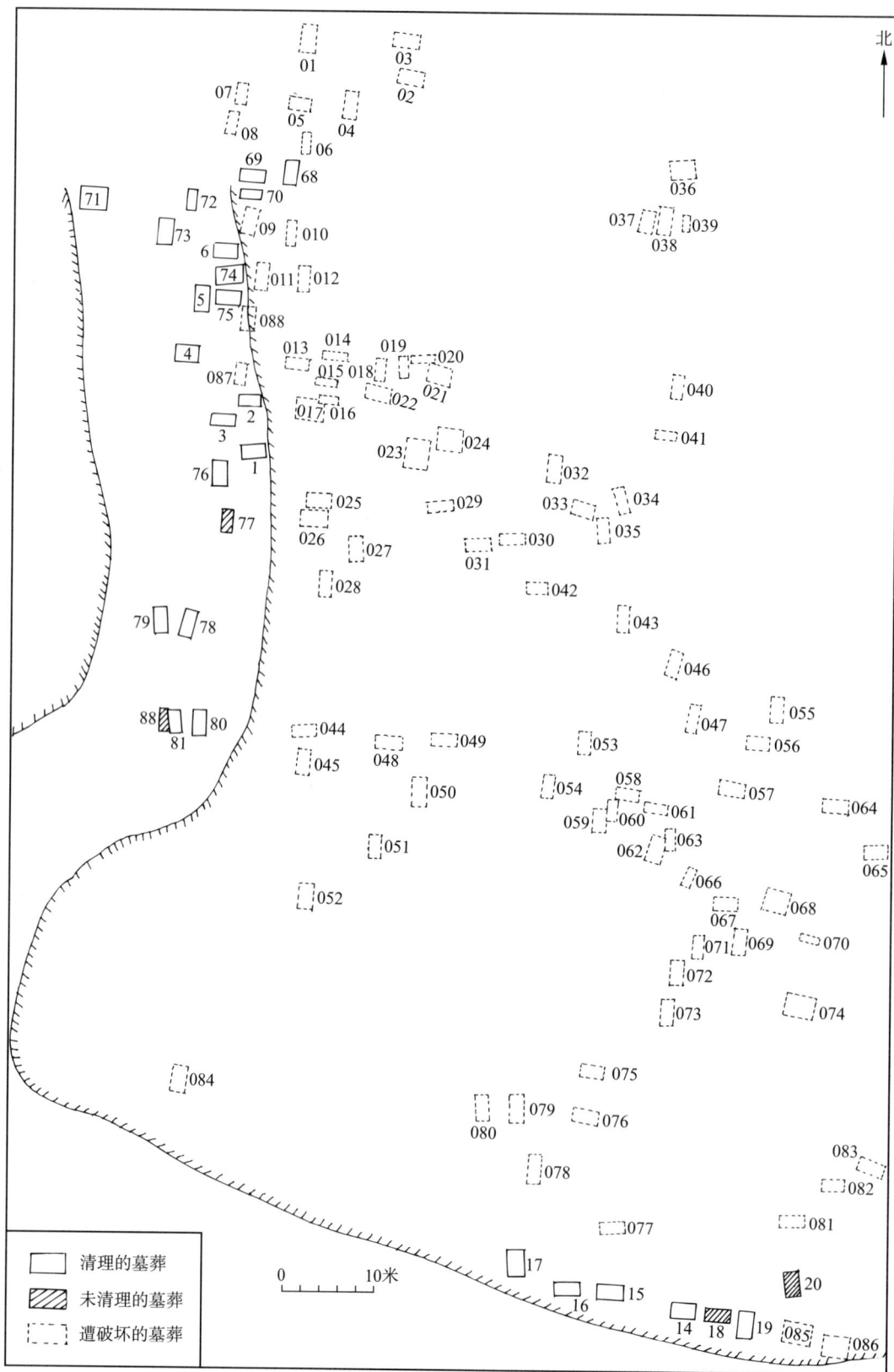

图二 A 顾庙墓地发掘 I 区平面图

由 2~4 块或更多的石板拼合而成。石板厚 14~25 厘米不等。部分石椁制作精致，侧板上缘凿有"L"形凹槽，用以嵌扣薄盖板；侧板端头凿出凹槽用来插嵌端板。双石椁墓的椁室构建方式比较复杂，分为四种情况：（1）两椁共用中间立板，其中个别墓直接利用两椁间的岩石二层台作为共用立板；（2）两椁共用底板、中间立板和盖板；（3）两椁各自构建，中间有一定的空隙；（4）两椁各自构建，以岩石二层台相隔。少量石椁有两层盖板，上盖板较厚，厚 20~25 厘米；内盖板较薄，厚 4~6 厘米。单椁一般长2.3~2.7、宽 0.8~1.2、高 0.7~1.12 米（含盖板）。

二层台多存在于土坑墓或土坑石盖板墓中，少量石椁墓中也有所发现。根据质地分为生土二层台和岩石二层台两类。二层台以墓室四周均有的为主，台宽约 0.05~0.4、高 0.3~0.8 米不等。器物箱多见于单石椁墓，有头箱和边箱之分。平面形状大致分为长方形和梯形两类。构筑方式有两种：一种是在墓葬的二层台上直接挖建；另一种是利用石椁立板和墓壁间的空隙搭建。M86 为单石椁带边箱墓，边箱位于石椁西侧，与石椁等长，借用石椁西立板外加端板和东立板、底板构建而成。壁龛在石椁墓和土坑墓中均有所发现，多位于墓穴的端壁，少量位于墓穴的侧壁。有的壁龛用石板封门。平面多呈方形或长方形，平底，平顶或斜顶，剖面呈长方形或三角形。尺寸大小不一，面宽 0.4~1.4、进深 0.35~1.5、高 0.35~1 米。

葬具和人骨普遍保存不好，均朽蚀严重。从残存的灰痕判断，葬具多为木棺，已腐朽成灰。灰痕长 1.8~2.2、宽 0.5~0.7 米。墓主人的性别、年龄均无法辨识。依据骨架的朽痕判断，墓主人以仰身直肢为主，个别侧身直肢；头向以西向者最多，依次为东向者、北向，南向者数量最少。

画像石墓较少。画像石图案均刻在石椁墓的椁室立板内侧。画像雕刻技法基本上采用粗线条的阴线刻，先对石面略经简单修整，然后在石板四周刻划出方形或长方形边框，再在边框内雕刻各种纹饰。纹饰周围多填充细密的竖向或斜向平行刻线。主要纹饰有"十"字穿璧纹、绶带挂璧纹、常青树纹、三角纹和菱形纹等。常青树纹树体呈三角形，根部有卷云或豆瓣状纹饰。三角纹和菱形纹采用数组斜向平行刻线来表示，常以串联或并列的方式出现。

3. 随葬品

有陶、铜、铁、石、漆器等。陶器以陶容器为主，包括陶礼器和日用容器两类。铜器种类较少，有铜镜、环、铜钱等。铁器基本上为剑、刀、削等兵器。石器多为小饰件，如研子、蝉形琀、鼻塞、耳塞等。漆器较少，均已腐朽，可辨器类有盒。

土坑墓的随葬品较少，多随葬 1~3 件不等的陶罐或壶，少量墓中伴有铁剑、环首刀等铁兵器。石椁墓的陶质随葬品依据器物功能的不同分为两类：一类是以鼎、壶、

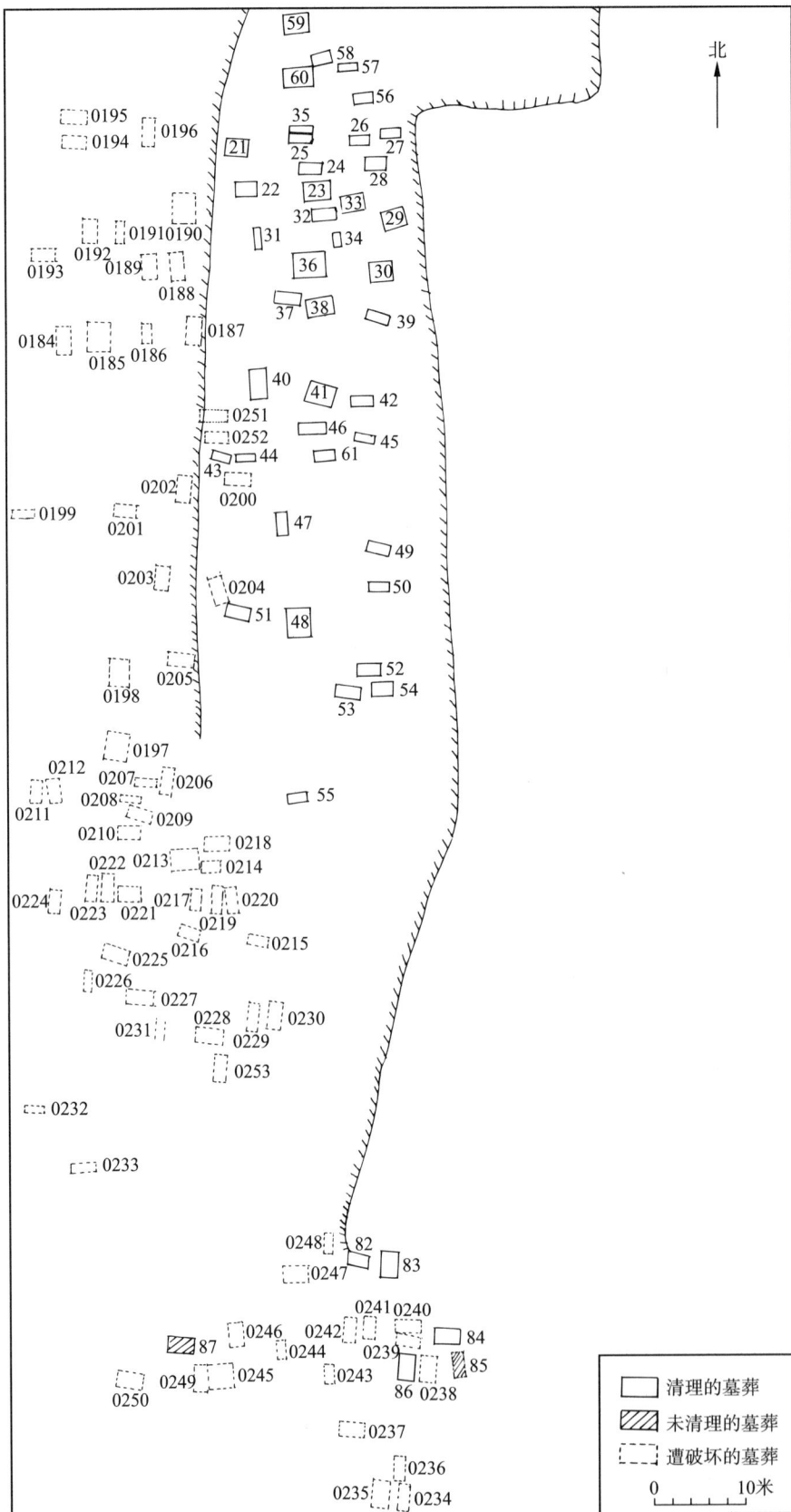

图二 C 顾庙墓地发掘Ⅲ区平面图

盒、匜、盘为基本组合的陶礼器，单椁带器物箱墓中出土数量最多；另一类为1～4件数量不等的陶罐或壶等生活日用容器，出土该类陶器的墓葬往往还随葬有剑、环首刀、削等铁兵器。陶容器多见于土坑墓的坑内棺外侧、二层台上或器物箱内，石椁墓的椁外侧、器物箱或壁龛内。铜镜以放在墓主头侧的居多，铜钱一般放置在墓主头侧、下腹部或手中。铁兵器多摆放在墓主身侧或身上。

（二）墓葬分类及典型墓例

清理的82座墓葬，依据形制的不同，分为土坑（或岩坑）墓、石椁墓和土坑竖穴带墓道墓三大类（附表）。

1. 土坑或岩坑墓

33座。

M17　位于Ⅰ区南部。岩坑墓。墓向357°。墓圹长2.7、宽1.7米，深1.1米。填土为红黏土夹杂粗砂粒构成的五花土。墓室东西两侧有岩石二层台。东台中部凿有边箱，平面呈梯形，宽0.52～0.76米。葬具为木棺，已朽。棺朽痕长2.2、宽0.88米。葬有1人，骨架朽重，头向北，面向上，仰身直肢。在边箱内随葬有陶鼎、盒、大型壶、小型壶、盘、三足罐各1件（图三）。

M46　位于Ⅲ区中部。土坑墓。墓向270°。墓圹长2.8、宽1.1米，深1.4米。填土为黄褐沙土夹杂碎沙石构成的五花土。南、北、西侧有生土二层台。葬具为木棺，已朽。棺朽痕长1.96、宽0.54米。葬有1人，骨架朽重，头向西，仰身直肢。在棺东侧放有陶大型罐、中型罐各1件；墓主口内蝉形石琀1件（图四；图版四五，1）。

M52　位于Ⅲ区中部。土坑墓。墓向272°。墓圹长2.6、宽1.2米，深1.6米。填土为黄褐沙土夹杂碎沙石构成的五花土。四周有生土二层台。壁龛在北壁偏西部，平面长方形，平顶、平底。壁龛宽0.55、进深0.35、高0.35米。葬具为木棺，已朽。葬有1人，骨架朽重，头向西。在壁龛内随葬有陶中型罐1件；墓主口内有蝉形石琀1件，鼻内有石鼻塞2件（图五）。

2. 石椁墓

47座。根据石椁的数量分为单石椁墓和双石椁墓两类。

（1）单石椁墓

27座。

1）石盖板墓

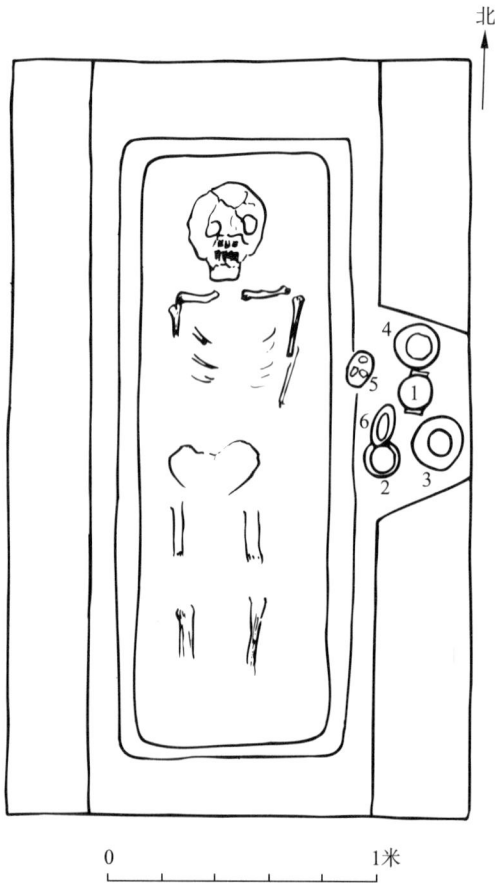

图三　汉墓 M17 平面图

1. 陶鼎　2. 陶小型壶　3. 陶大型壶　4. 陶盒
5. 陶三足罐　6. 陶盘

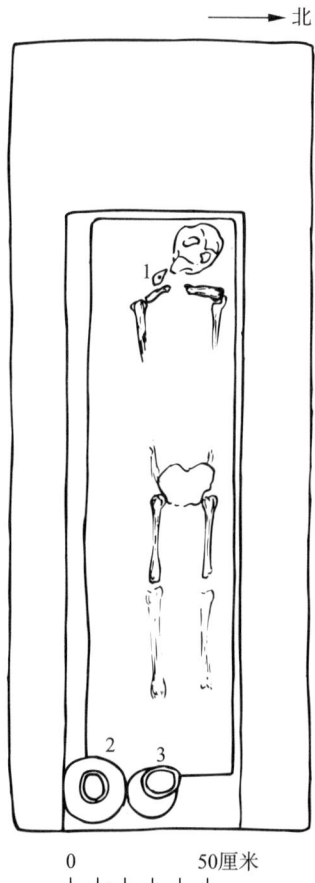

图四　汉墓 M46 平面图

1. 石琀（蝉形）　2. 陶大型罐
3. 陶中型罐

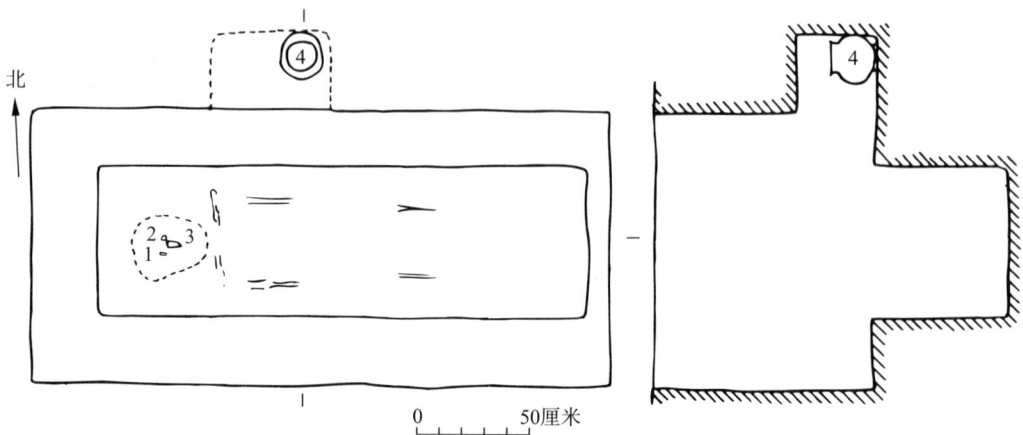

图五　汉墓 M52 平、剖面图

1、2. 石鼻塞　3. 蝉形石琀　4. 陶中型罐

7 座。

M32 位于Ⅲ区北部。墓向 265°。墓圹长 2.7、宽 1.3 米，深 1.2 米。填土为黄褐沙土夹杂碎沙石构成的五花土。墓室四周有岩石二层台，台上搁置石盖板。在墓室西壁有壁龛，平面近梯形。壁龛宽 0.54、进深 0.25、高 0.24 米。葬具为木棺，朽重。葬有 1 人，骨架腐朽，仅剩下肢骨，头向西，仰身直肢。在棺东北侧随葬有陶大型壶 2 件；在墓主左手处放有铁削 1 把、铜钱 1 枚，右手处有铁削 1 把（图六；图版四五，2）。

2）单石椁墓

12 座。

M9 位于Ⅱ区北部。墓向 190°。墓圹长 2.9、宽 0.96 米，深 1.7 米。填土为红黏土夹杂粗砂粒构成的五花土。石椁由 3 块底板、4 块立板、1 块盖板构成。椁长 2.75、

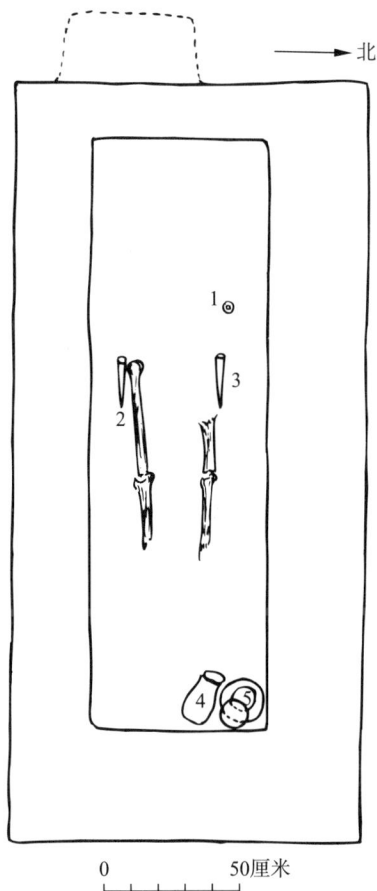

图六 汉墓 M32 平面图

1. 铜钱 2、3. 铁削 4、5. 陶大型壶

图七 汉墓 M9 平面图

1. 铜镜 2. 陶大型罐 3. 陶中型罐

4. 陶小型罐 5、6. 铁矛 7. 铁削

宽0.9、高0.95米。葬具为木棺,已朽。棺朽痕长2、宽约0.7米。葬有1人,骨架朽重,头向南,侧身直肢。随葬品共7件,在棺北侧放有陶大型罐、中型罐、小型罐各1件;在棺内放有铁矛2件、削1把;在墓主头侧有铜镜1面(图七)。

　　M10　位于Ⅱ区北部。墓向185°。墓圹长2.7、宽1.1米,深1.6米。填土为红黏土夹杂粗砂粒构成的五花土。石椁由6块完整石板构成。椁长2.4、宽0.9、高0.92米。葬具为木棺,朽重。葬有1人,骨架已朽,头向南,面向上,仰身直肢。在墓主脚端随葬有陶大型罐、中型罐、小型罐各1件;在墓主身侧放有铁环首刀、戟各1件,头侧摆放有铜镜1面,腹部放有铜钱145枚(图八;彩版一九,2)。

　　M37　位于Ⅲ区北部。墓向275°。墓圹长2.72、宽1.32米,深1.74米。填土为红黏土夹杂粗砂粒构成的五花土。四周有岩石二层台。石椁由3块盖板和4块立板构成,

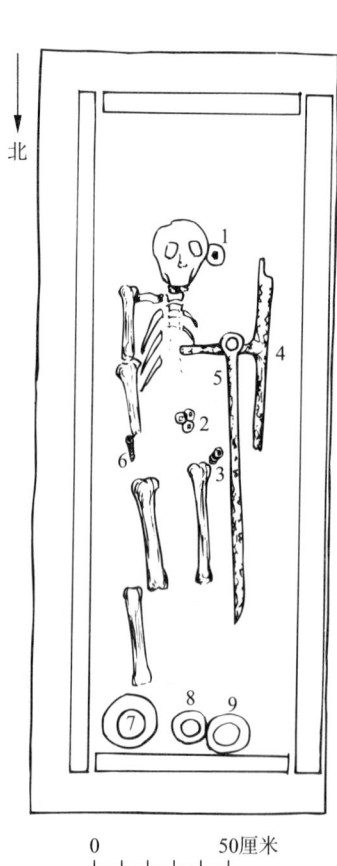

图八　汉墓M10平面图

1. 铜镜　2、3、6. 铜钱　4. 铁戟　5. 铁环首刀
7. 陶大型罐　8. 陶中型罐　9. 陶小型罐

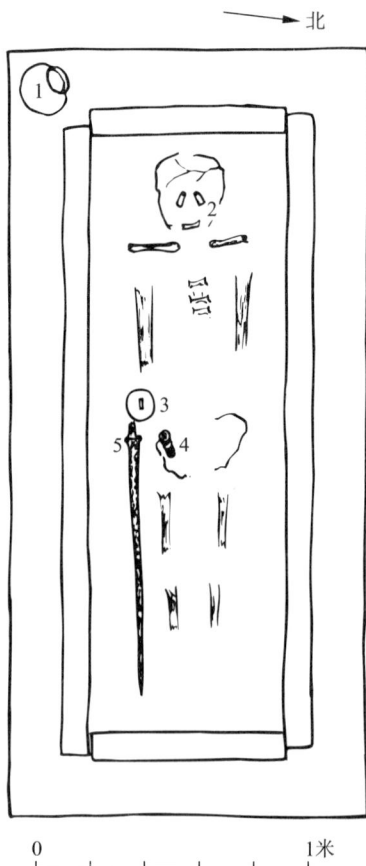

图九　汉墓M37平面图

1. 陶中型罐　2. 石鼻塞(2件)
3. 铜镜　4. 铜钱　5. 铁剑

无底板。椁长 2.32、宽 0.92、高 0.7 米。葬有 1 人，骨架朽重，头向西，仰身直肢。在墓室西南角随葬有陶中型罐 1 件；在墓主右臂处放有铁剑 1 柄，腹部有铜钱 20 枚，右手处摆放铜镜 1 面，鼻内有石鼻塞 2 件（图九）。

3）单石椁带壁龛墓

1 座。

M24 位于Ⅲ区北部。墓向 272°。墓圹长 2.52、宽 1.3 米，深 1.88 米。填土为红黏土夹杂粗砂粒构成的五花土。墓室两侧有岩石二层台。椁长 2.3、宽 0.76、高 0.78 米。壁龛在东壁，平面呈长方形。龛宽 0.6、进深 0.48、高 0.5 米。葬具为木棺，朽重。葬有 1 人，骨架已朽，头向西，仰身直肢。在壁龛内随葬有陶中型罐 1 件；在墓主人腹部放有铜钱 28 枚（图一○）。

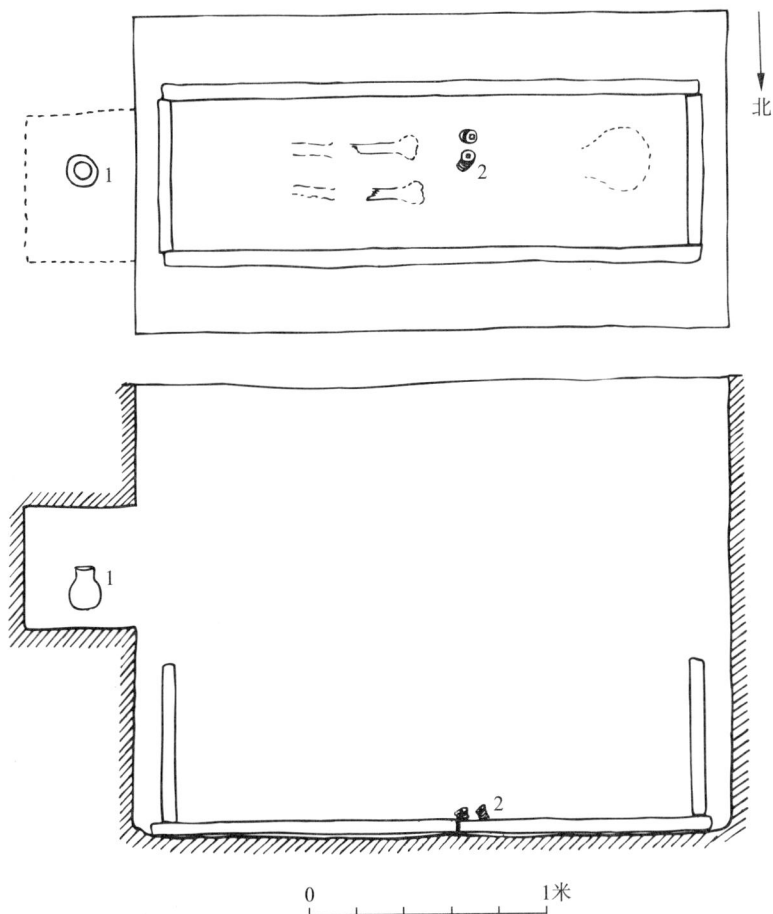

图一○　汉墓 M24 平、剖面图

1. 陶中型罐　2. 铜钱

4）单石椁带器物箱墓

7座。

M1　位于Ⅰ区北部。墓向85°。墓圹长2.55、宽1.25米，深2.15米。填土为红黏土夹杂粗砂粒构成的五花土。椁长2.3、宽0.85、高0.75米。椁室东端有头箱，由椁立板和坑壁构成。葬具为木棺，已朽。棺朽痕长1.95、宽0.55米。葬有1人，骨架朽重，头向东，面向右，仰身直肢。在头箱内随葬有陶大型壶2件，盒、小型罐各1件；在墓主头侧和下腹部放有铜钱5枚，身体右侧放有铁剑1柄（图一一）。

M65　位于Ⅱ区南部。墓向9°。墓圹长2.76、宽1.76米，深0.9米。填土为红黏土夹杂粗砂粒构成的五花土。四周有岩石二层台。椁长2.38、宽0.9、高1.12米。墓室西台中部有器物箱，宽约1米。葬具为木棺，已朽。葬有1人，骨架朽重，头向北，仰身直肢。在器物箱内随葬有陶鼎、大型壶、盒各2件，小型壶、盘各1件；在墓主

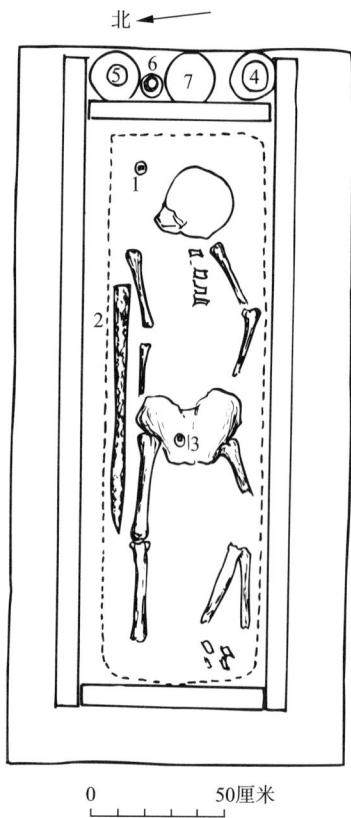

图一一　汉墓M1平面图

1、3. 铜钱　2. 铁剑　4、5. 陶大型壶

6. 陶小型罐　7. 陶盒

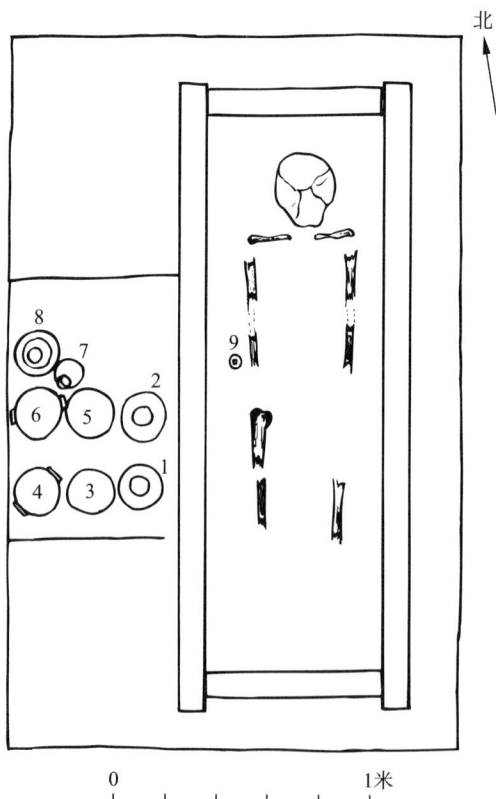

图一二　汉墓M65平面图

1、2. 陶大型壶　3、5. 陶盒　4、6. 陶鼎

7. 陶小型壶　8. 陶盘　9. 铜钱

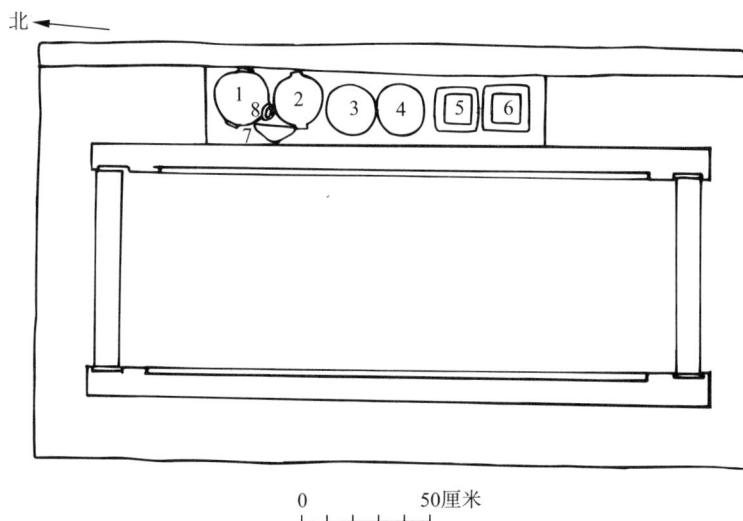

0   50厘米

图一三　汉墓 M73 平面图

1、2. 陶鼎　3、4. 陶盒　5、6. 陶钫　7. 陶盘　8. 陶小型壶

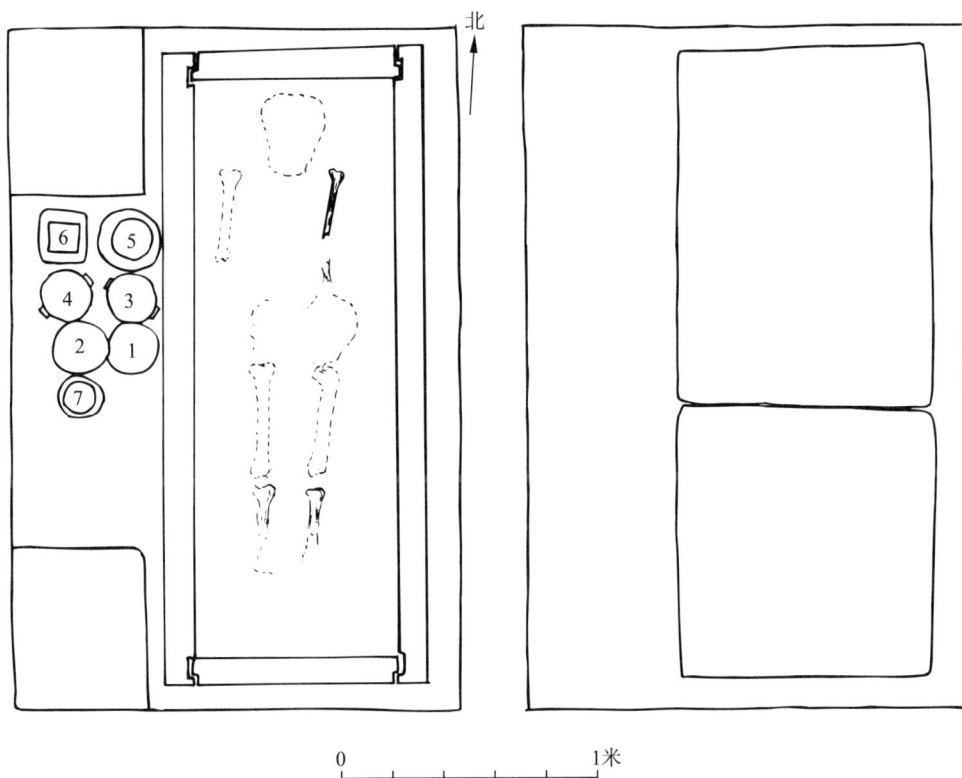

0   1米

图一四　汉墓 M83 平面图及石盖板平面图

1、2. 陶盒　3、4. 陶鼎　5. 陶大型壶　6. 陶钫　7. 陶盘

图一五　汉墓M59平、剖面图

1. 陶大型壶　2. 陶钵　3、4. 陶中型罐　5. 铜钱

右手处放有铜钱数枚，腐朽严重（图一二）。

M73　位于Ⅰ区北部。墓向12°。墓圹长2.8、宽1.6米，深2.6米。填土为红黏土夹杂灰岩粒的五花土。椁长2.4、宽0.98、高1.02米。椁室东侧有边箱。葬具为木棺，已朽。葬有1人，骨架朽重，头向北，仰身直肢。在边箱内随葬有陶鼎、钫、盒各2件，小型壶、盘各1件。北端板上刻有穿璧纹，南端板上刻有常青树纹（图一三）。

M83　位于Ⅲ区南部。墓向355°。墓圹长2.6、宽1.75米，深2.5米。填土为红黏土夹杂灰岩粒的五花土。椁长2.42、宽1.02、高1.04米。侧板上刻有"L"形凹槽，用来扣合盖板；侧板两端凿有竖向凹槽，用以嵌插端板。椁室西侧有生土二层台，在二层台中部凿有边箱。葬具为木棺，已朽。葬有1人，骨架朽重，头向北，面向上，仰身直肢。在器物箱内随葬有陶鼎、盒各2件，大型壶、钫、盘各1件（图一四）。

（2）双石椁墓

20座。

1）石盖板双室墓

2座。墓圹内有双室，双室间以高0.5米左右的岩台相隔，其中1个墓室内有石盖板。

M59　位于Ⅲ区北部。墓向265°。墓圹长2.8、宽1.9米，南坑深2.48、北坑深1.8米。填土为黄褐沙土夹杂碎沙石构成的五花土。两室间以高0.54

米的岩台相隔，墓室四周均有岩石二层台。葬具为木棺，均朽。北棺朽痕长2.1、宽0.5

米，南棺痕长 1.92、宽 0.58 米。双室各葬有 1 人，骨架均朽重，头向西。北室东北角随葬有陶中型罐 2 件，棺内放有铜钱 2 枚；南室东北角放置有陶大型壶、钵各 1 件（图一五）。

2）双椁双棺墓

9 座。

M4 位于 I 区北部。墓向 96°。墓圹口小底大，两侧壁略内收。口长 2.84、宽 2~2.1 米，底长 2.84、宽 2.26~2.46 米，深 3.05 米。填土为灰粗沙粒夹杂少量红黏土粒的五花土。南椁室底板压在北椁室底板之上。南椁长 2.5、宽 0.94、高 0.94 米，北椁长 2.48、宽 0.9、高 0.88 米。葬具均为木棺，已朽。棺朽痕尺寸相同，长 2.05、宽 0.65 米。双室各葬有 1 人，骨架已朽，头向东，仰身直肢，其中南室墓主面向右。两椁东北角随葬有陶中型罐 4 件；两墓主右手处放有铜钱 50 枚；南室墓主口内有蝉形石琀 1 件（图一六）。

M5 位于 I 区北部。墓向 195°。墓圹口小底大，口长 2.7、宽 1.6 米，底长 2.9、宽 2 米，深 2.54 米。填土为黄褐沙土夹杂碎沙石构成的五花土。双椁共用中间立板。两椁分别长 2.44、宽 0.94、高 0.84 米。葬具均为木棺，已朽。两室各葬有 1 人，

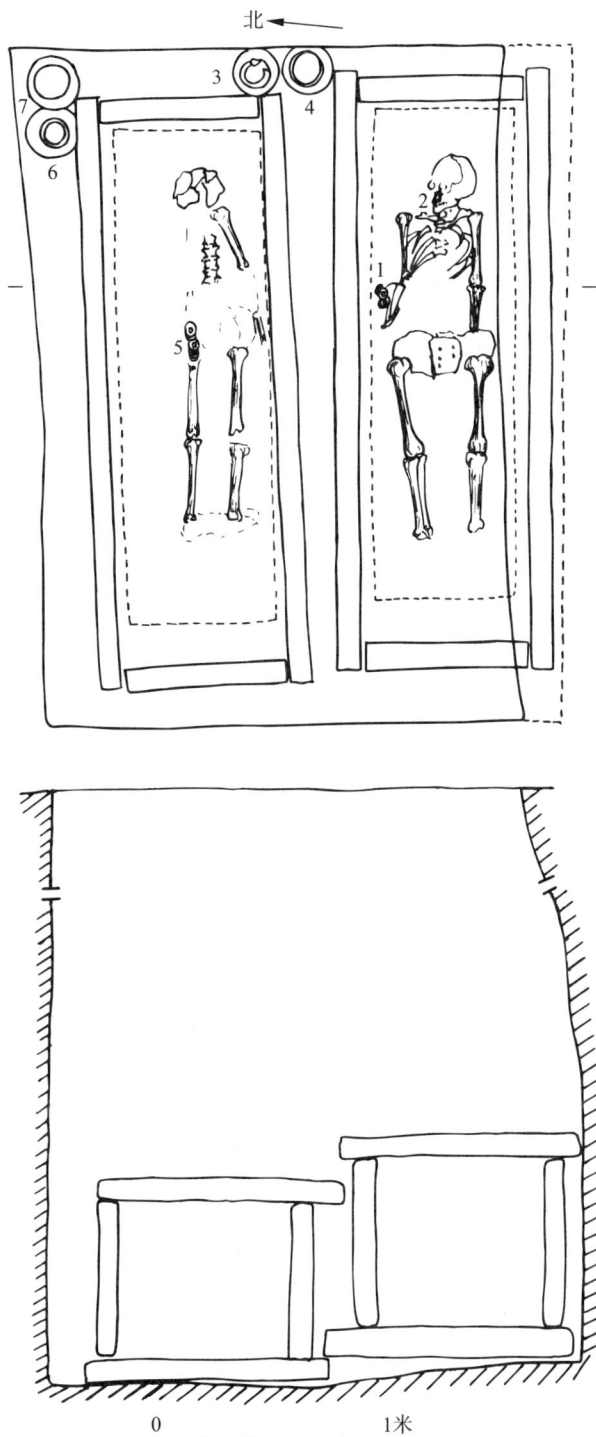

图一六　汉墓 M4 平、剖面图
1、5. 铜钱　2. 蝉形石琀　3、4、6、7. 陶中型罐

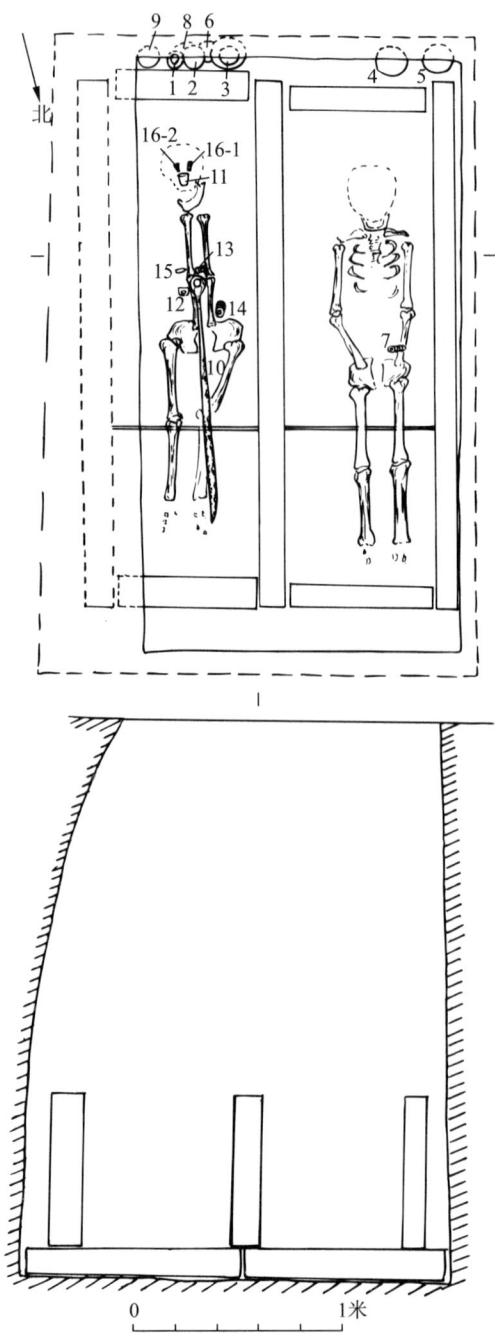

图一七　汉墓 M5 平、剖面图

1. 陶小型罐　2、3、5. 陶大型壶　4、6、8、9. 陶盒
7、14. 铜钱　10. 铁环首刀　11. 蝉形石琀　12. 石研子
13. 石黛板　15. 骨片　16-1、16-2. 石鼻塞

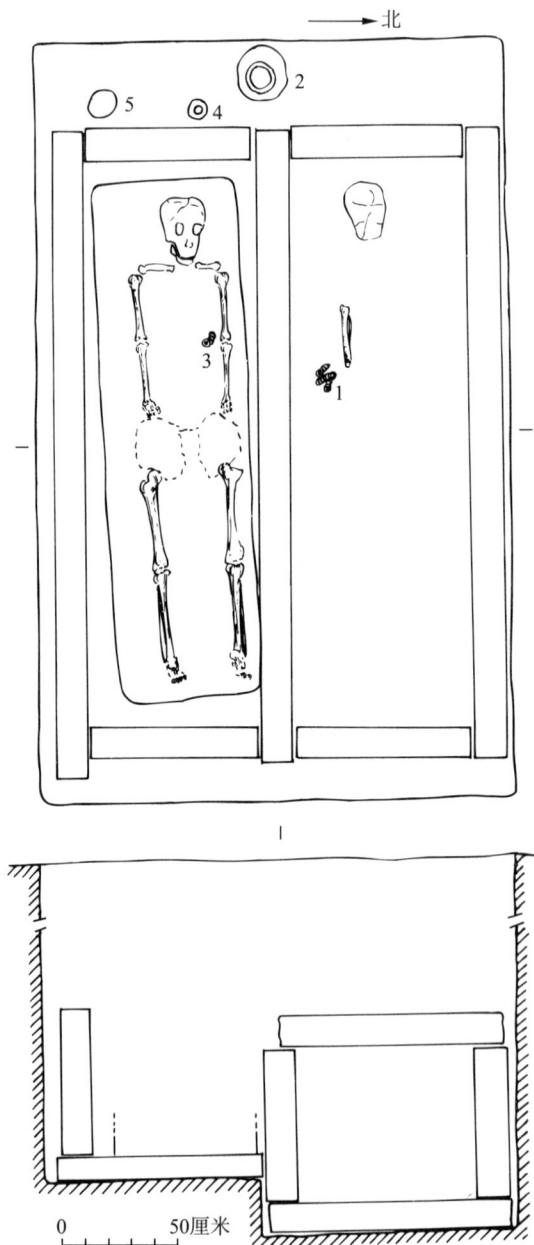

图一八　汉墓 M60 平、剖面图

1、3. 铜钱　2. 陶大型壶　4. 陶小型罐　5. 陶钵

头向南，面向上，仰身直肢。椁南侧随葬有陶大型壶3件、盒4件、小型罐1件；东椁墓主身上放有铁环首刀1把，胸部放有石黛板、石研子、骨片各1件；在两墓主人左手处放有铜钱30枚；另有石鼻塞2件、蝉形石玲1件（图一七）。

M60　位于Ⅲ区北部。墓向269°。墓圹长3.2、宽2.06米。两室底部不在一个平面上，其中北室深2.78、南室深2.54米。填土为黄褐沙土夹杂碎沙石构成的五花土。两石椁共用中间立板。北椁长2.66、宽1.06、高0.92米；南椁室长2.64、宽1.02、高0.74米。南椁葬具为木棺，已朽。棺痕长2.2、宽0.62米。两室各葬有1人，其中北室墓主骨架保存较差，南室墓主骨架保存略好。均头向西，仰身直肢，南室墓主面向上。在南椁西侧随葬有陶大型壶、钵、小型罐各1件；两墓主胳膊处放有铜钱80枚（图一八）。

M71　位于Ⅰ区北部。墓向95°。墓圹长2.95、宽2.6米，深2米。填土为粗砂岩

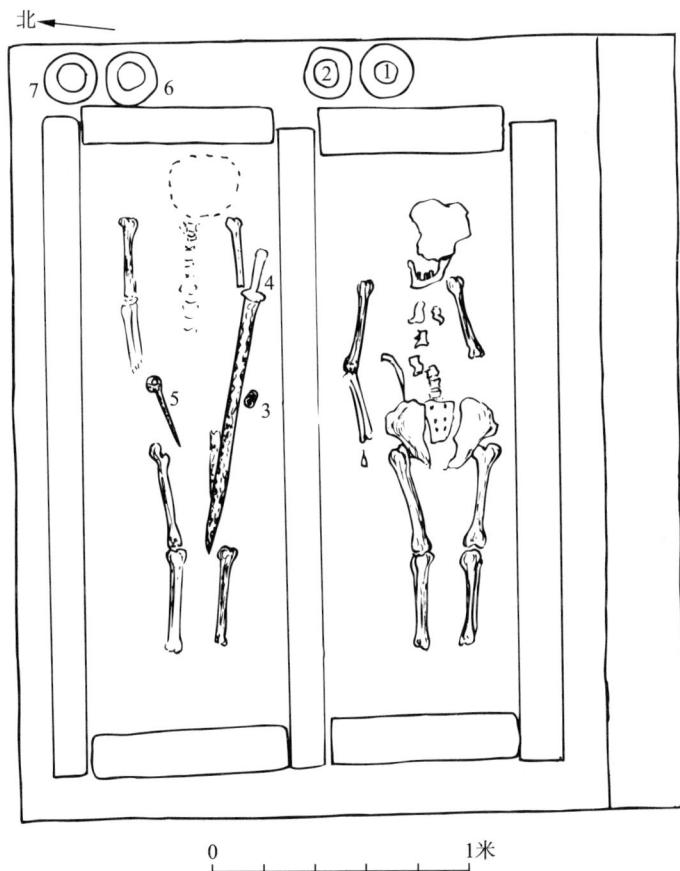

图一九　汉墓 M71 平面图

1、2、7. 陶中型罐　3. 铜钱　4. 铁剑　5. 铁削　6. 陶大型壶

粒夹杂红黏土构成的五花土。墓室南侧有岩石二层台。两石椁共用中间立板。北椁长 2.54、宽 1.06、高 0.96 米；南椁长 2.5、宽 1.06、高 0.96 米。葬具为木棺，均朽重。两室各葬有 1 人，骨架均朽，头向东，面向上，仰身直肢。东端板外侧随葬有陶大型壶 1 件、中型罐 3 件；北室墓主人左手处放有铜钱 21 枚；在北室墓主人左右侧有铁剑、削各 1 把（图一九）。

3）双椁双棺带壁龛墓

4 座①。

M33　位于Ⅲ区北部。墓向 260°。墓穴口小底大，口长 2.65、宽 1.7～1.76 米，底长 2.75、宽 1.83～1.89 米，深 2.26 米。填土为黄褐沙土夹杂碎沙石构成的五花土。两石椁共用盖板、底板和中间立板。南椁长 2.38、宽 1、高 0.92 米，北椁长 2.38、宽 0.96、高 0.92 米。壁龛在东壁，平面呈长方形，石板封门。龛宽 1.4、进深 0.6、高 0.52 米。葬具为木棺，已朽。两室各葬有 1 人，骨架腐朽严重，头向西。壁龛内随葬有陶大型罐、瓮各 1 件；南椁内有铁剑 1 柄（图二〇）。

M36　位于Ⅲ区北部。墓向 268°。墓圹长 3.6、宽 2.7 米。两墓室深度不一，南室深 3.96、北室深 4.16 米。填土为黄褐沙土夹杂碎沙石构成的五花土。两椁的侧板和端板呈榫卯式嵌合而成。均有两层盖板，内盖板较薄，嵌入立板的凹槽中。南椁长 2.46、宽 1.05、高 1.02 米，北椁长 2.6、宽 1.08、高 1.02 米。壁龛位于南壁，平面长方形，斜顶平底，石板封门。龛宽 1.4、进深 1.5、高 0.74 米。两室各葬有 1 人，骨架朽重，残存少量肢骨，头向西。在北椁南侧和壁龛内随葬有陶中型罐 3 件，小型罐 1 件；南椁内有铁剑 1 柄，铜钱 73 枚（图二一）。

M40　位于Ⅲ区中部。属于错边合葬墓。墓向 355°。西坑长 3、宽 1.9 米，深 3.56 米；东坑长 2.7、宽 1.7 米，深 3.76 米。墓圹内东半部填土为松软的黄褐沙土；西半部 0.2 米以上填土为松软的黄褐沙土，0.2 米以下填土为较硬的黄褐沙土夹杂碎沙石构成的夯土。两室间以岩台相隔。椁室四周均有岩石二层台。西椁长 2.4、宽 1.02、高 0.94 米，东椁长 2.3、宽 0.9、高 0.94 米。两室均有壁龛，平顶，平底。其中西室壁龛平面近梯形，龛宽 1.1、进深 1.1、高 1 米。东室壁龛平面长方形，龛宽 1.2、进深 0.8、高 1 米。西室有边箱，边箱长 0.9、宽 0.32 米。两室各葬有 1 人，东室墓主人骨架保存较差，西室墓主人骨架保存较好。均头向北，仰身直肢。东室龛内随葬有陶鼎、盒各 2 件及大型壶、钫各 1 件；边箱内有陶鼎、盒、大型壶、盘、匜、杯、小型罐各 1 件（图二二）。

4）双椁双棺带器物箱墓

① M40 既带壁龛，又带器物箱，归于此类墓型介绍，不再纳入双椁双棺带器物箱墓型统计范畴。

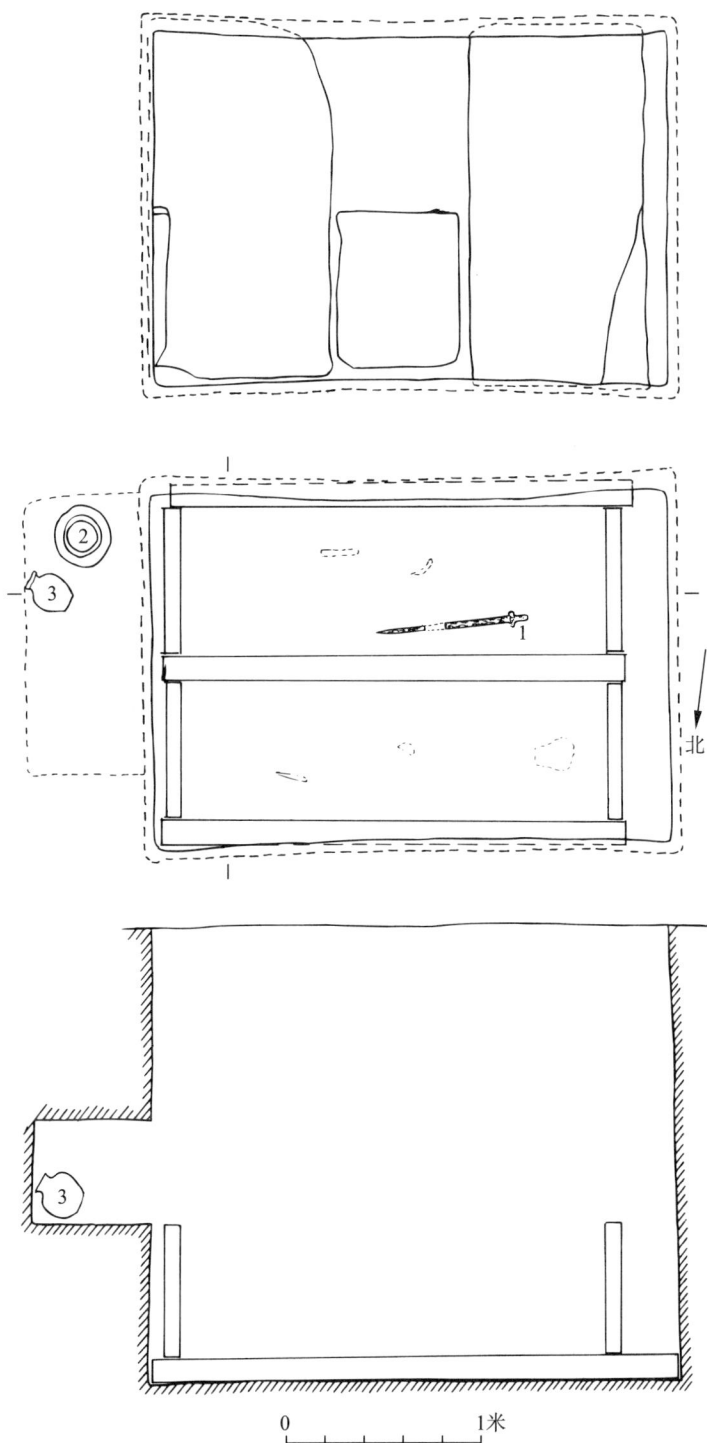

图二〇　汉墓 M33 平、剖面图及石盖板平面图

1. 铁剑　2. 陶瓮　3. 陶大型罐

北

图二一　汉墓 M36 平、剖面图及石盖板平面图

1、5. 铜钱　2、3、7. 陶中型罐　4. 铁剑　6. 陶小型罐

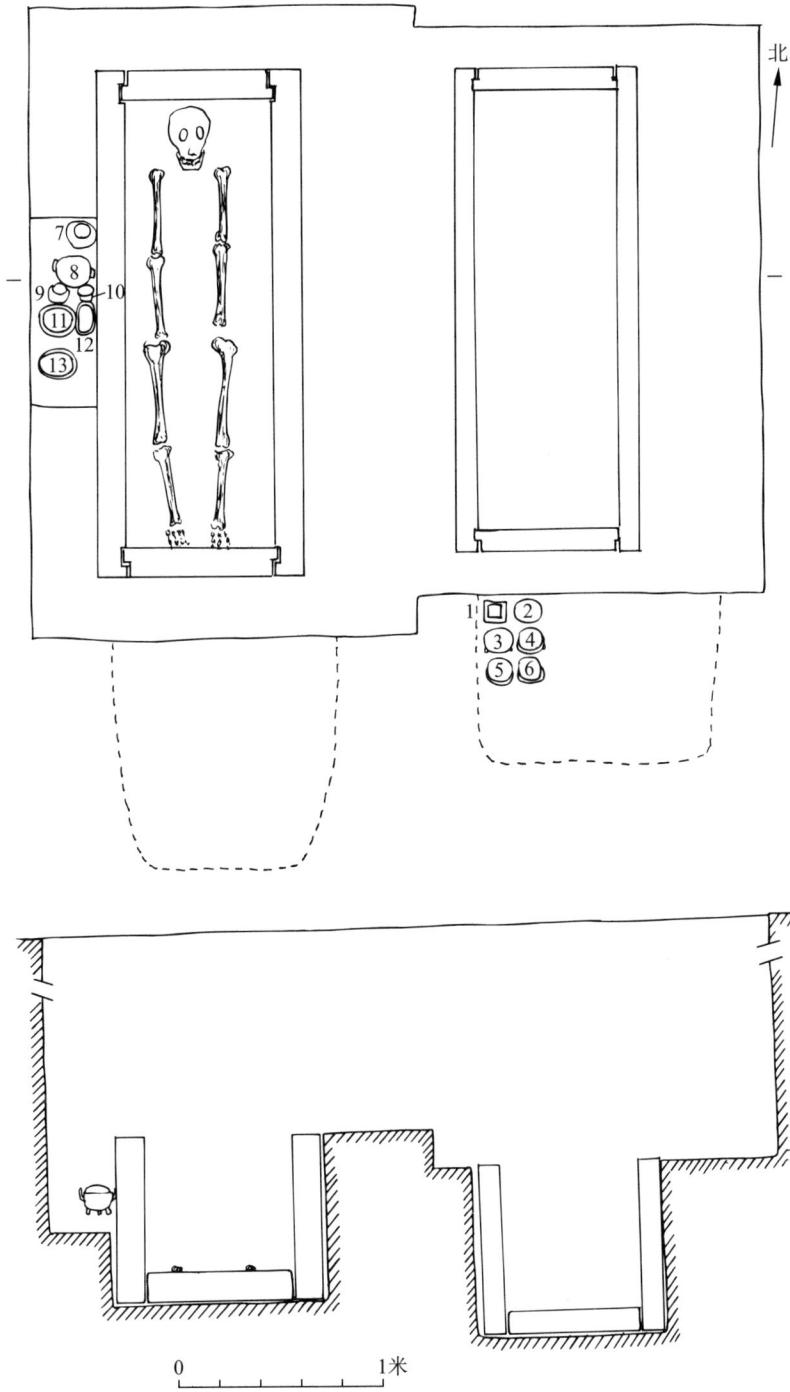

图二二　汉墓 M40 平、剖面图

1. 陶钫　2、7. 陶大型壶　3、4、8. 陶鼎　5、6、13. 陶盒　9. 陶小型罐　10. 陶杯　11. 陶盘　12. 陶匜

2 座。

M11　位于Ⅱ区北部。墓向 94°。墓圹长 2.9、宽 2 米，深 2 米。填土为沙土夹杂岩石颗粒和红黏土粒构成的五花土。两椁分别长 2.4、宽 0.96、高 0.98 米。椁室东侧有 2 个头箱，中间以立板相隔，并各有长条形石板盖。未见葬具。两室各葬有 1 人，骨架均朽重，头向东，仰身直肢。头箱内随葬有陶盒 4 件、大型壶 2 件、中型罐 2 件、小型罐 1 件；北椁室内有铁环首刀 1 把；两椁内有铜钱 22 枚（图二三）。

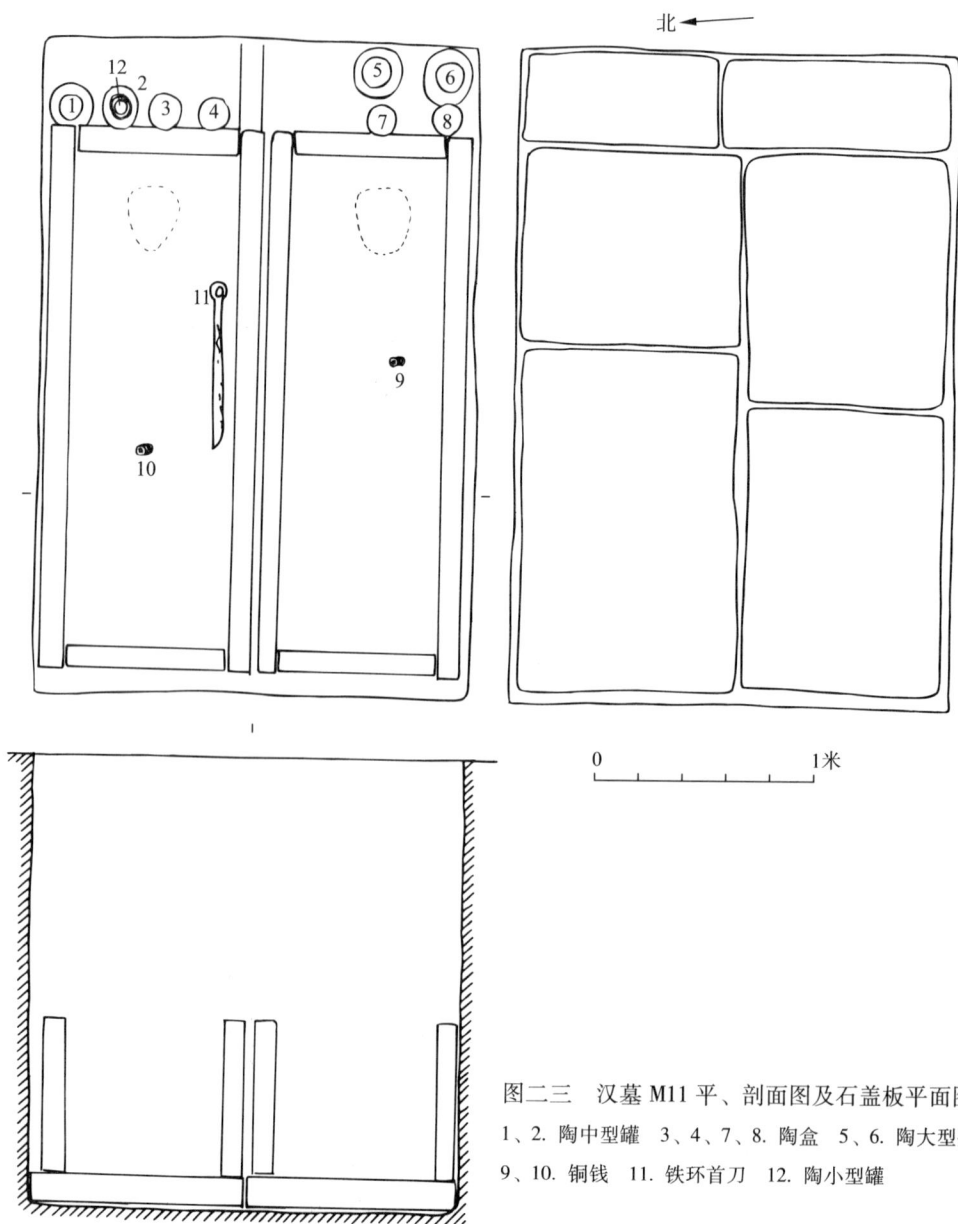

图二三　汉墓 M11 平、剖面图及石盖板平面图
1、2. 陶中型罐　3、4、7、8. 陶盒　5、6. 陶大型壶
9、10. 铜钱　11. 铁环首刀　12. 陶小型罐

M48 位于Ⅲ区中部。墓向358°。属于错边合葬墓。西坑长2.68～2.8、宽1.44～1.7米；东坑长2.6、宽1.46米。墓穴深1.7米。填土为沙土夹杂岩石颗粒和红黏土粒构成的五花土。两椁间隔有岩台。东椁室四周有岩石二层台，东台较宽，台中部挖有边箱。西椁长2.33、宽0.9、高0.84米；东椁长2.44、宽0.88、高0.84米。两室各葬有1人，骨架保存较差，头向北，仰身直肢。边箱内随葬有陶鼎、盒、大型壶、匜、杯、勺、小型罐各1件；西椁外侧放有陶鼎、盒、大型壶、匜、盘、杯、勺、小型罐各2件（图二四）。

5）岩室与石椁混合墓

3座。两墓室共用一长方形墓穴，其中一墓室为石椁，一墓室为岩室。两墓室在墓穴底部均有生土台或岩台相隔。

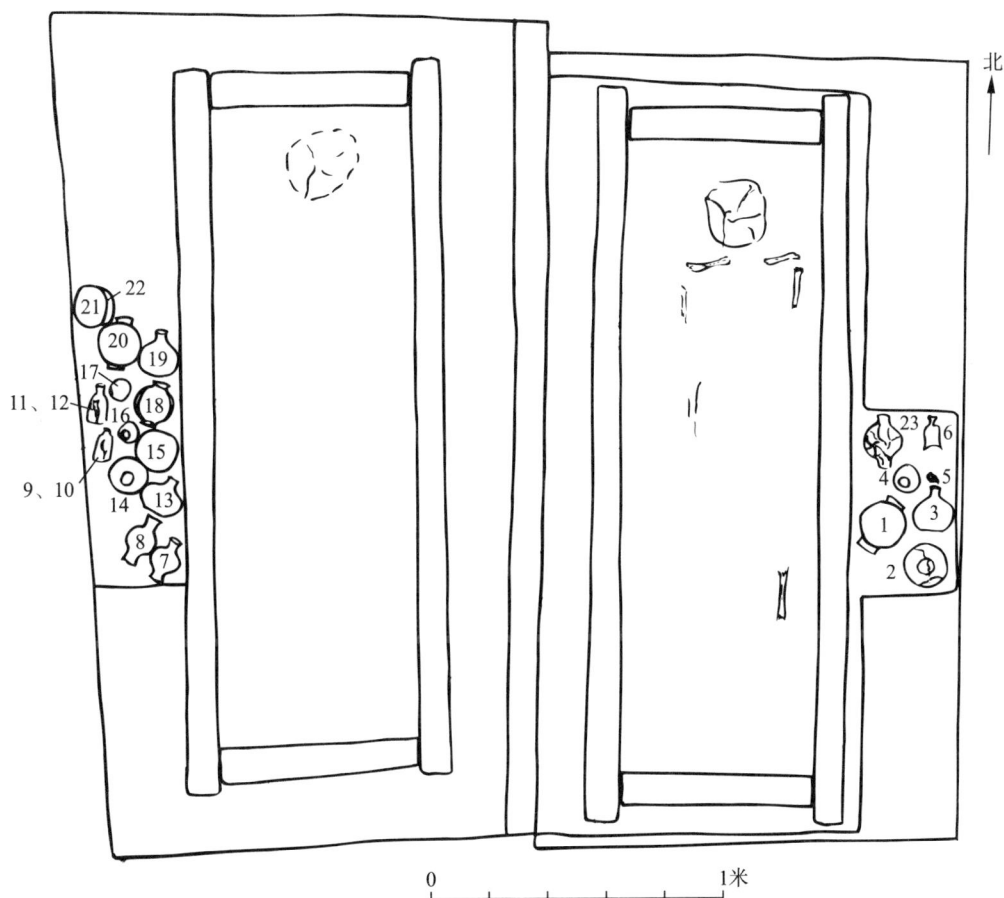

图二四 汉墓M48平面图

1、18、20. 陶鼎　2、14、15. 陶盒　3、13、19. 陶匜　4、16、17. 陶小型罐　5、10、12. 陶勺
6、9、11. 陶杯　7、8、23. 陶大型壶　21、22. 陶盘

　　M22　位于Ⅲ区北部。墓向270°。属于错边合葬墓。南坑长2.54、宽1.15米，深2.04米；北坑长2.58、宽1.35米，深1.6米。填土为红黏土夹杂粗砂粒构成的五花土。两室间的岩台宽0.24米。北椁长2.36、宽0.84、高0.64米；南室长1.9、宽0.6、深0.6米。未见葬具。两室各葬有1人，骨架均朽重，头向西，仰身直肢。在北椁东侧随葬有陶中型罐1件；北室墓主右手处放有铜钱9枚（图二五）。

　　M29　位于Ⅲ区北部。墓向255°。墓圹长2.84、宽2.16米，深1.8~1.9米。填土为黄褐沙土夹杂碎沙石构成的五花土。两室间的岩台宽0.2米。北椁长2.54、宽0.9、高1.06米；南室长2.26、宽0.7、深0.7米。葬具均为木棺，朽重。两室各葬有1人，

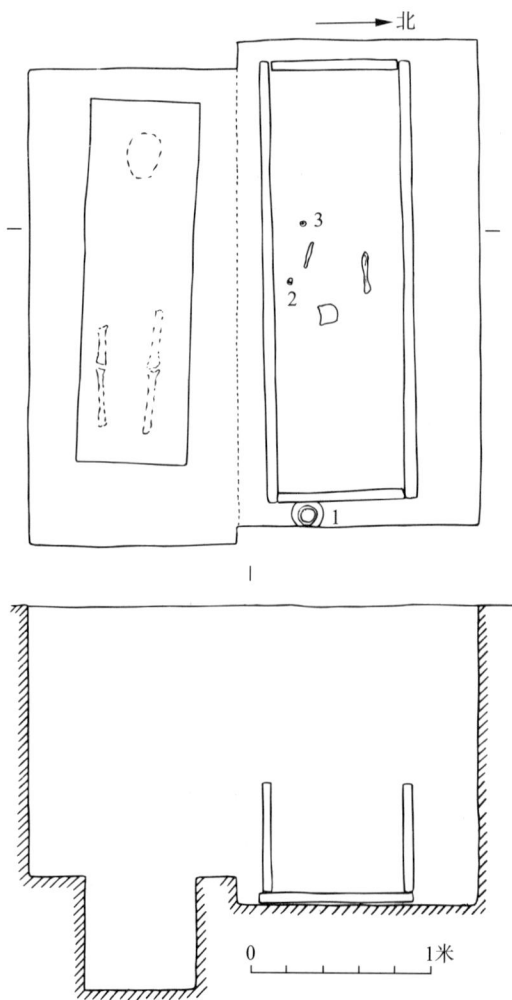

图二五　汉墓M22平、剖面图
1. 陶中型罐　2、3. 铜钱

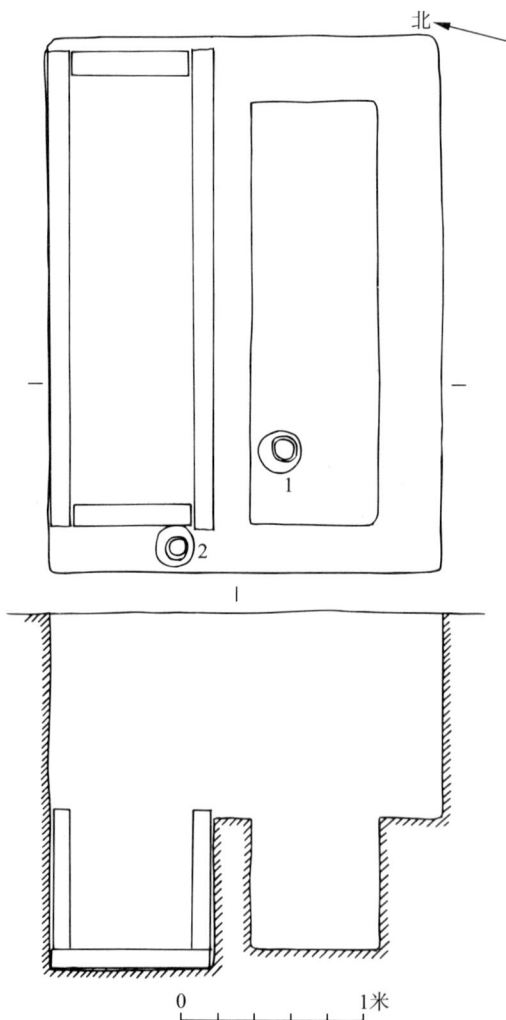

图二六　汉墓M29平、剖面图
1. 陶中型罐　2. 陶大型罐

骨架朽重，头向西，仰身直肢。在北室西侧台上和南室内随葬有陶大型罐、中型罐各1件（图二六）。

3. 土坑竖穴带墓道墓

2座。形制基本相同，长方形土坑竖穴带斜坡式墓道，葬具为木棺。

M7　位于Ⅱ区北部。墓向8°。斜坡式墓道，平面呈梯形，长2.4、宽0.95~1.4米。墓室长2.85、残宽1.4米，深1.8米。墓道和墓室间以长方形石板相隔。填土为灰粗砂土夹杂红黏土构成的花土。木棺2具，均朽。西棺长2.05、宽0.5~0.55米；东棺长1.96、残宽0.2~0.46米。葬有2人，仅残存下肢骨，头向南，仰身直肢。在两棺间随葬有陶大型罐1件；在墓室东北角放有漆盒1件；棺内西北角放有银环1件、铜镜1面；东棺内墓主左手处有铜钱1枚（图二七）。

（三）随葬品

清理的82座墓葬中，随葬品共241件（不含铜钱）。

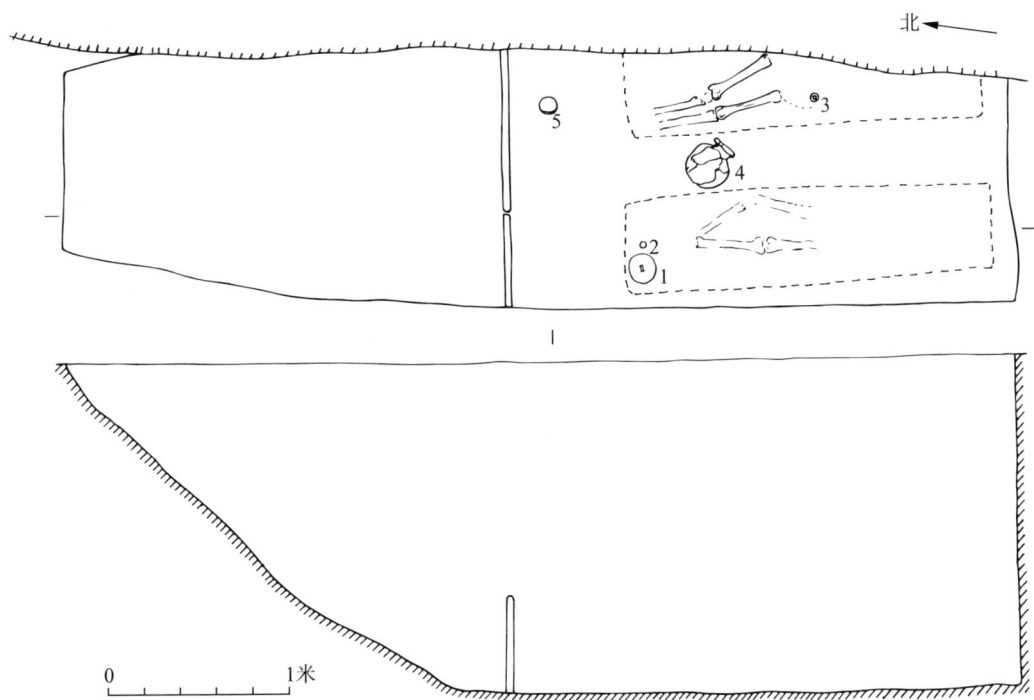

图二七　汉墓M7平、剖面图

1. 铜镜　2. 银环　3. 铜钱　4. 陶大型罐　5. 漆盒

1. 陶器

184 件。绝大部分为泥质陶，少量夹砂陶。陶色以灰陶为主，少许青灰陶、黑灰陶、红陶和褐陶。部分陶器由于烧制火候较低，陶质疏松，极易破碎。陶器大部分素面。纹饰主要有弦纹、绳纹等。绳纹见于大型罐和瓮的腹部、底面，有粗、细之分，拍印而成。陶器普遍采用快轮制陶工艺做成，大型壶、大型罐、中型罐等类陶器的腹壁往往留有拉坯时形成的瓦棱纹。匜、勺等小型陶器手制。部分陶器的附件如鼎耳、圈足等捏塑而成。鼎足则采用模制的方法做成，并运用刀具进行修整加工。在出土的陶礼器中，彩绘陶较少，主要见于壶、钫和盘等。彩绘色彩有白、黑等色，彩绘纹样有卷云纹、彩带纹、三角纹、圆点纹等。主要器形有鼎、盒、壶、钫、匜、盘、钵、杯、勺、罐、瓮等。

鼎　14 件（标本 M48:20 未复原，不参与分型）。泥质陶。子母口，对称长方形附耳，三蹄形足。根据腹壁的不同，分三型。

A 型　9 件。覆钵式盖，敛口，弧腹，圜底或平底。耳外侧面一道竖向凹槽。素面。根据口沿、鼎耳、足的不同，分为三式。

Ⅰ式　2 件。沿面平整，高子沿，耳外撇，足跟有凸棱。标本 M73:1，黑皮陶。形体较大。盖为方唇，沿面一周凹槽。圜底。口径 14.4、通高 16.4 厘米（图二八，4）。标本 M73:2，灰陶。盖顶近平，斜方唇。近平底。口径 16、通高 13.2 厘米（图二八，1；图版四六，1）。

Ⅱ式　5 件。沿面内凹，子沿略高，耳微外撇，大圜底，足跟凸棱不明显。标本M83:2，灰陶。盖顶近平，方唇。三蹄形足略外撇。口径 15.2、通高 13.2 厘米（图二八，2）。

Ⅲ式　2 件。红陶。盖顶近平。沿面一周深凹槽，耳较小，圜底，蹄形足不规整，足跟无凸棱。标本 M40:3，小耳孔略透。口径 13.6、通高 13.6 厘米（图二八，3；图版四六，2）。

B 型　3 件。小子沿。耳较矮小，耳孔未透，外侧面一道竖向凹槽。斜壁转折弧内收，大圜底。根据口沿和足部的不同，分为二式。

Ⅰ式　2 件。陶质疏松。盖为方唇。宽平沿，足跟有凸棱。标本 M48:1，盖为灰陶，鼎体为褐陶。覆钵式盖。素面。口径 12、通高 12.8 厘米（图二八，5；图版四六，3）。标本 M48:18，盖为褐陶，鼎体为红陶。敦式盖。盖面有两周凹弦纹。口径 12.8、通高 15.8 厘米（图二八，6；图版四六，4）。

Ⅱ式　1 件（标本 M40:8）。灰陶。覆钵式盖，方唇。宽沿面内高外低。足跟凸棱不明显。体表有朱绘纹饰，脱落严重。口径 10.4、通高 13.2 厘米（图二八，7；图版四六，5）。

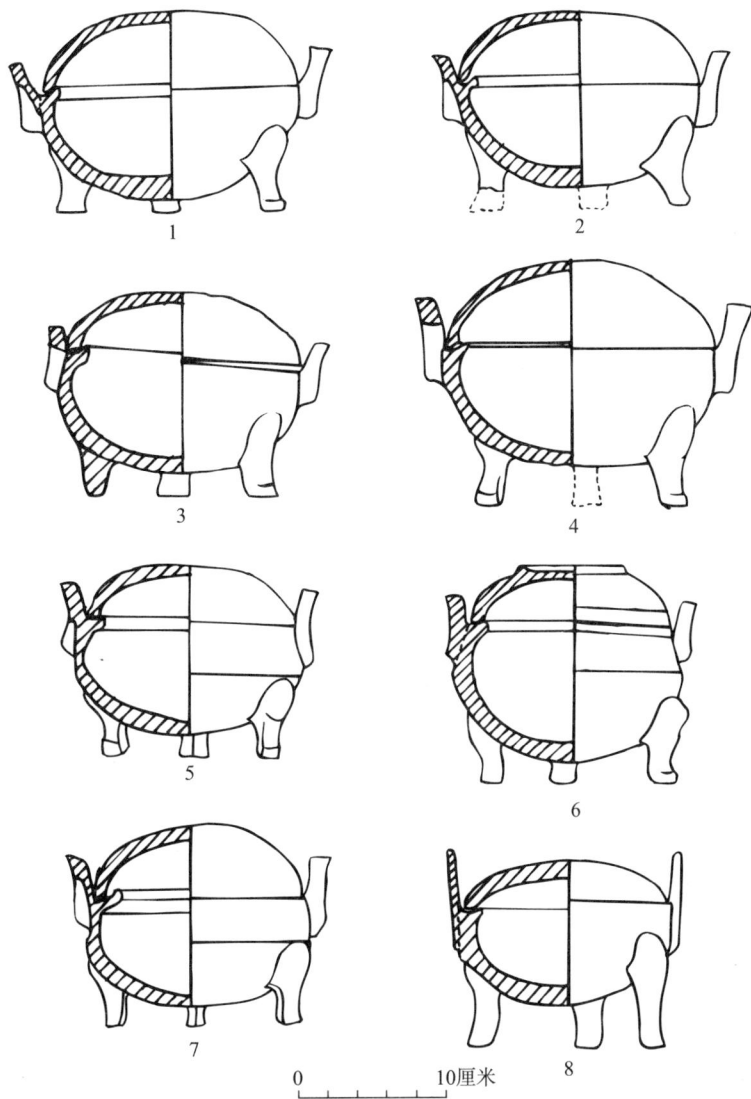

图二八　汉墓出土陶鼎

1、4. A 型 I 式（M73:2、M73:1）　　2. A 型 II 式（M83:2）　　3. A 型 III 式（M40:3）

5、6. B 型 I 式（M48:1、M48:18）　　7. B 型 II 式（M40:8）　　8. C 型（M17:1）

C 型　1 件（标本 M17:1）。青灰陶。覆钵式盖，方唇。沿面略凹，子沿较小，直立长方形附耳，直壁，大圜底，足较高，足跟凸棱不明显。口径 12.4、通高 12.4 厘米（图二八，8；图版四六，6）。

盒　29 件。绝大部分为泥质陶，少量夹砂陶。陶色以灰陶为主，个别为黑灰、青灰或褐陶。根据口沿、腹壁和底部的不同，分为五型。

A 型　16 件。泥质陶。子母口，弧腹，平底或假圈足。根据盒盖和腹壁的不同，分为三亚型。

Aa 型　12 件。覆钵式盖。素面。根据盖和口沿的不同，分为四式。

Ⅰ 式　2 件。灰陶。盖顶近平。宽平沿面，高子沿，最大腹径偏上，平底。标本 M73:4，口径 15.6、通高 12.8 厘米（图二九，1；图版四七，1）。

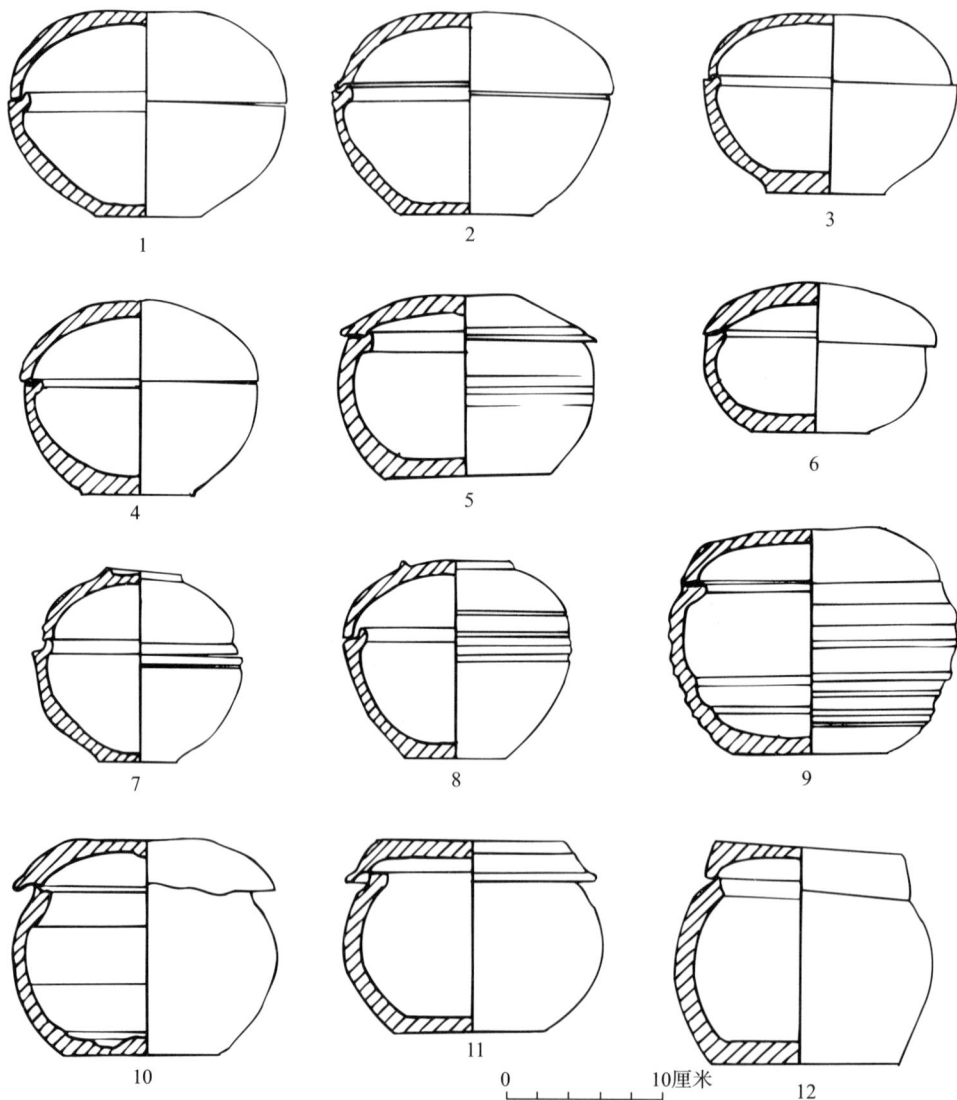

图二九　汉墓出土陶盒

1. Aa 型 Ⅰ 式（M73:4）　　2、3. Aa 型 Ⅱ 式（M65:3、M83:3）　　4. Aa 型 Ⅲ 式（M40:6）

5. Aa 型 Ⅳ 式（M5:6）　　6. Ac 型（M17:4）　　7. Ab 型 Ⅰ 式（M48:14）　　8. Ab 型 Ⅱ 式（M40:13）

9. B 型 Ⅰ 式（M28:9）　　10、11. B 型 Ⅱ 式（M6:2、M49:3）　　12. B 型 Ⅲ 式（M11:4）

Ⅱ式 5件。盖顶近平，沿面一周凹槽。口沿面内凹，子沿较高，最大腹径偏上。标本 M65:3，红陶。平底。口径 16、通高 12.4 厘米（图二九，2）。标本 M83:3，灰陶。假圈足。口径 15.2、通高 11.6 厘米（图二九，3；图版四七，2）。

Ⅲ式 3件。盖顶隆起。口沿面内凹，子沿略高，最大腹径偏上。标本 M40:6，红陶。假圈足。口径 13.6、通高 12.2 厘米（图二九，4）。

Ⅳ式 2件。泥质灰陶。弧壁平顶盖，内侧一周凸棱。口沿面平整，矮小子沿，最大腹径居中，大平底。腹壁有数周瓦棱纹。标本 M5:6，口径 12.4、通高 11.2 厘米（图二九，5；图版四七，3）。

Ab型 3件。灰陶。敦式盖，口沿面较宽，高子沿，小平底。根据口沿的不同，分为二式。

Ⅰ式 2件。沿面平整。标本 M48:14，盖和腹壁各饰一周凹弦纹。口径 12.4、通高 12.4 厘米（图二九，7；图版四七，4）。

Ⅱ式 1件（标本 M40:13）。盖顶微隆起。沿面内高外低。盖面饰有两周凹弦纹，腹上部饰以一周凹弦纹。口径 12.4、通高 12.6 厘米（图二九，8；图版四七，5）。

Ac型 1件（标本 M17:4）。青灰陶。覆钵式盖，圆唇。窄平沿面，矮子沿，扁鼓腹，平底。腹壁有浅瓦棱纹并残留少量朱、白彩绘。口径 12.8、通高 9.6 厘米（图二九，6；图版四七，6）。

B型 7件。敛口，平底。根据盖、口沿、腹壁和底部的不同，分为三式。

Ⅰ式 3件。泥质灰陶。弧壁平顶盖。平沿，窄肩，鼓腹弧内收，最大腹径居上。腹壁有数周瓦棱纹。标本 M28:9，口径 14、通高 14 厘米（图二九，9；图版四八，1）。

Ⅱ式 2件。泥质陶。弧壁平顶盖。方唇，平沿，窄肩，圆鼓腹，最大腹径居中。素面。标本 M6:2，青灰陶。沿面一周凹槽。口径 14.4、通高 13.6 厘米（图二九，10；图版四八，2）。标本 M49:3，褐陶。口径 12.8、通高 12 厘米（图二九，11）。

Ⅲ式 2件。夹砂灰陶，胎体厚重。斜壁平顶盖。沿面内倾，方唇，圆鼓腹，最大腹径居中，大平底。素面。标本 M11:4，口径 12、通高 14 厘米（图二九，12；图版四八，3）。

C型 3件。泥质陶。微敛口，方唇，平沿，深弧腹，最大腹径偏上，平底。腹壁有瓦棱纹。标本 M63:1，黑灰陶。弧顶盖。口径 16.8、通高 14 厘米（图三〇，1；图版四八，4）。标本 M11:7，青灰陶。弧顶盖，沿面一周凹槽。口径 16、通高 13.6 厘米（图三〇，2）。

D型 2件。泥质陶。器壁轻薄，弧壁平顶盖，盖缘内外各有一周凹槽。直口，方唇，窄平沿，直壁弧内收，平底。标本 M5:8，灰陶。素面。口径 17.6、通高 12.4 厘米（图三〇，3；图版四八，5）。标本 M1:7，灰黑陶。腹壁有数周瓦棱纹。口径 19.6、

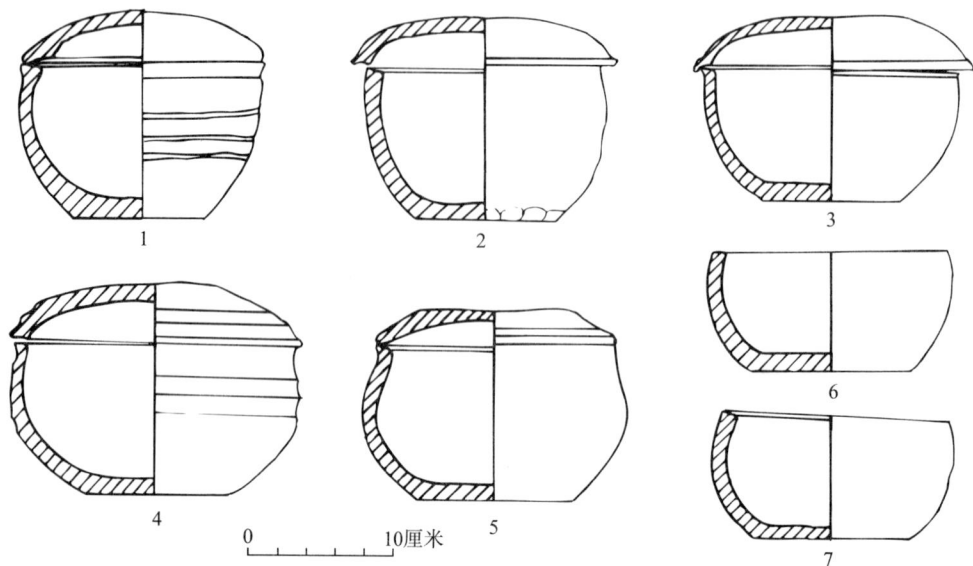

图三〇　汉墓出土陶盒、钵

1、2. C 型盒（M63:1、M11:7）　　3、4. D 型盒（M5:8、M1:7）

5. E 型盒（M5:4）　　6、7. 钵（M59:2、M60:5）

通高 14 厘米（图三〇，4）。

E 型　1 件（标本 M5:4）。泥质灰陶。斜壁平顶盖，沿缘一周凹槽。敛口，斜方唇，垂腹，平底。素面。口径 16.8、通高 12.8 厘米（图三〇，5；图版四八，6）。

壶　39 件。根据个体大小的不同，分为大型壶和小型壶两类。

大型壶　36 件（标本 M48:23 未复原，不参与分型）。根据有无圈足，可以分为三型。另无法归入上述三型的，统称其他型。

A 型　7 件。泥质陶。弧顶盖。侈口，平沿，高束颈，弧肩，高圈足。根据口沿、颈部和腹壁的不同，分为三式。

Ⅰ式　1 件（标本 M17:3）。灰陶。盖内有一周凸棱。口、颈部残，圆鼓腹缓内收，圈足略矮。通体施以白粉地，颈部朱绘彩带一周，脱落严重。腹径 16.4、残高约 22 厘米（图三一，1）。

Ⅱ式　4 件。褐陶。盖内有一周凸棱。方唇，颈肩交接处有转折棱。鼓腹，圈足较高。标本 M65:2，口径 11.2、腹径 18.8、通高 28.8 厘米（图三一，2；图版四九，1）。

Ⅲ式　2 件。灰陶。颈肩交接处转折棱明晰，钝鼓腹，高圈足。标本 M83:5，弧顶盖。腹壁有瓦棱纹。口径 10.4、腹径 18.4、通高 27.6 厘米（图三一，3；图版四九，2）。

B 型　3 件。泥质陶。弧顶盖。侈口，平沿，高束颈，斜肩，扁鼓腹，颈肩交接处一周转折棱，假圈足。饰有彩绘纹饰，脱落严重。标本 M40:7，灰陶。盖内一周凸棱。

腹部两对称模印铺首。盖面残存朱色彩绘，壶通体施以白彩。腹部饰以三周凹弦纹。口径10.8、腹径18、通高26.4厘米（图三一，4；图版四九，3）。标本M48:7，红陶。盖内一周凸棱。盖面饰以黑彩，壶体饰以白彩。口径9.2、腹径17.2、通高26厘米（图三一，5）。标本M48:8，红陶。腹部模印对称铺首，并饰以两周凹弦纹。通体饰黑彩。口径9.6、腹径16.8、通高26.4厘米（图三一，6；图版四九，4）。

　　C型　21件。大部分有盖，盖形态各异，有弧顶盖、斜壁平顶盖、弧壁平顶盖等。平底，底有大小之分。素面。根据颈部和腹壁的不同，分为四亚型。

　　Ca型　9件。泥质陶。方唇，溜肩，颈肩交接处无转折棱。根据口沿、颈、肩和底的不同，分为四式。

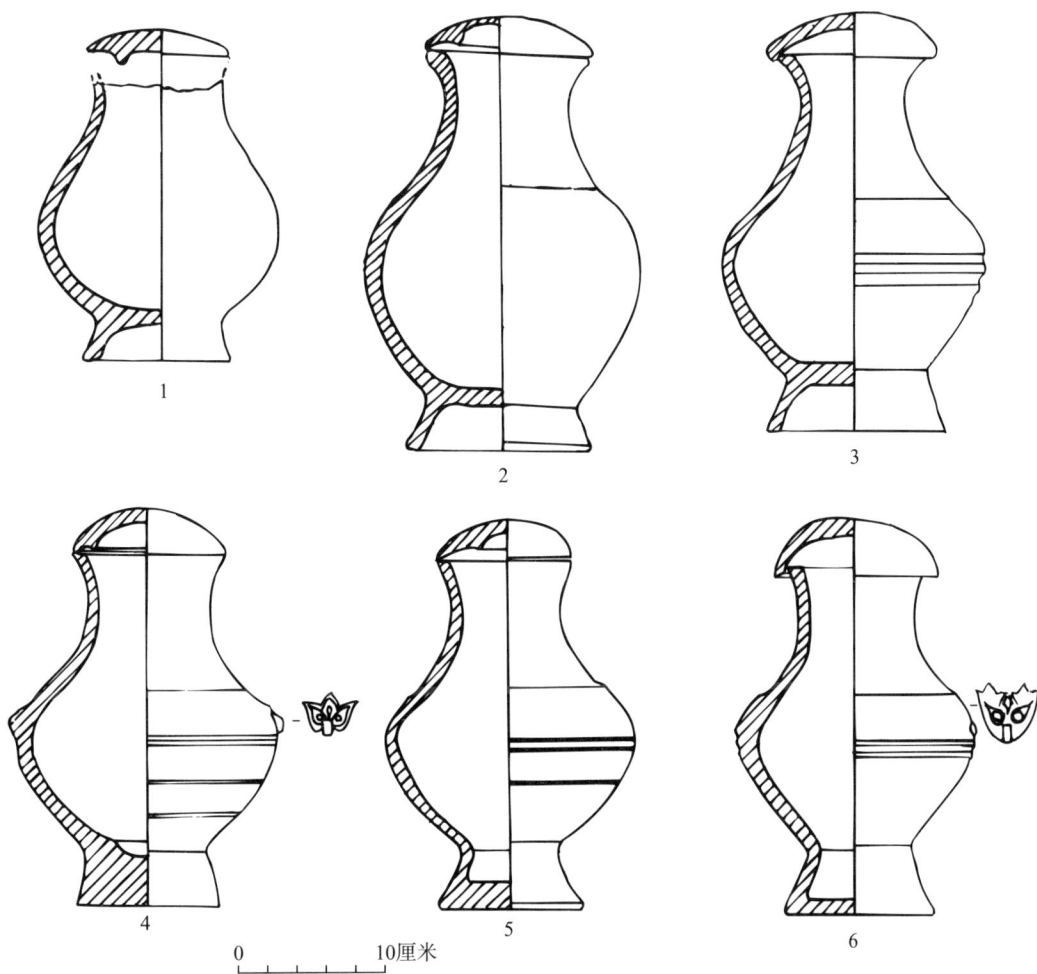

图三一　汉墓出土陶大型壶

1. A型Ⅰ式（M17:3）　　2. A型Ⅱ式（M65:2）　　3. A型Ⅲ式（M83:5）　　4～6. B型（M40:7、M48:7、M48:8）

Ⅰ式　4件。灰陶。直口，平沿，直颈，鼓腹，平底。标本 M1:5，弧顶盖，沿面一周矮凸棱。口径9.6、腹径18.4、通高21.6厘米（图三二，1）。标本 M32:5，弧壁平顶盖，圆唇。口径10.8、腹径16.8、通高20.8厘米（图三二，2；图版五〇，1）。

图三二　汉墓出土 C 型陶大型壶

1、2. Ca 型Ⅰ式（M1:5、M32:5）　3、9. Ca 型Ⅱ式（M11:5、M11:6）　4. Ca 型Ⅲ式（M5:5）

5. Ca 型Ⅳ式（M71:6）　6. Cb 型Ⅰ式（M54:2）　7、8. Cb 型Ⅱ式（M28:1、M5:2）

Ⅱ式 2件。灰陶。直口微侈，平沿，沿面一周凸棱，略束颈，鼓腹，平底。标本 M11:5，弧顶盖。口径 10.4、腹径 17.2、通高 22.8 厘米（图三二，3）。标本 M11:6，直壁平顶盖。口径 11.6、腹径 16.8、通高 21.8 厘米（图三二，9；图版五〇，2）。

Ⅲ式 2件。灰陶。侈口，坡沿，束颈，鼓腹，大平底。标本 M5:5，斜壁平顶盖，方唇。腹壁有瓦棱纹。口径 12、腹径 19.2、通高 20.8 厘米（图三二，4；图版五〇，3）。

Ⅳ式 1件（标本 M71:6）。青灰陶。胎体厚重。平顶圆台形盖。侈口，平沿，沿面有凹槽，弧腹缓内收，大平底。腹壁有瓦棱纹。口径 11.6、腹径 18.8、通高 26.2 厘米（图三二，5；图版五〇，4）。

Cb 型 8件。灰陶。方唇，溜肩，颈肩交接处有转折棱。根据口沿、腹壁的不同，分为三式。

Ⅰ式 3件。夹砂陶。直口，平沿，直颈，鼓腹，平底。标本 M54:2，唇缘外突。口径 10.8、腹径 17.2、高 17.2 厘米（图三二，6；图版五〇，5）。

Ⅱ式 4件。泥质陶。侈口，平沿，沿面一周凸棱，高颈外敞，鼓腹斜内收，平底。标本 M28:1，弧壁平顶盖。口径 10.4、腹径 17.4、通高 21.6 厘米（图三二，7；图版五〇，6）。标本 M5:2，平顶盖。肩腹部有瓦棱纹。口径 12、腹径 16.4、通高 20 厘米（图三二，8）。

Ⅲ式 1件（标本 M66:1）。泥质陶。侈口，坡沿，高颈外敞，鼓腹缓内收，大平底。口径 10.8、腹径 19.6、高 18.8 厘米（图三三，1；图版五一，1）。

Cc 型 2件。泥质灰陶。侈口，方唇，坡沿，长颈外撇，鼓肩，长圆鼓腹，平底。腹部有瓦棱纹。素面。标本 M49:1，口径 10.8、腹径 18.8、高 23.2 厘米（图三三，4；图版五一，2）。

Cd 型 2件。泥质灰陶。直口，圆唇，坡沿，高颈，弧肩，圆鼓腹，大平底。素面。标本 M38:2，盖缘上翘，弧顶。口径 9.6、腹径 16.8、通高 18 厘米（图三三，2；图版五一，3）。

其他型 4件。标本 M6:1，泥质灰褐陶。斜壁平顶盖，内有一周凸棱。侈口，圆唇，卷沿，高颈，圆肩，鼓腹，平底。素面。口径 11.6、腹径 17.2、通高 20 厘米（图三三，3；图版五一，4）。标本 M25:1，泥质灰陶。侈口，束颈，斜方唇，坡沿，弧肩，鼓腹内收，最大腹径偏上，平底。素面。口径 12、腹径 19.2、高 20 厘米（图三三，7；图版五二，1）。标本 M60:2，泥质褐陶。弧壁平顶盖，圆唇。直口，坡沿，直颈，溜肩，深弧腹，平底。腹壁有瓦棱纹。口径 12.4、腹径 16.4、通高 20.4 厘米（图三三，8；图版五二，2）。

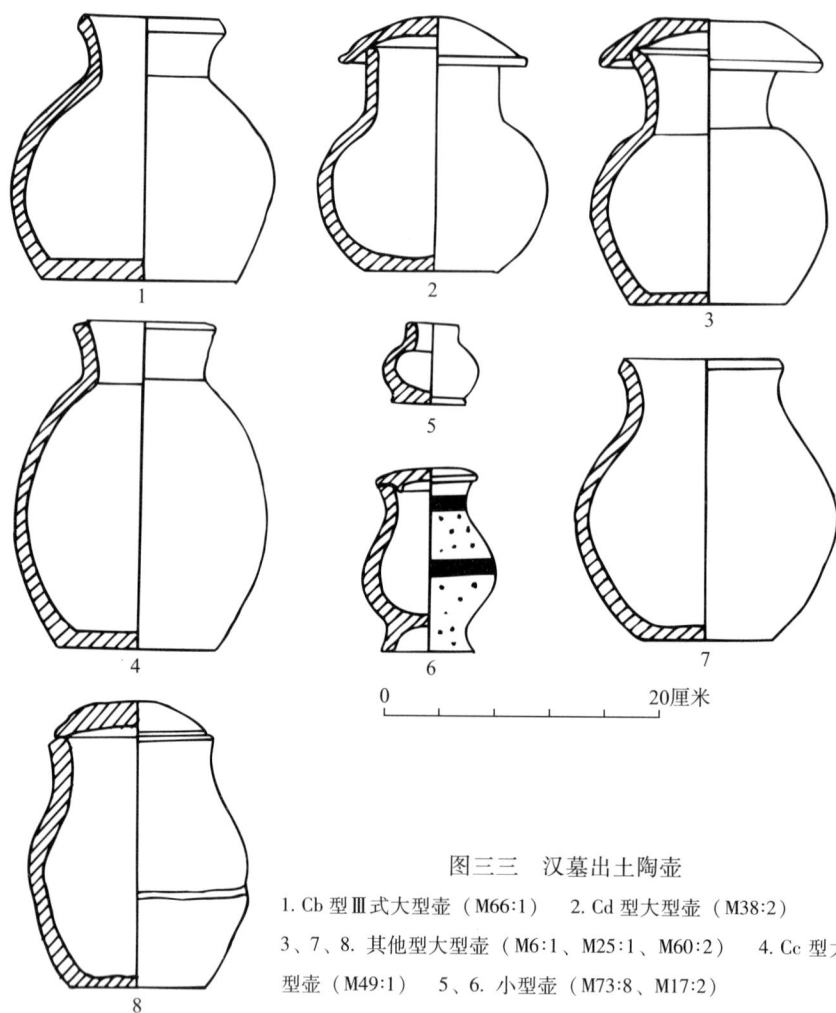

图三三　汉墓出土陶壶

1. Cb 型 Ⅲ 式大型壶（M66:1）　2. Cd 型大型壶（M38:2）

3、7、8. 其他型大型壶（M6:1、M25:1、M60:2）　4. Cc 型大

型壶（M49:1）　5、6. 小型壶（M73:8、M17:2）

　　小型壶　3 件。泥质灰陶。直口，溜肩，鼓腹。标本 M17:2，弧顶盖，内有一周凸
棱。直口微侈，方唇，高束颈，高圈足。通体涂白粉地，颈、腹部墨绘彩带纹和圆点
纹。口径 6.8、腹径 9.6、通高 13.2 厘米（图三三，6；图版五三，1）。标本 M73:8，
圆唇，直颈，假圈足。口径 4、腹径 6.8、高 5.6 厘米（图三三，5）。

　　钫　8 件。泥质灰陶。覆斗形盖，斜壁，小平顶。方形侈口，方唇，平沿，沿外侧
有转折棱，高束颈，斜肩，鼓腹，最大腹径居中，方形高圈足。根据盖的不同，分为
两式。

　　Ⅰ式　2 件。覆斗形盖，内有凸棱。素面。标本 M73:6，口径 11.2、腹径 17.6、通
高 34.8 厘米（图三四，1；图版五二，3）。

　　Ⅱ式　6 件。覆斗形盖，宽平沿。标本 M67:1，颈、腹部用白、黑彩绘倒三角纹、

卷云纹等，脱落严重。口径10.8、腹径17.2、通高34.4厘米（图三四，2；图版五二，4）。标本M74:2，颈部饰黑彩带纹一周，腹部饰黑彩卷云纹、圆点纹等。口径10.4、腹径17.2、通高34.8厘米（图三四，3）。

匜　4件。泥质红陶。形体较小。短流，敞口，方唇，平沿，弧壁，小平底。素面。腹壁留有整形时产生的切割痕。内壁有两周凹弦纹。根据平面形状分为两型。

A型　2件。平面近椭圆形，后端壁略外弧。标本M40:12，口径11.6、通长11、高4.2厘米（图三五，1；图版五三，3）。

B型　2件。平面近圆角方形，后端壁微内倾。标本M48:13，口径12、通长12.6、高3.6厘米（图三五，2；图版五三，4）。

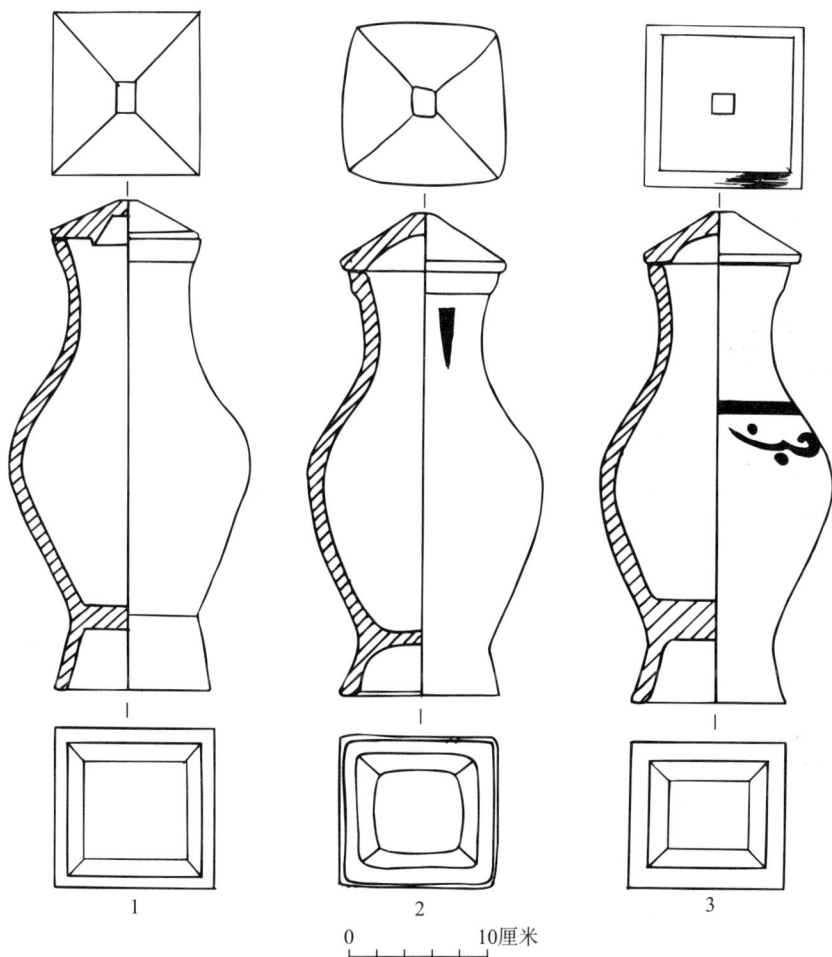

图三四　汉墓出土陶钫

1. Ⅰ式（M73:6）　2、3. Ⅱ式（M67:1、M74:2）

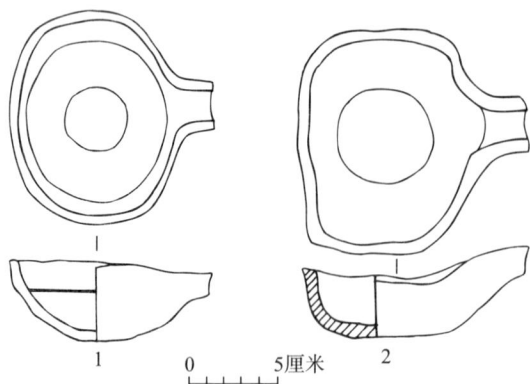

图三五　汉墓出土陶匜

1. A 型（M40:12）　　2. B 型（M48:13）

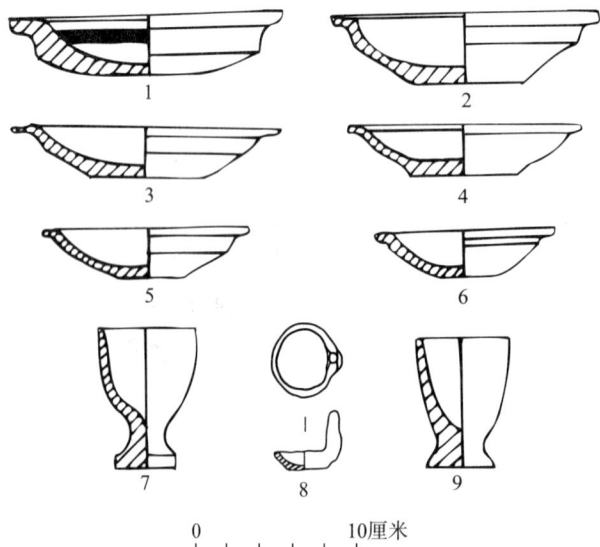

图三六　汉墓出土陶器

1. I 式盘（M17:6）　　2. II 式盘（M73:7）　　3、4. III 式盘
（M65:8、M83:7）　　5、6. IV 式盘（M40:11、M48:22）
7、9. 杯（M40:10、M48:9）　　8. 勺（M48:5）

盘　7 件。泥质陶。敞口，平折沿，小平底。根据盘体大小、腹壁的不同，分为四式。

I 式　1 件（标本 M17:6）。灰陶。盘体较大，宽沿，方唇，直壁转折斜内收。内壁朱绘一周彩带纹。口径 16.8、高 2.8厘米（图三六，1；图版五三，5）。

II 式　1 件（标本 M73:7）。黑灰陶。方唇，沿面一周凹槽，斜壁折收。素面。口径 16.4、高 4 厘米（图三六，2；图版五三，6）。

III 式　2 件。盘体较小，斜腹弧内收。素面。标本 M65:8，红陶。圆唇。口径 16.6、高2.6 厘米（图三六，3；图版五三，7）。标本 M83:7，灰陶。方唇。口径 14.6、高 2.8 厘米（图三六，4）。

IV 式　3 件。小盘体，方唇，弧壁，腹壁内侧一周凹弦纹。标本 M40:11，红陶。口径12.8、高 3 厘米（图三六，5；图版五三，8）。标本 M48:22，褐陶。口径 11.2、高 2.8 厘米（图三六，6）。

钵　2 件。泥质青灰陶。方唇，浅弧腹，最大腹径居中。标本 M60:5，口径 15.6、高 8.4 厘米（图三〇，7）。标本 M59:2，口径 16.4、高 8 厘米（图三〇，6）。

杯　4 件。泥质红陶。敞口，圆唇，深腹，斜直壁，矮柄，假圈足。素面。标本 M40:10，口径 5.8、高 8 厘米（图三六，7）。标本 M48:9，口径 5.8、高 7.6 厘米（图三六，9；图版五三，2）。

勺 3件。泥质红陶。敞口，圆唇，斜壁，平底。圆锥形把手。素面。捏塑而成。标本M48:5，口径3.2、高3.6厘米（图三六，8）。

罐 72件。根据器形的大小分为大型罐、中型罐、小型罐三类。

大型罐 9件（标本M3:7、M27:1残，不参与分型）。泥质陶。形体较大，鼓腹，平底。高22~28厘米。大部分罐的腹壁和底面饰有绳纹。根据口沿、肩和颈部的不同，分为两型。

A型 4件。盘口，矮颈，圆肩。根据口沿和腹壁的不同分为三式。

Ⅰ式 1件（标本M33:3）。褐陶。圆唇，口沿剖面呈弧边三角形，小平底。肩和腹上部饰以斜向细绳纹，腹下部饰以横向中绳纹，底面饰以交错中绳纹。口径14、高26厘米（图三七，1；图版五四，1）。

Ⅱ式 2件。方唇，盘口较高，沿较厚，内壁略凹，剖面近长方形。腹下部饰以交错中绳纹。标本M29:2，红陶。沿外侧饰有两周凹弦纹。口径15.2、高28厘米（图三七，2；图版五四，2）。

Ⅲ式 1件（标本M13:4）。灰陶。大盘口，方唇，颈较高，圆鼓腹，底面略凹。腹上部饰以斜向细绳纹，腹下部饰以横向细绳纹。口径17.6、高26.4厘米（图三七，3；图版五四，3）。

B型 3件。泥质灰陶。侈口，卷沿，斜方唇。束颈，弧肩，最大腹径偏上。根据口沿、腹壁和底部的不同，分为两式。

Ⅰ式 2件。斜卷沿，底略内凹，腹下部饰以横向中绳纹，底面饰以交错中绳纹。标本M7:4，唇缘外突。口径14.4、高24.8厘米（图三七，4；图版五四，4）。标本M10:7，唇面一周凹弦纹。口径14.8、高22.8厘米（图三七，5）。

Ⅱ式 1件（标本M9:2）。平卷沿，唇缘外突，大平底。素面。口径16、高22.8厘米（图三七，6；图版五五，1）。

中型罐 49件（标本M19:2、M64:2、M78:1残，不参与分型）。以泥质陶为主，个别为夹砂陶。陶色多为灰陶，少量灰黑陶、灰皮陶、红陶和红褐陶。侈口，束颈，平底。部分罐腹壁有瓦棱纹。根据口沿的不同分为两型，不能归入上述两型的统称其他型。

A型 18件。卷沿，束颈。根据口、颈、肩和腹部的不同，分为四亚型。

Aa型 11件。泥质陶。圆肩，鼓腹弧内收，最大腹径居中，平底。分为三式。

Ⅰ式 4件。窄卷沿，沿面略凹，薄方唇。素面。标本M30:5，红陶。口径12.4、高18.8厘米（图三八，1；图版五五，3）。标本M69:2，灰陶。口径13.6、高17.2厘米（图三八，2）。

Ⅱ式 3件。宽卷沿，厚方唇。素面。标本M41:4，褐陶。口径12.4、高19.2厘

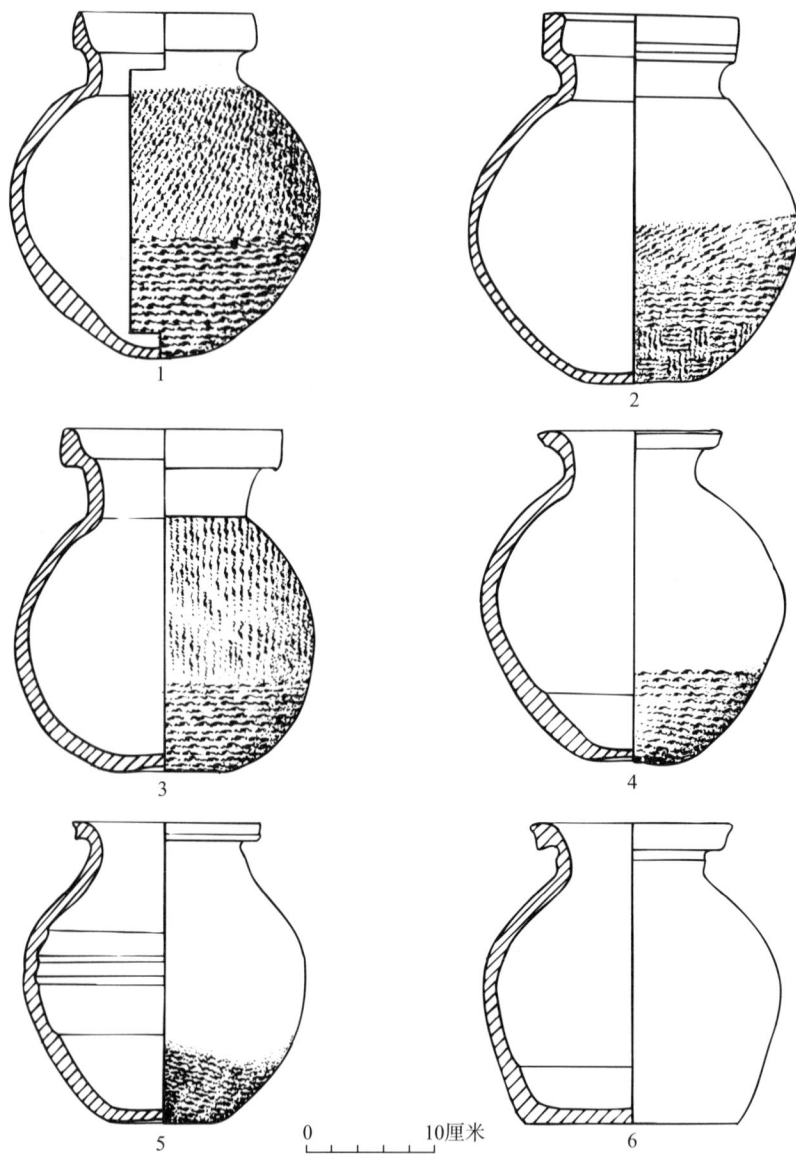

图三七　汉墓出土陶大型罐

1. A 型 I 式（M33:3）　　2. A 型 II 式（M29:2）　　3. A 型 III 式（M13:4）

4、5. B 型 I 式（M7:4，M10:7）　　6. B 型 II 式（M9:2）

米（图三八，3；图版五五，4）。标本 M36:7，灰陶。口径 14.2、高 18.4 厘米（图三八，4）。

　　III式　4件。宽卷沿，厚方唇，唇面一周凹弦纹。标本 M38:5，黑灰陶。口径 12、高 15.6 厘米（图三八，5）。标本 M71:1，灰陶。口径 10.8、高 14.8 厘米（图三八，

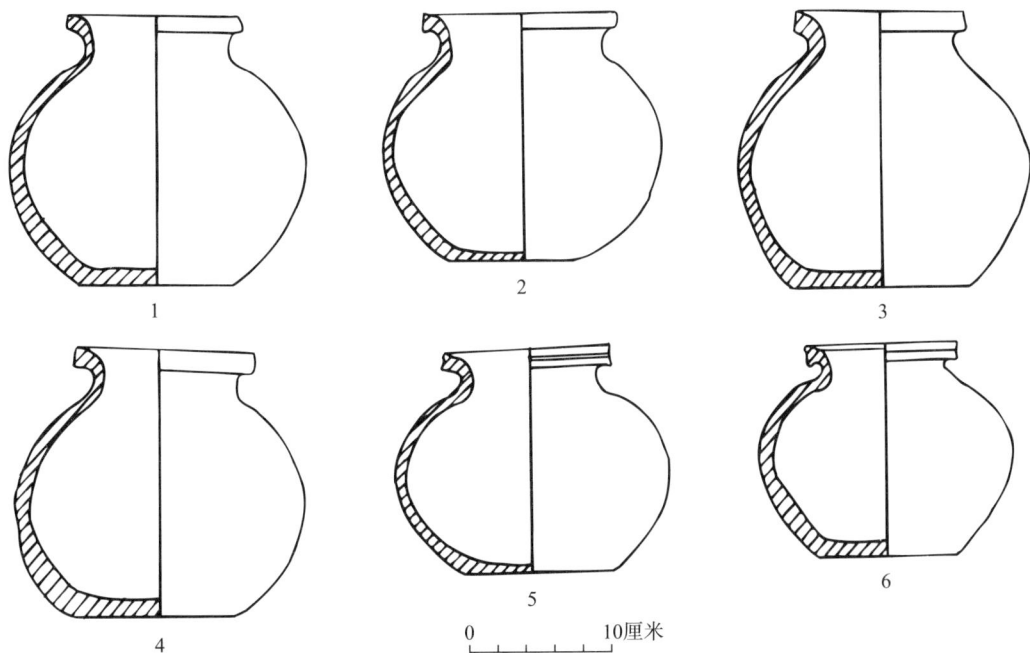

图三八　汉墓出土 Aa 型陶中型罐

1、2. I式（M30:5、M69:2）　3、4. II式（M41:4、M36:7）　5、6. III式（M38:5、M71:1）

6；图版五六，1）。

　　Ab 型　3 件。泥质陶。器体矮扁，圆肩，鼓腹，最大腹径居中，大平底。根据口沿的不同，分为两式。

　　I 式　1 件（标本 M22:1）。灰陶。窄卷沿，薄方唇。口径 11.6、高 16.8 厘米（图三九，1；图版五六，2）。

　　II 式　2 件。宽卷沿，厚方唇。标本 M35:1，红陶。口径 12.8、高 18 厘米（图三九，2；图版五六，3）。标本 M59:3，灰陶。口径 11.6、高 14 厘米（图三九，3；图版五六，4）。

　　Ac 型　2 件。泥质陶。厚方唇，弧肩，鼓腹，最大腹径偏上，平底。标本 M3:6，灰褐陶。唇面一周凹弦纹。口径 12、高 18.8 厘米（图三九，6；图版五七，1）。标本 M46:3，青灰陶。口径 12.8、高 19.2 厘米（图三九，5）。

　　Ad 型　2 件。泥质灰陶。平卷沿，方唇，唇缘外突，矮颈，弧肩，瘦长弧腹，平底。标本 M10:8，口径 12、高 16.8 厘米（图三九，4；图版五七，2）。

　　B 型　27 件。折沿，鼓腹。根据腹部和底部的不同，分为三亚型。

　　Ba 型　18 件。方唇，圆肩，最大腹径居中，平底。根据口沿和颈部的不同，分为四式。

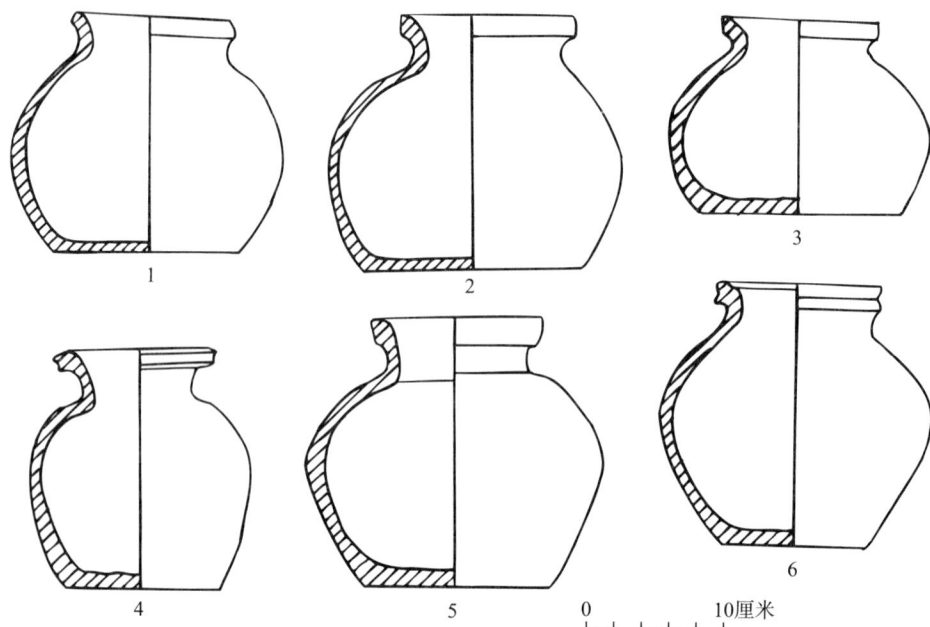

图三九　汉墓出土 A 型陶中型罐

1. Ab 型 I 式（M22:1）　　2、3. Ab 型 II 式（M35:1、M59:3）

4. Ad 型（M10:8）　　5、6. Ac 型（M46:3、M3:6）

I 式　6 件。器体轻薄。窄折沿，薄方唇，沿面略凹，束颈。标本 M14:1，夹砂灰陶。口径 11.8、高 16.4 厘米（图四○，1；图版五七，3）。标本 M37:1，泥质褐陶。口径 11.6、高 17.6 厘米（图四○，2）。

II 式　4 件。泥质陶。斜折沿，厚方唇，唇缘下垂，束颈。标本 M4:6，灰皮陶。口径 12、高 16.8 厘米（图四○，3）。标本 M36:3，灰陶。腹壁有瓦棱纹。口径 12.4、高 17.6 厘米（图四○，4）。

III 式　5 件。泥质灰陶。小盘口，方唇，沿面内凹，束颈。标本 M79:5，唇缘下垂。口径 13.2、高 18 厘米（图四○，5；图版五七，4）。

IV 式　3 件。泥质灰陶。均有盖，3 件为圆唇斜壁平顶盖。小盘口，盘口沿面内凹，方唇，束颈略高。标本 M3:4，斜壁平顶盖。腹壁有瓦棱纹。口径 11.6、通高 21.2 厘米（图四○，6）。

Bb 型　4 件。泥质陶。平折沿，方唇，沿面一周凹槽。束颈，圆肩，扁鼓腹，大平底。根据口沿的不同，分为两式。

I 式　1 件（标本 M24:1）。灰陶。沿面一周浅凹槽。素面。底面有螺旋纹。口径 12.8、高 19.2 厘米（图四一，2；图版五七，5）。

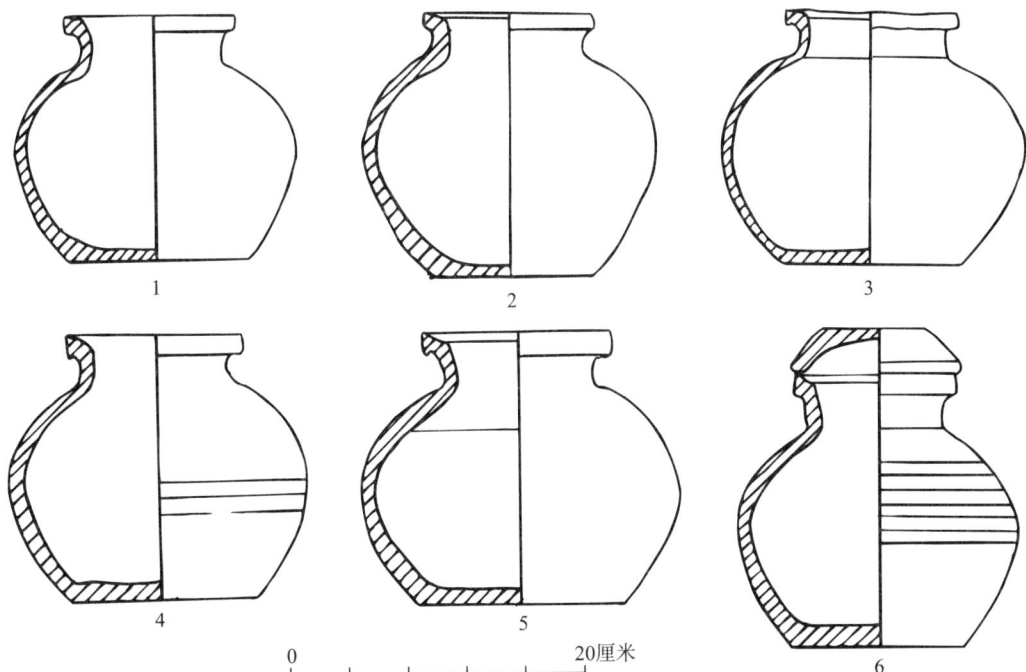

图四○　汉墓出土 Ba 型陶中型罐

1、2. Ⅰ式（M14:1、M37:1）　3、4. Ⅱ式（M4:6、M36:3）　5. Ⅲ式（M79:5）　6. Ⅳ式（M3:4）

Ⅱ式　3件。沿面一周深凹槽。标本 M4:7，灰陶。方唇，唇面一周凹弦纹。腹壁有浅瓦棱纹。口径 13.6、高 13.2 厘米（图四一，1；图版五七，6）。标本 M27:2，红褐陶。圆唇。口径 13.2、高 14 厘米（图四一，4）。

Bc 型　5件。泥质灰陶。深鼓腹，最大腹径偏上。素面。根据口沿的不同，分为三式。

Ⅰ式　1件（标本 M29:1）。侈口，薄方唇，平折沿。口径 12.2、高 20 厘米（图四一，6；图版五八，1）。

Ⅱ式　2件。侈口，方唇，斜折沿，沿面略凹，唇缘下垂。底内面有突起圆台。标本 M54:3，口径 11.2、高 16.4 厘米（图四一，3）。

Ⅲ式　2件。小盘口，圆唇，唇缘下垂。标本 M13:7，口径 13.2、高 21.2 厘米（图四一，5；图版五八，2）。

其他型　1件（标本 M11:2）。夹砂灰陶。斜壁平顶盖。侈口，圆唇，宽卷沿，束颈，斜肩，扁鼓腹，平底。口径 12、高 14.4 厘米（图四二，8）。

小型罐　14件。泥质陶。形体较小，平底。素面。高 5.6～12.4 厘米。根据口沿、肩部、腹部的不同，分为五型。

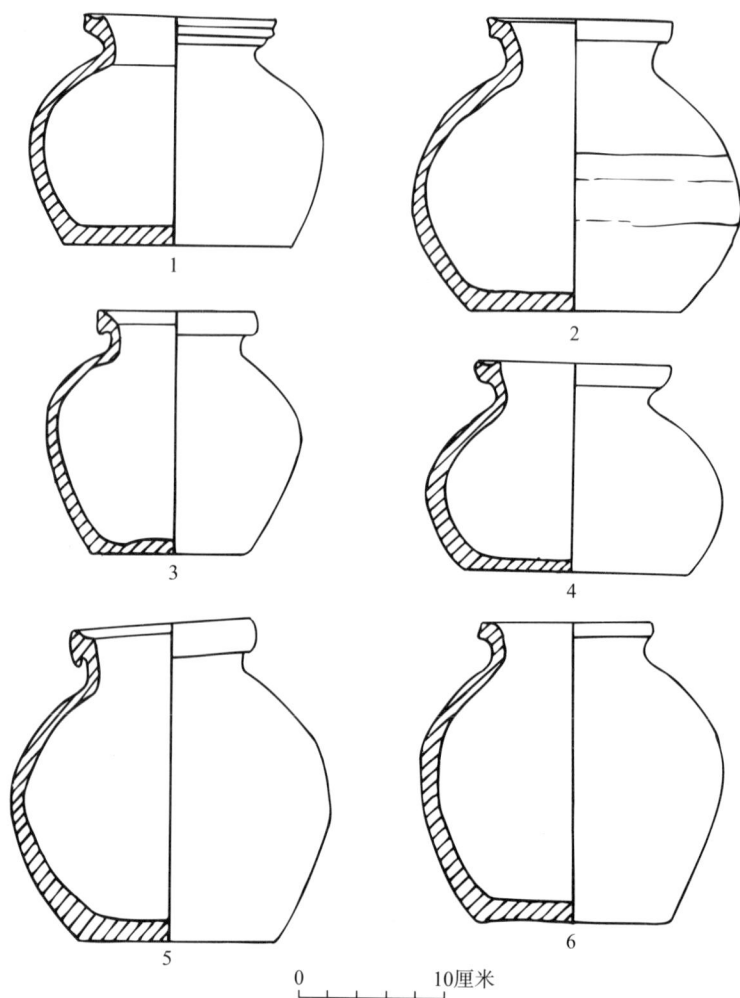

图四一　汉墓出土 B 型陶中型罐

1. Bb 型 II 式（M4:7）　2. Bb 型 I 式（M24:1）　3. Bc 型 II 式（M54:3）

4. Bb 型 II 式（M27:2）　5. Bc 型 III 式（M13:7）　6. Bc 型 I 式（M29:1）

　　A 型　2 件。灰陶。侈口，小卷沿，圆唇，束颈，弧肩，扁鼓腹。标本 M19:1，口径 8、高 7.6 厘米（图四二，2）。标本 M36:6，口径 7.6、高 7.6 厘米（图四二，1；图版五八，3）。

　　B 型　4 件。灰陶。侈口，小折沿，弧肩。标本 M5:1，方唇，折腹。口径 5.6、高 7.2 厘米（图四二，7；图版五八，5）。标本 M28:10，圆唇，扁鼓腹。口径 6、高 5.6 厘米（图四二，4）。

　　C 型　5 件。小直口，圆唇，圆肩，鼓腹。标本 M67:2，泥质红陶。斜壁平顶盖，

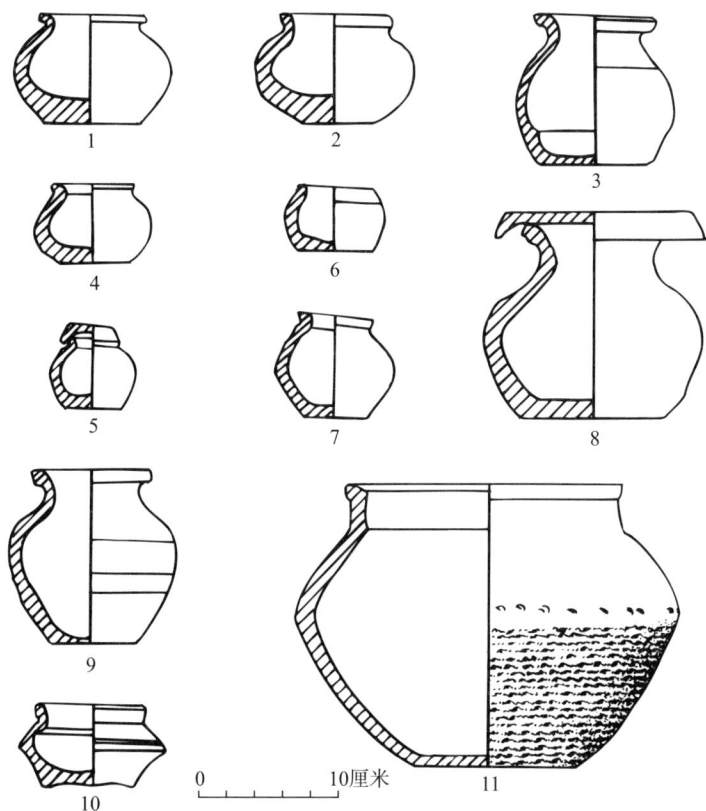

图四二 汉墓出土陶器

1、2. A 型小型罐（M36:6、M19:1） 3、9. D 型小型罐（M9:4、M10:9） 4、7. B 型小型罐
（M28:10、M5:1） 5. C 型小型罐（M67:2） 6. E 型小型罐（M60:4） 8. 其他型中型罐
（M11:2） 10. 三足罐（M17:5） 11. 瓮（M33:2）

圆唇。口径 4、高 6 厘米（图四二，5；图版五八，4）。

D 型 2 件。灰陶。侈口，斜方唇，平卷沿，矮颈，弧肩，深鼓腹，最大腹径偏上。标本 M9:4，口径 8.8、高 10.4 厘米（图四二，3）。标本 M10:9，口径 8.8、高 12.4 厘米（图四二，9；图版五八，6）。

E 型 1 件（标本 M60:4）。灰陶。直口，圆唇，矮直颈，扁鼓腹，大平底。口径 5.6、高 4.4 厘米（图四二，6）。

三足罐 1 件（标本 M17:5）。泥质灰陶。侈口，斜方唇，折沿，弧肩，折腹，平底，三乳状足。肩部一周凹弦纹。口径 8、高 6 厘米（图四二，10；图版五八，7）。

瓮 1 件（标本 M33:2）。泥质灰陶。直口，圆唇，唇缘外突。矮颈，颈内侧略凹，弧肩，折腹弧内收，平底。折腹处一周戳印纹，腹壁饰以横向中绳纹，底面饰以交错绳纹。口径 20、腹径 28、高 19.6 厘米（图四二，11；图版五五，2）。

2. 铜、银器

有铜镜、铜环、银环、铜钱等。

铜镜　6 面。

圈带蟠虺纹镜　1 面（标本 M67:4）。破裂。三弦纹纽。纽外及镜缘内侧有凹面带圈，纹饰由作为主纹的蟠虺纹和作为地纹的圆涡纹构成，蟠虺纹为八个方向相反的"C"形个体相互缠绕而成，被四乳分割成四部分，乳钉纹位于"C"形中。面径 9.31厘米，重量 52.1 克（图四三，1；彩版二〇，1）。

昭明连弧铭带镜　1 面（标本 M37:3）。破裂，圆纽，圆形纽座。座外一周凸弦纹圈和一周内向八连弧纹带，连弧纹间饰以简单的纹饰，其外两周短斜线纹圈带间铭文圈带，铭文为"内清以昭明，光象夫日忽泄"。面径 6.47 厘米，重量 36.7 克（图四三，2；彩版二〇，2）。

四乳四鸟镜　1 面（标本 M8:1）。残。圆纽，圆形纽座。自镜缘向内依次为凹弦纹、锯齿纹圈带、凹弦纹，主纹为引颈鸣叫的四鸟，以四乳钉纹相隔。面径 7.67 厘米，重量 49.6 克（图四三，3；彩版二〇，3）。

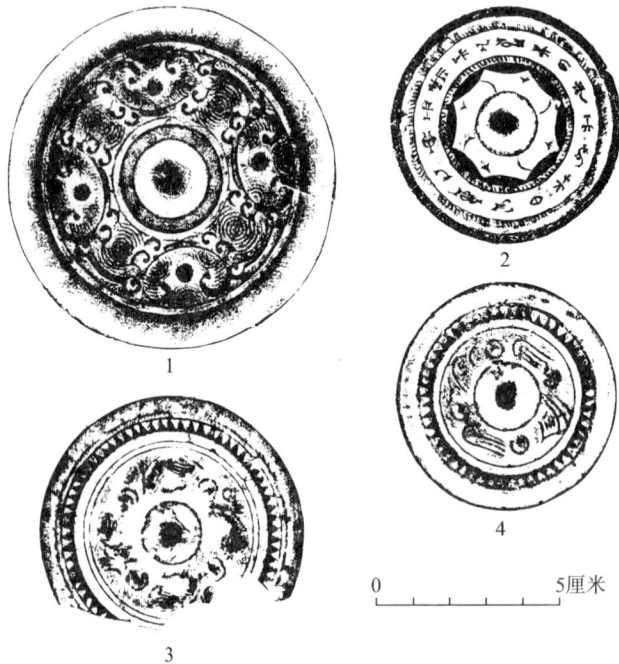

图四三　汉墓出土铜镜

1. M67:4　2. M37:3　3. M8:1　4. M10:1

　　四乳禽兽镜　1面（标本M7:1）。完整。圆纽，乳点纹纽座。自镜缘向内依次为卷云纹、锯齿纹、平行线纹圈带，主纹为四乳间饰以龙、朱雀、鹿等禽兽，圈带铭文为"吾作佳镜真大工，明如日月不知老，宜子孙"。面径12.51厘米，重量264.1克（图四四，1）。

　　四乳羽人禽兽镜　1面（标本M9:1）。完整。圆纽，乳点纹纽座。自镜缘向内依次为波折纹、锯齿纹、平行线纹圈带，主纹为四乳间饰以羽人、龙、朱雀、瑞鸟，其中羽人双膝跪地，双手舞动，朱雀双翅舒展，引颈长鸣。面径10.32厘米，重量162克（图四四，2）。

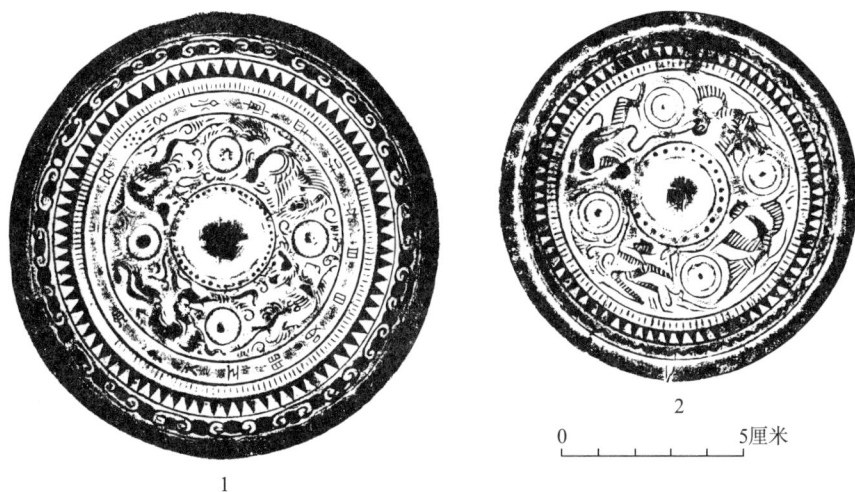

图四四　汉墓出土铜镜

1. M7:1　2. M9:1

　　飞鸟镜　1面（标本M10:1）。完整。圆纽，圆形纽座。镜缘内为锯齿纹圈带，主纹为四乳间饰以形态各异的飞鸟。面径6.2厘米，重量53.8克（图四三，4；彩版二〇，4）。

　　铜环　1件（标本M67:3）。锈蚀。横截面呈圆形。环径3.8、截面径0.2厘米（图四八，6）。

　　银环　1件（标本M7:2）。横截面呈圆形。环径2.3、截面径0.2厘米（图四八，7）。

　　铜钱　约937枚。均为圆形方孔钱。除46枚锈蚀不可辨外，可辨者有五铢、大泉五十、货泉、小泉直一、磨郭五铢、剪轮五铢、剪轮半两、剪轮大泉五十等。

　　五铢　481枚。分为四式。

　　Ⅰ式　59枚。"五"字交笔斜直，"铢"字"朱"头向上方折，"金"头较小多呈镞形。部分钱正面穿上一横或穿下半星。钱径 2.5 厘米左右。标本 M24:2 - 1,穿上一横。钱径 2.5、穿边长 1.2 厘米（图四五,1）。标本 M4:5 - 1,钱径 2.5、穿边长 1.2 厘米（图四五,2）。

Ⅱ式　102 枚。"五"字交笔微曲,"铢"字"朱"头向上方折,"金"头较小并多呈镞形。部分钱正面穿上一横或穿下半星。钱径 2.5 厘米左右。标本 M24:2 - 2,穿上一横。钱径 2.55、穿边长 1.25 厘米（图四五,3）。

Ⅲ式　248 枚。"五铢"二字笔画纤细秀长,"五"字交笔弯曲,上下两横偏长,"铢"字"朱"头向上方折,"金"头多呈三角形,少量镞形。部分钱正面穿上一横或穿下半星。钱径 2.5 厘米左右。标本 M28:4 - 1,钱径 2.6、穿边长 1.2 厘米（图四五,4）。标本 M30:4 - 1,穿上一横。钱径 2.6、穿边长 1.1 厘米（图四五,5）。标本

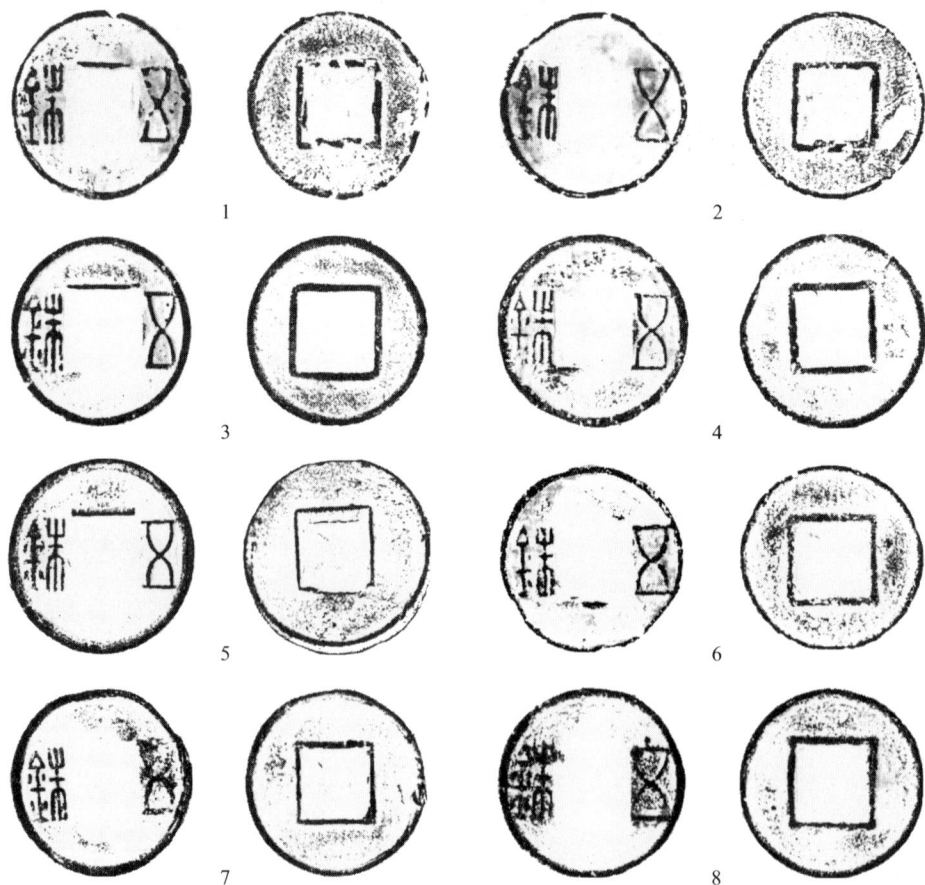

图四五　汉墓出土铜五铢（原大）

1、2. Ⅰ式（M24:2 - 1、M4:5 - 1）　　3. Ⅱ式（M24:2 - 2）　　4、5、6. Ⅲ式
（M28:4 - 1、M30:4 - 1、M32:1）　　7、8. Ⅳ式（M10:2 - 1、M10:2 - 2）

M32：1，穿下一星。钱径2.5、穿边长1.1厘米（图四五，6）。标本M42：2－2，钱径2.6、穿边长1.2厘米。

Ⅳ式 72枚。字体较宽，"五"字交笔弯曲，"铢"字"朱"头圆折，"金"头呈大三角形。钱径2.5~2.6厘米左右。标本M10：2－1，钱径2.5、穿边长1.1厘米（图四五，7）。标本M10：2－2，钱径2.55、穿边长1.2厘米（图四五，8）。

磨郭五铢 123枚。部分钱正面穿上一横或穿下半星。标本M60：1－1，穿下一星。钱径2.3、穿边长1.2厘米（图四六，1）。标本M60：1－2，钱径2.2、穿边长1.1厘米

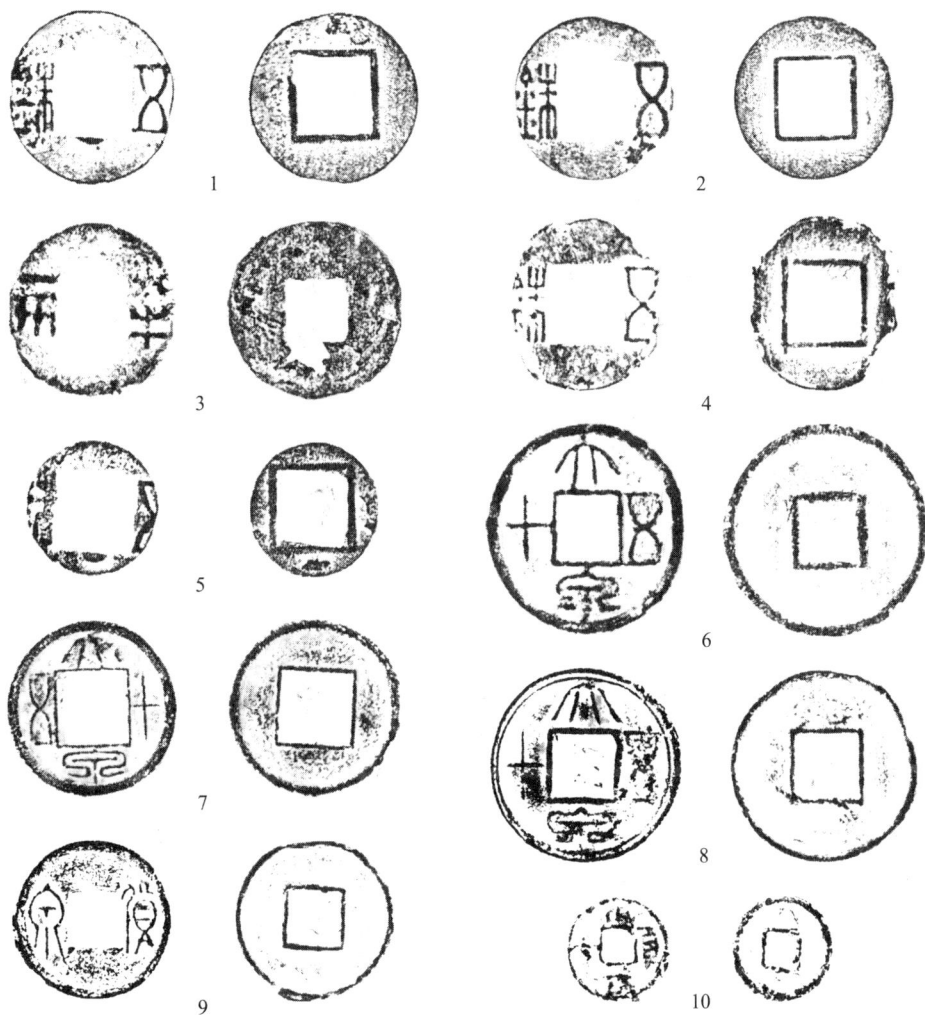

图四六 汉墓出土铜钱（原大）

1、2. 磨郭五铢（M60：1－1、M60：1－2） 3. 剪轮半两（M10：3－1） 4、5. 剪轮五铢（M25：3－1、M71：3－1） 6. Ⅰ式大泉五十（M11：9－1） 7. Ⅱ式大泉五十（M12：2－1）
8. 重轮大泉五十（M41：2－1） 9. 货泉（M13：5－1） 10. 小泉直一（M13：1－1）

（图四六，2）。

剪轮半两　2 枚。钱体较薄。标本 M10:3 - 1，钱径 2.4、穿边长 0.9 厘米（图四六，3）。

剪轮五铢　113 枚。部分钱正面穿上一横或穿下半星。标本 M25:3 - 1，钱径 2 ~ 2.3、穿边长 1.2 厘米（图四六，4）。标本 M71:3 - 1，穿下一星。钱径 1.8、穿边长 1.2 厘米（图四六，5）。

大泉五十　145 枚。钱的正背面均有边郭和穿郭，垂针篆文。分为两式。

Ⅰ式　39 枚。钱径 2.8 厘米。钱体浑厚，内外轮廓较宽，钱文清晰。标本 M11:9 - 1，钱径 2.8、穿边长 1 厘米（图四六，6）。

Ⅱ式　106 枚。钱径 2.4 ~ 2.7 厘米。钱体略薄小，钱文较平浅。标本 M12:2 - 1，钱径 2.3、穿边长 1 厘米（图四六，7）。

重轮大泉五十　2 枚。钱正面有两周轮廓。标本 M41:2 - 1，钱径 2.6、穿边长 1 厘米（图四六，8）。

货泉　21 枚。出自 M13 和 M10。钱的正背面均有边郭和穿郭。钱径一般为 2.2 ~ 2.4 厘米。"货泉"二字为悬针篆，"泉"字中竖笔断开。标本 M13:5 - 1，钱径 2.15、穿边长 0.9 厘米（图四六，9）。

小泉直一　3 枚，出自 M13。钱径 1.4 厘米。标本 M13:1 - 1，钱径 1.4、穿边长 0.5 厘米（图四六，10）。

剪轮大泉五十　1 枚（标本 M13:5 - 2）。锈蚀严重。

3. 铁器

32 件。有剑、环首刀、削、矛、戟、镢等。

剑　12 件。多锈蚀严重，部分残存剑鞘和剑柄。剑柄呈长条状，截面为长方形。剑身双面刃，截面为菱形。标本 M23:5，柄长 19.2、身长 68、通长 87.2 厘米（图四七，1；图版五九，1）。标本 M28:5，有剑格，柄残缺。柄残长 5.6、身长 86.6、通长 93.2 厘米（图四七，2）。标本 M30:2，有剑格，柄残缺。柄残长 7.2、身长 88、通长 95.2 厘米（图四七，3）。标本 M36:4，残存部分剑鞘朽痕。柄残长 3.2、身长 91、通长 94.2 厘米（图四七，4；图版五九，2）。标本 M79:1，有剑格，剑尖残缺。柄长 17.6、身长 87.2、通长 104.8 厘米（图四七，5）。

环首刀　9 件。锈蚀较重。环首，直背，双面刃，截面呈倒锐角等腰三角形。标本 M10:5，环首缺失。残长 106、刀身宽 2.4 厘米（图四七，6）。标本 M11:11，长 67.2、刀身宽 2.8、环首宽 5.2 厘米（图四七，8；图版五九，3）。标本 M13:3，长 45.8、刀身宽 2.4、环首宽 4 厘米（图四七，7）。

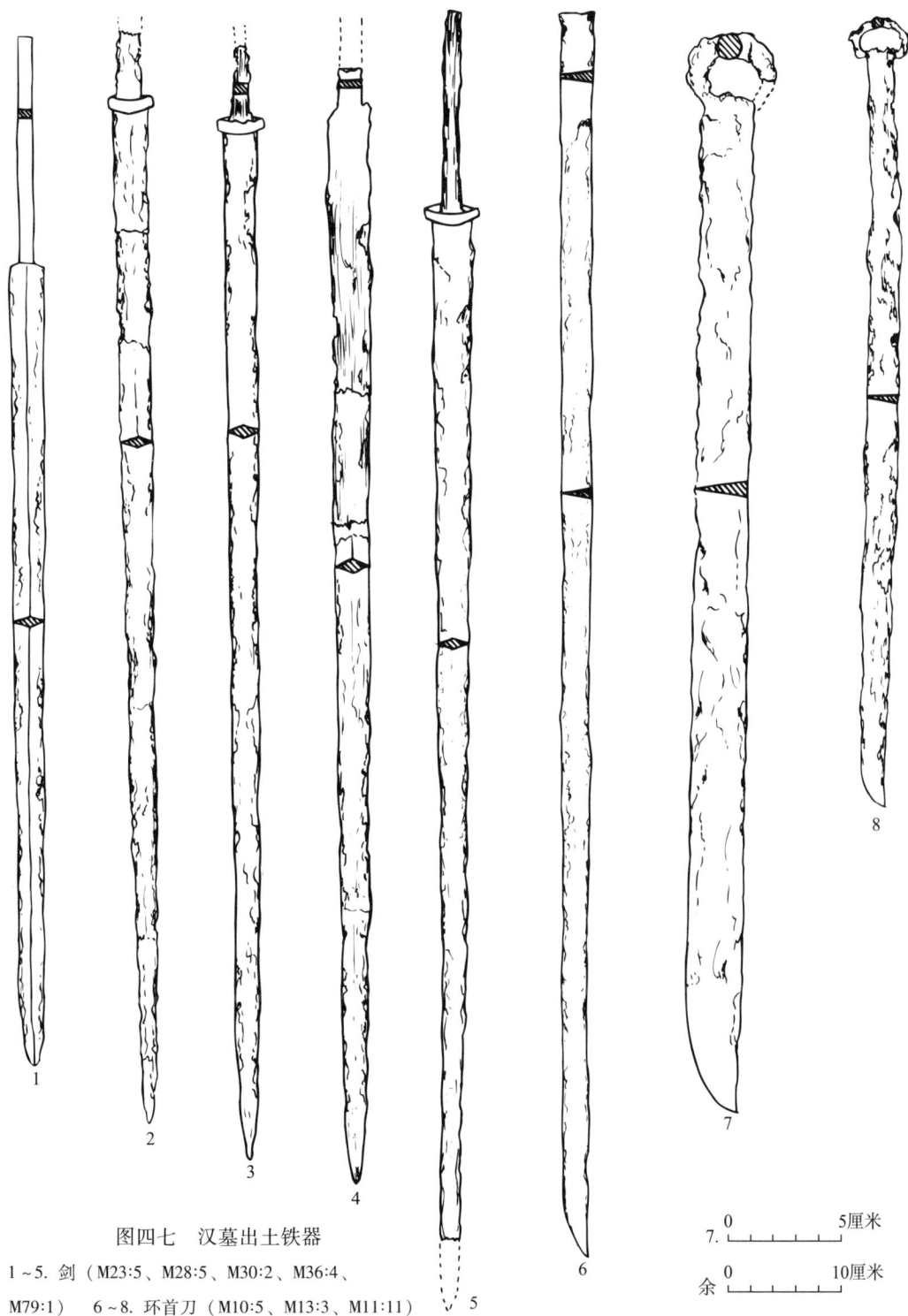

图四七　汉墓出土铁器

1～5. 剑（M23:5、M28:5、M30:2、M36:4、
M79:1）　6～8. 环首刀（M10:5、M13:3、M11:11）

削 6件。锈蚀较重。环首，直背，双面直刃。标本 M51:3，截面呈倒锐角等腰三角形。残长17.2、宽1.4、环首宽4.5厘米（图四八，4；图版五九，8）。标本 M71:5，刀鞘保存较完整，可见皮革和木胎朽痕。截面呈圆角长方形。环首截面呈圆形。残长

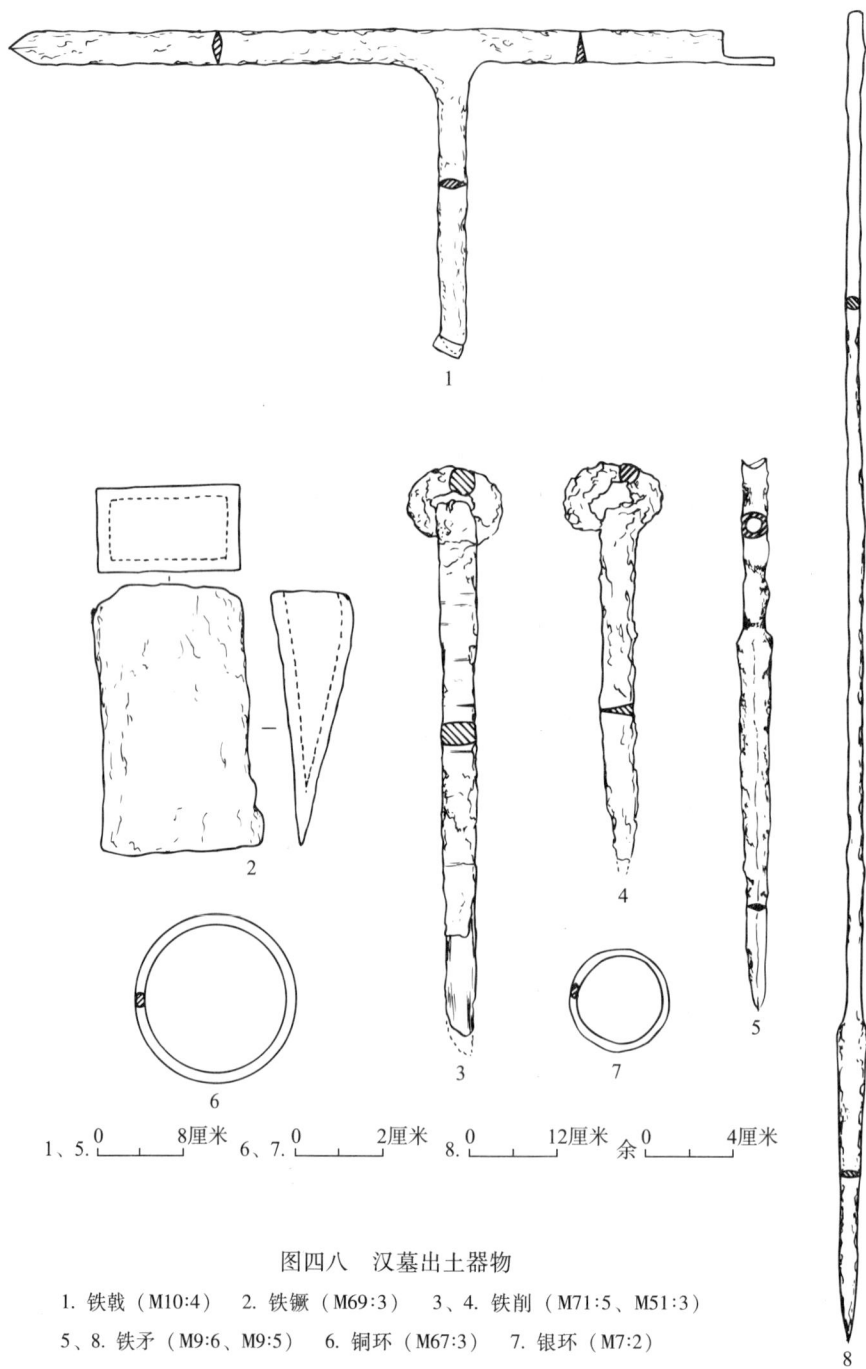

图四八 汉墓出土器物

1. 铁戟（M10:4）　2. 铁镢（M69:3）　3、4. 铁削（M71:5、M51:3）

5、8. 铁矛（M9:6、M9:5）　6. 铜环（M67:3）　7. 银环（M7:2）

25、宽 1.5、环首宽 4.3 厘米（图四八，3；图版五九，7）。

矛　2 件。标本 M9:5，矛身双面刃，长圆柱形柄杆。柄长 134、矛身长 42、通长 176 厘米（图四八，8；图版五九，6）。标本 M9:6，矛身双面刃，长圆管形銎。矛身截面呈菱形，銎截面呈环形。銎长 14.8、矛身长 34.4、通长 49.2 厘米（图四八，5；图版五九，4）。

戟　1 件（标本 M10:4）。有锈蚀痕。戟的竖刺和横刺为双面直刃，截面为菱形。戟身截面为锐角等腰三角形。通长 70、宽 2.8 厘米，横刺长 25.2 厘米（图四八，1；图版五九，5）。

镢　2 件。标本 M69:3，出自填土。锈蚀较重。平面呈长方形，双面直刃，长方形銎孔。截面呈倒锐角三角形。长 12、宽 6.8、最厚处 3.3 厘米（图四八，2）。

4. 石器

26 件。有器座、黛板、琀、鼻塞、耳塞、研子、石珠等。

器座　1 件（标本 M79:6）。灰岩质。圆饼形座面，平顶，平底，三乳状足。素面。琢磨而成。座径 14.8、高 3.2 厘米（图四九，10）。

黛板　2 件。砂岩质。均为扁薄长方形板。板面平整。标本 M5:13，长 13.1、宽 3.9、厚 0.4 厘米（图五〇，1）。标本 M28:6，正面残留朱彩。长 12.6、宽 5.1、厚 0.5 厘米（图五〇，2；彩版二〇，5）。

琀　7 件。石膏质。平面呈蝉形。背面平整，正面弧突。标本 M46:1，残长 3.9、最宽 3.1、厚 0.5 厘米（图四九，8）。标本 M3:3，长 4.9、最宽 2.9、厚 0.4 厘米（图四九，9）。

鼻塞　9 件。石膏质。平面为圆锥形，截面呈圆形。标本 M37:2-1，长 2.1、截面径 0.5~0.9 厘米（图四九，1）。标本 M37:2-2，长 2.2、截面径 0.6~0.9 厘米（图四九，2）。

耳塞　3 件。石膏质。体呈短圆柱形，截面呈圆形。标本 M23:4，长 4.3、截面径 0.6 厘米（图四九，7）。

研子　2 件。标本 M5:12，砂岩质。圆形纽，纽面凸起，有浅浮雕式花枝纹饰。方形研体，研面平整。纽饰朱彩。研体边长 2.9、厚 1.5 厘米（图四九，5；彩版二〇，6）。标本 M56:2，圆饼形纽，正方形研体，研面平整，残留有黛彩痕。研体边长 2.9、厚 1.1 厘米（图四九，6）。

石珠　2 件。石膏质。形如算盘珠，截面呈半圆形。中间圆孔。标本 M8:2-1，珠径 0.9、孔径 0.3 厘米（图四九，4）。标本 M8:2-2，珠径 1.1、孔径 0.3 厘米（图四九，3）。

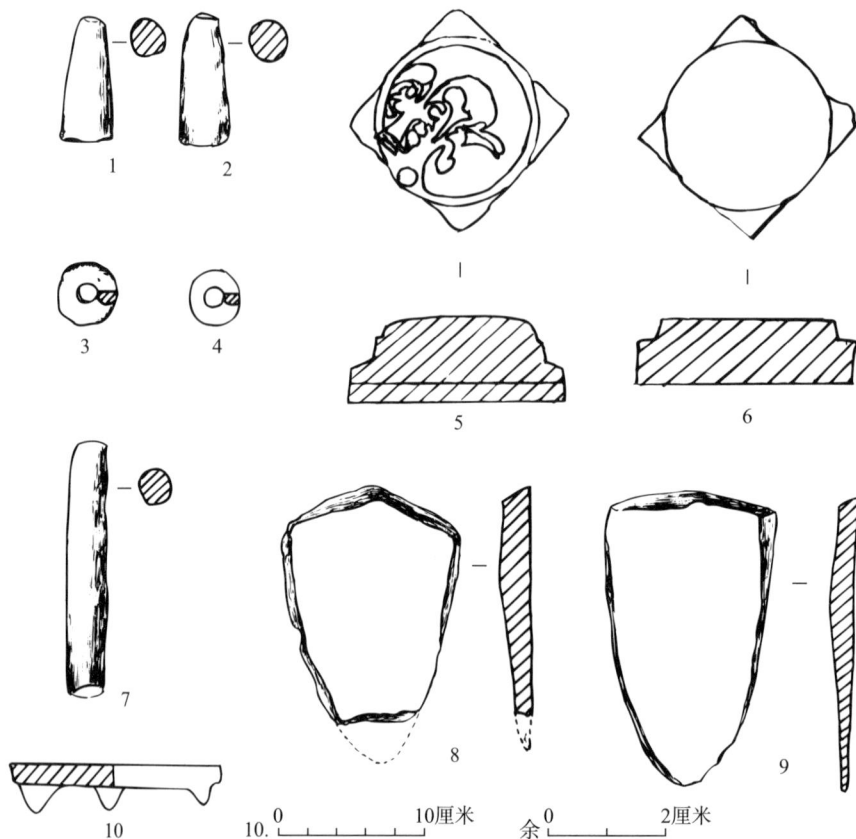

图四九　汉墓出土石器

1、2. 鼻塞（M37:2−1、M37:2−2）　　3、4. 石珠（M8:2−2、M8:2−1）　　5、6. 研子
（M5:12、M56:2）　　7. 耳塞（M23:4）　　8、9. 琀（M46:1、M3:3）　　10. 器座（M79:6）

5. 漆器

漆盒　1件（标本 M7:5）。腐朽较重。

（四）分期与年代

该墓地中存在打破关系的墓葬组极少，尽管个别墓葬组错边埋葬，相对年代上存在早晚关系，但是从出土的陶器看，时代相差不大，因此无法为分期提供直接有效的依据。墓地的分期主要根据随葬陶器型式的演变规律、同时参照伴出铜钱和铜镜来进行。典型陶器发展演变的主要特征概述如下：

鼎的附耳普遍较小，其中 A、B 型耳外侧面有竖向凹槽，耳孔较小或耳孔未透。A

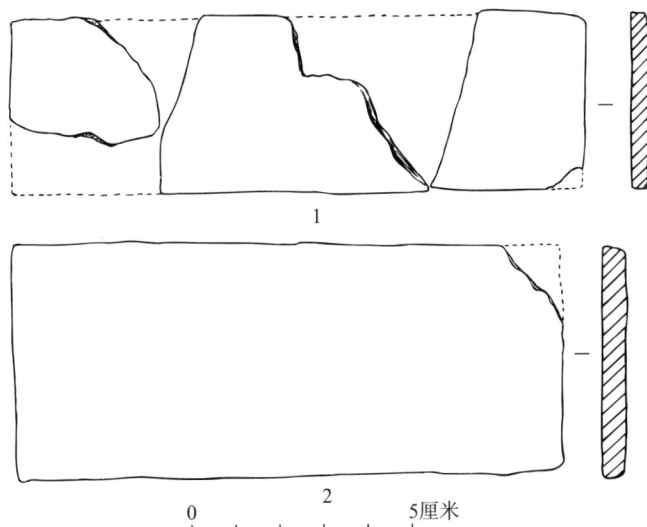

图五〇 汉墓出土石黛板
1. M5:13 2. M28:6

型的口沿面由平整发展为沿面内凹，最后沿面出现较深的凹槽；B 型由宽平沿面演变为内高外低的坡沿面。鼎足普遍由制作规整、足跟有凸棱发展到制作潦草、足跟凸棱消失。

盒形态多样，其中 Aa 型由覆钵形盖、口沿面平整、高子沿发展到弧壁平顶盖、口沿面内凹，子沿较矮，最大腹径由偏上发展为居中。Ab 型盒由沿面平整发展到沿面内高外低。B 型由平沿、沿面略凹、鼓腹弧内收、平底发展到沿面内倾、圆鼓腹、大平底。

盘由陶胎较厚、盘体较大逐渐向陶胎较薄、盘体较小发展演变，并由直壁转折斜内收变为斜壁折收、斜壁弧内收，最后变为弧腹。

大型壶的发展演变规律较明显，其中 A 型由肩颈交接处无转折棱、圆鼓腹、矮圈足变为肩颈交接处出现转折棱、钝鼓腹、高圈足，盖内有凸棱发展到盖内凸棱消失。Ca 和 Cb 型由弧顶覆钵形盖逐渐发展为弧壁平顶盖、斜壁平顶盖，最后变为圆台形盖；由直口、平沿变为侈口、平沿面出现凸棱，最后发展为侈口、坡沿；另外底有由小变大的趋势。

中型罐的变化表现在口沿和底部，其中 Aa 型由窄卷沿、薄方唇发展到宽卷沿、厚方唇，再到唇面出现一周凹弦纹；Ab 型由窄卷沿、薄方唇变为宽卷沿、厚方唇。Ba 型由胎体较薄、薄方唇变为胎体较厚、厚方唇、唇缘下垂，最后发展到盘口，颈部由束颈变为束颈略高；Bb 型口沿面的一周凹槽由浅变深，底则有逐渐变大的趋势。A 型大型罐由盘口沿较薄、鼓腹、小平底发展到大盘口、高颈、圆鼓腹、底面较大且内凹。

依据陶器的发展演变特征，可以把有陶墓葬分为四期（表一）。

一期，1座（M17）。主要陶器有C型鼎、A型Ⅰ式大型壶、Ac型盒、Ⅰ式盘等。鼎子沿较小，长方形附耳较高，直壁转折内收成大圜底，蹄形足较高，足跟部有凸棱。A型大型壶侈口，高束颈，肩颈交接处无转折棱、圆鼓腹。盒窄平沿，扁鼓腹，平底。盘体较大，宽平沿、直壁转折斜内收。

表一　主要陶器共存关系表

型式／期别	鼎			盒							大型壶					
	A	B	C	A(a)	A(b)	A(c)	B	C	D	E	A	B	C(a)	C(b)	C(c)	C(d)
一			√			√					Ⅰ					
二	Ⅰ Ⅱ Ⅲ	Ⅰ Ⅱ		Ⅰ Ⅱ Ⅲ	Ⅰ Ⅱ						Ⅱ Ⅲ	√				
三			Ⅳ				Ⅰ Ⅱ Ⅲ	√	√	√	Ⅰ Ⅱ Ⅲ		Ⅰ Ⅱ		√	
四											Ⅳ	Ⅲ				√

型式／期别	小型壶	钫	匜		盘	大型罐		中型罐						
			A	B		A	B	A(a)	A(b)	A(c)	A(d)	B(a)	B(b)	B(c)
一	√				Ⅰ									
二	√	Ⅰ Ⅱ	√	√	Ⅱ Ⅲ Ⅳ	Ⅰ		Ⅰ		Ⅰ		Ⅰ	Ⅰ	
三					Ⅱ	Ⅰ Ⅱ			Ⅱ	√		Ⅰ Ⅱ	Ⅱ	Ⅰ Ⅱ Ⅲ
四					Ⅲ	Ⅰ Ⅱ	Ⅲ	Ⅲ		√	√	Ⅲ Ⅳ		Ⅲ

二期，18座墓葬，包括M14、M22、M24、M30、M33、M37、M39、M40、M48、M56、M65、M67、M69、M73～M76、M83等。主要陶器有A型Ⅰ～Ⅲ式、B型Ⅰ～Ⅱ式鼎，Aa型Ⅰ式～Ⅲ式、Ab型Ⅰ～Ⅱ式盒，A型Ⅱ～Ⅲ式、B型大型壶，小型壶，

Ⅰ～Ⅱ式钫，Ⅱ～Ⅳ式盘，A、B型匜，A型Ⅰ式大型罐，Aa型Ⅰ式、Ab型Ⅰ式、Ba型Ⅰ式、Bb型Ⅰ式中型罐等。该期盛行随葬成套陶礼器，其中少量为彩绘陶，彩绘陶多见于A型壶和盘上。A、B型鼎有覆钵式盖或敦式盖，子口沿面内凹或内高外低，附耳矮小，耳孔较小或没有，蹄形足较矮，足跟凸棱较窄或没有。A、B型大型壶均为弧顶盖，肩颈交接处有转折棱，钝鼓腹，最大腹径偏上。Aa型盒为覆钵形盖，子口沿面内凹，最大腹径偏上，平底或假圈足。中型罐胎体较薄，口沿较窄，薄唇。

三期，20座墓葬，包括M1、M4、M5、M6、M11、M16、M27、M28、M29、M32、M35、M36、M41、M42、M46、M49、M53、M54、M59、M63等为代表。主要陶器有Aa型Ⅳ式、B型Ⅰ～Ⅲ式、C、D、E型盒，Ca型Ⅰ～Ⅲ式、Cb型Ⅰ～Ⅱ式、Cc型大型壶，A型Ⅱ式大型罐，Aa型Ⅰ～Ⅱ式、Ab型Ⅱ式、Ac型、Ba型Ⅱ式、Bb型Ⅱ式、Bc型Ⅰ～Ⅲ式中型罐，A、B型小型罐等。盒Aa型弧壁平顶盖，子沿较矮，大平底；B型敛口，平沿，鼓腹或圆鼓腹；C型敛口，深弧腹，最大腹径偏上；D型胎壁较薄，直口，窄沿，直壁弧内收；E型，敛口，垂腹。C型大型壶直口或侈口，平沿、沿面有凸棱或坡沿，鼓腹，平底。A型大型罐方唇，盘口。中型罐Aa、Ab、Ac型均宽卷沿，厚方唇；Ba型斜折沿，厚方唇，唇缘下垂；Bb型沿面凹槽较深，扁鼓腹，大平底；Bc型深鼓腹斜内收，最大腹径偏上。

四期，14座墓葬，包括M3、M7、M8、M9、M10、M13、M25、M26、M38、M52、M60、M66、M71、M79等为代表。主要陶器有Ca型Ⅳ式、Cb型Ⅲ式、Cd型大型壶，A型Ⅲ式、B型Ⅰ～Ⅱ式大型罐，Aa型Ⅲ式、Ac型、Ad型、Ba型Ⅲ～Ⅳ式中型罐，D、E型小型罐等。大型壶Ca型胎体厚重，侈口，平沿，沿面有凹槽，弧腹，大平底；Cb型侈口，坡沿，鼓腹，大平底；Cd型弧壁平顶盖，直口，坡沿，高颈，圆鼓腹，大平底。中型罐Aa型宽卷沿，厚方唇，唇面一周凹弦纹；Ad型平卷沿，方唇，唇缘外突，瘦长腹，平底；Ba型盘口，沿面内凹，束颈或束颈略高；Bc型盘口，唇缘下垂，沿面内凹。大型罐A型大盘口，颈较高，圆鼓腹，底面内凹；B型胎体厚重，侈口，卷沿，深鼓腹，平底（图五一）。

一期墓中出土的大型壶颈肩交接处还未有转折棱，腹部圆鼓，具有西汉中期的特点，另外Ⅰ式盘同枣庄小山M2中出土的同类器相近①。因此一期的时代可定在西汉中期。二期流行随葬成套陶礼器，彩绘陶数量极少。陶礼器具有西汉晚期的特点，如鼎口沿面内凹或内高外低，附耳矮小，鼎足较短小；圈足壶颈肩交接处出现转折棱，匜和盘形体较小。其中Ab型Ⅰ式盒、B型大型壶分别同枣庄小山同类器M2:7、M2:3雷同②，

---

① 枣庄市文物管理委员会等：《山东枣庄市小山西汉画像石墓》，《文物》1997年第12期。
② 同①。

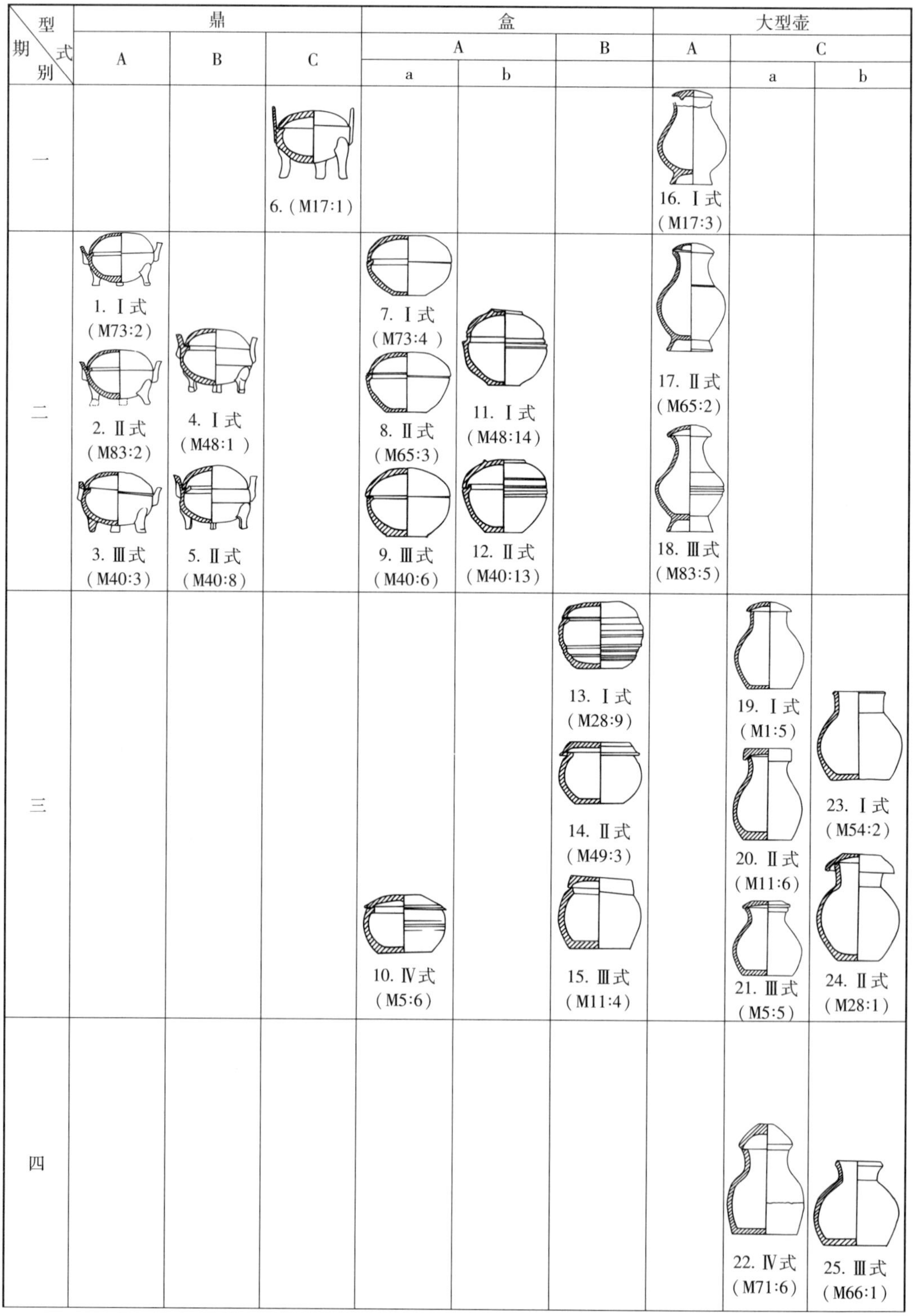

型式期别	鼎			盒			大型壶		
	A	B	C	A		B	A	C	
				a	b			a	b
一			6.（M17:1）				16. I 式（M17:3）		
二	1. I 式（M73:2） 2. II 式（M83:2） 3. III式（M40:3）	4. I 式（M48:1） 5. II 式（M40:8）		7. I 式（M73:4） 8. II 式（M65:3） 9. III式（M40:6）	11. I 式（M48:14） 12. II 式（M40:13）		17. II 式（M65:2） 18. III式（M83:5）		
三			10. IV式（M5:6）		13. I 式（M28:9） 14. II 式（M49:3） 15. III式（M11:4）		19. I 式（M1:5） 20. II 式（M11:6） 21. III式（M5:5）	23. I 式（M54:2） 24. II 式（M28:1）	
四							22. IV式（M71:6）	25. III式（M66:1）	

图五一　汉墓

盘	大型罐		中型罐			
	A	B	A		B	
			a	b	a	b
26. Ⅰ式 （M17:6）						
27. Ⅱ式 （M73:7） 28. Ⅲ式 （M83:7） 29. Ⅳ式 （M48:22）	30. Ⅰ式 （M33:3）		35. Ⅰ式 （M30:5）	38. Ⅰ式 （M22:1）	40. Ⅰ式 （M14:1）	44. Ⅰ式 （M24:1）
	31. Ⅱ式 （M29:2）		36. Ⅱ式 （M41:4）	39. Ⅱ式 （M35:1）	41. Ⅱ式 （M36:3）	45. Ⅱ式 （M4:7）
	32. Ⅲ式 （M13:4）	33. Ⅰ式 （M7:4） 34. Ⅱ式 （M9:2）	37. Ⅲ式 （M38:5）		42. Ⅲ式 （M79:5） 43. Ⅳ式 （M3:4）	

典型陶器分期图

与小山 A 型 I 式大型罐相近，Ab 型 I 式中型罐与徐庙 M1:3① 近同。该期墓中还普遍随葬五铢钱，其中少量墓中还有磨郭五铢钱和剪轮五铢钱。另外出土 Ba 型 I 式中型罐的 M37 中，随葬有西汉晚期才开始出现的昭明连弧铭带镜。综合这些因素，可以将二期的年代定为西汉晚期。三期陶器群的风格与一、二期差别较大，鼎，A、B 型大型壶及钫、匜、盘等西汉常见的陶礼器消失。新出现的 C 型大型壶和 B～E 型盒等器类的器盖多为弧壁平顶盖或斜壁平顶盖。陶盒的陶质除泥质陶外，还有夹砂陶，部分陶盒腹部饰有瓦棱纹。其中 B 型 I 式盒与滕州车站村 M7:4 同类器相近②。结合 M5、M11、M28、M41、M53、M59 等墓中出土较多的大泉五十等情况判断，三期墓葬的年代为新莽时期，个别墓葬或可晚至东汉初期。四期的有陶墓葬中伴出较多的剪轮五铢，如 M3、M25、M38、M71 等。而 M13 不仅随葬有剪轮五铢，还随葬有剪轮大泉五十、货泉、小泉直一等。另外 M7 为带墓道的土坑墓，出土有东汉时期的四乳禽兽镜。M9 和 M10 则分别随葬有东汉时期流行的四乳羽人禽兽镜和飞鸟镜，又 M10 伴出有大量Ⅳ式五铢、剪轮半两、磨郭五铢、剪轮五铢钱。据此推定四期墓葬的年代属于东汉时期。

（五）结 语

该墓地面积较大，墓葬分布密集，可以分为数个墓葬组群，不同的组群间保持有一定距离的空地。同一组群内墓葬依据墓向的不同可以分成多个墓组，每个墓组内的墓葬多成排或成组分布，墓向基本保持一致。墓地内墓葬分布如此密集，而且排列有序，彼此间极少有打破关系，显然经过精心的规划。在当时每一个墓葬组群可能就是一个相对独立的家族茔域，不同茔域间的空地上应该有过标明边界的界标，而且单个墓葬对应的地表也可能存在过标志性的地物。

从墓葬分期与年代来看，墓地使用时间较长，从西汉中期一直延续到新莽至东汉时期。不同形制的墓葬在两汉时期所占比重有所不同，其中土坑或岩坑墓在两汉时期均存在。西汉中期可确认的墓葬仅有 1 座，属于岩坑墓，也是该墓地清理的唯一一座随葬陶礼器组合的岩坑墓。西汉晚期的墓葬，以单石椁墓为主，约占 56%；其次为土坑（或岩坑）墓和双石椁墓。新莽时期的墓葬，也以单石椁墓最多，约占 34%；其次为双石椁墓和土坑（或岩坑）墓。东汉时期的墓葬中，土坑（或岩坑）墓和石椁墓所占比重相差不大。

随葬品在西汉、新莽时期和东汉时期差别较大，这种差别主要体现在陶器群上。

---

① 山东省济宁市文物处：《山东金乡县发现汉代画像砖墓》，《考古》1989 年第 12 期。
② 李鲁滕：《山东滕州市官桥车站村汉墓》，《考古》1999 年第 4 期。

西汉中晚期盛行随葬陶礼器组合，彩绘陶数量较少。其中西汉晚期随葬陶礼器的墓葬均为石椁墓，而随葬罐等日用陶器的墓葬则以土坑或岩坑墓为最多。新莽时期随葬陶礼器的墓葬既有石椁墓，也有土坑（或岩坑）墓，而随葬罐等日用陶器的墓葬仍以土坑（或岩坑）墓多见。随葬的陶礼器较之西汉时期变化明显，鼎、钫、盘等消失，圈足壶被平底壶取而代之，盒的形态也不同于西汉时期同类器。另外该期还流行随葬大泉五十铜钱。东汉时期随葬品也相应减少，陶器以平底壶和罐等为主，盛行随葬磨郭五铢和剪轮五铢钱。另外新莽至东汉时期随葬壶、盒类陶礼器的部分墓中，往往还伴出陶罐等日用陶器。

墓地中已知的墓葬均为小型墓，随葬品以陶器和铜钱为主，据此我们可以判断该墓地埋葬的死者属于当时的平民阶层。陶礼器类随葬品集中出现在石椁墓中，而日用陶器类随葬品多见于土坑或岩坑墓，显然石椁墓墓主人的经济实力要强于土坑（或岩坑）墓墓主人。

该墓地另一个突出特点是出土较多的铁兵器，集中出土于三、四期的墓葬中，一、二期则极少出土。这种现象反映出西汉中晚期社会祥和，政局安定，人民安居乐业，新莽时期和东汉政局不稳，战乱频仍的社会现实。

执笔：兰玉富　李振光　张振国
绘图：许　姗
摄影：冀介良
拓片：李胜利

附表 顾庙汉墓墓葬登记表

（长度单位：米）

墓号	墓型	层位关系	墓向	墓扩尺寸（长×宽-深）	棺椁尺寸（长×宽-高）及二层台尺寸（宽-高）	壁龛或器物箱	墓主人及葬式	随葬品及位置	期别	备注
M1	单椁		85°	2.55×1.25-2.15	椁：2.3 × 0.85 - 0.75。木棺，朽痕：1.95×0.55	头箱：椁立板与坑壁构成	1人，头向东，面向右，仰身直肢	头箱内：陶大型壶CaI2，盒D，小型罐B。墓主头侧和下腹部：铜大泉十II2，朽钱3。身体右侧：铁剑	三	
M2	岩坑		91°	2.6×1.1-2.7	岩石二层台：(0.2~0.3)-0.6	壁龛平面梯形：0.6×0.5-0.42	1人，朽重，头向东	无	不详	
M3	双椁		0°	3.55 × (2.3~2.4)-2	东椁：2.7 × 0.7-0.7。木棺，朽重 / 西椁：2.7 × 0.7-0.7。木棺，朽重	无 / 无	1人，朽，头向北，面向右，侧身屈肢 / 1人，朽重，头向北，面向右上，仰身直肢	西椁北端板外侧：陶中型罐Ac，BaIV2。西室墓口内：蝉形石珌；身上：铁剑III4，剪轮五铢4；下腹部：铜五铢II4，蝉形石珌。东室墓主脚下：陶中型罐Ac，残陶大型罐	四	双椁共用1立板
M4	双椁	南椁→北椁	96°	口2.84 × (2~2.1)-3.05；底2.84 × (2.26~2.46)	南椁：2.5 × 0.94-0.94。木棺，朽痕 2.05×0.65 / 北椁：2.48 × 0.9-0.88。木棺，朽痕2.05×0.65	无 / 无	1人，朽，头向东，面向右，仰身直肢 / 1人，朽，头向东，仰身直肢	椁东北侧：陶中型罐AaI，BaII，BbII2。墓主人右手处：铜五铢I7，II14，III26，磨郭五铢3。南室人口内：蝉形石珌	三	南底板压在北底板上

续附表

墓号	墓型	层位关系	墓向	墓圹尺寸（长×宽-深）	棺椁尺寸（长×宽-高）及二层台尺寸（宽-高）	壁龛或器物箱	墓主人及葬式	随葬品及位置	期别	备注
M5	双椁		195°	口2.7×1.6-2.54；底2.9×2	东椁：2.44×0.94-0.84。木棺，朽重	无	1人，朽，头向南，面向上，仰身直肢	南端板外：陶大型壶CaⅢ，CbⅡ2，盒AaⅣ2、D、E，小型罐B。东室墓主人身上：铁环首刀；胸部：石黛板，石砚子，石鼻墓2，蝉形石珞；右手处：铜五铢ⅡI4、II6，磨制石五铢，大泉五十II16，朽钱3	三	双椁共用1立板
					西椁：2.44×0.94-0.84。木棺，朽重		1人，朽，头向南，面向上，仰身直肢			
M6	单椁（石盖板）		92°	2.7×1.3-1.7	岩石二层台：0.2~0.8。未见葬具	无	1人，朽，头向东，仰身直肢	头侧：陶大型壶其他2，盒BⅡ。左手处：铜五铢皿2，大泉五十I、II7。下腹部：铁削	三	
M7	土坑		8°	2.85×1.4（残）-1.8；斜坡式墓道2.4×（0.95~1.4）	木棺，朽痕。西棺：2.05×（0.5~0.55），东棺：1.96×（0.2~0.46）	无	2人，残存下肢骨，头向南，仰身直肢	两棺间：陶大型罐BI。墓室东北角：漆盒。西棺内西北角：银环；铜镜。东棺内：朽铜钱	四	有墓道
M8	土坑		272°	2.9×2.6-1.45；斜坡式墓道3×（1.5~2.6）	木棺，朽重	无	不清，未见人骨，可能为迁葬	棺内：铜镜；石珠2	四	有墓道，墓底残存石板
M9	单椁		190°	2.9×0.96-1.7	椁：2.75×0.9-0.95。木棺，朽痕2×0.7	无	1人，头向南，侧身直肢	棺北侧：陶大型罐BⅡ、中型罐D。棺内：小型罐Ad，削；墓主头外侧：铜镜	四	

续附表

墓号	墓型	层位关系	墓向	墓扩尺寸（长×宽-深）	棺椁尺寸（长×宽-高）及二层台尺寸（宽-高）	壁龛或器物箱	墓主人及葬式	随葬品及位置	期别	备注
M10	单椁		185°	2.7×1.1-1.6	椁：2.4×0.9-0.92。木棺，朽重	无	头向南，仰身直肢，面向上	椁内北端：陶大型罐BⅠ，中型罐Ad，小型罐Do。墓主头端：铜镜；身侧：铁环首刀，戟；腹部：铜五铢Ⅰ4，Ⅲ4，Ⅳ71，磨郭五铢20，剪轮五铢35，剪轮半两2，货泉，朽钱8	四	
M11	双椁		94°	2.9×2-2（残）	南椁：2.4×0.96-0.98。木棺，朽重	头箱2，中间以立板相间，各有一盖板	1人，朽重，向东，仰身直肢	头箱内：陶大型壶CaⅡ2，盒BⅢ2，C2，中型罐Bc Ⅲ。其他，小型罐Bo。北椁内：铁环首刀。两椁内：铜大泉五十Ⅰ12，Ⅱ10	三	
					北椁：2.4×0.96-0.98。木棺，朽重		1人，朽重，头向东，仰身直肢			
M12	土坑		84°	2.92×(1.2~1.3)-0.8（残）	生土二层台：0.4-0.7	无	1人，朽重，头向东，仰身直肢	墓主头端，下腹部：铜大泉五十Ⅰ12	不详	
M13	双椁		94°	2.8×2.2-0.86（残）	南椁：2.4×0.94-0.9。木棺，朽重	无	1人，朽重，头向东，仰身直肢	南椁内：陶大型罐AⅢ，中型罐BcⅢ。南室墓主身侧：铁环首刀，身侧和头端：铜五铢3，铜五铢Ⅲ2，剪轮五铢15，Ⅱ15，剪轮	四	共用一立板
					北椁：2.4×0.94-0.9。木棺，朽重		1人，朽重，头向东，仰身直肢	大泉五十Ⅰ7，大泉五十，小泉直一3，货泉20，朽钱		

续附表

墓号	墓型	层位关系	墓向	墓圹尺寸（长×宽-深）	棺椁尺寸（长×宽-高）及二层台尺寸（宽-高）	壁龛或器物箱	墓主人及葬式	随葬品及位置	期别	备注
M14	岩坑		278°	0.26×1.2-1.5（残）	岩石二层台：（0.22~0.28）-0.58。木棺，朽重	无	1人，朽重，头向西，直肢	头侧：陶中型罐BaI	二	
M15	岩坑		98°	2.38×1.3-0.9（残）	岩石二层台：（0.04~0.15）-0.9	无	1人，朽重，头向东，仰身直肢	无	不详	
M16	岩坑		278°	2.64×1.26-1.1（残）	岩石二层台：（0.2~0.28）-0.62	无	1人，朽重，头向西，仰身直肢	墓主头侧：陶中型罐BaI，盒BI；左手处：铜五铢I，III4	三	墓底发现朽布痕
M17	岩坑		357°	2.7×1.7-1.1（残）	岩石二层台：宽0.3~0.34，木棺，朽痕：2.2×0.88	东台中部被盖成一器物箱，平面呈梯形：宽0.52~0.76	1人，朽重，面向北，头向北，仰身直肢上	器物箱内：陶鼎C，大型壶AI，小型壶Ac，三足罐，盒AI，盘I	一	
M18	不详	不详	不详	不详	不详	不详	不详	不详	不详	未清理
M19	单椁（石盖板）	不详	不详	不详	生土二层台	壁龛	不详	残陶陶中型罐，小型罐A	不详	
M20	不详	不详	不详	不详	不详	不详	不详	不详	不详	未清理

续附表

墓号	墓型	层位关系	墓向	墓圹尺寸（长×宽×深）	棺椁尺寸（长×宽×高）及二层台尺寸（宽×高）	壁龛或器物箱	墓主人及葬式	随葬品及位置	期别	备注
M21	双椁		275°	2.5×2.2-2.76	南椁：2.38×0.8-0.84。木棺，朽重 北椁是在墓底向外掏洞而成，仅一立板。木棺，朽重	无	1人，朽重，头向西，仰身直肢 1人，朽重，头向西，仰身直肢		不详	
M22	双椁（一岩室、一椁）	错缝合葬	270°	南2.54×1.15-2.04 北2.58×1.35-1.6	北椁：2.36×0.84-0.64	无	1人，朽重，头向西 1人，朽重，头向西	北椁东侧：陶中型罐Ab I。北椁内：铜五铢 II 5、III 3；磨郭五铢	二	
M23	双椁		265°	口2.9×2-2.32；底3.2×2.18	南椁2.48×1-0.82。葬具未见 北椁：2.6×1.08-0.94；木棺，朽重	无	未见 北椁1人，朽重，头向西	墓主身侧头部：铁剑；墓主身侧：蝉形石琀、石鼻塞、石耳塞2	不详	共用一立板
M24	单椁		272°	2.52×1.3-1.88	椁2.3×0.76-0.78（盖板）。岩石二层台：(0.1~0.28)-0.7。木棺，朽重	壁龛在东壁上，方坑：0.6×0.5-0.48	1人，朽重，头向西，仰身直肢	壁龛内：陶中型罐Bb I。墓主下腹部：铜五铢 I 2、II 10、III 16	二	
M25	岩坑		270°	2.4×1.2-1.7（残）	岩石二层台：(0.2~0.26)-0.5。木棺，朽重	无	1人，朽重，头向西，仰身直肢	墓主头西南侧：大型壶其他；左右胳膊处：铜剪轮五铢5，朽线4	四	板厚6~8厘米

续附表

墓号	墓型	层位关系	墓向	墓圹尺寸（长×宽－深）	棺椁尺寸（长×宽－高）及二层台尺寸（宽－高）	壁龛或器物箱	墓主人及葬式	随葬品及位置	期别	备注
M26	岩坑		271°	2.1×0.98－2.2（残）	岩石二层台：（0.2～0.18）－0.7。木棺，朽重	无	1人，朽重，头向西，仰身直肢	墓主脚侧：陶中型罐 Ba Ⅲ2	四	
M27	单椁（石盖板）		88°	2.4×0.96－1.56（残）	岩石二层台：0.2－0.54。木棺，朽重	无	朽重，头向东，仰身直肢	盖板西南角：残陶大型罐，中型罐 Bb Ⅱ。墓主左膝处：铁环首刀	三	
M28	单椁		271°	2.52×1.24－2.2（残）；岩石二层台宽0.14～0.3，高0.7	椁：2.1×0.84－0.82（盖板）。木棺，朽重	无	朽重，头向西，仰身直肢	椁西侧：陶大型壶 BⅠ2，盒 BⅠ2，小型罐 B。下腹部：石黛板；身左侧：铁剑。椁外，墓主头侧，大：铜五铢Ⅲ7，磨郭五铢Ⅰ13，大泉十铢Ⅰ13、Ⅱ38；石鼻塞2	三	
M29	双椁（一岩室、一椁）	北→南	255°	墓圹2.84×2.16，北坑深1.8，南坑深1.9	南坑岩石二层台：（0.2～0.34）－0.7。木棺，朽重。北椁：2.54×0.9－1.06（盖板）。木棺，朽重	无	1人，头向西，仰身直肢；1人，头向西，仰身直肢	北椁东侧和室内：陶大型罐大Ⅱ，中型罐 Bc Ⅰ	三	
M30	双椁（一岩室、一椁）	南→北	265°	墓圹2.65×2.16，北坑深3.02，南坑深3.22	北岩石二层台：（0.22～0.28）－0.7。木棺，朽重	壁龛在北室东壁上：0.42×？－0.38	1人，头向西，仰身直肢	壁龛内：陶中型罐 Aa Ⅰ。椁内：铁剑；铜五铢Ⅰ14，Ⅱ21，Ⅲ35，朽钱14	二	

续附表

墓号	墓型	层位关系	墓向	墓扩尺寸（长×宽-深）	棺椁尺寸（长×宽-高）及二层台尺寸（宽-高）	壁龛或器物箱	墓主人及葬式	随葬品及位置	期别	备注
M31	土坑		东西向	2.1×0.66-0.8	无		无	无	不详	
M32	单椁（石盖板）		265°	2.7×1.3-1.2	岩石二层台：（0.2~0.4）-0.55。木棺，朽重	壁龛在西壁上，平面近梯形：0.54×0.24-0.25	1人，朽骨，重，头向西，仰身直肢	棺内：陶大型壶 CaⅠ2。墓主左右手处：铁削2；铜五铢Ⅰ	三	
M33	双椁		260°	口2.65×（1.7~1.76）-2.26；底2.75×（1.83~1.89）	南椁：2.38×1-0.92（盖板）。木棺，朽重 北椁：2.38×0.96-0.92（盖板）。木棺，朽重	壁龛在东壁，长方坑，两块石板封口：1.4×0.52-0.6	南：1人，朽重，少量肢骨，头向西 北：1人，朽重，肢骨，头向西	壁龛内：陶大型罐 AⅠ，盒。南椁内：铁剑	二	共用立板、盖板和底板
M34	岩坑		172°	1.5×0.67-0.7	岩石二层台：（0.05~0.1）-0.3	无	1人，朽重，剩肢骨，头向南	无	不详	盖板厚6厘米
M35	岩坑		275°	2.3×0.7-1.1（残）	岩石二层台：0.3-0.4	无	朽重	二层台上：陶中型罐 AbⅡ	三	残
M36	双椁		268°	墓扩3.6×2.7；南坑深3.96，北坑深4.16	南椁：2.46×1.05-1.02（盖板）。葬具不详 北椁：2.6×1.08-1.02（盖板）。葬具不详	壁龛在南壁上，平面长方形，石底，斜顶，石板封口：1.4×0.74-1.5	1人，朽重，少量肢骨，头向西	北椁南侧和壁龛内：陶中型罐 AaⅡ、BaⅡ2，小型罐 A。南椁内：铁剑Ⅰ11、Ⅱ20、Ⅲ29，磨郭五铢10，朽钱3	三	夯土

续附表

墓号	墓型	层位关系	墓向	墓圹尺寸（长×宽-深）	棺椁尺寸（长×宽-高）及二层台尺寸（宽-高）（盖板）	壁龛或器物箱	墓主人及葬式	随葬品及位置	期别	备注
M37	单樟		275°	2.72×1.32-1.74（残）	樟：2.32×0.92-0.7（盖板）。葬具不详，发现布纹朽痕	无	1人，朽重，仰身直肢，头向西	墓室西南角：陶中型罐Ba I。墓主右臂处：铁剑；下腹部：铜五铢I 4，II 7，III2，剪轮五铢7；右手处：铜镜，剪轮五铢2，石鼻塞2	二	
M38	双樟		262°	2.92×1.86-？	南樟：2.7×1.1-1.2。木棺，朽重　北樟：2.7×1.1-1.2。木棺，朽重	壁龛在南壁上，平面方形：0.6×？-0.6	1人，朽重，仰身直肢，头向西　1人，朽重，仰身直肢，头向西	坑内西北角盖板上：陶大型壶Cd2，中型罐Aa II。南室墓主人左手处：铜剪；轮五铢5。壁龛内：铁镢	四	共用一立板，两樟借用岩石二层台充当立板
M39	单樟		285°	2.7×1.05-1.6（残）	樟：2.2×0.8-0.76（盖板）。木棺，朽重	无	1人，头向西，仰身直肢	樟东侧：陶中型罐Ba I。腹部：朽铜钱	二	
M40	双樟		355°	东坑2.7×1.7-3.76　西坑3×1.9-3.56	东樟：2.3×0.9-0.94（盖板）。木棺，朽重　西樟：2.4×1.02-0.94（盖板）。木棺，朽重	壁龛平面长方形，平顶：1.2×1-0.8　墓龛平面近梯形，平顶：1.1×1-1.1。樟西侧有边箱：0.9×0.32	1人，保存较差，头向北，仰身直肢　1人，保存较好，头向北，仰身直肢	边箱和壁龛内：陶鼎A III2，B II，盒A，大型壶A III，钫II，盘II，Aa III 2，Ab II，盘IV，小型罐C，杯	二	

墓号	墓型	层位关系	墓向	墓圹尺寸（长×宽－深）	棺椁尺寸（长×宽－高）及二层台尺寸（宽－高）	壁龛或器物箱	墓主人及葬式	随葬品及位置	期别	备注
M41	双椁		282°	2.96×(2.04~2.12)-2.02	南椁：2.4×1-0.94（盖板）。棺、杅重	无	1人，保存较好，头向西，仰身直肢	墓室西南角：陶中型罐Aa II 2。墓主人左侧：铁剑；铜大泉五十 I 4、II 4、重轮大泉五十。北椁填土内：铁环首刀	三	共用立板和底板
M42	单椁（石盖板）		270°	2.7×1.15-1.8	北椁：2.48×0.96-0.8。未见葬具	无	1人，头向西，仰身直肢	二层台上：陶大型壶Cb I。墓主人左手处：铜五铢 II、铜五铢 III 3	三	
M43	土坑		102°	2.14×0.82-0.72（残）；生土二层台	木棺、杅重	无	1人，头向东，仰身直肢	无	不详	
M44	土坑		89°	2.2×0.66-0.8（残）；生土二层台	木棺、杅重	无	1人，保存较差，头向东	无	不详	
M45	土坑		276°	2.3×0.8-0.5（残）		无	无	无	不详	
M46	土坑		270°	2.8×1.1-1.4；生土二层台，宽0.2~0.6，高0.5	木棺、杅痕：1.96×0.54	无	1人，头向西，仰身直肢	棺东侧：陶大型罐A II、中型罐Ac。蝉形石琀	三	东端无台
M47	土坑		356°	2.6×1.32-0.9（残）	木棺、杅重	无	1人，头向北	无	不详	

续附表

墓号	墓型	层位关系	墓向	墓圹尺寸（长×宽-深）	棺椁尺寸（长×宽-高）及二层台尺寸（宽-高）	壁龛或器物箱	墓主人及葬式	随葬品及位置	期别	备注
M48	双椁	错缝合葬	358°	东坑2.6×1.46-1.7 西坑（2.68~2.8）×（1.44~1.7）-1.7	东椁：2.44×0.88-0.84。岩石二层台：宽0.36 西椁：2.33×0.9-0.84	二层台中凿有器物箱：宽0.6	1人，保存较差，头向北，仰身直肢	边箱和西椁外侧：陶鼎BI2，大型壶B2，盒AaⅢ2，盘AbI2，匜A，B2，勺3，小型罐C3。另鼎、杯3，壶各1件未复原	二	
M49	单椁（石盖板）		283°	2.5×1.1-1.3（残）	生土二层台：（0.2~0.26）-0.6。木棺，朽重	无	1人，头向西	岩石二层台上：陶大型壶Cc2，盒BⅡ	三	
M50	土坑		270°	2.2×0.76-0.65	不详	无	1人，头向西，仰身直肢	无	不详	
M51	单椁		282°	2.82×1.52（残）	椁：2.5×0.83-0.82	无	1人，头向西	墓主左侧：铁剑，环首刀，削。蝉形石琀	不详	
M52	土坑		272°	2.6×1.2-1.6	生土二层台：（0.1~0.3）-0.6。木棺，朽重	壁龛在北壁，平面长方形，平顶：0.55×0.35-0.35	1人，头向西	壁龛内：陶中型罐BaⅢ。蝉形石琀，石鼻塞2	四	
M53	土坑		280°	2.6×（1.2~1.4）-1.4	生土二层台：（0.24~0.3）-0.7。木棺，朽重	无	1人，头向西，仰身直肢	墓主左腿处：陶中型罐BcⅡ。墓主头侧：铜五铢I11，Ⅲ94，剪轮五铢31，磨郭五铢8，大泉十Ⅱ，杵钱4	三	

鲁中南汉墓

续附表

墓号	墓型	层位关系	墓向	墓扩尺寸（长×宽-深）	椁椁尺寸（长×宽-高）及二层台尺寸（宽-高）	壁龛或器物箱	墓主人及葬式	随葬品及位置	期别	备注
M54	双椁（石盖板）		268°	(2.2~2.3)×1.66-1.36	北坑岩石二层台:(0.08~0.24)-0.6	无	2人，头向西，仰身直肢	南室西端：陶大型壶Cb I 2。北室墓主腹部：陶中型罐 BcⅡ	三	北有盖板，厚10厘米
M55	土坑		265°	2.2×0.82-3.16；南北岩石二层台，宽0.2	木棺，朽痕：1.8×0.6	无	1人，头向西，仰身直肢	棺内：铁环首刀；铜五铢Ⅲ3，大泉五十Ⅱ、泉五十、朽线5	不详	
M56	土坑		265°	2.3×1-2.94	南北生土二层台：0.2-0.56。木棺，朽痕：2.04×0.56-0.06(残)	无	1人，头向西	棺东侧：陶中型罐 BaⅠ。棺内：铜磨郭五铢4，剪轮五铢3；石耳塞，石研子	二	
M57	土坑		272°	2.2×0.7-2.3		无	1人，头向西	无	不详	
M58	土坑		258°	2.2×1.2-0.5	木棺，朽重	无	1人，头向西	无	不详	
M59	双椁（石盖板）		265°	墓扩 2.8×1.9，北南坑深2.48，南坑深1.8	岩石二层台:(0.12~0.3)-0.54。南棺朽痕：1.92×0.58-0.1(残) 岩石二层台:(0.16~0.3)-0.68。北棺朽痕：2.1×0.5-0.08(残)	无	1人，较差，头向西 1人，较差，头向西	北室东北角：陶中型罐 AbⅡ，BaⅡ。南室东北角：陶大型壶Ca Ⅲ。北棺内：铜大泉五十 I 2	三	

续附表

墓号	墓型	层位关系	墓向	墓圹尺寸（长×宽×深）	棺椁尺寸（长×宽-高）及二层台尺寸（宽-高）	壁龛或器物箱	墓主人及葬式	随葬品及位置	期别	备注
M60	双椁（石盖板）	南→北	269°	墓圹3.2×2.06，南坑深2.54，北坑深2.78	南椁：2.64×1.02-0.74。南棺痕：2.2×0.62 / 北椁：2.66×1.06-0.92（盖板）；未见葬具	无	2人，头向西，仰身直肢；南室墓主面向上	南椁西侧：陶大型壶其他、铢，小型罐E。墓主左右胁腰处：铜五铢 I 2、Ⅳ，残8，Ⅲ 2、Ⅳ、磨郭五铢64	四	共用一立板，板厚12~14厘米
M61	单椁（石盖板）	不详	不详	不详	生土二层台	无	不详	不详	不详	
M62	土坑		107°	2×0.8（残）-0.5（残）	南北岩石二层台：宽0.2。木棺，朽重	无	1人，头向东，仰身直肢	无	不详	
M63	单椁		287°	2.94×1.68-0.66（残）	石椁2.24×1.02-0.92（盖板）	无	1人，头向西，仰身直肢	椁外：陶大型壶AⅡ，盒C。墓主右手处：铜五铢 I 2，Ⅲ6	三	
M64	土坑		112°	2.16×0.84-0.8（残）	南北生土二层台0.3-0.72	无	1人，头向东，仰身直肢	坑东北角：残陶中型罐。墓主左右胁腰处：铜剪轮五铢11，朽铜钱	不详	
M65	单椁		9°	2.76×1.76-0.9（残）	椁：2.38×0.9-1.12（盖板）；岩石二层台：宽0.14~0.66	边箱在西二层台中部：宽1	1人，头向北，仰身直肢	边箱内：陶鼎AⅡ2，大型壶AⅡ2，小型壶AaⅡ2，盘Ⅲ。墓主右手处：朽铜钱	二	
M66	土坑		275°	2.2×1.2-0.88（残）		无	1人，朽重，头向西	墓室东北角：陶大型壶CbⅢ	四	

续附表

墓号	墓型	层位关系	墓向	墓圹尺寸（长×宽-深）	棺椁尺寸（长×宽-高）及二层台尺寸（宽-高）	壁龛或器物箱	墓主人及葬式	随葬品及位置	期别	备注
M67	单椁		5°	2.66×1.56-1.4（残）	椁：2.3×0.92-1.09（盖板）。岩石二层台：(0.16~0.36)-0.94。木棺，朽重	边箱在西台中部：0.62×0.28-0.46	1人，朽重，头向北，仰身直肢	边箱内：陶鼎AⅡ、盒Aa Ⅱ、纺轮Ⅱ、小型罐C；铜镜、铜环	二	
M68	土坑		11°	2.7×1.5-2	木棺，朽重，2.2×0.55	无	1人，朽重，头向北		不详	
M69	土坑		97°	2.55×1.3-1.5	岩石二层台：(0.15~0.28)-0.66。木棺，朽痕：1.8×0.55	无		墓室西北角：陶中型罐AaⅠ2。填土内：铁锸	二	
M70	土坑		92°	2.25×0.7-1.2	木棺，朽痕 1.95×0.55	无	1人，仰身直肢		不详	
M71	双椁		95°	2.95×2.6-2	南椁：2.5×1.06-0.96。岩石二层台：0.3-0.8。木棺，朽重	无	1人，头向东，面向上，仰身直肢	东端板外侧：陶大型壶Ca Ⅳ、中型罐AaⅢ2、BaⅣ。北室墓主人手处：铜五铢11、磨郭五铢2、剪轮五铢7；身体左右侧：铁剑、削	四	共用一立板和底板；石板厚14~18厘米
					北椁：2.54×1.06-0.96。木棺，朽重		1人，头向东，面向上，仰身直肢			
M72	土坑		182°	2×0.85-1.1	木棺，朽痕：1.95×0.55	无	1人，头向南，仰身直肢		不详	

续附表

墓号	墓型	层位关系	墓向	墓圹尺寸（长×宽-深）	棺椁尺寸（长×宽-高）及二层台尺寸（宽-高）	壁龛或器物箱	墓主人及葬式	随葬品及位置	期别	备注
M73*	单椁		12°	2.8×1.6-2.6	椁：2.4×0.98-1.02（盖板）。木棺，朽重	边箱在椁东侧	1人，头向北，仰身直肢	边箱内：陶鼎AⅠ2，盒Aa Ⅰ2，小型壶Ⅰ2，钫Ⅱ，盘Ⅱ	二	板厚约12厘米
M74	单椁		85°	2.55×1.6-2.3	椁：2.34×0.98-0.8（盖板）。木棺，朽重	边箱在北台中部：0.9×0.5-0.5	1人，头向东，面向上，仰身直肢	边箱内：陶钫2	二	板厚10~14厘米
M75	单椁		96°	2.55×1.5-2.3	椁：2.42×0.94-0.98（盖板）。木棺，朽重	无	1人，头向东，面向上，仰身直肢	椁南侧：陶钫Ⅱ	二	板厚10厘米
M76	单椁		0°	2.7×1.55-2.8	椁：2.2×0.94-0.95（盖板）。未见葬具	无	1人，头向北	墓室西南部：陶大型壶AⅡ	二	板厚10厘米
M77	不详	不详	不详	不详	不详	不详	不详	不详	不详	未清理
M78	土坑		3°	2.7×1.4-2.2	生土二层台：（0.1~0.4）-0.8。未见葬具	无	1人，头向北	室内：残陶中型罐	不详	
M79	单椁		3°	2.75×1.3-2.8	椁：2.28×0.82-0.66；木棺，朽重	无	1人，头向北，面向上，仰身直肢	椁北侧：陶中型罐BaⅢ2；石器座。墓主身右侧：铁剑，环首刀；下腹部：铜五铢Ⅲ	四	立板、底板厚6厘米
M80	土坑		2°	2.4×1.2-2.5	岩石二层台（0.2~0.4）-0.7。未见葬具	无	1人，头向北		不详	

续附表

墓号	墓型	层位关系	墓向	墓圹尺寸（长×宽-深）	棺椁尺寸（长×宽-高）及二层台尺寸（宽-高）	壁龛或器物箱	墓主人及葬式	随葬品及位置	期别	备注
M81	土坑		355°	2.5×1.6-2.5	岩石二层台：(0.2~0.5)-0.7。未见葬具	无	1人，头向北		不详	盖板厚15厘米
M82	单椁		106°	2.48×1.26-1.2（残）	岩石二层台：(0.1~0.44)-0.68。未见葬具	无	1人，头向东，仰身直肢		不详	盖板厚4厘米
M83	单椁		355°	2.6×1.75-2.5	椁2.42×1.02-1.04（盖板）；生土二层台：0.5-0.85。木棺，杓重	边箱在西台中部：1.35×0.6-0.65	1人，头向北，面向上，仰身直肢	边箱：陶鼎AⅡ2，盒AaⅡ，大型壶AⅢ，钫Ⅱ，盘Ⅲ	二	
M84	单椁		102°	2.96×1.3-2.88（残）	椁：2.4×1.04-1.12（盖板）	无	1人，头向东，仰身直肢	无	不详	
M85	不详	不详	不详	不详	不详	不详	不详	不详	不详	未清理
M86	单椁		5°	3×1.6-1.1（残）	椁：2.5×1.04-1.04	边箱与椁共用一立板：2.5×0.54-1.04	1人，头向北，仰身直肢		不详	被盗
M87	不详	不详	不详	不详	不详	不详	不详	不详	不详	未清理
M88	不详	不详	不详	不详	不详	不详	不详	不详	不详	未清理

注：
1. 在墓号后上标加"*"表示有简单刻划花纹，如树木、房屋穿壁等。
2. "墓型"栏中，"单椁"指"石盖板墓"，"双椁"指"石盖板双室墓"，"双椁（一岩室、一椁）"指"岩室与石椁混合墓"。
3. "盖板"（石盖板）的尺寸为"宽×高-进深"，器物箱为"长×宽-高"。
4. 部分墓葬遭到破坏或腐朽架重，大致以"东西"或"南北"来标识墓向。
5. 在备注栏中填写墓葬保存状况、椁室石板的厚度及其他情况。

兖州徐家营墓地

山东省文物考古研究所
济 宁 市 文 物 局
兖 州 市 博 物 馆

  徐家营墓地位于山东省兖州市泗庄镇徐家营村西南约 1.5 公里，东北距兖州市约 10 公里，东南距兖（州）菏（泽）铁路约 3 公里（图一）。墓地地处鲁中南低山丘陵和鲁西平原的过渡地带，属山前冲积平原，地势平缓，西侧为滋阳山，府河由东北向西南流经墓地南部，土地肥沃，水源充足，是人类理想的居住区域，附近分布有较密集的新石器时代至周代的古文化遗址，如北辛文化王因遗址、周代六里井遗址等。

  兖州历史悠久，古为《尚书·禹贡》所载九州之一。商代属奄，西周为鲁国地域，

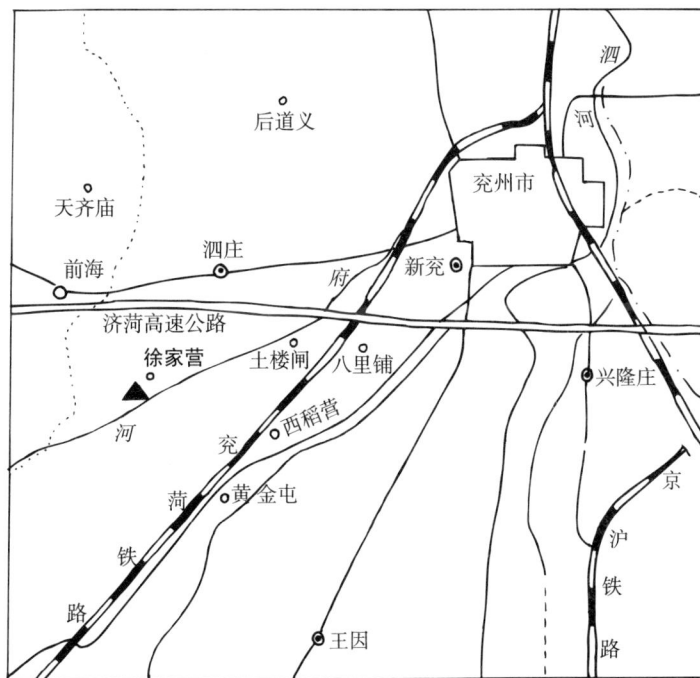

图一　徐家营墓地地理位置示意图

春秋为负夏邑，战国时称瑕丘。秦瑕丘是薛郡属县。兖州正式作为行政区划是在西汉武帝时设十四州刺史开始的，东汉及以后各代多因之。

2000年3月，为配合曲（阜）菏（泽）高速公路工程建设，山东省文物考古研究所与济宁市文物局、兖州市博物馆通过调查发现了该墓地，5～7月对墓地进行了钻探和抢救性发掘，共清理墓葬350座（其中汉代墓347座，宋代墓葬1座，清代墓葬2座）（附表）、陶窑1座。出土一批铜、铁、陶、玉、石器等。

参加发掘工作的人员主要是王守功、王登伦、党浩、魏恒川、杜以新、周登军等，领队王守功。发掘工作得到兖州市博物馆、徐家营村委的大力协助。人骨由中国社会科学院考古研究所韩康信先生鉴定，在此一并致以诚挚的谢意。

一　汉代墓葬

（一）墓地概况

1. 墓地分析

徐家营墓地位于徐家营村西南的一条土垄上，土垄呈东北—西南走向，一直延伸至村西、北，村民曾在村北发现墓葬，墓地的范围可能延伸到村北部，由于对公路征地范围以北的部分未进行钻探，因此整个墓地北部的范围和布局目前尚不清楚。已发掘的部分位于墓地西南端，长200、宽100米，面积约2000余平方米，地势隆起，较周围高出近1米（彩版二一，1；图版六〇，1）。墓葬均开口于耕土层下，距地表0.2～0.3米，已非原来的墓口。少数墓葬因破坏严重，耕土层下即已暴露出器物和墓室，个别器物口、腹部已被破坏，仅余底部。墓葬内多填花土，部分墓葬填土经过夯打，夯层和夯窝清晰，夯层厚8～15厘米；夯窝圆形，圜底或平底，直径10～15厘米。个别墓底部铺有一层白灰。

墓地墓葬分布较稠密，自西南向东北连绵不断，排列密集，部分墓葬间的叠压打破关系较复杂。从已发掘部分的墓葬分布图可以看出，墓葬分布有分组成片的现象，大体可以分为十余个区，区与区之间有一定的距离。每区内墓葬的排列有一定的规律，多见两墓或多墓并排和部分墓葬存在故意打破的现象，这可能与墓主间的关系有关（图二）。

2. 墓葬形制、葬具、葬式与墓向

墓葬依形制分为土坑墓、石椁墓、砖椁墓及其他四类，除1座墓有墓道外，其余

均无墓道。大多数土坑墓和少数石椁墓保存了木质棺椁的腐朽痕迹；少数土坑墓因打破或在近现代被破坏，葬具的情况已不清楚；多数石椁墓石椁被破坏移走，仅余椁底板，个别墓仅有椁底板痕迹，木棺的情况也已不明。墓主骨架保存较差，多已朽烂，少数被扰乱，在填土中发现有零星骨骼。墓葬方向以东西向、南北向为主，墓主头向以东向、北向为多，少量西向、南向者，葬式除 M236 为侧身屈肢外，余均仰身直肢。

3. 随葬品情况

随葬品以陶器为主，器形以罐最多，数量 1 ~ 4 个不等，多数墓葬出土 2 或 3 个。部分墓葬出土有鼎、壶、盒、盘、匜、勺的固定组合。有器物箱和壁龛的放置于其内，没有器物箱和壁龛的则放置于棺外或二层台上。铁剑、刀和削多放置于椁内墓主身侧，铜钱多出土于墓主身体附近，如头部、左右手部、上肢和脚部等部位。带钩多放置于墓主腰部，部分放置于头部或上肢附近。

4. 墓砖

砖椁墓皆用砖作为建筑材料，个别土坑墓用砖砌筑器物箱等。据形制可分两型。

A 型　素面砖。绝大多数呈长方形，个别略呈梯形，砖长一般在 36 ~ 41、宽 12 ~ 14.6、厚 5 ~ 10 厘米，有的一侧较另一侧厚。个别墓葬所用砖较大，长、宽、厚分别是 41、22、7.5 厘米。砖的颜色主要是灰色，由断面看自外至中心渐变为青灰色，或外表为黄褐色，内为浅红色，中心部位则为青灰色，部分砖夹有稻壳和根茎等植物，这类砖制作粗糙，烧制火候一般较低，质较疏松；少数砖外表呈青灰色，烧制火候较高，制作较规整。

B 型　空心砖。仅出土于 M262，素面，青灰色，长 78、宽 34、厚 16 厘米。

（二）墓葬分类及典型墓例

此次发掘的 347 座汉代墓葬中，其中有 24 座被近现代盗扰，1 座墓被打破，葬具均被破坏，因此这 25 座墓葬形制不明，无法分类，余 322 座可分为土坑墓、石椁墓、砖椁墓和其他四大类。

1. 土坑墓

228 座。平面有长方形和梯形两类，墓壁有直壁和斜壁。分两型。

A 型　216 座。单人葬。多为长方形小型墓，墓口一般长 1.7 ~ 3.5 米，最长的 M121 长 3.8 米，宽 0.6 ~ 2.7 米，深 0.15 ~ 2 米。部分墓底部或四周有生土二层台；有

的墓有壁龛或器物箱，壁龛多置于西部，尤其多在西南角。葬式除有一具为侧身屈肢
（M236）外，余均为仰身直肢。有一座墓（M327）为二次葬。依据葬具的有无和结构
的不同，可分三亚型。

Aa 型　3 座（M307、M310、M328）。木棺椁墓。

M310　位于墓地中部。方向 90°。墓口长 3.44、宽 2.7 米，底长 3.15 米，深 1 米。
下挖至距墓底 0.75 米后，墓口变小。填土黄褐色花土，经夯打，夯窝直径 0.1、夯层
厚 0.08～0.1 米。墓底南部有熟土二层台，长 3.23、宽 1.13 米。葬具为一椁一棺。椁

图三　汉墓 M310 平、剖面图

1. 陶大型罐　2、4. 陶小型壶　3. 陶盒　6. 陶鼎　7. 铁臿

已朽烂，残留有灰痕，长2.7、宽1.5米，板厚约0.01米，底部有13根长0.75、厚0.05~0.07米的圆枕木，枕木上有棺灰痕。棺长1.8、宽0.64、厚约0.1米。骨架保存较差，头向东，仰身直肢葬。西南部二层台上随葬有陶鼎、盒、大型罐各1件和小型壶2件，西北角放置一铁臿（图三；彩版二一，2）。

Ab型　163座。有棺无椁墓。其中4座墓有器物箱，14座墓有壁龛，37座墓有生土二层台。

M266　位于墓地北部，打破M268、M277。方向114°。墓口长2.6、宽1.3米，墓底长2.55、宽0.75米，深0.55米。底四周有生土二层台，台宽0.05~0.45米，高0.2米。葬具为一棺，已朽烂，残余板灰，长2.15、宽0.75、高0.2米，板灰厚约0.08米。骨架保存较好，年龄25~30岁，性别不明，头向东，面向南，仰身直肢葬。骨架右侧随葬铁剑1件，右手放铜钱39枚、右肩部放置铜环和石饰各1件，棺内西南部放置一段鹿角，东端放置1件陶大型罐、2件陶中型罐（图四；彩版二二，1）。

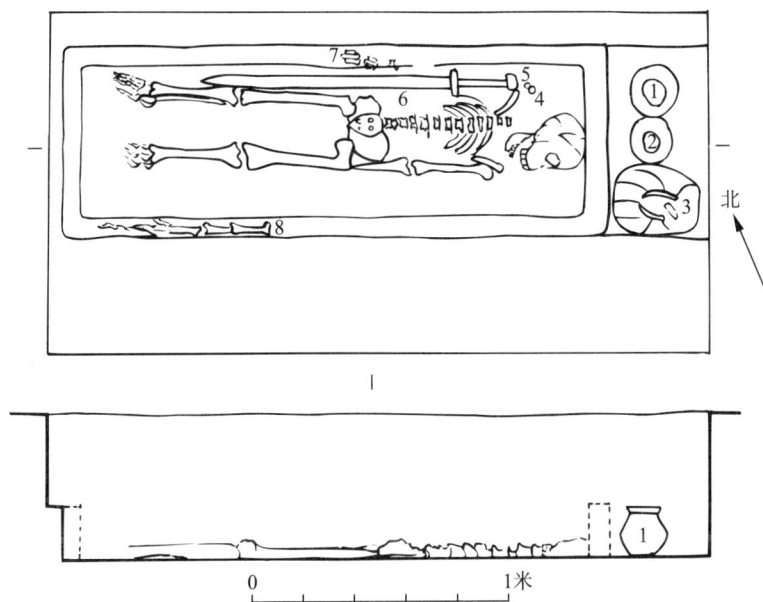

图四　汉墓M266平、剖面图

1、2. 陶中型罐　3. 陶大型罐　4. 铜环　5. 石饰　6. 铁剑　7. 铜钱　8. 鹿角

M16　位于墓地南部，打破M26。方向10°。平面略呈梯形。长3.4、宽3~3.3米，深1.2米。葬具为一棺，仅余板灰，放置于东北部，长2.1、宽0.8、高约0.3米，板厚约0.06米。西部放置边箱，已朽，长1.7、宽约1.1、高0.4米。骨架保存较差，头向北，面向上，仰身直肢葬。边箱内放置陶中型罐2件、残铜器2件、兽骨和漆盒，漆盒内有铜车马器10件。箱外西北部放置1件陶中型罐，东南角放置陶大型罐、中型

图五　汉墓 M16 平、剖面图

1、2、7、11. 陶中型罐　3. 漆盒（内有铜车马器）　4、10. 残铜器　5. 兽骨

6. 陶大型罐　8. 陶小型罐　9. 铜钱

罐、小型罐各 1 件；人骨右手旁有一串 20 枚铜钱（图五；图版六○，2）。

　　M67　位于墓地南部。方向 96°。长 3.45、宽 1.65 米，深 1 ~ 1.5 米。底北部有生土二层台，长 3.45、宽 0.2 ~ 0.7、高 0.48 米。葬具一棺，放置于东南部，已朽，长 2.22、宽 0.7、高 0.6 米，板厚约 0.03 ~ 0.04 米。西部有器物箱，长 1.38、宽 0.78

米。骨架保存较好，头向东，面向南，仰身直肢葬。器物箱内放置陶大型罐 2 件和铜车马器 19 件；人骨右手部有铜钱 3 枚（图六）。

M139　位于墓地南部，打破 M130。方向 0°。长 3、宽 1.7 ~ 2 米，深 1 米。墓壁垂直。填土经夯打，质坚硬。葬具为一棺，已朽，残存灰痕长 2、宽 0.8 米，板灰厚约 0.04 米。西壁下有壁龛，宽 0.9、高 0.5、进深 0.2 米。墓主头向北，面向上，仰身直肢葬。墓主左小臂处随葬铜钱和 1 件铁刀，右手随葬铜钱，壁龛内外放置陶大型罐 2 件，陶鼎、盒、匜、大型壶、小型壶、勺及铜盆各 1 件（图七；彩版二二，2）。

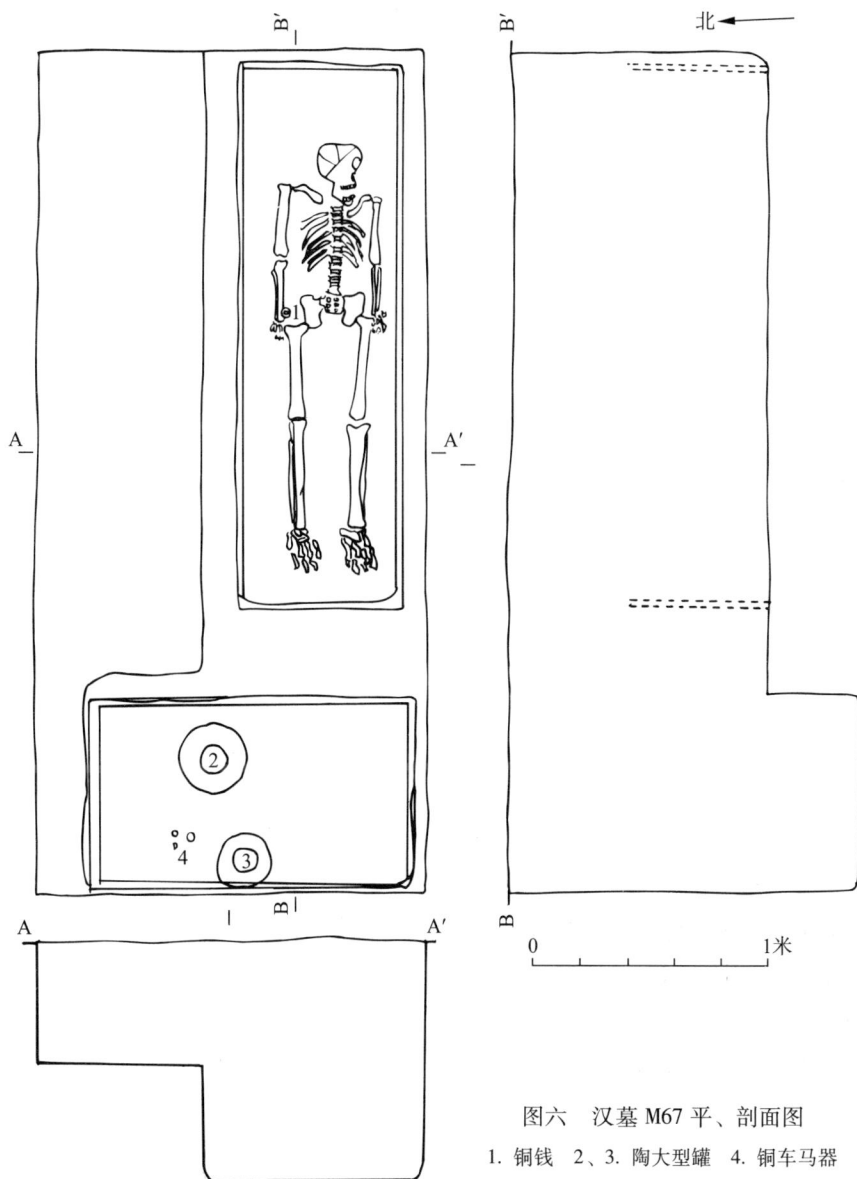

图六　汉墓 M67 平、剖面图
1. 铜钱　2、3. 陶大型罐　4. 铜车马器

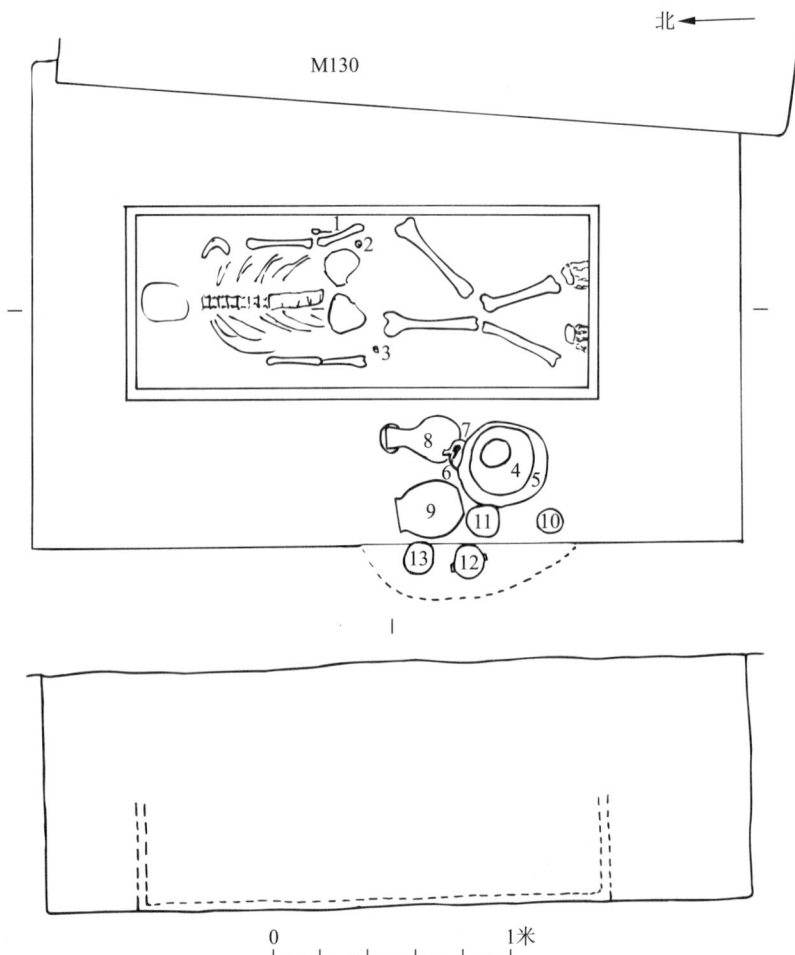

图七　汉墓 M139 平、剖面图

1. 铁刀　2、3. 铜钱　4. 铜盆　5、9. 陶大型罐　6. 陶匜　7. 陶勺

8. 陶大型壶　10. 陶小型壶　11. 陶盒　12. 陶鼎　13. 陶器盖（鼎盖）

　　M119　位于墓地南部，被 M97 打破，打破 M121、M128。方向 97°。长 3.4、宽 1.3 米，深 1.2 米。葬具有一棺，已朽，长 2.2、宽 0.65 米。西壁下有壁龛，宽 1.1、高 0.9、进深 0.4 米。骨架保存较差，头向东，仰身直肢葬。壁龛内放置 1 件铁削、1 件陶大型罐和 2 件陶中型罐；骨架右肩部随葬 1 件铁削，左手放置铜钱 73 枚（图八）。

　　M327　位于墓地中部。二次葬。方向 95°。墓口长 2、宽 0.8 米，墓壁垂直，墓底长 0.7、宽 0.3 米，深 0.64 米。葬具为一棺，已朽，放置于北部，长 0.7、宽 0.3、深 0.14 米，棺内埋葬有头骨和上肢骨，墓主为一成年男性（图九）。

　　Ac 型　50 座。无棺椁墓。其中 9 座墓底部有 1 ~ 4 个生土二层台，有 4 座墓有壁

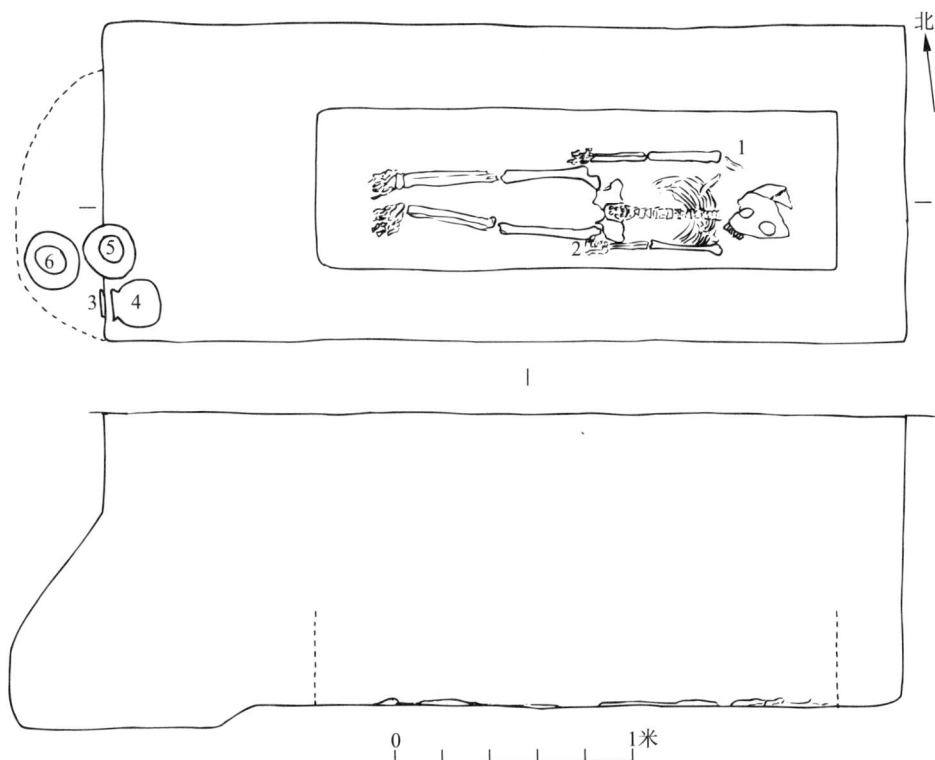

图八　汉墓 M119 平、剖面图

1、3. 铁削　2. 铜钱　4、6. 陶中型罐　5. 陶大型罐

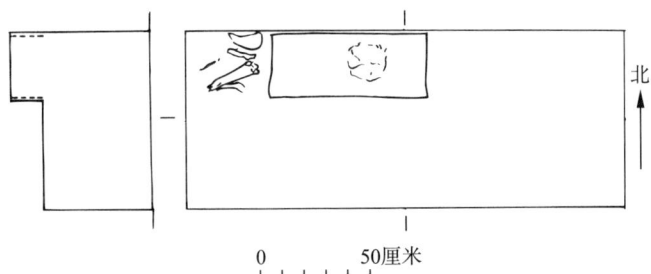

图九　汉墓 M327 平、剖面图

龛，1 座墓（M92）有器物箱，1 座墓（M174）墓底有白石灰。

B 型　12 座。双人合葬。多近方形。其中 3 座墓底部或四周有生土二层台；葬具多为木棺，8 座墓皆有两个木棺，2 座墓仅一人有棺，2 座墓两人皆无棺，仅一座墓（M94）为双人使用单棺，1 座墓（M179）有器物箱，3 座墓有壁龛。

M179　位于墓地北部，被 M150 打破。平面略呈梯形。方向 21°。墓口长 2.9、宽

2.1～2.5米，墓底长2.9、宽0.65米，深1.6米。葬具为两棺，放置于东、西两侧：东棺长2.1、宽0.65米；西棺长2.05、宽0.65米。南部放置长方形器物箱，长2.2、宽0.6米。东、西两棺内骨架均保存较差，头向北，面向上，仰身直肢。东棺内骨架右侧和头部随葬有铜钱14枚，西棺内骨架左侧随葬铜钱3枚和铁剑1件，右侧随葬铁刀1件。器物箱内放置3件陶大型罐（图一〇；图版六一，1）。

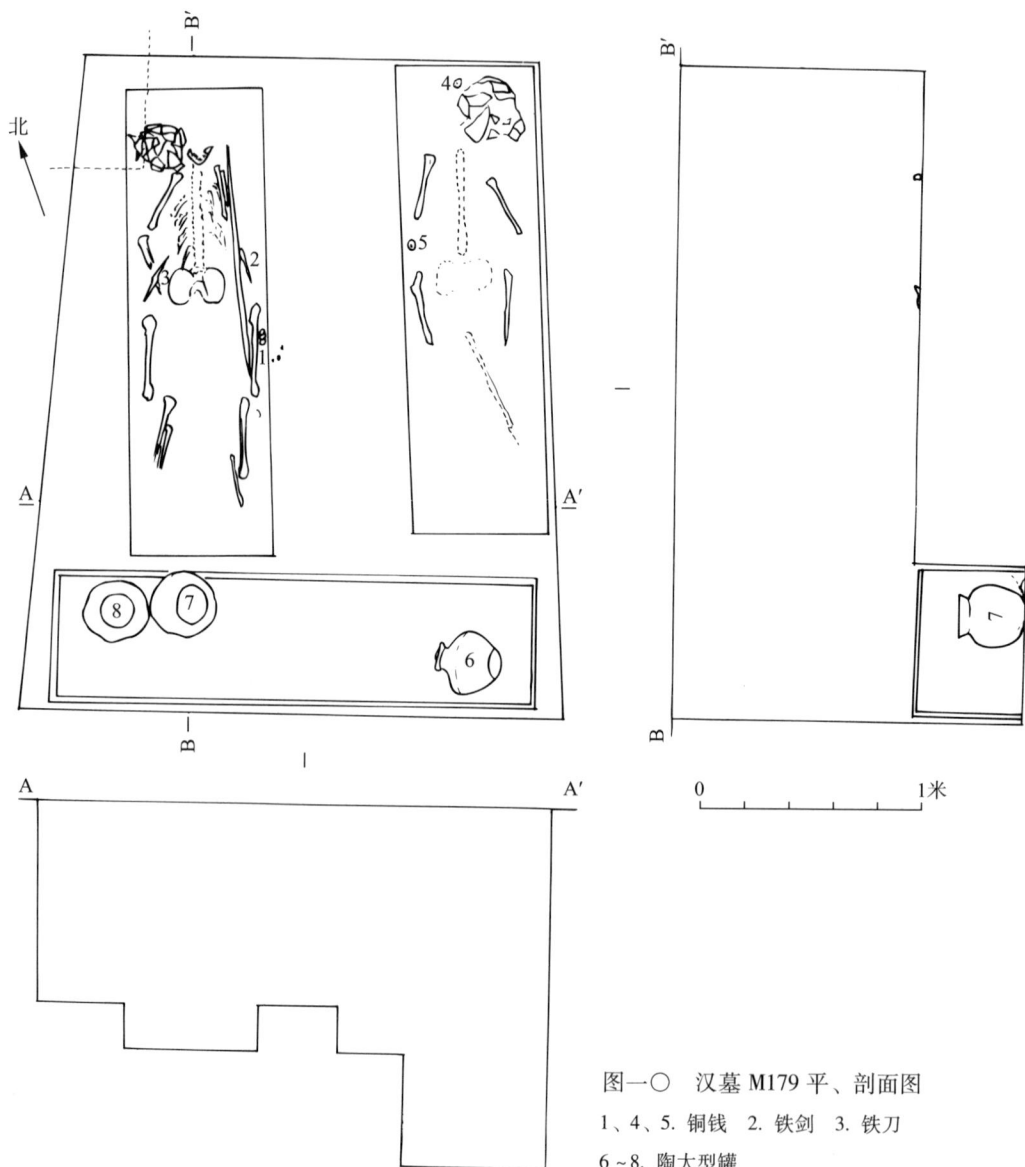

图一〇　汉墓 M179 平、剖面图

1、4、5. 铜钱　2. 铁剑　3. 铁刀

6～8. 陶大型罐

M23 位于墓地南部。方向2°。墓口长3.55、宽2.9米，墓底长3.55、宽1.4米，深0.8米。葬具为两棺，放置于东、西两侧，已朽，残余板灰。东棺长2.15、宽0.7米，板厚约0.04～0.05米；西棺长2.3、宽0.8米，板厚0.05～0.06米。东、西两棺

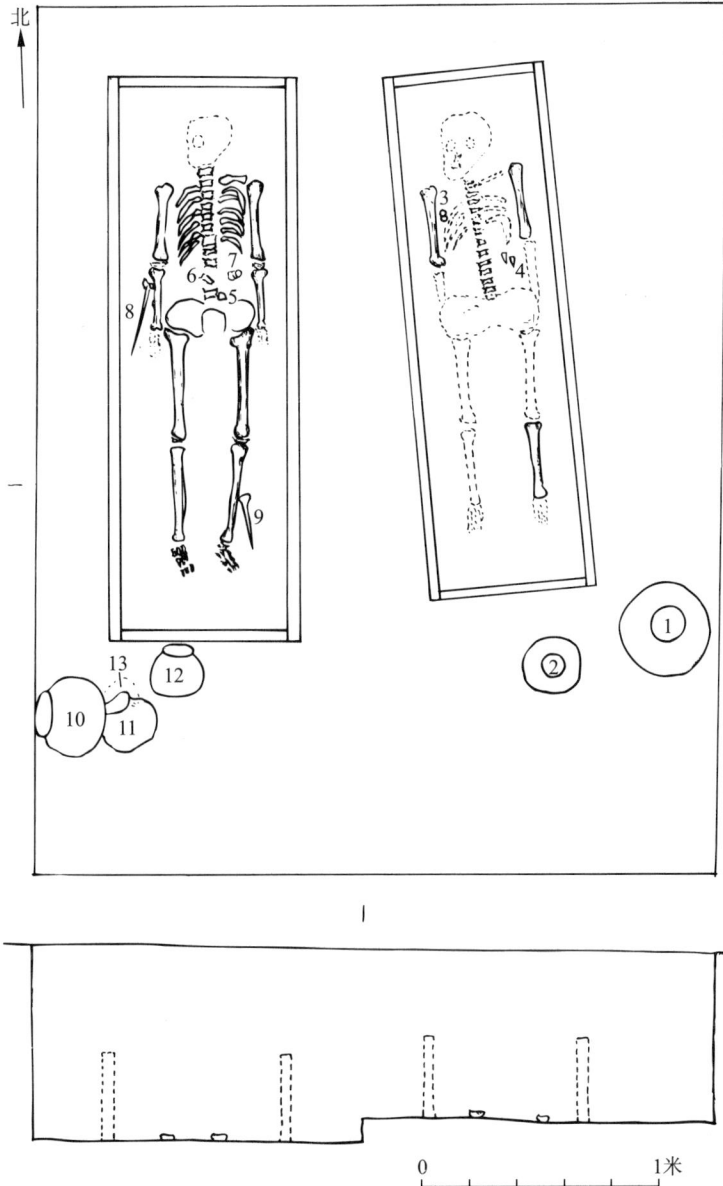

图一一 汉墓M23平、剖面图

1、10. 陶大型罐 2、11、12. 陶中型罐 3、7. 铜钱 4. 铜蝉

5. 铜印 6. 铜带钩 8、9. 铁削 13. 漆器

内骨架均保存较差，头向北，面向上，仰身直肢。东棺内骨架胸部随葬 6 枚铜钱和 2 枚铜蝉，棺外南部放置陶大型罐、中型罐各 1 件；西棺内骨架腰部随葬有铜印、铜带钩各 1 件和铜钱 10 枚，右手和左脚处各放置 1 件铁削，棺外南部放置 2 件陶中型罐、1 件陶大型罐和 1 件残漆器（图一一）。

M31　位于墓地南部偏西。方向 100°。平面略呈梯形，长 2.3 ~ 2.5、宽 2.4 米，深 0.9 米。北部有一棺，已朽，长 2.3、宽 0.6 米，厚约 0.05 米。骨架头向东，面向上，仰身直肢葬。南部有一骨架，无葬具，保存较差，无头，身体向东，仰身直肢葬，似一儿童；盆骨处随葬一枚“大泉五十”铜钱，脚部放置 2 件陶中型罐（图一二）。

北 ←

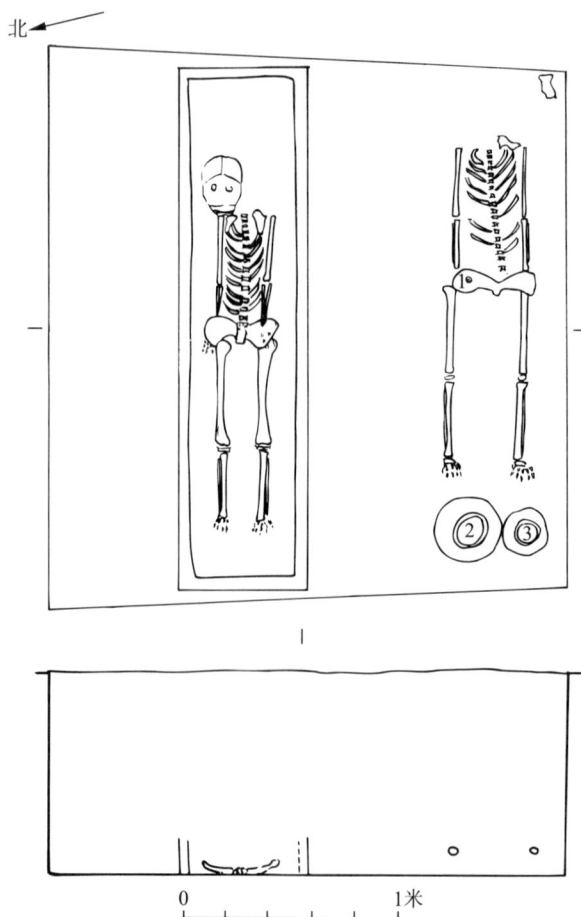

图一二　汉墓 M31 平、剖面图
1. 铜钱　2、3. 陶中型罐

2. 石椁墓

63 座，包括 2 座土坑与石椁合葬墓。平面多为长方形或近方形，其中 43 座墓的石椁被破坏，多数仅余石椁底板，有的底板也被破坏。石椁内有木棺，多数仅余板灰，有的因椁进入水和泥沙，板灰痕迹也没有发现。其中 11 座墓有画像石。分三型。

（1）单椁墓

57 座。分三型。

A 型　9 座。带器物箱墓。其中 5 座被盗扰，仅余石椁底板，其余部分均被破坏；1 座墓仅余石椁底板痕迹；余 3 座保存较好，石椁内有木棺，仅余板灰。3 座墓（M45、M47、M71）有画像石。

M47　位于墓地南部，打破 M59。方向 90°。长 3.4、宽 3.15 米，深 2 米，墓壁垂直。填黄褐色花土，质坚硬，经过夯打，夯窝直径 0.16 米，夯层厚约 0.16 米。葬具为一椁一棺，放置于东北角，石椁长 2.5、宽 0.99、高 0.99 米，上有 3 块盖板，长 0.7 ~ 0.92、宽 1.1、厚 0.19 米，

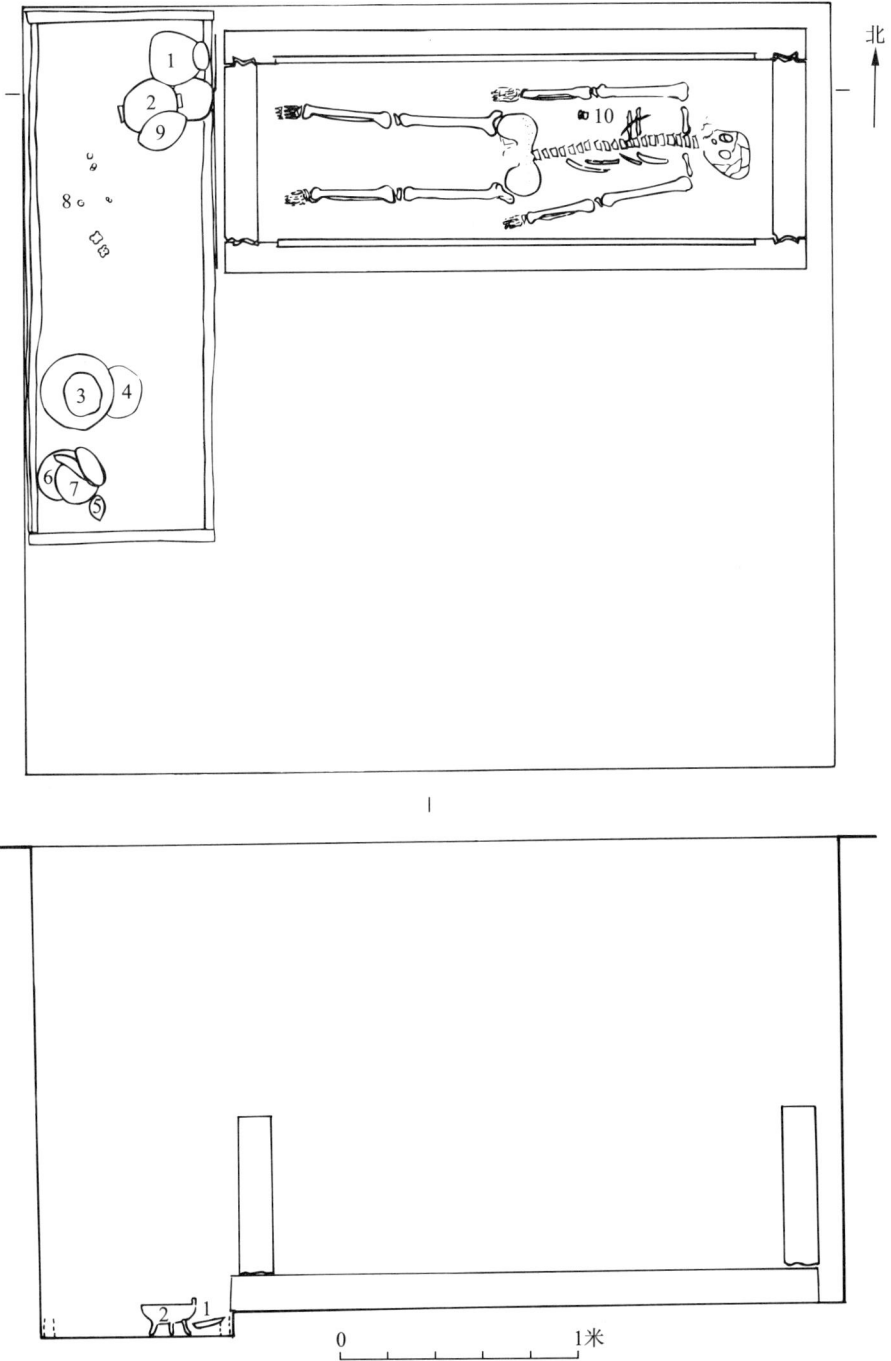

图一三　汉墓 M47 平、剖面图

1. 陶大型壶　2. 陶鼎　3. 陶大型罐　4. 陶盘　5. 陶勺　6. 陶匜　7. 陶器盖　8. 铜车马器　9. 陶盒　10. 铜钱

其中两块已碎裂。椁外西部有器物箱，已朽烂，长约2.2、宽约0.8米。椁内有棺一具，仅见板灰。墓主头向东，面向上，仰身直肢。器物箱内放置陶鼎、盒、大型壶、盘、匜、勺、器盖各1件，陶大型罐1件；铜车马器29件；骨架右臂内侧随葬有3枚铜钱；石椁盖板和墓底均有席纹；石椁四周外面刻有画像（图一三）。

M45 位于墓地南部，被M22打破，打破M50、M84。方向95°。墓口长3.15、宽2.2~2.3米，墓底长3.15、宽1.3米，深1.8米。葬具为一石椁一棺，椁放置于东北部，长2.28、宽1.06、高0.98米，板厚0.15米，上有3块盖板，长1.04~1.1、宽0.78~0.82、厚0.2米；椁内有木棺，仅存板灰。西南部有器物箱，已朽，长1.65、宽1.1、深0.8米；东南角为生土二层台，高0.7、宽1.5米。骨架保存极差，头向东，葬式不明。边箱内放置陶大型罐2件、大型壶1件，铜车马器若干。石椁内壁刻有画像（图一四）。

M46 位于墓地南部，打破M66。方向94°。墓口长3.25、宽2.45米，墓底长3.25、宽1.4米，深1.9米，填土为褐色花土，质紧且黏。葬具为一椁一棺，石椁放置于南部，长2.4、宽0.92、高0.82米，板厚0.08米，棺仅余黑色板灰。北部为生土二层台，宽1.05、高0.6米。西部有木质器物箱，长1.9、宽0.55米。墓主头向东，面向上，仰身直肢。墓主腰侧随葬铁刀1件，右臂和腿部放置15枚铜钱，器物箱内放置陶大型罐3件、中型罐1件（图一五）。

B型 13座。带壁龛墓。其中7座被盗扰，仅余石椁底板；余6座保存较好，石椁内有木棺，余板灰。4座墓（M30、M32、M33、M248）有画像石。

M32 位于墓地南部偏西。方向95°。墓口长3、宽2.3米，墓底长3.5、宽1.4米，深1.56米。填土深灰褐色花土，质紧密且黏硬。南部有宽0.9、高0.55米的生土二层台。葬具为一椁一棺，石椁放置于北部，长2.4、宽0.96、高0.89米，板厚0.14~0.15米；椁内棺长2.05、宽0.55~0.6、厚约0.03米。西北角壁龛宽1.5、高1.8、进深0.62米。墓主头向东，面向上，仰身直肢。墓主腰部随葬有铜钱10枚、铁剑和铜带钩各1件。壁龛内放置陶大型罐、中型罐、陶瓮各1件和铜车马器若干件。椁内四面刻有画像（图一六；图版六一，2）。

M134 位于墓地南部。方向97°。长3.1、宽2.8米，深2.35米。墓壁垂直。填土质稍松，含较多细黄沙。葬具为一椁一棺。石椁长2.5、宽0.9、高0.88米，每块石板均加工为平行的斜线，四壁厚0.08~0.1米；盖板由两块长1.28、宽0.9、厚0.11~0.12米的石板构成，底板由两块厚0.11~0.12米的石板构成。椁内木棺已朽，残存板灰，铺满椁底，长2.3、宽0.6、高0.6米，板厚约0.026米。西北角有壁龛，宽1.34、高2.35、进深0.9米。骨架保存较差，头向东，面向上，仰身直肢葬。骨架头部左侧放置一串铜钱，右侧随葬铁剑、铁削各1件，腰部有铁带钩1件，左、右手内各有一

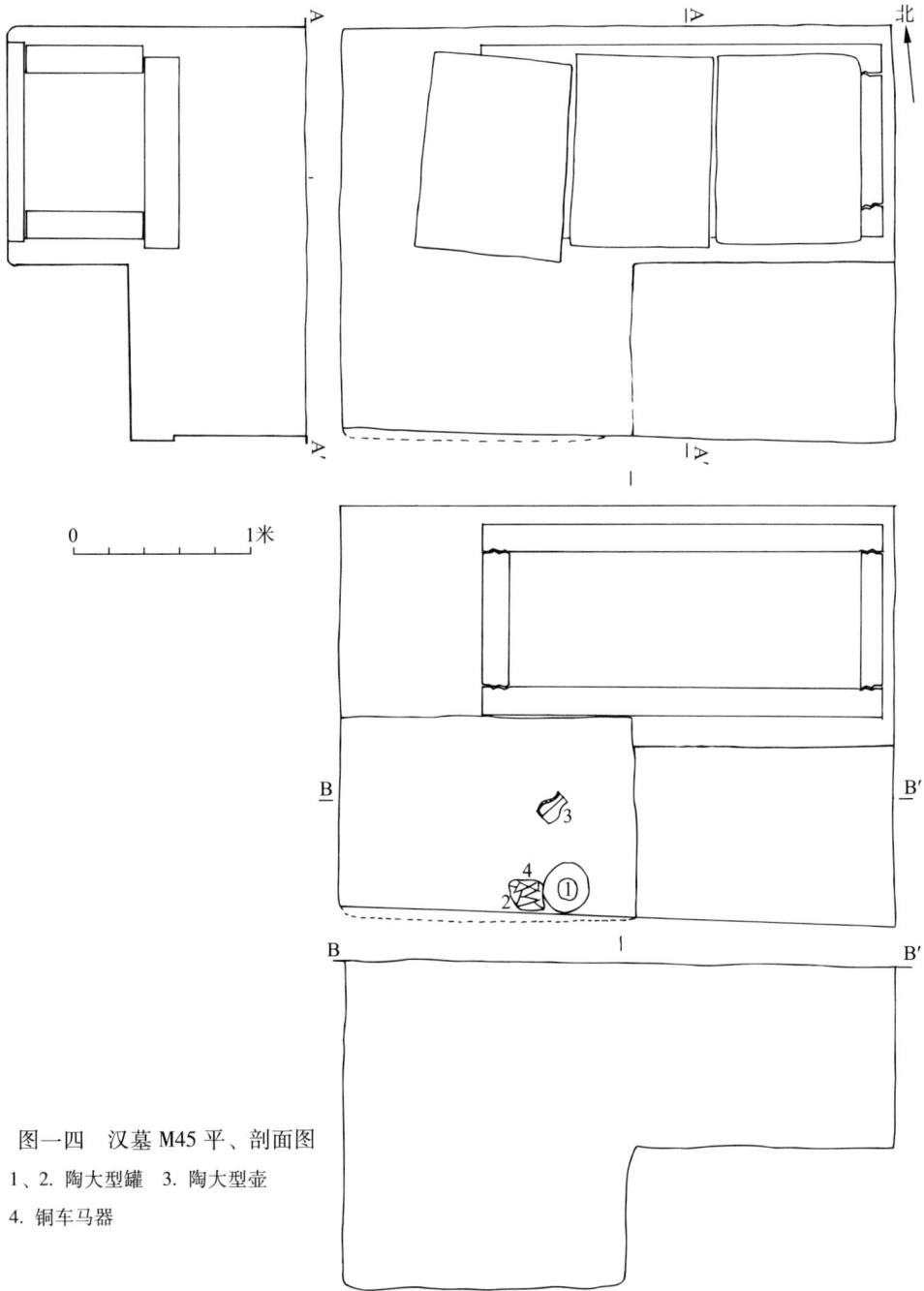

图一四 汉墓 M45 平、剖面图

1、2. 陶大型罐 3. 陶大型壶

4. 铜车马器

北←

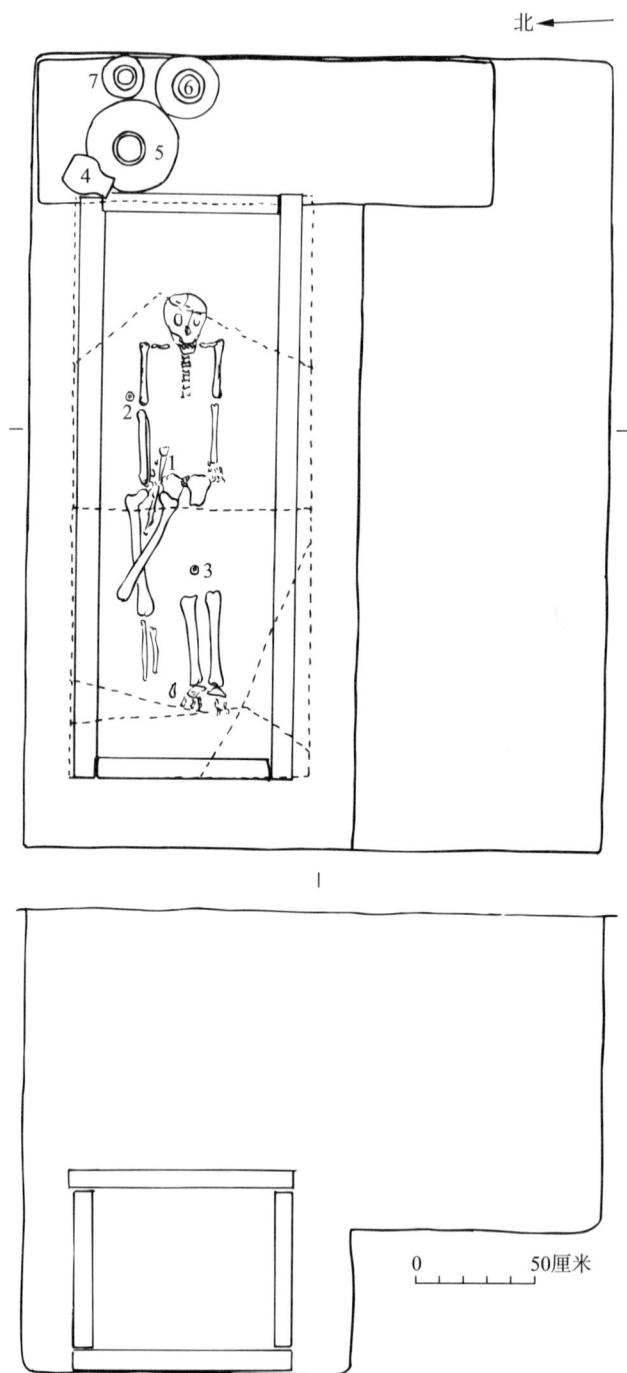

图一五　汉墓 M46 平、剖面图

1. 铁刀　2、3. 铜钱　4～6. 陶大型罐　7. 陶中型罐

北 ←

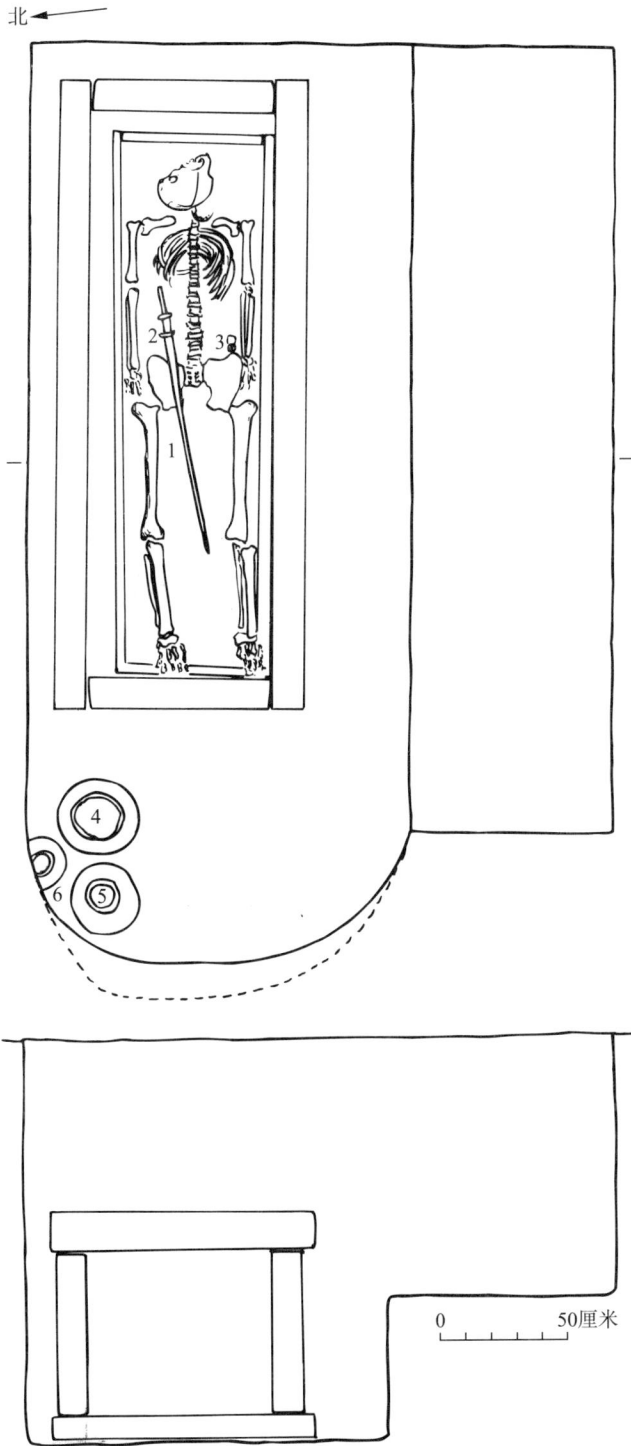

图一六 汉墓 M32 平、剖面图
1. 铁剑 2. 铜带钩 3. 铜钱 4. 陶瓮 5. 陶大型罐 6. 陶中型罐

图一七　汉墓 M134 平、剖面图

1、5、10. 铜钱　2. 铁剑　3. 铁带钩　4. 铁削　6、8、9. 陶大型罐　7. 陶中型罐

串铜钱；壁龛内放置3件陶大型罐、1件中型罐和漆器，漆器已朽，残存红色漆皮（图一七；图版六二，1）。

C型 35座。无器物箱和壁龛墓。其中29座被盗扰，仅余石椁底板；余6座保存较好，石椁内有木棺，有板灰。2座墓（M84、M214）有画像石。

M214 位于墓地西北部，打破M248。方向95°。墓口长3.2、宽3.05米，墓底长2.9、宽3.05米，深2.1米。填土呈黑褐色，夹杂黄土块，质硬，经夯打，夯窝直径0.1米，为圆底木夯。葬具为一椁一棺。石椁长2.1、宽1.04、高1.04米，板厚0.15米，有3块长方形盖板，长1.06～1.2、宽0.78～0.94、厚0.2～0.23米。椁内木棺已朽，仅残存板灰，长1.95、宽0.65、残高约0.12米。骨架保存较差，为成年女性，头向东，面向上，仰身直肢葬。墓主右手处随葬铜钱3枚；墓葬西南角放置1件陶瓮和少量铜车马器。椁内四壁有画像（图一八；图版六二，2）。

M29 位于墓地南部。方向101°。墓口长3.1、宽2.6米，墓底长3.1、宽2.05米，深1.4米。葬具为一椁一棺。石椁长2.46、宽1.08、高0.88、厚0.12～0.14米；椁内棺已朽，残存板灰，长2.05、宽0.68～0.72、厚约0.04米。骨架保存较差，头向东，面向上，仰身直肢葬；墓主右手随葬铜钱13枚，头部随葬铁削1件，椁外南部放置3件陶大型罐（图一九）。

（2）双椁墓

4座。其中1座墓（M70）双石椁均仅余石底板；1座墓（M36）一石棺完整，内有木棺，另一石椁仅余底板；其他2座墓（M51、M294）保存较好，并有画像石。

M51 位于墓地南部。方向92°。长3.6、宽3米，深2米。填土经夯打，质坚硬，夯层厚0.15米，夯窝直径0.1～0.12米。填土南部为黑褐色花土，北部为黄褐花土。葬具为两具并列排放的石椁，两椁间距0.14米，椁室的尺寸较一致。北椁长2.5、宽1.04、高0.96米，板厚0.16米。椁室上盖有三块长1～1.04、厚0.2米的长方形石板。挡板和立板交接处有燕尾形榫卯结构；石板均经加工，底部刻有不规整的穿璧纹。底板厚0.12米，有因挤压形成的裂痕。椁室内有木棺，具体尺寸不详，仅残存大量红色漆皮。南椁长2.5、宽1.04、高1.03米，板厚0.16米。椁室上盖有三块长1.2～1.22、宽0.7～1.04、厚0.2～0.25米的长方形石板。挡板和立板交接处有燕尾形榫卯结构。底板厚0.12米，有多处裂纹。椁室内有木棺，仅残存大量红色漆皮。从填土剖面看，北部填土斜压在南部填土上，推测南室早于北室埋葬。西壁有弧形壁龛，宽2.8、高1.6、进深0.8米，内放置长方形边箱，仅残存板灰和漆皮，长约1.28、宽约0.64、厚0.02米。南、北椁内骨架均头向东，面向上，仰身直肢。北椁内骨架左侧放置一把长1.1米的铁剑，头右侧置一石璧，腹部有铜钱1串、带钩1件。南椁内骨架右手握有铜钱。边箱内放置陶中型罐2件、陶大型罐1件、铜车马器若干和部分鸡骨。器物箱和

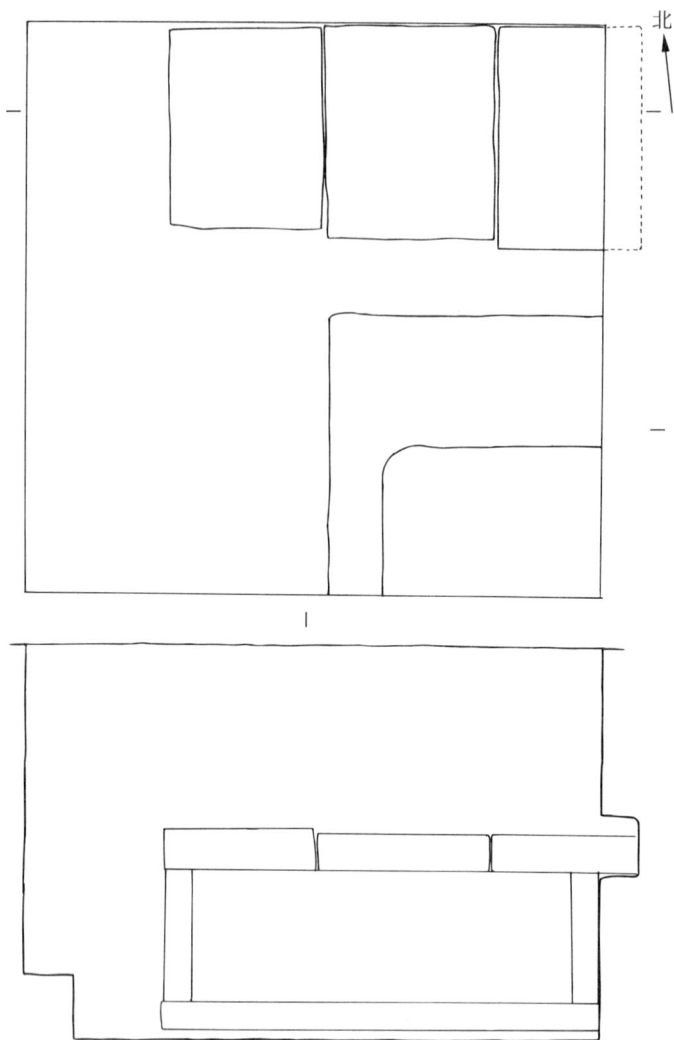

北椁西端之间放置有陶鼎、大型壶、中型罐各 1 件和红色漆器。北椁室内、外壁和南椁内壁均刻有画像（图二〇；图版六三，1）。

（3）土坑与石椁合葬墓

2 座（M117、M135）。

M117　位于墓地南部，被 M44、M48、M85、M96、M106 打破。方向 97°。长 3、宽 2.7 米，深 1.6 米。填黄褐色花土，质坚硬，经夯打，含较多瓦片等陶器残片。葬具北部为石椁，南部为木棺。石椁长 2.3、宽 0.94、高 0.9 米；板厚 0.1 米，板内外均加工成平行竖线；椁上 2 块盖板。椁内棺已朽，残存板灰长 2.05、宽 0.62、厚约 0.02 ~

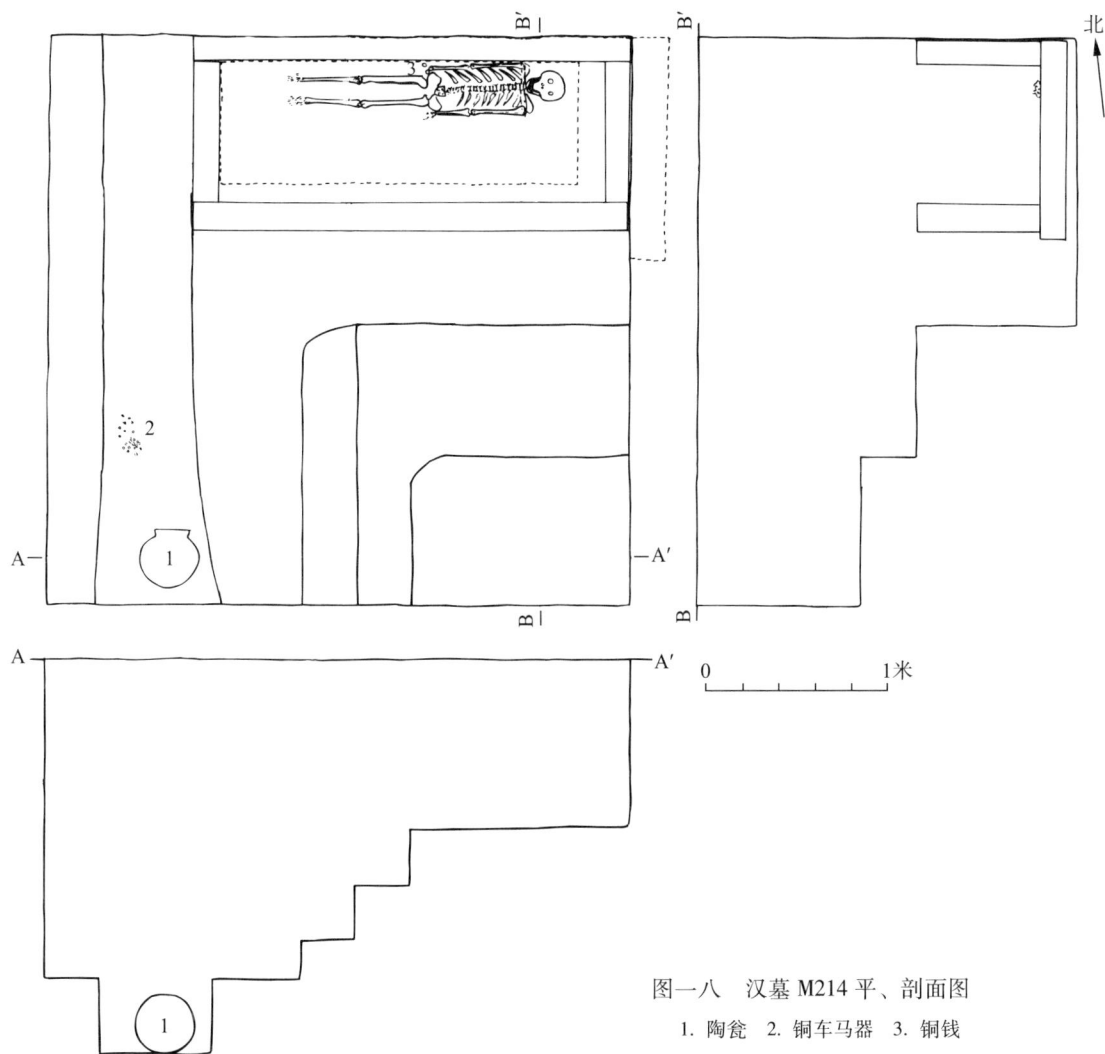

图一八　汉墓 M214 平、剖面图
1. 陶瓮　2. 铜车马器　3. 铜钱

0.03 米。南部棺已朽，长 2、宽 0.5、厚约 0.02 米。北椁棺内骨架保存较差，头向东，面向上，仰身直肢，骨架下铺有厚 0.01 米的一层白石灰。南棺内骨架头向东，面向上，仰身直肢。石椁外西南部放置 1 件陶中型罐。填土内出土瓮口沿和磨石各 1 件（图二一）。

3. 砖椁墓

24 座。平面除 M218 为方形外，余均为长方形。除 1 座（M94）为合葬墓，1 座（M218）为土坑与砖椁合葬墓外，余均为单人葬。在墓圹内用单砖砌椁。砌筑方法多为横砖错缝立砌，个别用顺砖错缝平砌，部分砖椁下部为横砖错缝立砌，最上面一层

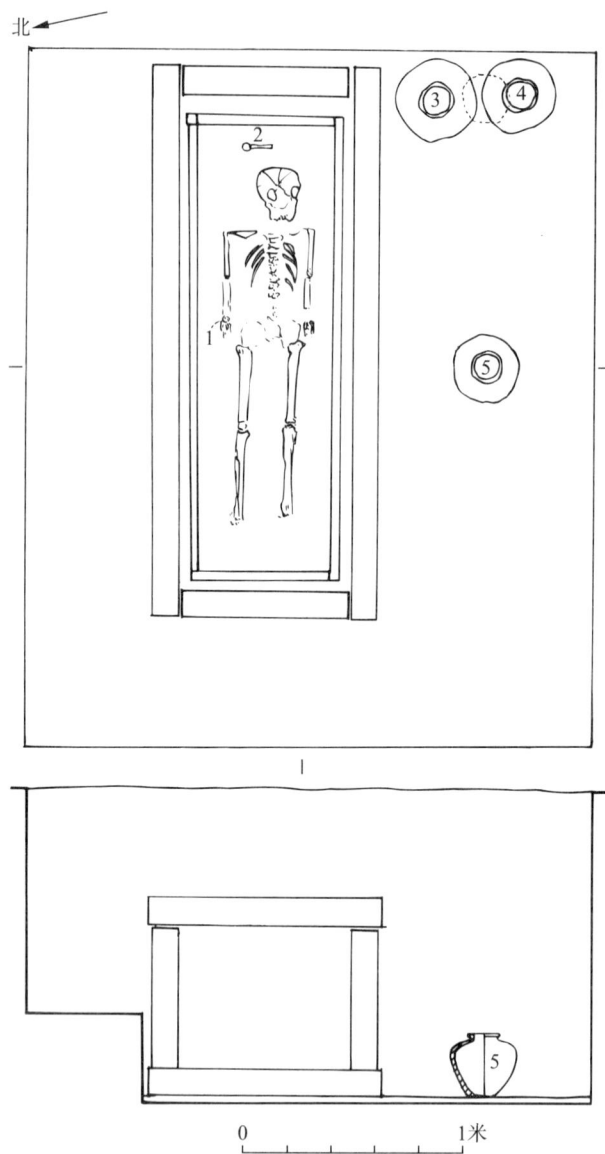

图一九　汉墓 M29 平、剖面图

1. 铜钱　2. 铁削　3 ~ 5. 陶大型罐

　　或两层用顺砖错缝平砌；底部皆铺一层砖，地砖的砌筑方法多为对缝平铺。

　　　　M274　位于墓地北部。方向94°。长2.5、宽1.25 米，深0.75 米。填土黄褐花土，夹杂大量黑褐色土块，质坚硬。砖椁长2.07、宽0.66 ~ 0.7、高0.48 米，四壁砖横立三层平放一层、两端平放砌成。椁内棺痕不清，骨架保存较好，为30 岁左右女性，头向东，面向南，仰身直肢葬。椁外西部随葬 1 件陶小型罐。砖长0.4、宽0.13、厚0.2

北

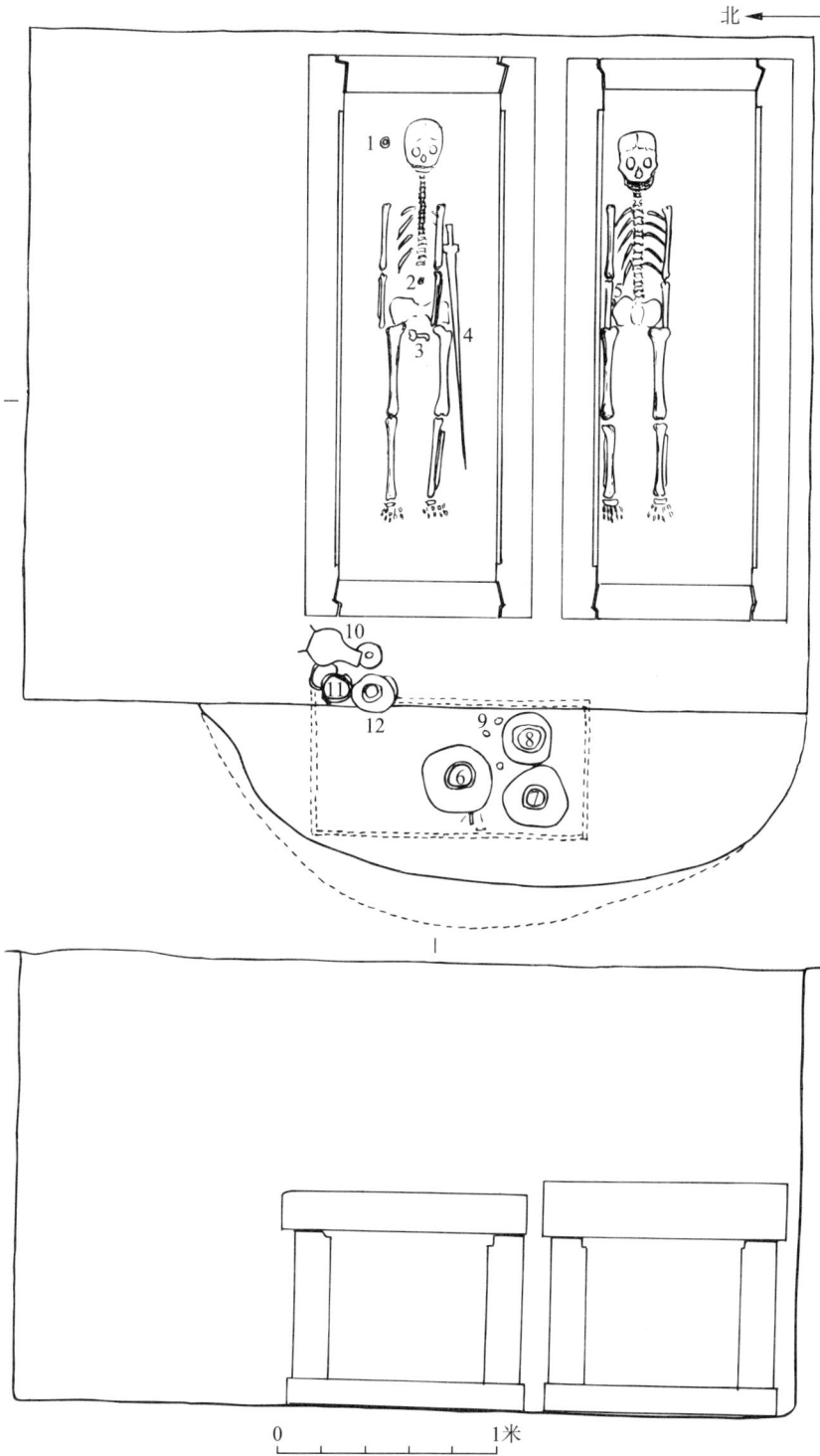

0   1米

图二〇 汉墓 M51 平、剖面图
1. 石璧 2、5. 铜钱 3. 铜带钩 4. 铁剑 6. 陶大型罐 7、8、12. 陶中型罐 9. 铜车马器 10. 陶大型壶 11. 陶鼎

图二一　汉墓 M117 平、剖面图

1. 陶中型罐

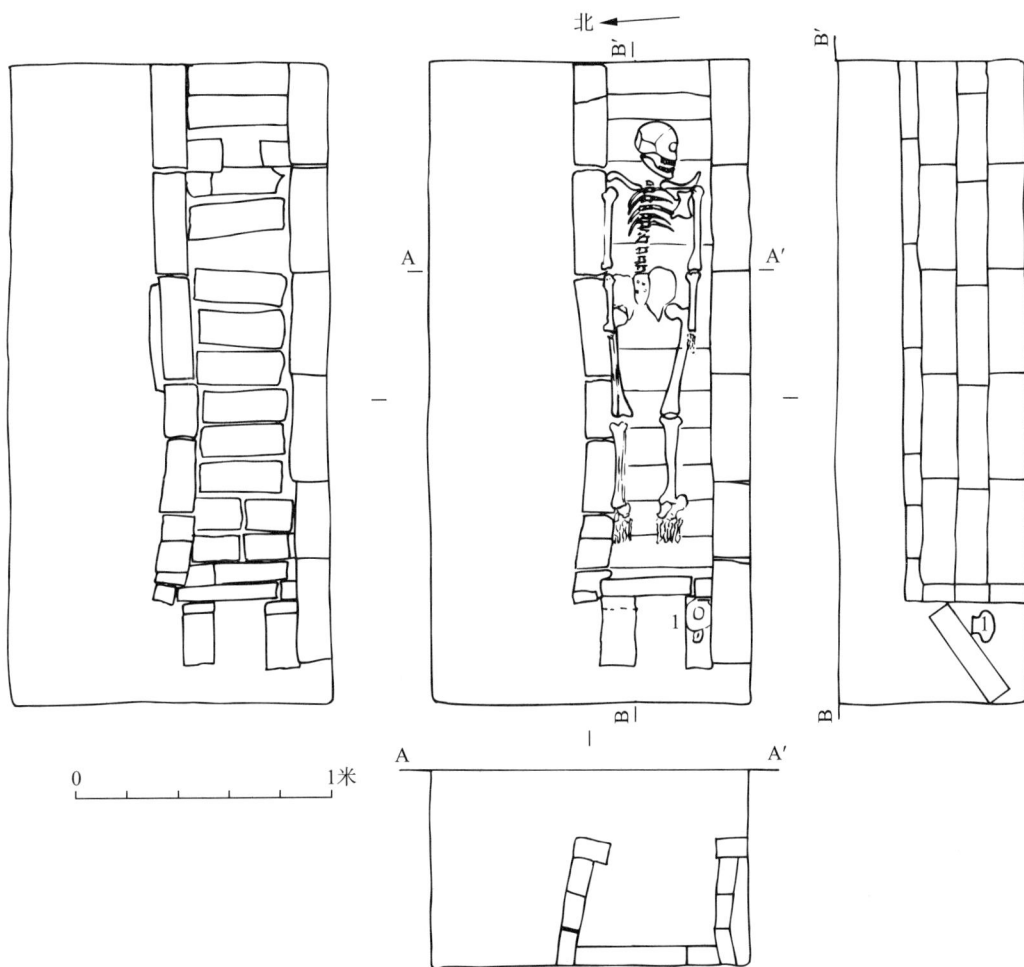

图二二　汉墓 M274 平、剖面图

1. 陶小型罐

米（图二二；图版六三，2）。

M257　位于墓地中部，被 M246 打破上部。方向 7°。墓口长 2.45、宽 1.35 米，深 0.95 米。填土黄褐色花土，质略软，含大量料姜石等。葬具为一椁。砖椁长 2.05、宽 0.6、高 0.4 米。椁四壁横砖立砌而成，底部东部横铺，西部纵铺。椁内棺痕不清，骨架保存较好，为 20 岁左右女性，无头骨，身体朝向北，仰身直肢葬。右大腿处随葬 1 串 3 枚铜钱，胸、颈部残存有大片红色漆皮。砖长 0.4、宽 0.125、厚 0.075 米（图二三）。

M94　位于墓地中部偏西。方向 102°。长 2.55、宽 1.7 米，深 0.36 米。葬具为一椁一棺，椁由砖在北部和西部各平铺有一道砖墙，棺已朽，宽 1.04 米，长度不清。棺

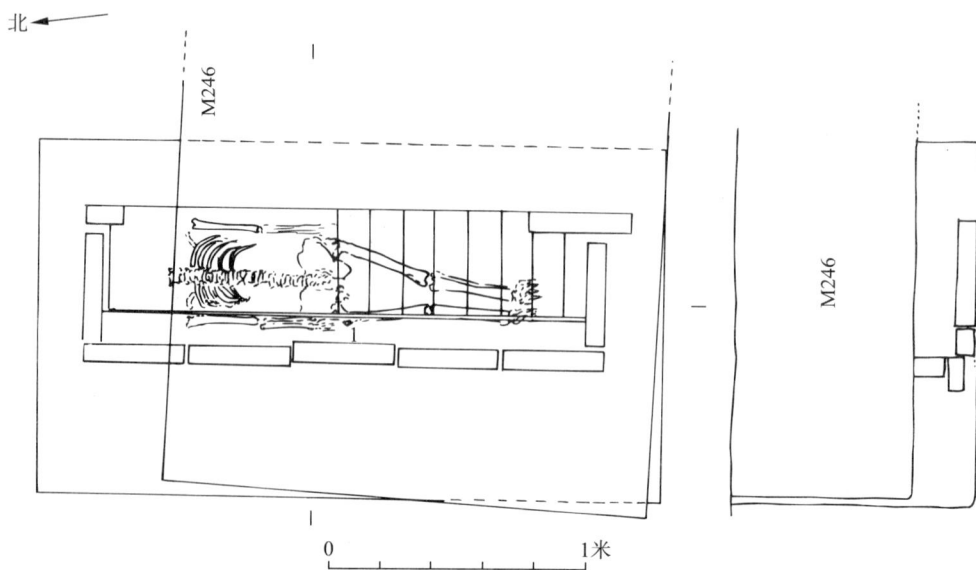

图二三　汉墓 M257 平、剖面图

1. 铜钱

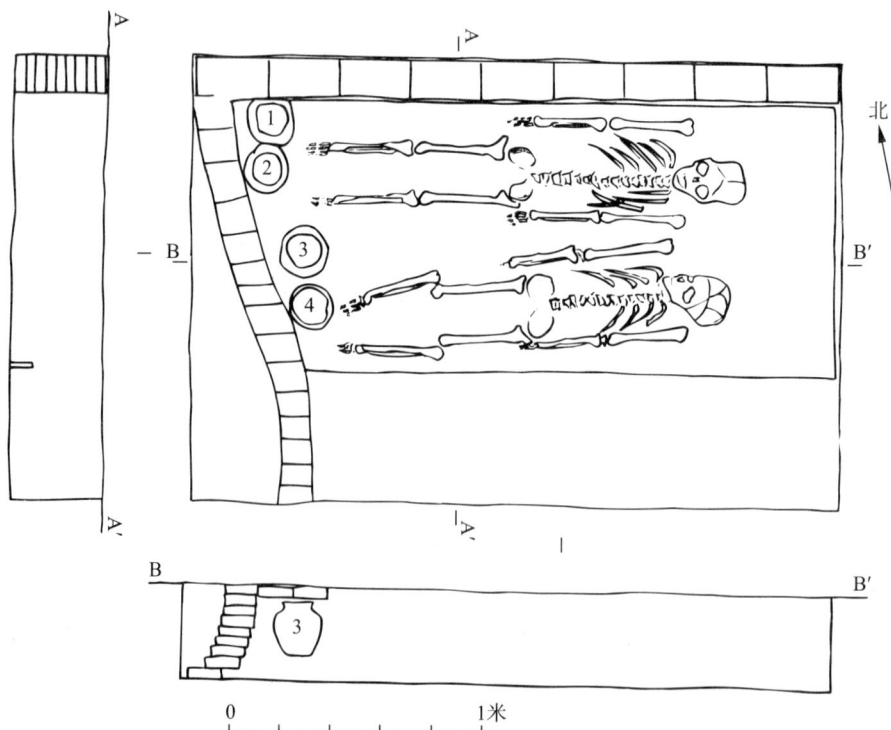

图二四　汉墓 M94 平、剖面图

1～4. 陶中型罐

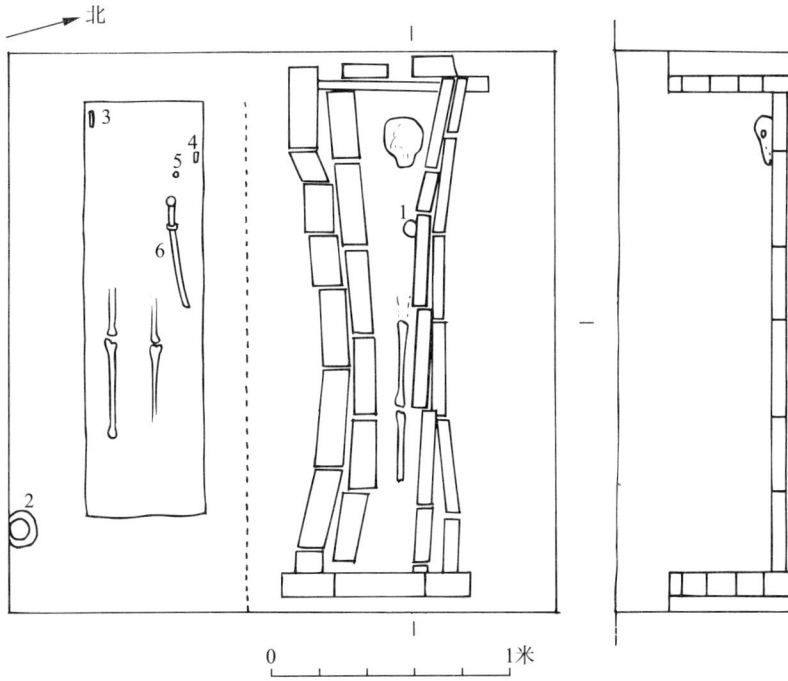

图二五　汉墓 M218 平、剖面图

1. 铜镜　2. 陶小型壶　3、4. 铁削　5. 铜环　6. 铁刀

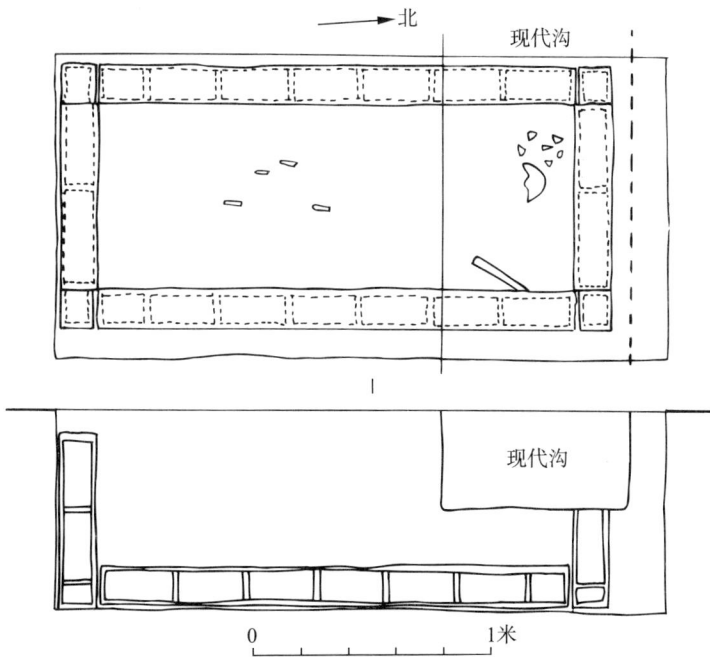

图二六　汉墓 M262 平、剖面图

内有两具骨架，均保存较差，头向东，面向上，仰身直肢葬。两具骨架脚部放置有4件陶中型罐。砖长0.28、宽0.15、厚0.04米（图二四）。

M218　位于墓地北部。方向280°。平面呈方形，边长2.3米，深0.72～0.74米。葬具北部为砖椁，南部为木棺。砖椁长2.14、宽0.52～0.84、高0.52米，椁内板灰痕不清晰。南部棺已朽，残存板灰，长1.7、宽0.5米。砖椁内骨架保存很差，头向西。南部棺内骨架保存极差，依据残存骨架判断，年龄14～15岁，可能为女性，头向西，仰身直肢。北部砖椁内随葬1件铜镜，南棺内西部随葬1件铁刀、2件铁削和1件铜环，棺外东南部放置1件陶小型壶。砖长0.39、宽0.12、厚0.055米（图二五；图版六四，1）。

4. 其他类

7座。包括空心砖墓（M262）、瓮棺葬（M252）、有墓道墓（M148）、刀形墓（M221）、空墓（M88、M105、M254）等。

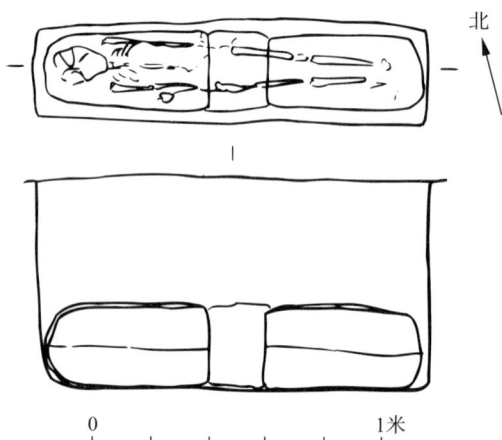

图二七　汉墓M252平、剖面图

M262　位于墓地中部，被一现代沟打破。方向5°。长2.6、宽1.24米，深0.84米。葬具为空心砖椁，长2.34、宽1.08、高0.38～0.72米。棺痕不清楚。骨架保存非常差，为一成年男性，头向北，葬式不明。空心砖长0.76、宽0.34、厚0.16米（图二六）。

M252　位于墓地中部，被M221、M239打破。方向286°。长1.36、宽0.34米，深0.7米。葬具为横置相对的两件陶瓮间以板瓦，内有一具小孩骨架，保存较差，头向西，仰身直肢，面向上（图二七）。

M148　位于墓地中部。打破M149、M186、M187、M206、M209。方向106°。长4.3、宽2.85～2.95米，深1米。墓壁垂直。填土黄褐色花土，质略软。西南角有长方形墓道，口长3、宽0.55～0.6米，底长2.85、宽0.55～0.6米，深1米。墓葬被扰乱，没有发现葬具和随葬品，仅在东南角发现一处陶器腹部印痕（图二八；图版六四，2）。

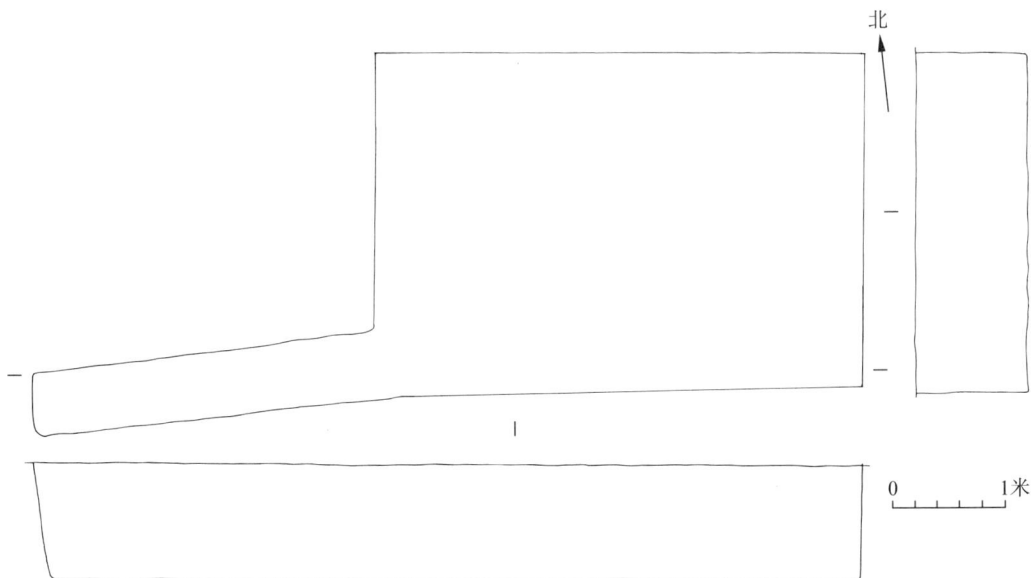

图二八　汉墓 M148 平、剖面图

（三）画像石情况

徐家营墓地有 11 座画像石墓，共有画像石 45 块，计 51 幅。

题材有人物、舞蹈、楼阁、狩猎、驯兽、树木、车马、禽兽、鱼鸟、穿璧纹等，主要以单或双常青树、穿璧、鱼纹多见，楼阁、车马、驯兽等较少。两端挡板多见穿璧和单常青树纹，个别有鸟纹。长立板画面均横向分三格，中间为复杂的画像，两侧大多数为常青树、穿璧，个别有人物。画像四周和画面之间均刻以阴线刻菱形或三角形图案加阴线刻直线作框，内填斜线。雕刻技法为粗线阴刻。风格质朴古拙，线条刚劲。

M30　共 4 块 4 幅。刻于内壁。立板长 2.3、宽 0.69、厚 0.08 米，画面分三格，北侧穿璧与常青树之间为一鱼纹，南侧壁纹与厅堂之间为一鱼纹。挡板正方形，边长 0.69、厚 0.08 米，西侧为穿璧，东侧为常青树。

M32　共 4 块 4 幅。刻于内壁。立板长 2.4、宽 0.64、厚 0.12 米，画面分三格，北侧双常青树与厅堂之间为交叉双绶带纹（图二九）；南侧穿璧与双常青树之间为一鱼纹，鱼身刻麻点以示鳞纹（图三〇）。挡板长 0.74、宽 0.64、厚 0.12 米，西侧为穿璧（图三一），东侧常青树，图像外加刻麻点（图三二）。

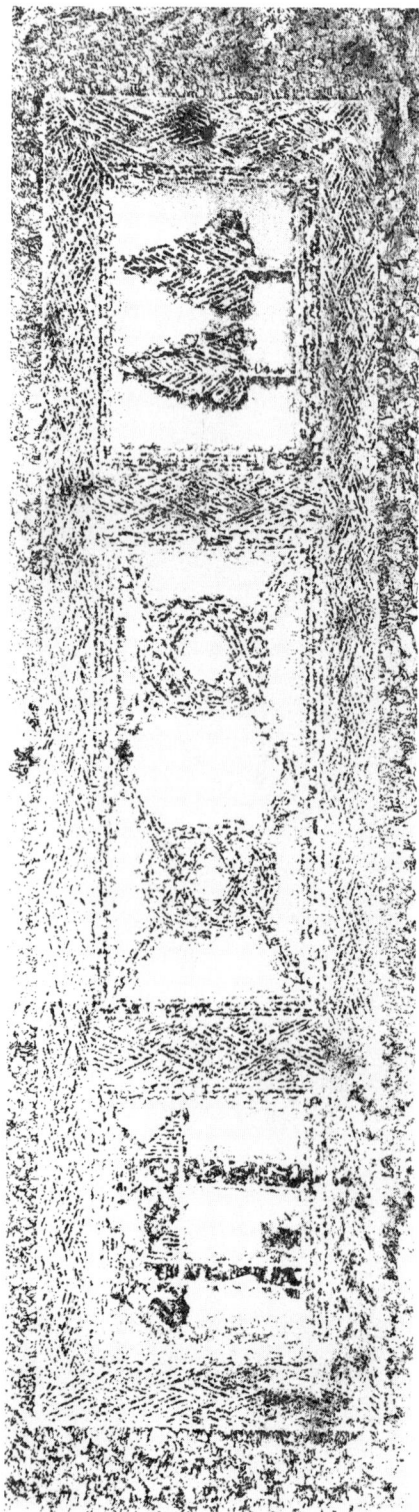

图二九 汉墓 M32 画像石（北侧立板内壁）

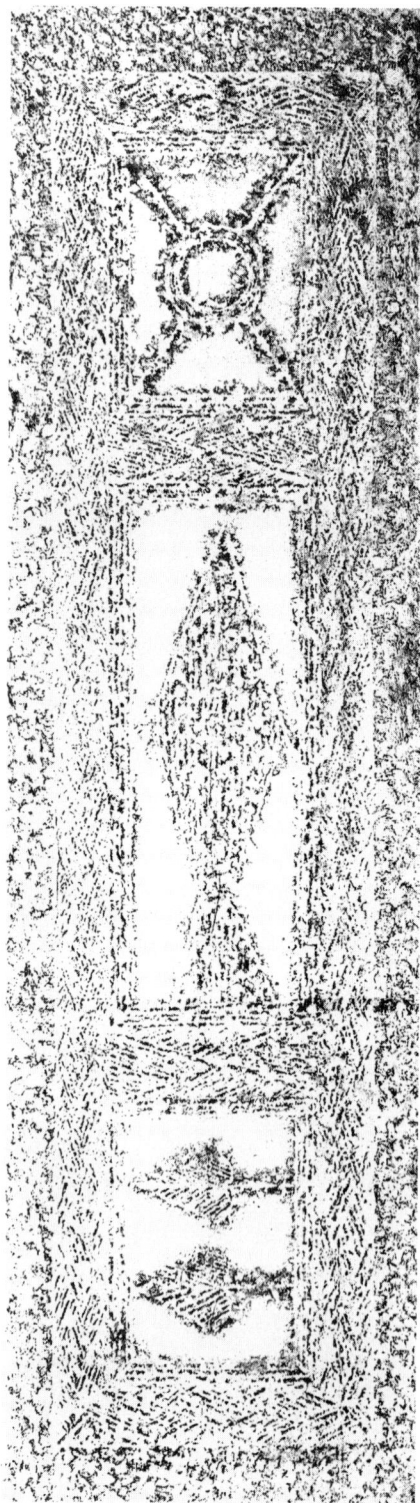

图三〇 汉墓 M32 画像石（南侧立板内壁）

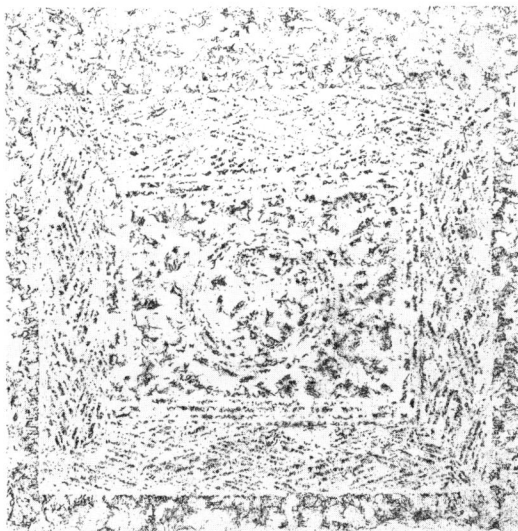

0   20厘米

图三一　汉墓 M32 画像石（西侧挡板）

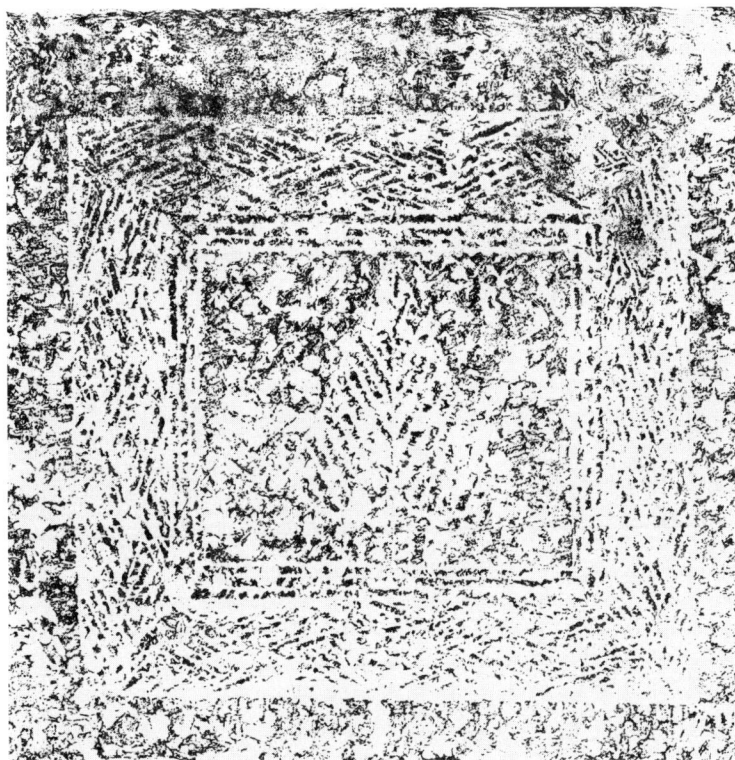

0   20厘米

图三二　汉墓 M32 画像石（东侧挡板）

0 ⊢——┴——┴——┴——┤ 20厘米

图三三　汉墓 M33 画像石（西侧挡板）

M33　共 4 块 4 幅，刻于内侧。立板长 2.45、宽 0.8、厚 0.1 米，北分三格，左右两格刻穿璧，中格刻菱形纹。南侧残，仅余一侧穿璧纹。挡板长 0.68、宽 0.7、厚 0.1 米，西侧刻鸟纹（图三三），东侧刻鸟衔鱼纹。

M45　共 4 块 4 幅。刻于内侧。北立板长 2.45、宽 0.65、厚 0.15 米，南立板长 2.45、宽 0.665、厚 0.15 米。画面均分三格。北侧左格为双绶带纹，上下各有一条鱼；右格为双阙；中格左边为楼阁，楼上两人对坐，各伸一手，楼下一人双手捧盛食器上楼梯，右边为出行场面，一人驾马车，一人骑马，三人扛戟。南侧画面左格两侧各有一佩剑武士，中间一人踞坐，面前放置一件敞口、束颈、平底器物，画面上部有相对的两只鹤；右格左边一人端坐于台上，面前有案，手执长物，下部有狗在吃食

0 ⊢——┴——┴——┴——┤ 20厘米

图三四　汉墓 M45 画像石（西侧挡板）

物，右边有三人跪拜；中格为乐舞场面，上部有帷幔，下有一建鼓，左右各有一人击鼓，另有四人长袖挥舞。挡板均长 0.75、宽 0.65、厚 0.15 米。西侧为穿璧（图三四），东侧为双常青树（图三五）。

M47　4 块 4 幅，均刻于外侧。立板长 2.45、宽 0.65、厚 0.13 米。画面均分三格。北侧左格有三只鹿，左下部蹲有一人，上部有两个圆圈，一个内有小圈，外有放射状直线，似表示太阳；右格为三角形、菱形纹装饰；中格左为一马车，上有一人，车厢后部站立一只鸟，车后有四人和两鸟、两兽，其中一人骑马，一人执物，一人肩扛戟，戟柄尾插于一鸟颈部（图三六）。

图三五　汉墓 M45 画像石（东侧挡板）

南侧左格为四个仆侍向左侧的女主人行礼；右格为两人与中间的狗嬉戏，其中左侧小孩手拿棒插食物，狗跳起欲食，右侧有一动物；中格为五组交叉绶带纹，其间自左至右有龟、鹤、鱼、蝎动物图案（图三七）。挡板长 0.69、宽 0.65、厚 0.14 米。一侧刻一人坐于案前，一人面向其跪拜，画面后部有桌，一人在抚琴，左侧有树，树上落有两只鸟（图三八）。一侧刻方框、三角形和菱形纹，内填以斜线纹（图三九）。

M51　双石椁，共 8 块 8 幅。均刻于内侧。立板长 2.5、宽 0.67、厚 0.16 米。挡板长 0.74、宽 0.66、厚 0.16 米。北石椁北侧画面左格为双绶带；右格为豹子；中格左有一凤鸟，嘴衔一物，中间两女跪坐，右站侍女，怀抱一物（图四〇）。南侧画面左格为穿璧；右格为双常青树；中格右为一虎，回首张望，左侧一人手持长杆，戳向虎后腿（图四一）。两端挡板西为一人骑马，东为穿璧（图四二）。南石椁北侧左格为穿璧；右格双常青树；中格左有一只豹，右一人左手拿杆，右手抓豹尾（图四三）。南侧左格常青树右有一人挥舞长袖在舞蹈，右格为穿璧，中格双绶带（图四四）。两端挡板西为厅堂（图四五），东为双常青树。

M71　仅残余半块，画面存半幅，残长 0.95、宽 1.18、厚 0.13 米。长方形框中间为圆圈，四角为四分之一圆形，外线刻三角和菱形纹，内填以斜线，线刻外框。

M84　共 4 块 4 幅。刻于内壁。北立板长 2.35、宽 0.72、厚 0.12 米，南立板长 2.37、宽 0.72、厚 0.13 米。画面分三格，北侧穿璧之间为一鱼纹，鱼身刻鳞纹，南侧穿璧之间为双常青树。挡板正方形，边长 0.72、厚 0.12 米，均为穿璧纹。

M214　共 4 块 8 幅，内外侧均刻有画像。立板长 2.4、宽 0.7、厚 0.14 米。北侧内画面分三格，左格为人和鱼纹；右格为穿璧；中格为一拱形桥，顶竖两高杆，杆上

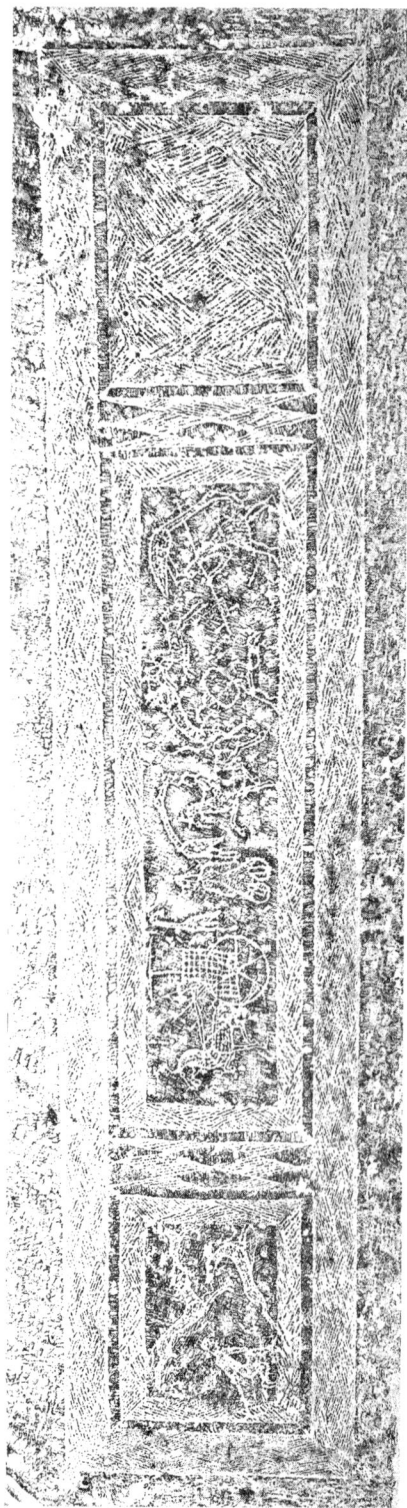

图三六　汉墓 M47 画像石（北侧立板）

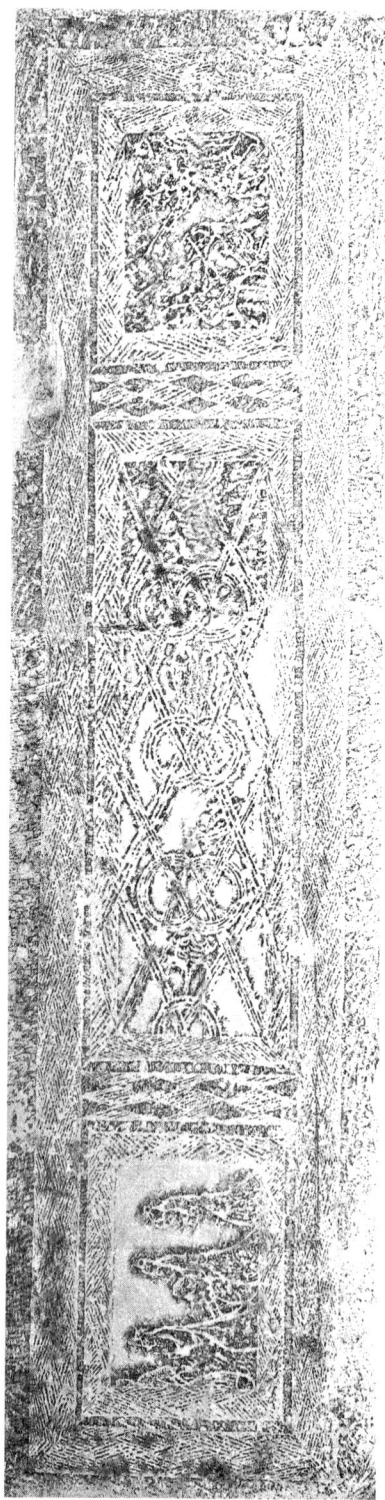

图三七　汉墓 M47 画像石（南侧立板）

挂绳，两侧各有二人站于桥上，面向高杆，手抓绳索似向上拉物。北侧外画面分三格，常青树与穿璧之间为鱼纹。南侧内画面分三格，左格为穿璧；右格为双常青树；中格为庑殿式厅堂，两侧各有一人面向厅堂，左侧人物拱手作揖，右侧人物双臂外张。外侧画面分三格，穿璧之间立二人，一人似作揖，一人双臂张开，手拿长物。两块立板顶部均刻有菱形纹。挡板长 0.75、宽 0.7、厚 0.15 米，东侧内为常青树，右上角有一蝴蝶，外为穿璧；西侧内外皆为穿璧。

M248 共 4 块 6 幅。两立板内外皆有图案，两挡板仅内侧有。立板长 2.5、宽

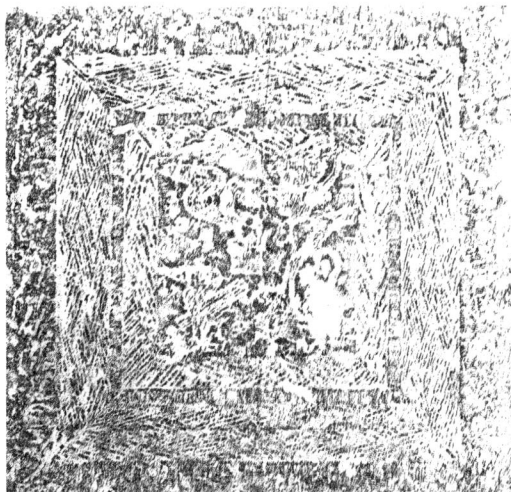

图三八 汉墓 M47 画像石（挡板）

图三九 汉墓 M47 画像石（挡板）

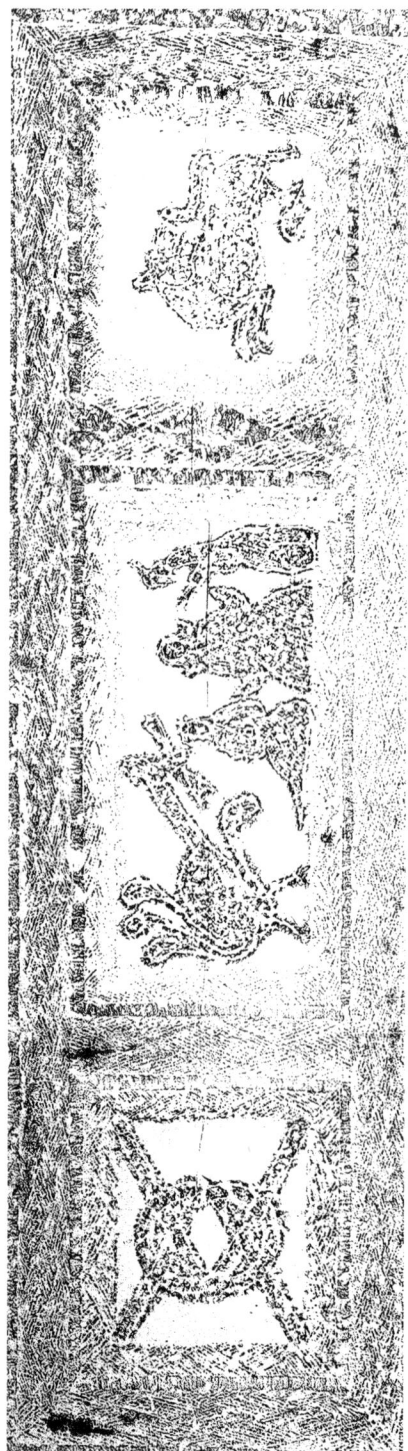

图四〇　汉墓 M51 画像石（北石椁北侧立板内壁）

图四一　汉墓 M51 画像石（北石椁南侧立板内壁）

0.75、厚 0.1 米,北内侧穿璧之间为庑殿式厅堂,双重檐,四阿式顶,瓦垄清晰。外侧四长方框内为交叉斜线。南内侧穿璧之间为鱼纹,鱼身刻点以示鳞纹,外侧交叉斜线长方框之间为鱼纹。挡板长 0.75、宽 0.7、厚 0.1 米,图案以线刻组成正方形和三角形纹,内填以斜线。

0   10厘米

图四二　汉墓 M51 画像石（北石椁东挡板）

M294　共 4 块 4 幅。均刻于内侧。立板长 2.45、宽 0.7、厚 0.08 米。画面均分三格,东侧左右格为穿璧;中格为庑殿式厅堂,两侧为双阙,厅堂上部有一人上半身,外侧一人跽坐、一人站于门外。西侧左右格为穿璧,中格为线刻网纹,内填以斜线。挡板长 0.75、宽 0.7、厚 0.08 米,南侧为常青树,北侧为奔跑的野兽。

（四）随葬品

此次发掘共出土陶、铜、铁、玉、石、骨、漆器等随葬品约 2816 件。以陶器为主,

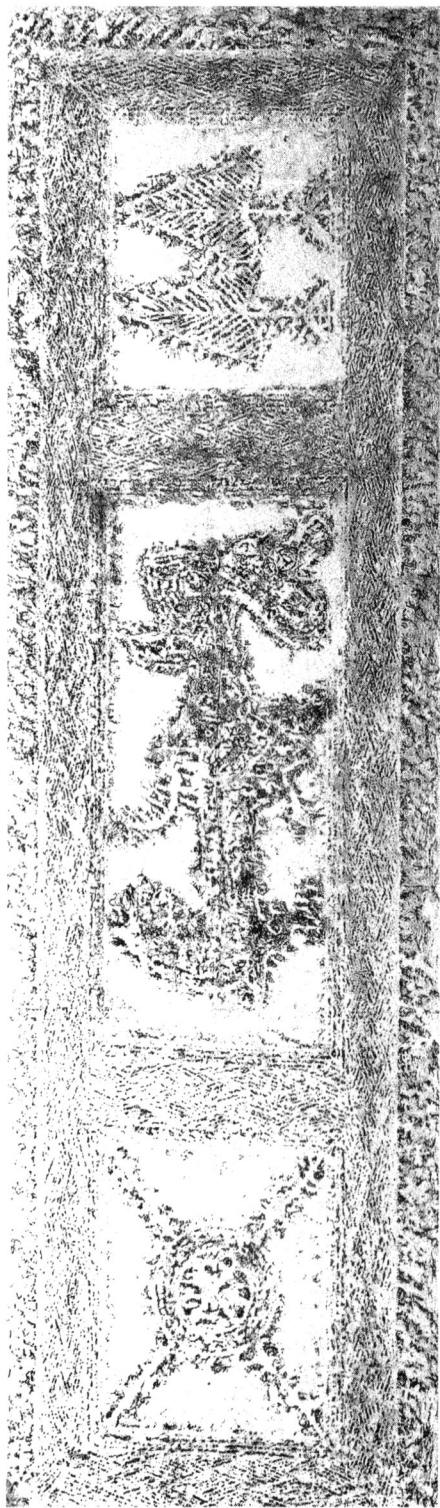

图四三　汉墓 M51 画像石（南石椁北侧立板）

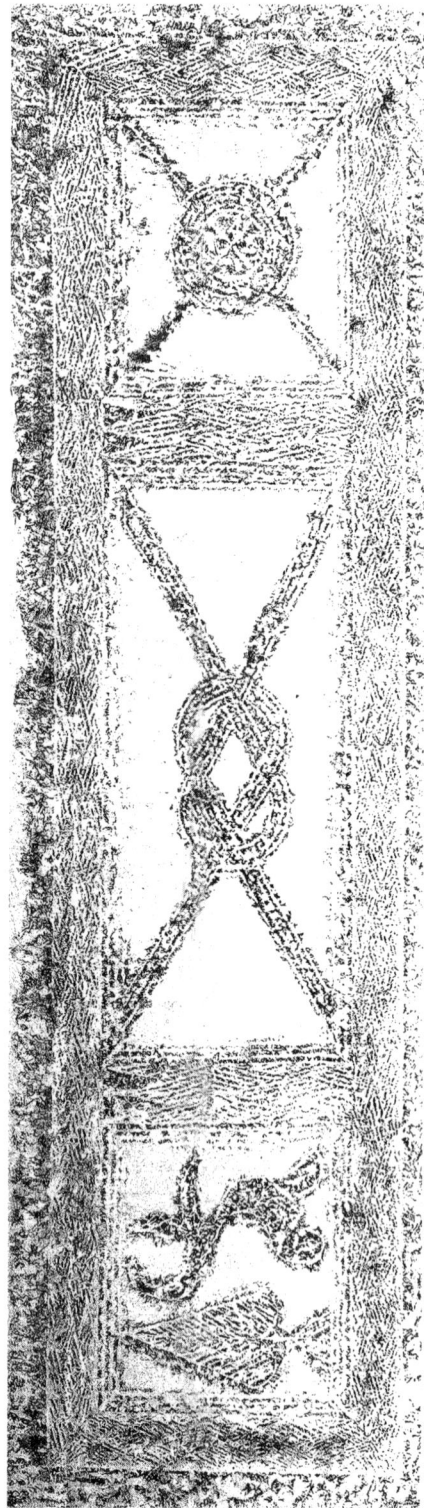

图四四　汉墓 M51 画像石（南石椁南侧立板）

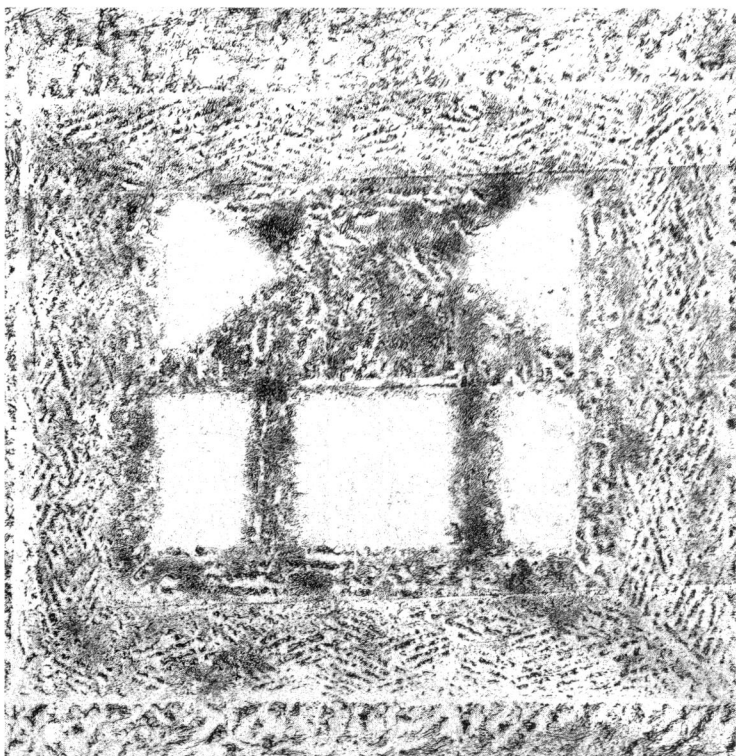

0 10厘米

图四五 汉墓 M51 画像石（南石椁西挡板内壁）

器类有鼎、盒、壶、高足壶、钫、匜、盘、勺、釜、杯、罐、瓮、钵、器盖、板瓦、筒瓦、瓮棺、兽形器等，部分鼎、壶、盒上有彩绘；铜器有釜、盆、印、镜、刷柄、蝉、弩机、剑首、杖首、镦、铺首、环、削、带钩、剑璏、车马器、钱币等；铁器有剑、刀、削、带钩、镊子、镇、耜、镢、棺钉等；石器有石砚、磨石、琀、璧、珠等；骨器有管饰、骨牌、锥形器；漆器有耳杯等。

1. 陶器

556 件。陶器陶质多为泥质，少量夹细砂或夹砂，极少数泥质陶中夹细砂；陶色绝大多数为灰陶，少量褐、黑、红陶；盒、壶、盘、釜、罐、钵等器类多轮制，然后再进行修整，鼎足、耳等部分则是模制，然后再粘贴在器身上，部分器类如匜、勺等则用手制的方法。

鼎 33 件。据腹部的不同分三型。

A 型 26 件。敛口，方唇，外有长方形镂孔未透，折腹，三蹄形足。分二亚型。

Aa 型　18 件。圜底。分三式。

Ⅰ式　8 件。宽子口内敛，长方形竖耳微外撇，深折腹，腹部一周折棱。器形较规整，足较矮。标本 M71:1，泥质灰陶。覆钵形盖，蹄足内收。口径 12.4、通高 13.5 厘米（图四六，1）。标本 M103:4，泥质灰陶。覆钵形盖，盖顶矮圈足状捉手，蹄足内收。鼎内有小动物骨骼。口径 13.3、顶径 6.8、通高 16.1 厘米（图四六，2）。标本 M173:5，泥质褐陶。覆钵形盖，蹄足内收。口径 12.2～12.5、通高 13.8 厘米（图四

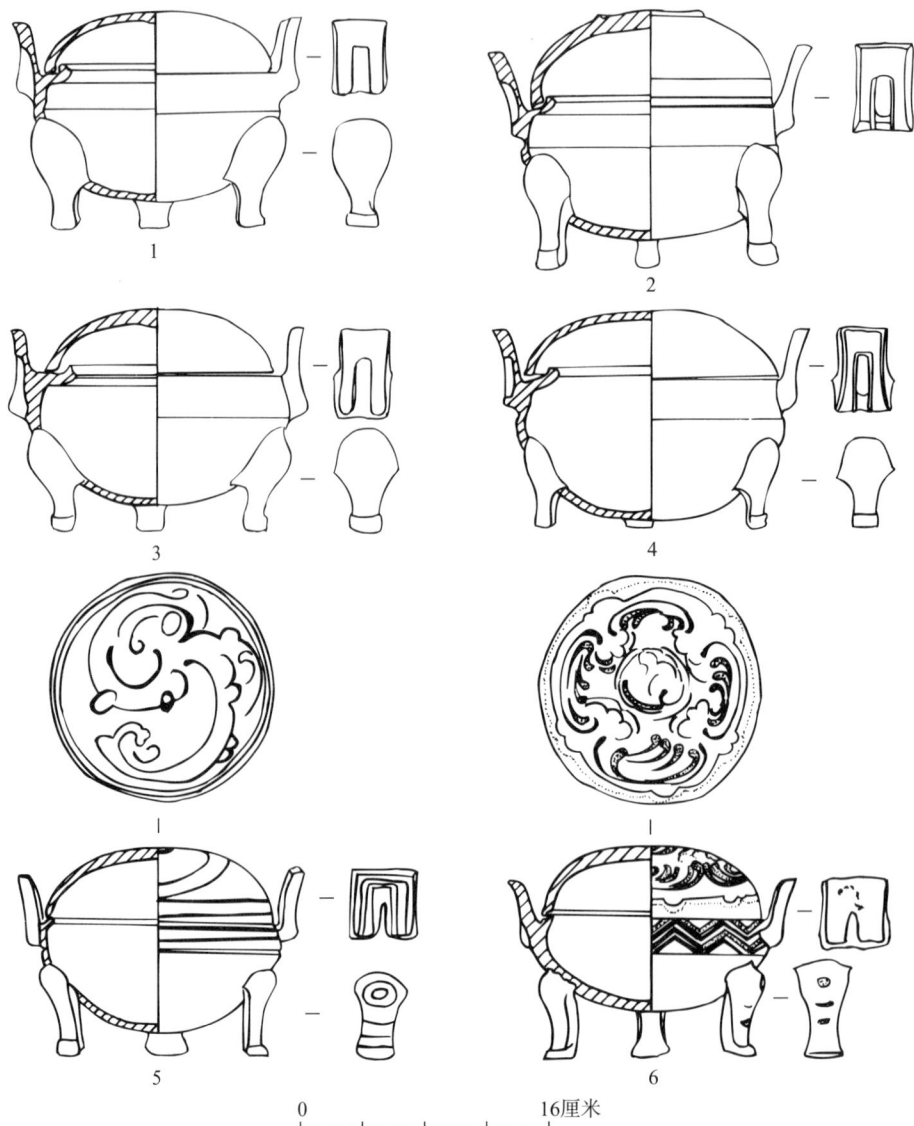

0　　　　　　　　　16厘米

图四六　汉墓出土 Aa 型陶鼎

1～4. Ⅰ式（M71:1、M103:4、M173:5、M103:3）　　5、6. Ⅱ式（M92:2、M139:12）

六，3；图版六五，1）。标本 M103:3，泥质灰陶。覆钵形盖，蹄足内收。口径 12.8~
13、通高 13.5 厘米（图四六，4）。

Ⅱ式　5件。长方形竖耳外撇，缓折腹较Ⅰ式浅，足稍高。标本 M92:2，泥质灰
陶。圜底近平，蹄足内收。覆钵形盖。足腹部一周凹槽，凹槽内及口沿下饰两道红彩，
耳外饰两道红彩；足根凸出部分饰两周红彩，足下部横饰两道红彩。盖缘两周红彩内
饰卷云纹。口径 12.8~13.4、通高 13.3 厘米（图四六，5）。标本 M139:12，泥质灰
陶。足微外撇，覆钵形盖。腹、足和盖顶部均有彩绘，腹部以红、黑色绘有波状纹，
足部彩绘红黑色，图案不清，盖顶以红、黑色绘以云纹。口径 13.2~14.2、通高 13.3
厘米（图四六，6；彩版二三，1）。标本 M286:6，泥质褐陶。蹄足内收。覆钵形盖。
底部有明显的刮抹痕迹。足内收，腹及耳、足部有彩绘，以白色为底，红、黑色绘图
案。口径 13、通高 12.8 厘米（图四七，2）。标本 M302:4，泥质灰陶。耳残。蹄足内
收。覆钵形盖。腹和盖顶部均有彩绘，以白色为底，腹部以红、黑色绘以菱形纹，盖
顶以红色绘圆形图案，外一周黑色圆圈，四周以红、黑色绘以云纹。口径 14.5~15、
通高 13.2 厘米（图四七，1）。

Ⅲ式　5件。长方形竖耳外撇较甚，折腹不明显，腹部一周凹槽或凹弦纹，宽扁
足。标本 M17:4，夹细砂灰陶。足外撇，腹部一周凹槽。口径 12.9、高 11.4~11.8 厘
米（图四七，5）。标本 M258:1，夹细砂灰褐陶。圜底。足外撇，腹部一周凹槽。盖
残。口径 15、残高 13.2~14.3 厘米（图四七，3）。标本 M299:4，夹细砂灰陶。足外
撇。覆钵形盖。口径 15.5、通高 15.5 厘米（图四七，4；图版六五，2）。

Ab 型　8件。平底。分二式。

Ⅰ式　7件。浅缓折腹。蹄足。标本 M81:4，泥质灰陶。平底。足微外撇，覆钵形
盖。腹部一周凹弦纹。腹部有一道宽 0.4~0.5 厘米的红彩，耳内外均有红彩，图案不
清晰。盖顶有波浪状红色彩绘。口径 14.2、通高 12.8 厘米（图四七，6；图版六五，
3）。标本 M141:3，泥质灰陶。微敛口，平底，底有刮抹痕。足微外撇。腹部一周凹弦
纹，凹弦纹与口沿间饰二红一黑三道彩绘，耳上有宽 0.2 厘米的红、黑色彩绘，足上
部有黑圆点。覆钵形盖，平顶，有红、黑色彩绘，图案不清。口径 15.7、通高 13 厘米
（图四七，7）。标本 M189:5，泥质灰陶。制作粗糙。平底。足微外撇，覆盘形盖，顶
内凹。腹部一周凹槽。口径 15.4、通高 14.8 厘米（图四八，2）。标本 M339:2，泥质
灰陶。平底。足微外撇，覆盘形盖，平顶。器身有彩绘，以白彩为底，腹部有两道宽
0.2 厘米的黑彩，耳上有宽 0.1~0.2 厘米的两道黑彩，足上部有两圈黑彩，下部横饰
一道黑彩，盖上彩绘不清晰。鼎内盛有小动物骨骼。口径 17、通高 16 厘米（图
四八，1）。

Ⅱ式　1件（标本 M238:4）。夹细砂灰陶。圜底近平。长方形耳外撇，镂孔未透，

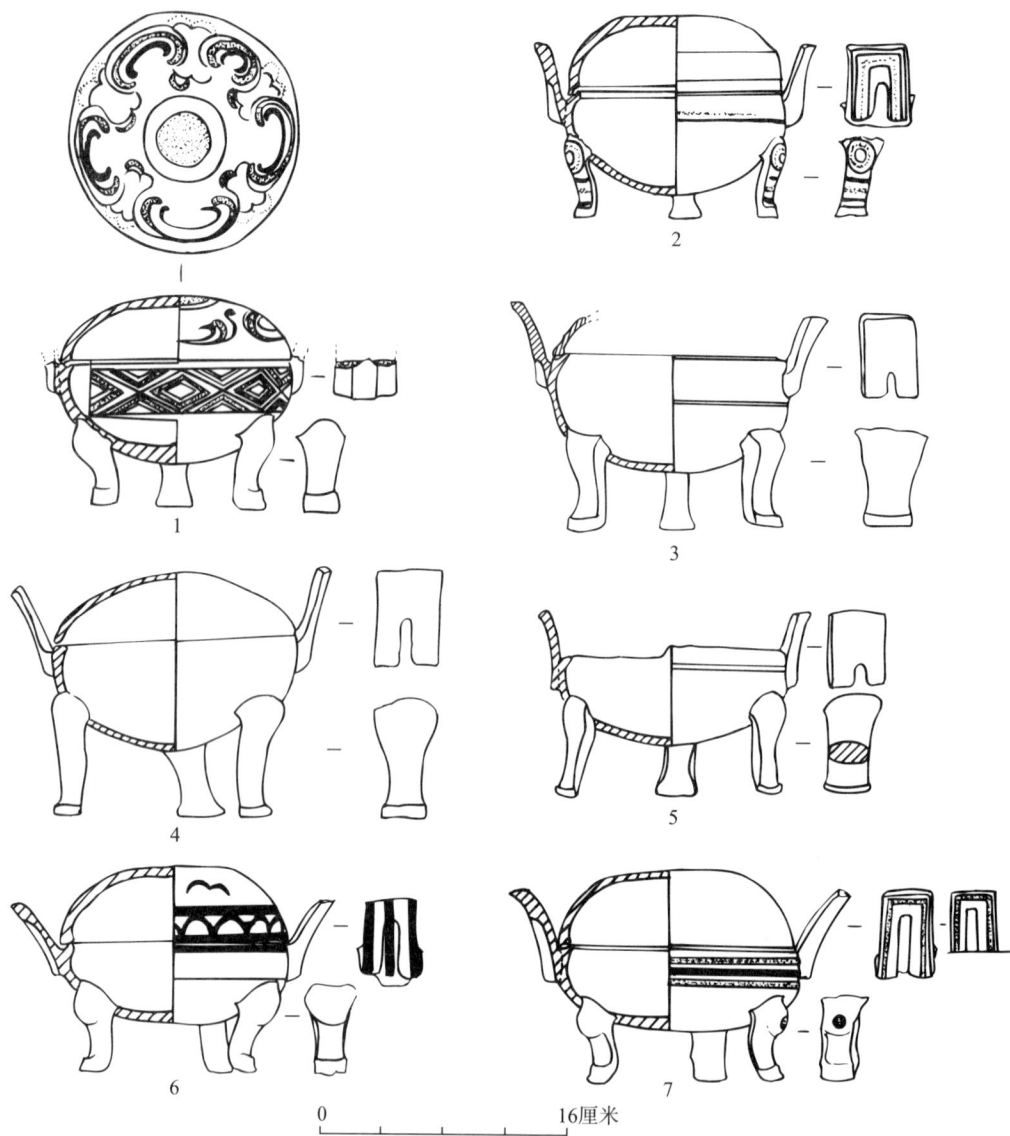

图四七　汉墓出土 A 型陶鼎

1、2. Aa 型Ⅱ式（M302:4、M286:6）　　3～5. Aa 型Ⅲ式（M258:1、M299:4、M17:4）

6、7. Ab 型 I 式（M81:4、M141:3）

宽扁足外撇。覆钵形盖，盖顶中间有插入的孔，可能是捉手。腹部一周弦纹。耳外三道彩绘，中间为红色，两侧为黑色。鼎内盛有似鸡的动物骨骼。口径 15～15.6、残高 14 厘米（图四八，3）。

B 型　2 件。敛口，圆唇，弧腹，圜底。长方形竖耳外撇，长方形镂孔。短柱状足

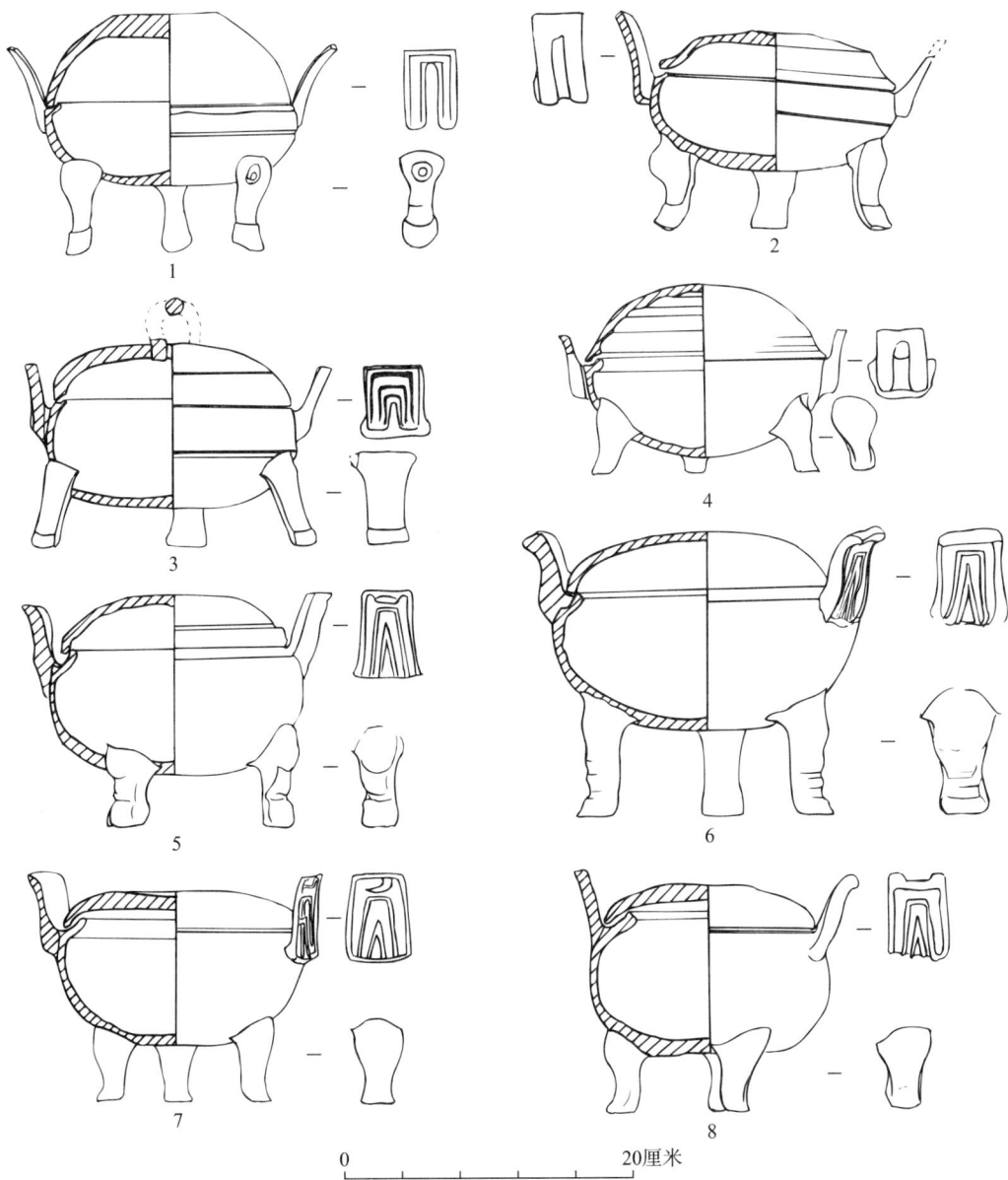

图四八　汉墓出土陶鼎

1、2. Ab 型 I 式（M339:2、M189:5）　3. Ab 型 II 式（M238:4）　4. B 型（M71:2）

5、6. C 型 I 式（M47:2、M248:6）　7. C 型 II 式（M51:11）　8. C 型 III 式（M150:7）

外撇。覆钵形盖。标本 M71:2，夹细砂灰陶。口径 14.5、通高 12.8 厘米（图四八，4；图版六五，4）。

C 型　5 件。子口内敛，深弧腹，长方形竖耳外撇，无镂孔，外有凸起的纹饰，蹄形足较高。制作较粗糙。分三式。

Ⅰ式　2件。口沿内凹，弧腹。标本 M47:2，夹细砂褐陶。圆唇，平底。足微外撇。覆盘形盖，平顶。口径 14.5、通高 16 厘米（图四八，5；图版六五，5）。标本 M248:6，器身为泥质褐陶，耳、足为夹砂褐陶。方唇，圜底。足外撇，覆钵形盖。口径 16.2～17.2、通高 19.2 厘米（图四八，6）。

Ⅱ式　1件（标本 M51:11）。泥质黑皮陶。制作较粗糙。子口微凹，方唇，弧腹，小平底，底有圆涡纹。三蹄状足内收。覆碟形盖，平顶微凹。口径 14、通高 15.4 厘米（图四八，7）。

Ⅲ式　2件。斜子口，圆弧腹。标本 M150:7，夹细砂灰黑陶。方唇，平底微凹。三蹄形足外撇。覆盘形盖，平顶。口径 11.7、通高 16.4 厘米（图四八，8；图版六五，6）。

盒　28件。据腹部的不同分三型。

A 型　16件。弧腹。分四式。

Ⅰ式　7件。宽子口内敛，方唇，深腹，平底。器形较规整。标本 M71:4，泥质灰陶。底微凹。盖缘及腹部各饰两周凹弦纹，器身原饰白彩，已脱落。覆碗形盖。口径 12.6、底径 6.6、通高 12 厘米（图四九，1；彩版二三，2）。标本 M103:6，泥质灰陶。底微内凹。腹饰两周凹弦纹。覆盘形盖。口径 13.6～14、底径 5.5、通高 12.5 厘米（图四九，2）。标本 M173:7，泥质灰褐陶，器表有青灰陶衣，多脱落。底微凹。盖饰三道、腹饰两周凹弦纹。覆钵形盖。口径 12.8、底径 4.8、通高 12.1 厘米（图四九，3）。

Ⅱ式　5件。微敛口，腹较Ⅰ式稍浅。标本 M170:2，泥质灰陶。方唇，平底。腹饰一周凹弦纹。覆碗形盖。盖面以白彩为底，红、黑色绘制六、七组云纹。口径 15.6、底径 7、通高 11.4 厘米（图四九，9；彩版二三，3）。标本 M298:4，夹细砂灰陶。方唇，平底。覆碗形盖，顶有一周矮圈足状提手。上腹及盖各饰两周凹弦纹。器形略矮扁。口径 15～15.4、底径 6.4、通高 12.8 厘米（图四九，4）。标本 M300:4，泥质灰陶。方唇。腹饰两周凹槽，下腹一周折棱。覆钵形盖，盖缘两道凹槽，顶以白彩为底，红彩饰云纹。口径 14.8、底径 6.9、通高 11.8 厘米（图四九，8）。

Ⅲ式　2件。微敛口，方唇，平底。器形略矮扁。标本 M81:1，泥质灰褐陶。覆钵形盖。腹饰一周凹槽，有红、白色彩绘，图案不清晰。口径 16.2、底径 6.2～6.4、通高 11.5 厘米（图四九，5）。

Ⅳ式　2件。微敛口，方唇，平底。器形矮扁。标本 M189:6，泥质灰陶。底微凹。覆钵形盖，顶中间突起，外一周凹槽。腹饰一周凹弦纹。口径 17、底径 7～7.2、通高 11.5 厘米（图四九，6）。

图四九　汉墓出土陶盒

1～3. A 型 I 式（M71:4、M103:6、M173:7）　4、8、9. A 型 II 式（M298:4、M300:4、M170:2）

5. A 型 III 式（M81:1）　6. A 型 IV 式（M189:6）　7. B 型 II 式（M92:3）

B 型　11 件。微折腹，下腹因修整刮削，呈斜直状。分四式。

I 式　3 件。子口内敛，深弧腹，平底。标本 M63:3，泥质陶，器身灰陶，盖褐陶。腹饰两周凹弦纹。口径 14.5、底径 7.3～7.5、通高 12.6 厘米（图五〇，1；图版六六，1）。标本 M173:8，泥质褐陶。底内凹，腹饰两周凹弦纹。覆钵形盖。口径12.9、底径 5、通高 10.8 厘米（图五〇，2）。

II 式　5 件。微敛口，弧腹略深，平底。器形稍矮扁。标本 M92:3，泥质灰陶。方唇。覆钵形盖。腹饰一周凹槽，底有切割痕。凹槽与口之间横饰两周红彩。盖面以红

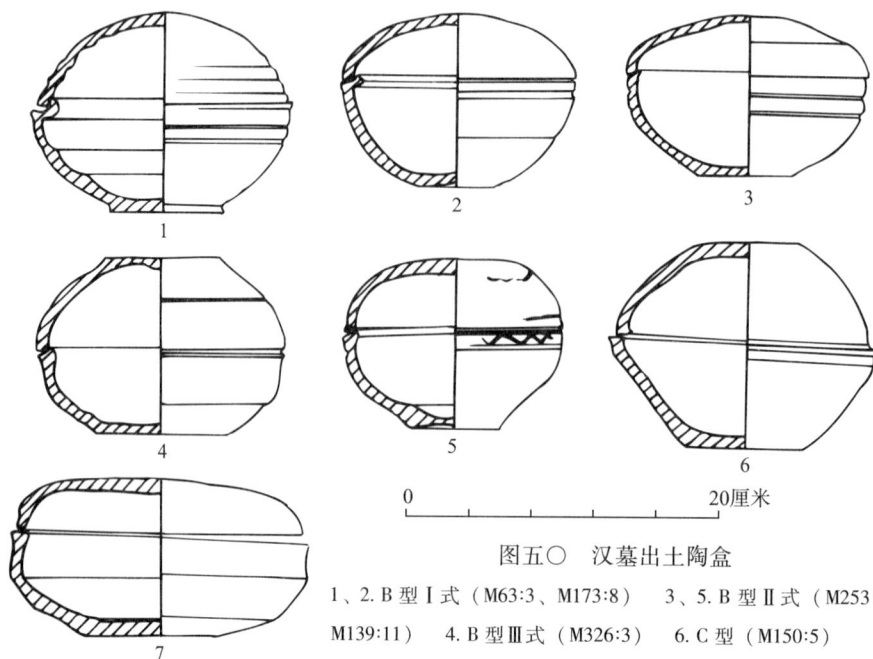

图五〇　汉墓出土陶盒

1、2. B 型 I 式（M63:3、M173:8）　3、5. B 型 II 式（M253:1、
M139:11）　4. B 型 III 式（M326:3）　6. C 型（M150:5）
7. B 型 IV 式（M248:2）

彩饰云纹。口径 14.6、底径 5、通高 10.7 厘米（图四九，7）。标本 M139:11，泥质灰
陶。方唇，底微凹。覆钵形盖。腹饰一周凹槽。凹槽与口之间由红彩饰波状纹，盖顶
红彩饰云纹，图案模糊不清。盒内有兽骨。口径 14.3、底径 5.7～5.9、通高 10.6 厘米
（图五〇，5；图版六六，2）。标本 M253:1，泥质灰陶，盖褐陶。方唇，覆钵形盖。腹
饰两周凹槽，盖顶饰一周凹弦纹。口径 14.6～15.5、底径 5.8、通高 10 厘米（图
五〇，3）。

III 式　2 件。微敛口，浅腹，平底。器形矮扁。标本 M326:3，方唇。覆钵形盖，
平顶，顶边缘有一周凹槽。口径 16.5～16.8、底径 8.2、顶径 7.8、通高 11 厘米（图
五〇，4）。

IV 式　1 件（标本 M248:2）。泥质褐陶。敛口，方唇，浅腹，平底。覆盘形盖。器
形矮扁。口径 18.1～19.6、底径 8.5、通高 10 厘米（图五〇，7；图版六六，3）。

C 型　1 件（标本 M150:5）。夹砂灰陶。微敛口，方唇，深斜弧腹，平底。覆碗形
盖。口径 16.5～17.4、底径 7.4、通高 13 厘米（图五〇，6）。

壶　71 件。根据形态分大型壶、小型壶两类。

大型壶　42 件。根据底部的不同，分圈足壶、假圈足壶、平底壶三型。

A 型　26 件。圈足壶。分三亚型。

Aa 型　12 件。大圈足壶。分五式。

Ⅰ式 5件。侈口，微束颈，圆鼓腹，喇叭状圈足斜直。标本M160:1，泥质灰褐陶。侈口，方唇，腹颈交接处饰一周、腹饰两周凹弦纹，两侧各有一铺首。弧顶盖。口径11~11.2、圈足径13.3~13.5、通高33厘米（图五一，3）。标本M146:2，泥质灰陶。施白陶衣，多脱落。方唇。腹饰两周凹弦纹，两侧各有一铺首。弧顶盖。口径10.8、圈足径14.4、通高32.4厘米（图五一，1；图版六七，1）。

Ⅱ式 1件（标本M63:2）。泥质褐陶。侈口，方唇，短束颈，鼓腹，喇叭圈足斜

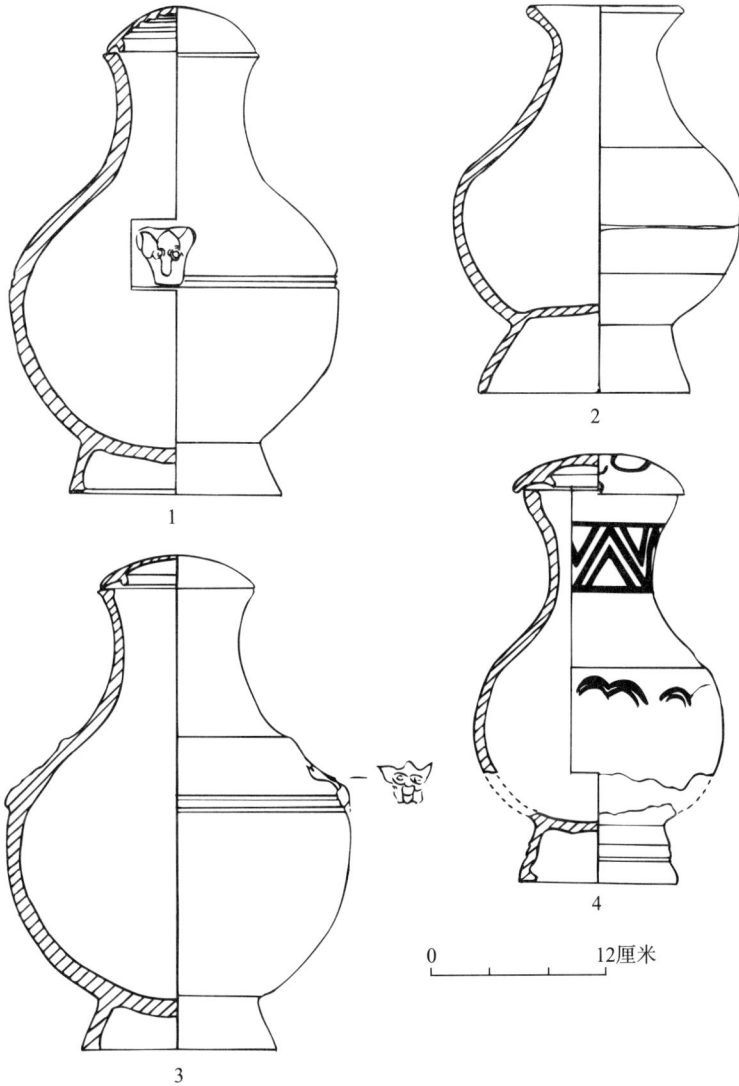

图五一 汉墓出土Aa型陶大型壶

1、3. Ⅰ式（M146:2、M160:1） 2. Ⅱ式（M63:2） 4. Ⅲ式（M170:1）

直。颈、腹交接处和腹部饰三周凹弦纹。口径 11、圈足径 14.4、高 25.8 厘米（图五一，2；图版六七，2）。

Ⅲ式　2件。微盘口，束颈，鼓腹，圈足斜直，上有两周凹弦纹。标本 M170:1，泥质红陶，盖灰陶。方唇，腹下部略残。弧顶盖。颈部以红、黑彩绘三角纹，腹和盖顶以红、黑彩绘云纹，多脱落。口径 11.2、圈足径 11.2、通高约 28.5 厘米（图五一，4）。

Ⅳ式　3件。盘口，束颈，鼓腹。矮圈足斜折。标本 M150:1，夹细砂灰陶。方唇，圈足上有一周凸棱，上腹饰三周凹槽，下腹两周戳印纹。口径 16.8～17.2、圈足径 16.3、高 32.7 厘米（图五二，1）。标本 M248:8，夹细砂灰陶。方唇，圈足上有两周凹弦纹，颈、腹饰两周凹弦纹，腹饰一周指甲按压纹，下有刮抹痕。口径 15.5～15.7、圈足径 14～14.2、高 30 厘米（图五二，2）。

Ⅴ式　1件（标本 M51:10）。泥质灰陶。方唇，微垂腹。圈足上有一周凸棱，腹饰三周凹弦纹。覆钵形盖，盖上有刮抹痕和白色彩绘云纹。腹部一侧贴有红色漆器漆皮。口径 14.5、圈足径 12.5、通高 28.5 厘米（图五二，3）。

Ab 型　7件。短束颈，鼓腹，小圈足。分五式。

Ⅰ式　1件（标本 M143:1）。泥质灰陶。口残。鼓腹，喇叭状斜圈足。圈足径 13、残高 20 厘米（图五二，4）。

Ⅱ式　2件。圆鼓腹，圈足微折。标本 M189:1，泥质灰陶。侈口，圆唇。器身以白色为底，沿下、颈和腹部分别以黑色彩绘倒三角纹和云纹。口径 12.1～12.2、圈足径 10.8、高 21.6～21.8 厘米（图五二，5）。

Ⅲ式　2件。鼓腹或扁鼓腹，圈足弧折。标本 M258:3，夹细砂灰陶。侈口，方唇，束颈，鼓腹。覆碟盖。口径 10.9～11.3、圈足径 12.5、通高 25 厘米（图五二，7）。标本采:01，泥质灰陶。侈口，方唇，腹饰三周凹弦纹。口径 9.9、圈足径 9.9、高 18.5 厘米（图五二，6）。

Ⅳ式　1件（标本 M141:5）。泥质红陶。侈口，圆唇，扁鼓腹，弧圈足。弧顶盖残。颈、腹部分别以黑色彩绘三角纹和云纹。口径 11、圈足径 10.6～10.8、器身高 21.8 厘米（图五二，8）。

Ⅴ式　1件（标本 M81:2）。泥质灰陶。侈口，方唇，垂腹，矮喇叭状圈足。覆碗盖，顶内凹。壶身及盖有彩绘，以白色为底，口部和颈、腹交接处横饰三周红色彩绘，腹部以红彩绘云纹。口径 12、圈足径 12、通高 24.8 厘米（图五三，1）。

Ac 型　7件。高束颈，鼓腹，小圈足。分三式。

Ⅰ式　1件（标本 M92:1）。夹细砂灰陶。侈口，方唇，颈、腹交接处有一周折棱。喇叭状圈足，上有两周凹槽。口部和圈足部有红色彩绘，图案不清。口径 10.1～10.2、圈足径 10.4、高 22.8～23.2 厘米（图五三，2）。

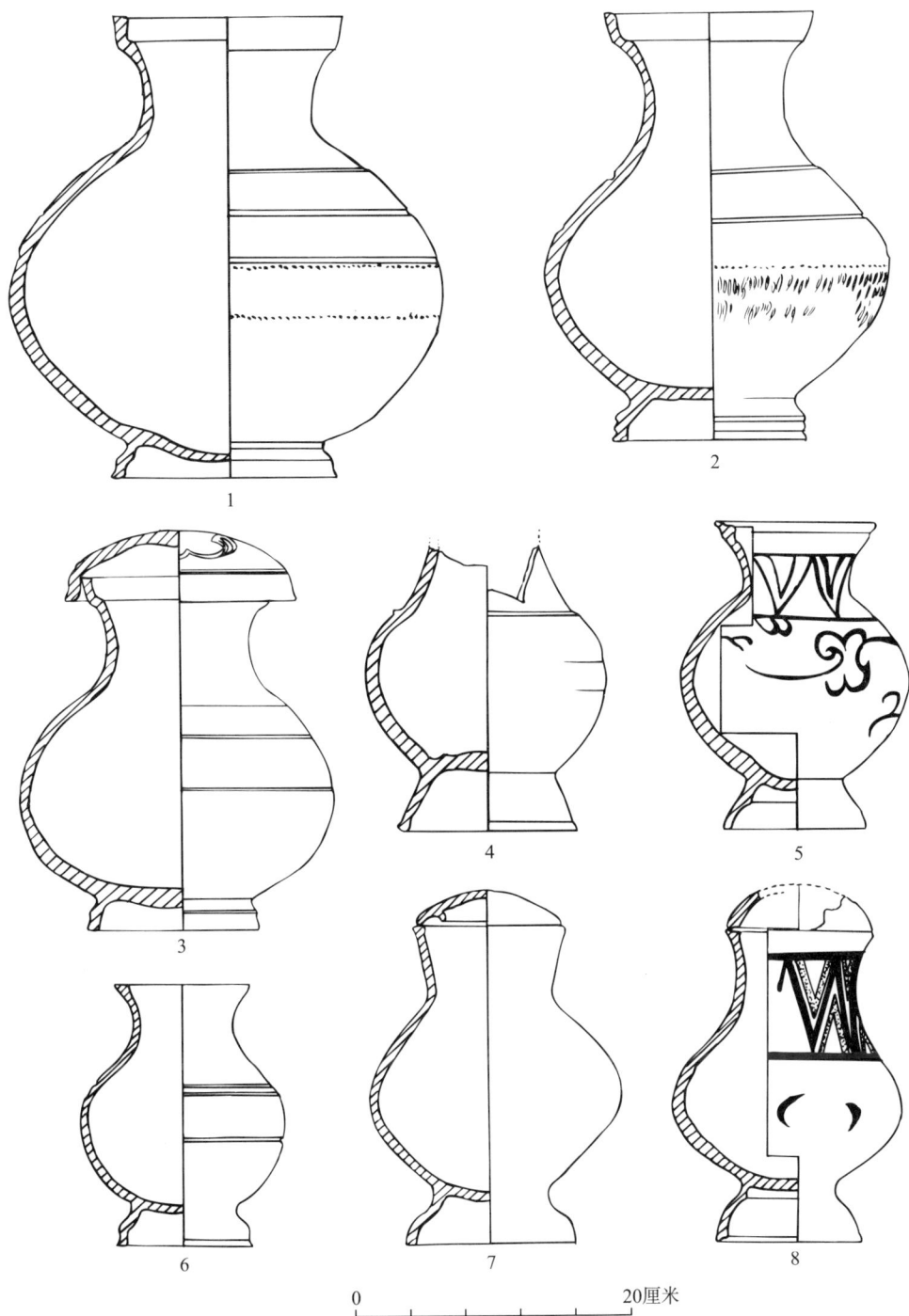

图五二　汉墓出土 A 型陶大型壶

1、2. Aa 型Ⅳ式（M150:1、M248:8）　　3. Aa 型 V 式（M51:10）　　4. Ab 型Ⅰ式（M143:1）

5. Ab 型Ⅱ式（M189:1）　　6、7. Ab 型Ⅲ式（采:01、M258:3）　　8. Ab 型Ⅳ式（M141:5）

Ⅱ式 4件。颈较Ⅰ式高，圈足微折。标本M299:1，泥质灰陶。侈口，方唇。弧顶盖。腹饰三周凹弦纹。壶身及盖有彩绘，以白色为底，红色绘图案，多已脱落。口径10.6、圈足径10.4、通高26.2厘米（图五三，4）。标本M300:5，泥质褐陶。微敛口，方唇，圈足上一周凹槽。颈、腹部有黑色彩绘，颈部饰倒三角纹，腹部饰云纹。口径10、圈足径11.2、高23~23.2厘米（图五三，3）。

Ⅲ式 2件。颈更高，弧圈足。标本M238:1，泥质灰陶。侈口，方唇。腹饰一周凹弦纹。器身有红色彩绘，多已脱落，模糊不清，圈足横饰一周宽0.3~0.5厘米的红彩。口径10.1~10.4、圈足径9.9~10.1、高22.3厘米（图五三，5）。

B型 4件。假圈足壶。分二式。

Ⅰ式 3件。高束颈，耸肩，高圈足。标本M103:2，泥质灰陶。侈口，方唇，鼓

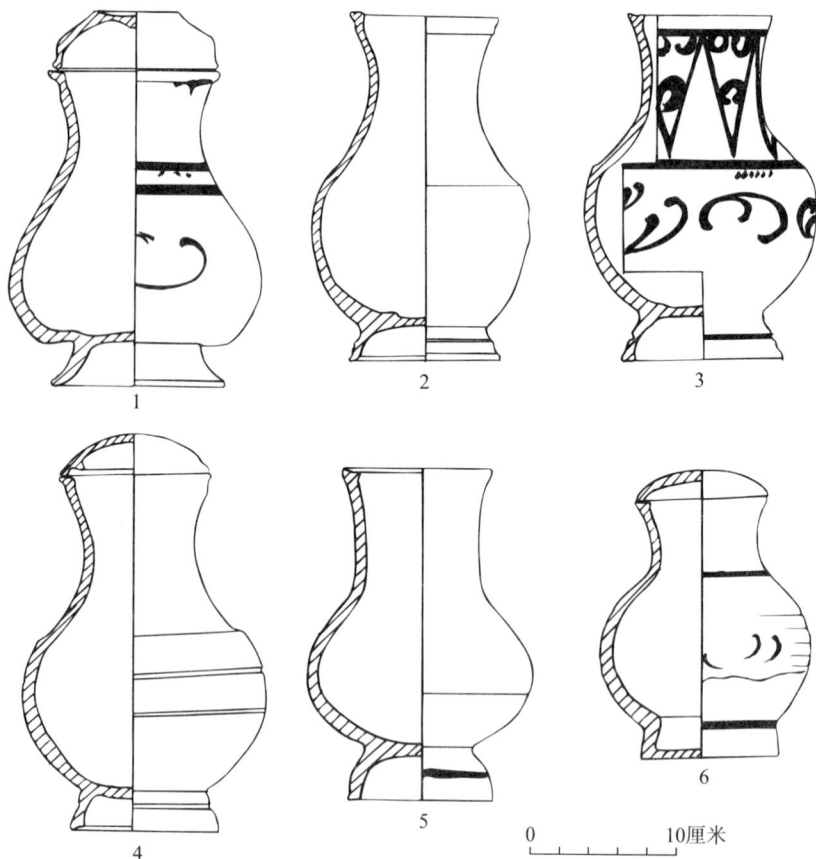

图五三　汉墓出土陶大型壶

1. Ab型Ⅴ式（M81:2）　2. Ac型Ⅰ式（M92:1）　3、4. Ac型Ⅱ式（M300:5、M299:1）

5. Ac型Ⅲ式（M238:1）　6. B型Ⅱ式（M302:2）

腹微折，平底。覆碟盖。颈、腹交接处及腹部饰五周凹弦纹，两侧各有一铺首。口径9.6、圈足径10.8~10.9、通高26.5厘米（图五四，2）。标本M173:1，泥质陶，器身灰陶，盖红陶。直口，方唇，微束颈，鼓腹，平底。覆碟盖。颈、腹交接处及腹部饰五周凹弦纹，两侧各有一铺首。口径9.5、圈足径10.6、通高27厘米（图五四，1；彩版二四，1）。

Ⅱ式　1件（标本M302:2）。泥质灰陶。侈口，方唇，矮束颈，鼓腹，圈足平底微内凹。覆碟盖。腹部饰七周不清晰的凹槽和一周随意刻划的凹弦纹。腹部饰有红色彩绘，图案不清。圈足横饰一周红色彩绘。口径9.1、圈足径9.6、通高19.2厘米（图五三，6；图版六六，4）。

C型　12件。平底壶。分二亚型。

Ca型　3件。高束颈。分三式。

Ⅰ式　1件（标本M286:4）。泥质褐陶。侈口，方唇，高束颈，鼓腹，平底内凹。覆碟盖。颈、腹交接处一周折棱，腹饰两周不规则的凹弦纹。口径10.2、底径9.6~9.8、通高24厘米（图五四，3）。

Ⅱ式　1件（标本M139:8）。泥质灰陶。侈口，方唇，束颈，鼓腹，覆碟盖。器表以红、黑色绘彩绘，颈部为波状纹，腹部为云纹。口径10.5、底径9~9.3、通高23.1厘米（图五四，4）。

Ⅲ式　1件（标本M177:4）。泥质陶，器身灰陶，盖褐陶。侈口，方唇，高束颈，鼓腹，平底内凹。覆碟盖。腹部一周折棱，下有四周戳印纹。口径11.7、底径7.5、通高24.4厘米（图五四，5）。

Cb型　9件。短束颈。分七式。

Ⅰ式　2件。圆鼓腹。标本M47:1，夹砂灰陶。口残，束颈，鼓腹，平底微内凹。覆盘盖。腹部有三周凹弦纹和两周戳印纹。底径9.4~10、残高24.5厘米（图五四，6）。标本M106:1，泥质灰陶。微侈口，平底微内凹。腹部有两周凹弦纹。口径10.8、底径13~13.2、高20.4厘米（图五五，1）。

Ⅱ式　2件。鼓腹微垂。标本M110:1，泥质灰陶。侈口，平底微内凹。腹部有轮制形成的凹槽痕迹。口径10.7、底径12.6~12.8、高18.8厘米（图五五，2）。标本M349:7，泥质灰陶。侈口，方唇，平底。颈部两周凹槽。口径8.4、底径13.3~13.5、高22.9厘米（图五五，3）。

Ⅲ式　1件（标本M30:3）。泥质灰陶。侈口，方唇，垂鼓腹，平底。口径9、底径14.7、高21.8厘米（图五五，4）。

Ⅳ式　1件（标本M45:3）。泥质灰陶，稍夹砂。侈口，方唇，唇沿有凹槽，束颈，垂腹，平底微内凹，底直径较Ⅲ式大。腹部饰八周凹槽。口径9.7~10.3、底径14~

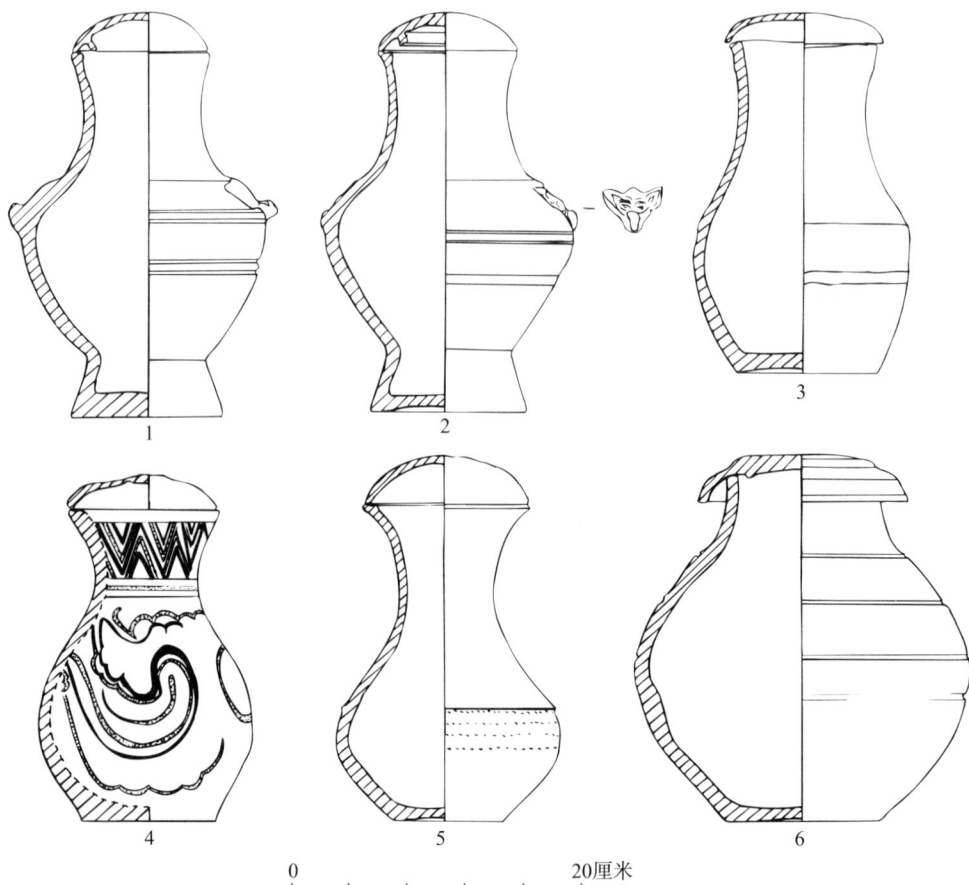

图五四　汉墓出土陶大型壶

1、2. B 型 I 式（M173:1、M103:2）　　3. Ca 型 I 式（M286:4）　　4. Ca 型 II 式（M139:8）

5. Ca 型 III 式（M177:4）　　6. Cb 型 I 式（M47:1）

14.4、高 20.8 厘米（图五五，5）。

　　V 式　1 件（标本 M49:2）。泥质灰陶。侈口，方唇，垂腹，大平底内凹。口径
10.8、底径 17.6～17.8、高 18.8 厘米（图五五，6）。

　　VI 式　1 件（标本 M36:1）。泥质灰陶。侈口，方唇，唇沿有凹槽，深垂腹，大平
底内凹。口径 10.2、底径 17.2、高 19.3 厘米（图五五，7）。

　　VII 式　1 件（标本 M97:8）。泥质灰陶。侈口，方唇，微鼓腹，平底内凹。器形较
高。腹饰三周凹槽。口径 11.8、底径 15～15.3、高 19.8 厘米（图五五，8）。

　　小型壶　29 件。分二型。

　　A 型　28 件。平底。分二亚型。

　　Aa 型　22 件。鼓腹。分四式。

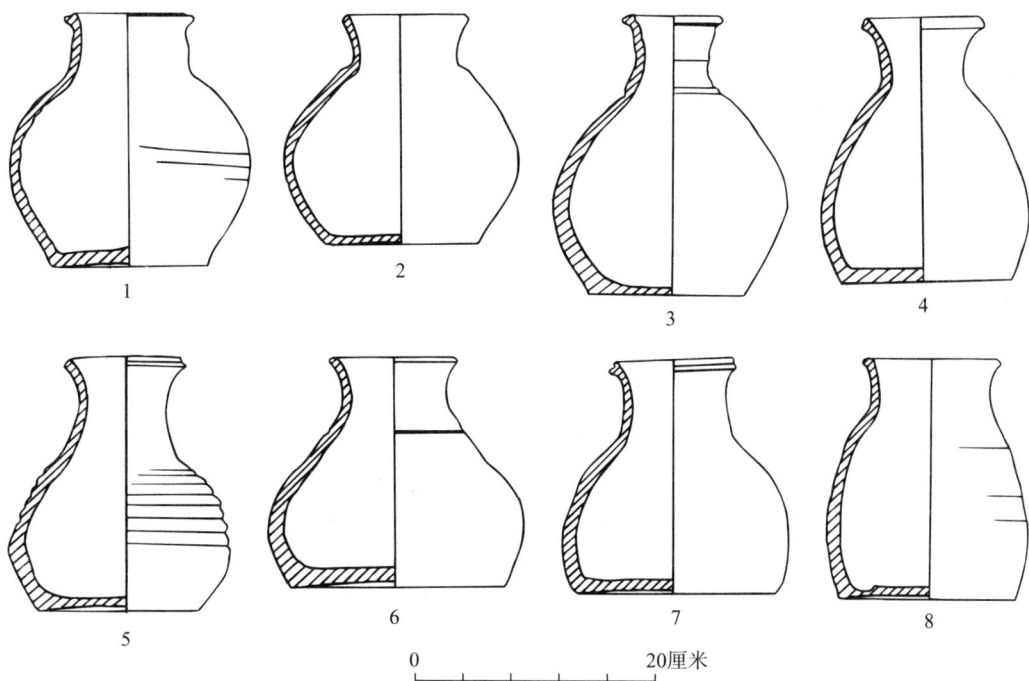

图五五 汉墓出土 Cb 型陶大型壶

1. I式（M106:1）　2、3. II式（M110:1、M349:7）　4. III式（M30:3）
5. IV式（M45:3）　6. V式（M49:2）　7. VI式（M36:1）　8. VII式（M97:8）

I式 7件。鼓腹。标本 M139:10，泥质灰陶。侈口，方唇，束颈，鼓腹，平底。弧顶盖。壶及盖均以红、黑色饰彩绘云纹。口径5.9、底径3.8～4、通高10.5厘米（图五六，7；彩版二三，4）。标本 M192:1，泥质灰陶。微侈口，方唇，束颈，平底。口径8.5～9、底径6.2～6.4、高12.3厘米（图五六，1）。标本 M310:4，泥质褐陶。侈口，方唇，束颈，鼓腹，平底。折腹弧顶盖。颈部黑色彩绘一周，腹部黑色彩绘云纹。口径6.9、底径5、通高10.5厘米（图五六，5）。标本 M229:3，泥质灰陶。侈口，方唇，束颈，平底微内凹。口径10.2、底径6～7、高15.4厘米（图五六，2）。

II式 10件。微垂腹。标本 M218:2，夹细砂灰陶。侈口，方唇，束颈，平底。腹饰二三周凹槽。口径9.1、底径8.5～9、高14厘米（图五六，3）。标本 M300:3，泥质灰陶。侈口，方唇，束颈，平底。弧顶盖。壶身及盖均以白彩为底，红、黑彩绘云纹。口径6.3、底径4.6、通高11.1厘米（图五六，8；彩版二三，5）。

III式 4件。垂腹。标本 M283:1，泥质灰陶。侈口，方唇，束颈，平底内凹。口径7、底径7、高8.5厘米（图五六，13）。标本 M339:5，泥质红陶。侈口，方唇，唇沿一周凹槽，束颈，平底。身有彩绘，图案不清。口径8.2、底径6、高8.2厘米（图五六，4）。

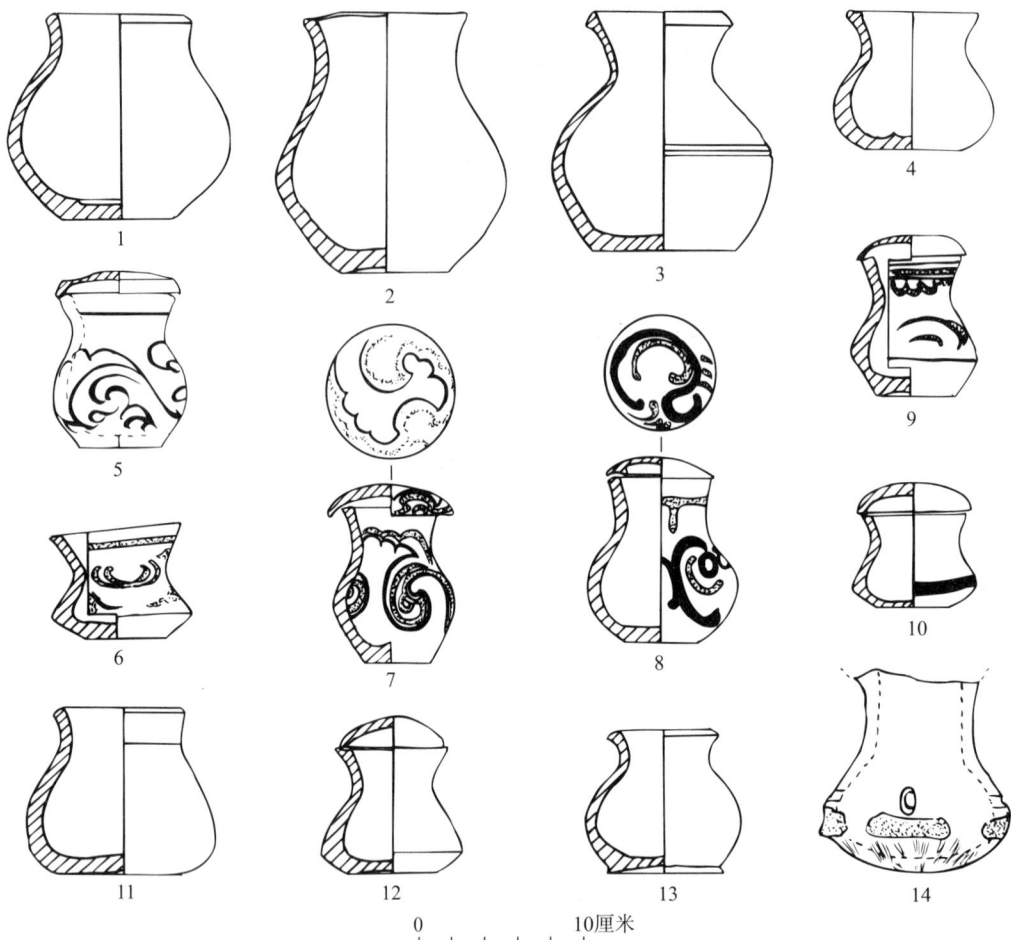

图五六　汉墓出土陶小型壶

1、2、5、7. Aa 型 I 式（M192:1、M229:3、M310:4 、M139:10）　3、8. Aa 型 II 式（M218:2、M300:3）

4、13. Aa 型 III 式（M339:5、M283:1）　6、10、12. Ab 型 II 式（M92:5、M141:2、M81:5）

9. Ab 型 I 式（M286:7）　11. Aa 型 IV 式（M141:1）　14. B 型（M269:1）

IV式　1 件（标本 M141:1）。泥质灰陶。侈口，方唇，束颈，垂腹，平底。底有切割形成的螺旋纹。口径 8、底径 7.5、高 9.9 厘米（图五六，11）。

Ab 型　6 件。折腹。分二式。

I 式　1 件（标本 M286:7）。泥质灰陶。侈口，方唇，束颈，折腹，平底。覆钵盖，平顶。颈、腹以白色为底，红、黑色饰彩绘波状纹和云纹。口径 6.1、底径 4.8、通高 9.4 厘米（图五六，9）。

II 式　5 件。垂折腹。标本 M81:5，泥质褐陶，盖黑陶。侈口，方唇，沿面为内凹。束颈，平底。弧顶盖。盖顶以白色为底，红色彩绘，多已脱落，图案模糊不清。

口径 6.9、底径 5.6～5.8、通高 9.4 厘米（图五六，12）。标本 M92:5，泥质红陶。侈口，方唇，沿面一周凸弦纹，束颈，平底。颈、腹饰红色彩绘云纹。口径 8、底径 4.8～5.2、高 6.2～6.8 厘米（图五六，6）。标本 M141:2，泥质灰陶，盖黑陶。侈口，方唇，束颈，平底。弧顶盖。壶身及盖均有彩绘，除下腹部横饰一周黑色彩绘外，余图案不清。口径 6.4、底径 4、通高 7.5 厘米（图五六，10）。

B 型　1 件（标本 M269:1）。泥质灰陶。口、把手残。弧腹，圜底。三面有直径 2 厘米的穿孔，底有刮抹痕。残高 12 厘米（图五六，14）。

高足壶　4 件。均出自 M168。泥质灰陶。微侈口，方唇，鼓腹，高柄，喇叭状圈足，弧顶盖。标本 M168:1，口径 11.4、圈足径 10.6、通高 21 厘米（图五七，2）。标本 M168:2，盖缘微内凹，腹饰四道凹槽。口径 11.5、圈足径 10、通高 21.6 厘米（图五七，3；图版六七，3）。

钫　1 件（标本 M63:1）。泥质灰陶。侈口，长颈，腹瘦长，圈足较高。盝顶盖。口长 10.2、宽 9.8、底边长 9.8～10.4、通高 34 厘米（图五七，1；图版六七，4）。

匜　22 件。分四型。

A 型　7 件。平面呈圆角长方形。标本 M71:5，泥质灰陶。敞口，方唇，上腹斜直，下腹内收，平底，半圆形短流。内底部有两周凹弦纹。底径 5.2、高 4.5 厘米（图五七，5；彩版二四，2）。标本 M103:10，泥质灰陶。敞口，圆唇，上腹斜直，下腹内收，平底，方槽形短流。内部上腹和底部有两周凹弦纹。底径 4.6、高 5.2 厘米（图五七，4）。标本 M173:9，泥质灰陶。敞口，方唇，斜腹，平底内凹，短流。内底部有两周凹弦纹。底径 5.6、高 5.2 厘米（图五七，6）。

B 型　3 件。口平面呈方形。标本 M189:4，泥质灰陶。外表面有白色陶衣，制作粗糙。敞口，方唇，折腹，方形平底，短流。口边长 13～14、底边长 5.3、高 4.5 厘米（图五八，1）。标本 M238:7，泥质褐陶。敞口，方唇，斜腹，方形平底，短流。口边长 18.2、宽 15、高 4.6 厘米（图五七，7；彩版二四，3）。

C 型　10 件。口平面呈圆形。标本 M92:4，泥质灰陶。敞口，圆唇，折腹，平底，半圆形短流近口处一周凹弦纹。口径 12.8～14、底径 6～6.5、高 5.2 厘米（图五八，3）。标本 M150:6，泥质灰陶。敞口，圆唇，折腹，平底，半圆形短流。口径 17、底径 6、高 6.6 厘米（图五八，2）。标本 M286:2，泥质灰陶。敞口，方唇，弧腹，平底微凹，近底部有刮抹痕，半圆形短流。器身以白彩为底，红、黑彩绘卷云纹。口径 12.2、底径 4.4、高 3.8 厘米（图五八，7）。标本 M300:2，泥质灰陶。敞口，圆唇，折腹，平底，半圆形短流。内外以白彩为底，内底以红、黑色绘云纹。口径 15、底径 5.5～5.8、高 4.5 厘米（图五八，6）。

D 型　2 件。平面呈椭圆形。标本 M47:6，夹细砂褐陶。敞口，方唇，上腹斜直，

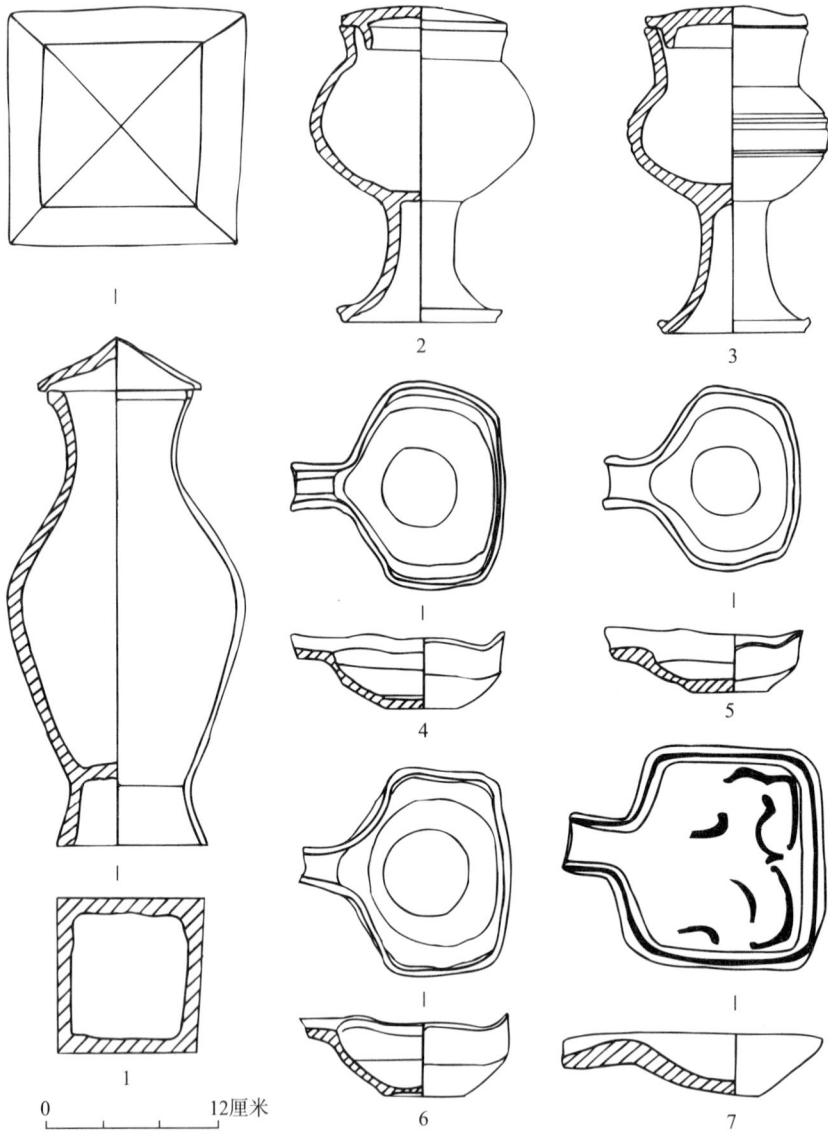

图五七　汉墓出土陶器

1. 钫（M63:1）　　2、3. 高足壶（M168:1、M168:2）　　4～6. A 型匜（M103:10、
M71:5、M173:9）　　7. B 型匜（M238:7）

下腹内收，平底内凹，半圆形短流。口径 18.5～20.4、底径 8、高 7.7 厘米（图五八，
5）。标本 M248:5，夹细砂灰陶。敞口，圆唇，折腹，平底，短流。内底有一周凹槽。
口径 19.2～22、底径 7.8～8、高 7.2 厘米（图五八，4；图版六八，1）。

　　盘　18 件。分四式。

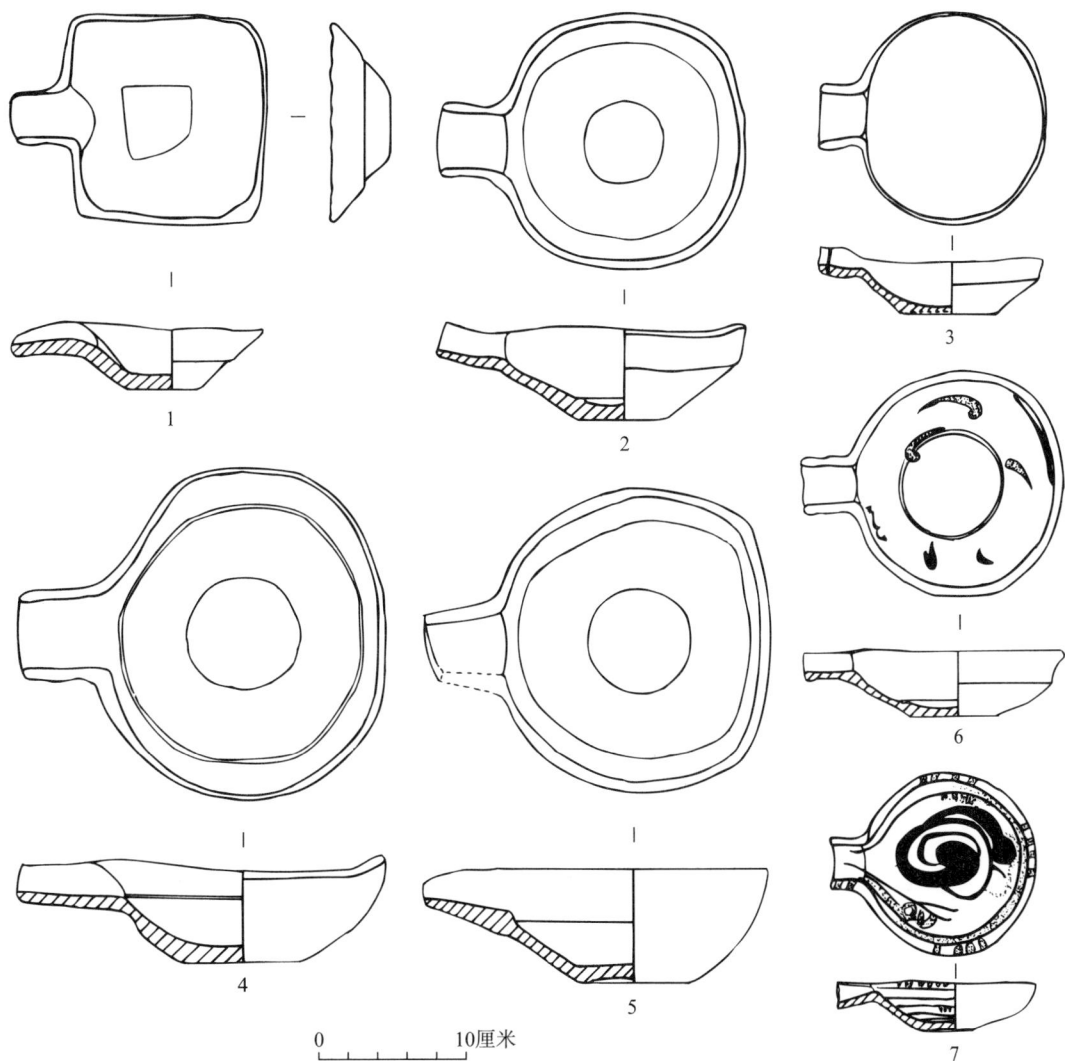

图五八 汉墓出土陶匜

1. B 型（M189:4） 2、3、6、7. C 型（M150:6、M92:4、M300:2、M286:2） 4、5. D 型（M248:5、M47:6）

I 式 3 件。弧腹。标本 M71:8，泥质灰陶。敞口，方唇，平沿，平底微内凹。近底处一周凹弦纹。口径 13.7、底径 4.2、高 3.4 厘米（图五九，1；彩版二四，4）。标本 M173:8，泥质灰陶。敞口，方唇，平沿，平底微内凹。口径 14.5、底径 4.2、高 4 厘米（图五九，2）。

II 式 9 件。微折腹。标本 M299:6，夹细砂红陶。敞口，方唇，平沿，平底微内凹。口径 15.8、底径 5～5.3、高 3.6 厘米（图五九，5）。标本 M160:11，泥质灰褐陶。敞口，方唇，平沿，平底，近底部一周凹槽。口径 12.8、底径 3.9、高 3.1 厘米（图五九，6）。标本 M63:4，泥质灰陶。敞口，圆唇，斜折沿，平底内凹。口径 13.8、底径 7、高 3.5 ~ 4.2 厘米（图五九，4）。标本 M170:3，泥质灰陶。敞口，方唇，平沿。内饰红黑彩绘云纹。口径 16.3、底径 5.5、高 3.1 ~ 3.6 厘米（图五九，3；彩版二四，5）。

Ⅲ式　5 件。折腹。标本 M47:4，夹砂灰陶。敞口，方唇，平沿，平底。口径 20、底径 8.8、高 6 厘米（图六〇，2）。标本 M258:5，泥质黑陶。敞口，方唇，卷沿，平底，下腹和底部有刮抹痕。口径 16.2、底径 6.6、高 3.6 ~ 3.9 厘米（图五九，7）。标本 M298:1，泥质褐陶。敞口，方唇，卷沿，平底。口径 17.1、底径 6.4、高 3.6 厘米（图五九，9）。标本 M302:3，泥质褐陶。烧制变形。直口，方唇，平沿，平底，上腹部一周凹槽。口径 16.4 ~ 17.4、底径 5、高 5.9 厘米（图五九，8；图版六八，2）。

Ⅳ式　1 件（标本 M248:1）。夹砂褐陶。制作粗糙。敞口，方唇，平沿，斜直腹微折，平底。内底一周凹槽。口径 20 ~ 20.2、底径 9、高 4.9 厘米（图六〇，1；图版六八，3）。

勺　18 件。分四型。

A 型　6 件。平面呈桃形。标本 M160:9，泥质黑陶。敞口，圆唇，弧腹。圈底近平。圆柱形把，顶端向后勾。高 6 厘米（图六〇，5；图版六八，4）。标本 M173:10，泥质灰陶。敞口，圆唇，弧腹，平底。柱形把，顶端向后勾。底径 2 ~ 2.3、高 4.5 厘米（图六〇，6）。标本 M71:9，泥质灰陶。敞口，圆唇，斜腹，平底。柱形把。底径 2.6、高 4 厘米（图六〇，8）。

B 型　6 件。平面呈圆形。标本 M286:1，泥质灰陶。敞口，圆唇，弧腹。平底。柱形把，断面长方形。口径 7.9、底径 3.6、高 4.6 厘米（图六〇，9）。标本 M298:6，泥质灰陶。敞口，圆唇，弧腹。圈底。柱形把，断面长方形。口径 10.6、高 9 厘米（图六〇，10）。标本 M300:1，泥质灰陶。敞口，圆唇，弧腹。平底。柱形把，断面长方形。内面以白彩为底，红、黑色绘云纹。口径 7、底径 2.8 ~ 3、高 4 厘米（图六〇，7；彩版二四，6）。

C 型　2 件。平面呈椭圆形。标本 M47:5，夹细砂黑陶。敞口，圆唇，弧腹，圈底。底有刮抹痕。柱形把，顶端有捏痕，向下勾。口长径 7.4、短径 7、高 6.5 厘米（图六〇，13）。标本 M248:4，夹细砂褐陶，底为黑陶。手制，制作粗糙。敞口，圆唇，弧腹，圈底。圆柱形把，顶端下勾。口长径 8.3、短径 7.3、高 8.3 厘米（图六〇，14）。

D 型　4 件。平面呈圆角方形。标本 M141:7，夹细砂灰陶。手捏制，制作粗糙。柱形把。有红色彩绘。口径 4 ~ 6、高 5 厘米（图六〇，11）。标本 M189:3，泥质灰陶。柱形把，断面呈圆角三角形。口径 6 ~ 8、高 8.9 厘米（图六〇，12；图版六八，5）。

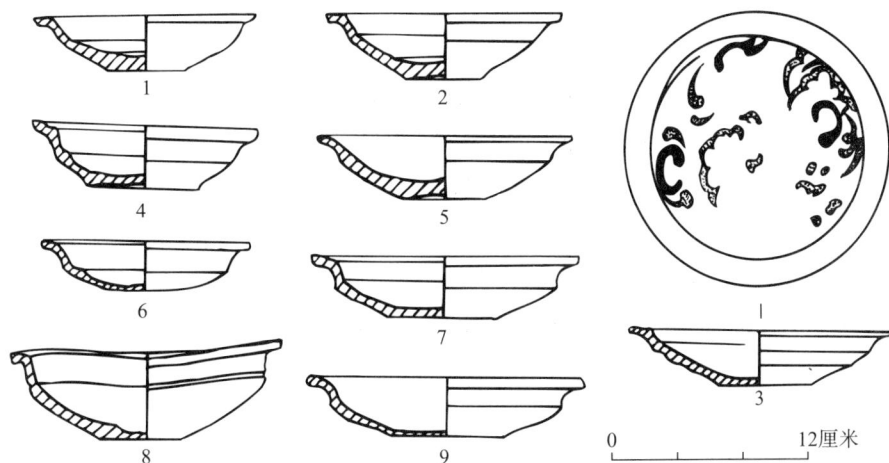

图五九　汉墓出土陶盘

1、2. Ⅰ式（M71:8、M173:8）　　3~6. Ⅱ式（M170:3、M63:4、M299:6、M160:11）

7~9. Ⅲ式（M258:5、M302:3、M298:1）

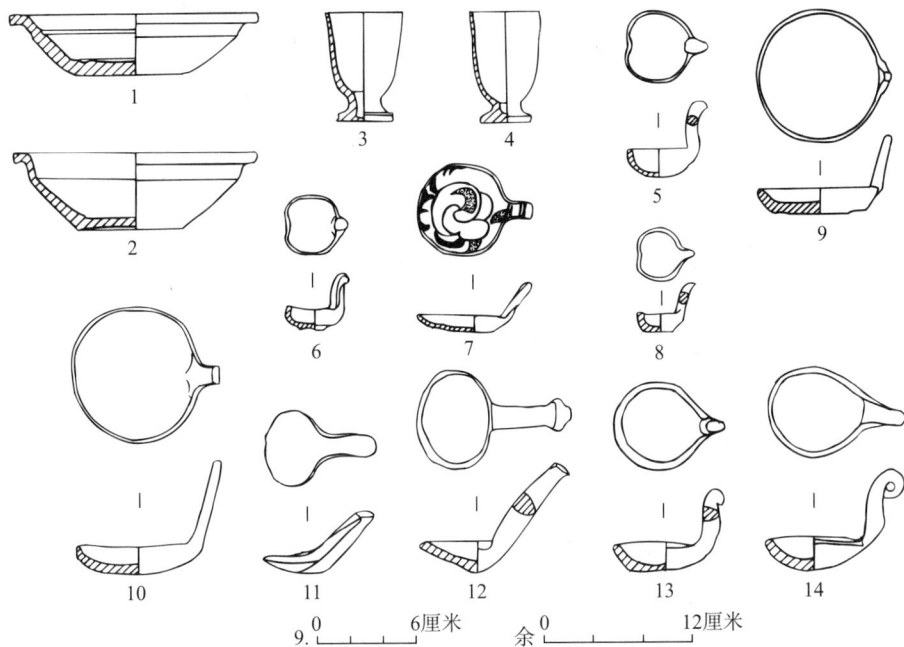

图六〇　汉墓出土陶器

1. Ⅳ式盘（M248:1）　　2. Ⅲ式盘（M47:4）　　3、4. 杯（M103:7、M160:2）　　5、6、8. A型勺
（M160:9、M173:10、M71:9）　　7、9、10. B型勺（M300:1、M286:1、M298:6）

11、12. D型勺（M141:7、M189:3）　　13、14. C型勺（M47:5、M248:4）

釜　8件。分两型。

A 型　5件。无把手。分三式。

Ⅰ式　2件。高束颈。标本 M249:2，泥质灰陶。侈口，方唇，卷沿，鼓腹，圜底近平。上腹饰八周凹槽，下腹及底饰横粗绳纹。口径 15.2～15.5、底径 6.4、高 22.4 厘米（图六一，2；图版六九，1）。标本 M320:4，夹砂灰陶。侈口，方唇，卷沿，鼓腹，圜底。下腹及底饰横粗绳纹。口径 14～14.3、高 17.5 厘米（图六一，4）。

Ⅱ式　2件。短束颈。标本 M1:7，夹粗砂灰褐陶。侈口，方唇，卷沿，鼓腹，圜底。口径 13.1～13.4、高 16.4 厘米（图六一，1；图版六九，2）。

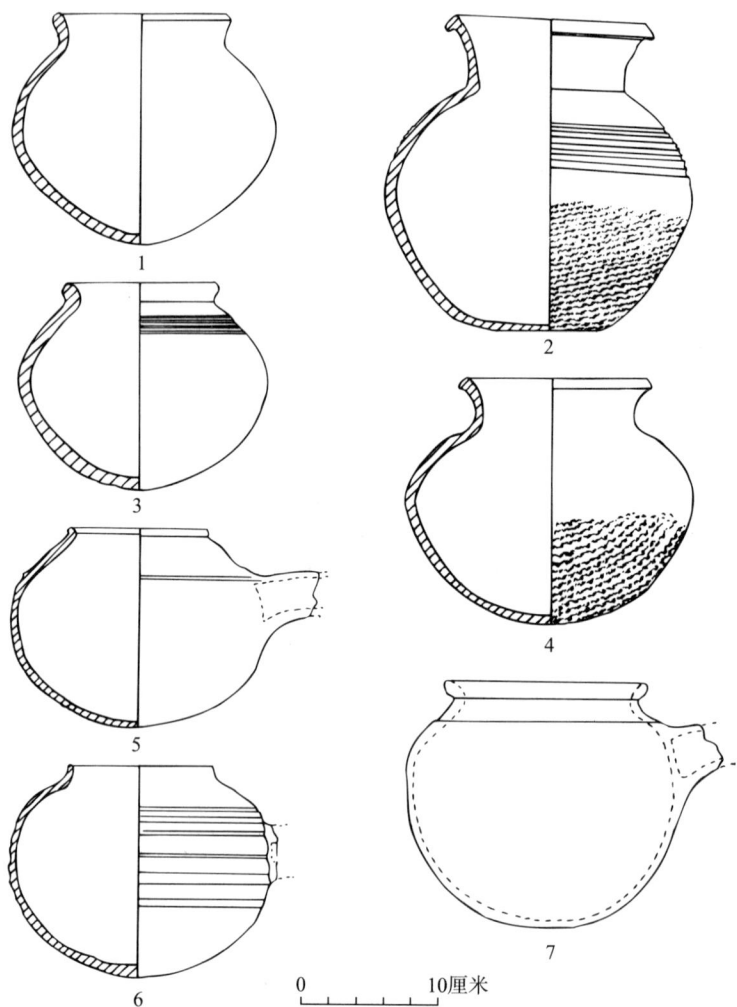

0　　　　　　　10厘米

图六一　汉墓出土陶釜

1. A 型Ⅱ式（M1:7）　　2、4. A 型Ⅰ式（M249:2、M320:4）　　3. A 型Ⅲ式（M287:3）

5、6. B 型Ⅱ式（M90:2、M95:3）　　7. B 型Ⅰ式（M184:3）

Ⅲ式　1件（标本 M287:3）。泥质灰陶。侈口，圆唇，卷沿，短束颈，鼓腹，圈底。腹上部饰六周凹弦纹。口径 11.8、高 14.8 厘米（图六一，3；图版六九，3）。

B 型　3件。有空心圆柱形把手。分二式。

Ⅰ式　1件（标本 M184:3）。夹砂灰陶。侈口，圆唇，卷沿，束颈，鼓腹，圈底。把手残。口径 15、高 17.6 厘米（图六一，7；图版六九，4）。

Ⅱ式　2件。无颈。标本 M90:2，泥质褐陶。敛口，方唇，鼓腹，圈底。腹部一周凸弦纹。把手残。口径 9.1～9.3、高 14.3 厘米（图六一，5；彩版二五，1）。标本 M95:3，泥质灰陶。敛口，圆唇，鼓腹，圈底。腹部六周凸弦纹和两周凹槽。把手残。口径 11.1、高 15 厘米（图六一，6）。

杯　5件。其中 3件出自 M160。标本 M160:2，敞口，圆唇，斜腹，短束柄，平底座。口径 5.8、底径 4、高 8.9 厘米（图六〇，4）。标本 M103:7，敞口，圆唇，斜腹，平底座。口径 6.2、底径 4.3～4.4、高 8.6 厘米（图六〇，3）。

罐　320件。据器形的大小分大型罐、中型罐、小型罐三类。

大型罐　140件。据口部的不同，分三型。

A 型　22件。盘口罐。其中 2件口残，式不明，余分五式。

Ⅰ式　3件。窄方唇，卷沿，鼓腹，腹最大径居中。标本 M270:2，泥质灰陶。沿微凹，束颈。上腹饰竖粗绳纹和三周凹弦纹，下腹及底饰横细绳纹。口径 15.2、底径 8～9、高 26 厘米（图六二，1）。标本 M275:1，泥质灰陶，稍夹砂。侈口，方唇，沿微凹，束颈。上腹饰斜、竖粗绳纹，下腹及底饰横粗绳纹。口径 14、底径 8、高 26 厘米（图六二，2；图版七〇，1）。

Ⅱ式　5件。方唇稍宽，斜卷沿或微内凹，鼓腹，腹最大径居中，底微凹。标本 M250:1，泥质灰陶。侈口，束颈。上腹饰竖粗绳纹和两周抹纹，下腹及底饰横粗绳纹。口径 14、底径 8、高 26 厘米（图六二，3）。标本 M137:1，泥质灰陶。侈口，束颈，圆鼓腹，底内凹。上腹饰竖粗绳纹和四周抹纹，下腹及底饰横粗绳纹。口径 13、底径 5.8、高 23.3～23.5 厘米（图六二，4）。

Ⅲ式　7件。宽方唇，卷沿微内凹，鼓腹，腹最大径居中，平底或凹底。标本 M97:6，夹细砂灰陶，盖为褐陶。圆唇，束颈，平底。上腹饰竖粗绳纹和三周抹纹，下腹及底饰横粗绳纹。口径 14～14.2、底径 6.5、通高 28.6 厘米（图六二，5）。标本 M224:1，夹砂灰陶。微盘口，圆唇，束颈，平底。肩部饰两周凹槽，上腹饰竖粗绳纹和四周抹纹，下腹及底饰横粗绳纹。口径 14.6、底径 7、高 26.8 厘米（图六二，6）。标本 M313:1，泥质灰陶。盘口，方唇，束颈，鼓腹，底内凹。上腹饰竖粗绳纹和三周抹纹，下腹及底饰横粗绳纹。口径 15.6～15.8、底径 6.4、高 25.6～25.9 厘米（图六三，1）。

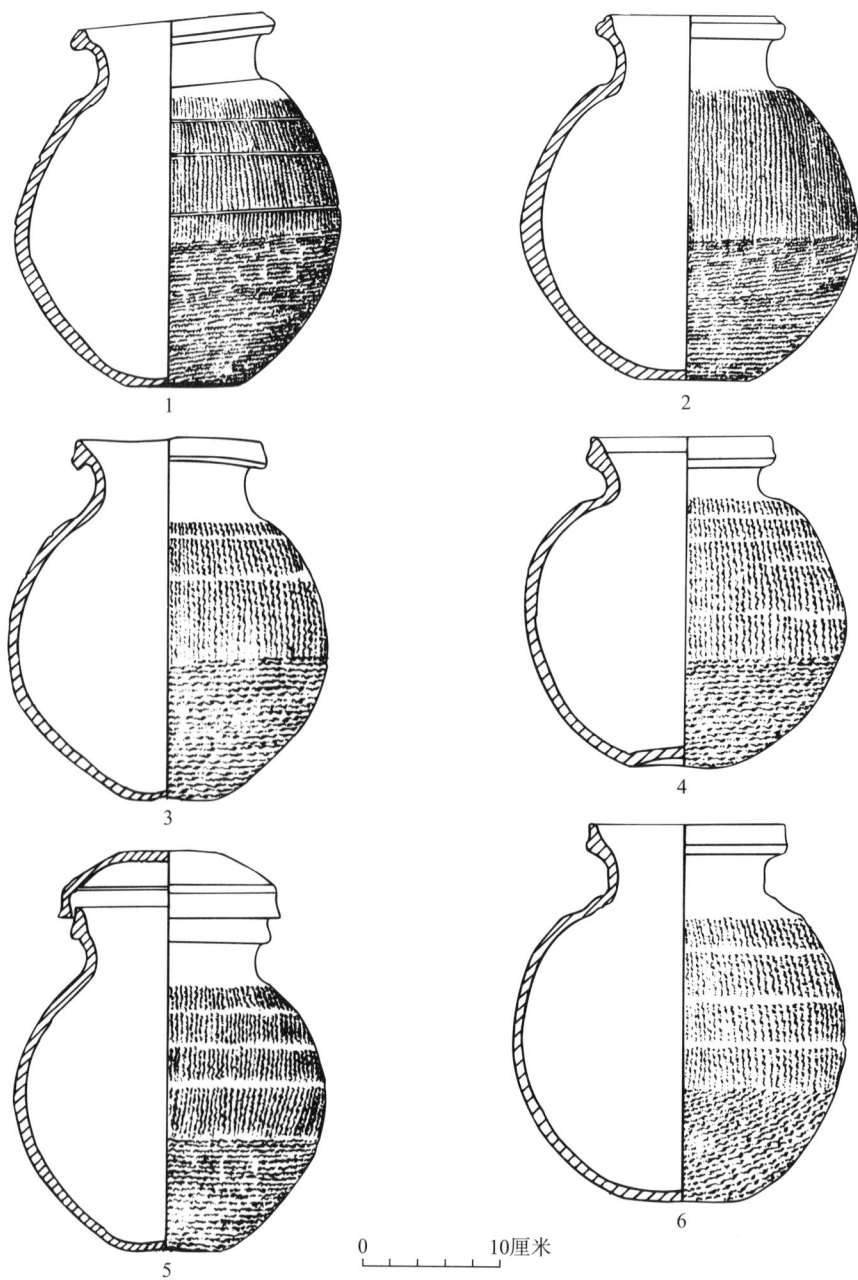

0   10厘米

图六二 汉墓出土 A 型陶大型罐

1、2. Ⅰ式（M270:2、M275:1）   3、4. Ⅱ式（M250:1、M137:1）

5、6. Ⅲ式（M97:6、M224:1）

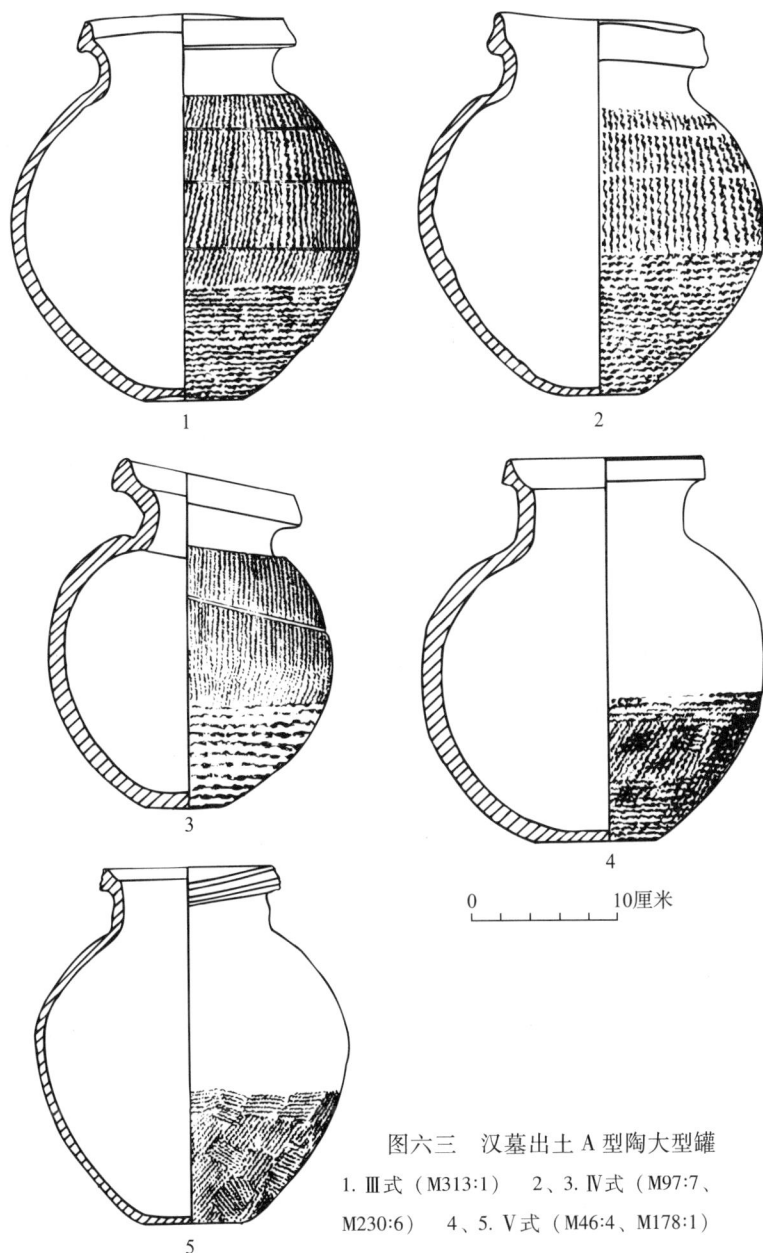

图六三　汉墓出土 A 型陶大型罐
1. Ⅲ式（M313:1）　　2、3. Ⅳ式（M97:7、
M230:6）　　4、5. Ⅴ式（M46:4、M178:1）

　　Ⅳ式　3 件。宽方唇，深盘口，鼓腹，腹最大径居中上，小平底或底微凹。标本
M230:6，泥质灰陶，烧制变形。盘口，方唇，束颈，鼓腹，小平底。上腹饰竖细绳纹
和三周抹纹，下腹及底饰横细绳纹。口径 12、底径 4～4.5、高 23.1 厘米（图六三，
3）。标本 M97:7，泥质灰黑陶。方唇，束颈，小平底微内凹。上腹饰竖细绳纹和两周
抹纹，下腹及底饰横细绳纹。口径 14.4～14.8、底径 5.6、高 24.2～25.4 厘米（图六

三，2；图版七〇，2）。

Ⅴ式　2件。方唇，深盘口，鼓腹，腹最大径居上，小平底。标本 M46:4，泥质褐陶。束颈，鼓腹。下腹及底饰横、竖交错粗绳纹。口径 14、底径 8、高 25.6 厘米（图六三，4）。标本 M178:1，泥质灰陶。唇沿两周凹弦纹，束颈。下腹及底饰横、竖交错细绳纹。口径 12.3、底径 7、高 21.4～24 厘米（图六三，5；图版七〇，3）。

B 型　103 件。平折沿。分二亚型。

Ba 型　22 件。弧腹。其中 1 件因残碎，式不明，余分四式。

Ⅰ式　4件。鼓腹，圆鼓肩，最大腹径居上部。标本 M29:3，泥质灰陶。侈口，方唇，卷沿，束颈，平底略变形。上腹一周凹弦纹，下腹及底横饰拍印粗绳纹。肩部刻划有文字。口径 15.4、底径 16、高 34 厘米（图六四，1）。标本 M261:3，夹砂灰陶。侈口，方唇，平沿，束颈，平底。腹上部一周凹弦纹，下部及底横饰粗绳纹。口径 14.4、底径 12、高 26.6 厘米（图六四，3；图版七〇，4）。标本 M136:3，泥质灰褐陶。侈口，方唇，平沿，束颈，平底。腹上部两周凹弦纹，下部及底横饰粗绳纹。口径 14、底径 12.4～12.8、高 30 厘米（图六四，4）。

Ⅱ式　10件。鼓腹，鼓肩，最大腹径略下移。标本 M7:1，泥质灰陶。侈口，方唇，平沿下斜，束颈，平底。肩饰两周凹弦纹，下腹及底横饰粗绳纹。口径 13.8、底径 11.6、高 27.4 厘米（图六四，5）。标本 M46:5，泥质灰陶。侈口，方唇，平沿下斜，束颈，平底。上腹饰七周凹弦纹，下腹及底横饰拍印粗绳纹。肩部刻划有"张长史十三斗"六字。口径 16.3～16.5、底径 16、高 34.5 厘米（图六五，2；图七六，1；图版七一，1）。标本 M84:1，泥质灰陶。侈口，方唇，平沿下斜，束颈，平底。上腹饰凹弦纹，腹饰一周戳印纹，下腹及底横饰粗绳纹。肩部刻划有文字。口径 15.6、底径 17、高 34 厘米（图六五，3）。标本 M166:1，泥质灰陶，稍夹砂。侈口，方唇，束颈，平底。下腹及底横饰细绳纹。肩部刻划有"辟阁秋"三字。口径 14.8、底径 9.5～10、高 28.3 厘米（图六四，6）。

Ⅲ式　4件。鼓腹，溜肩，最大腹径居中上部。标本 M75:2，泥质灰陶。侈口，方唇，卷沿，束颈，平底。腹上部一周凹弦纹，下部及底横饰粗绳纹。口径 15.6～16、底径 13、高 26.8 厘米（图六五，4）。标本 M70:4，泥质灰陶。侈口，方唇，平沿下斜，束颈，平底。腹部有一圆孔，腹饰一周戳印纹，下腹及底横饰粗绳纹。口径 13.8～14.2、底径 15、高 32.8 厘米（图六五，5）。标本 M73:1，泥质灰陶。侈口，方唇，平沿下斜，束颈，平底。下腹及底横饰粗绳纹。口径 15、底径 14.6、高 28.2 厘米（图六五，6）。

Ⅳ式　3件。鼓腹，溜肩，最大腹径居中部。标本 M125:3，泥质灰陶。侈口，方唇，平沿下斜，束颈，平底。肩腹交接处一周凹弦纹，下腹及底横饰拍印粗绳纹。口

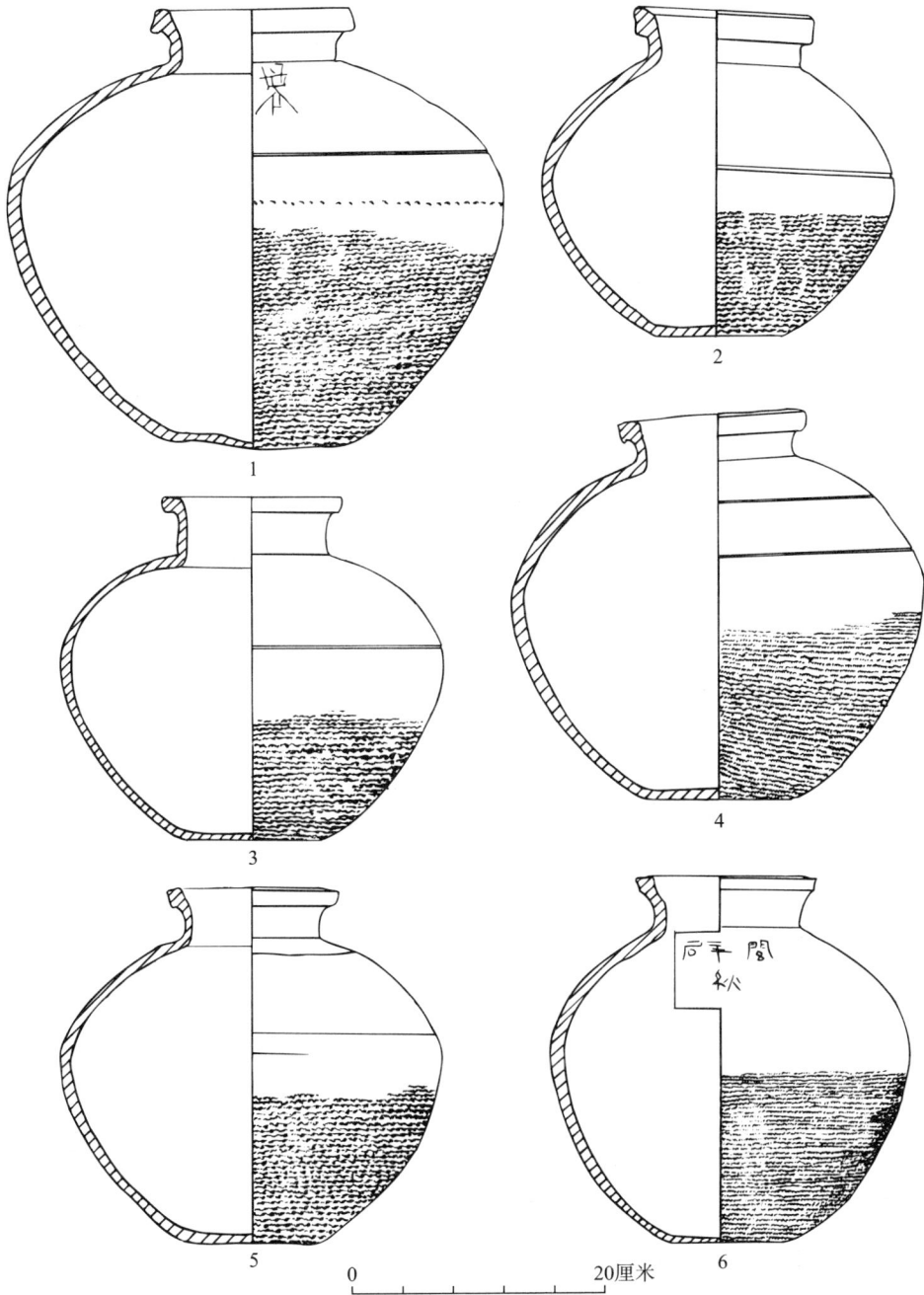

图六四　汉墓出土 Ba 型陶大型罐

1、3、4. Ⅰ式（M29:3、M261:3、M136:3）　2. Ⅳ式（M125:3）　5、6. Ⅱ式（M7:1、M166:1）

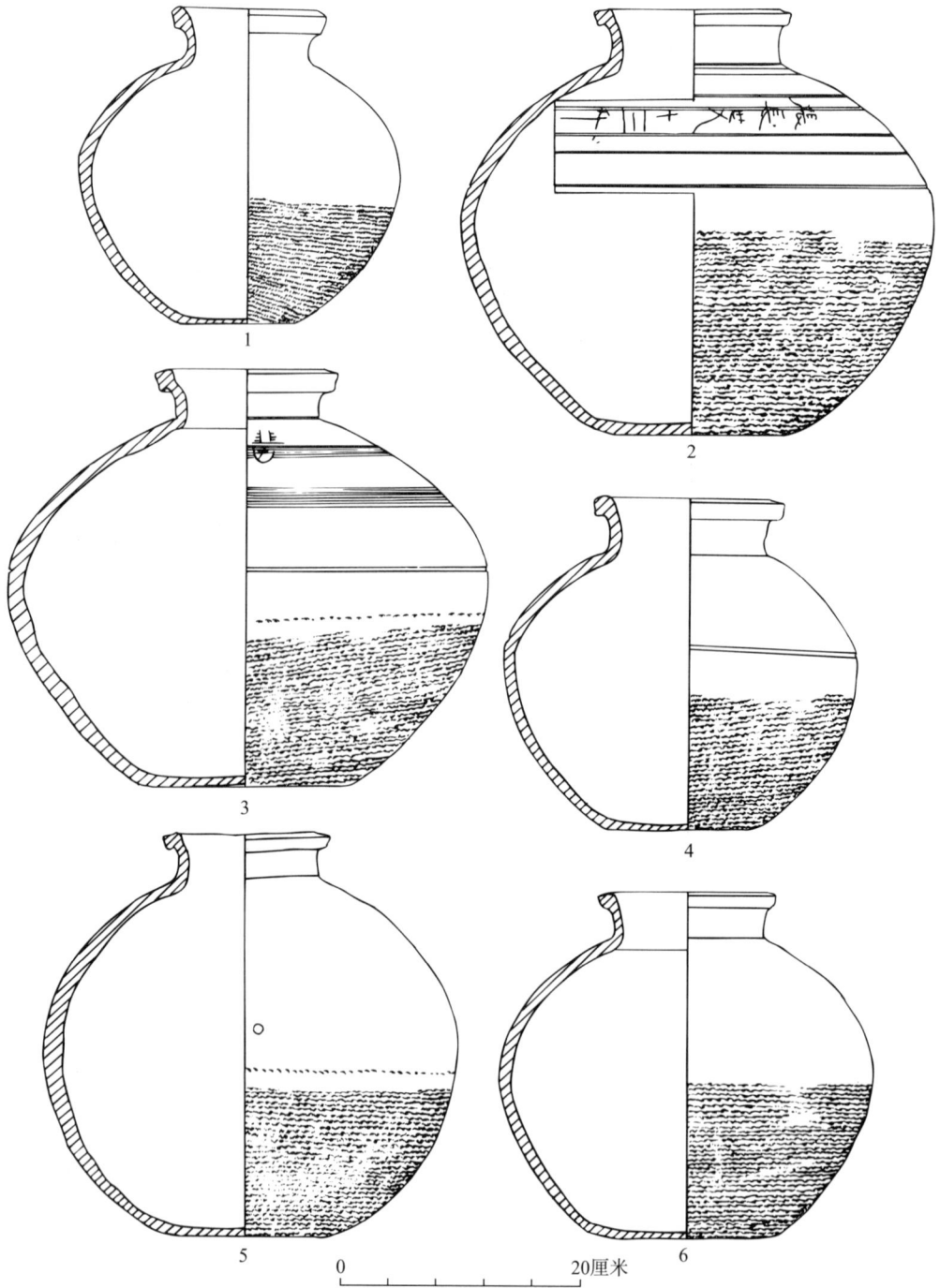

图六五　汉墓出土 Ba 型陶大型罐

1. Ⅳ式（M133:1）　　2、3. Ⅱ式（M46:5、M84:1）　　4～6. Ⅲ式（M75:2、M70:4、M73:1）

径 14.7、底径 10.5、高 24.8～25.5 厘米（图六四，2）。标本 M133:1，夹砂灰陶。侈口，方唇，平沿下斜，束颈，平底。下腹及底横饰细绳纹。口径 13.4～13.7、底径 9.6、高 25.4～25.8 厘米（图六五，1；图版七一，2）。

Bb 型　81 件。折腹。其中 4 件残碎，式不明，余分八式。

Ⅰ式　1 件（标本 M196:2）。泥质灰陶。侈口，方唇内凹，平沿下斜，微鼓肩，缓折腹，平底。肩上部有八周浅凹槽。下腹及底横饰粗绳纹。口径 13.5、底径 14.6、高 30.8 厘米（图六六，1；彩版二五，2）。

Ⅱ式　1 件（标本 M343:2）。泥质灰陶。侈口，方唇，平沿，鼓肩，缓折腹，圜底近平。下腹及底饰横斜交错粗绳纹。口径 14.8、高 29.9 厘米（图六六，2；彩版二五，3）。

Ⅲ式　7 件。折腹较甚，腹最大径居上部，下腹略斜直。标本 M29:4，泥质灰陶。侈口，方唇，束颈，溜肩，平底。肩部两周、肩和腹交接处一周凹弦纹，下腹及底横饰粗绳纹。口径 16～16.2、底径 14.6、高 29.6 厘米（图六六，3；图版七一，3）。标本 M137:2，泥质灰陶。侈口，方唇，平沿下斜，束颈，溜肩，鼓腹，平底。肩、腹交接处一周凹弦纹，下腹及底横饰粗绳纹。口径 16、底径 14.5～15、高 30.7 厘米（图六六，6）。标本 M342:1，泥质灰陶。侈口，方唇，平沿下斜，束颈，溜肩，平底。肩、腹交接处一周凹弦纹，下腹及底横饰中绳纹。口径 13.8～14.2、底径 11、高 26.6 厘米（图六六，4）。标本 M347:1，泥质灰陶。侈口，方唇，平沿下斜，束颈，溜肩，平底。下腹及底横饰粗绳纹。口径 14.5、底径 11.8、高 27.9 厘米（图六六，5）。

Ⅳ式　7 件。折腹，腹最大径居上部，下腹弧曲。标本 M51:6，泥质黑皮陶。侈口，方唇，平沿下斜，束颈，溜肩，鼓腹，平底。颈饰一周、肩饰三周、肩和腹交接处饰一周凹弦纹，下为一周不连续的戳印纹，下腹及底饰交错粗绳纹。口径 15、底径 11～11.5、高 25.2 厘米（图六七，1）。标本 M59:1，泥质灰陶。侈口，方唇内凹，平沿下斜，束颈，溜肩，平底。肩、腹交接处一周凹弦纹，下腹及底横饰中绳纹。口径 16.3～16.5、底径 15.5～16、高 28.7 厘米（图六七，2）。标本 M73:5，泥质灰陶。侈口，方唇，平沿下斜，束颈，溜肩，平底。肩、腹交接处一周凹弦纹，下腹及底横饰粗绳纹。口径 14.8～15、底径 14.5、高 29.7 厘米（图六七，3）。标本 M136:4，泥质灰陶。侈口，方唇，卷沿，束颈，溜肩，平底。颈、肩和腹交接处各饰一周凹弦纹，肩腹交接处饰一周戳印纹，下腹及底横饰粗绳纹。口径 14.7～15、底径 9.4、高 27.2 厘米（图六七，4；图版七一，4）。

Ⅴ式　24 件。缓折腹，腹最大径居上部。器形略显矮扁。标本 M23:10，泥质灰陶。侈口，方唇，平沿下斜，束颈，平底。腹部两周戳印纹，下腹及底横饰粗绳纹。口径 16.4、底径 12、高 26.6 厘米（图六七，5）。标本 M47:3，泥质灰陶。侈口，方

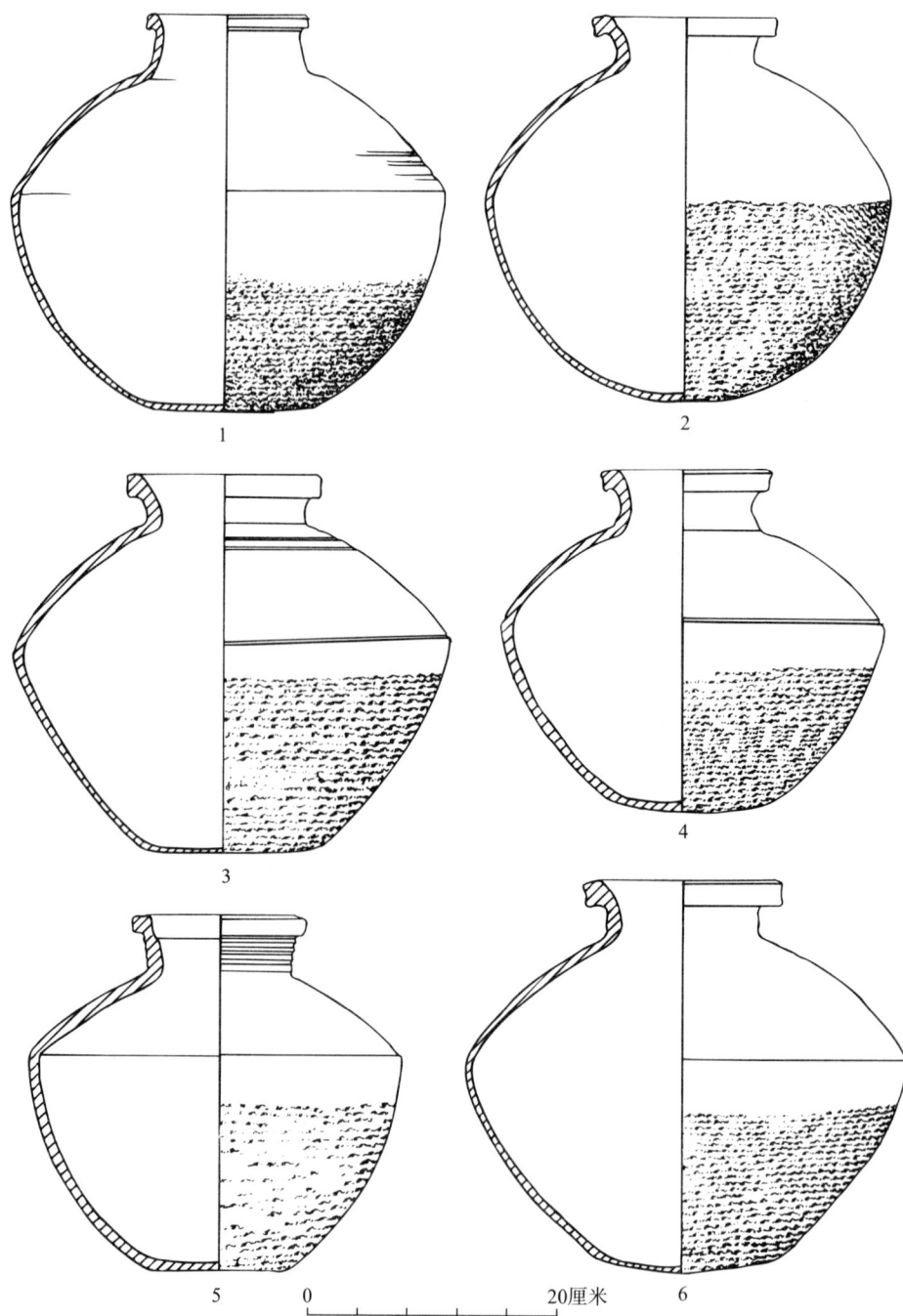

图六六　汉墓出土 Bb 型陶大型罐

1. Ⅰ式（M196:2）　2. Ⅱ式（M343:2）　3~6. Ⅲ式（M29:4、M342:1、M347:1、M137:2）

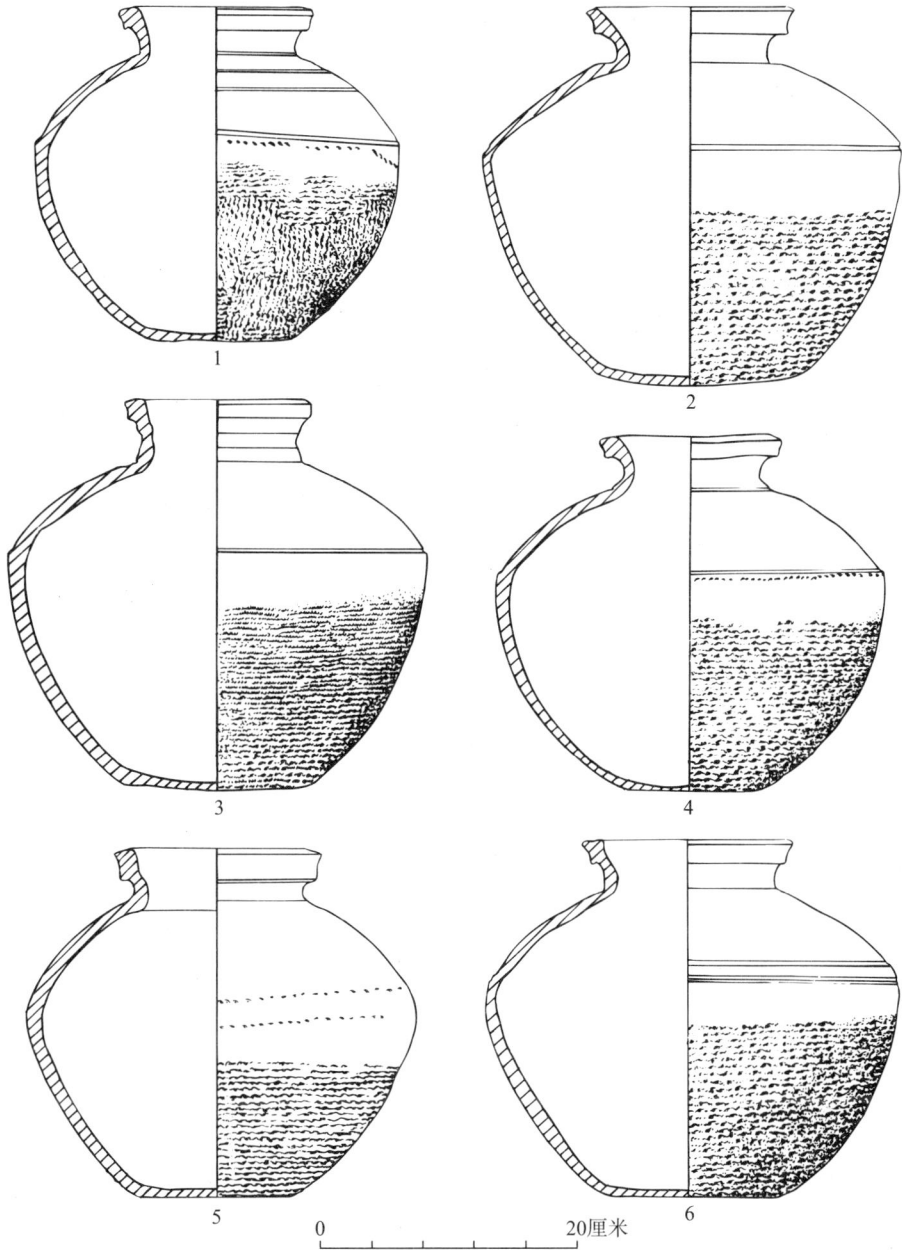

图六七 汉墓出土 Bb 型陶大型罐

1～4. IV式（M51:6、M59:1、M73:5、M136:4） 5、6. V式（M23:10、M47:3）

唇，平沿下斜，束颈，溜肩，平底。肩、腹交接处两周凹弦纹，下腹及底横饰粗绳纹。口径16.8、底径15、高27.3厘米（图六七，6）。标本 M79:2，泥质灰陶。侈口，方唇，平沿下斜，束颈，溜肩，平底。肩、腹交接处一周凹弦纹，下腹及底横饰粗绳纹。

口径 15.7、底径 13、高 24.4 厘米（图六八，1）。标本 M86:3，泥质灰陶。侈口，方唇，平沿下斜，束颈，溜肩，平底。肩、腹交接处一周凹弦纹，下腹及底横饰粗绳纹。口径 13.5、底径 10~10.5、高 24.5~24.8 厘米（图六八，4）。标本 M135:1，泥质灰

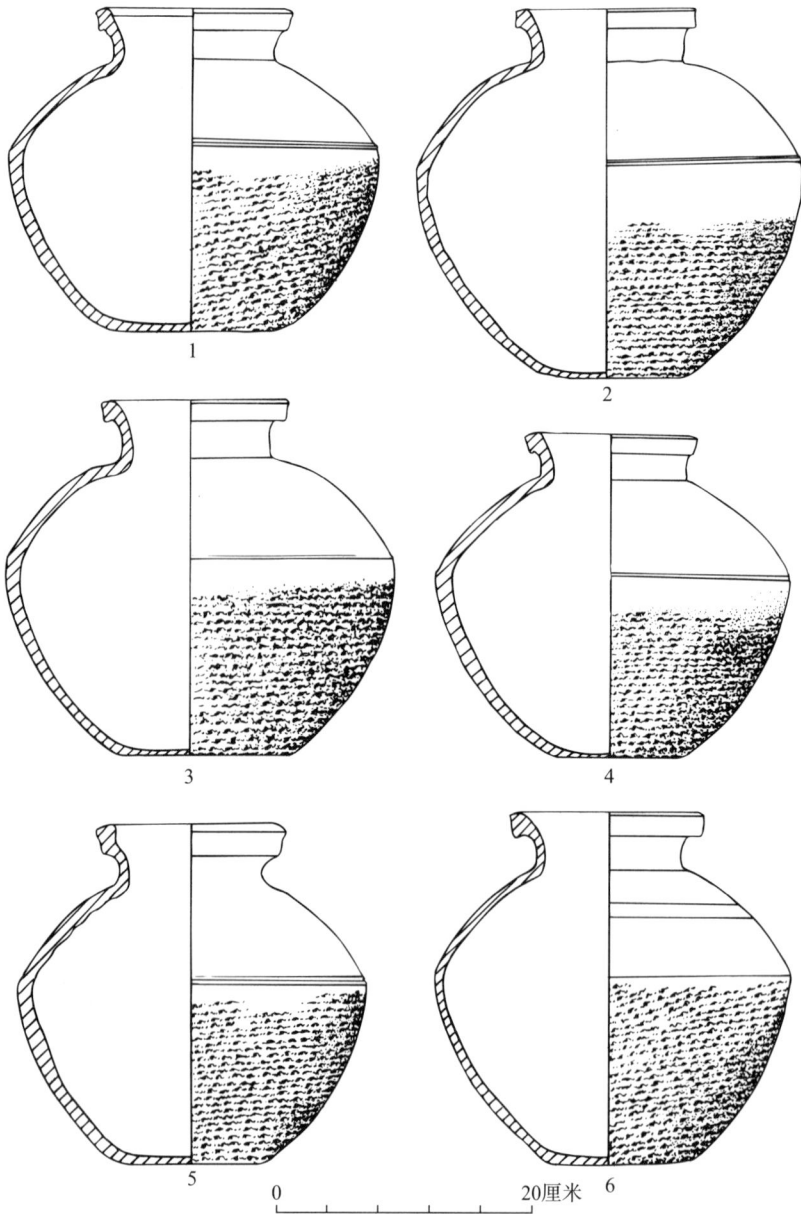

0　　　　　　　　　　　20厘米

图六八　汉墓出土 Bb 型陶大型罐

1~4. V式（M79:2、M135:1、M240:4、M86:3）　　5、6. Ⅵ式（M16:6、M20:2）

陶。侈口，方唇，平沿下斜，束颈，溜肩，平底。肩、腹交接处一周凹弦纹，下腹及底横饰中绳纹。口径 14.2 ~ 14.4、底径 12、高 28 厘米（图六八，2）。标本 M240:4，夹砂灰陶。侈口，方唇，平沿下斜，束颈，溜肩，平底。下腹及底横饰粗绳纹。口径 14.2 ~ 14.4、底径 13、高 27 厘米（图六八，3）。

Ⅵ式　30 件。缓折腹，腹最大径略下移。器形略高。标本 M16:6，泥质灰陶。侈口，方唇，微盘口，平沿下斜，束颈，溜肩，平底。肩、腹交接处一周凹弦纹，下腹及底横饰粗绳纹。口径 15.2、底径 12.2、高 25.9 厘米（图六八，5）。标本 M20:2，泥质灰陶。侈口，方唇，束颈，溜肩，平底。肩、腹交接处两周凹弦纹，下腹及底横饰粗绳纹。口径 15.4、底径 11.5、高 26.9 厘米（图六八，6）。标本 M22:2，泥质灰陶。侈口，方唇，平沿下斜，束颈，溜肩，平底。颈、肩部各两周、肩和腹交接处三周凹弦纹，下腹及底饰横竖交错粗绳纹。口径 16.5、底径 10.5 ~ 11.5、高 29.6 厘米（图六九，1；图版七二，1）。标本 M33:7，泥质灰陶。侈口，方唇，束颈，微鼓肩，平底。肩部两周、肩和腹交接处一周凹弦纹，下腹及底横饰粗绳纹。口径 15、底径 13、高 30.2 厘米（图六九，2）。标本 M40:1，泥质灰陶，稍夹细砂。侈口，方唇，平沿下斜，束颈，溜肩，平底。肩、腹交接处一周凹弦纹，下腹及底横饰粗绳纹。口径 14.6 ~ 14.8、底径 10.2 ~ 10.8、高 26.4 厘米（图六九，3）。标本 M179:6，泥质灰陶。侈口，方唇，平沿下斜，束颈，溜肩，平底。肩、腹交接处一周凹弦纹，下腹及底横饰粗绳纹。口径 14.5、底径 10 ~ 10.5、高 25.8 厘米（图六九，4）。

Ⅶ式　3 件。缓折腹。标本 M93:5，泥质灰陶。微盘口，方唇，束颈，溜肩，平底。下腹及底横饰粗绳纹。口径 14.5 ~ 14.7、底径 10.6 ~ 11.2、高 27.8 厘米（图六九，5；图版七二，2）。标本 M248:7，泥质灰陶。侈口，方唇，束颈，鼓肩，平底。肩部三周、肩和腹交接处两周凹弦纹，下腹及底横饰粗绳纹。口径 14.4、底径 10.4 ~ 10.8、高 29 厘米（图六九，6）。

Ⅷ式　4 件。折腹居中。标本 M93:2，夹细砂灰陶。侈口，方唇，卷沿，束颈，溜肩，折腹，小平底微内凹。肩饰三周凹弦纹，下腹饰横粗绳纹。口径 14.5 ~ 14.7、底径 4.2 ~ 4.4、高 21.2 ~ 21.4 厘米（图七〇，1）。标本 M93:3，夹细砂灰陶。侈口，方唇，卷沿，束颈，溜肩，折腹，小平底微内凹。肩饰三周凹弦纹，下腹饰横粗绳纹。口径 15、底径 4.8、高 20 厘米（图七〇，3；图版七二，3）。标本 M112:1，泥质灰陶。侈口，方唇，卷沿，束颈，鼓腹，平底微内凹。腹饰两周凹弦纹、三周凹槽和三周戳印纹，下腹及底饰横粗绳纹。口径 13.2、底径 6、高 21.2 厘米（图七〇，5）。标本 M121:5，泥质灰陶，稍夹细砂。侈口，方唇，束颈，溜肩，平底。肩部、肩和腹交接处各饰一周凹弦纹，下腹及底饰横中绳纹。口径 15.8、底径 9.8、高 25.3 厘米（图七〇，6）。

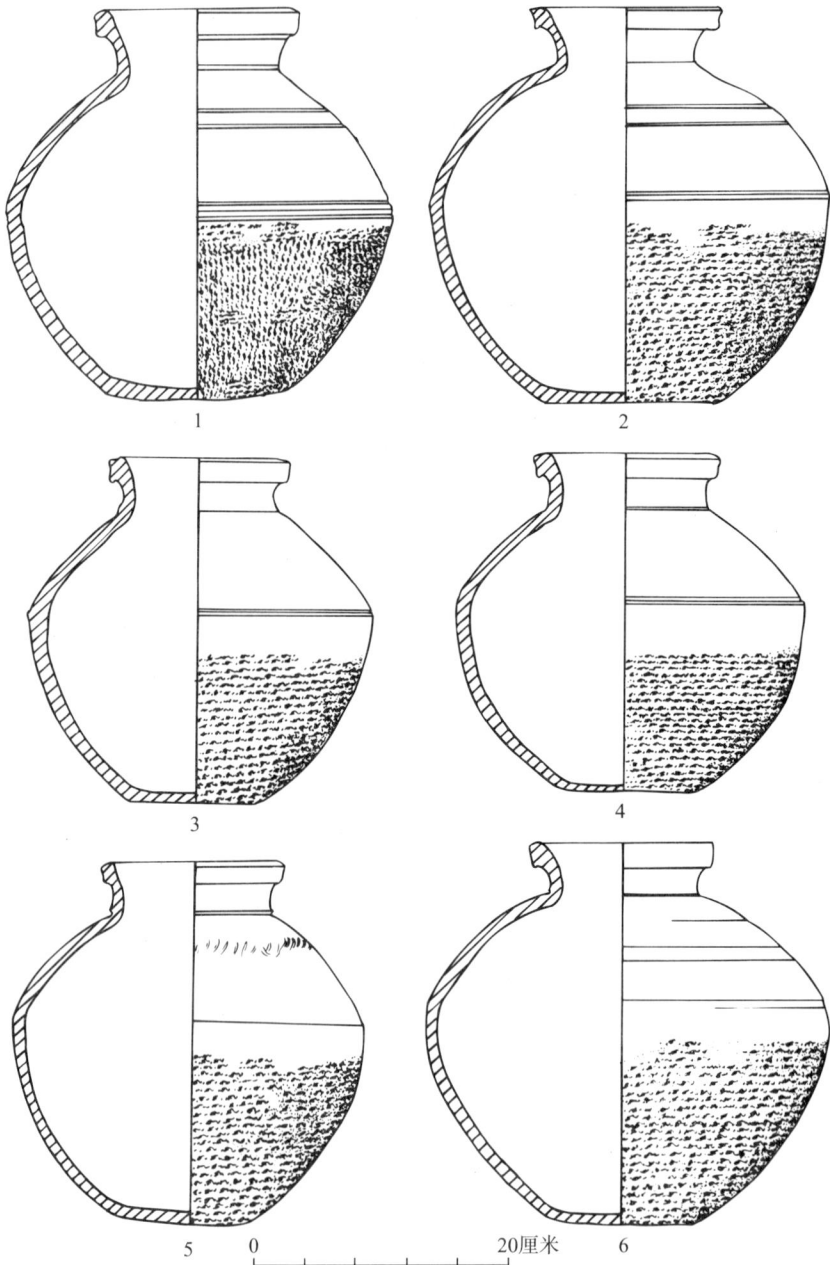

图六九　汉墓出土 Bb 型陶大型罐

1~4. Ⅵ式（M22:2、M33:7、M40:1、M179:6）　　5、6. Ⅶ式（M93:5、M248:7）

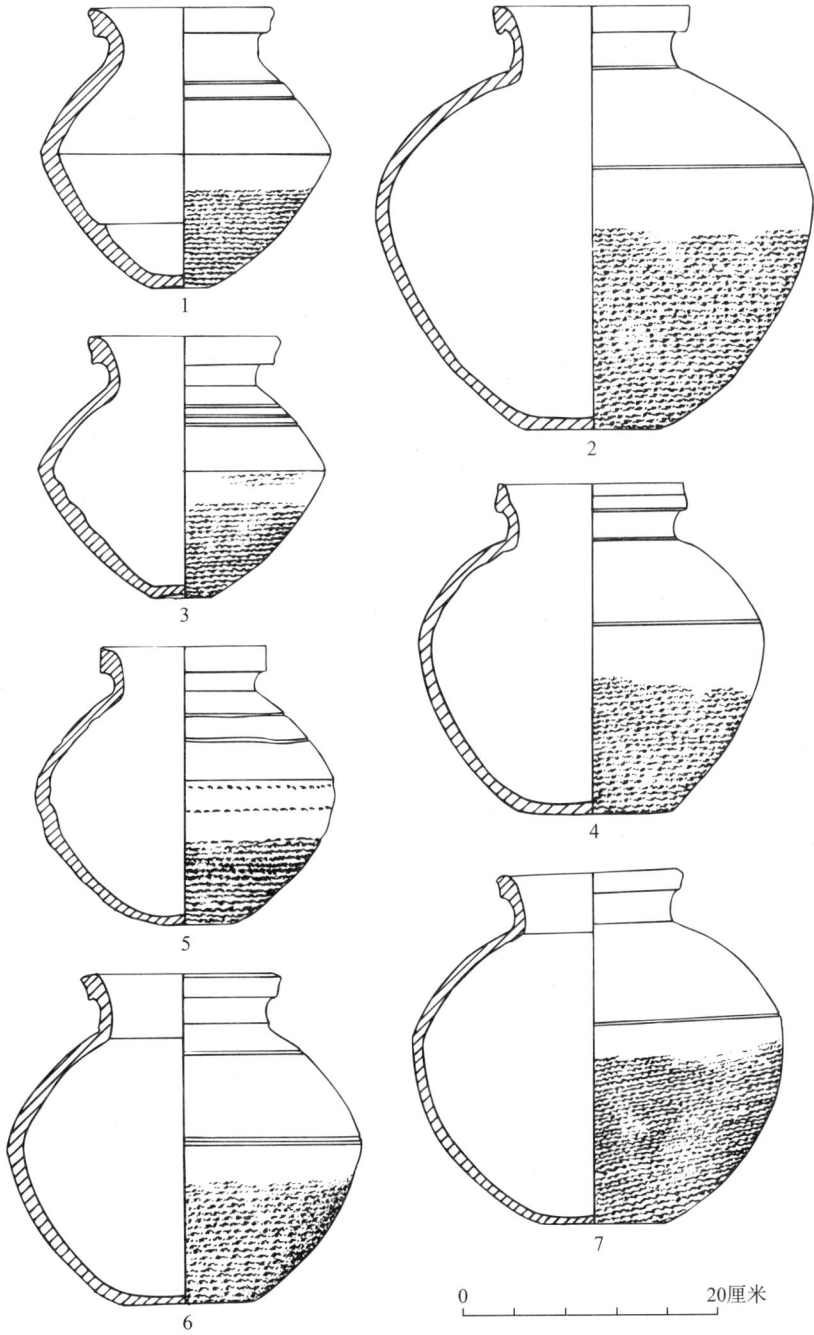

图七〇 汉墓出土陶大型罐

1、3、5、6. Bb 型Ⅷ式（M93:2、M93:3、M112:1、M121:5）

2. Ca 型Ⅰ式（M79:1） 4、7. Ca 型Ⅱ式（M320:3、M259:1）

C 型　15 件。卷沿。分二亚型。

Ca 型　11 件。弧腹。分四式。

Ⅰ式　1 件（标本 M79:1）。泥质灰陶。侈口，方唇，束颈，鼓腹，圆鼓肩，腹最大径居上，平底。肩部一周凹弦纹，下腹及底横饰拍印粗绳纹。口径 15.1～15.4、底径 11、高 32 厘米（图七〇，2；图版七二，4）。

Ⅱ式　7 件。鼓肩，鼓腹，腹最大径居中上。标本 M259:1，夹砂灰陶。侈口，方唇，束颈，平底。腹上部一周凹弦纹，下部及底横饰粗绳纹。口径 14.2～14.6、底径 10.5、高 27 厘米（图七〇，7）。标本 M320:3，泥质褐陶。侈口，方唇，束颈，平底。腹上部一周凹弦纹，下部及底横饰细绳纹。口径 15～15.2、底径 11.5、高 25.2 厘米（图七〇，4）。

Ⅲ式　2 件。微鼓肩，鼓腹，腹最大径居中上，下腹略斜直。标本 M46:6，泥质灰陶。侈口，方唇，沿微内凹，束颈，平底。腹下部及底横饰中细绳纹。口径 14.3、底径 10.6～11.6、高 29.5 厘米（图七一，1）。标本 M266:3，泥质灰褐陶。侈口，方唇，束颈，平底微内凹。腹下部及底横饰粗绳纹。口径 16～16.4、底径 11、高 28.7 厘米（图七一，3）。

Ⅳ式　1 件（标本 M48:2）。泥质灰陶。侈口，方唇，束颈，鼓腹，溜肩，腹最大径居中部，下腹略斜直，平底。腹部两周戳印纹，下部及底饰横竖交错拍印粗绳纹。口径 15、底径 11、高 26.6 厘米（图七一，5）。

Cb 型　4 件。折腹。分二式。

Ⅰ式　2 件。腹最大径居上部，折腹明显。标本 M45:1，泥质灰陶。侈口，方唇，束颈，微鼓肩，平底。肩、腹交接处一周凹弦纹和一周戳印纹，下部及底横饰中绳纹。口径 11.7、底径 11～12、高 24.4～25.5 厘米（图七一，4；图版七三，1）。标本 M291:1，泥质灰陶。侈口，方唇，束颈，微鼓肩，平底。肩、腹交接处一周凹弦纹，下部及底横饰粗绳纹。口径 13.2、底径 10、高 22.8 厘米（图七一，2）。

Ⅱ式　2 件。腹最大径居中上部，腹圆折。标本 M100:1，泥质灰陶。侈口，方唇，束颈，溜肩，平底。肩、腹交接处两周戳印纹，下部及底横饰细绳纹。口径 15、底径 7.5、高 23.5 厘米（图七一，6；图版七三，2）。标本 M107:1，泥质灰陶。侈口，方唇，束颈，溜肩，平底。肩、腹交接处一周凹弦纹，下部及底饰横竖交错粗绳纹。口径 14.4～14.7、底径 9.2、高 24.9 厘米（图七一，7）。

中型罐　169 件。分三型。

A 型　107 件。平折沿或卷平沿。分四亚型。

Aa 型　43 件。鼓腹。分五式。

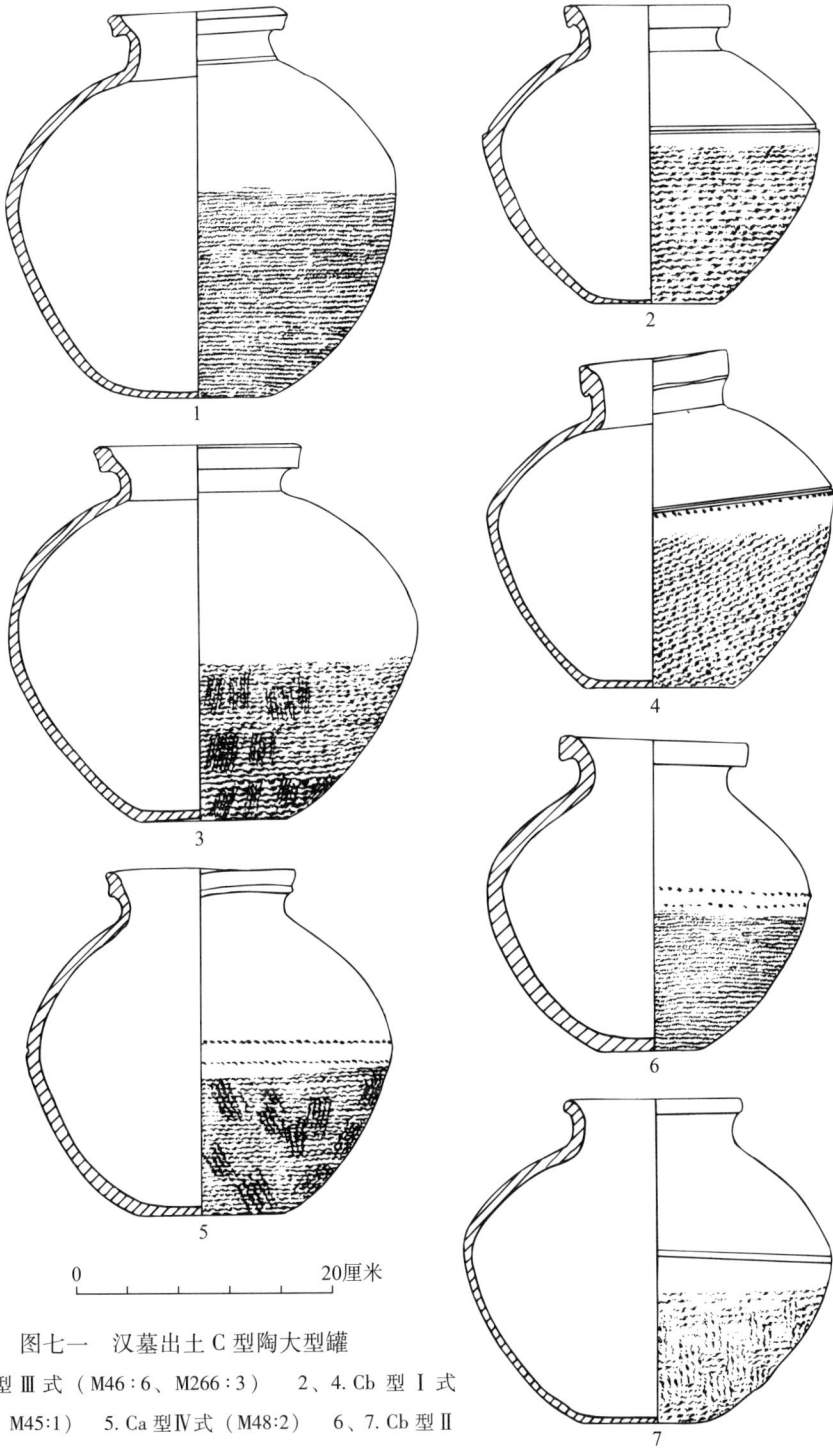

图七一　汉墓出土 C 型陶大型罐

1、3. Ca 型 Ⅲ 式（M46∶6、M266∶3）　2、4. Cb 型 Ⅰ 式
（M291∶1、M45∶1）　5. Ca 型 Ⅳ式（M48∶2）　6、7. Cb 型 Ⅱ
式（M100∶1、M107∶1）

Ⅰ式 7件。圆鼓腹,腹最大径居上部。标本 M136:2,泥质黑灰陶。侈口,方唇,沿面内凹,束颈,平底内凹。腹部一周凹槽。口径12.7、底径14.4、高17.9厘米(图七二,1)。标本 M312:1,泥质灰陶。侈口,方唇,束颈,平底微内凹。口径11.3、底径12、高17.3厘米(图七二,2)。

Ⅱ式 22件。鼓腹,腹最大径居中上部。标本 M38:2,泥质灰陶。侈口,方唇,束颈,平底。口径12、底径12、高16.5厘米(图七二,3)。标本 M70:2,泥质灰陶。侈口,方唇,沿面一周凹槽,束颈,平底内凹。口径13、底径14.2、高20.5厘米(图七二,6)。标本 M66:1,泥质灰陶。侈口,方唇,平沿下斜,沿面一周凹弦纹,束颈,平底内凹。腹部四周不连续的戳印纹。口径11.6、底径13.8~14、高18.1厘米(图七二,4)。标本 M185:1,泥质灰陶。侈口,方唇,束颈,平底内凹。肩部有磨光暗纹。口径11.5、底径12.8、高17~17.3厘米(图七二,5)。

Ⅲ式 4件。鼓腹,腹最大径居中下部。标本 M28:1,夹细砂灰陶。侈口,方唇,平沿内凹,束颈,平底微内凹。腹部凹弦纹两周、戳印纹三周。口径12、底径13.8、高17.6厘米(图七二,7)。标本 M194:3,泥质灰陶。侈口,圆唇,平沿微内凹,束颈,平底。腹部两周不规则凹弦纹。口径12.2、底径13.7、高17.4厘米(图七二,8)。

Ⅳ式 7件。微垂腹。标本 M13:1,泥质灰陶。侈口,方唇,束颈,平底微内凹。腹部三周戳印纹。口径12、底径13.8、高17.7厘米(图七二,9)。标本 M5:3,泥质灰陶,稍夹砂。侈口,方唇,束颈,平底微内凹。腹部一周凹弦纹。口径12.1~12.5、底径15.8、高18.6厘米(图七二,11)。标本 M243:1,泥质灰陶。侈口,方唇,束颈,平底内凹。腹部一周凹弦纹。口径13、底径14、高21.5厘米(图七二,10)。

Ⅴ式 3件。垂腹较甚。标本 M50:5,泥质灰陶。侈口,方唇,平沿下斜,微内凹,束颈,大平底。口径12.2、底径16.5~17、高18.2厘米(图七二,12;图版七三,3)。标本 M46:7,泥质灰陶。侈口,方唇,微内凹,束颈,平底。口径13、底径16、高19厘米(图七三,1)。

Ab型 38件。鼓腹,有肩,下腹因刮削呈斜直。分七式。

Ⅰ式 5件。微鼓肩,肩部居上。标本 M334:1,泥质灰陶。侈口,方唇,沿面微内凹,束颈,平底内凹。下腹有三四周宽凹槽。口径10.9、底径12、高18.5厘米(图七三,4)。标本 M117:1,泥质灰陶。侈口,方唇,沿面两周凹弦纹,束颈,平底内凹。口径11.3、底径10.7~11、高16.7厘米(图七三,3;图版七三,4)。标本 M130:1,夹砂灰陶。微侈口,方唇,沿面微内凹,束颈,平底。腹部有三周凹槽。口径10.2~10.4、底径11.7~12、高17.4~17.6厘米(图七三,2)。

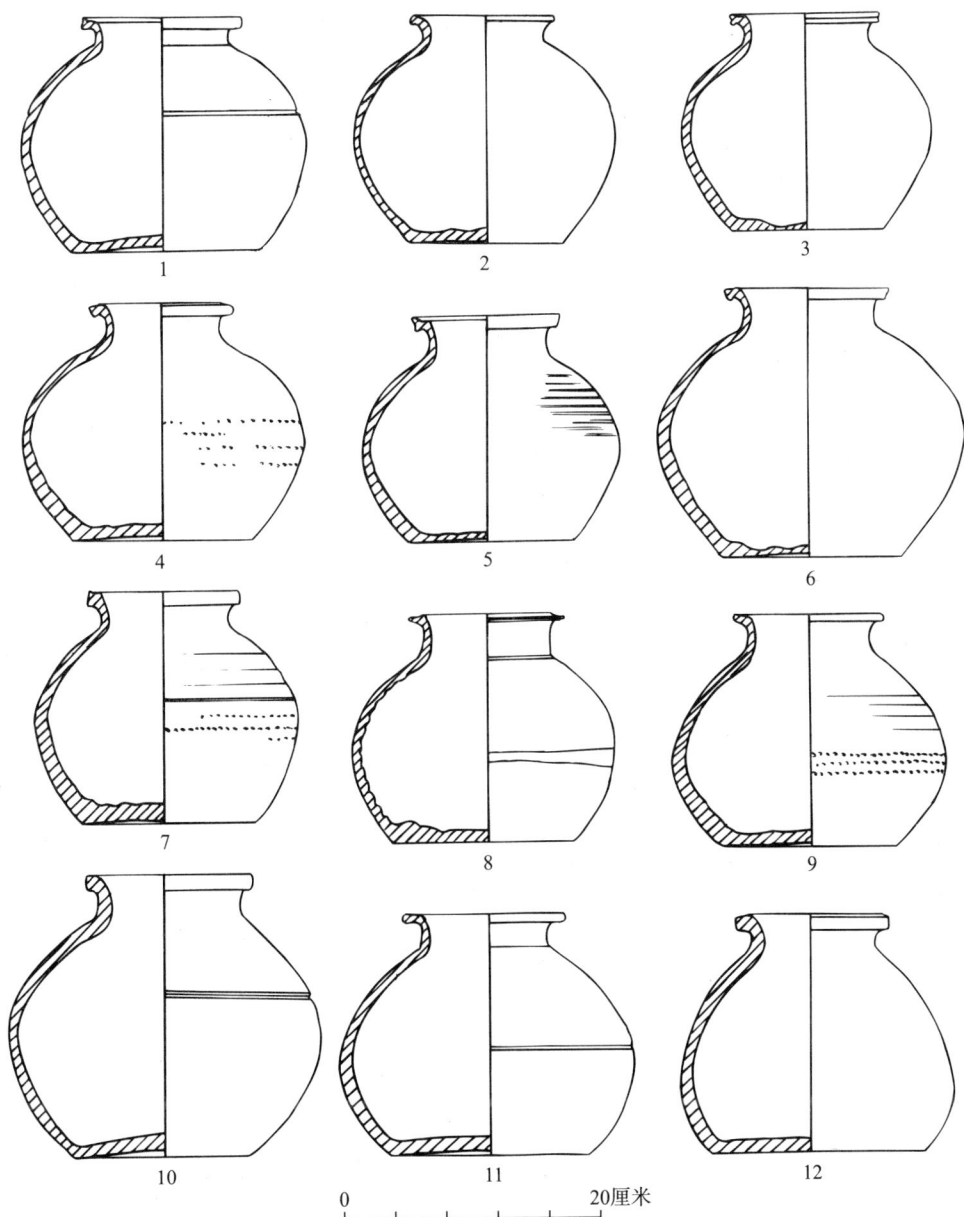

图七二 汉墓出土 Aa 型陶中型罐

1、2. I 式（M136:2、M312:1） 3～6. II 式（M38:2、M66:1、M185:1、M70:2）

7、8. III 式（M28:1、M194:3） 9～11. IV 式（M13:1、M243:1、M5:3） 12. V 式（M50:5）

II 式 7 件。溜肩，肩部较 I 式略靠下。标本 M233:1，泥质灰陶。侈口，方唇，沿面微内凹，束颈，平底内凹。腹部有一周凹槽。口径 13.5、底径 12～12.6、高 19.6 厘米（图七三，6）。标本 M86:4，夹细砂灰陶。侈口，方唇，束颈，平底。口径 12.2、

图七三　汉墓出土 A 型陶中型罐

1. Aa 型 V 式（M46:7）　　2~4. Ab 型 I 式（M130:1、M117:1、M334:1）

5、6. Ab 型 II 式（M86:4、M233:1）　　7、8. Ab 型 III 式（M308:1、M291:2）

9~11. Ab 型 IV 式（M52:2、M349:6、M38:1）　　12. Ab 型 V 式（M31:3）

底径 13.8、高 16 厘米（图七三，5）。

Ⅲ式　12 件。溜肩，肩居中部。标本 M291:2，泥质灰陶。侈口，方唇，沿面微内凹，束颈，平底。下腹有三周凹弦纹。口径 12.3、底径 15.1～15.5、高 18.9 厘米（图七三，8）。标本 M308:1，泥质灰陶。侈口，方唇，束颈，平底微内凹。口径 11.1、底径 13.9、高 17.9 厘米（图七三，7）。

Ⅳ式　6 件。溜肩，微垂腹。标本 M38:1，泥质灰陶。近直口，方唇，沿面内凹，束颈，平底微内凹。腹上部有十余周磨光暗纹，中部有一周凹弦纹。口径 13.4、底径 14.4、高 19.3 厘米（图七三，11；图版七三，5）。标本 M52:2，泥质灰陶。侈口，方唇，沿面内凹，束颈，平底微内凹。器身有刮抹痕。口径 12～12.7、底径 11.8、高 18.7～19 厘米（图七三，9）。标本 M349:6，泥质灰陶。侈口，方唇，束颈，平底。腹部一周凹弦纹。口径 12.2、底径 13.4、高 21 厘米（图七三，10）。

Ⅴ式　2 件。微鼓肩，肩居中部。标本 M31:3，泥质灰陶。侈口，方唇，唇面一周凹槽，沿面一周凹弦纹。束颈，平底。口径 13.7、底径 14.1、高 19.3 厘米（图七三，12）。

Ⅵ式　2 件。微鼓肩，居中部，下腹斜直，器形略高。标本 M116:5，泥质灰陶，稍夹砂。侈口，方唇，平沿下斜，束颈，平底。口径 12.2、底径 14.4～14.8、高 19.8 厘米（图七四，2）。

Ⅶ式　4 件。溜肩，居上部，下腹斜直，器形较高。标本 M24:5，泥质灰陶。侈口，方唇，束颈，平底内凹。腹部一周凹弦纹。口径 17.4、底径 14.7、高 25.4 厘米（图七四，4）。标本采:02，泥质灰陶。侈口，方唇，束颈，平底。颈部一周凸棱。口径 15.8～16、底径 15.7、高 26.5 厘米（图七四，1）。

Ac 型　23 件。折腹。分五式。

Ⅰ式　8 件。鼓肩，折腹处居上。标本 M100:3，泥质灰陶。侈口，方唇，平沿内凹，束颈，平底。腹中部有一周连续、一周不连续的戳印纹。口径 12.8、底径 12、高 20.5 厘米（图七四，3）。标本 M184:7，夹细砂灰陶。侈口，方唇，束颈，平底。腹上部有磨光暗纹，中部有两周凹弦纹。口径 13.2～13.4、底径 13.8、高 18.3 厘米（图七四，5）。标本 M190:3，泥质灰陶。侈口，方唇，平沿内凹，束颈，平底内凹。腹中部一周凹槽。口径 10.8、底径 11.4～11.7、高 15.7 厘米（图七四，6）。标本 M272:2，泥质灰陶。侈口，方唇，束颈，平底。肩部有十四周磨光暗纹。口径 12.2、底径 10.7、高 17.7 厘米（图七四，8）。

Ⅱ式　3 件。微鼓肩，折腹居中上部。标本 M119:6，泥质灰陶。侈口，方唇，束颈，平底微内凹。腹部有一周凹槽和一周不连续的戳印纹。口径 14、底径 15.5、高 22 厘米（图七四，7）。

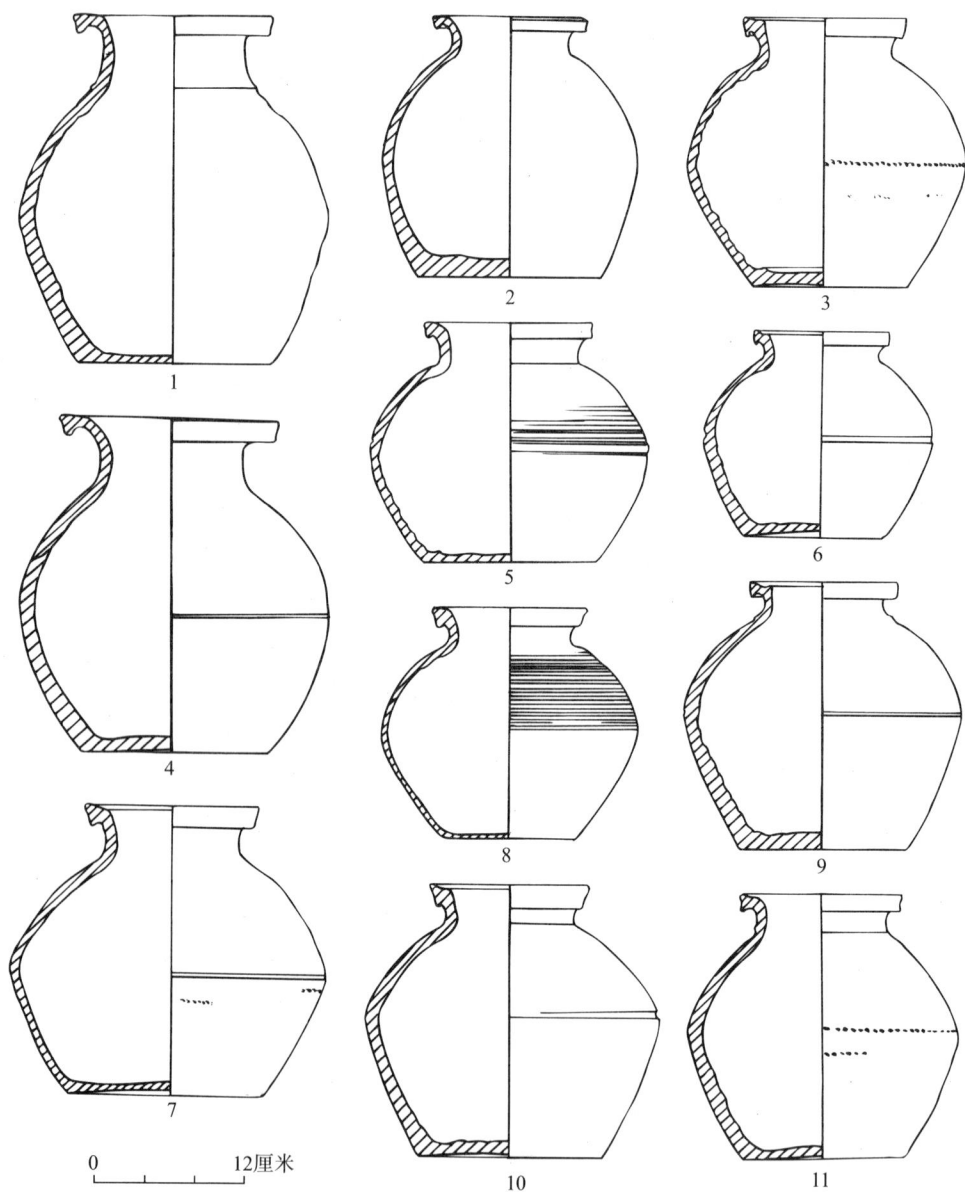

0 ————————— 12厘米

图七四　汉墓出土 A 型陶中型罐

1、4. Ab 型Ⅶ式（采:02、M24:5）　2. Ab 型Ⅵ式（M116:5）　3、5、6、8. Ac 型Ⅰ式
（M100:3、M184:7、M190:3、M272:2）　7. Ac 型Ⅱ式（M119:6）　9、10. Ac 型Ⅲ式
（M273:4、M93:4）　11. Ac 型Ⅳ式（M266:1）

　　Ⅲ式　8 件。溜肩，折腹居中上部。标本 M93:4，泥质灰陶。侈口，方唇，斜折
沿，沿面内凹，束颈，溜肩，鼓腹，下腹直收，平底微内凹。腹部有凹弦纹一周。口
径 12.6、底径 14.3～14.5、高 20.7 厘米（图七四，10）。标本 M273:4，泥质灰陶。侈

口，方唇，斜折沿，沿面内凹，束颈，溜肩，鼓腹，下腹直收，平底。肩、腹交接处有凹槽一周。口径 11.8、底径 13.1、高 20.5 厘米（图七四，9）。

Ⅳ式　2 件。溜肩，折腹居中部。标本 M266:1，泥质灰陶。侈口，方唇，束颈，溜肩，下腹直收，平底微内凹。腹部饰两周戳印纹。口径 12.9～13.1、底径 13、高 20 厘米（图七四，11）。

Ⅴ式　2 件。溜肩，垂腹。标本 M113:2，泥质灰陶。侈口，方唇，束颈，平底。腹部饰凹弦纹和戳印纹各一周。口径 12.6、底径 13.5、高 18.6 厘米（图七五，1）。标本 M51:12，泥质灰陶。侈口，方唇，束颈，平底微内凹。口径 12.5、底径 15.2～15.4、高 18.3 厘米（图七五，2）。

Ad 型　3 件。扁鼓腹。分二式。

Ⅰ式　1 件（标本 M232:1）。泥质灰陶。侈口，方唇，沿面内凹，矮束颈，圆鼓腹，平底内凹。口径 9.2～9.5、底径 11、高 12.7～13.5 厘米（图七五，3）。

Ⅱ式　2 件。束颈微高，鼓腹。标本 M319:1，泥质灰黑陶。侈口，方唇，平底。腹部有六周凹槽，上腹刻划有符号和文字。口径 10.4、底径 11.9～12、高 15 厘米（图七五，4；图七六，2、3）。标本 M348:1，泥质灰陶。侈口，方唇，平沿内凹，平底微内凹。口径 11.2、底径 11、高 14.6 厘米（图七五，5）。

B 型　57 件。卷沿。分三亚型。

Ba 型　41 件。弧腹。分七式。

Ⅰ式　5 件。腹最大径居上部。标本 M225:1，泥质灰陶。侈口，方唇，唇沿有凹槽，平底微内凹。口径 12.8、底径 14.5～14.8、高 20.8 厘米（图七五，7）。标本 M287:2，泥质灰陶。侈口，方唇，唇沿内凹，平底。口径 12.4、底径 12.5、高 19.8 厘米（图七五，6；图版七三，6）。

Ⅱ式　7 件。圆鼓腹，腹最大径居中上部。标本 M16:7，泥质灰陶。侈口，方唇，唇沿内凹，平底为内凹。腹部三周戳印纹。口径 12.6、底径 12.5～12.8、高 18.4 厘米（图七五，10）。标本 M20:1，泥质灰陶。侈口，方唇，唇面一周凹弦纹，平底内凹。口径 12.8、底径 11.2～11.4、高 17.7 厘米（图七五，9）。标本 M133:2，泥质灰陶。侈口，方唇，平底。腹部一周凹弦纹。口径 12.5、底径 12.2～12.5、高 21.8 厘米（图七五，8）。

Ⅲ式　8 件。鼓腹，腹最大径居中部。标本 M61:3，泥质灰陶。侈口，方唇，平底。口径 12、底径 12.7～12.9、高 21 厘米（图七五，12）。标本 M111:3，泥质灰陶。侈口，方唇，平底。腹部凹弦纹和戳印纹各一周。口径 13、底径 11.7～12、高 19.6～20.2 厘米（图七五，11；图版七四，1）。

Ⅳ式　7 件。微垂腹。标本 M51:7，泥质灰陶。侈口，方唇，唇沿一周凹弦纹，平

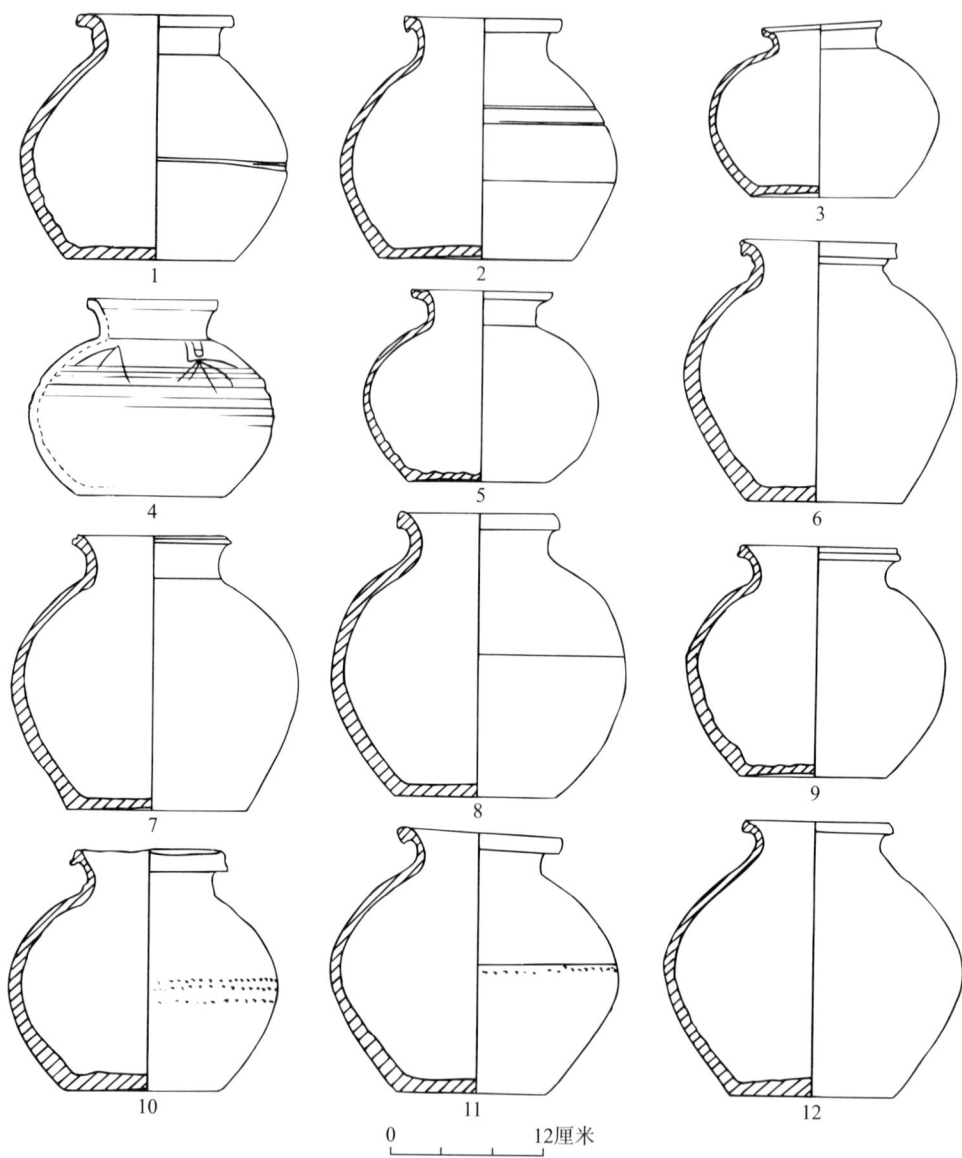

图七五　汉墓出土陶中型罐

1、2. Ac 型 V 式（M113:2、M51:12）　　3. Ad 型 I 式（M232:1）　　4、5. Ad 型 II 式
（M319:1、M348:1）　　6、7. Ba 型 I 式（M287:2、M225:1）　　8～10. Ba 型 II 式
（M133:2、M20:1、M16:7）　　11、12. Ba 型 III 式（M111:3、M61:3）

底。腹部一周凹弦纹和三周戳印纹。口径 12.7～12.9、底径 15.6、高 17.4 厘米（图七七，1）。标本 M78:1，泥质灰陶。侈口，方唇，唇沿两周凹弦纹，平底内凹。口径 11.5～11.8、底径 12、高 14.1 厘米（图七七，2）。标本 M125:4，泥质灰陶。侈口，

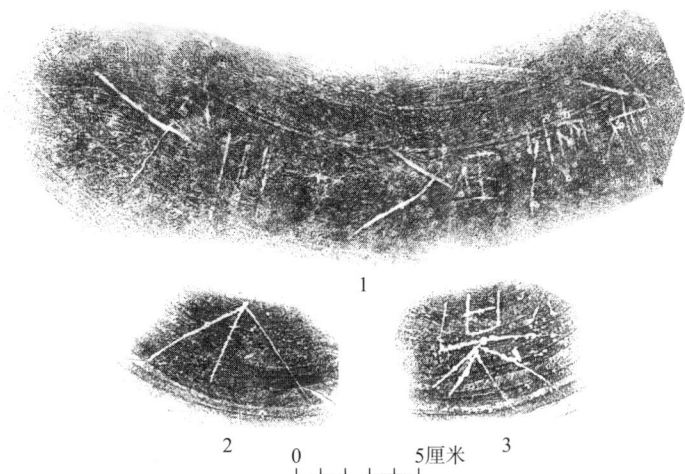

图七六　汉墓出土陶器上的刻划符号、文字
1. Ba 型 Ⅱ 式大型罐肩部（M46:5）　2、3. Ad 型 Ⅱ 式中型罐上腹（M319:1）

方唇，唇沿一周凹弦纹，平底内凹。腹部一周凹槽内有一周戳印纹，下有一周戳印纹。口径 11.2 ~ 11.5、底径 11.1 ~ 11.4、高 16.1 厘米（图七七，3）。

　　Ⅴ式　4 件。垂腹。标本 M31:2，泥质灰陶。侈口，方唇，束颈，平底内凹。口径 14、底径 15.8、高 20.4 厘米（图七七，5）。标本 M102:2，泥质灰陶。侈口，方唇，束颈，平底微内凹。腹饰七周凹弦纹。口径 12.5、底径 13.1 ~ 13.4、高 17.4 厘米（图七七，4；彩版二五，4）。

　　Ⅵ式　6 件。鼓腹，器形略显高瘦，腹最大径居中部。标本 M24:3，泥质灰陶。侈口，尖圆唇，束颈，平底微内凹。口径 11.2 ~ 11.6、底径 9.3、高 16.2 厘米（图七七，6；图版七四，2）。标本 M24:6，泥质灰陶。侈口，圆唇，束颈，平底。口径 11、底径 9.5、高 17 ~ 17.4 厘米（图七七，8）。标本 M60:1，泥质灰陶。侈口，方唇，唇面一周凹弦纹，束颈，平底微内凹。腹部一周凹弦纹。口径 11、底径 12.2、高 19 厘米（图七七，9）。标本 M266:2，泥质灰陶。侈口，圆唇，束颈，平底微内凹。腹部一周不连续戳印纹。口径 12.2、底径 11.6 ~ 11.8、高 16.1 ~ 16.7 厘米（图七七，7）。

　　Ⅶ式　4 件。均出自 M94。鼓腹，器形高瘦，腹最大径居上部。标本 M94:1，泥质灰陶。侈口，方唇，卷沿微凹，束颈，平底微内凹。口径 10.2、底径 10.7、高 17.2 厘米（图七七，11）。标本 M94:2，泥质灰陶。侈口，方唇，束颈，平底微内凹。覆钵形盖。腹部四周宽凹槽。口径 11、底径 10.6 ~ 11、通高 22.3 厘米（图七七，10；图版七四，3）。

　　Bb 型　11 件。折腹。分三式。

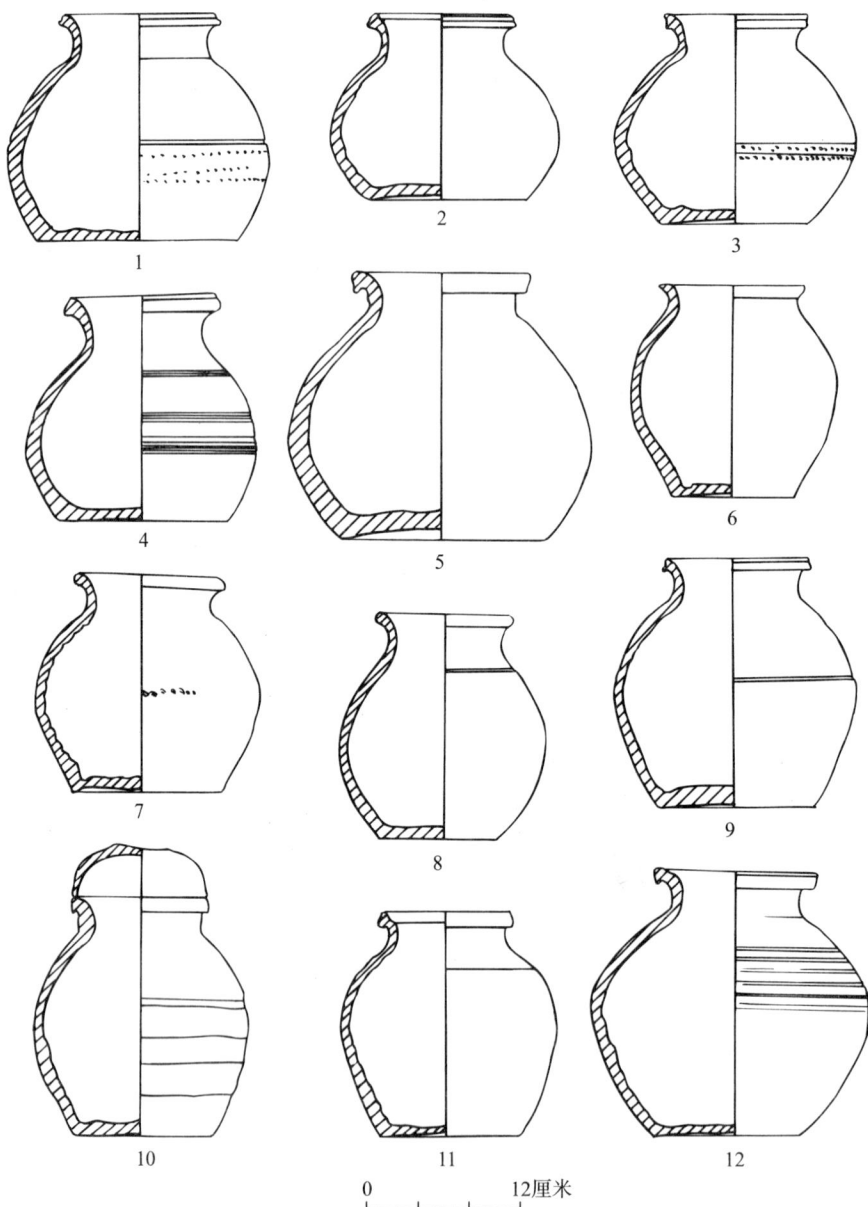

图七七　汉墓出土 B 型陶中型罐

1~3. Ba 型Ⅳ式（M51:7、M78:1、M125:4）　　4、5. Ba 型Ⅴ式（M102:2、M31:2）　　6~9. Ba 型Ⅵ式

（M24:3、M266:2、M24:6、M60:1）　　10、11. Ba 型Ⅶ式（M94:2、M94:1）　　12. Bb 型Ⅰ式（M3:3）

　　Ⅰ式　2 件。微鼓肩，折腹处位于上部。标本 M3:3，泥质灰陶。侈口，方唇，束颈，平底微内凹。上腹有六周凹弦纹。口径 12.9、底径 11.3~11.6、高 20~20.5 厘米（图七七，12）。标本 M184:5，夹细砂灰陶。侈口，方唇，束颈，平底微内凹。腹部一

周凹弦纹。口径11.8、底径9.8、高16厘米（图七八，1）。

　　Ⅱ式　7件。微鼓肩，折腹处位于中部。标本M2:2，泥质灰陶。侈口，方唇，束颈，平底微内凹。腹饰两周凹弦纹。口径13.5、底径14.8～15、高18.8厘米（图七

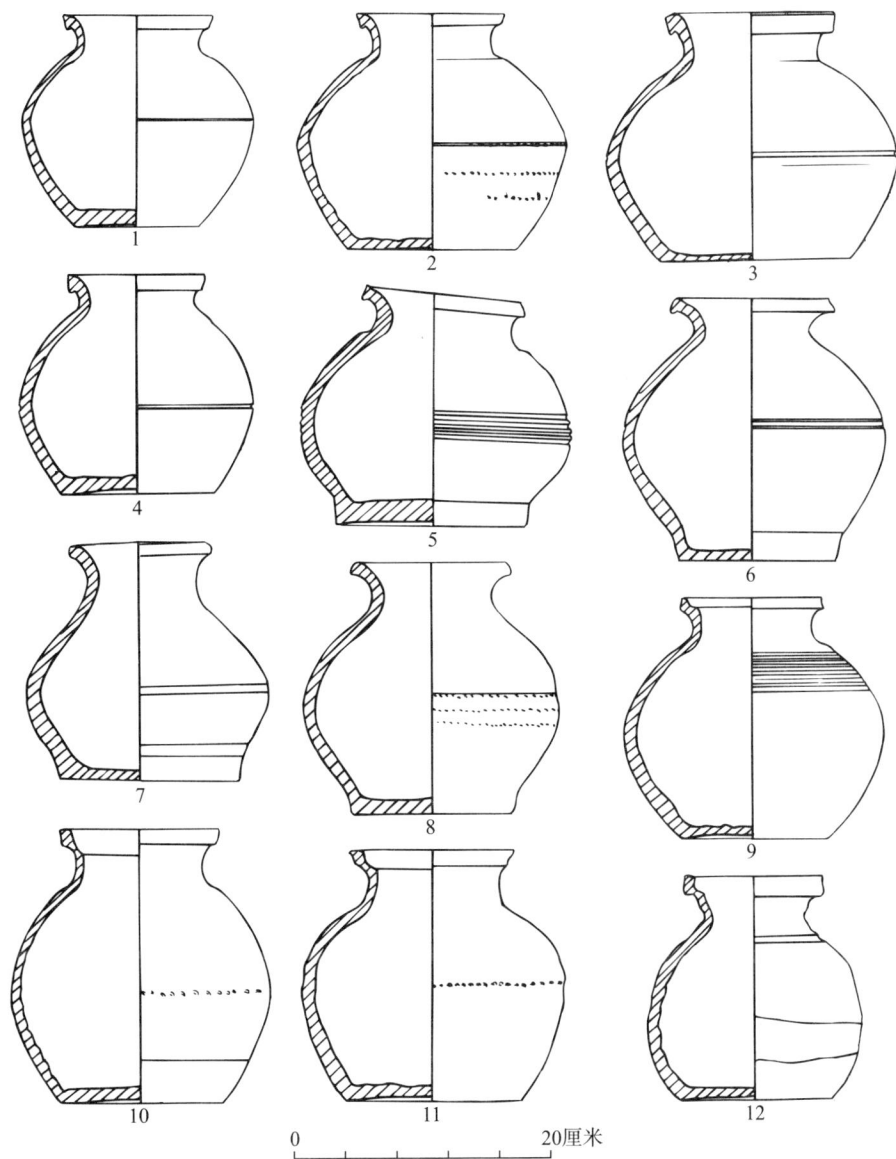

图七八　汉墓出土陶中型罐

1. Bb 型 Ⅰ 式（M184:5）　　2、3. Bb 型 Ⅱ 式（M244:1、M2:2）　　4. Bb 型 Ⅲ 式（M236:1）

5. Bc 型 Ⅰ 式（M32:6）　　6、8. Bc 型 Ⅱ 式（M259:2、M111:2）　　7. Bc 型 Ⅲ 式（M195:2）

9. C 型 Ⅰ 式（M323:1）　　10. C 型 Ⅱ 式（M59:3）　　11. C 型 Ⅲ 式（M309:6）　　12. C 型 Ⅳ 式（M3:1）

鲁中南汉墓

八，3）。标本 M244:1，泥质灰陶。侈口，方唇，束颈，平底微内凹。腹饰一周凹弦纹和三周戳印纹。口径 11.8、底径 13.2、高 17.9 厘米（图七八，2）。

Ⅲ式　2 件。溜肩，折腹处位于中部。标本 M236:1，泥质灰陶。侈口，方唇，束颈，平底微内凹。腹部一周凹弦纹。口径 10.7、底径 12、高 16.8 厘米（图七八，4）。

Bc 型　5 件。假圈足罐。分三式。

Ⅰ式　1 件（标本 M32:6）。泥质灰陶。侈口，方唇，卷沿，沿面一周凹槽，短束颈，圆鼓腹，平底内凹，腹饰四周凹弦纹。口径 11.7、底径 14.5、高 17.1～18.2 厘米（图七八，5；图版七四，4）。

Ⅱ式　3 件。标本 M259:2，夹砂灰陶。侈口，方唇，卷沿，束颈，鼓腹，平底。腹部两周凹弦纹。口径 13、底径 12.5、高 20 厘米（图七八，6）。标本 M111:2，泥质灰陶。侈口，圆唇，卷沿，束颈，鼓腹，平底。腹饰一周凹弦纹和三周戳印纹。口径 12.6～12.8、底径 12.7、高 19.2～19.4 厘米（图七八，8）。

Ⅲ式　1 件（标本 M195:2）。泥质灰陶。侈口，圆唇，卷沿，长束颈，垂鼓腹，平底。腹部和近圈足处各两周凹弦纹。口径 11.2、底径 14、高 18.5 厘米（图七八，7；图版七四，5）。

C 型　5 件。盘口。分五式。

Ⅰ式　1 件（标本 M323:1）。泥质灰陶。微盘口，方唇，束颈，鼓腹，平底微内凹。口径 11.2～11.4、底径 11.8、高 18.5 厘米（图七八，9；图版七四，6）。

Ⅱ式　1 件（标本 M59:3）。夹细砂灰陶。深盘口，方唇，束颈，鼓腹，平底微内凹。腹部一周戳印纹和一周不规则凹弦纹。口径 12.6、底径 12.8、高 20.8 厘米（图七八，10；图版七五，1）。

Ⅲ式　1 件（标本 M309:6）。泥质褐陶。深盘口，方唇，束颈，鼓腹，溜肩，平底微内凹。腹部一周戳印纹。口径 12.8、底径 13.2～13.8、高 19.2 厘米（图七八，11；图版七五，2）。

Ⅳ式　1 件（标本 M3:1）。泥质灰陶。盘口，方唇，束颈，鼓腹微垂，平底微内凹。器身有不规则刻划浅凹槽。口径 11、底径 15.2、高 17.2 厘米（图七八，12；图版七五，3）。

Ⅴ式　1 件（标本 M273:6）。夹砂灰陶。深盘口，方唇，唇外有两周凹槽，束颈，鼓腹，小平底。腹部三周宽凹槽和一周凹弦纹，下腹及底部饰刻划细浅凹槽。口径 11.3、底径 4.8、高 14.9 厘米（图七九，1；图版七五，4）。

小型罐　11 件。分五式。

Ⅰ式　2 件。鼓腹，最大径在上部。均出自 M173。标本 M173:2，泥质灰陶。敛口，鼓肩，平底。弧顶覆钵形盖。口径 3.4、底径 3.6、通高 6.4 厘米（图七九，3）。

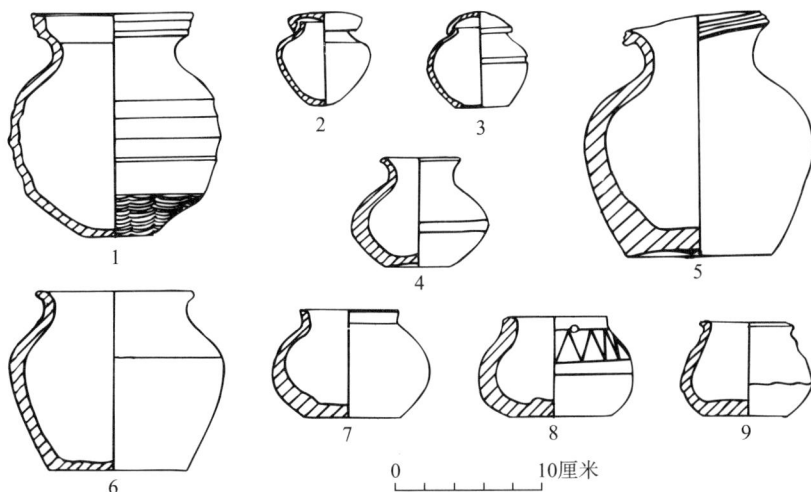

图七九　汉墓出土陶中、小型罐

1. C 型 V 式中型罐（M273∶6）　　2、3. Ⅰ式小型罐（M173∶3、M173∶2）

4、7. Ⅱ式小型罐（M274∶1、M207∶1）　　5、6. V 式小型罐（M273∶5、M16∶8）

8. Ⅲ式小型罐（M333∶1）　　9. Ⅳ式小型罐（M283∶2）

标本 M173∶3，泥质灰陶。直口，圆唇，弧肩，鼓腹，小平底。弧顶覆盘形盖。口径3.2、底径 1.4～1.6、通高 6.1 厘米（图七九，2）。

Ⅱ式　4 件。鼓腹居中。标本 M274∶1，泥质灰陶。侈口，方唇，束颈，上腹圆鼓，下腹斜直，平底微凹。腹部一周凹弦纹。口径 5.7、底径 4.8、高 7.2 厘米（图七九，4）。标本 M207∶1，泥质灰陶。微侈口，方唇，平底。口径 6.8、底径 6、高 7.3 厘米（图七九，7）。

Ⅲ式　1 件（标本 M333∶1）。夹细砂灰陶。直口，圆唇，微垂腹，平底。上腹两周凹弦纹之间夹波折纹，腹部一周凹弦纹。口径 7.2、底径 6.8、高 6.6 厘米（图七九，8）。

Ⅳ式　2 件。垂折腹。标本 M283∶2，泥质灰陶。近直口，方唇，微束颈，上腹略斜直，腹有一周折棱。平底。口径 6.5、底径 5.8～6.2、高 6.5 厘米（图七九，9）。

V 式　2 件。溜肩，鼓腹，下腹斜直。标本 M16∶8，泥质灰陶。侈口，圆唇，卷沿，束颈，平底。口径 10.3～11、底径 9.2～9.4、高 12 厘米（图七九，6）。标本 M273∶5，泥质灰陶。侈口，方唇，唇沿两周凹弦纹，束颈，微鼓肩，平底内凹。口径10.4、底径 10.3、高 16 厘米（图七九，5）。

瓮　10 件。分二型。

A 型　5 件。鼓腹。分二式。

Ⅰ式　1 件（标本 M158∶1）。泥质灰陶。敛口，方唇，近直领，圆鼓腹，圜底近平。下腹和底部饰横竖交错的粗绳纹。口径 20.4、高 24 厘米（图八〇，1；图版七五，5）。

　　Ⅱ式　4 件。斜直领。标本 M84:3，泥质灰陶。敛口，方唇，平底。下腹和底部饰横粗绳纹。口径 22.6、底径 15～16、高 27.4 厘米（图八〇，2）。标本 M275:2，泥质

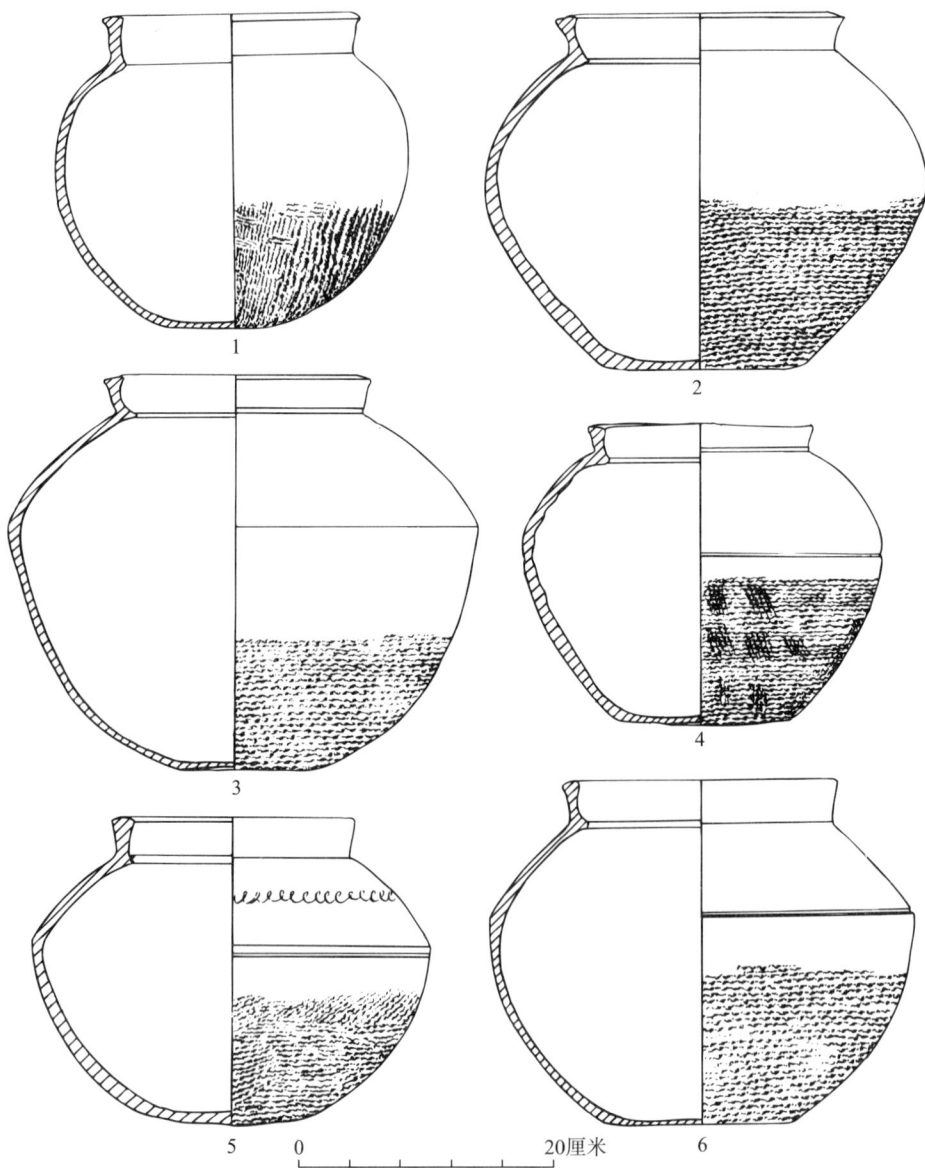

图八〇　汉墓出土陶瓮

1. A 型Ⅰ式（M158:1）　　2、4. A 型Ⅱ式（M84:3、M275:2）

3、5. B 型Ⅰ式（M64:1、M32:4）　6. B 型Ⅲ式（M165:4）

灰陶。敛口，方唇，平底微内凹。腹部一周凹槽，下腹和底部饰横粗绳纹。口径 17 ～ 17.6、底径 13.5、高 23 厘米（图八〇，4）。

B 型　5 件。有肩。分三式。

Ⅰ 式　3 件。高直领，微鼓肩。标本 M32:4，泥质灰陶。敛口，方唇，溜肩，平底。肩部一周弹簧状抹暗纹，腹部两周凹弦纹，下腹和底部饰粗绳纹。口径 19.4、底径 11 ～ 12.5、高 23.6 厘米（图八〇，5；彩版二五，5）。标本 M64:1，泥质灰陶。敛口，方唇，溜肩，平底微内凹。肩、腹交接处一周凹弦纹，下腹和底部饰粗绳纹。口径 21.2、底径 9、高 30.2 厘米（图八〇，3）。

Ⅱ 式　1 件（标本 M127:1）。泥质灰陶，稍夹砂。微敛口，矮直领，方唇，溜肩，平底。肩、腹交接处一周戳印纹。口径 15.8 ～ 16.2、底径 5.4、高 19.5 厘米（图八一，1；图版七五，6）。

Ⅲ 式　1 件（标本 M165:4）。泥质灰陶。微敛口，方唇，高直领，溜肩，平底。肩、腹交接处一周凹弦纹，下腹及底横饰粗绳纹。口径 21.3 ～ 21.5、底径 14.4、高 26.5 厘米（图八〇，6；图版七六，1）。

瓮口沿　1 件（标本 M117:01）。泥质灰陶。敛口，圆唇，溜肩，下部残。口径 24、残高 7 厘米（图八一，2）。

盆　3 件。分二型。

A 型　2 件。折腹。标本 M17:2，泥质灰陶，稍夹细砂。微敛口，方唇，上腹近直，下腹弧收，平底。口径 23 ～ 24.3、底径 9.4 ～ 9.7、高 10.1 ～ 10.5 厘米（图八一，4）。标本 M250:2，夹细砂灰陶。微敛口，方唇，上腹近直，下腹弧收，平底微内凹。口径 22.5、底径 9.4 ～ 9.6、高 10.8 厘米（图八一，3；图版七六，2）。

B 型　1 件（标本 M150:3）。夹砂灰陶，烧制变形。敞口，方唇，平沿，弧腹，平底。口径 18.5 ～ 19.2、底径 5.2、高 5.6 ～ 6.4 厘米（图八二，3；图版七六，3）。

钵　2 件。标本 M90:2，泥质灰陶。近直口，方唇，上腹斜直，下腹内收，平底微内凹。口径 23.1 ～ 23.9、底径 13.2 ～ 13.6、高 8.3 ～ 9 厘米（图八一，5）。标本 M241:1，泥质灰陶。敞口，圆唇，卷沿，弧腹，圈足，平底。口径 19.5、高 8.1 ～ 8.3 厘米（图八二，1；图版七六，4）。

器盖　3 件。标本 M189:2，泥质灰陶。覆钵形。弧腹，平顶。顶中部一周凹槽。顶部有以白彩为底、黑彩绘成的云纹，图案不清晰。口径 17 ～ 17.4、高 6.1 厘米（图八二，7）。标本 M49:1，泥质灰陶。覆钵形。弧腹，平顶微内凹。口部一周凸弦纹。口径 10.4、高 3.4 厘米（图八二，5）。标本 M47:7，夹砂灰陶。覆钵形。弧腹，平顶。口径 14.5、高 2.8 厘米（图八二，6）。

板瓦　1 件（标本 M252:3）。泥质灰陶。残长 22.4、宽 29.2 厘米（图八三，4）。

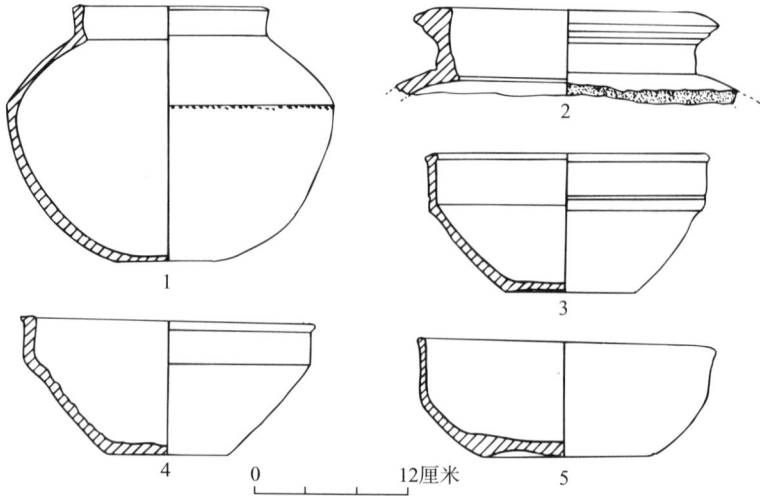

图八一　汉墓出土陶器

1. B 型 Ⅱ 式瓮（M127:1）　　2. 瓮口沿（M117:01）

3、4. A 型盆（M250:2、M17:2）　5. 钵（M90:2）

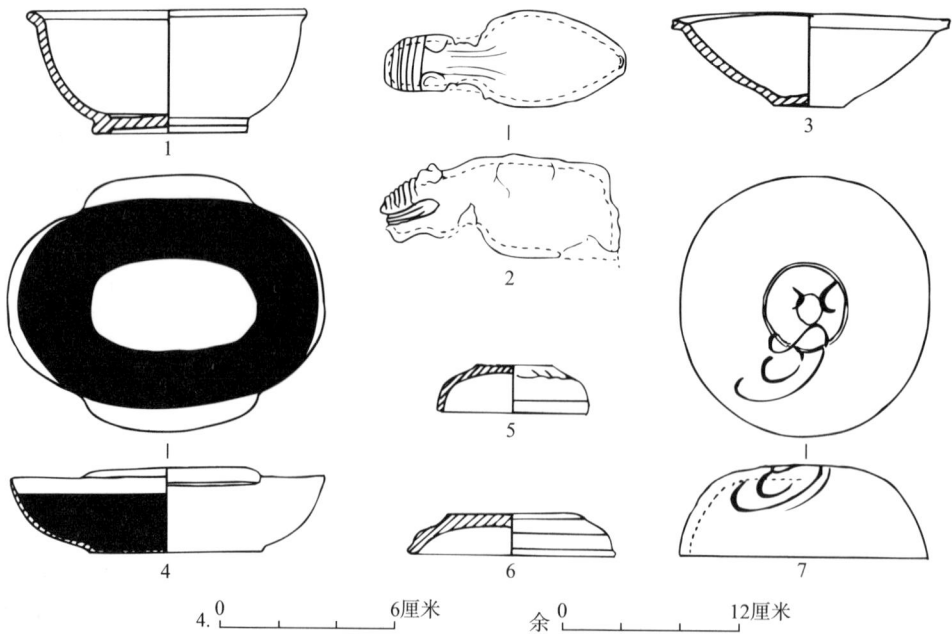

图八二　汉墓出土陶、漆器

1. 陶钵（M241:1）　2. 陶兽形器（M238:5）　3. B 型陶盆（M150:3）

4. 漆耳杯（M77:2）　5~7. 陶器盖（M49:1、M47:7、M189:2）

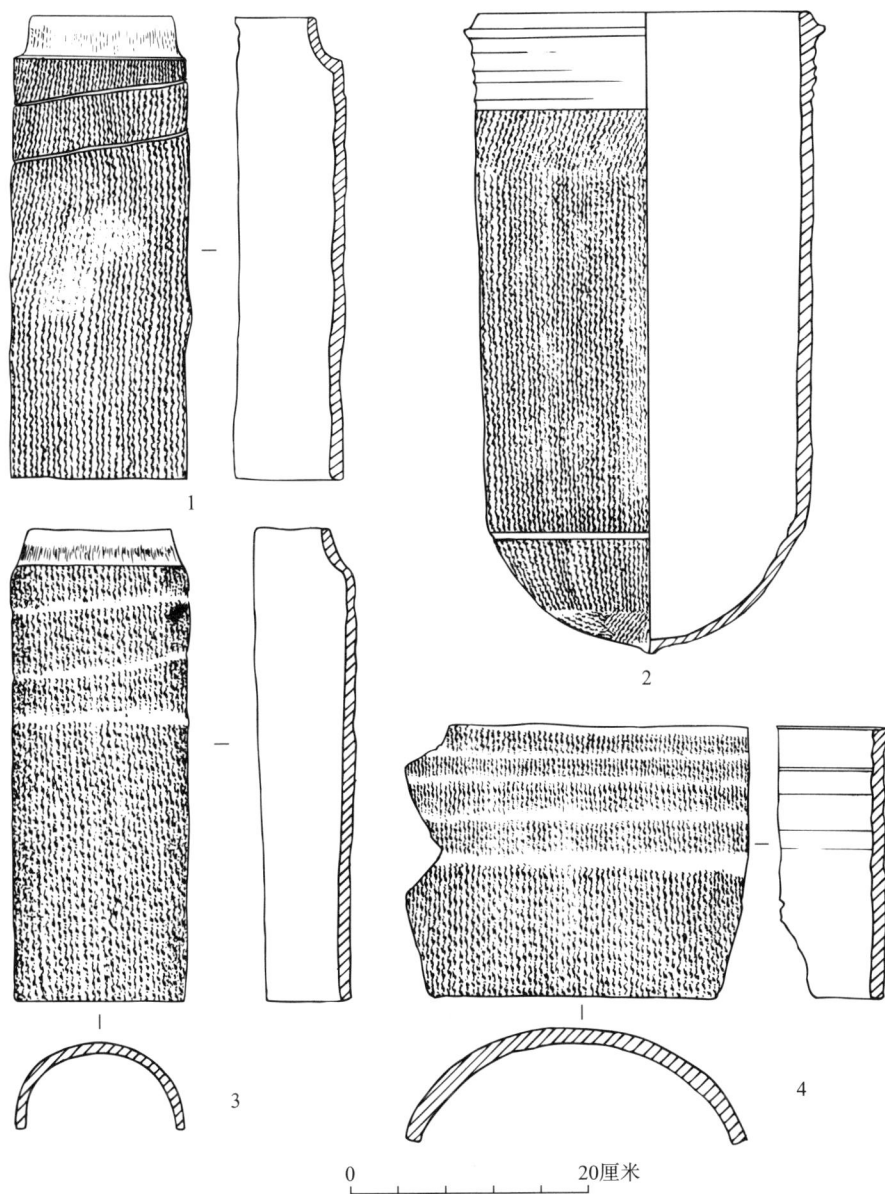

图八三　汉墓出土陶瓦、瓮棺

1、3. 筒瓦（M329:3、M82:4）　2. 瓮棺（M252:1）　4. 板瓦（M252:3）

　　筒瓦　4 件。标本 M82:4，泥质灰陶。器表饰粗绳纹和三道抹纹。长 38.8、宽 14.5～15.2厘米（图八三，3；图版七六，5）。标本 M329:3，泥质灰陶，稍夹砂。器表饰粗绳纹和两道抹纹。长 38、宽 14.7 厘米（图八三，1）。

　　瓮棺　2 件。均出自 M252。标本 M252:1，泥质灰陶。方唇，子母口，斜直腹，尖圜底。腹、底饰粗绳纹，口部有四周抹纹。口径 28、高 52.4 厘米（图八三，2）。

兽形器　2 件，均出自 M238。标本 M238:5，泥质黑皮陶。似动物趴卧状，口部有红色彩绘。头上有数道凹槽。长 16.5、高 7 厘米（图八二，2）。

2. 铜器

2101 件。有釜、盆、印、镜、刷柄、蝉、弩机、剑首、杖首、镦、铺首、环、削、带钩、剑璏、车马器、钱币等。

釜　4 件。器壁较薄，保存较差。完整者仅 1 件。标本 M349:4，尖唇，侈口，斜折沿，鼓腹，下腹及底残。口径 18.8、残高 5.5 厘米（图八四，1）。标本 M309:7，圆唇，侈口，斜折沿，弧腹，平底。素面。口径 18.5、高 9.2 厘米（图八四，2）。

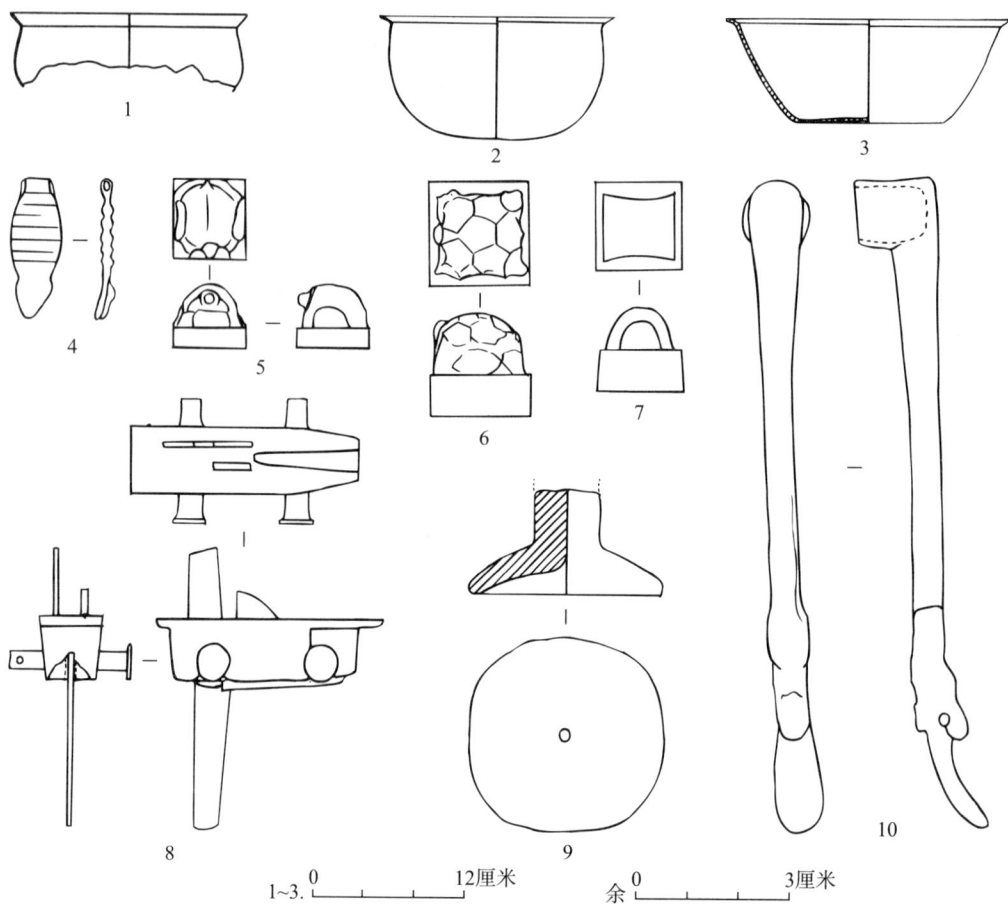

图八四　汉墓出土铜器

1、2. 釜（M349:4、M309:7）　3. 盆（M139:4）　4. 蝉（M23:4）　5~7. 印（M23:5、M66:3、M294:1）　8. 弩机（M97:1）　9. 剑首（M336:6）　10. 刷柄（M107:2）

　　盆　1件（标本 M139:4）。方唇，敞口，斜折沿，斜腹，平底微内凹。口径 22.1、高 7.8 厘米（图八四，3；彩版二六，1）。

　　印　3枚。标本 M294:1，桥形纽，方形。阴文"武□□"三字。边长 1.6～1.7、高 1.6 厘米（图八四，7；图八五，2）。标本 M23:5，龟纽，方形，阳文"张为"二字。边长 1.5、高 1.2 厘米（图八四，5；图八五，4；彩版二六，2）。标本 M66:3，龟纽，方形，阴文"张昌"二字。边长 2、高 2 厘米（图八四，6；图八五，3；图版七七，1）。

　　镜　4面。其中 3 面残缺，仅 1 面较完整，保存较好。标本 M218:1，蟠螭纹镜。锈蚀、残碎严重。圆纽，圆纽座，座外两周凹弦纹间纹饰由地纹和主纹组成，地纹为涡状云雷纹，主纹为蟠螭纹。卷缘。镜体轻薄，制作粗糙。边厚 0.2 厘米。标本 M284:1，草叶纹镜。圆纽，四叶纽座，小方格外双弦凹面大方格，四角对称斜线纹，每边三字铭文，铭文为"长贵富，乐毋事，宜酒食，服之顾"；方格外四枚乳丁两侧饰对称二叠式草叶纹，四外角各伸出一花苞二叶花枝纹。内向十六连弧纹缘。直径 13.3、边厚 0.35 厘米（图八五，1）。标本 M112:3，四乳四虺镜。残余约五分之一。圆纽，圆纽座，座外两周短斜线纹间的纹饰为四乳与四虺纹相间环绕。四乳带圆座，四虺成钩形躯体，两端同形，在身

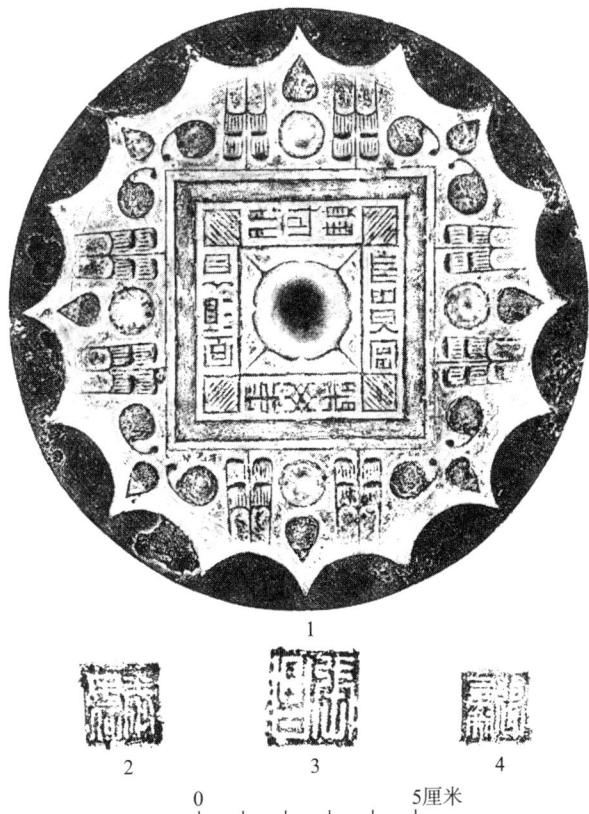

图八五　汉墓出土铜镜、印
1. 镜（M284:1）　2～4. 印（M294:1、M66:3、M23:5）

躯两侧各有一小鸟，宽素缘中间饰双弦波状纹。边厚 0.2 厘米。标本 M344:1，锈蚀、残碎严重。三弦纽，方纽座，座外双方格纹，每边一纽，外内向连弧纹，卷缘。因锈蚀，图案不清。边厚 0.4 厘米。

　　刷柄　2件。标本 M107:2，形状似烟斗，圆筒状斗，圆柱形柄，柄端翘起，有穿

孔。长 12.3 厘米（图八四，10；彩版二六，3）。

蝉 2 件，皆出自 M23。标本 M23:4，头部和尾部有锈。长约 2.6 厘米（图八四，4）。

弩机 1 件（标本 M97:1）。明器，机体较小，制作精巧，部件较齐全；有郭、悬刀、钩心、牙、望山、箭槽、键等。郭部前窄后宽，前部有箭槽；牙与望山铸为一体。郭长 4.6 厘米（图八四，8；彩版二六，4）。

剑首 1 件（标本 M336:6）。为铁剑上的铜首。喇叭形圆首。直径 3.7～3.8、高 2 厘米（图八四，9）。

杖首 1 件（标本 M336:1）。鸟形首，鸟头向后，身下圆形插孔。长 7.6、高 5.9 厘米（图八六，1；彩版二六，5）。

镦 2 件。标本 M284:3，圆筒形。直径 2.8、高 4.9 厘米（图八六，2；彩版二六，6）。标本 M309:4，圆筒形，为铁戟的一端。直径 2.4、高 1 厘米（图八六，4）。

铺首衔环 1 件（标本 M120:4－1）。正面鎏金，背部有红色漆皮痕；两耳外卷，扬眉瞪目，鼻下垂后向后弯曲成钩状，衔一铜环，背后有一插钉。应为漆器上的装饰。通长 4.3、环外径 2、钉长 0.4 厘米（图八六，6）。

环 4 件。均素面。标本 M218:5，断面椭圆形。直径 1.9 厘米（图八六，5）。标本 M309:2，断面圆形。直径 1.45 厘米（图八六，3）。

削 3 件。环形首，柄断面略呈三角形，削身断面呈三角形，平背，直刃。标本 M336:3，保存较好，完整。长 21.6 厘米（图八七，8；彩版二七，1）。

带钩 36 件。分三型。

A 型 31 件。均为琴面形，背部一圆纽。分三亚型。

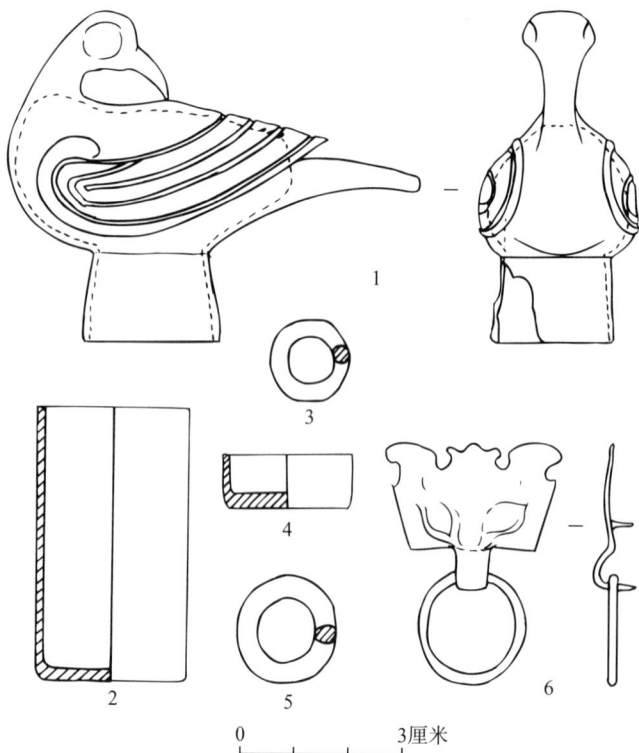

图八六　汉墓出土铜器

1. 杖首（M336:1）　　2、4. 镦（M284:3、M309:4）

3、5. 环（M309:2、M218:5）　6. 铺首衔环（M120:4－1）

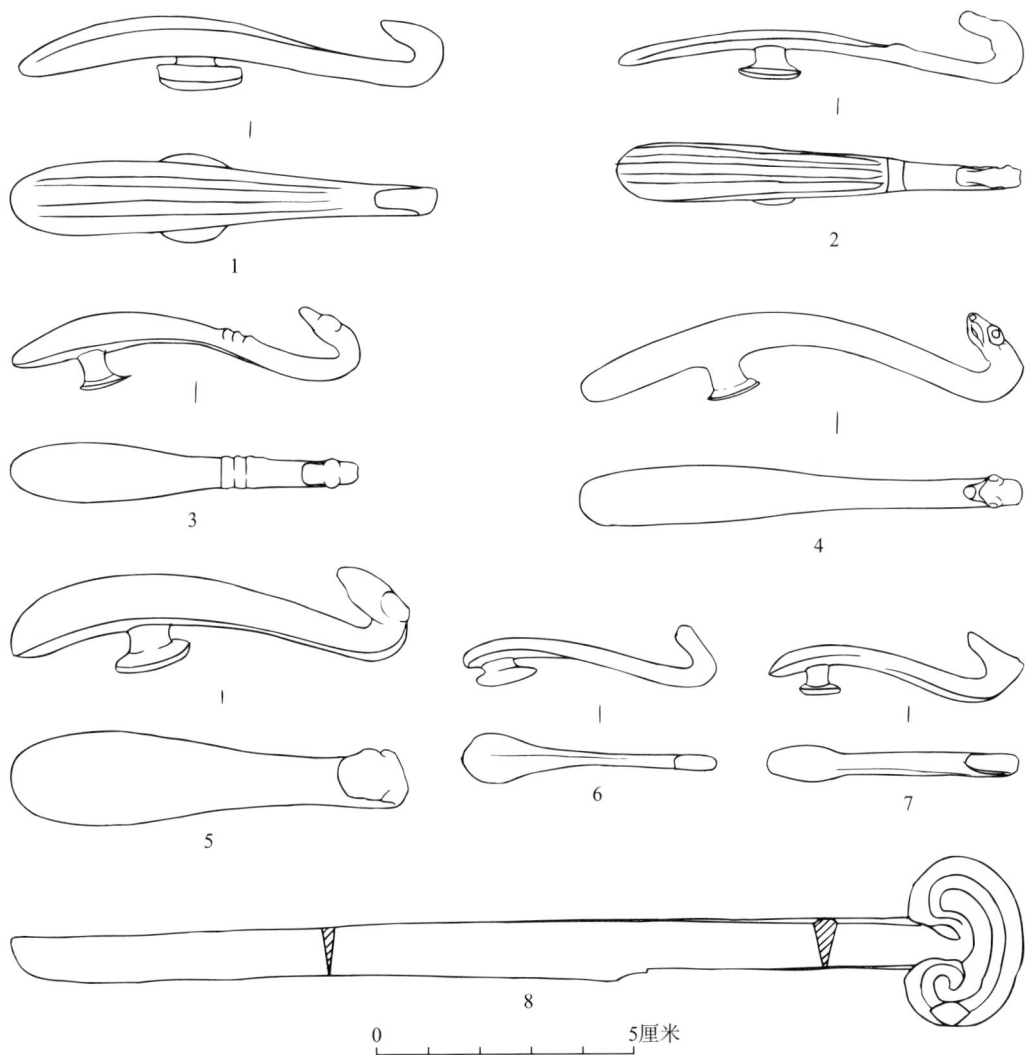

图八七　汉墓出土铜带钩、削

1～5. Aa 型带钩（M84:5、M241:2、M205:1、M191:2、M336:4）

6、7. Ab 型带钩（M249:1、M200:2）　8. 削（M336:3）

　　Aa 型　18 件。器身细长，纽居中。标本 M84:5，体长 9、腹宽 1.5 厘米（图八七，1）。标本 M191:2，兽首。体长 9.5、腹宽 1.2 厘米（图八七，4；彩版二七，2）。标本 M205:1，兽首，颈部两周凸棱。体长 7.4、腹宽 1.2 厘米（图八七，3）。标本 M241:2，兽首。体长 8.7、腹宽 1.3 厘米（图八七，2）。标本 M336:4，兽首，腹较宽。体长 8.5、腹宽 1.9 厘米（图八七，5）。

　　Ab 型　5 件。器身细长，纽居末端。标本 M200:2，器形细长。体长 5.5、腹宽 0.8 厘米（图八七，7）。标本 M249:1，体长 5.4、腹宽 1.05 厘米（图八七，6）。标本 M263:1，器形较细长。体长 6、腹宽 1.1 厘米（图八八，1；彩版二七，3）。

　　Ac 型　8 件。器身较短。标本 M32:2，体长 4.6、腹宽 1.6 厘米（图八八，2）。标本 M61:1，体长 4.2、腹宽 0.8 厘米（图八八，5）。标本 M82:2，体长 4.8、腹宽 1.4 厘米（图八八，4；彩版二七，4）。标本 M248:2，器形较宽。体长 4.2、腹宽 1.3 厘米（图八八，7）。

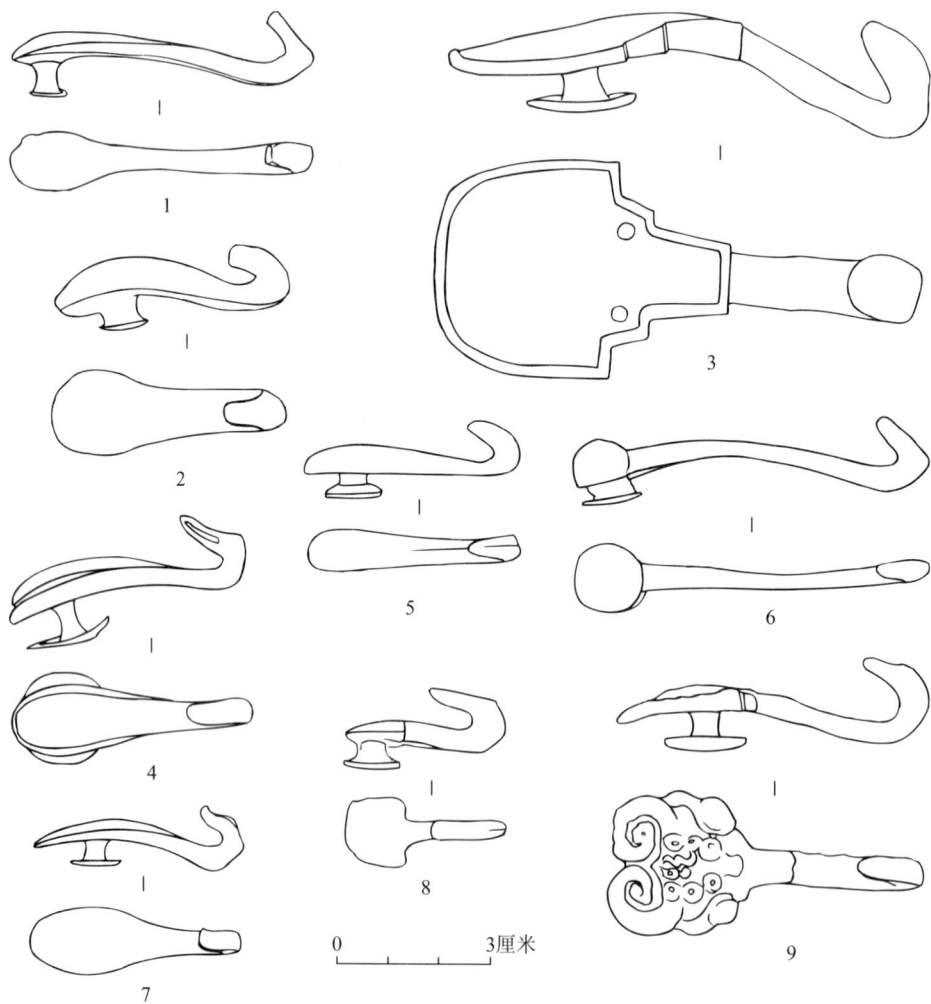

图八八　汉墓出土铜带钩

1. Ab 型（M263:1）　　2、4、5、7. Ac 型（M32:2、M82:2、M61:1、M248:2）

3、8、9. B 型（M55:1、M108:2、M51:3）　　6. C 型（M37:2）

B 型 4 件。牌形，背部有一圆纽。标本 M51:3，铺首形。体长 6.1、腹宽 2.8 厘米（图八八，9；图版七七，2）。标本 M55:1，正面有两个孔。体长 9.4、腹宽 4.2 厘米（图八八，3；图版七七，3）。标本 M108:2，体较短小。体长 3.2、腹宽 1.4 厘米（图八八，8）。

C 型 1 件（标本 M37:2）。末端呈半圆球形，球形背面一纽。体长 7、腹宽 1.3 厘米（图八八，6；图版七七，4）。

剑璏 1 件（标本 M127:2）。略呈梯形，背部有一长方銎。长 5.3、宽 1.1～1.7 厘米（图八九，1；彩版二七，5）。

车马器 251 件。器形有盖弓帽、衡帽、当卢、泡、环等。

盖弓帽 119 件。分三型。

A 型 90 件。顶呈柿蒂形。标本 M5:5-1，顶微凹。高 1.7 厘米（图八九，2）。标本 M7:6-1，凹顶，钩与器顶间有一周凸棱。残高 2 厘米（图八九，3）。标本 M67:4-1，凹顶，顶下面两侧有阳文"史氏"二字。高 2.5 厘米（图八九，4）。标本 M71:12-1，平顶。钩与器顶间有一周凸棱。高 2.5 厘米（图八九，6）。

B 型 4 件。顶呈四叶形。标本 M9:11-1，顶微凹，钩与器顶间有一周凸棱。顶饰四叶。残高 2.9 厘米（图八九，7）。

C 型 25 件。顶呈圆形。标本 M92:7-1，平顶，钩与器顶间有一周凸棱。残高 2.5 厘米（图八九，8）。

衡帽 27 件。圆筒形。器表素面或饰一至三周凸棱。标本 M7:7-1，素面。直径 1、长 1.3 厘米（图八九，13）。标本 M47:8-1，器表饰三周凸棱。直径 1～1.1、长 1 厘米（图八九，12）。标本 M67:4-2，器表饰两周凸棱。直径 1～1.1、长 1 厘米（图八九，9）。标本 M71:13-1，器表饰一周凸棱。直径 1.2～1.3、长 2 厘米（图八九，10）。

軎 3 件。标本 M92:8-1，筒形，周身饰两周凸棱。口外径 1.7、内径 0.7、长 1.4 厘米（图八九，11）。标本 M71:14，筒形，周身饰一周凸棱。口外径 2、内径 0.9～1、长 2.3 厘米（图八九，14）。

当卢 20 件，其中 9 件已残碎，无法复原，余分二型。

A 型 8 件。圭形。标本 M9:9，中部一段残。器表饰有花纹。残长 11、厚 0.15～0.3 厘米（图八九，5）。标本 M47:8-2，四周有放射状短斜线。长 2.7 厘米（图九○，2）。标本 M71:15-1，一端残。素面。残长 6.6、厚 0.2 厘米（图九○，1）。

B 型 3 件。圆首形。标本 M47:8-3，残长 2.2 厘米（图九○，3）。

泡 55 件。分三型。

A 型 11 件。伞形，内有钉。标本 M120:3-1，长尖钉。直径 1.6 厘米（图九○，

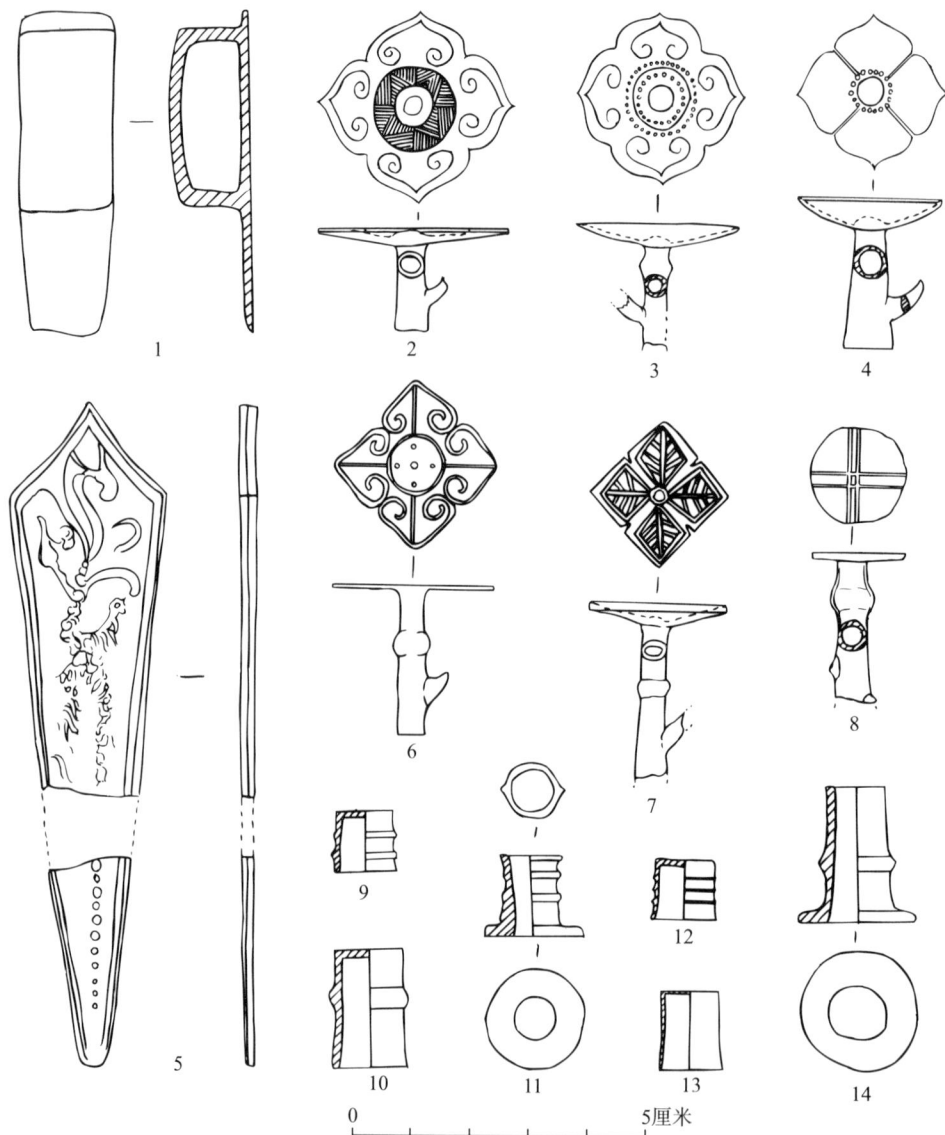

图八九　汉墓出土铜器

1. 剑璏（M127:2）　　2～4、6. A 型盖弓帽（M5:5－1、M7:6－1、M67:4－1、M71:12－1）　　5. A 型当卢（M9:9）
7. B 型盖弓帽（M9:11－1）　　8. C 型盖弓帽（M92:7－1）　　9、10、12、13. 衡冒（M67:4－2、M71:13－1、
M47:8－1、M7:7－1）　　11、14. 軎（M92:8－1、M71:14）

4；彩版二七，6）。标本 M230:13－1，直径 1.3 厘米（图九〇，5）。

　　B 型　28 件。圆形泡面弧起。素面或边缘有放射状斜线，有的有花纹，背面有梁。
标本 M47:8－4，中心素面，边缘有放射状斜线。直径 1.8 厘米（图九〇，6）。标本

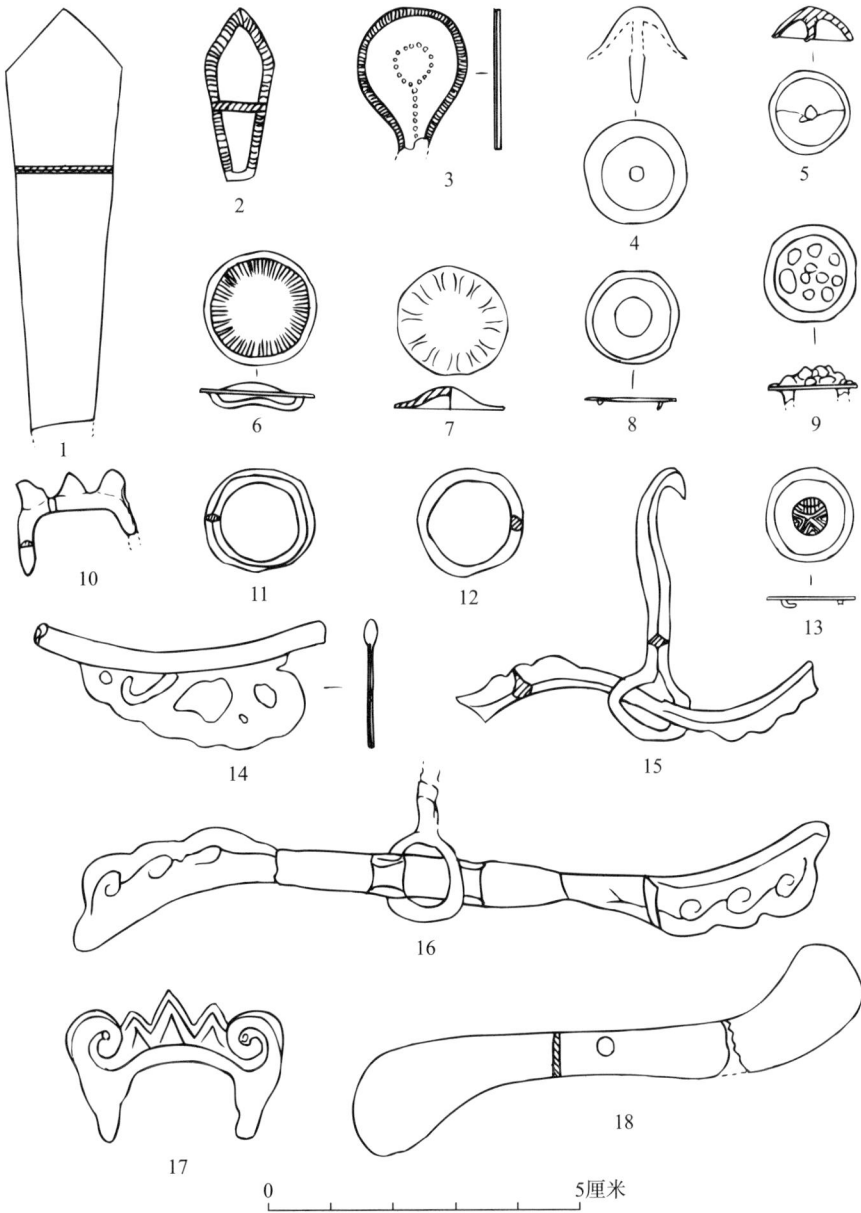

图九〇 汉墓出土铜车马器

1、2. A 型当卢（M71:15 - 1、M47:8 - 2） 3. B 型当卢（M47:8 - 3） 4、5. A 型泡（M120:3 - 1、M230:13 - 1）
6、7、9. B 型泡（M47:8 - 4、M71:16 - 1、M9:12 - 1） 8、13. C 型泡（M32:7 - 1、M5:6 - 1） 10、17. 軎
（M92:11 - 1、M71:19 - 1） 11、12. 环（M92:6 - 1、M71:17 - 1） 14～16. A 型镳（M32:7 - 2、M92:10 - 1、
M9:8 - 1） 18. B 型镳（M71:18 - 1）

M71:16 - 1，中心素面，边缘有放射状斜线。直径 1.8 厘米（图九〇，7）。标本 M9:12 - 1，泡面有突起的花纹。直径 1.5 厘米（图九〇，9）。

C 型　16 件。圆形泡面平直，素面或中心有放射状斜线，背面有梁。标本 M32:7 - 1，直径 1.5 厘米（图九〇，8）。标本 M5:6 - 1，直径 1.5 厘米（图九〇，13）。

环　4 件。标本 M71:17 - 1，断面呈圆形。直径 1.7 厘米（图九〇，12）。标本 M92:6 - 1，断面呈椭圆形。直径 1.6 ~ 1.7 厘米（图九〇，11）。

镳　19 件。多残断。分二型。

A 型　13 件。两端有纹饰。标本 M92:10 - 1，中间有细长方形孔，两端呈波状。衔残断。长 5.9 厘米（图九〇，15）。标本 M9:8 - 1，中间有两个细长方形孔，两端呈波状，饰云纹。衔残断。长 12.4 厘米（图九〇，16）。标本 M32:7 - 2，仅残存一端，有镂空纹饰。残长 4.7 厘米（图九〇，14）。

B 型　6 件。素面。均出土于 M71。标本 M71:18 - 1，两端呈弧形。中间一孔。残长 8.3 厘米（图九〇，18）。

轭　4 件。分两种，一种作兽首形。标本 M71:19 - 1，长 2.4、宽 3.5 厘米（图九〇，17）。另一种作叉形。标本 M92:11 - 1，断面作半圆形。长 1.6、宽 1.9 厘米（图九〇，10）。

钱币　1784 枚。有"明化"圜钱、半两、五铢、大泉五十、小泉直一等。

"明化"圜钱　1 枚（标本 M115:1）。钱轻质劣，无轮无郭。直径 2.3、厚 0.1、孔边长 0.8 厘米（图九一，1）。

半两　106 枚。除 1 枚因锈蚀，型式不明外，余可分二式。

Ⅰ式　96 枚。无郭。标本 M257:1 - 1，较轻薄。直径 2.1、厚 0.05、穿边长 0.8 厘米（图九一，2）。标本 M181:1，文字扁平整齐。直径 2.8、厚 0.15、穿边长 0.7 ~ 0.8 厘米（图九一，3）。标本 M165:1 - 1，直径 2.4、厚 0.1、穿边长 0.8 厘米（图九一，4）。标本 M337:2，直径 2.2 ~ 2.4、厚 0.08、穿边长 0.8 厘米（图九一，5）。

Ⅱ式　9 枚。有郭。标本 M230:4 - 1，直径 2.5 ~ 2.6、厚 0.1、穿边长 0.7 厘米（图九一，6）。

榆荚半两　3 枚。均出自 M241，锈蚀严重。标本 M241:9 - 1，钱形较大。直径 1.5、厚 0.1、穿边长 0.6 厘米。标本 M241:9 - 2，钱形较小。直径 1.2、厚不到 0.1、穿边长 0.6 厘米。

五铢　约 1439 枚。除 486 枚因锈蚀严重，型式不明外，余保存完整或基本完整的 953 枚可分四式。

Ⅰ式　430 枚。"五"字中间相交两笔较直，"铢"字的"金"字头呈镞形或小三

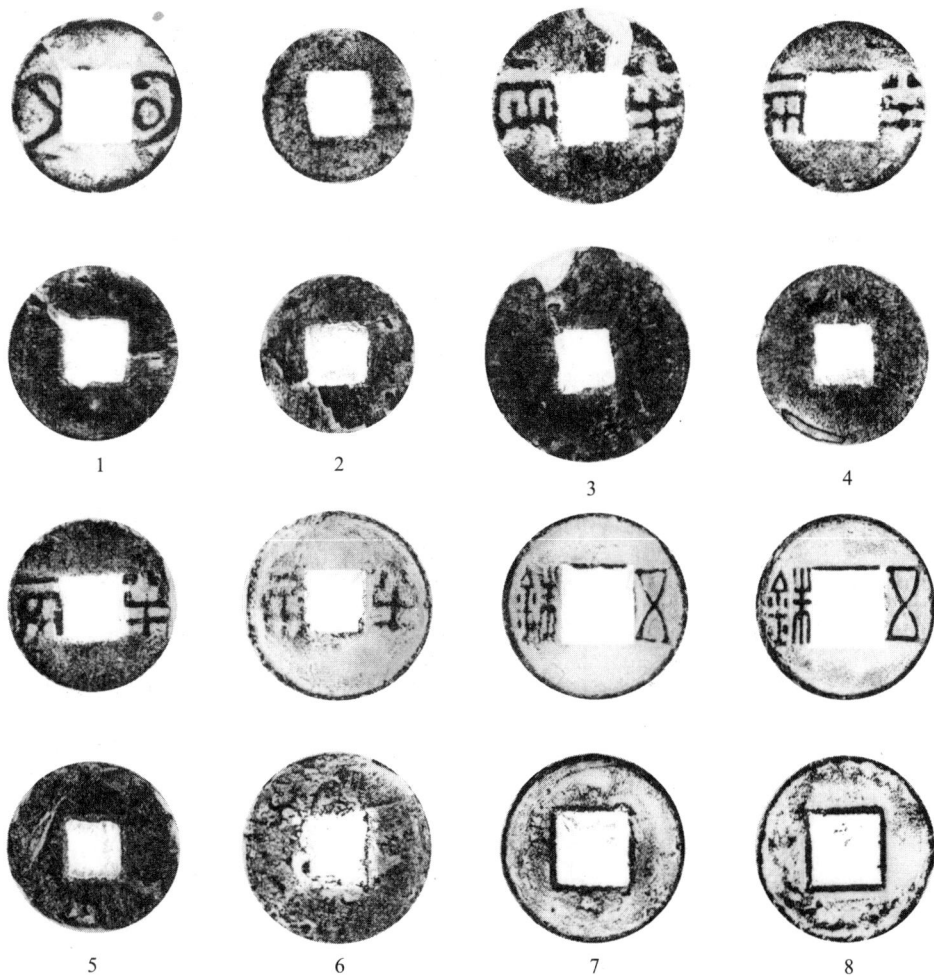

图九一 汉墓出土铜钱（原大）

1. "明化"圜钱（M115:1） 2~5. Ⅰ式半两（M257:1－1、M181:1、M165:1－1、M337:2）
6. Ⅱ式半两（M230:4－1） 7、8. Ⅰ式五铢（M13:3－1、M43:3－1）

角形，"朱"字头方折。部分铜钱有穿上横郭、穿下横郭或穿下半星。标本 M13:3－1，穿上有横郭。直径 2.5、厚 0.15、穿边长 1 厘米（图九一，7）。标本 M43:3－1，穿上有横郭。直径 2.5、厚 0.17、穿边长 0.9 厘米（图九一，8）。标本 M46:3－1，直径 2.5、厚 0.15、穿边长 1 厘米（图九二，1）。标本 M280:1－1，直径 2.5、厚 0.15、穿边长 1 厘米（图九二，2）。

Ⅱ式 240 枚。"五"字中间相交两笔稍弯曲，"铢"字的"金"字头呈三角形，"朱"字头方折。部分铜钱有穿上横郭、穿下横郭或穿下半星。标本 M43:3－2，穿下有半星。直径 2.6、厚 0.2、穿边长 1 厘米（图九二，5）。标本 M43:3－3，穿下有半

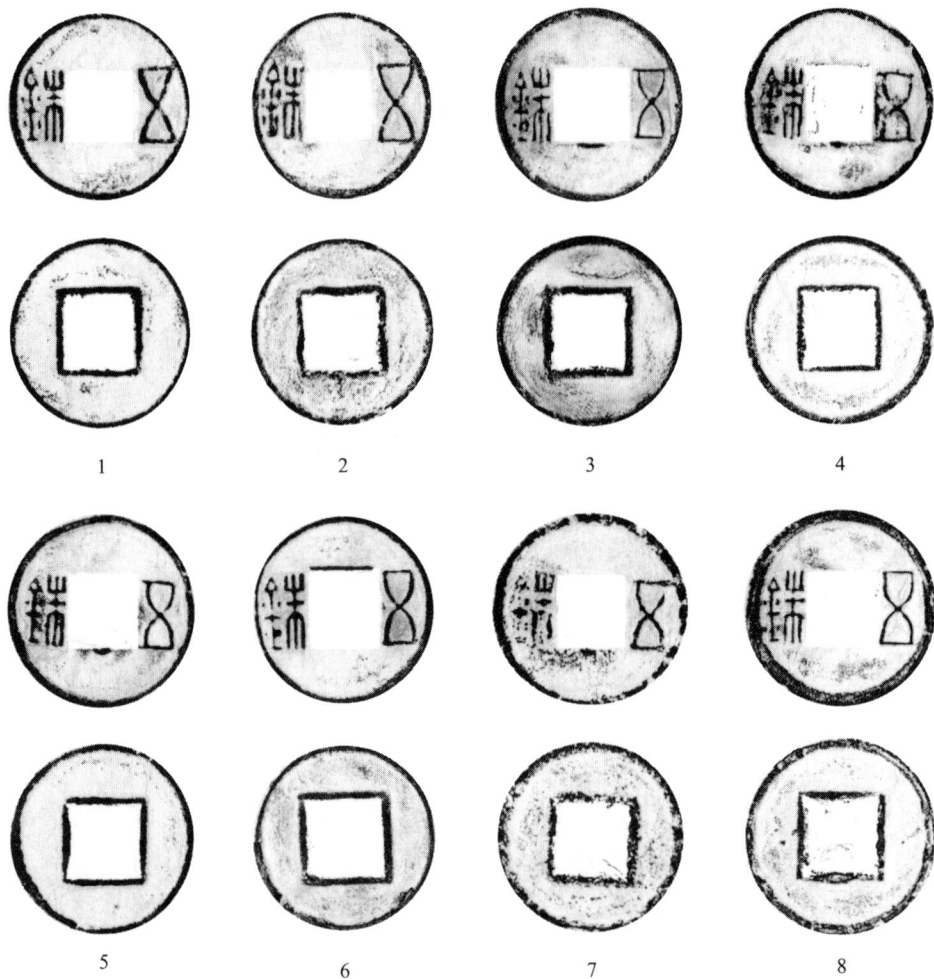

图九二　汉墓出土铜五铢（原大）

1、2. Ⅰ式（M46:3－1、M280:1－1）　　3～7. Ⅱ式（M43:3－3、M60:5－1、

M43:3－2、M120:5－1、M184:2－1）　　8. Ⅲ式（M60:5－2）

星。直径2.6、厚0.2、穿边长1厘米（图九二，3）。标本 M60:5－1，穿下有半星。直径2.6、厚0.16、穿边长0.9厘米（图九二，4）。标本 M120:5－1，穿上有横郭。直径2.5、厚0.15、穿边长1厘米（图九二，6）。标本 M184:2－1，穿下有半星。直径2.6、厚0.2、穿边长0.9厘米（图九二，7）。

　　Ⅲ式　279枚。"五"字交笔弯曲，"铢"字的"金"字头呈三角形，"朱"字头方折。部分铜钱有穿上横郭、穿下横郭或穿下半星。标本 M60:5－2，直径2.6、厚0.2、穿边长0.9厘米（图九二，8）。标本 M116:1－1，直径2.6、厚0.15、穿边长0.9厘米（图九三，1）。标本 M119:2－1，直径2.6、厚0.18、穿边长1厘米

（图九三，2）。标本 M306:2 - 1，直径 2.6、厚 0.16、穿边长 0.9 厘米（图九三，3）。

Ⅳ式 4 枚。"五"字中间相交两笔弯曲，"铢"字的"金"字头呈三角形，"朱"字头圆折。标本 M317:1，直径 2.4、厚 0.1、穿边长 1 厘米（图九三，4）。

磨郭五铢 159 枚。直径 2.1～2.4、穿边长 0.9～1 厘米。部分铜钱有穿上横郭、穿下横郭或穿下半星。标本 M97:5 - 1，直径 2.3、厚 0.1、穿边长 0.9～1 厘米（图九三，5）。M165:1 - 2，直径 2.2、厚 0.8、穿边长 0.95～1 厘米（图九三，6）。

剪轮五铢 11 枚。标本 M97:5 - 2，直径 2.1、厚 0.07、穿边长 1 厘米（图九三，

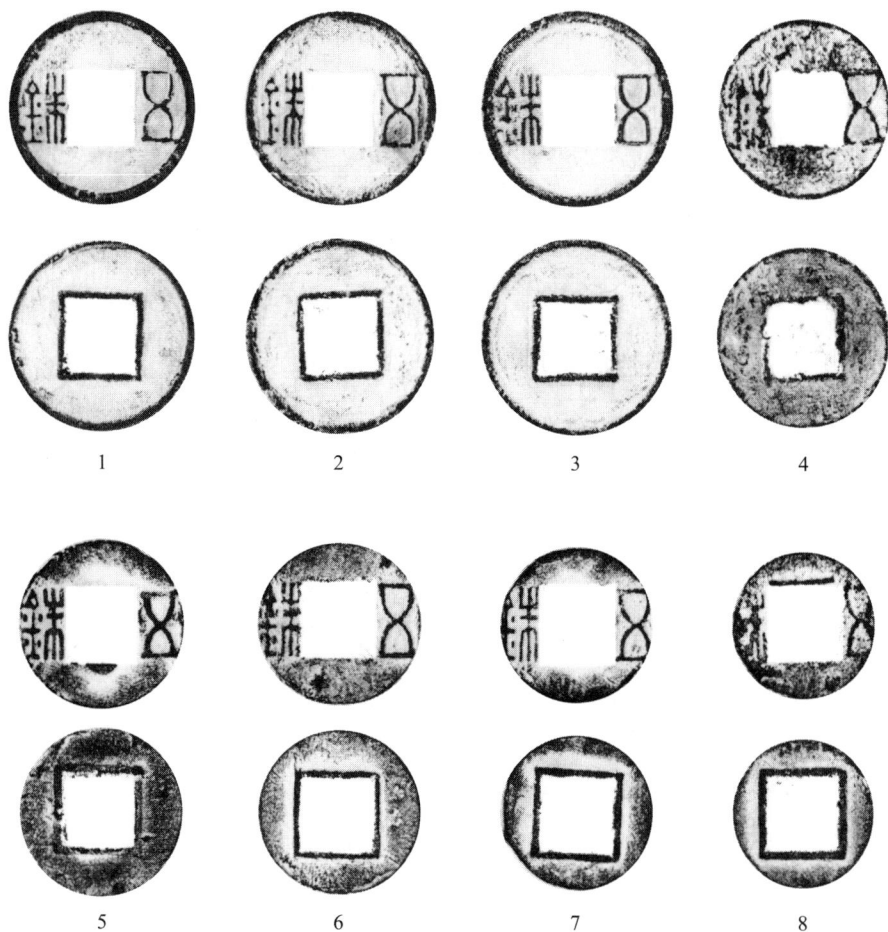

1　　　　　2　　　　　3　　　　　4

5　　　　　6　　　　　7　　　　　8

图九三　汉墓出土铜钱（原大）

1～3. Ⅲ式五铢（M116:1 - 1、M119:2 - 1、M306:2 - 1）　4. Ⅳ式五铢（M317:1）

5、6. 磨郭五铢（M97:5 - 1、M165:1 - 2）　7、8. 剪轮五铢（M97:5 - 2、M165:1 - 3）

7）。标本 M165:1 - 3，穿上有横郭。直径 2、厚 0.08、穿边长 1 厘米（图九三，8）。

大泉五十　52 枚。厚薄、轻重有差别。其中 42 枚钱形厚重，轮郭较深，10 枚钱形轻薄，轮郭较浅。标本 M93:1 - 1，直径 2.6、厚 0.2 ~ 0.3、穿边长 0.9 厘米（图九四，1）。标本 M112:8 - 1，直径 2.7、厚 0.2、穿边长 0.9 厘米（图九四，2）。标本 M112:8 - 2，直径 2.3、厚 0.2、穿边长 0.8 厘米（图九四，3）。标本 M116:1 - 1，直径 2.7、厚 0.25、穿边长 0.9 厘米（图九四，4）。标本 M116:1 - 2，直径 2.4、厚 0.1、穿边长 0.8 厘米（图九四，5）。

小泉直一　13 枚。其中 9 枚出自 M116，4 枚出自 M112，形制基本一致，但厚薄不一。标本 M112:6 - 1，直径 1.4、厚 0.1、穿边长 0.4 ~ 0.45 厘米（图九四，6）。

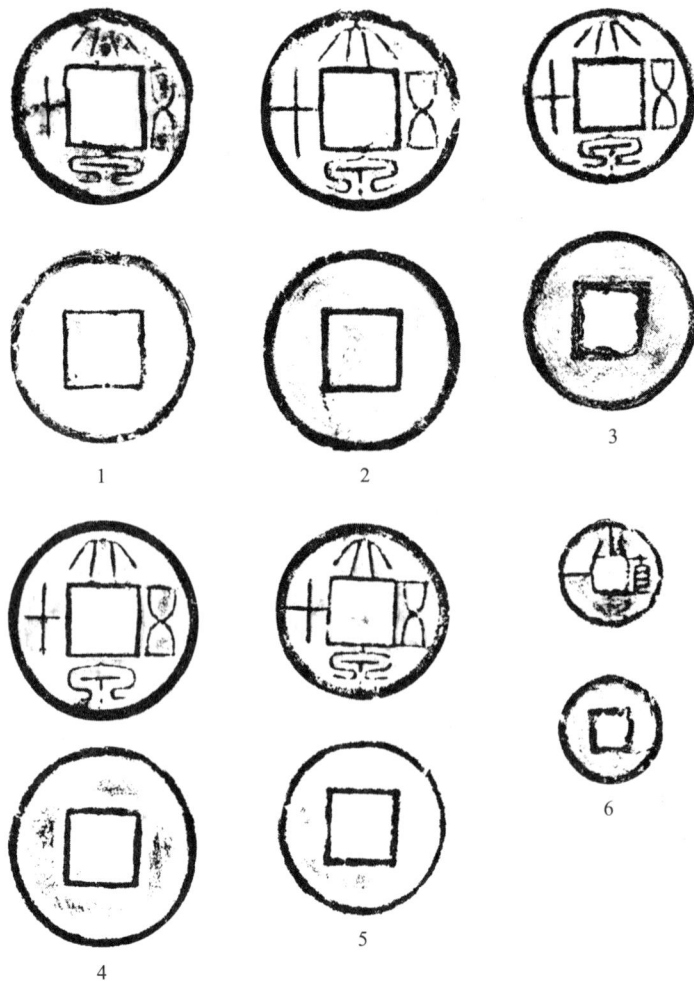

图九四　汉墓出土铜钱（原大）

1~5. 大泉五十（M93:1 - 1、M112:8 - 1、M112:8 - 2、M116:1 - 1、M116:1 - 2）　6. 小泉直一（M112:6 - 1）

3. 铁器

110 件（未包括棺钉）。有剑、刀、削、带钩、镊子、镇、舌、镬、棺钉等。

剑　19 件。多数锈蚀残断。其中 2 件因锈蚀、残断严重无法辨明型式，余分二型。

A 型　12 件。有格。其中铜格、玉格各 6 件。标本 M22:6，圆形首，铁茎包有木头，木头外包布并刷漆。铜格，细长剑身，略起脊，尖残。有鞘，外有布纹。残长 90、格宽 4.7 厘米（图九五，1）。标本 M121:1，细长茎，外包有木把，残；玉格，细长剑身残断，略起脊，尖首。有铁鞘，外有布纹。残长 113、格宽 4.4 厘米（图九五，4）。标本 M97:4，长茎，断面呈长方形，外包有木把；石格，细长剑身残，略起脊，尖残。有木鞘痕，外有三道细绳痕。残长 96、格宽 5 厘米（图九五，2）。标本 M24:8，长茎残，断面呈长方形，外包有木把；玉格，细长剑身，略起脊，尖首。有木鞘。长 108.5、格宽 5 厘米（图九五，3）。标本 M30:4，细长茎，断面呈长方形，茎首一直径 0.2 厘米的圆孔；石格，细长剑身残断，略起脊。有木鞘痕。残长 113、茎长 18.4、格宽 4.9 厘米（图九五，5）。

B 型　5 件。无格。标本 M43:4，长茎残，断面呈长方形；细长剑身残断，略起脊，尖残。有木鞘痕。残长 82 厘米（图九六，2）。标本 M179:2，锈蚀较严重。细长茎，断面呈长方形；细长剑身残断，略起脊，尖首。残长 97.3 厘米（图九六，1）。

刀　28 件。均锈蚀较严重，多数残断。标本 M218:6，椭圆形首，直背直刃，外有木鞘。长 43 厘米（图九六，4；彩版二八，1）。标本 M284:4，椭圆形首，弧背直刃，长方形木鞘外缠有细绳。长 39.4 厘米（图九六，3）。标本 M46:1，椭圆形首，直背弧刃，木鞘外涂有褐色漆皮。长 29.5 厘米（图九六，8）。标本 M12:3，椭圆形首，直背弧刃，外有木鞘。长 22.6 厘米（图九六，5）。标本 M55:2，椭圆形首，直背直刃，铁鞘外包有布，尖残。残长 30.4 厘米（图九六，9）。

削　44 件。标本 M250:7，环首残。削身弧背，微弧刃。尖残。残长 9 厘米（图九六，10）。标本 M33:2，椭圆形首，弧背弧刃。长 24 厘米（图九六，6）。标本 M22:16，椭圆形首，弧背弧刃，尖残。残长 19.8 厘米（图九六，7）。标本 M240:2，椭圆形首，弧背弧刃，有木鞘。尖残。残长 17.3 厘米（图九六，11）。

带钩　5 件。其中 4 件因锈蚀严重，已残；1 件保存较好。标本 M134:3，琴面形。背下部一纽。体长 4.3、腹宽 0.9 厘米（图九七，1；图版七七，5）。

镇　4 件。均出自 M9，略有锈蚀。似动物趴卧状。标本 M9:3，底有直径 3 厘米的洞。直径 7.5～8、高 4 厘米（图九七，4）。标本 M9:4，底部略内凹。直径 6.8～8.2、高 4 厘米（图九七，5；图版七七，6）。

镊子　2 件。均已因锈残断。标本 M44:3，里侧贴有竹类物质。长 8.7 厘米（图九

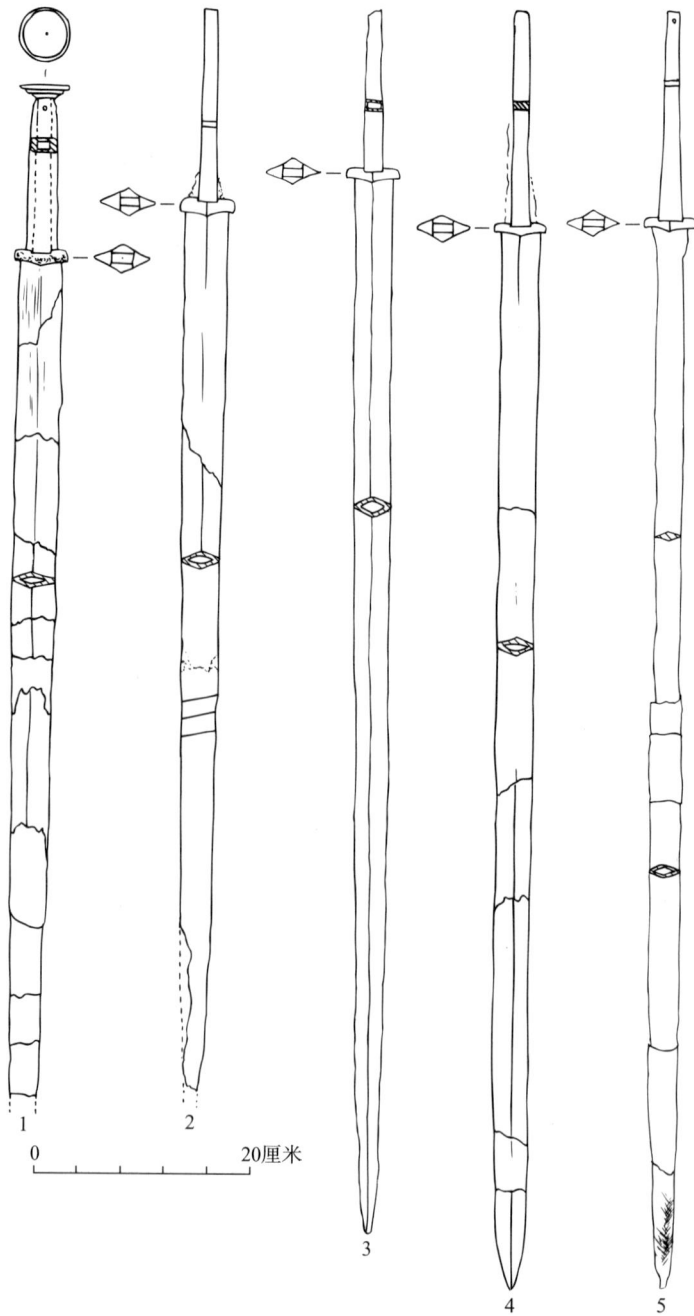

图九五　汉墓出土 A 型铁剑

1. M22:6　2. M97:4　3. M24:8　4. M121:1　5. M30:4

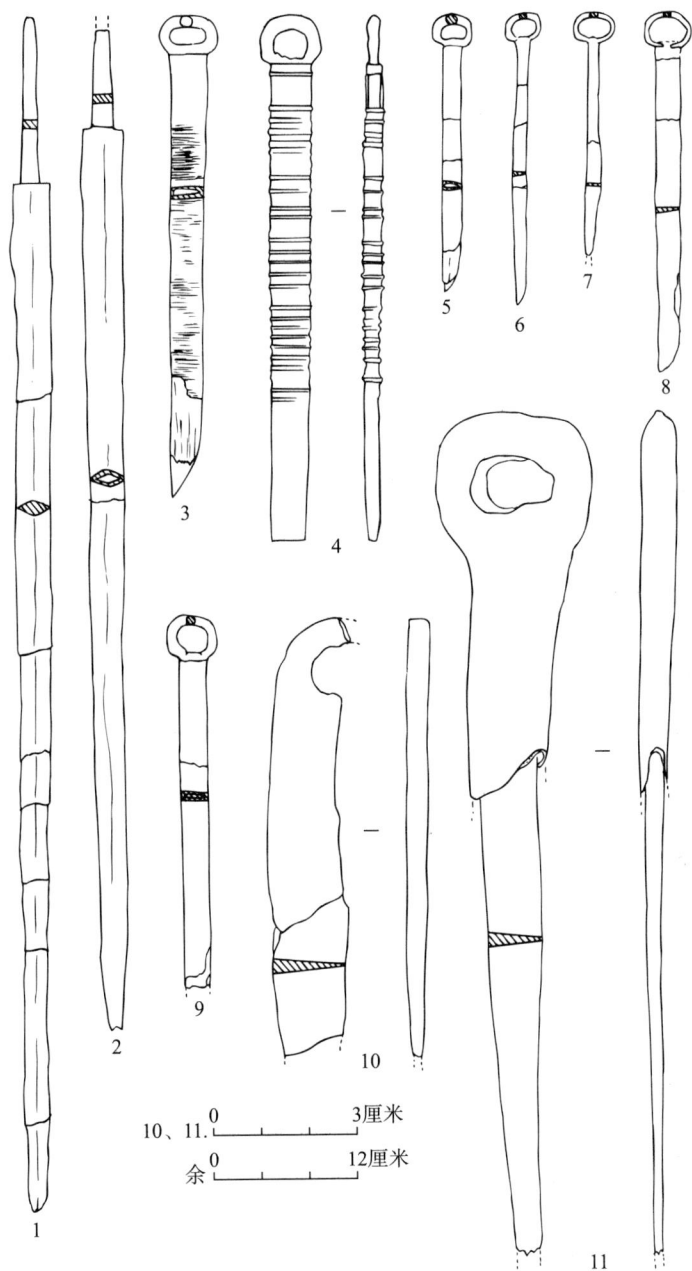

图九六　汉墓出土铁器

1、2. B 型剑（M179:2、M43:4）　　3～5、8、9. 刀（M284:4、M218:6、M12:3、
M46:1、M55:2）　　6、7、10、11. 削（M33:2、M22:16、M250:7、M240:2）

七，3）。标本 M120:2，外缠有布痕，里侧贴有竹类物质。长8.6厘米（图九七，2）。

铜镜支架　1件（标本 M284:5）。呈"V"形，上有红色漆皮。长6.5厘米（图九七，10）。

臿　6件。均出自填土，锈蚀较严重。标本 M287:01，器身呈"凹"字形，弧刃，刃两端稍外拱。长12、刃宽14.4厘米（图九七，7）。标本 M310:01，上部残，弧刃外弧。残长10.5、刃宽9.6厘米（图九七，8）。

镢　1件（标本 M30:7）。梯形，直刃，中空为銎。长11.8、宽5～7、厚2.8厘米（图九七，9）。

棺钉　均锈蚀严重，且残断，数量不清，均出于 M266。标本 M266:9，断面呈圆形。残长6.8厘米（图九七，6）。

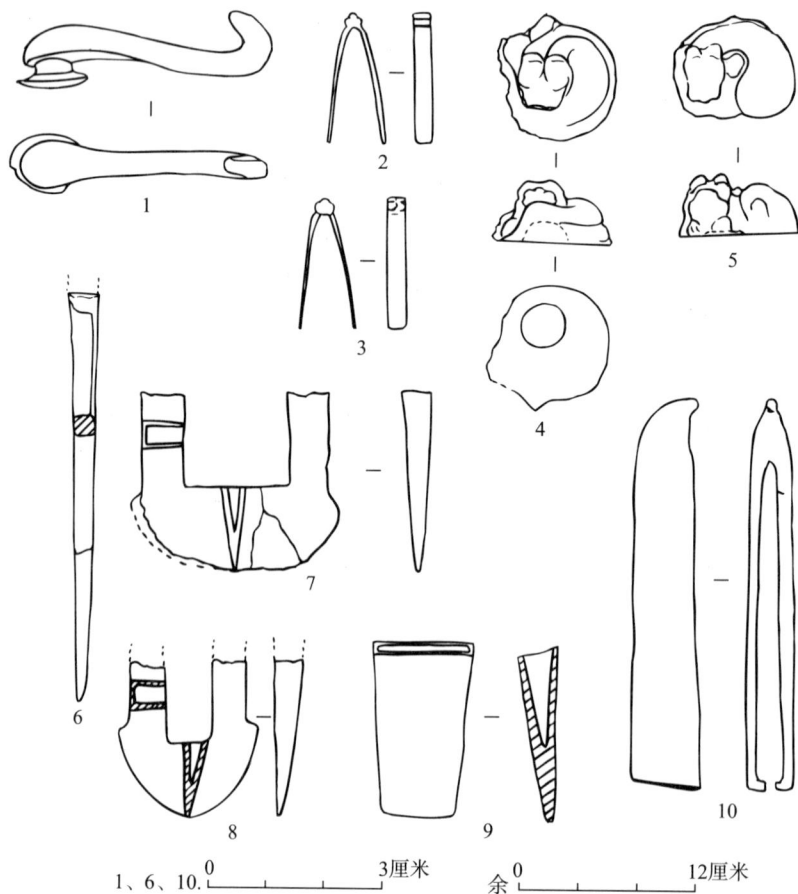

图九七　汉墓出土铁器

1. 带钩（M134:3）　　2、3. 镊子（M120:2、M44:3）　　4、5. 镇（M9:3、M9:4）

6. 棺钉（M266:9）　　7、8. 臿（M287:01、M310:01）　　9. 镢（M30:7）　　10. 铜镜支架（M284:5）

4. 石器

32 件。有石砚、磨石、琀、璧、珠等。

石砚　2 件。标本 M150:1，平面呈不规则形，下面较平，上面磨平，较光滑，有磨石，平面呈椭圆形，与石砚接触面磨制光滑平整。长 10.6、宽 10.4、厚 4.5 厘米（图九八，2）。标本 M251:4，平面呈圆形，内凹，四周有崩损痕，侧面刻划有菱形弦纹，中间刻有点，三个柱形足，底有浅刻琢痕。直径 15.7、高 3.8 厘米。磨石呈不规则形，厚 0.8 厘米（图九八，1；彩版二八，2）。

磨石　2 件。标本 M30:01，灰色岩，平面呈不规则长方形，三面磨制光滑，内凹。长 12.2、宽 6、厚 3 厘米（图九八，4）。标本 M117:02，灰色岩，平面呈不规则形，上下两面磨制光滑，内凹。长 11.4、厚 3~3.3 厘米（图九八，3）。

琀　2 件。形制基本相同。标本 M22:8，白色砂岩，略呈蝉形。长 3.6 厘米（图九八，6）。

璧　1 件（标本 M51:1）。乳白色。直径 3.5、孔径 1.5、厚 0.2 厘米（图九八，13）。

珠　23 件。其中 21 件为绿松石质，2 件为砂岩。标本 M40:6-1，绿松石质，算珠形。直径 0.8、高 0.7 厘米（图九八，9）。标本 M86:2-1，绿松石质，圆筒形。直径 0.4、高 0.6 厘米（图九八，7）。标本 M86:2-2，绿松石质，扁圆形。直径 0.5、高 0.3 厘米（图九八，8）。标本 M112:5，绿松石质，算珠形。直径 0.7、高 0.6 厘米（图九八，10）。标本 M241:5-1，白色砂岩，算珠形。直径 1.1、高 0.8 厘米（图九八，12）。

石饰　2 件。标本 M133:5，灰色，下部有直径 0.1 厘米的孔。高 1.1 厘米（图九八，11）。标本 M266:5，白色砂质石，呈坠形。直径 1.4、高 1 厘米（图九八，5）。

5. 漆器

发现多件，但绝大多数保存较差，残存漆皮，仅一件耳杯保存较好。

耳杯　1 件（标本 M77:2）。平面椭圆形，敞口，弧腹，平底，除口部一圈外，余均涂红色漆；两侧各有一月牙形耳。口长径 11.1、短径 7 厘米，底长径 6.3、短径 3.2 厘米，高 2.5 厘米（图八二，4）。

6. 骨器

15 件。有管饰、骨牌、锥形器。

管饰　1 件（标本 M315:1）。动物肢骨切割、磨制而成，磨制光滑，圆筒形，中间有一孔。直径 3~3.3、孔径 1.4~1.9、长 2.1~2.25 厘米（图九九，4；彩版二八，4）。

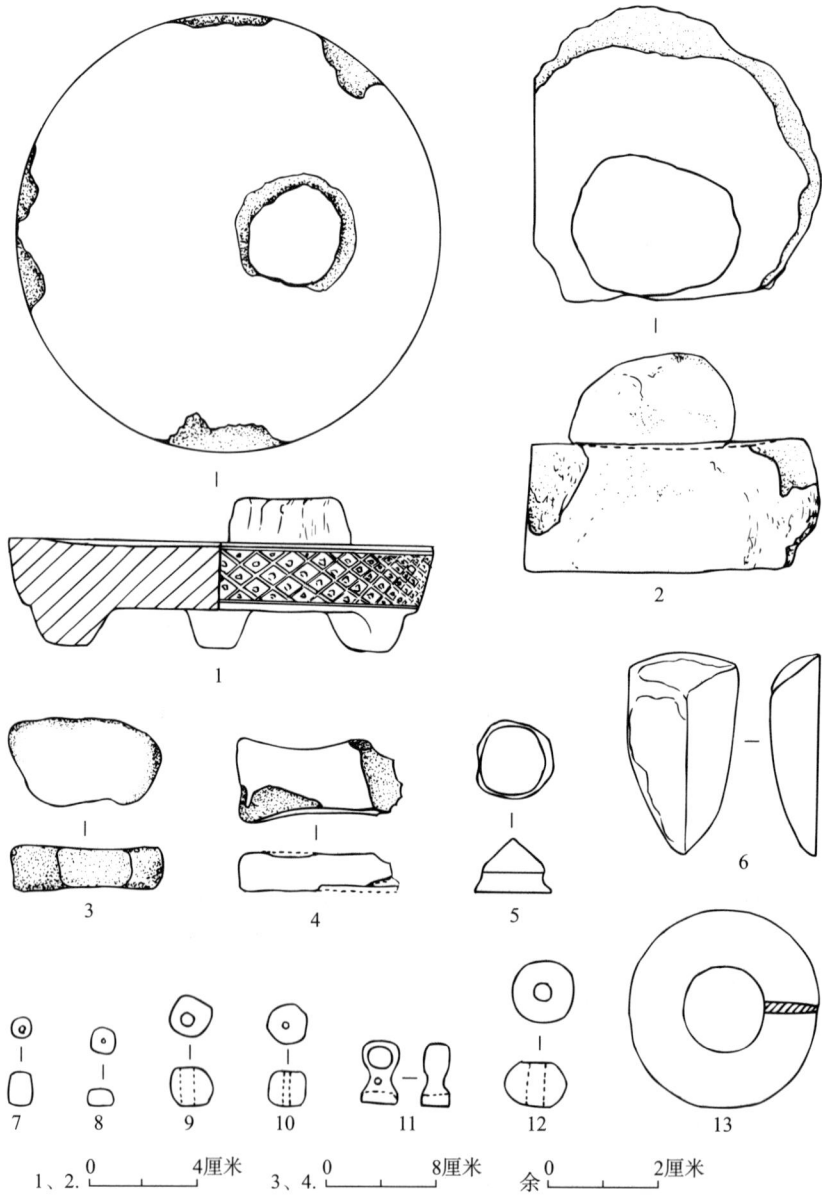

图九八　汉墓出土石器

1、2. 石砚（M251:4、M150:1）　3、4. 磨石（M117:02、M30:01）　5、11. 石饰
（M266:5、M133:5）　6. 琀（M22:8）　7～9、10、12. 珠（M86:2－1、M86:2－2、
M40:6－1、M112:5、M241:5－1）　13. 璧（M51:1）

　　骨牌　12件，均出自 M103，1件残碎，由肢骨磨制成，长方形，中间有孔，素面
（彩版二八，3）。标本 M103:13－1，边长2.2、厚2.6厘米（图九九，2）。M103:13－
2，长2.8、宽2.1、厚2.6厘米（图九九，3）。

锥形器　2件。均出自 M103。标本 M103：15，由动物肢骨磨制而成，断面呈长方形。长 12 厘米（图九九，1）。

（五）墓葬分期与年代

徐家营墓地发掘的这批汉代墓葬，主要分为土坑墓、石椁墓、砖椁墓三大类，土坑墓之间、石椁墓之间及土坑墓与石椁墓、砖椁墓之间都有有意安排的打破关系，表明墓主之间的关系较近，一般为夫妻，其时代也很接近，也说明这三类墓葬在墓地中是共存的。由

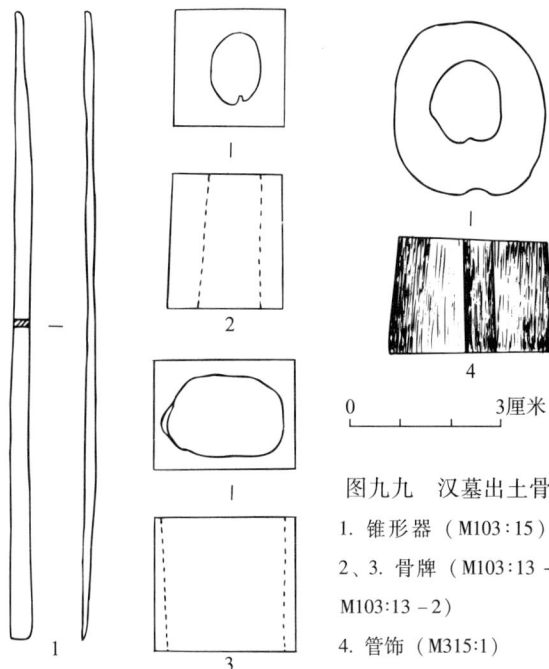

图九九　汉墓出土骨器
1. 锥形器（M103：15）
2、3. 骨牌（M103：13－1、M103：13－2）
4. 管饰（M315：1）

此可见，依据墓葬的形制，很难对这批墓葬进行分期和排序。

对于这批墓葬的发展序列与分期，主要依据墓葬之间的打破关系、随葬器物组合关系的归类和器物型式的排比来进行，在总结时代特征的基础上，再结合具有代表性墓中出土的铜钱材料进行综合分析，来推测其大致的相对年代。

347 座墓葬中，有 86 座为被盗墓或空墓，没有出土随葬品，另有 23 座因出土随葬品不能判断其年代，因而无法对这 109 座墓葬进行分期。其余 238 座墓葬，则可通过打破关系、器物组合关系和型式的排比，结合共出的铜钱材料进行大致的分期。

墓地出土陶器从典型器形看，可以分为两大类，一类为祭祀用的礼器，即鼎、盒、壶、匜、盘、勺、杯等；一类为实用器，即大、中型罐。由于这两类器物有各自的发展变化规律，可以分别进行排比分析，前者可称 A 组，后者称 B 组。

出土陶礼器墓葬之间的打破关系较少，仅有 M160 打破 M173，M238 打破 M258 两组，故很难利用它们之间的相互关系来进行分期排队，只能用器物的型式排比来进行。

M160、M173 出土有 Aa 型 I 式鼎，A 型 I 式盒，Aa 型 I 式、B 型 I 式大型壶，可以将其列为 A 组第一组，出土同类型器物的 M71、M103、M146、M173 归入该组。

M92、M139、M310 出土有 Aa 型 II 式鼎，B 型 II 式盒，可将其列为 A 组第二组，出土有同型式器物的 M286、M302 等墓也可归入该组。

M17、M177、M258、M253、M299 出土有 Aa 型 III 式鼎，A 型 II 式或 B 型 II 式盒，

Ab 型Ⅲ式、Ac 型Ⅱ式或 Ca 型Ⅲ式大型壶等，可将其列为 A 组第三组。M81、M141、M189、M298、M339 等出土有 Ab 型Ⅰ式鼎，A 型Ⅱ式、A 型Ⅲ式或 A 型Ⅳ式盒，Aa 型Ⅲ式、Ab 型Ⅱ式、Ab 型Ⅳ式、Ab 型Ⅴ式或 Ac 型Ⅲ式大型壶等，也可将其归入此组。

M47、M248 出土有 C 型Ⅰ式鼎，B 型Ⅲ式、B 型Ⅳ式盒，Aa 型Ⅳ式或 Cb 型Ⅰ式大型壶，可将其列为 A 组第四组。

M51、M150 出土有 C 型Ⅱ式、C 型Ⅲ式鼎，C 型盒，Aa 型Ⅳ式、Aa 型Ⅴ式大型壶等，可将其列为 A 组第五组。

出土实用陶器的墓葬间打破关系约有 71 组，可资利用的有以下几组：

M48、M44、M96→M117

M48→M85→M86

M46、M61→M66

M135→M136→M137

M113→M118

M164→M184→M196

M47→M59

其中 M117 出土有 Ab 型Ⅰ式中型罐，可将出同型式中型罐的部分墓葬如 M341、M334、M182 等列为 B 组第一组。

M96、M137 同出有 A 型Ⅱ式大型罐，可将出同型式大型罐的墓葬 M139、M250、M261 等列为 B 组第二组；M137 出有 Bb 型Ⅲ式大型罐，也可将出土同型式大型罐的墓葬如 M29、M108、M347 等归入该组；同时，M29、M261 出有 Ba 型Ⅰ式大型罐，M136 出有 Bb 型Ⅳ式大型罐，M136 又有 Aa 型Ⅰ式中型罐，因此，可将出有同型式大型罐的墓葬归入该组，由此，可将出土有 A 型Ⅱ式大型罐，Ba 型Ⅰ式、Bb 型Ⅰ式、Bb 型Ⅱ式、Bb 型Ⅲ式、Bb 型Ⅳ式大型罐，Aa 型Ⅰ式中型罐的墓葬归入该组。

M66、M86 同出土有 Bb 型Ⅴ式大型罐、Aa 型Ⅱ式中型罐，可将出有同型式器类的墓葬如 M85、M135、M164、M184 等列为 B 组第三组，而 M85、M61 同出 Ba 型Ⅲ式中型罐，M61 出 Bb 型Ⅵ式大型罐，M85 出 Bb 型Ⅱ式中型罐，可将出同型式器类的墓葬归入该组，出 Bb 型Ⅱ式中型罐的 M2 又出 A 型Ⅲ式大型罐，也可将出 A 型Ⅲ式、Bb 型Ⅳ式大型罐的 M59 等墓葬归入该组。由此，可将出有 A 型Ⅲ式、Bb 型Ⅳ式、Bb 型Ⅴ式、Bb 型Ⅵ式大型罐，Aa 型Ⅱ式、Ba 型Ⅲ式、Bb 型Ⅱ式中型罐的墓葬归入该组。

以上三组与陶器共出的均为Ⅰ、Ⅱ、Ⅲ式五铢钱，而 M44 出有大泉五十，因此可将出土大泉五十的部分墓葬列为 B 组第四组。

M317、M266 两座墓葬出土有Ⅳ式五铢钱，可将其列为 B 组第五组。同时，M266

出土有 Ac Ⅳ 式中型罐，可将出有同类型器物的 M113 归入该组。

　　以上所分 A、B 两组中，A 二组 M139 出有 A 型 Ⅱ 式大型罐，与 B 二组对应，因此，可将两组合并为一组，则 A 一组与 B 一组也可合并为一组；A 三组 M177 出有 Bb 型 Ⅵ 式大型罐，与 B 三组相对应，可将二组合并为一组；A 五组 M51 出土有 Ⅳ 式五铢钱，与 B 五组相对应，可将二组合并为一组，则 A 四组与 B 四组也可合并为一组。由此，将墓地出土随葬品可以分为五组，代表五个大的发展阶段，每一组为一期，则可将墓地墓葬分为五期（表一；图一〇〇）：

表一　主要陶器分期表

期别	鼎				盒			大型壶					大型罐						中型罐							盘
	A		B	C	A	B	C	A			B	C	A		B		C		A				B			
	a	b						a	b	c			a	b	a	b	a	b	a	b	c	d	a	b	c	
一	Ⅰ		√		Ⅰ	Ⅰ		Ⅰ Ⅱ			Ⅰ										Ⅰ						Ⅰ Ⅱ
二	Ⅱ				Ⅱ	Ⅱ		Ⅲ	Ⅰ	Ⅰ	Ⅱ	Ⅰ Ⅱ	Ⅰ	Ⅰ		Ⅰ Ⅱ Ⅲ Ⅳ Ⅴ			Ⅰ	Ⅰ			Ⅰ	Ⅰ	Ⅰ	Ⅲ
三	Ⅲ	Ⅰ Ⅱ			Ⅱ Ⅲ Ⅳ	Ⅱ Ⅲ		Ⅲ	Ⅱ Ⅲ Ⅳ Ⅴ	Ⅱ Ⅲ	Ⅲ	Ⅱ Ⅲ Ⅳ Ⅴ Ⅵ	Ⅲ Ⅳ	Ⅱ Ⅲ Ⅳ	Ⅲ Ⅳ Ⅴ Ⅵ Ⅶ Ⅷ	Ⅲ Ⅳ Ⅴ Ⅵ Ⅶ Ⅷ	Ⅰ Ⅱ	Ⅰ Ⅱ	Ⅱ Ⅲ Ⅳ Ⅴ	Ⅱ Ⅲ Ⅳ	Ⅰ Ⅱ	Ⅰ Ⅱ Ⅲ Ⅳ	Ⅰ Ⅱ Ⅲ	Ⅰ Ⅱ Ⅲ Ⅳ	Ⅰ Ⅱ Ⅲ	Ⅲ
四			Ⅰ		Ⅲ Ⅳ		Ⅳ								Ⅶ Ⅷ				Ⅴ Ⅵ	Ⅲ			Ⅴ			Ⅲ Ⅳ
五						Ⅱ Ⅲ	√	Ⅳ Ⅴ				Ⅶ	Ⅳ Ⅴ	Ⅳ			Ⅲ Ⅳ		Ⅴ	Ⅵ Ⅶ	Ⅳ Ⅴ		Ⅵ Ⅶ			Ⅵ Ⅶ

　　第一期：共 31 座（M57、M63、M71、M103、M115、M117、M122、M130、M145、M146、M156、M160、M163、M168、M173、M181、M182、M206、M222、M227、M229、M247、M257、M280、M289、M312、M324、M329、M334、M337、M341）。墓葬形制以 A 型为主，出土随葬品有 Aa 型 Ⅰ 式、B 型鼎，A 型 Ⅰ 式、B 型 Ⅰ 式盒，Aa 型 Ⅰ 式、Aa 型 Ⅱ 式、B 型 Ⅰ 式大型壶，Ab 型 Ⅰ 式中型罐，Ⅰ、Ⅱ 式盘，A 型匜，A 型勺，杯等，伴出的有"明化"圜钱、Ⅰ 式半两、榆荚半两等。其中半两铜钱有吕后五分钱、八铢半两、文帝四铢半两、榆荚半两等。所出 Aa 型 Ⅰ 式鼎、A 型 Ⅰ 式盒、杯及 Aa 型 Ⅰ 式、B 型 Ⅰ 式大型壶等与滕州东小宫 M331 同类器相似①，所出钫

① 山东省文物考古研究所、滕州市博物馆：《山东滕州市东小宫周代、两汉墓地》，《考古》2000 年第 10 期。

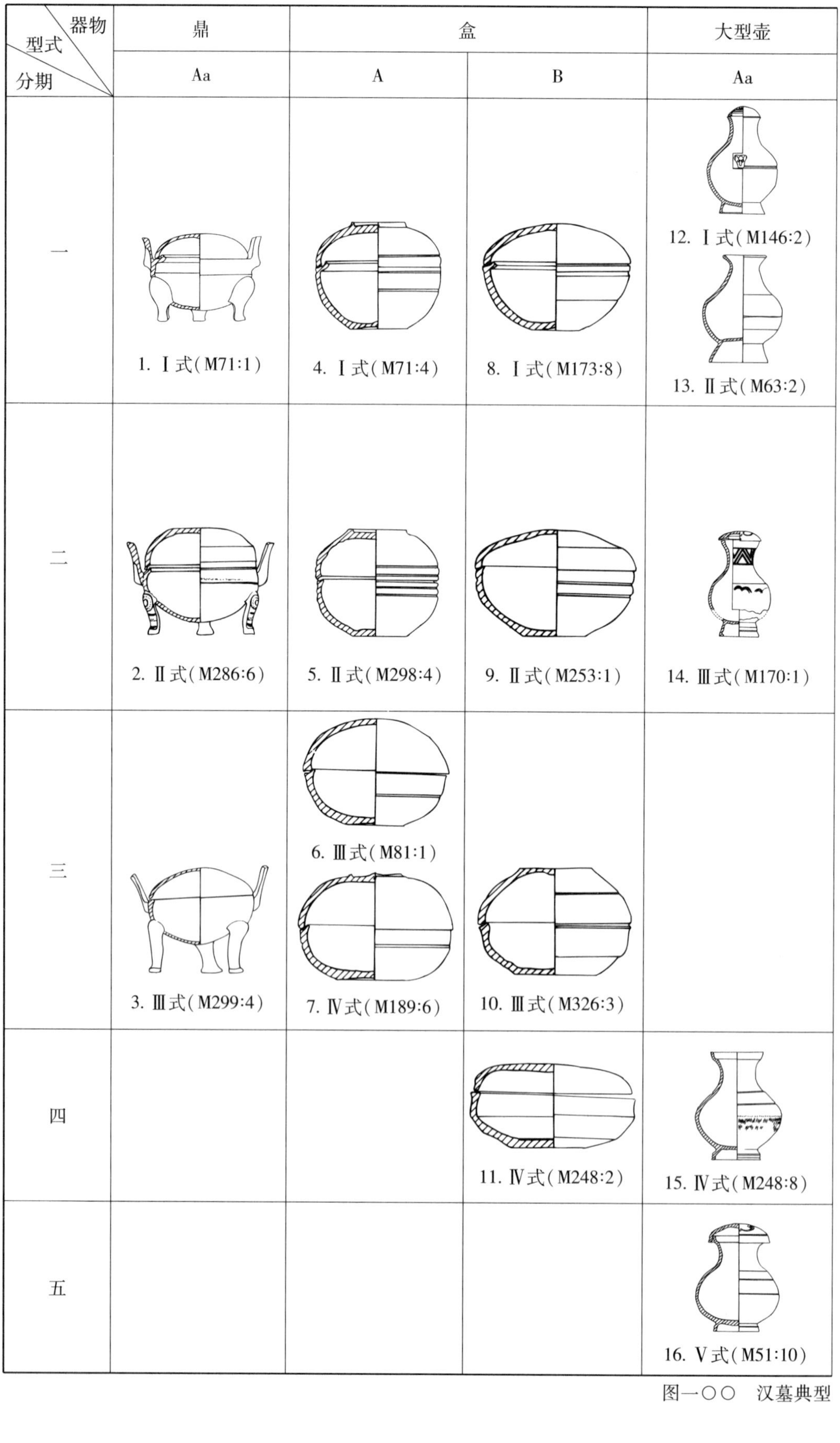

器物 型式 分期	鼎 Aa	盒 A	B	大型壶 Aa
一	1. Ⅰ式（M71:1）	4. Ⅰ式（M71:4）	8. Ⅰ式（M173:8）	12. Ⅰ式（M146:2） 13. Ⅱ式（M63:2）
二	2. Ⅱ式（M286:6）	5. Ⅱ式（M298:4）	9. Ⅱ式（M253:1）	14. Ⅲ式（M170:1）
三	3. Ⅲ式（M299:4）	6. Ⅲ式（M81:1） 7. Ⅳ式（M189:6）	10. Ⅲ式（M326:3）	
四		11. Ⅳ式（M248:2）		15. Ⅳ式（M248:8）
五				16. Ⅴ式（M51:10）

图一〇〇　汉墓典型

大型罐	中型罐	盘
A	Aa	

27. I 式（M71:8）

28. II 式（M63:4）

17. I 式（M275:1）

18. II 式（M250:1）

22. I 式（M312:1）

29. III 式（M302:3）

19. III 式（M313:1）

23. II 式（M38:2）

24. III 式（M28:1）

20. IV 式（M230:6）

25. IV 式（M5:3）

26. V 式（M50:5）

30. IV 式（M248:1）

21. V 式（M178:1）

陶器分期图

与洛阳烧沟汉墓所出西汉早期钫接近，A 型 I 式盒与临沂银雀山 M3 所出盒相似①，唯 Aa 型 I 式鼎盖无纽，时代较银雀山 M3 为晚；所出 B 型 I 式盒与临沂金雀山 M31 所出盒相似②。滕州东小宫 M331 有学者认为其年代为西汉早期偏晚阶段③，临沂银雀山 M3、金雀山 M31 时代均为西汉早期。据此，该期墓葬时代为西汉早期偏晚阶段，年代约当武帝元狩五年（公元前 118 年）以前，即文景时期。但个别墓葬所出陶器如 M63、M71 所出 B 型鼎、Aa 型 II 式大型壶时代稍晚，可到早中期之际或更晚。

第二期：共 34 座（M29、M34、M82、M91、M92、M96、M104、M106、M108、M114、M118、M120、M136、M137、M139、M143、M170、M191、M196、M250、M255、M256、M261、M264、M270、M275、M286、M302、M305、M310、M314、M323、M343、M347）。墓葬形制以 A 型为主，出土随葬品有 Aa 型 II 式鼎，A 型 II 式、B 型 II 式盒，Aa 型 III 式、Ab 型 I 式、Ac 型 I 式、B 型 II 式、Ca 型 I 式、Ca 型 II 式、Cb 型 I 式大型壶，II 式、III 式盘，A 型 I 式、A 型 II 式、Ba 型 I 式、Bb 型 I 式、Bb 型 II 式、Bb 型 III 式、Bb 型 IV 式、Bb 型 V 式大型罐，Aa 型 I 式、Ab 型 I 式、Ba 型 I 式、Bb 型 I 式、Bc 型 I 式中型罐，A 型 I 式、A 型 II 式瓮等，伴出的有 II 式半两及 I、II 式五铢铜钱等。其中半两铜钱为武帝时期的有郭半两。Ab 型 I 式大型壶与临沂银雀山 M2 所出同类器接近④，B 型 II 式大型壶与临沂庆云山 M2 所出同类器接近⑤，A 型 II 式盒与枣庄小山 M2 所出盒接近⑥，B 型 II 式盒与枣庄小山 M3 所出盒接近⑦，A 型 I 式、A 型 II 式大型罐与济宁潘庙 M54 所出同类器接近⑧，Ba 型 I 式大型罐与济宁潘庙 M47 同类器接近⑨，A 型 II 式瓮与巨野红土山墓出土同类器接近⑩。由以上对比推测，该期墓葬时代为西汉中期，年代约当武帝元狩五年（公元前 118 年）到宣帝时期。

第三期：共 149 座（M1 ~ M5、M7、M9、M11 ~ M13、M16、M17、M20 ~ M23、M26 ~ M28、M30、M32、M33、M36 ~ M39、M41、M43、M45、M49、M50、M52、

---

① 山东省博物馆、临沂文物组：《临沂银雀山四座西汉墓葬》，《考古》1975 年第 6 期。
② 临沂市博物馆：《山东临沂金雀山九座汉代墓葬》，《文物》1989 年第 1 期。
③ 郑同修、杨爱国：《山东汉代墓葬出土陶器的初步研究》，《考古学报》2003 年第 3 期。
④ 银雀山考古发掘队：《山东临沂市银雀山的七座西汉墓》，《考古》1999 年第 5 期。
⑤ 临沂市博物馆：《临沂的西汉瓮棺、砖棺、石棺墓》，《文物》1988 年第 10 期。
⑥ 枣庄市文物管理委员会办公室、枣庄市博物馆：《山东枣庄小山西汉画像石墓》，《文物》1997 年第 12 期。
⑦ 枣庄市文物管理委员会办公室、枣庄市博物馆：《山东枣庄小山西汉画像石墓》，《文物》1997 年第 12 期。
⑧ 国家文物局考古领队培训班：《山东济宁郊区潘庙汉代墓地》，《文物》1991 年第 12 期。
⑨ 国家文物局考古领队培训班：《山东济宁郊区潘庙汉代墓地》，《文物》1991 年第 12 期。
⑩ 山东省菏泽地区汉墓发掘小组：《巨野红土山西汉墓》，《考古学报》1983 年第 4 期。

M54、M56、M58、M59、M61、M64 ~ M67、M70、M73、M75、M78、M79、M81、M83 ~ M86、M89、M90、M95、M99 ~ M101、M107、M110、M111、M119、M121、M123 ~ M127、M129、M134、M135、M138、M141、M152、M155、M159、M164、M166、M167、M171、M172、M177、M179、M184、M185、M189、M190、M192 ~ M195、M200、M207、M216、M218、M224、M225、M230、M232、M233、M236 ~ M238、M240、M241、M243 ~ M246、M249、M251、M253、M258、M259、M263、M272 ~ M274、M277、M279、M281、M283 ~ M285、M287、M291 ~ M293、M296、M298 ~ M300、M306 ~ M309、M313、M318 ~ M321、M326、M333、M338 ~ M340、M342、M344、M348、M349）。墓葬形制以 A 型为主，出土随葬品有 Aa 型Ⅲ式、Ab 型Ⅰ式、Ab 型Ⅱ式鼎，A 型Ⅱ式、A 型Ⅲ式、A 型Ⅳ式、B 型Ⅱ式、B 型Ⅲ式盒，Aa 型Ⅲ式、Ab 型Ⅱ式、Ab 型Ⅲ式、Ab 型Ⅳ式、Ab 型Ⅴ式、Ac 型Ⅱ式、Ac 型Ⅲ式、Ca 型Ⅲ式、Cb 型Ⅱ式、Cb 型Ⅲ式、Cb 型Ⅳ式、Cb 型Ⅴ式、Cb 型Ⅵ式大型壶，Ⅲ式盘，A 型Ⅲ式、A 型Ⅳ式、Ba 型Ⅱ式、Ba 型Ⅲ式、Ba 型Ⅳ式、Bb 型Ⅲ式、Bb 型Ⅳ式、Bb 型Ⅴ式、Bb 型Ⅵ式、Ca 型Ⅰ式、Ca 型Ⅱ式、Cb 型Ⅰ式、Cb 型Ⅱ式大型罐，Aa 型Ⅱ式、Aa 型Ⅲ式、Aa 型Ⅳ式、Aa 型Ⅴ式、Ab 型Ⅱ式、Ab 型Ⅲ式、Ab 型Ⅳ式、Ab 型Ⅴ式、Ac 型Ⅰ式、Ac 型Ⅱ式、Ac 型Ⅲ式、Ad 型Ⅰ式、Ad 型Ⅱ式、Ba 型Ⅰ式、Ba 型Ⅱ式、Ba 型Ⅲ式、Ba 型Ⅳ式、Bb 型Ⅱ式、Bb 型Ⅲ式、Bc 型Ⅰ式、Bc 型Ⅱ式、Bc 型Ⅲ式中型罐等，伴出的有Ⅲ式五铢、磨郭五铢铜钱等。Cb 型Ⅲ式大型壶与济宁师专 M1 同类壶接近①。A 型Ⅲ式盒与滕州岗头 M1 出土盒接近②，A 型Ⅳ式盒与临沂金雀山周氏墓群 M13 出土盒接近③，A 型Ⅲ式、A 型Ⅳ式大型罐与济宁潘庙 M 6A 所出同类器接近④，Ba 型Ⅳ式大型罐与临沂金雀山周氏墓群 M11 出土同类器接近⑤。据此判断，此期墓葬时代为西汉晚期，年代约当元、成、哀、平时期。

第四期：共 10 座（M31、M40、M44、M47、M93、M102、M112、M116、M214、M248）。墓葬形制以 Ab 型、Ac 型、B 型为主，出土随葬品有 C 型Ⅰ式鼎，B 型Ⅲ式、B 型Ⅳ式盒，Aa 型Ⅳ式大型壶，Bb 型Ⅶ式、Bb 型Ⅷ式大型罐，Ab 型Ⅴ式、Ab 型Ⅵ式、Ac 型Ⅲ式、Ba 型Ⅴ式中型罐，Ⅲ式、Ⅳ式盘等。其中 C 型Ⅰ式鼎器身与枣庄临山

① 济宁市博物馆：《山东济宁师专西汉墓群清理简报》，《文物》1992 年第 9 期。
② 燕生东、刘智敏：《苏鲁豫皖交界区西汉石椁墓及其画像石的分期》，《中原文物》1995 年第 1 期。
③ 临沂市博物馆：《山东临沂金雀山周氏墓群发掘简报》，《文物》1984 年第 11 期。
④ 国家文物局考古领队培训班：《山东济宁郊区潘庙汉代墓地》，《文物》1991 年第 12 期。
⑤ 临沂市博物馆：《山东临沂金雀山周氏墓群发掘简报》，《文物》1984 年第 11 期。

M8 出土鼎接近①，但足与其略有差别。B 型 Ⅳ 式盒与济宁潘庙 M42 出土盒接近②，唯器身与盖无圈足，其时代也略晚。Bb 型 Ⅷ 式大型罐与临沂金雀山 M26 出土同类器接近③。同时伴出有大泉五十、小泉直一等王莽铜钱和四乳四虺镜，并有少量五铢钱。由以上分析判断，此期时代上限可早到王莽时期，下限可晚至东汉初期。

第五期：共 14 座（M24、M46、M48、M51、M60、M94、M97、M113、M133、M150、M165、M178、M266、M317）。墓葬形制为 Ab 型、Ac 型为主，出土随葬品有 C 型 Ⅱ 式、C 型 Ⅲ 式鼎，C 型盒，Aa 型 Ⅳ 式、Aa 型 Ⅴ 式、Cb 型 Ⅶ 式大型壶，A 型 Ⅳ 式、A 型 Ⅴ 式、Ba 型 Ⅳ 式、Ca 型 Ⅲ 式、Ca 型 Ⅳ 式大型罐，Aa 型 Ⅴ 式、Ab 型 Ⅵ 式、Ab 型 Ⅶ 式、Ac 型 Ⅳ 式、Ac 型 Ⅴ 式、Ba 型 Ⅵ 式、Ba 型 Ⅶ 式中型罐等。其中 A 型 Ⅳ 式、A 型 Ⅴ 式大型罐与临淄商王墓地 M27 同类器相似④，Ab 型 Ⅵ 式中型罐与微山墓前村 M2 出土同类器接近⑤，报告认为该墓时代为西汉中期，从出土的鼎、罐等器物特征分析，其年代似较晚。Ab 型 Ⅶ 式中型罐与微山两城山 M2、墓前村、济宁师专 M5 所出同类器接近⑥。C 型 Ⅴ 式中型罐与微山夏镇王庄 M2 所出同类器接近⑦。据以上对比分析，此期墓葬出土有大泉五十和 Ⅳ 式五铢钱，其时代应为东汉时期。其中除 M165、M317 出土有东汉后期的五铢，其时代应为东汉晚期外，余 12 座墓时代均为东汉早期。

（六）小 结

依据以上分析可以看出，徐家营墓地时代从西汉早期直至东汉时期，延续时间较长，出土随葬品丰富，为鲁中南地区汉代墓葬的研究提供了丰富的实物资料。

从墓葬时代及分布情况看，西汉早、中期，墓葬数量少，分布零散，到西汉晚期，墓葬数量大增，分布也较密集；墓地大体存在分区埋葬的现象，各区内墓葬形制、方向、随葬品组合、器物特征等方面多有相同或相似之处；部分墓葬之间的打破关系，有打破墓葬一角或一边的现象，也有两墓一边重合的现象，这显然是在下葬时的有意安排，表明墓主之间的特殊关系，这种情况说明，各区代表的是不同姓氏的家族墓地。

---

① 燕生东、刘智敏：《苏鲁豫皖交界区西汉石椁墓及其画像石的分期》，《中原文物》1995 年第 1 期。
② 国家文物局考古领队培训班：《山东济宁郊区潘庙汉代墓地》，《文物》1991 年第 12 期。
③ 临沂市博物馆：《山东临沂金雀山周氏墓群发掘简报》，《文物》1984 年第 11 期。
④ 淄博市博物馆：《临淄商王墓地》，齐鲁书社，1997 年。
⑤ 微山县文物管理所：《山东微山县墓前村西汉墓》，《考古》1995 年第 11 期。
⑥ 微山县文管所：《山东微山县发现汉、宋墓葬》，《考古》1995 年第 8 期。
⑦ 微山县文化馆：《山东省微山县发现四座东汉墓》，《考古》1990 年第 10 期。

出土铜印的 M23、M66 及其周围的墓葬应是张氏家族墓地，而 M294 及其周围的墓葬应是武氏家族墓地。

从墓葬的分期情况看，墓地的文化特征是发展变化的。从西汉早期到东汉，墓葬形制均以土坑墓为主，但西汉早、中期石椁墓数量较少，西汉晚期数量增多，东汉时期则很少。随葬品方面，西汉早期墓葬多出土鼎、盒、壶等陶礼器和少数实用陶器，铜钱数量很少，陶礼器主要出土于石椁墓中，器形多较规整，如鼎足、耳等为模制；到西汉中期，陶礼器有所减少，主要出土于土坑墓中，实用器即大、中型罐等增多，铜钱的数量依然不多；到西汉晚期，陶礼器所占的比例很少，绝大多数为实用器，陶礼器多数出土于土坑墓中，少数出土于石椁墓中，墓葬中随葬铜钱的数量大大增加；到新莽、东汉时期，陶礼器数量很少，多数为实用器，陶礼器均出土于石椁墓中，制作多不规则，较粗糙，多手制，墓葬中随葬铜钱数量较少。从早到晚出土陶礼器的墓葬一般也很少共出铜钱。

石椁墓中出土的画像石图案、技法以及随葬陶器、铜钱也为确定画像石年代提供了依据。石椁墓在西汉早、中期数量较少，出土画像石也较少，图案相对也较简单，仅为几何形图案，技法为线刻，画像刻于石板内壁；西汉晚期，石椁墓数量增多，画像石也随之增加，图案也趋于复杂，出现狩猎、人物、动物、穿璧、厅堂、楼阁、鱼、绶带等，个别墓内、外壁均刻有画像；到新莽、东汉时期，石椁墓数量减少，画像石数量也明显减少，但图案也更加复杂，多为细线刻，个别墓外侧或内、外侧刻有画像。

墓葬等级和墓主的身份可分二类：一类为有较精美的石椁和随葬较多铜钱的土坑墓者，随葬品多较丰富，有铜器、玉器、漆器、陶器等，且多出土鼎、盒、壶等仿铜陶礼器，应为富裕的地主或百姓；一类为随葬较少的铜钱或不随葬铜钱的，多出土数量不等的罐，多数为土坑墓，墓葬形制较小，随葬品少，多为陶罐等实用器，墓主应为一般有经济自给自足能力的平民。

二　汉代陶窑

Y1　位于墓地西北部，方向 304°。窑室平面呈椭圆形，东西长径 3、南北短径 2.6、深 0.7～1.4 米。操作间形状呈梯形，长 2.6、宽 1.8～2.05、深 0.4～0.95 米，底部呈斜坡状。火膛在窑室东部，用 13 层青砖砌成一周弧形台，砖长 0.26、宽 0.13、厚 0.05 米。窑室东部有烟囱，长 0.7、宽 0.3、残深 0.9 米。火门位于窑室的西部，形状呈椭圆形，高 1.05、宽 0.6 米，火门底部立有两块青砖，残长 0.26、宽 0.13、厚 0.05 米，窑壁有明显烘烧的痕迹，壁呈青色，厚 0.06～0.12 米，其外有圈厚 0.1～0.2 米的红色烘烧土。窑内填土呈黄褐色，夹杂红烧土、碎青砖、草木灰和木炭等。操作

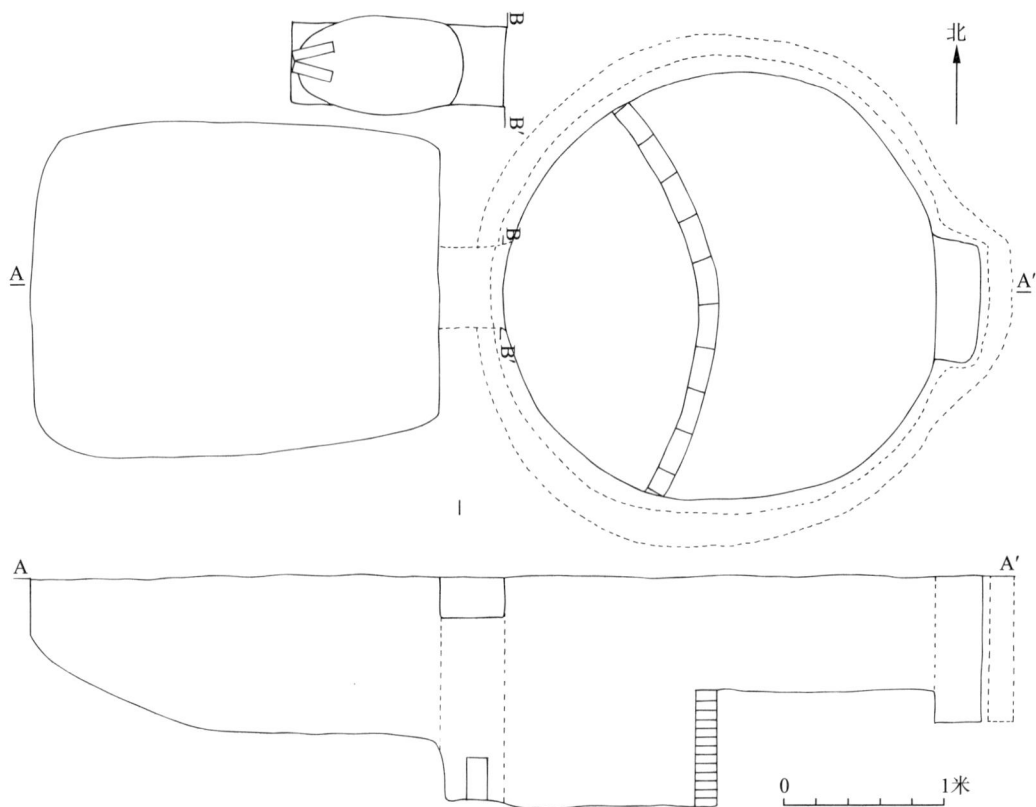

图一〇一　汉窑 Y1 平、剖面图

间内填土为大量烧过的草木灰，杂有红烧土和碎砖等（图一〇一）。

三　宋代墓葬

（一）墓葬形制

仅发现 1 座（M210）。

M210　位于墓地中部偏北，为土坑、石椁合葬墓。方向 5°。墓口长 2.8、宽 2.4 米，墓底长 2.8、宽 1.35 米，深 1.3 米；东部石椁长 2.65、宽 1.05～1.15、深 0.78 米，石板厚 0.15 米。石椁有两块石盖板，四壁上垫有厚 0.1 米的 2 层青砖。木棺仅余漆皮，椁底无石板，棺下有腰坑，内有石块，并有朱砂。墓主头向北，仰身直肢，性别不明，年龄大于 50 岁。北部有壁龛，内有一瓷双耳罐。西部土坑竖穴墓的北、西、南有宽 0.3 米的生土二层台，葬具为木棺，长 1.95、宽 0.6 米，墓主为男性，年龄在 40～45 岁之间，头向北，仰身直肢，面向上，西北部二层台上有一瓷碗（图一〇二）。

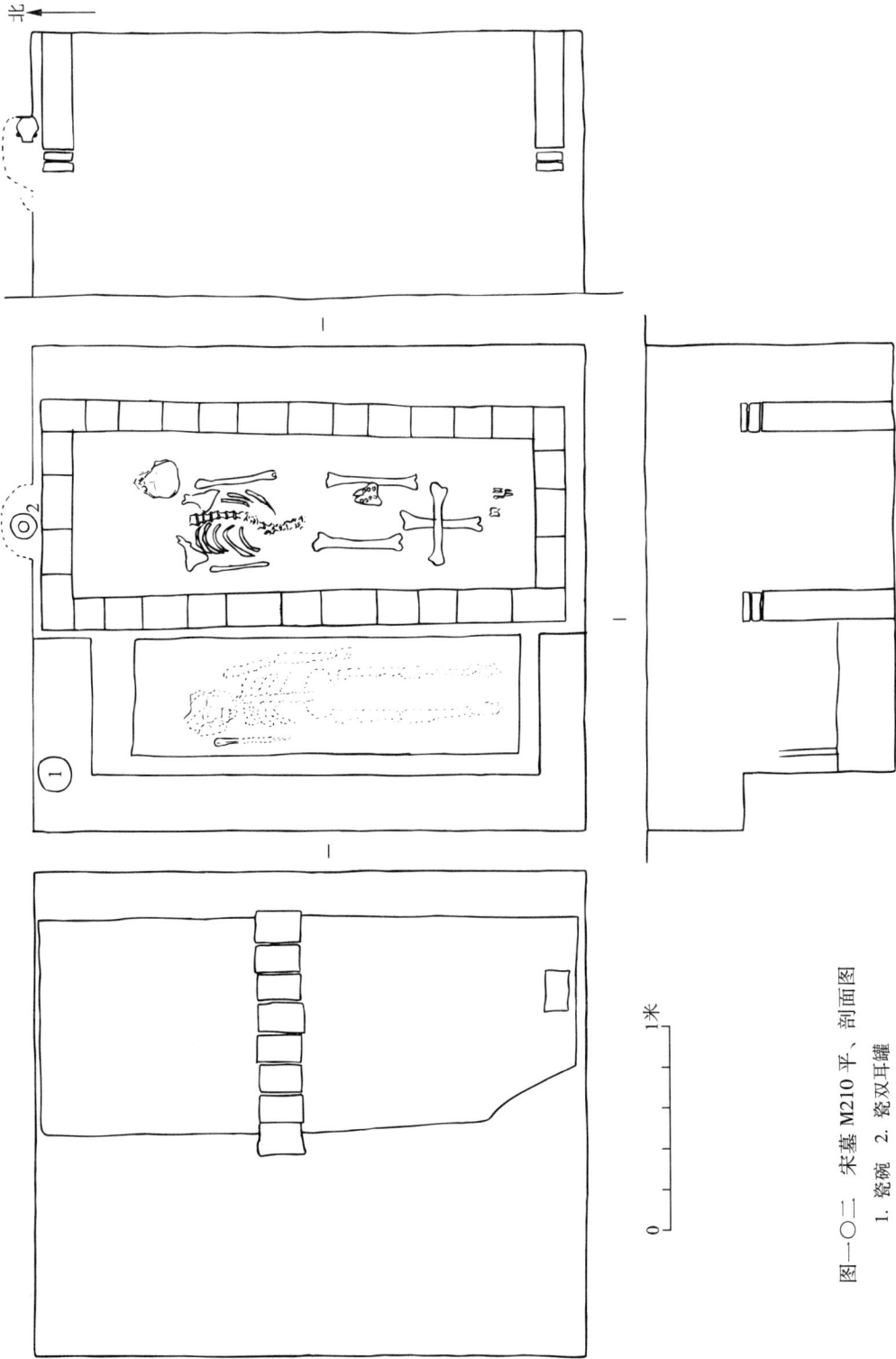

图一〇三　宋墓 M210 平、剖面图
1. 瓷碗　2. 瓷双耳罐

（二）随葬品

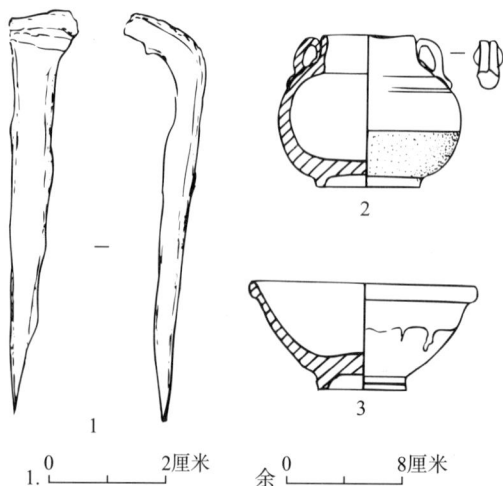

图一〇三　宋墓 M210 出土器物

1. 铁棺钉（M210:3）　2. 瓷双耳罐
（M210:2）　3. 瓷碗（M210:1）

M210 出土有瓷双耳罐、碗和铁棺钉等。

瓷双耳罐　1 件（标本 M210:2）。饰青黄釉。敛口，圆唇，鼓腹，圈足，颈、腹部有双桥形耳。口径 6.5、圈足径 7.2、高 10.1 厘米（图一〇三，2）。

瓷碗　1 件（标本 M210:1）。口及腹上部饰青釉。敞口，圆唇，弧腹，圈足。口径 16.9、圈足径 6、高 7~7.2 厘米（图一〇三，3）。

铁棺钉　已锈蚀。断面呈长方形。长 6.8 厘米（图一〇三，1）。

四　清代墓葬

发现 2 座（M6、M15），位于墓地南区东南部汉代墓地外。两墓相距较近，南北向排列，均为土坑竖穴墓。葬具为木棺。随葬品仅 M6 出土铜钱 3 枚和铜戒指 1 枚，其中 2 枚铜钱为"道光通宝"。M15 没有随葬品。

执笔：党　浩　王守功　王登伦

绘图：房成来　刘相文

清绘：许　珊

拓片：李胜利

摄影：冀介良

附表　徐家营墓地墓葬登记表

（长度单位：米）

墓号	墓型	墓室	墓向	墓扩尺寸（长×宽-深）	棺椁尺寸（长×宽-高）	墓主人（头向、葬式、性别、年龄）	壁龛（宽×高-进深）或器物箱	随葬品及位置	期段	备注
M1	土坑墓B		100°	3.4×2.8-1.2		东、仰身直肢、腐朽		北棺：陶大型罐 Bb Ⅵ，釜 A Ⅱ；铜带钩 Ac，五铢 I 4、Ⅱ4。南墓：陶大型罐 Bb Ⅵ，中型罐 Aa Ⅱ 2；铜五铢 I、型式不明五铢 11	三	打破 M13
M2	单石椁墓B		100°	3×1.5-0.95			龛 0.7×0.3-0.35	龛内：陶大型罐 A Ⅲ，中型罐 Bb Ⅱ。棺内：铜五铢 I 2、Ⅱ4，Ⅲ16	三	被盗。打破 M20
M3	单石椁墓B		96°	2.8×1.8-1.2	2.26×0.86-0.63	东、腐朽		龛内：陶大型罐 Bb Ⅶ，中型罐 Ab Ⅴ、Bb I、C Ⅳ	三	
M4	土坑墓 Ac		105°	2.7×1.3-1.38		东、仰身直肢、腐朽		墓主身侧：铜五铢 I、Ⅲ，型式不明五铢 7	三	
M5	单石椁墓B		88°（268°）	2.7×1.3-1.12	2.6×1.25		龛 1.6×0.65-0.4	龛内：陶大型罐 Bb Ⅴ，中型罐 Aa Ⅳ。棺内：铜盖弓帽 A10，泡 C2，衡帽，残当卢	三	打破 M20
M6	土坑墓		3°	2.6×1-0.5	2.2×0.6-0.1，厚0.05	北、仰身直肢、上肢略弯曲、放于腹前、腐朽		棺内：铜戒指，道光通宝，熙宁元宝 2，熙宁元宝	清墓	清代

续附表

墓号	墓型	墓室	墓向	墓圹尺寸（长×宽×深）	棺椁尺寸（长×宽×高）	墓主人（头向，葬式，性别，年龄）	壁龛（宽×高－进深）或器物箱	随葬品及位置	期段	备注
M7	单石椁墓 B		10°（190°）	2.95×1.4－1.2			龛 1.53－0.48	龛内：陶大型罐 Aa Ⅱ，中型罐 Aa Ⅱ2。棺内：铜盖弓帽 A4，衡帽，筒形器 2	三	被盗。打破 M9
M8	单石椁墓 C		95°（275°）	2.4×1.1－0.5					不清	
M9	单石椁墓 B		5°（185°）	3×1.8－0.3	2.5×0.84		龛 3.05×1－0.7	龛内：陶中型罐 Aa Ⅱ，瓮 A Ⅱ。棺内：铁镇 4；铜盖弓帽 B4，当卢 A，泡 B5，镰 A3	三	被 M7 打破
M10	土坑墓 Ac		88°	1.7×0.62－0.3		东，仰身直肢，腐朽			不清	打破 M11
M11	土坑墓 Ab		95°	2.3×1.6－1.4	2.1×0.75，厚 0.04~0.06	东，仰身直肢，腐朽		棺外：陶大型罐 Bb Ⅵ。棺内：铜五铢 I 5	三	被 M10 打破
M12	土坑墓 Ab		185°	2.2×0.6－0.5		南，仰身直肢，腐朽		南端：陶大型罐 Ab Ⅳ。中型罐 Bb Ⅳ，墓主身体侧：铜带钩 Ac；铁刀	三	打破 M18
M13	土坑墓 Ab		94°	2.6×1.1－0.8	2.2×0.8	东，仰身直肢，腐朽		棺外：陶中型罐 Aa Ⅳ。棺内：铜五铢 I（口内）、I 4（头顶）	三	被 M1 打破

续附表

墓号	墓型	墓室墓向	墓扩尺寸（长×宽-深）	棺椁尺寸（长×宽-高）	墓主人（头向，葬式，性别，年龄）	壁龛（宽×进深）高-深）设器物箱	随葬品及位置	期段	备注
M14	土坑墓Ab	280°	2.8×1.6-1.3	1×0.6	西，仰身直肢，面向左，腐朽			不清	被盗
M15	土坑墓	318°	2.4×1-0.5	2.05×0.6	西北，仰身直肢，腐朽			清墓	清代
M16	土坑墓Ab	10°	3.4×(3~3.3)-1.2	2.1×0.8-0.3	北，仰身直肢，腐朽	西部边箱1.7×1.1-0.4	边箱及棺外：陶大型罐BbⅥ、中型罐BaⅢ、小型罐AaⅡ、BaⅡ、BaⅢ、小型罐Ⅴ；铜盖弓帽A5、残当卢、泡C。棺内：铜五铢Ⅲ2，磨部五铢6、型式不明五铢12	三	打破M26
M17	不明	8°	3.4×(2.4~2.5)-0.9				西侧：陶鼎AaⅢ，盒A、Ⅱ，大型壶AcⅡ，小型壶AaⅢ，盆A，大型罐BbⅢ	三	被盗
M18	土坑墓Ab	10°	2.3×1-1	1.85×0.5	北，仰身直肢，面向东，腐朽			不清	被M12打破
M19	单石椁墓C	92°	3×1.4-0.8	2.4×0.84			填土：铁釘	不清	

续附表

墓号	墓型	墓室	墓向	墓圹尺寸（长×宽-深）	棺椁尺寸（长×宽-高）	墓主人（头向、性别、葬式、年龄）	壁龛（宽×高-进深）或器物箱	随葬品及位置	期段	备注
M20	土坑墓Ab		100°	3.1×1.6-1.3	2.25×0.8	东、仰身直肢、腐朽		棺外: 陶大型罐BbⅥ2、中型罐BaⅡ2。棺内: 铜五铢Ⅰ9、Ⅱ5、Ⅲ4、磨郭五铢6	三	被M2、M5打破, 打破M21
M21	土坑墓Ab		96°	2.3×1.3-1.16	2.1×0.7	东、仰身直肢、腐朽		棺内: 铜五铢Ⅰ11、Ⅲ3	三	被M20打破, 打破M33
M22	土坑墓B	南室	102°	2.4×2.8-(0.85~1.15)		东、仰身直肢、腐朽	西南角龛0.74-0.13, 东南角龛0.8-0.22	龛内: 陶大型罐BbⅥ2、中型罐AaⅢ、AbⅢ。棺内: 铜五铢Ⅱ2、型式不明五铢3	三	打破M45、M50、M54
		北室	102°	2.4×2.8-(0.85~1.1)	墓主似用麻类物裹、厚约4毫米、底横着10多根三角形、竖着用2根圆形的木头铺垫	东、仰身直肢、腐朽	东北角龛0.5-0.24	龛内: 陶大型罐BbⅥ4、五铢Ⅰ22、Ⅲ5、型式不明五铢4; 铜带钩Aa、五铢5、Ⅲ; 铁剑Ⅰ、A, 刀, 削; 石珌		
M23	土坑墓B	东室	2°	3.55×2.9-0.8	2.15×0.7	北、仰身直肢、腐朽		棺外: 陶大型罐AaⅡ、中型罐AaⅡ。棺内: 铜蝉2、五铢Ⅰ5、Ⅱ	三	
		西室	2°	3.55×2.9-0.8	2.3×0.8	北、仰身直肢、腐朽		棺外: 陶大型罐BbⅤ、中型罐AbⅢ、AcⅢ。棺内: 铜印、带钩Aa、五铢Ⅰ、Ⅱ、型式不明; 铁铢8; 铁削2; 残漆器		

续附表

墓号	墓型	墓室	墓向	墓圹尺寸（长×宽-深）	棺椁尺寸（长×宽-高）	墓主人（头向，性别，葬式，年龄）	壁龛（宽×高-进深）或器物箱	随葬品及位置	期段	备注
M24	土坑墓B		100°	3.6×2.6-0.4		东，仰身直肢，腐朽		西端：陶中型罐AbⅦ3、BaⅥ3。墓主身侧：铁剑A、刀、削	五	骨架底南侧铺白石灰、北铺草木灰
M25	土坑墓Ac		10°（190°）	1.74×0.6-1.9				填土：铁削	不清	
M26	单石椁墓C		10°	2.8×2.6-1.3	2.3×0.8-0.7	北，仰身直肢，腐朽		棺内：铜钱锈蚀严重，数量与类型不清楚	三	盖板，被M16打破，打破M37
M27	土坑墓Ac		300°	2.4×1-0.3		西，仰身直肢，腐朽		脚端：陶中型罐AbⅣ	三	
M28	土坑墓Ac		92°（172°）	2.5×1.55-0.7		东，仰身直肢，腐朽		东南角：陶中型罐AaⅢ	三	打破M34、M57
M29	单石椁墓C		101°	3.1×2.6-1.4	椁2.46×1.08-0.88 棺2.05×(0.68~0.72)	东，仰身直肢，腐朽		椁外：陶大型罐BaⅠ2、BbⅢ。棺内：铜五铢Ⅰ10、Ⅱ3；铁剑A、刀、削	二	
M30*	单石椁墓B		94°	3×(2.3~2.36)-1.9	不明	东，仰身直肢，腐朽	龛1.32×1.9-0.4	龛内：陶大型壶CbⅢ、大型罐BaⅡ、BbⅤ。棺内：铜五铢Ⅰ10、Ⅱ；铁剑A、削、镞。填土：石磨石	三	

续附表

墓号	墓型	墓室	墓向	墓圹尺寸（长×宽-深）	棺椁尺寸（长×宽-高）	墓主人（头向、葬式、性别、年龄）	壁龛（宽×高-进深）或器物箱	随葬品及位置	期段	备注
M31	土坑墓B		100°	(2.3~2.5)×2.4-0.9	2.3×0.6	东，仰身直肢，腐朽		棺外：陶中型罐AbV、BaV。棺内：铜大泉五十	四	南有无头骨架，无葬具，似一儿童
M32*	单石椁墓B		95°	3×2.3-1.56	椁2.4×0.96-0.89 棺2.05×（0.55~0.6）	东，仰身直肢，腐朽		壁龛：陶大型罐BbV、中型罐BcI、瓮BI；铜泡C2，残当卢。棺内：铜带钩Ac，型式A，不明五铢10；铁剑式A	三	
M33*	单石椁墓B		96°	2.85×2.7-1.3	2.45×0.9-0.7	东，仰身直肢，腐朽		棺外：陶大型罐BbVI、中型罐AaIV。棺内：铜五铢I8、II10，磨郭五铢2；铁剑式A、II；削2	三	被M21打破
M34	土坑墓Ab		85°	2.65×1.1-0.7	2.1×0.65	东，仰身直肢，腐朽		棺外：陶大型罐AI。棺内：铜五铢I、II	二	被M28打破
M35	不明		110°	2.6×1.6-1.1					不清	被盗
M36	双石椁墓	东室	356°	3.4×2.8-1.65	石椁2.38×0.82-0.92	北，仰身直肢，腐朽	龛0.9×0.9-0.49	龛内：陶大型壶CbVI、大型罐BbV	三	龛用红褐砖砌成
		西室	356°	3.4×2.8-1.65	2.35×0.96		龛0.8×1-0.3	龛内：陶大型罐BbV		被盗

续附表

墓号	墓型	墓室	墓向	墓圹尺寸（长×宽-深）	棺椁尺寸（长×宽-高）	墓主人（头向、葬式、性别、年龄）	壁龛（宽×高-进深）或器物箱	随葬品及位置	期段	备注
M37	土坑墓 Ab		3°	2.7×(1.6~1.8)-1.2	2.2×0.6	北，仰身直肢，面右，腐朽		棺内：铜带钩C、五铢I2、型式不明五铢5	三	被M26打破，打破M41
M38	土坑墓 Ab		93°	2.6×1.3-0.3	约2×0.7	东，仰身直肢，腐朽		棺外：陶中型罐AaII、AbIV。棺内：铜五铢I5、III；铁削	三	打破M75
M39	土坑墓 Ab		110°	2.1×1-0.7	1.6×0.5	东，仰身直肢，腐朽		棺外：陶中型罐BbII。棺内：铜五铢I3	三	儿童
M40	土坑墓 Ab		110°	2.7×0.9-0.9	2.3×0.7	东，仰身直肢，面右，腐朽		棺外：陶大型罐BbVI、中型罐AbVI、AcIII。棺内：铜削、五铢I7、II18、III9、剪轮五铢、磨郭五铢、型式不明五铢6、石珠3	四	
M41	单石椁墓 C		6°	2.6×1.9-1.3	椁2.4×0.95-0.78 棺余灰	北，仰身直肢，面右，腐朽		棺内：陶中型罐AbIII；铜半两I8、II	三	被M37打破
M42	不明		100°	2.4×1.4-1		东，腐朽			不清	被盗
M43	土坑墓 Ab		75°	2.7×1.4-0.5	2.35×0.8	东，仰身直肢，腐朽		棺外：陶中型罐AbII。棺内：铜五铢I5、II3、III2；铁剑B	三	打破M138

续附表

墓号	墓型	墓室	墓向	墓圹尺寸（长×宽－深）	棺椁尺寸（长×宽－高）	墓主人（头向，性别，葬式，年龄）	壁龛（宽×进深，高－进深）或器物箱	随葬品及位置	期段	备注
M44	土坑墓 Ac		92°	2.2×0.8－0.2		东，仰身直肢，腐朽		墓主身侧：铜大泉五十7；铁镊子、削	四	被盗。打破 M117、M121
M45#	单石椁墓 A		95°	3.15×(2.2~2.3)－1.8	椁2.28×1.06－0.98	东，腐朽	边箱1.65×1.1－0.8	边箱内：陶大型壶 Cb Ⅳ、大型罐 BbⅢ、CbⅠ；铜衡帽2，盖弓帽A5	三	3块盖板。被盗，M22打破M50、M84
M46	单石椁墓 A		94°	3.25×2.45－1.9	椁2.4×0.92－0.82	东，仰身直肢，腐朽	器物箱1.9×0.55	器物箱内：陶大型罐 A Ⅴ、BaⅡ、CaⅢ、中型罐 AaⅤ。棺内：铜五铢Ⅰ9、型式不明五铢6；铁刀	五	打破M66
M47#	单石椁墓 A		90°	3.4×3.15－2	椁2.5×0.99－0.99	东，仰身直肢，腐朽	器物箱2.2×0.8	器物箱内：陶鼎CⅠ、大型壶BbⅤ、盒BⅢ、大型罐CbⅠ、盘匜D、勺C、器盖、铜盖弓帽A12、当卢A5、泡B8、筒形器2。棺内：型式不明铜五铢3	四	3块盖板。打破M59
M48	土坑墓 Ab		92°	1.8×0.6－0.2	1.7×0.4	东，仰身直肢，腐朽		棺外：陶大型罐CaⅣ。棺内：铜大泉五十	五	被盗。打破 M85、M117

续附表

墓号	墓型	墓室	墓向	墓圹尺寸（长×宽-深）	棺椁尺寸（长×宽-高）	墓主人（头向,葬式,性别,年龄）	壁龛（宽×高-进深）或器物箱	随葬品及位置	期段	备注
M49	土坑墓Ac		104°(286°)	1.85×0.9-0.9				中部：陶大型壶Cb V、器盖	三	
M50	土坑墓Ab		96°	3.25×2.45-2		东、仰身直肢、腐朽	器物箱1.4×0.3、龛0.34-0.14	器物箱内：陶大型罐Bb Ⅵ、中型罐AaV。棺内：铜带钩B、五铢I6、型式不明五铢6；铁削；石砚	三	被M22、M45打破，打破M54
M51#	双石椁墓	南室	92°	3.6×3-2	椁2.5×1.04-1.03，棺残存大量红色漆皮	东、仰身直肢、面向上、腐朽		棺内：铜五铢I、II 2、IV、型式不明五铢3	五	北室打破南室。三块盖板。夯层厚0.15米
		北室	92°	3.6×3-2	椁2.5×1.04-0.96，棺残存大量红色漆皮	东、仰身直肢、面向上、腐朽	龛内置器物箱1.28×0.64	器物箱及箱外：陶鼎C II、大型壶AaV、大型罐BbIV II、中型罐AcV、罐BaIV2；铜泡C、衡帽、盖弓帽A7。棺内：铜带钩B、五铢I3；铁剑B；石璧		
M52	土坑墓Ab		105°	2.55×1.7-1.5	棺2.15×0.75	东、仰身直肢、腐朽		棺外：陶中型罐AbIV。棺内：铜五铢I、II、型式不明五铢5	三	打破M56
M53	砖墓		10°	2.8×1.6-1.2	椁2.54×0.85-0.6	北、腐朽			不清	打破M65

续附表

墓号	墓型	墓室	墓向	墓圹尺寸（长×宽-深）	棺椁尺寸（长×宽-高）	墓主人（头向、葬式、性别、年龄）	壁龛（宽×高-进深）或器物箱	随葬品及位置	期段	备注
M54	土坑墓 Ab		85°	(2.06~2.2)×1.3-0.3	棺	东，仰身直肢，腐朽		棺内：铜五铢 I2	三	被 M22、M50 打破
M55	土坑墓 Ab		100°	2.9×(1.2~1.35)-0.8	棺	东，仰身直肢，面向北，腐朽		棺内：铜带钩 B，型式不明五铢 2；铁刀	不清	
M56	土坑墓 Ab		75°	2.6×1.3-2.3	棺 2.15×0.7-0.5	东，仰身直肢，腐朽		棺外：陶中型罐 AaIV	三	被 M52 打破
M57	土坑墓 Ab		92°	2.75×1.4-0.5	棺	东，仰身直肢，腐朽		棺外：陶大型罐 CaII，中型罐 AbI	一	被 M28 打破
M58	单石椁墓 C		102°(282°)	2.7×1.9-1	椁 2.4×0.9			椁外：陶大型壶 AcII	三	打破 M68
M59	单石椁墓 B		100°(280°)	2.95×2.75-1.2			龛 1.1×0.6-0.3	龛内：陶大型罐 A III、Bb IV，中型罐 C II；残漆器	三	被 M47 打破
M60	土坑墓 Ab		102°	2.6×1.4-0.3	棺 2.1×0.7	东，仰身直肢，面向上，腐朽		棺外：陶中型罐 Ba VI2。棺内：铜五铢 I、II、III3；衔；铁削	五	被盗
M61	土坑墓 Ab		100°	2.95×0.8-0.35	棺 2.1×0.75	东，仰身直肢，面向上，腐朽		棺外：陶大型罐 Bb VI，中型罐 Ba III。棺内：铜带钩 Ac，五铢 I2、II3；铁削	三	打破 M66

续附表

墓号	墓型	墓室	墓向	墓圹尺寸（长×宽-深）	棺椁尺寸（长×宽-高）	墓主人（头向、性别、葬式、年龄）	壁龛（宽×高-进深）或器物箱	随葬品及位置	期段	备注
M62	单石椁墓C		100°(280°)	2.6×1.2-0.32	棺				不清	
M63	单石椁墓A		3°	2.8×2.2-1.2	椁2.3×1.05	西，腐朽	器物箱1.4×0.95	器物箱内：陶鼎AaI、B，盒BI2，大型壶AaII，钫，盘II	一	
M64	土坑墓Ab		275°	2.7×1.1-0.7	棺2.2×0.6	西，仰身直肢，面向上，腐朽		棺外：陶瓮BI。棺内：铜五铢III，型式不明五铢9	三	
M65	不明		5°(185°)	2.8×1.8-2				西侧：陶中型罐AbIII，小型罐IV	三	被M53打破
M66	土坑墓Ab		95°	2.76×2.54-0.7	棺1.86×0.64-0.1	东，仰身直肢，面向上，腐朽		棺外：陶大型罐BbV，中型罐AaII。棺内：铜印，带钩Aa，五铢I4、II3、III2；铁削	三	被M46、M61打破
M67	土坑墓Ab		96°	3.45×1.65-(1~1.5)	棺2.22×0.7-0.6	东，仰身直肢，面向南，腐朽	器物箱1.38×0.78	器物箱内：陶大型罐BbV2；铜盖弓帽A14，泡C2，衡当卢2。棺内：型式不明铜五铢3	三	
M68	单石椁墓C		288°	2.9×1.9-1.2	椁2.35×0.95-0.7棺	西，仰身直肢，面向上，腐朽		椁外：陶小型壶AaII	不清	夯层厚0.14米。被M58打破

续附表

墓号	墓型	墓室	墓向	墓圹尺寸（长×宽×深）	棺椁尺寸（长×宽-高）	墓主人（头向、葬式、性别、年龄）	壁龛（宽×高-进深）或器物箱	随葬品及位置	期段	备注
M69	土坑墓Ab		280°	2.55×1.3-0.5	棺1.75×0.6	西，仰身直肢，面向上，腐朽			不清	
M70	双石椁墓	南室	94°	(3.4~3.55)×3.8-(1.7~2.3)	棺有红色漆皮	东，腐朽		椁外：陶大型罐BaⅢ、中型罐AaⅡ、BbⅥ	三	
		北室	94°	(3.4~3.55)×3.8-(1.7~2.3)	棺		龛0.3-0.17	棺外：铜釜		
M71*	单石椁墓A		5°(185°)	3×2.55-1			砖箱2.5×1.1-0.1	砖箱内：陶鼎AaⅠ、B，盒AⅠ2，匜A2，盘Ⅰ2，勺A2，铜当卢A2，衡帽5，泡B6，环2，盖弓帽A14，叉2，镳B6，三叉形器2	一	被M92打破
M72	土坑墓Ab		95°	2.25×0.88-0.4	棺2.1×0.65	东，仰身直肢，面向上，腐朽			不清	
M73	土坑墓Ab		285°	2.7×2.7-1.1	棺2×0.7	西，仰身直肢，面向右，腐朽		棺外：陶大型罐BaⅢ、中型罐AaⅠ。BbⅣ2，墓主身侧：铜带钩Aa，半两Ⅰ，五铢Ⅰ	三	
M74	土坑墓Ab		95°	2.16×0.95-0.3	棺2.5×0.1	东，仰身直肢，面向上，腐朽			不清	

续附表

墓号	墓型	墓室	墓向	墓圹尺寸（长×宽-深）	棺椁尺寸（长×宽-高）	墓主人（头向、葬式、性别、年龄）	壁龛（宽×高-进深）或器物箱	随葬品及位置	期段	备注
M75	单石椁墓C		86°（266°）	3.2×2.65-0.9	椁2.65×1.08			椁外：陶大型罐BaⅢ2，两罐之间有长约0.45、宽约0.25米的漆器	三	被M38打破，打破M101
M76	单石椁墓C		15°（195°）	2.8×1.6-0.3					不清	
M77	土坑墓Ab		95°	3×2.2-1.9	棺2.25×0.65	东，仰身直肢，腐朽		棺内：型式不明铜五铢3；漆耳杯	不清	打破M87
M78	土坑墓Ac		98°	2.6×1.05-0.3		东，仰身直肢，腐朽		脚端：型式不明陶大型罐BaⅣ、中型罐BaⅣ。墓主身侧：铜五铢Ⅰ2、Ⅱ	三	
M79	单石椁墓C		10°（190°）	3.6×2.5-0.12	棺			棺外：陶大型罐BbⅤ、CaⅠ，型式不明大型罐	三	打破M103
M80	单石椁墓C		10°（190°）	3×2.1-1			器物箱		不清	被盗。打破M88
M81	单石椁墓A		15°（195°）	3.3×3-0.3		东，仰身直肢，面向上，腐朽	器物箱	器物箱内：陶鼎AbⅠ2、盒AⅢ、大型壶AbⅤ、小型壶AbⅡ	三	
M82	土坑墓B	南室	98°	3.1×2.35-1	棺2.15×0.6	东，仰身直肢，面向上，腐朽		棺内：筒瓦	二	打破M140
		北室	98°	3.1×2.35-1	棺2.1×0.75	东，仰身直肢，面向上，腐朽		棺内：铜带钩Ac，铜环、五铢，型式不明五铢		

续附表

墓号	墓型	墓室	墓向	墓扩尺寸（长×宽-深）	棺椁尺寸（长×宽-高）	墓主人（头向、葬式、性别、年龄）	壁龛（宽×高-进深）或器物箱	随葬品及位置	期段	备注
M83	土坑墓 Ab		81°	2.77×1.56-0.85	棺2.12×0.6-0.4	东，仰身直肢，面向上，腐朽		棺外：陶大型罐 Bb V	三	
M84*	单石椁墓 C		100°	3.1×2.1-1.7	棺	仰身直肢，腐朽		棺外：陶大型罐 Ba II，中型罐 Ab III，瓮 A II。棺内：铜带钩 Aa，型式不明五铢 4；铁式	三	被 M45 打破
M85	单石椁墓 C		90°(270°)	3.4×1.7-0.2	椁2.8×1			椁外：陶中型罐 Aa II、Ba III，Bb II；残漆器	三	被 M48 打破，打破 M86、M117
M86	土坑墓 Ab		92°	3.1×1-0.2	棺2.2×0.7	东，仰身直肢，面向上，腐朽		棺外：陶大型罐 Bb V，中型罐 Aa II、Ab II。棺内：铜五铢 I 25，II 17，III 23，型式不明五铢 155；石珠 7	三	被 M85 打破
M87	土坑墓 Ab		94°	2.6×1.3-1.9	棺2.12×0.72	东，仰身直肢，面向上，腐朽			不清	被 M77 打破
M88	其他		5°(185°)	2.4×0.9-0.9					不清	被 M80 打破，打破 M89

续附表

墓号	墓型	墓室	墓向	墓圹尺寸（长×宽-深）	棺椁尺寸（长×宽-高）	墓主人（头向，性别，葬式，年龄）	壁龛（宽×高-进深）或器物箱	随葬品及位置	期段	备注
M89	土坑墓Ac		355°	2.3×0.8-0.9	棺2×0.6	北，仰身直肢，面向上，腐朽	龛0.6-0.3	龛内：陶中型罐AbⅢ	三	被M88打破
M90	土坑墓Ab		96°	2.2×1.1-0.2	棺1.9×0.8-0.5	东，面向上，腐朽	龛0.64×0.4-0.22	棺外：陶大型罐BbⅥ，中型罐AaⅣ，金BⅡ，钵。棺内：铁削	三	
M91	土坑墓Ab		185°	3×2.1-0.9	棺2.15×0.75	南，仰身直肢，面向西，腐朽		棺外：陶小型壶AaⅡ。棺内：铜五铢Ⅰ2	二	
M92	土坑墓Ac		18°(198°)	2.65×2.1-0.85			器物箱2×1	器物箱内：陶鼎AaⅡ，盒BⅡ，大型壶AcⅠ，小型壶AbⅡ，盖C；铜衡帽7，盖弓帽C11，泡B7，镶A4，衔2，曹2，残当户，戟2，环2，叉2，三岔形器2	二	打破M71
M93	土坑墓Ab		97°	3×2.5-0.8	棺	东，仰身直肢，腐朽	龛1.36×0.8-0.5	龛内：陶大型罐BbⅦ，BbⅧ2，中型罐AcⅢ。棺内：铜镶A，大泉五十15；铁削	四	墓底有一层白石灰。打破M128 M71
M94	砖室墓		102°	2.55×1.7-0.36	棺宽1.04	东，仰身直肢，面向上，腐朽		棺外：陶中型罐BaⅧ4	五	

续附表

墓号	墓型	墓室	墓向	墓扩尺寸（长×宽-深）	棺椁尺寸（长×宽-高）	墓主人（头向，性别，葬式，年龄）	壁龛（宽×高-进深）或器物箱	随葬品及位置	期段	备注
M95	土坑墓Ab		95°	2.7×0.9-0.3	棺	东，仰身直肢，面向北，腐朽		棺外：陶釜BⅡ。棺内：铜五铢Ⅰ	三	打破M106、M117
M96	土坑墓Ab		277°	2.6×1.4-1.2	棺2.05×0.7	西，仰身直肢，面向上，腐朽		棺外：陶大型罐AⅡ	二	
M97	土坑墓Ab		112°	2.7×0.8-0.5		东，仰身直肢，腐朽		胸端：陶大型罐AⅢ、AⅣ，大型壶CbⅦ。墓主身侧：铜弩机，五铢Ⅰ3、Ⅱ2、Ⅲ，磨轮五铢4；剪轮五铢11，剪郭五铢4；铁剑A，削	五	打破M119、M128
M98	单石椁墓C		100°（280°）	2.8×1.7-1	椁2.7×1.3				不清	被盗
M99	单石椁墓C		184°	2.6×0.9-0.7				椁外：陶中型罐AaⅡ，盘Ⅱ	三	被盗严重
M100	不明		不清					北端：陶大型罐CbⅡ，中型罐AcⅠ2	三	
M101	土坑墓Ab		96°	2.6×1.45-1.3	棺2.2×0.75	东，仰身直肢，面向上，腐朽	龛0.8×0.8-（0.24~0.26）	龛内：陶大型罐BaⅡ；铜五铢Ⅰ2，BbⅤ；武不明五铢3；铁削	三	被M75打破
M102	土坑墓Ac		105°	2.9×2.4-0.55		东，仰身直肢，腐朽		陶中型罐AaⅡ（填土），BaⅤ2。墓主身侧：铜大泉五十7枚；铁削	四	打破M107、M111、M123、M125、M127

续附表

墓号	墓型	墓室	墓向	墓圹尺寸（长×宽-深）	棺椁尺寸（长×宽-高）	墓主人（头向、葬式、性别、年龄）	壁龛（宽×高-进深）或器物箱	随葬品及位置	期段	备注
M103	单椁墓C	石	7°（187°）	3.3×2.6-0.3	椁2.8×1.4			椁外：陶鼎 AaⅠ2、盒 AaⅠ2、大型壶 AaⅠ、BⅠ、匜 A2、B、杯 C、铜衡帽2、勺 A2、盖弓帽2、骨牌12、锥形器2	一	被 M79 打破
M104	单椁墓C	石	10°（190°）	2.74×1.6-0.2	椁2.36×0.5			椁内：铜半两Ⅰ、Ⅱ2	二	
M105	其他		96°（276°）	2.9×2.6-0.3					不清	
M106	土坑墓Ab	坑	180°	2.4×1.2-1.7	棺2×0.4	南、仰身直肢、面向上、腐朽		棺外：陶大型壶 CbⅠ	二	被 M96 打破，打破 M117
M107	土坑墓Ab	坑	99°	2.7×1.2-0.4	棺	东、仰身直肢、面向上、男、20~30岁、腐朽	龛0.9×0.4-0.38	龛内：陶大型罐 CbⅡ、中型罐 AbⅡ2。棺内：铜刷柄、五铢Ⅰ5、Ⅲ6、Ⅲ型式不明五铢8；铁剑 A、刀	三	被 M102 打破，打破 M111、M123、M127
M108	土坑墓Ab	坑	0°	2.7×2-1	棺2.1×0.5	北、仰身直肢、面向上、腐朽		棺外：陶大型罐 BbⅢ。棺内：铜带钩 B、五铢Ⅰ3；铁削	二	打破 M109
M109	单椁墓C	石	0°（180°）	2.8×1.3-1					不清	被 M108 打破

续附表

墓号	墓型	墓室	墓向	墓圹尺寸（长×宽－深）	棺椁尺寸（长×宽－高）	墓主人（头向、葬式、性别、年龄）	壁龛（宽×高－进深）或器物箱	随葬品及位置	期段	备注
M110	土坑墓Ab		10°(190°)	2.6×1.2-0.5	棺2.2×0.6	仰身直肢，面向上，腐朽	龛0.31×0.26-0.2	龛内：陶大型壶CbⅡ、中型罐AcⅡ	三	
M111	土坑墓Ab		98°	2.6×1.3-0.7	棺	东，仰身直肢，面向上，腐朽		棺外：陶中型罐BaⅢ、BcⅡ。棺内：铜五铢Ⅲ、型式不明五铢4	三	被M102、M107打破，打破M123、M125、M127
M112	土坑墓B		105°	2.3×1.4		东，仰身直肢，腐朽	龛0.8-0.4	龛内：陶大型罐BbⅧ、中型罐AaⅡ。棺内：铜四乳四虺镜、五铢Ⅱ、Ⅲ、大泉五十12、小泉直一-4；铁刀；石珠6	四	
M113	土坑墓Ac		95°	2×1.2		东，仰身直肢，腐朽	龛1.8-0.5	龛内：陶大型罐AcⅣ、中型罐AcⅤ。棺内：铜五铢Ⅲ2；铁刀	五	打破M118
M114	土坑墓Ab		5°(185°)	2.2×1.2-0.15	棺1.8×0.5-0.1	南，仰身直肢，面向上，腐朽		棺内：铜五铢Ⅰ2	二	打破M115
M115	砖墓		5°(185°)	2.6×1.7-1.2	棺	南，仰身直肢，面向上，男，30~35岁，腐朽		棺内：铜"明化"圜钱；铁刀	一	被M114打破

墓号	墓型	墓室	墓向	墓圹尺寸（长×宽-深）	棺椁尺寸（长×宽-高）	墓主人（头向，性别，葬式，年龄）	壁龛（宽×高-进深）或器物箱	随葬品及位置	期段	备注
M116	土坑墓Ab		100°	2.9×1-0.3	棺	东，仰身直肢，腐朽		棺外：残陶中型罐2，中型罐AbⅥ、BaⅤ。棺内：铜五铢Ⅰ、Ⅲ7、大泉五十10，小泉直一9；铁削	四	
M117	土坑与石合椁葬墓	南室	97°	3×2.7-1.6	棺2×0.5	东，仰身直肢，面向上，腐朽		棺外：陶中型罐AbⅠ，瓮口沿（填土）；石磨石	一	
		北室	97°	3×2.7-1.6	椁2.3×0.94-0.9 棺2.05×0.62	东，仰身直肢，面向上，腐朽				
M118	土坑墓Ab		100°	2.6×1.1-0.4	棺2×0.5-0.2	东，仰身直肢，腐朽		棺外：陶中型罐BbⅡ2。棺内：铁刀	二	被M113打破
M119	土坑墓Ab		97°	3.4×1.3-1.2	棺2.2×0.65	东，仰身直肢，面向上，腐朽	龛1.1×0.9-0.4	龛内：陶大型罐CaⅡ，中型罐AbⅡ、AcⅡ。棺内：铜五铢Ⅰ4、Ⅲ4、磨郭五铢62，剪轮五铢3；铁削2	三	被M97打破，打破M121、M128
M120	土坑墓Ab		102°	3.2×1-0.3	棺	东，仰身直肢，腐朽		棺内：铜铺首，泡A4，五铢Ⅰ2、Ⅱ44；铁削，镞子	二	被盗

续附表

墓号	墓型	墓室	墓向	墓圹尺寸（长×宽-深）	棺椁尺寸（长×宽-高）	墓主人（头向、性别、葬式、年龄）	壁龛（宽×高-进深）或器物箱	随葬品及位置	期段	备注
M121	土坑墓 Ab		96°	3.8×1.1-0.9	棺 2.1×0.7	东，仰身直肢，腐朽		棺外：陶大型罐 Bb Ⅵ、Bb Ⅷ、中型罐 Ba Ⅲ。棺内：铜带钩 Aa，五铢 I 2、Ⅲ 8，磨郭五铢 3；铁剑 A，刀，削；石珌	三	被 M44、M119 打破
M122	土坑墓 Ab		5°(185°)	2.5×1.7-1.2	棺 2×0.7	南，仰身直肢，面向东，腐朽		棺内：铜半两 I 7；铁刀	一	
M123	土坑墓 Ab		98°	2.5×1.65-1.9	棺 2.2×0.7	东，仰身直肢，面向上，腐朽		棺外：陶中型罐 Ab Ⅲ	三	被 M102、M107、M125、M127 打破
M124	土坑墓 Ab		6°	2.9×2.1-0.9	棺 2.1×0.6	北，仰身直肢，面向上，腐朽		棺外：陶中型罐 Aa Ⅱ。棺内：铜带钩 Aa	三	夯窝径 0.12、夯层 0.15 米
M125	土坑墓 Ab		100°	2.7×1.1-1.3	棺 2×0.7	东，仰身直肢，面向上，腐朽		棺外：陶大型罐 Ba Ⅳ、中型罐 Aa Ⅴ、Ba Ⅳ。棺内：铜五铢 Ⅱ、Ⅲ，型式不明五铢 3；铁削	三	被 M102、M111、M123、M127 打破
M126	单石椁墓 C		103°	2.8×2-0.4				南部：陶大型罐 Ca Ⅱ；泡 C2，铜盖弓帽 A5，镶 A，残当户 3	三	被盗

续附表

墓号	墓型	墓室	墓向	墓圹尺寸（长×宽×深）	棺椁尺寸（长×宽-高）	墓主人（头向、葬式、性别、年龄）	壁龛（宽×高-进深）或器物箱	随葬品及位置	期段	备注
M127	土坑墓Ab		96°	2.8×2.05-2.1	棺2.25×（0.65~0.7）	东、仰身直肢、面向上、腐朽		棺外：陶瓮BII。棺内：铜剑璏	三	被M102、M107、M111、M123、M125打破
M128	土坑墓Ab		90°	2.7×1.2-0.3		东、仰身直肢、腐朽			不清	被M93、M97、M119打破
M129	土坑墓Ac		100°	3×1.2-0.3			龛进深0.4-0.2	龛内：陶大型罐BbV	三	被盗
M130	单石椁墓C		5°	3.1×2.5-1.3		北、腐朽		东南角：陶中型罐Ab（填土）；铁臿	一	被盗。M139打破
M131	单石椁墓C		98°	3×1.3-1.2					不清	打破M132、M137
M132	单石椁墓C		98°	2.7×1.2-0.7					不清	被M131打破
M133	土坑墓Ab		100°	2.8×1.6-1.7	棺2×0.7-0.4	东、仰身直肢、面向上、男、35±、腐朽		棺外：陶大型罐BaIV、中型罐BaII2。棺内：铜五铢I3、II2；铁削；石饰	五	

续附表

墓号	墓型	墓室	墓向	墓圹尺寸（长×宽-深）	棺椁尺寸（长×宽-高）	墓主人（头向、葬式、性别、年龄）	墓圹（宽×高-进深）武器物箱	随葬品及位置	期段	备注
M134	单石椁墓B		97°	3.1×2.8-2.35	椁2.5×0.9-0.88 棺2.3×0.6-0.6	东，仰身直肢，面向上，腐朽	龛1.34×2.35-0.9	龛内：陶大型罐BbV、BbVI2，中型罐AcII。棺内：铜五铢I29、II10、III35，磨郭五铢8、27，型式不明五铢A，剪轮五铢A，削，铁剑A，带钩，残漆器	三	盖板、底板均由两块石板构成
M135	土坑与石合葬墓	东室	15°	2.8×2.7-1.1	棺2×0.7-0.3	北，仰身直肢，面向上，腐朽		棺外：陶大型罐BbV。棺内：铜五铢I2	三	打破M136。西室残存石板
		西室	15°	2.8×2.7-1.1						
M136	单石椁墓B		95°	3.3×2.7-1	底有石板			椁外：陶大型罐BaI、BbIV，中型罐AaI；铜釜	二	被M135打破，打破M137
M137	土坑墓Ac		100°	2.7×2.1-1.5		东，腐朽		陶大型罐AII，BbIII	二	被M131、M136打破
M138	土坑墓Ab		100°	3×2-0.4	棺2.85×1.1-0.4	东，仰身直肢，面向上，腐朽		棺内：陶大型罐BaII2，中型罐BaII；铜带钩Aa，型式不明五铢约30枚；铁刀	三	被M43打破

续附表

墓号	墓型	墓室	墓向	墓圹尺寸（长×宽－深）	棺椁尺寸（长×宽－高）	墓主人（头向、性别、葬式、年龄）	壁龛（宽×高－进深）或器物箱	随葬品及位置	期段	备注
M139	土坑墓 Ab		0°	3×（1.7~2）－1	棺 2×0.8	北，仰身直肢，面向上，腐朽	龛 0.9×0.5－0.2	龛内：陶鼎 AaⅡ，盒 BⅡ，大型壶 CaⅡ，小型壶 AaⅠ，匜 C，勺。棺内：铜盆，五铢Ⅰ4；铁刀	二	打破 M130
M140	单石椁墓 C		100°	2.8×2.4－1.2	椁 2.7×0.9				不清	被 M82 打破
M141	土坑墓 Ab		112°	2.75×1.7－0.95	棺 2.1×0.7－0.35	东，仰身直肢，面向上，腐朽	龛 0.6×0.3－0.35	龛内：陶鼎 AbⅠ，大型壶 AbⅣ，小型壶 AaⅣ，AbⅡ，匜 C，勺 D	三	
M142	不明		200°	2.2×1.2－0.1		南，腐朽			不清	被盗。打破 M151
M143	不明		90°（270°）	2.8×1.3－0.7				西端：陶大型壶 AbⅠ	二	被盗。打破 M183
M144	不明		94°	2×0.8－0.3					不清	打破 M155，M167
M145	砖椁墓		15°	2.5×1.6－1.15	椁 2.15×0.75（0.85）－0.55	北，仰身直肢，面向上，腐朽		椁外：陶小型壶 AaⅠ。椁内：铜半两 2	一	打破 M156
M146	不明		15°（195°）	3.55×2.5－0.95			器物箱 0.95×0.5	器物箱内：陶大型壶 AaⅠ2；铜泡 B2，盖弓帽 C6	一	

续附表

墓号	墓型	墓室	墓向	墓扩尺寸（长×宽－深）	棺椁尺寸（长×宽－高）	墓主人（头向、性别、年龄；葬式，）	壁龛（宽×高－进深）或器物箱	随葬品及位置	期段	备注
M147	土坑墓 Ab		198°	2.2×0.9-0.3					不清	
M148	其他。有墓道墓		106°	4.3×(2.85~2.95)-1	墓道位于西南，3（底 2.85）×（0.55~0.6）-1				不清	被盗。打破 M149、M186、M187、M206、M209
M149	土坑墓 Ac		8°	2.4×0.7-0.2		北，仰身直肢，面向上，腐朽			不清	被 M148 打破，打破 M187
M150	单椁墓 A		18°（198°）	3.2×2.85-1.75	椁 2.55×1.1		器物箱 2×0.9	器物箱内：陶鼎 CⅢ2，陶大型壶 AaⅣ2，盒 C，大型 C。匣 B，盆 C。棺内：铜镳 A；铁面；石砚	五	打破 M179、M185
M151	不明		5°（185°）	2.7×1.2-0.25					不清	被现代沟打破。被 M142 打破，打破 M152
M152	不明		85°（265°）	2.1×(0.9~1.2)-0.35				东端：陶大型罐 BbⅣ	三	被现代沟打破。被 M151 打破
M153	不明		14°（194°）	2.6×1.6-1.3					不清	打破 M183

续附表

墓号	墓型	墓室	墓向	墓圹尺寸（长×宽-深）	棺椁尺寸（长×宽-高）	墓主人（头向、葬式、性别、年龄）	壁龛（宽×高-进深）或器物箱	随葬品及位置	期段	备注
M154	土坑墓	坑 Ab	10°	2.8×1.85-1	棺	北，仰身直肢，面向上，腐朽			不清	
M155	土坑墓	坑 Ab	103°	2.4×1.35-1.2	棺？	东，仰身直肢，面向南，腐朽		棺外：陶中型罐 Ab Ⅱ	三	被 M144 打破
M156	土坑墓	坑 Ac	190°	2.3×0.95-0.9		南，仰身直肢，面向上，腐朽			一	被 M145 打破
M157	土坑墓	坑 Ac	194°	2.4×1.35-0.8		南，仰身直肢，面向上，腐朽			不清	
M158	土坑墓	坑 Ab	100°	2.6×1.4-0.5		东，仰身直肢，腐朽		北侧：陶瓮 A Ⅰ；残漆器（内扣兽骨）	不清	打破 M206、M211
M159	土坑墓	坑 Ab	11°	2.8×2.6-0.8	棺 2.2×0.7	北，仰身直肢，面向上，男，成年，腐朽		棺外：陶大型罐 Bb Ⅵ、中型罐 Ba Ⅲ 2。棺内：铜五铢 Ⅰ、Ⅲ 2，型式不明五铢 29	三	打破 M199
M160	土坑墓	坑 Ac	10°	2.6×2.4-0.5				东端：陶鼎 Aa Ⅰ 2、大型壶 Aa Ⅰ 2，盒 A Ⅰ 2、盒 Aa Ⅰ 2，盘 Ⅱ、勺 A、杯 3	一	打破 M173、M227
M161	不明		5°	2.5×1.7-0.7					不清	被盗

续附表

墓号	墓型	墓室	墓向	墓扩尺寸（长×宽-深）	棺椁尺寸（长×宽-高）	墓主人（头向、葬式、性别、年龄）	壁龛（宽×高-进深）或器物箱	随葬品及位置	期段	备注
M162	砖椁墓		16°	2.4×1.35-0.16	椁1.95×0.8				不清	
M163	砖椁墓		104°	2.75×1.5-1	砖椁1.95×0.46-0.38	东、仰身直肢、面向南、腐朽		椁内：铜半两I5	一	
M164	土坑墓Ab		185°	2.6×2.3-1.15		南、仰身直肢、面向上、腐朽		脚端：陶大型罐BbV。墓主身侧：铜五铢I3、型式不明五铢7；铁刀	三	打破M184、M196
M165	土坑墓Ac		105°	2.5×1.1-0.3		东、仰身直肢、面向上、腐朽	龛0.6×0.4-0.25	头端：陶瓮BⅢ。墓主身侧：铜带钩Aa，铜半两I4、五铢I2、I5、Ⅲ3、磨郭五铢6、剪轮五铢；铁刀	五	打破M174
M166	土坑墓B	南棺	97°	(2.8~3.1)×3-1.7	棺2.2×0.6-0.2	东、仰身直肢、面向上、腐朽		棺外：陶大型罐AⅣ、BaⅡ。棺内：铜五铢I4、Ⅱ	三	
		北棺	97°	(2.8~3.1)×3-1.7	棺2.3×0.5-0.3	东、仰身直肢、面向上、腐朽			三	
M167	土坑墓Ab		106°	2.6×(1.25~1.5)-0.8	棺	东、仰身直肢、面向南、腐朽		陶中型罐AaⅢ	三	被M144打破

续附表

墓号	墓型	墓室	墓向	墓圹尺寸（长×宽－深）	棺椁尺寸（长×宽－高）	墓主人（头向，葬式，性别，年龄）	壁龛（宽×高－进深）或器物箱	随葬品及位置	期段	备注
M168	土坑墓Ab		14°	2.5×1.3－1.3	棺残1×0.7－0.6	北，仰身直肢，面向上，腐朽	龛0.3×0.3－0.2	龛内：陶高足盂4	一	
M169	土坑墓Ac		20°	1.9×0.6－0.25		北，仰身直肢，面向上，腐朽			不清	打破M197
M170	不明		90°	3.2×2.6－0.8				西端：陶盒AII，大型壶AaIII；盘II	二	被M189打破
M171	土坑墓Ab		10°		棺2.1×0.7	北，腐朽		棺内：铜五铢I3，II4，III3，型式不明五铢43	三	被破坏。底铺厚约1厘米白石灰。打破M205
M172	土坑墓Ac		95°	2.6×1.1－0.35	骨架上半身下面铺有3厘米厚红烧土颗粒	东，仰身直肢，面向上，腐朽		脚端：残陶罐3。墓主身侧：铜五铢I4，II8，III7	三	打破M174
M173	单石椁墓A		10°	3.9×2.8－0.9	底铺2块石板（2~2.3）×1.02，（0.58~0.8）×1.02			椁外：陶鼎AaI2，BI，大型壶BI2，匜A，盘I，勺A，小型罐I2。椁内：铜半两I10	一	被M160打破
M174	土坑墓Ac		96°	2.3×0.9－0.2	骨架下铺厚1厘米白灰	东，仰身直肢，面向上，腐朽		墓主身侧：铁带钩	不清	被M165、M172打破

续附表

墓号	墓型	墓室	墓向	墓圹尺寸（长×宽-深）	棺椁尺寸（长×宽-高）	墓主人（头向，葬式，性别，年龄）	壁龛（宽×高-进深）或器物箱	随葬品及位置	期段	备注
M175	土坑墓Ac		100°	2.5×0.6-0.2		东，仰身直肢，面向上，腐朽		残陶罐2	不清	
M176	土坑墓Ab		195°	残(1.5~1.8)×1.8-0.7	棺2.1×0.55-0.5	南，仰身直肢，面向上，腐朽			不清	被现代沟打破。打破M182、M205
M177	土坑墓Ab		95°	3.5×1.9-2	棺2.3×0.88-0.4			棺外：陶鼎Aa Ⅲ，大型壶Ca Ⅲ，盒小型壶Aa Ⅱ，匜C，盘Ⅱ，勺B，大型罐Bb Ⅵ；铜釜	三	被现代沟打破
M178	土坑墓Ab		95°		棺1.7×0.5	东，仰身直肢，腐朽		棺外：陶大型罐AV、中型罐Aa Ⅱ	五	
M179	土坑墓B	东室	21°	2.9×(2.1~2.5)-1.6	棺2.1×0.65	北，仰身直肢，面向上，腐朽	器物箱2.2×0.6	器物箱内：陶大型罐Bb Ⅵ3。棺内：铜五铢Ⅰ2、Ⅲ，型式不明铜五铢11	三	被M150打破
		西室	21°	2.9×(2.1~2.5)-1.6	棺2.05×0.65	北，仰身直肢，面向上，腐朽		棺内：型式不明铜五铢3；铁剑B，刀		
M180	土坑墓Ab		265°	2.2×1-0.2		西，仰身直肢，腐朽			不清	打破M181

墓号	墓型	墓室	墓向	墓圹尺寸（长×宽×深）	棺椁尺寸（长×宽-高）	墓主人（头向、葬式、性别、年龄）	壁龛（宽×高-进深）器物箱	随葬品及位置	期段	备注
M181	土坑墓 Ab		275°	2.2×1.3-0.9	棺1.8×0.6-0.5	西，仰身直肢，面向上，腐朽		棺内：铜半两 I	一	被 M180 打破
M182	土坑墓 Ac		265°	2.1×0.8-0.6		西，仰身直肢，面向左，腐朽		头端：陶中型罐 Ab I	一	被 M176 打破
M183	土坑墓 Ab		10°	残长（2.6～2.75）×1.6-1	棺2.1×0.7-0.5	北，仰身直肢，面向上，腐朽			不清	被 M143、M153 打破
M184	土坑墓 Ab		186°	3×1.8-1.15		南，仰身直肢，面向上，腐朽		脚端：陶中型罐 Aa II、Ac I、Ba I、Bb I、Bb I。墓主身侧：铜五铢 I 5、III 2，II 6，型式不明五铢13；铁刀	三	被 M164 打破，打破 M196
M185	土坑墓 Ab		108°	2.8×1.6-0.9	棺2.2×0.8-0.5	东，仰身直肢，面向上，腐朽		棺外：陶中型罐 Aa II	三	被 M150 打破
M186	土坑墓 Ab		195°	1.35×1.35-0.8	棺	南，仰身直肢，女？成年，腐朽			不清	被 M148 打破
M187	土坑墓 Ac		2°	2.2×0.8-0.2		北，仰身直肢，腐朽		墓主身侧：铜带钩 Aa	不清	被 M148、M149 打破

续附表

墓号	墓型	墓室	墓向	墓圹尺寸（长×宽-深）	棺椁尺寸（长×宽-高）	墓主人（头向,葬式,性别,年龄）	壁龛（宽×高-进深）或器物箱	随葬品及位置	期段	备注
M188	土坑墓Ab		100°	2.5×0.9-0.9	棺2.28×0.64-0.3	东,仰身直肢,面向上,腐朽			不清	被现代沟打破
M189	土坑墓Ac		5°	3.2×2.6-0.8				南端:陶鼎AbⅠ,大型壶AbⅡ,小型壶AaⅢ,盒AⅣ,匜B,勺D,器盖	三	打破M170
M190	不明		195°	2.3×(1.1~1.2)-0.9				西南角:陶大型罐BbⅥ,中型罐AcⅠ2	三	被盗。打破M191
M191	土坑墓Ab		100°	1.9×1.1(0.5)-1.2	棺1.8×0.5	东,仰身直肢,面向左,腐朽		棺内:铜带钩Aa,五铢I2、II	二	被M190打破
M192	砖椁墓		13°	2.75×1.5-1	砖椁1.68×0.54-0.54	北,腐朽		椁外:陶小型壶AaI	三	打破M193
M193	土坑墓Ab		11°	2.4×1.1-0.2	棺	北,仰身直肢,腐朽		棺内:筒瓦	三	被M192打破,打破M212
M194	土坑墓Ab		115°	2.6×1.1-1	棺2.1×0.6	东,仰身直肢,面向南,腐朽		棺外:陶中型罐AaⅢ。棺内:铜带钩Ac,五铢I、II	三	
M195	单石椁墓C		92°(272°)	2.9×1.3-0.6				西端:陶大型罐BbⅥ,中型罐BcⅢ	三	打破M215、M254

续附表

墓号	墓型	墓室	墓向	墓圹尺寸（长×宽×深）	棺椁尺寸（长×宽×高）	墓主人（头向，葬式，性别，年龄）	壁龛（宽×高-进深）或器物箱	随葬品及位置	期段	备注
M196	土坑墓 Ac		90°	2.6×1.6-1.4		东，仰身直肢，腐朽		脚端：陶大型罐 Bb I。墓主身侧：铜半两 I，五铢 I 2	二	被 M164、M184 打破
M197	土坑墓 Ac		206°	2.7×1.4-1.1		南，仰身直肢，面向上，腐朽			不清	被 M169 打破
M198	单石椁墓 C		90°(270°)	2.6×1.85-0.6					不清	被盗
M199	土坑墓 Ab		285°	2.5×1.3-0.9	棺 2×0.6	西，仰身直肢，面向上，男，35~40岁			不清	被 M159 打破，打破 M217
M200	土坑墓 Ab		15°	2.75×1.5-0.3	棺 2 × 0.8 (0.65)	北，仰身直肢，面向上，成年		棺外：陶中型罐 Aa II，Ba IV。棺内：铜带钩 Ab，五铢 II，磨郭五铢，型式不明五铢；铁刀	三	打破 M237
M201	土坑墓 Ab		185°	2.75×1.3-0.75	棺 2.2×0.8	南，仰身直肢，面向上，男，17~18岁			不清	打破 M215
M202	土坑墓 Ab		200°	残(1.6~1.7)×1.1-0.3	棺残(1.45~1.5)×0.6	南，仰身直肢，面向上，男，17~18岁			不清	

续附表

墓号	墓型	墓室	墓向	墓扩尺寸（长×宽×深）	棺椁尺寸（长×宽-高）	墓主人（头向、葬式、性别、年龄）	壁龛（宽×高-进深）或器物箱	随葬品及位置	期段	备注
M203	单椁石墓C		15°(195°)	2.8×2.7-1.1	椁2×1				不清	被盗。打破M226、M228
M204	砖墓		5°	2.44×0.8-0.9	砖椁2.16×0.66-0.6				不清	
M205	土坑墓Ab		15°	2.4×1.2-1.6	棺2×0.7-0.4	北，仰身直肢，面向上		棺内：铜带钩Aa	不清	被M171、M176打破
M206	土坑墓Ab		17°	2.4×1.75-0.9	棺	北，仰身直肢，面向西		棺内：铜半两I8；铁削	一	被M148、M158打破
M207	土坑墓Ac		15°	2.1×(0.96~1.1)-0.5		北，仰身直肢，面向上，男，大于55岁		脚端：陶小型罐II	三	
M208	不明		95°	3.2×1.8-0.6					不清	
M209	土坑墓Ab		113°	残(0.5~0.75)×0.95-0.75	棺	东，仰身直肢，女？成年			不清	被M148打破
M210	石椁墓	东室	5°	2.8×2.4-1.3	椁2.65×1.15(1.05)-0.78 棺，黑色漆皮	北，仰身直肢，性别不明，大于50岁	龛	龛内：瓷罐	宋墓	盖板、椁下无底板，棺下有腰坑，内有石块带朱砂

续附表

墓号	墓型	墓室	墓向	墓圹尺寸（长×宽-深）	棺椁尺寸（长×宽-高）	墓主人（头向,葬式,性别,年龄）	壁龛（宽×高-进深）或器物箱	随葬品及位置	期段	备注
M210	土坑墓	西室	5°	2.8×2.4-1	棺1.95×0.6	北,仰身直肢,面向上,男,40~45岁		棺外:瓷碗	宋墓	
M211	土坑墓Ab		115°	2.6×1.5-0.6	棺1.95×0.7,棺两端有两根垫木	东,仰身直肢,面向南,男?30±			不清	被M158打破
M212	砖椁墓		276°	2.6×1.4-0.8		西,仰身直肢,左臂略曲干小腹,面向南,女,14~15岁				被M193打破
M213	砖椁墓		115°	2.4×(1.4~1.5)-0.4	椁2×0.56-0.3棺	东,仰身,面向左,男,25~30岁			不清	打破M226
M214#	单石椁墓C		95°	3.2×3.05-2.1	椁2.1×1.04-1.04 棺1.95×0.65-0.12	东,仰身直肢,面向上,女,成年		椁外:陶瓮AⅡ;铜盖帽、衡帽、弓帽A14、泡C6、当卢B3,棺内:铜五铢Ⅰ3	四	3块盖板,夯窝径0.1米。圆底木夯。打破M248

续附表

墓号	墓型	墓室	墓向	墓圹尺寸（长×宽×深）	棺椁尺寸（长×宽-高）	墓主人（头向,葬式,性别,年龄）	壁龛（宽×高-进深）或器物箱	随葬品及位置	期段	备注
M215	土坑墓Ab		20°	2.3×1.3-0.7	棺2×0.5	北,仰身直肢,面向左,女于30岁大			不清	被M195、M201打破
M216	土坑墓Ab		86°	3×(1.9~2西)-2	棺2.45×0.7-0.4	东,仰身直肢,左上肢放胸部		棺外:陶大型罐BbV、中型罐AbⅢ,BbⅢ。棺内:铜五铢I3,型式不明五铢22	三	打破M225
M217	土坑墓Ab		12°	2.3×1.1-0.7	棺1.8×0.65	北,仰身直肢,面向上,男?16~18岁			不清	被M199打破
M218	砖椁墓	北室	280°	2.3×2.3-(0.72~0.74)	椁2.14×(0.52~0.84)-0.52	西,仰身直肢		椁内:铜镜	三	打破M223
		南室	280°	2.3×2.3-(0.72~0.74)	棺1.7×0.5	西,仰身直肢,女?14~15岁		棺外:陶小型壶AaⅡ。棺内:铜环;铁刀、铁削2		
M219	单石椁墓C		93°(273°)	2.4×1.5-0.9	椁2.2×1				不清	被盗
M220	砖墓		100°(280°)	6.5×(3.4~4.1)-1.1	砖椁				不清	被盗

续附表

墓号	墓型	墓室	墓向	墓圹尺寸（长×宽-深）	棺椁尺寸（长×宽-高）	墓主人（头向、葬式、性别、年龄）	壁龛（宽×高-进深）或器物箱	随葬品及位置	期段	备注
M221	其他。刀形墓		98°（278°）	6.1×（2.4~3.5）-1.3					不清	被盗，填土内有陶匜、罐残片。打破M239、M242、M252、M256
M222	土坑墓Ac		185°	3×1.8-0.72		西、仰身直肢，男，成年		墓主身侧：铜半两I4	一	
M223	土坑墓Ac		10°	2.2×1.04-0.48		北、仰身直肢，男，成年			不清	被M218打破
M224	土坑墓Ab		104°	2.95×0.8-0.4	棺2.25×0.6	东、上直下侧		棺外：陶大型罐AⅢ	三	打破M251
M225	土坑墓Ac		80°	2.2×（0.9~1）-0.45		东、仰身直肢，面向上，1：男，40~45岁，2：男，成年		脚端：陶中型罐BaⅠ、BaⅡ。墓主身侧：铜五铢I5	三	被M216打破，打破M240
M226	土坑墓Ac		23°	2.6×1.4-0.55		北、仰身直肢，面向左，性别不明，成年			不清	被M203、M213打破

续附表

墓号	墓型	墓室	墓向	墓扩尺寸（长×宽-深）	棺椁尺寸（长×宽-高）	墓主人（头向、葬式、性别、年龄）	壁龛（宽×高-进深）或器物箱	随葬品及位置	期段	备注
M227	土坑墓Ac		195°	2.1×1-1.82		南，仰身直肢，性别不明，成年			一	被M160打破
M228	土坑墓Ab		20°	2.8×1.4-1.7	棺2×0.7	北，仰身直肢，面向上，性别不明，35~40岁			不清	被M203打破
M229	土坑墓Ab		17°	2.5×1.4-0.9		南，仰身直肢，性别不明，成年		脚端：陶小型壶AaI2。墓主身侧：铜半两两	一	
M230	土坑墓B	东室	355°	2.95×（1.4~1.6）-1.1	棺2.1×0.7	北，仰身直肢，面向上，性别不明，成年	龛1.2×0.3-0.3	龛内：陶中型罐AaI3。棺内：五铢I14、II8、III31，磨郭五铢3	三	东室打破西室。夯层厚约0.15，直径0.1~0.15米。打破M250
		西室	0°	2.9×2-1.1	棺2.4×0.7	北，仰身直肢，面向上，性别不明，成年		棺外：陶大型罐AIV、中型罐BaIV。棺内：铜带钩Ab2，泡A7，五铢I6、II；铁削、刀		
M231	土坑墓Ac		195°	2.6×1.4-0.9		南，仰身直肢，面向东，女？性别不明，成年			不清	打破M253

续附表

墓号	墓型	墓室	墓向	墓圹尺寸（长×宽－深）	棺椁尺寸（长×宽－高）	墓主人（头向、葬式、性别、年龄）	壁龛（宽×高－进深）或器物箱	随葬品及位置	期段	备注
M232	土坑墓 Ab		185°	2.2×1-0.2	棺1.8×0.5	南，仰身直肢，面向上，成年		棺外：陶中型罐 Ad I	三	打破 M254
M233	土坑墓 Ab		98°	2.75×1.2-1	棺2.15×0.96-0.2	东，仰身直肢，面向北，1：男，2：女，成年		棺外：陶中型罐 Ab II。棺内：铜五铢 I 8、型式不明五铢 11	三	打破 M259
M234	砖椁墓		16°	2.4×1.2-(0.3~0.6)	椁2×0.48-0.24	北，仰身直肢，面向西（上），男?，成年		椁外：陶小型壶 Ab II	不清	打破 M247
M235	土坑墓 Ab		190°	2.2×1.4-0.3	棺长2	南，仰身直肢，面向上，1：男16~17岁，2：性别不明，成年			不清	打破 M254
M236	土坑墓 Ab		90°	2.8×1.8-0.5		东，侧身屈肢，面向南，男，15±		头端：陶中型罐 Ac II、Bb III	三	

续附表

墓号	墓型	墓室	墓向	墓圹尺寸（长×宽－深）	棺椁尺寸（长×宽－高）	墓主人（头向、葬式、性别、年龄）	壁龛（宽×高－进深）或器物箱	随葬品及位置	期段	备注
M237	土坑墓Ab		190°	2.7×2.54－1.4	棺2.2×0.64	南，性别不明，成年		棺外：陶大型罐BbⅥ、中型罐CaⅡ。棺内：铜五铢Ⅰ8、Ⅱ11、Ⅲ	三	被M200打破
M238	不明		100°	3.4×2.9－1				西端：陶鼎AbⅡ、大型壶AcⅢ、盒A Ⅲ、壶AaⅡ、匜B、勺D、小型兽形器2	三	被盗。打破M258
M239	土坑墓Ab		10°	残（1.35~1.4）×1.3－0.85	棺	男？成年			不清	被M221打破、打破M252
M240	土坑墓Ab		86°	（2.5~2.9）×1.3－1.15	棺2.05×0.65－0.15	东，仰身直肢，男，18~20岁		棺外：陶大型罐BbⅤ2。棺内：铜五铢Ⅰ4、磨郭五铢；铁削	三	被M225打破
M241	土坑墓B	南室	107°	2.7×1.7－0.15	棺2.02×1.5	东，仰身直肢，面向南		棺外：残陶罐。棺内：铜半两I5、榆荚半两3、五铢I3、Ⅱ4、型式不明五铢；石珠7	三	一次葬
		北室	107°	2.7×1.7－0.15	棺2.02×1.5	东，仰身直肢，面向上，男？大于40岁		陶钵Ⅱ、Ⅲ4；铜带钩Aa、五铢Ⅲ4；铁刀		

续附表

墓号	墓型	墓室	墓向	墓圹尺寸（长×宽-深）	棺椁尺寸（长×宽-高）	墓主人（头向、性别、葬式、年龄）	壁龛（宽×高-进深）或器物箱	随葬品及位置	期段	备注
M242	土坑墓Ab		14°	（1.7~1.75）×1.9-1.1	棺1.5×0.56	北，仰身直肢，面向东，男，大于50岁			不清	被M221打破
M243	土坑墓Ab		100°	2.6×0.9-0.4	棺2×0.6	东，仰身直肢，面向南，男？，大于40岁		棺外：陶中型罐AaIV。棺内：铜五铢II、III	三	
M244	土坑墓Ac		100°	2.5×0.9-0.4		东，仰身直肢，面向右，男，30~35岁		头端：陶中型罐BaIII、BbII2。墓主身侧：铜五铢I、III、II2	三	打破M250
M245	土坑墓Ac		104°	2.6×1.24-0.28		东，仰身直肢，面向上，性别不明，成年		脚端：陶中型罐AcI，中型罐AcIII2。墓主身侧：铜五铢I4，II8	三	打破M267
M246	土坑墓Ab		98°	2.8×1.9-0.8		东，仰身直肢		脚端：陶大型罐BbV，中型罐AcIII。墓主身侧：铜半两I2	三	打破M257
M247	土坑墓Ab		10°	2.4×1.5-1.1	棺1.95×（0.7~0.8）	北，仰身直肢，面向上，男，成年		棺内：铜半两I3	一	被M234打破

续附表

墓号	墓型	墓室	墓向	墓扩尺寸（长×宽×深）	棺椁尺寸（长×宽-高）	墓主人（头向、葬式、性别、年龄）	壁龛（宽×高-进深）或器物箱	随葬品及位置	期段	备注
M248*	单石椁墓B		95°	3.4×3－1.9	椁2.3×0.7－0.75 棺2.2×0.7－0.1	东，仰身直肢，男，大于45岁	龛（0.54～0.6）×0.6－0.2	龛内：陶鼎CⅠ、大型壶AaⅣ、匜Ⅳ、盘Ⅳ、勺C、大型罐BbⅦ。棺内：铜带钩Ac	四	3块石盖板。被M214打破
M249	土坑墓Ab		5°	2.3×1.2－1.2	棺	北，仰身直肢，面向上，男20±		棺外：陶釜AⅠ。棺内：铜带钩Ab	三	
M250	土坑墓Ab		97°	残2.4×1.5－1.4	棺2.1×0.7，厚0.04～0.05	东，仰身直肢，面向上，性别不明，成年		棺外：陶大型罐AⅡ、盆A。棺内：铁削	二	被M230、M244打破
M251	土坑墓Ab		96°	2.9×1.4－0.8	棺2.4×0.7－0.4	东，仰身直肢，面向上，男，35～40岁		棺内：铜带钩Ac、五铢Ⅰ11、Ⅱ，型武式不明五铢；铁削；石砚	三	被M224打破
M252	其他。瓮棺葬		286°	1.36×0.34－0.7		西，仰身直肢，小孩		墓主身侧：陶瓮2、板瓦	不清	被M221、M239打破
M253	不明		16°（196°）	2.8×1.9－1.1			龛0.6×0.15－0.3	龛内：陶鼎AaⅢ、盒B、小型壶AaⅡ、勺B	三	被M231打破

续附表

墓号	墓型	墓室	墓向	墓圹尺寸（长×宽-深）	棺椁尺寸（长×宽-高）	墓主人（头向、葬式、性别、年龄）	壁龛（宽×高-进深）或器物箱	随葬品及位置	期段	备注
M254	其他		10°(190°)	2.8×(1.6~1.7)-1.2					不清	被M195、M232、M235打破
M255	土坑墓Ab		100°	2.7×1.4-0.2	棺	东，仰身直肢，女，成年		棺内：型式不明陶大型罐；铜五铢Ⅱ5	二	
M256	土坑墓Ab		4°	2.6×1.2-1	棺1.9×0.6	北，仰身直肢，面向东，女？40±		棺内：铜五铢Ⅰ4、Ⅱ，型式不明五铢2	二	被M221打破
M257	砖椁墓		7°	2.45×1.35-0.95	砖椁2.05×0.6-0.4	北，仰身直肢，女，20±		椁内：铜半两Ⅰ3	一	被M246打破
M258	单石椁墓A		105°	3.5×2.8-0.9	椁2.6×1.15-0.3		器物箱1.85×1-0.2	器物箱内：陶鼎Aa Ⅲ，大型壶Ab Ⅲ、盒C、盘C、匜Ⅲ	三	被M238打破
M259	土坑墓Ab		85°	2.8×1.2-1	棺2.2×0.7	东，仰身直肢，面向左，女，20~30岁		棺外：陶大型罐Ca Ⅱ、中型罐Bc Ⅱ2	三	被M233打破
M260	土坑墓Ac		15°	2.74×1.4-0.86		性别不明，成年			不清	

续附表

墓号	墓型	墓室	墓向	墓扩尺寸（长×宽－深）	棺椁尺寸（长×宽－高）	墓主人（头向、葬式、性别、年龄）	壁龛（宽×高－进深）或器物箱	随葬品及位置	期段	备注
M261	土坑墓 Ab		101°	3×1.5－0.35	棺2×0.68	东，仰身直肢，面向北，男，成年40~45岁		棺外：陶大型罐AⅡ、BaⅠ。棺内：型式不明铜五铢12	二	打破M270
M262	其他。空心砖墓		5°	2.6×1.24－0.84	椁2.34×1.08－（0.38~0.72）	北，男，成年			不清	被现代沟打破
M263	土坑墓 Ab		108°	2.8×1.2－0.3	棺	东，仰身直肢，下肢略外曲		棺外：陶大型罐CaⅡ。棺内：铜带钩Ab	三	打破M264、M341
M264	土坑墓 Ab		105°	2.6×0.7－0.2	棺	东，仰身直肢	器物箱0.4×0.25	器物箱内：型式不明陶大型罐。棺内：铜五铢Ⅰ3、Ⅱ2；铁削	二	被M263打破，打破M341
M265	单石椁墓C		95°	2.65×1.3－0.98					不清	被盗
M266	土坑墓 Ab		114°	2.6×1.3－0.55	棺2.15×0.75－0.2	东，仰身直肢，面向南，性别不明25~30岁		棺外：陶大型罐AcⅢ、中型罐AcⅣ、BaⅥ。棺内：铜环、五铢Ⅰ7、Ⅱ4、Ⅲ17、Ⅳ2、磨郭五铢9、铁剑A、铁钉；石饰；鹿角	五	打破M268、M277

续附表

墓号	墓型	墓室	墓向	墓圹尺寸（长×宽－深）	棺椁尺寸（长×宽－高）	墓主人（头向，葬式，性别，年龄）	壁龛（宽×高－进深）或器物箱	随葬品及位置	期段	备注
M267	土坑墓Ab		20°	2.7×1.32－0.92	棺1.8×0.7－0.46	北，仰身直肢，性别不明，成年			不清	被M245打破
M268	土坑墓Ac		2°	2×1.1－0.5		北，仰身直肢，面偏东			不清	被M266打破，打破M277
M269	砖椁墓		15°	2.4×（1~1.03）－0.83	砖椁2.32×0.78－0.5	北，仰身直肢，面向东，女，18~20岁		椁外：陶小型壶B	不清	
M270	土坑墓Ab		98°	2.7×2.1－1.4	棺2.3×0.8－0.4	东，仰身直肢下右肢曲，面向上，男，15~17岁		椁外：陶大型罐AI。棺内：铜半两I，I4	二	被M261打破
M271	不明		0°	2.7×1.68－0.6		女？成年		墓主身侧：铜五铢I6、III	不清	被盗
M272	土坑墓Ab		98°	2.7×1.2－0.2	棺	东，仰身直肢，面向上，性别不明，30~35岁		椁外：陶大型罐BbV、中型罐AcI2。棺内：铜五铢I、II	三	

续附表

墓号	墓型	墓室	墓向	墓圹尺寸（长×宽-深）	棺椁尺寸（长×宽-高）	墓主人（头向、葬式、性别、年龄）	壁龛（宽×高-进深）或器物箱	随葬品及位置	期段	备注
M273	土坑墓Ab		286°	2.6×1.5-0.4	棺	西，仰身直肢，性别不明，未成年		棺外：陶中型罐AcⅢ、CV、小型罐V。棺内：铜五铢Ⅰ2、Ⅱ4、Ⅲ3；型式不明铁剑	三	打破M340
M274	砖椁墓		94°	2.5×1.25-0.75	砖椁 2.07×（0.66~0.7）-0.48	东，仰身直肢，面向南，女，30±		椁外：陶小型罐Ⅱ	三	
M275	土坑墓Ac		25°	2.46×1.4-0.48		北，仰身直肢，面向上，男，大于40岁		头端：陶大型罐AⅠ、瓮AⅡ。墓主身侧：铜AⅡ	二	
M276	砖椁墓		16°	2.74×1.4-1.16	砖椁 2.38×0.82-0.4	北，仰身直肢，25~30岁		椁外：陶小型壶AaⅢ；铁臿	不清	
M277	土坑墓Ab		112°	2.7×1.7-0.75	棺 2.05×0.7	东，仰身，下肢微曲，面向南，女?35~40岁		棺外：陶大型罐BbⅥ、中型罐AaⅡ、AbⅢ。棺内：铜五铢Ⅰ3、Ⅲ2	三	被M266、M268打破
M278	土坑墓Ac		95°	2.3×0.76-0.2		东，仰身直肢，面向上，性别不明，45±		头端：残陶罐	不清	

续附表

墓号	墓型	墓室	墓向	墓圹尺寸（长×宽－深）	棺椁尺寸（长×宽－高）	墓主人（头向、葬式、性别、年龄）	壁龛（宽×高－进深）或器物箱	随葬品及位置	期段	备注
M279	土坑墓Ab		95°	2.6×2.15－1.25	棺1.94×0.65	东，仰身直肢，男，18~22岁		棺外：陶中型罐AbⅢ、瓮BⅠ。棺内：铜五铢Ⅰ、不明五铢2；铁带钩	三	夯层厚约0.1米。打破M288
M280	土坑墓Ab		95°	2×0.7－0.15	棺残(0.8~0.9)×0.7－0.05	东，仰身直肢，女?成年		棺内：铜五铢Ⅰ2	一	
M281	土坑墓Ab		95°	2.5×1－0.25	棺2×0.6－0.05	东，仰身直肢，男?成年		棺内：铜削、五铢Ⅰ9、Ⅱ4、Ⅲ12、磨郭五铢；铁剑A、铁刀	三	
M282	土坑墓Ac		100°	2.2×0.8－0.1		东，仰身直肢，面向上			不清	
M283	土坑墓Ac		97°	2.8×1.6－0.42		东，仰身直肢，面向北 1:男，成年 2:女?30~45岁		脚端：陶小型罐Ⅳ、小型亚Ⅲ	三	填土内一骨架，方向90°，面向上，仰身直肢
M284	土坑墓Ab		292°	2.5×1.2－0.08	棺2.1×0.78－0.06	西，仰身直肢，面向上		棺内：铜镦、镜、刷柄；铁刀，铜镜铁支架	三	
M285	土坑墓Ac		96°	2.5×1.3－0.4			龛1.1×0.8	龛内：陶大型罐BbⅥ、中型罐AaⅡ	三	被盗。打破M328、M334、M335

续附表

墓号	墓型	墓室	墓向	墓圹尺寸（长×宽－深）	棺椁尺寸（长×宽－高）	墓主人（头向、葬式、性别、年龄）	壁龛（宽×高－进深）器物箱	随葬品及位置	期段	备注
M286	土坑墓 Ab		15°	3.1×(2.04~2.26)－0.5	棺2.02×0.66－0.3	北，仰身直肢，面向上		棺外：陶鼎Aa II，大型壶Ca I，小型壶Ab I，匜C，盘II，勺B	二	
M287	土坑墓 Ac		110°	2.5×1－0.74		东，仰身直肢，面向北		脚端：陶大型罐A III，中型罐Ba I，釜A III。墓主身侧：中型罐两 I3，五铢I3，磨郭五铢14，剪轮五铢；铁茴	三	
M288	砖墓		12°	2.7×1.5－0.9	砖椁2.02×(0.5~0.54)－0.56棺	北，仰身直肢，性别不明，成年			不清	被M279打破
M289	土坑墓 Ab		175°	2.6×1.4－0.2	棺2.1×0.6－0.2	南，面向上，仰身直肢，1：性别不明，2：男，年35~45岁		棺内：铜五铢I2	一	被M313打破
M290	土坑墓 Ab		10°	3.5×1.95－0.3	棺2.2×0.98，厚0.03	北，仰身直肢，面向上	砖龛		不清	
M291	土坑墓 Ab		195°	2.75×1.7－0.5	棺2.2×0.65	南，面向上，仰身直肢，男，成年		龛内：陶大型罐Cb I，中型罐Ab III	三	打破M308、M314

续附表

墓号	墓型	墓室	墓向	墓圹尺寸（长×宽-深）	棺椁尺寸（长×宽-高）	墓主人（头向、葬式、性别、年龄）	壁龛（宽×高-进深）或器物箱	随葬品及位置	期段	备注
M292	土坑墓Ab		102°	2.2×0.6-0.1	棺	东向，仰身直肢，面向南，男，成年		棺内：铜磨郭五铢3	三	
M293	土坑墓Ab		15°	2.5×1-0.3	棺2.1×0.6	北，仰身直肢，男，面向上		棺外：残陶罐。棺内：铜五铢Ⅰ、Ⅱ2	三	打破M309
M294#	双石椁墓	东室	5°（185°）	深1	椁2.45×1.15			铜印，带钩Aa；铁刀	不清	被盗
		西室	5°（185°）	深1						
M295	单石椁墓C		298°	深1	椁2.5×1.05	西，面向南		椁内：型式不明铁剑，铁刀	不清	被盗
M296	土坑墓Ab		288°	2.8×?-1.1	棺2.15×0.65	西，仰身直肢，面向上		棺外：陶大型罐AⅢ，中型罐AaⅠ。棺内：铜五铢Ⅰ2，磨郭五铢；铁削	三	被盗
M297	砖椁墓		105°	2.55×1.5-0.8	砖椁2.3×0.85-0.7	东，仰身直肢，面向右		椁内：铜弩机；铁带钩	不清	
M298	土坑墓Ab		290°	2.9×2.2-0.8		西，仰身直肢，性别不明，成年		脚端：陶鼎AbⅠ，大型壶AaⅢ，小型壶AaⅡ，盒A，匣C，盘Ⅲ，勺B	三	

续附表

墓号	墓型	墓室	墓向	墓圹尺寸（长×宽－深）	棺椁尺寸（长×宽－高）	墓主人（头向，葬式，性别，年龄）	壁龛（宽×高－进深）或器物箱	随葬品及位置	期段	备注
M299	单石椁墓C		285°	?×2.1－1.65	椁1.96×0.68－0.85	西，仰身直肢，面向上，性别不明，成年		椁外：陶鼎Aa Ⅲ，盒B Ⅱ，大型壶Aa Ⅱ，壶Ⅱ，匜C，小型壶Ac Ⅱ，盘Ⅱ，勺B	三	
M300	土坑墓Ab		15°	3.15×1.9－1.05		北，男?，大于45岁		西侧：陶盒A Ⅱ，大型壶Ac Ⅱ，小型壶Aa Ⅱ，残罐，匜C，盘Ⅱ，勺B	三	
M301	砖椁墓		280°	2.7×1.38－1.05	椁1.98×0.46－0.45	西，仰身直肢，面向上，女?35土			不清	
M302	不明		98°(278°)	2.9×1.7－0.84				南侧：陶鼎Aa Ⅱ，大型壶B Ⅱ，残罐	二	被盗
M303	土坑墓Ab		24°		棺1.95×0.45	北，仰身直肢，面向东，男，大于45岁			不清	打破M350
M304	单石椁墓C		102°(282°)	深0.7	石椁				不清	被盗。打破M314，M315

续附表

墓号	墓型	墓室	墓向	墓圹尺寸（长×宽-深）	棺椁尺寸（长×宽-高）	墓主人（头向，葬式，性别，年龄）	壁龛（宽×高-进深）或器物箱	随葬品及位置	期段	备注
M305	土坑墓Ab		295°	2.4×1.2-0.1	棺2.1×0.6-0.3	西，仰身直肢，面略向左，女，18~22岁		棺内：铜半两Ⅰ10、Ⅱ	二	
M306	土坑墓Ab		105°	2.9×1.86-1.72	棺2.1×0.6-0.22	东，仰身直肢，面向北，男，18±		铜带钩Aa（填土）。棺内：铜五铢Ⅰ12、Ⅱ13、Ⅲ31，磨郭五铢；铁剑Ⅰ B	三	
M307	土坑墓Aa		201°	2.7×1.7-1	椁2.3×0.8 棺2×0.6	头向南，仰身直肢，女，18±		椁外：陶小型罐Ⅱ	三	
M308	不明		105°（285°）	2×1.1-0.5			龛1.26×0.5-0.2	东端：陶中型罐AbⅢ	三	被M291打破
M309	土坑墓Ab		15°	2.4×1.5-0.4	棺2×0.6-0.12	北，仰身直肢		龛内：陶大型罐BaⅣ、中型罐CⅢ。棺内：铜镦、釜，带钩Aa，环，五铢Ⅰ3、Ⅱ	三	被M293打破
M310	土坑墓Aa		90°	3.44×2.7-1	椁2.7×1.5 棺1.8×0.64	东，仰身直肢		棺外：陶鼎AaⅡ、盒B Ⅱ，小型壶AaⅠ，大型罐BbⅤ；铁耳	二	夯层厚0.08~0.1，径0.1米

续附表

墓号	墓型	墓室	墓向	墓圹尺寸（长×宽－深）	棺椁尺寸（长×宽－高）	墓主人（头向、葬式、性别、年龄）	壁龛（宽×高－进深）或器物箱	随葬品及位置	期段	备注
M311	土坑墓Ab		280°	2.8×1.5－0.8	棺2.3×0.6－0.3	西、仰身直肢，面向北，男，45±			不清	打破M338
M312	土坑墓Ab		200°	2.4×1.3－0.4	棺1.94×0.6－0.2	南、仰身直肢，女，25～30岁		陶中型罐AaⅠ，筒瓦	一	被M321打破
M313	土坑墓Ab		100°	2.8×1.8－1.5	棺2.3×0.6	东、仰身直肢，面向上，性别不明，成年		棺外：陶大型罐AⅢ	三	打破M289
M314	土坑墓Ab		284°	2.2×1.4－0.3	棺1.9×0.4－0.3	西、仰身直肢，面向左，女，16～18岁		棺内：铜半两Ⅱ4	二	被M291、M304打破
M315	土坑墓Ab		100°	3×1.5－0.7	棺2.3×0.8－0.7	东、仰身直肢，面向左，男，35～45岁		棺内：骨管饰	不清	被M304打破
M316	土坑墓Ab		15°	1.9×0.5－0.2	棺1.9×0.5－0.2	北、仰身直肢，面向上，男，40～50岁			不清	

续附表

墓号	墓型	墓室	墓向	墓圹尺寸（长×宽-深）	棺椁尺寸（长×宽-高）	墓主人（头向、葬式、性别、年龄）	壁龛（宽×高-进深）或器物箱	随葬品及位置	期段	备注
M317	土坑墓Ab		95°	2.4×0.8-0.4	棺1.9×0.6	东，仰身直肢，下肢略曲，面向左，左上肢上，上半段未发现，男，35~40岁		棺内：铜五铢Ⅳ	五	打破M329
M318	土坑墓Ab		185°	2.4×1.2-0.4	棺2.1×0.6-0.4	南，仰身直肢，面向右上方，男，大于55岁		棺内：铜五铢Ⅰ9，型式不明五铢；铁刀，带钩	三	打破M344
M319	土坑墓Ab		285°	2.6×1.3-1.5	棺2.9×0.5	西，仰身直肢，面向左，女，25~30岁		脚端：陶中型罐AdⅡ	三	
M320	土坑墓Ab		103°	2.7×1.6-1.3	棺约2.24×0.86	东，仰身直肢，男，20±岁		棺外：陶大型罐CaⅡ，釜AⅠ。棺内：铜五铢Ⅰ3，型式不明五铢2；铁削	三	打破M350
M321	土坑墓Ab		185°	2.7×1.6-0.7	棺2.4×0.8-0.5	南，仰身直肢，面向左上方		棺外：陶小型罐Ⅱ	三	打破M312

续附表

墓号	墓型	墓室	墓向	墓圹尺寸（长×宽×深）	棺椁尺寸（长×宽－高）	墓主人（头向，葬式，性别，年龄）	壁龛（宽×高－进深）或器物箱	随葬品及位置	期段	备注
M322	土坑墓 Ac		12°	1.7×0.7－0.18		北，仰身直肢，面向右，性别不明，13±			不清	
M323	土坑墓 Ab		98°	2.9×2.5－0.52	棺 2.1×0.8－0.1	西，仰身直肢，面向左		陶中型罐 C I（填土）。棺内：铜五铢 I 3	二	打破 M332
M324	土坑墓 Ab		0°	1.95×0.65－0.3		北，仰身直肢，面向上，性别不明，12±		腹部：铜半两 I 4；铁削	一	
M325	单石椁墓 C		18°	2.9×2.1－1.2	石椁 2.4×1	北，仰身直肢，性别不明，成年		椁外：陶小型壶 Ab II	不清	被盗
M326	不明		100°（280°）	3.1×2.1－0.8				南侧：陶鼎 Ab I，盒 B 型Ⅲ，大型壶 Ab II，小型壶 Aa II，匜 B，盘 II，勺 D	三	
M327	土坑墓 Ab		95°	2×0.8－0.64	棺 0.7×0.3－0.14	头骨，上肢骨，男，成年			不清	二次葬

续附表

墓号	墓型	墓室	墓向	墓圹尺寸（长×宽－深）	棺椁尺寸（长×宽－高）	墓主人（头向，葬式，性别，年龄）	壁龛（宽×进深－高）放器物箱	随葬品及位置	期段	备注
M328	土坑墓 Aa		192°	2.7×1.7－1.1	椁2.1×0.8－0.4 棺1.95×0.6－0.2	南，仰身直肢，面向上，女，成年			不清	被M285打破
M329	砖椁墓		5°	3.2×1.4－1.4	椁2.1×0.58－0.6	北，仰身直肢，面向西，1：男，25±；2：女，30～40岁		椁内：筒瓦；型式不明 铜半两；铁削	一	被M317、M348打破
M330	土坑墓 Ac		283°	2.85×1.85－1.1		西，面向，男，大于15岁			不清	被盗
M331	土坑墓 Ac		200°	1.8×0.6－0.1		南，仰身直肢，面向右，女，成年			不清	
M332	砖椁墓		99°	2.7×1.6－0.54	椁2.3×1	东，仰身直肢，面向上，男			不清	被M323打破
M333	土坑墓 B	东室	20°	2.04×0.6－0.65		北，面向西，女，35±			三	打破M346
		西室	24°	1.9×0.65－0.85		北，面向东		东侧：陶小型罐Ⅲ		

鲁中南汉墓

续附表

墓号	墓型	墓室	墓向	墓圹尺寸（长×宽-深）	棺椁尺寸（长×宽-高）	墓主人（头向，葬式，性别，年龄）	壁龛（宽×高-进深）或器物箱	随葬品及位置	期段	备注
M334	土坑墓 Ac		186°	2.5×1.35-1		南，仰身直肢，面向上，男，35~40岁	龛 0.3×0.3-0.15	龛内：陶中型罐 AbⅠ	一	被 M285 打破
M335	土坑墓 Ac		185°	2.3×1.3-0.2		南，面向上，男，大于55岁			不清	被 M285 打破
M336	土坑墓 Ab		95°	2.6×1.12-0.8	棺 2.2×0.84-0.4，底有四根枕木，直径0.06	东，仰身直肢，面向北，男，大于50	龛 0.3×0.3-0.2	棺内：铜剑首，杖首，削，带钩 Aa；铁剑 A	不清	
M337	不明		95°	3.4×2-1.1				铜半两Ⅰ（扰土）。墓主身侧：铜带钩 Aa	一	被盗
M338	土坑墓 Ab		10°	2.35×1.35-0.42	棺 1.92×0.64	北，仰身直肢，面向上，男，40±		陶中型罐 AaⅡ（填土）	三	被 M311 打破
M339	单石椁墓 B		100°(280°)	3.1×1.85-0.68	石椁 2.7×1.15		龛 0.6×0.4-0.5	龛内：大型罐 AcⅢ，小型壶 AaⅢ，盘Ⅲ，铜鼎 AbⅠ，盒 AⅣ，壶 AaⅢ	三	
M340	不明		95°(275°)	2.8×1.8-0.9				铁刀（填土）	三	被盗。被 M273 打破，打破 M349

续附表

墓号	墓型	墓室	墓向	墓圹尺寸（长×宽-深）	棺椁尺寸（长×宽-高）	墓主人（头向，葬式，性别，年龄）	壁龛（宽×高-进深）或器物箱	随葬品及位置	期段	备注
M341	砖椁墓		18°	3×1.3-0.2	砖椁2.08×0.66-0.42，棺1.8×0.48	北，仰身直肢，面向上，女，18~22岁		椁外：陶中型罐AbⅠ	一	被M263、M264打破
M342	单石椁墓C		12°(192°)	3.3×2.7-1.1	椁2.6×1.1			椁外：陶大型罐BbⅢ，中型罐AbⅣ	三	被盗。打破M343
M343	土坑墓Ab		195°	2.7×2.3-1.3	棺2.2×0.7	南，仰身直肢，女，成年		椁外：陶大型罐BbⅡ。棺内：铜五铢Ⅰ3	二	被M342、M344打破
M344	砖椁墓		17°	2.44×(1.4~1)-0.7	椁2.1×(0.62~0.68)-0.48	北，仰身直肢，女，成年		椁外：陶中型罐BaⅣ。棺内：铜镜，半两2	三	被M318打破，打破M343
M345	不明		100°(280°)	2.5×1.9-0.8		东，仰身直肢，面向左			不清	被盗。M349
M346	土坑墓Ab		92°	2.5×1.5-1.12	棺2.1×0.56	东，仰身直肢			不清	被M333打破
M347	土坑墓Ab		97°	2.9×1.7-1	棺2.4×0.8-0.3	东，仰身直肢		椁内：陶大型罐BbⅢ，中型罐BaⅠ	二	

续附表

墓号	墓型	墓室	墓向	墓圹尺寸（长×宽－深）	棺椁尺寸（长×宽－高）	墓主人（头向，性别，葬式，年龄）	壁龛（宽×高－进深）或器物箱	随葬品及位置	期段	备注
M348	土坑墓Ac		7°	2.7×1.3－0.8		北，仰身直肢，面向东，女，18~22岁		脚端：陶中型罐Ad II	三	打破M329
M349	土坑墓Ab		282°	2.7×1.8－1.3	棺2.2×0.6－0.4	西，仰身直肢，面向上，性别不明，成年		棺外：陶大型壶Cb II，大型罐Bb VI，中型罐Ab IV，铜釜。棺内：铜五铢I 9、II、III 13，磨郭五铢；铁刀、削	三	被M340、M345打破
M350	土坑墓Ab		12°	2.7×1.7－0.92	棺2.3×0.82－0.02	北，仰身直肢，面向上			不清	被M303、M320打破

注：打＊者表示有简单刻画花纹，打＃者表示有人物画像石。